ACCESO GRATIS ***a la Lectura en la Nube***

Para visualizar el libro electrónico en la nube de lectura envíe junto a su nombre y apellidos una fotografía del código de barras situado en la contraportada del libro y otra del ticket de compra a la dirección:

ebooktirant@tirant.com

En un máximo de 72 horas laborales le enviaremos el código de acceso con sus instrucciones.

La visualización del libro en **NUBE DE LECTURA** excluye los usos bibliotecarios y públicos que puedan poner el archivo electrónico a disposición de una comunidad de lectores. Se permite tan solo un uso individual y privado

CRITERIOS DE REPARACIÓN INTEGRAL PARA LAS VÍCTIMAS DEL DELITO DE DESAPARICIÓN FORZADA EN COLOMBIA, EN UN CONTEXTO DE JUSTICIA TRANSICIONAL

CRITERIOS DE REPARACIÓN INTEGRAL PARA LAS VÍCTIMAS DEL DELITO DE DESAPARICIÓN FORZADA EN COLOMBIA, EN UN CONTEXTO DE JUSTICIA TRANSICIONAL

Tesis Doctoral

HEBERT MAURICIO MEJÍA ALFONSO
DIRECTOR: ROSEMBERT ARIZA SANTAMARIA

tirant lo blanch
Bogotá, 2024

Mejía Alfonso, Hebert Mauricio, autor.
Criterios de reparación integral para las víctimas del delito de desaparición forzada en Colombia, en un contexto de justicia transicional: tesis doctoral / Hebert Mauricio Mejía Alfonso; director: Rosembert Ariza Santamaría. – Primera edición. – Bogotá: Tirant lo Blanch, 2024.
670 páginas: gráficas.
Incluye referencias bibliográficas.
ISBN: 978-84-1071-099-3
1. Justicia de transición – Colombia. 2. Personas desaparecidas – Colombia. 3. Justicia restaurativa – Colombia. Víctimas de delitos – Colombia. I. Ariza Santamaría, Rosembert, asesor de tesis. II. Título.
LC: KHH1011 CDD: 362.88187 ed. 23

Catalogación en publicación de la Biblioteca Carlos Gaviria Díaz

EDITA: TIRANT LO BLANCH
Calle 11 # 2-16 (Bogotá D.C.)
Telf.: 4660171
Email: tlb@tirant.com
Librería virtual: www.tirant.com/co/
ISBN: 978-84-1071-099-3

Si tiene alguna queja o sugerencia, envíenos un mail a: *atencioncliente@tirant.com*. En caso de no ser atendida su sugerencia, por favor, lea en *www.tirant.net/index.php/empresa/politicas-de-empresa* nuestro procedimiento de quejas.

Responsabilidad Social Corporativa: http://www.tirant.net/Docs/RSCTirant.pdf

Índice

Lista de tablas

Lista de ilustraciones

Lista de gráficos

A mis padres por su valor y ejemplo.

Para Andrea, Luisa y Sara que son la razón y el motor de mi vida.

A mis hermanos por los sueños compartidos en la ciudad blanca y fuera de ella...

NOTA ONU

El contenido de la presente Tesis Doctoral, sus afirmaciones, posturas académicas o conceptos desarrollados por el autor, no comprometen en ningún aspecto a la Oficina del Alto Comisionado de las Naciones Unidas para los Derechos Humanos en Colombia.

*Introducción**

La práctica sistemática y generalizada de la desaparición forzada de personas[1] en contextos álgidos de violencia sociopolítica ha dejado millares de víctimas, tanto directas como indirectas, en todo el mundo. Sus particularidades victimizantes, entre ellas, la execrable conducta de someter a una persona a la clandestinidad para que nunca se vuelva a saber de ella (dejando, principalmente, a sus familiares en un estado de incertidumbre y sufrimiento interminable), la ha hecho acreedora del reproche internacional. Se considera una conducta gravísima que atenta contra la convivencia social, la paz y la tranquilidad de la humanidad, por lo cual la desaparición forzada se concibe, en el escenario internacional de los derechos humanos y del Derecho Internacional Humanitario —DIH—, como un crimen de lesa de humanidad[2].

---

* La presente tesis doctoral es el resultado de la investigación adelantada a partir del proyecto de investigación presentado como aspirante al Doctorado en Derecho de la Universidad Nacional de Colombia, en el año 2010 y tiene como antecedente inmediato el trabajo de Tesis de Maestría en Estudios Políticos, del Instituto de Estudios Políticos y Relaciones Internacionales —IEPRI— de la misma Universidad, titulada "Treinta Años de Desaparición Forzada en Colombia. Reconstrucción Histórica 1977-2007".

1 Para la presente tesis doctoral entenderemos por desaparición forzada el concepto adoptado por la Organización de Naciones Unidas —ONU—. El hecho ocurre siempre que "*... se arreste, detenga, traslade contra su voluntad a las personas, o que estas resulten privadas de su libertad de una u otra forma por agentes gubernamentales de cualquier sector o nivel, o por grupos organizados, o por particulares que actúan en nombre del gobierno o con su apoyo directo o indirecto, su autorización o asentimiento y que luego se niegan a revelar la suerte o el paradero de esas personas o a reconocer que están privadas de la libertad, sustrayéndolas así de la protección de la ley*". Ver: Asamblea General de las Naciones Unidas. Preámbulo de la declaración sobre la protección de todas las personas contra la desaparición forzada, documento. E/CN/4/1992, 25 de enero de 1993, pág.148.

2 Recientemente varios instrumentos internacionales contienen prescripciones que establecen el carácter penal sobre el tema, particularmente la Convención

Precisamente, así fue concebida e institucionalizada en el régimen nazi, bajo el decreto *Nacth und Nebel* —Noche Niebla— promulgado el 7 de diciembre de 1941 por el mariscal de campo Wilhelm Keitel, jefe del alto mando alemán, en cumplimiento de las ordenes de Hitler. El nombre de esa orden recordaba, irónicamente, un fragmento del libreto de la ópera wagneriana El Oro de Rin: aquel en el cual Fafner se dirige a los enanos diciéndoles: "Sed como la Noche y la Niebla, esfumaos… despareced"[3].

En Colombia la práctica de la desaparición forzada de personas se hizo mucho más evidente a finales de la década de los años setenta y comienzos de los ochenta, época en la cual se conocieron y denunciaron diferentes casos de detenciones desapariciones; especialmente, de opositores políticos, estudiantes y obreros, quienes hacían un ejercicio de resistencia a las políticas de los entonces presidentes Alfonso López Michelsen y Julio Cesar Turbay Ayala. Para ese mismo periodo, en el contexto del conflicto armado interno, las guerrillas tenían una influencia principalmente rural y sin presencia política. En las áreas urbanas su presencia era baja, a pesar de que el movimiento M-19 hacia sus primeras incursiones armadas.

En medio de ese contexto sociopolítico se institucionalizó la práctica de la desaparición forzada en Colombia. Por una parte, debido a la influencia de corte militarista de la Guerra Fría, la consolidación de las dictaduras militares del cono sur y la denominada amenaza del comunismo, las cuales intensificaron una polarización política

Interamericana sobre Desaparición Forzada de Personas y la Declaración sobre la Protección de Todas las Personas contra las Desapariciones Forzadas, las cuales caracterizan la desaparición forzada como un crimen contra la humanidad cuando es cometido de manera sistemática, la Convención Internacional particularmente define en su artículo 5, que: "la práctica generalizada o sistemática de la desaparición forzada constituye un crimen de lesa humanidad tal y como está definido en el derecho internacional aplicable y entraña las consecuencias previstas por el derecho internacional aplicable".

3 Botero Bedoya Reinaldo, (1995), La desaparición forzada, *Revista Su Defensor*, pág.15.

y militar que para el caso colombiano parece no terminar. Hoy, más de 50 años después de que estos sucesos configuraran el panorama nacional, tenemos que la confrontación armada interna ha dejado más de ocho millones de víctimas según el Registro Único de Víctimas —(RUV)[4]—, de las cuales 165907[5] se cuentan como víctimas de desaparición forzada, de estas 45687 son directas y 119220 indirectas, estas últimas son familiares que buscan a sus seres queridos y una repuesta acerca del por qué fueron desaparecidos.

La impunidad que rodea los casos denunciados en el contexto nacional, así como la negación de su práctica durante décadas por parte del Estado colombiano, por acción u omisión de sus agentes, se hicieron mucho más notorios luego del proceso de desmovilización de los grupos paramilitares en el año 2010. Las denuncias, que durante años hicieron los familiares de las víctimas de desaparición forzada, dejaron en evidencia su práctica, la cual se ha demostrado con el hallazgo de centenares de fosas comunes[6], que se han encontrado y se encuentran a lo largo del territorio nacional. Entre los años 2006 al 2010 se habían exhumado 3299 cuerpos de personas desaparecidas, de los cuales 1202 habían sido plenamente identificados, de estos, 1098 fueron entregados a sus familiares[7]. Para el año 2010 se hablaba en el país de un

---

4 Registro que fue creado por la Ley 1448 de 2011.

5 Registro Único de Víctimas. http://rni.unidadvictimas.gov.co/.

6 Amantia, Germán. La fosa o huesa es el depósito de restos humanos o lugar último donde descansa el cuerpo sin vida. Fosa es lo que se afonda (ahonda) en la tierra para enterrar el cadáver. En el pasado, tal denominación hacía referencia a un territorio del cementerio donde se hacia la disposición final de los restos óseos no reclamados o donde iban a parar los cuerpos de los suicidas por considerarse que no eran dignos de inhumarse con los demás mortales. Retomando estas consideraciones, el léxico criminológico describe la fosa común como lotes clandestinos donde ilegalmente se inhuman en un mismo perímetro, uno o varios cadáveres con el fin de ocultar la identificación de estos e impedir la investigación y la acción de la justicia.

7 Organización Internacional para las Migraciones —OIM—. Estudio Comparado de Programas de Reparación Administrativa a Gran Escala: Los Ca-

número de personas desparecidas cercano a las 60 000, cifra que superaba el total de los desaparecidos en las dictaduras del cono sur[8], lo que es un brutal indicador de lo que sucede en el país y un llamado a tomar medidas para frenar esta espiral de violencia.

Más allá de las estadísticas, observamos la tragedia real de las víctimas y sus organizaciones, quienes por más de cuatro décadas han venido exigiendo sus derechos a la verdad, a la justicia y a la reparación; derechos inalienables de acuerdo con la normatividad internacional y que, para contextos de justicia transicional como el que hoy vive Colombia, son imperativos.

En efecto, en un proceso de justicia transicional[9] la reparación integral a las víctimas se erige como un derecho inalienable en el

---

sos de Colombia, Argentina, Chile, Irak, Turquía y Alemania. Bogotá, 2010.

8 Estas cifras no están lejos de la realidad si tenemos en cuenta el informe presentado por el Centro de Memoria Histórica a fínales del año 2016, en el cual se denuncia que en Colombia hay más de 60 630 personas desaparecidas. Informe del Centro Nacional de Memoria Histórica, *Hasta Encontrarlos: El drama de la desaparición forzada en Colombia.* Imprenta Nacional de Colombia, 2016.

9 Entenderemos por justicia transicional el concepto de Uprimny con Saffon: "*La Justicia Transicional hace referencia a aquellos procesos transicionales mediante los cuales se llevan a cabo transformaciones radicales de un orden social y político determinado; que enfrentan la necesidad de equilibrar las exigencias contrapuestas de paz y justicia. De hecho, por un lado, los procesos de Justicia Transicional se caracterizan por implicar en la mayoría de los casos–en especial cuando se trata de transiciones de la guerra a la paz–negociaciones políticas entre los diferentes actores, tendientes a lograr acuerdos lo suficientemente satisfactorios para todas las partes como para que éstas decidan aceptar la transición. Pero, por otro lado, los procesos de Justicia Transicional se ven regidos por las exigencias jurídicas de justicia impuestas desde el plano internacional, que se concretan en el imperativo de individualizar y castigar a los responsables de crímenes de guerra y de lesa humanidad cometidos en la etapa previa a la transición. De esta manera, mientras que las exigencias jurídicas antes mencionadas buscan proteger cabalmente los derechos de las víctimas de tales crímenes a la verdad, la justicia y la reparación, las necesidades de paz y reconciliación nacional propias de los procesos transicionales presionan en dirección opuesta, pues para que los responsables de crímenes atroces decidan aceptar dejar las armas y llegar a un acuerdo de paz, resulta necesario que encuentren incentivos atractivos para hacerlo, tales como el perdón y el olvido*

marco del derecho internacional público, en virtud de los tratados y convenios ratificados por los Estados. Para el caso colombiano el proceso de justicia transicional, regulado por la Ley 1448 de 2011 o —Ley de Víctimas y Restitución de Tierras— y sus decretos reglamentarios, adoptó los estándares internacionales respecto a los derechos de las víctimas a la verdad, la justicia y la reparación, sin embargo, en Colombia, no existen unos criterios[10] de reparación que evidencien el daño y permitan, a su vez, formular medidas, definidas, focalizadas o diferenciadas para las víctimas del delito de desaparición forzada, tendientes a su reparación[11] integral. Los familiares reclaman la verdad respecto del paradero de más de 60 000 personas desaparecidas y exigen que se dignifique el buen nombre de las víctimas, se reparen de manera integral los daños morales, psicológicos y materiales, teniendo en cuenta la particularidad de los perjuicios que se ocasionan con esta práctica en su entorno social y familiar. Es una realidad, que las consecuen-

---

de sus actos". Ver: Uprimny Yepes, Rodrigo; Saffon, María Paula, *Estándares internacionales y procesos de paz en Colombia. Entre el perdón y el paredón. Preguntas y dilemas de la justicia transicional.* Corcas Editores, 2005.

10 En el marco de este trabajo se tendrá por criterio la definición clásica y concreta del Diccionario de la Real Academia de la Lengua Española. *Criterio: 1) Norma para conocer la verdad. 2) Juicio o discernimiento.* En efecto el término criterio tiene su origen en el vocablo griego —κριτήριον *kritḗrion*— que significa "juzgar". El criterio es el juicio o discernimiento de una persona. El criterio, por lo tanto, es una especie de condición subjetiva que permite concretar una elección. Se trata, en definitiva, de aquello que sustenta un juicio de valor sobre un tema determinado. En nuestro caso particular acudiremos a dicho juicio o discernimiento con el objeto de definir algunos elementos que nos permitan evidenciar el daño causado con la práctica de la desaparición forzada, con el objeto de formular medidas de reparación.

11 Las medidas de reparación por su parte son las definidas clásicamente por la normatividad internacional en relación con el derecho a la Reparación Integral, medidas de (Restitución, Indemnización, Rehabilitación, Satisfacción y Garantías de no Repetición). Ver: Organización de las Naciones Unidas, *Principios actualizados para la protección y la promoción de los derechos humanos mediante la lucha contra la impunidad.* Oficina del Alto Comisionado para los Derechos Humanos, 2005.

cias de la práctica de la desaparición forzada adquieren múltiples dimensiones, especialmente, en relación con la vulneración de derechos fundamentales y con los daños que se le ocasionan a las víctimas directas e indirectas de este delito.

Dentro de estas múltiples dimensiones tenemos, en primera instancia, que la desaparición forzada busca extraer del mundo legal a la víctima, privándola de cualquier derecho, como el de un proceso judicial para que ejerza su defensa o el derecho de reclamar su libertad[12]. No existen exigencias de ningún tipo a cambio de su liberación, en la mayoría de los casos se busca darle muerte y luego ocultar o destruir su cadáver. Al practicarse en contextos álgidos o de agitación política y militar, la desaparición forzada tiene una doble intencionalidad, por una parte, la instauración del terrorismo de estado que busca anular la oposición al régimen instituido y por la otra enviar un mensaje a la sociedad de miedo y zozobra, que logra disuadir a los enemigos potenciales.

Respecto de la víctima en concreto, un desparecido es un individuo (un ser humano), del cual no se volvió a tener noticias después de haber sido privado de su libertad por agentes estatales o después de ser raptado por particulares, bajo circunstancias anómalas e irregulares, para posteriormente ocultar intencionalmente su paradero sin dar razones a sus familiares o conocidos[13]. Esto implica que la víctima, ya en la clandestinidad y en manos de sus captores, es sometida y apartada del mundo de los vivos, incomunicada, violada, torturada física y psicológicamente, sometida a interrogatorios, tratos crueles e inhumanos; en este punto los vejámenes continúan en muchos casos tras la ejecución.

---

12 Patiño González, María Cristina, *Libertad Personal Habeas Corpus y Estados Excepcionales.* Biblioteca de Tesis Doctorales. Grupo Editorial Ibáñez, 2007.

13 Madrid Malo Garaizabal, Mario, *Tres Crímenes Contra la Humanidad.* Escuela Superior de Administración Pública, ESAP. Instituto de Derechos Humanos "Guillermo Cano", febrero 28 de 1991, pág. 30.

> ...sus cuerpos son objeto de un tratamiento esquizofrénico, en el cual el victimario, impulsado por el deseo de deshacerse del cadáver de la víctima, descarga sobre éste toda suerte de agresiones físicas, algunas veces destruye el rostro, las manos o la dentadura con ácidos o líquidos inflamables, a efecto de que el cuerpo no sea identificado. En otras ocasiones los cadáveres son mutilados y luego esparcidos en diferentes sitios, como ocurrió en el municipio de Trujillo entre 1990 y 1991[14].

En segunda instancia, con la desaparición forzada de una persona los familiares deben afrontar no solo la incertidumbre de su paradero y lo que pudo haberle sucedido, sino también una serie de situaciones que sobrevienen en este tipo de hechos como las económicas, laborales, jurídicas, afectivas, familiares y sociales. Una breve descripción de ellas son precisamente el sostenimiento de su núcleo familiar, su relación laboral con su empleador (público o privado) o con sus empleados, la administración de sus bienes, sus salarios u honorarios, incluso su mismo proyecto de vida, la relación afectiva con sus familiares y su entorno social o político más cercano, entre otras situaciones de la víctima directa. Ahora bien, estas afectaciones pueden repercutir en la vida de sus familiares y entorno social próximo.

En cuanto a la familia de un desaparecido y su entorno social, las implicaciones y consecuencias de la desaparición forzada de una persona son igualmente dramáticas. Ante la negativa y el silencio por parte de sus victimarios, los familiares de la víctima entran en un estado emocional desequilibrante, la incertidumbre de saber si está vivo o está muerto, dónde buscarlo y la razón por la cual se lo llevaron sus captores; esta crisis latente y prolongada de angustia y dolor causada por la ausencia de un ser querido perdura indefinidamente, así como las amenazas, individuales o colectivas, de los victimarios en el proceso de búsqueda.

---

14 Botero Bedoya Reinaldo, (1995), La desaparición forzada, *Revista Su Defensor*, pág.13.

La elaboración del duelo es frustrada, la pérdida de un ser querido, la falencia de los elementos habituales del duelo, el conocimiento de las causas de la muerte, el desconocimiento de su paradero y, como consecuencia, la imposibilidad de desarrollar la prácticas funerarias tradicionales como la velación y la sepultura son elementos religiosos o de culto que se reprimen y frustran en sus allegados, que, entre otros daños, son algunos de las principales dificultades que tienen que afrontar los familiares de los desaparecidos.

Visto lo anterior, es claro que la materialización del derecho a la reparación de las víctimas de desaparición forzada se convierte en una tarea titánica, si se tiene en cuenta que nos encontramos ante un hecho atroz, calificado por la comunidad internacional como una conducta gravísima, que atenta contra la convivencia social, la paz y la tranquilidad de la humanidad. Es a partir de estas implicaciones del daño que nos proponemos formular criterios que permitan estructurar las condiciones de la afectación en las múltiples esferas vulneradas. Para definir tales criterios partimos de las siguientes preguntas: ¿a quién se debe reparar?, ¿qué se debe reparar? y ¿cómo se debe reparar? En este sentido desarrollaremos en este trabajo los conceptos de víctima y daño.

Seguidamente, la definición de estos criterios nos permitirá formular medidas de reparación integral que tengan en cuenta las múltiples afectaciones y los daños sufridos por las víctimas directas e indirectas de este flagelo. En ese sentido, nos propusimos observar y analizar esta problemática centrándonos específicamente en el tema de la reparación integral, diferenciada y transformadora[15], para las víctimas de desaparición forzada en el contexto del conflicto armado interno colombiano, interés que surgió ajeno a la pretensión de clasificar, discriminar o tarifar al

---

[15] Compartimos la postura de los autores Saffon y Uprimny en el sentido de considerar que el potencial transformador de la reparación es particularmente importante en sociedades que, como la colombiana, antes del trauma de una guerra o una dictadura eran en sí mismas excluyentes y desiguales, y cuyas estructuras de exclusión constituyen un factor esencial del conflicto.

conjunto de víctimas que ha dejado la confrontación armada, se parte de un especial interés investigativo en este grupo victimizado y a sus particularidades victimizantes.

La comunidad internacional ha hecho grandes esfuerzos para lograr desarrollar, desde el punto de vista normativo, instrumentos que recojan el derecho a la reparación integral consagrando directrices internacionales, que les permitan a las víctimas de estas violaciones a los derechos humanos y al DIH exigirle a los Estados y a la comunidad internacional el reconocimiento de los hechos dañinos a los que fueron expuestos y, por consiguiente, el derecho a ser reparados de manera integral por sus victimarios.

El derecho a la reparación integral[16] debe restablecer la dignidad de toda persona que haya sufrido un menoscabo en cuales-

---

16 En este sentido, para la presente tesis doctoral entendemos por reparación integral y medidas de reparación, los definidos en el documento utilizado actualmente por la comunidad internacional, como el principal referente de los instrumentos internacionales en relación con el derecho a la reparación. ***"Principios para la protección y la promoción de los derechos humanos mediante la lucha contra la impunidad"***, elaborados por Diane Orentlicher, encontramos definido en el capítulo IV literales A y B los principios que regulan el derecho a obtener una reparación y las garantías de no repetición de las violaciones; respecto a la reparación encontramos los principios 31 a 34: Tanto la víctima directa, como sus familiares tienen derecho a ser reparados por el Estado y su victimario; a su vez surge el deber del Estado por garantizar dicha reparación. **(Principio 31).** Todas las víctimas tienen derecho a hacer uso de un recurso accesible, rápido y eficaz ante las jurisdicciones penal, civil, administrativa y disciplinaria, así también, gozaran de protección y de medidas de reparación regladas por las legislaciones internas las cuales pueden ser financiadas por fuentes nacionales e internacionales y dirigidas de manera individual o colectiva. En el diseño y aplicación de los programas de reparación podrán participar las víctimas, la sociedad civil, las mujeres y los grupos minoritarios; así como acceder a los programas internacionales y regionales que les sean aplicables. **(Principio 32).** Los procedimientos especiales que permitan a las víctimas ejercer su derecho a la reparación, serán difundidos de manera amplia por todos los medios de comunicación, inclusive los privados, tanto en el interior del país como en el extranjero, acudiendo a la vía consular en el caso en el que

quiera de sus derechos, independientemente del responsable que se los haya vulnerado; este derecho también comprende el acceso a recursos efectivos y rápidos, el respeto por la dignidad de las víctimas y la disponibilidad de mecanismos que faciliten su participación en el diseño y ejecución de los programas de reparación. Adicionalmente, comprende medidas de reparación referentes a la restitución, indemnización, rehabilitación y satisfacción de sus derechos y las garantías para que estos hechos no se vuelvan a repetir.

El derecho a la reparación y la consecutiva obligación de reparar es una regla consuetudinaria del derecho internacional, aplicable tanto en materia de derechos humanos como del DIH. La reparación es un principio del derecho internacional, así lo definió entre otros la Corte Permanente de Justicia Internacional desde 1928.

Así mismo, existe un aporte importante del *soft law* o derecho blando, que ha desarrollado una serie de principios para reparar a víctimas de graves violaciones a los derechos humanos y al DIH, estos instrumentos constituyen un gran referente por su importancia a la hora de interpretar el alcance de los tratados; así como para determinar los grados de cumplimiento de las obligaciones estatales en materia de reparaciones a violaciones de derechos hu-

---

existan víctimas exiliadas. **(Principio 33).** El derecho a la reparación deberá comprender todos los daños y perjuicios causados a las víctimas, incluyendo medidas de restitución, indemnización, rehabilitación y satisfacción de acuerdo con el derecho internacional. Para los casos de desapariciones forzadas, los familiares de la víctima directa tienen el derecho imprescriptible a ser informados de la suerte o el paradero de la persona desaparecida, en caso de fallecimiento se le deberá restituir el cuerpo plenamente identificado, independientemente de que se haya establecido la identidad de los autores o se los haya enjuiciado. **(Principio 34).** Ver: Organización de las Naciones Unidas. Principios actualizados para la protección y la promoción de los derechos humanos mediante la lucha contra la impunidad. Oficina del Alto Comisionado para los Derechos Humanos. 2005. Y Orentlicher, Diane. Estudio independiente con inclusión de recomendaciones, sobre las mejores prácticas, para ayudar a los Estados a reforzar su capacidad nacional con miras a combatir todos los aspectos de la impunidad. Organización de las Naciones Unidas, 2004.

manos y como fuente de argumentación de tribunales nacionales e internacionales para definir las medidas de reparación a las víctimas en casos concretos.

Partiendo de esta realidad hemos formulado como pregunta de investigación para la presente tesis doctoral la siguiente: ¿Cuáles son los criterios que evidencian los daños y las medidas de reparación integral para repararlos, que debería adoptar el Estado colombiano, en un proceso de justicia transicional para reparar a las víctimas del delito de desaparición forzada?

Y como hipótesis para el mismo la siguiente reflexión: la práctica del delito de desaparición forzada en Colombia por más de tres décadas ha dejado un universo de víctimas aún no establecido, sus familiares hoy le exigen al Estado colombiano sus derechos a la verdad, la justicia y la reparación integral en un proceso de justicia transicional regulado por la Ley 975 de 2005 como antecedente junto con la Ley 1448 de 2011 y sus decretos reglamentarios. Sin embargo, en Colombia no existen unos criterios de reparación integral definidos y diferenciados para esta población victimizada, que reclama a más de 60 000[17] personas desaparecidas en el contexto de violencia interna que ha vivido el país. Experiencias internacionales que han afrontado este crimen de lesa humanidad, son un ejemplo hacia la definición y diferenciación de los criterios y las medidas para reparar a los familiares de las víctimas de la práctica de la desaparición forzada. Con base en la legislación internacional, se han adoptado distintas formas de reparación que pueden señalar un camino para la misma en el contexto nacional. Hoy es evidente que no existen criterios diferenciados para reparar a las víctimas del conflicto armado interno, por el contrario, el modelo de reparación adoptado por el gobierno ha generalizado a las poblaciones victimizadas por los grupos armados organizados al margen de la ley, sin propiciar la transformación radical del orden social y político que vive el país, hacia un

---

17 *Ibidem.*

orden social pacífico y reconciliado como lo buscan los procesos de justicia transicional.

En el marco de los avances en materia de reparación para las víctimas de derechos humanos, que se han alcanzado dentro del proceso de justicia transicional adelantado en Colombia, surgen las siguientes preguntas de investigación: ¿Cuáles son los criterios que se han regulado por la legislación internacional para reparar a las víctimas del delito de desaparición forzada?, ¿cuáles son los elementos que constituyen una reparación integral a las víctimas de violaciones a los derechos humanos en la legislación internacional?, ¿cuáles son los criterios de reparación adoptados por los Estados nacionales que han afrontado el crimen de desaparición forzada en procesos de justicia transicional?, ¿qué tipos o modelos de reparación existen en el contexto internacional para reparar a las víctimas del delito de desaparición forzada en procesos de justicia transicional?, ¿qué criterios ha tenido en cuenta la legislación nacional para reparar a las víctimas del delito de desaparición forzada?, ¿cuáles son los criterios que evidencian los daños y las medidas de reparación que exigen las víctimas del delito de desaparición forzada en Colombia?

Como lo advertíamos en esta presentación, consideramos como punto de partida que no existe en el país, respecto de las víctimas de desaparición forzada, una verdadera propuesta de reparación integral, que propenda por identificar los derechos vulnerados y la manera cómo se deberían reparar de acuerdo con la normatividad internacional y las experiencias internacionales que han afrontado este crimen de lesa humanidad. Por lo mismo, es pertinente observar estos referentes, puesto que permitirán mitigar los daños causados de una manera realmente reparadora, que propenda por sanar las heridas del pasado y permita dar pasos certeros hacia una reconciliación nacional, objeto principal de los procesos de la justicia transicional. Como es evidente, en el caso colombiano, la legislación no ha diferenciado a las poblaciones victimizadas, por lo que se ha venido reparando de manera generalizada y masiva a las víctimas, a pesar de los lineamientos señalados por la Corte Constitucional mediante la Sentencia C-370 del año 2006 lo que se observa hasta la fecha es que se han venido implementado medidas de carácter meramente asistencial.

Por otra parte, firmados los acuerdos de la Habana entre el Gobierno nacional y las FARC-EP, a finales del año 2016, se abren una serie de oportunidades para las víctimas del conflicto armado interno en torno a su participación activa en la construcción de una Colombia en paz, cuyo objeto es permitirles reivindicar sus derechos, esclarecer la verdad frente a lo sucedido con sus familiares, individualizar y juzgar a los responsables del delito de desaparición forzada en Colombia y ser reparadas de una manera integral, diferenciada y transformadora.

Si bien en los acuerdos se recogen una serie de intenciones en favor de las víctimas de desaparición forzada, la institucionalidad necesaria para realizarla está por hacerse. Encontrar a los desaparecidos, entregar los cuerpos plenamente identificados de una manera digna a sus familiares, conocer las circunstancias de tiempo, modo y lugar de su desaparición, crear la Unidad Especial para la Búsqueda de personas dadas por desaparecidas en el contexto y en razón del conflicto armado, implementar la Jurisdicción Especial para la Paz y nombrar a sus jueces, así como, crear la Comisión para el Esclarecimiento de la Verdad, la Convivencia y la no Repetición, son algunas de ellas. Como observamos se prevé una institucionalidad robusta de la cual se espera mucho en términos de verdad, justicia y reparación para las víctimas en un escenario de posconflicto.

Ahora bien, reconstruir el objeto de estudio de esta tesis, tiene como finalidad mostrar que la desaparición forzada en Colombia no ha sido una práctica aislada, por el contrario, esta obedece a unas lógicas de confrontación dentro del contexto del conflicto armado interno, que se han ejecutado de manera generalizada e indiscriminada como método de intimidación contrainsurgente, de amedrentamiento a la sociedad, de estigmatización a líderes sociales, sin que se reduzca a estos ejemplos su finalidad. Lo anterior, ha dejado a miles víctimas en el país, sin que el Estado las haya reconocido, por el contario, las ha invisibilizado, a pesar de estar directamente relacionado, por acción o por omisión, con estas violaciones.

Esta propuesta de formulación de criterios que evidencian los daños, junto con las medidas de reparación integral a las víctimas del delito de desaparición forzada en Colombia, en un contexto de justicia transicional, ha transitado por un ejercicio comparado de experiencias internacionales, mediante el cual se analizan cinco países latinoamericanos, en los cuales se empleó la desaparición forzada de personas como método selectivo de guerra, evidenciando que el principal objetivo de su práctica en el hemisferio era exterminar al "enemigo interno" y contribuir a la extinción de organizaciones sindicales, estudiantiles, políticas, entre otras; consideradas como opositoras al régimen establecido. En este sentido, se priorizaron las dictaduras de Argentina y Chile, los conflictos armados de Guatemala y El Salvador, y la guerra civil acaecida en Perú.

La metodología para este análisis se centra en el método conocido como comparaciones centradas[18], mediante el cual se realizan comparaciones sistemáticas de un número limitado de casos, que se caracteriza por utilizar más casos dando información menos detallada que el estudio de caso y que por lo mismo permite presentar conclusiones de carácter más general. De esta manera el conjunto de información que arroja el estudio comparado de las experiencias seleccionadas nos permitirá observar los contextos sociopolíticos en que se han dado las desapariciones forzadas, los procesos de justicia transicional para superarlos y las medidas de reparación adoptadas para resarcir integralmente a las víctimas de este delito.

A partir de esta metodología descrita nuestros objetivos específicos y sus hipótesis serán desarrollados por capítulos así: **(i)** Indagar, en torno a los debates y enfoques socio jurídicos que existen con relación al delito de desaparición forzada, sobre los procesos de reparación integral a las víctimas y cómo se ha abordado este tema en contextos de justicia transicional; **(ii)** Describir y evidenciar la práctica del delito de desaparición forzada en Colombia; **(iii)** Rea-

---

18 Castellanos Morales, Ethel Nataly, (2007), Estudios Comparados: Una Propuesta Metodológica Aplicada. *Revista Principia Iures*, No. 8.

lizar un estudio comparado concreto, respecto de los programas y modelos de reparación integral en el contexto internacional a las víctimas del delito de desaparición forzada; **(iv)** Identificar, formular y proponer criterios que evidencien el daño, junto con medidas de reparación integral para las víctimas del delito de desaparición forzada en Colombia, desde un enfoque diferencial y focalizado.

En relación con la definición del concepto de la desaparición forzada existen vacíos teóricos y doctrinales, por lo menos desde el ámbito jurídico, no obstante, se evidencia un tímido desarrollo legal y un copioso desarrollo jurisprudencial, especialmente en el Sistema Interamericano de Derechos Humanos. Igualmente, se hace notoria una constante preocupación de la comunidad internacional en este tema, preocupación que se ha ido recogiendo en recomendaciones, informes y grupos de trabajo, que aportan significativamente a la denuncia, defensa, investigación y estudio de los derechos humanos conculcados con esta práctica.

Este trabajo académico, busca hacer un aporte significativo en el marco de las discusiones presentes y futuras relacionadas con los procesos de reconciliación nacional y la búsqueda de la paz. Para ello sistematiza la información más relevante sobre la práctica del delito de desaparición forzada en el país, valora las experiencias comparadas en el contexto latinoamericano y compila los avances jurídicos internacionales, entre otros. Como colofón presenta los criterios y la formulación de las medidas de reparación, que responden, de manera clara, a las particularidades de esta práctica, a las necesidades de las víctimas y a las expectativas del contexto nacional. Esperando, igualmente, que contribuya al conocimiento, reconocimiento y discusión de esta práctica atroz por parte de la academia, la justicia, la administración pública, las instituciones, los gremios, los actores del conflicto armado interno y todos aquellos que desde su hacer y saber puedan aportar para que cese el sufrimiento de las víctimas y la práctica del delito.

Capítulo I.

Contexto histórico, marco normativo y concepto teórico del derecho a la reparación integral a víctimas, el delito de desaparición forzada y la justicia transicional

INTRODUCCIÓN

El objetivo general de esta tesis doctoral es formular criterios de reparación integral para las víctimas del delito de desaparición forzada en Colombia, en un contexto de justicia transicional; por lo cual, se hace necesario abordar en el primer capítulo el análisis tres ejes centrales, y que serán transversales en el curso de este trabajo académico, (i) el contexto histórico, (ii) el marco normativo y (iii) la definición conceptual de tres categorías: el derecho a la reparación integral de las víctimas, el delito de desaparición forzada y la denominada justicia transicional. La justificación de este ejercicio se basa en la necesidad de abordar el estado del arte de tales categorías, en especial desarrollaré el primer objetivo específico propuesto para esta tesis, el cual se centra en indagar cuáles son los debates y enfoques históricos, sociojurídicos y políticos que existen sobre estas tres categorías, en contextos internacionales.

El contexto histórico nos permite referenciar, desde cada uno de los ejes planteados, el surgimiento de estos procesos, su desarrollo y los aportes más importantes que se han dado en estos temas a partir de las experiencias internacionales; el marco histórico se constituye en nuestro punto de partida para el análisis y la exposición de los elementos más relevantes en nuestro trabajo, a fin de poner en contexto una situación concreta, la de las víctimas del delito de desaparición forzada y que será abordada de manera específica para el caso colombiano en los capítulos posteriores.

El marco normativo permite evidenciar la necesidad que se tuvo de regular ciertas conductas que preocupaban a la comunidad internacional, a las organizaciones defensoras de derechos humanos y a las sociedades afectadas por la grave crisis humanitaria que se vivió sobre todo en el siglo XX. Importantes avances jurídicos se produjeron en las organizaciones que obran como garantes de los derechos humanos, creadas después de la Segunda Guerra Mundial, tanto en el plano internacional como regional. La proliferación y regulación de diversos temas, en especial sobre derechos humanos, han permitido que de alguna manera exista una sujeción de los Estados (sobre todo de aquellos que violan los derechos humanos o que viven en una alteración del orden y sus instituciones) en relación con el respeto de los acuerdos, convenios y tratados internacionales, pues es una obligación al ser parte de la comunidad internacional.

En efecto, y gracias al trabajo, la denuncia y la preocupación de los defensores de derechos humanos, por la comisión de hechos aberrantes y violatorios del Derecho Internacional Humanitario y los derechos humanos, hoy los ciudadanos cuentan con instrumentos jurídicos internacionales que les protegen y que a su vez, en relación con los Estados; (i) les prohíbe desplegar conductas criminosas a la sociedades, (ii) les exige reparar a las víctimas de forma integral por tales hechos; y, (iii) les obliga a respetar los procesos de justicia transicional.

Es así que la definición conceptual y teórica nos acerca a los distintos debates que se han generado en la comunidad académica sobre los ejes planteados, esta exploración de los principales autores o escuelas, e incluso apoyados en la legislación internacional, ponen en evidencia una revisión exhaustiva de los temas que nos aproximan a los conceptos que se han venido trabajando desde sus orígenes y que son hoy fuente de consulta y aplicación por quienes están en curso de nuevos trabajos académicos o de las naciones que apelan a lo construido y que están sujetas a su aplicación.

Este esquema de análisis y presentación aborda de manera integral cada uno de nuestros ejes para el presente trabajo, siendo esta la fuente teórica principal que aplicaremos en los demás capítulos, pues como lo hemos venido señalando, estos ejes son trasversales en todo el documento y siendo este nuestro punto de partida se quiso dar una mirada completa, por no decir holística, a cada uno de los temas que estarán en discusión a lo largo de esta investigación.

Ahora bien, en primera instancia el desarrollo del eje del derecho a la reparación integral de víctimas ha sido abordado haciendo seguimiento a la legislación internacional vigente, a la jurisprudencia internacional y a los instrumentos que la consagran, definen y regulan. Considerando la importancia para nuestro trabajo, acudimos a una revisión de las organizaciones internacionales que han abordado el tema, con especial interés en la Organización de Naciones Unidas —ONU—, la Organización de Estados Americanos —OEA— y la Corte Penal Internacional —CPI—; haciendo especial énfasis en el Sistema Interamericano de Protección y Promoción de los Derechos Humanos, el cual presenta mayores desarrollos en esta materia, no solo desde el punto de vista normativo, sino desde el punto de vista jurisprudencial, pues a través de las sentencias proferidas por la Corte Interamericana de Derechos Humanos —Corte IDH—, se ha marcado un camino que fija lineamientos de medidas de reparación integral a víctimas de violación de los derechos humanos que acuden a su jurisdicción.

El deber de reparar estas víctimas cobra vital relevancia en procesos de reconciliación y búsqueda de la paz. Reparar los daños y el sufrimiento a quienes fueron sometidos bajo estados de violencia generalizada, es un principio del derecho internacional, por lo mismo surge una obligación para los Estados que hacen parte de los sistemas internacionales de justicia y protección de los derechos humanos y del derecho internacional humanitario, de tal manera que toda violación a la normativa internacional comporta el deber de reparación.

Las víctimas, sus familiares y los sobrevivientes que han soportado los vejámenes de la dictadura, el totalitarismo o las graves secuelas de la confrontación armada, presentan toda una serie de daños físicos y psicológicos, aunados muchos de ellos a las difíciles condiciones económicas, de quienes deben intentar rehacer su vida, por lo mismo los Estados deben garantizar a las víctimas el acceso a un recurso efectivo para que puedan reclamar la reparación a la que tienen derecho, así como establecer las medidas de reparación que les permitan dignificarlas y que compensen sus pérdidas morales, materiales y sociales. Al hablar de reparación a víctimas se debe pensar en que las medidas adoptadas deben suprimir, moderar o compensar los efectos de las violaciones cometidas, por lo mismo, para el caso de la desaparición forzada se deben plantear medidas y criterios de reparación para las víctimas directas o sus familiares que sean acordes con el daño sufrido, objetivo principal de este trabajo, el cual pretendemos desarrollar a partir de la revisión del derecho a la reparación integral desde la normatividad internacional y desde los diversos autores que han abordado el tema de la reparación en Colombia con ocasión de la promulgación de la Ley 975 de 2005.

A partir de ese momento desarrollamos el estado del arte sobre el tema de la reparación en Colombia, entre otros aspectos, porque con el proceso de desmovilización de los grupos paramilitares y su reglamentación de justicia transicional surgió la necesidad de observar la aplicación de la ley y establecer las medidas de reparación de los grupos victimizados por la violencia en Colombia. Así desde la academia, las organizaciones de derechos humanos, los grupos de estudios independientes y desde el mismo Estado circularon fórmulas para proponer medidas de reparación que equilibraran las exigencias de los derechos de las víctimas y las posibilidades gubernamentales regladas por la Ley de Justicia y Paz, y más recientemente por la Ley de Víctimas.

En segunda instancia, desarrollo el eje de la desaparición forzada, que se analiza desde sus orígenes en la Alemania nazi, pasando por la Doctrina de Seguridad Nacional hasta su posterior aplicación en países latinoamericanos, no solo por gobiernos despóticos, totalitarios o bajo dictaduras; también en gobiernos democráticos que han sufrido esta práctica por sus actores armados. La desaparición forzada en este capítulo es abordada en el contexto internacional, por lo mismo hemos realizado una revisión de la legislación y los instrumentos existentes como convenciones, declaraciones, resoluciones e informes, especialmente de organizaciones como Naciones Unidas, la Organización de Estados Americanos —OEA— y la Corte Penal Internacional —CPI—; finalmente, hacemos una caracterización del tipo penal en el contexto internacional.

A partir de esta revisión se busca mostrar el origen de la desaparición forzada en el contexto internacional, su impacto en el contexto latinoamericano (bajo las dictaduras del cono sur y la práctica de la misma en regímenes democráticos), así como, la gravedad del delito de desaparición forzada y sus múltiples repercusiones, no solo en los familiares de sus víctimas, sino en sociedades permisivas con esta práctica, que ha sido calificada por la comunidad internacional

> como una afrenta a la conciencia del hemisferio y una grave ofensa de naturaleza odiosa a la dignidad intrínseca de la persona humana, en contradicción con los principios y propósitos consagrados en la Carta de la Organización de los Estados Americanos1. Las desapariciones forzadas afectan los valores más profundos de toda sociedad respetuosa de la primacía del derecho, de los derechos humanos y de las libertades fundamentales, y que su práctica sistemática representa un crimen de lesa humanidad[2].

Esta calificación de la desaparición forzada me permite contextualizar y conceptualizar el tema a nivel internacional, para luego, en el capítulo segundo, concentrarme en la exposición del delito

---

1 Convención Interamericana sobre Desaparición Forzada de Personas. Adoptada en Belém do Pará, Brasil el 9 de junio de 1994, en el vigésimo cuarto período ordinario de sesiones de la Asamblea General.

2 Declaración sobre la protección de las personas contra la desaparición forzada. Adopción: Asamblea General de la ONU. Resolución 47/133, 18 de diciembre de 1992.

de la desaparición forzada en Colombia por más de treinta años, con las implicaciones políticas, jurídicas y sociales que ha dejado, así como a los centenares de víctimas que buscan a sus familiares desaparecidos y la respuesta que se han dado desde el Estado para repararlas de manera integral.

En última instancia, desarrollo el eje de la justicia transicional, acudiendo en un primer momento a una revisión de las principales posturas de su desarrollo en el siglo XX, a partir de la genealogía de Ruti Teitel quien periodiza la justicia transicional en tres fases luego de la posguerra y hasta la creación de la CPI, asociando la justica transicional a períodos de cambio político, los cuales se caracterizan por dar respuestas legales con el objeto de enfrentar los crímenes cometidos por regímenes anteriores. Luego iniciamos la exposición de una serie de autores que han conceptualizado la justicia transicional, sobre todo desde finales del siglo XX, encontrando defectos y virtudes en la misma, pero reconociendo que sus planteamientos se han convertido en un herramienta fundamental para las naciones que han decidido abandonar la violencia para buscar la paz y la reconciliación; aunque con diversos resultados y varios sacrificios en aras de lograr transitar hacia la democracia o contextos menos violentos que vulneran en última instancia a los ciudadanos ajenos al conflicto. Se acude a esta estructura en aras de no presentar la justicia transicional como unos estándares definidos por la comunidad internacional muy importantes que hacen parte de estos procesos como la verdad, la justicia y la reparación; sino por el contrario ir al fondo de lo que realmente implica abordar la categoría de justicia transicional como un proceso independiente, que tiene antecedentes históricos propios, una reglamentación y una clasificación en la que encontramos las diversas formas de reparación que se pueden adoptar en proceso de justicia transicional.

Finalmente, formulamos un marco teórico de referencia por el cual direccionamos nuestro trabajo afín de poner en evidencia las distintas posturas académicas del derecho en relación con nuestra tesis. Podemos señalar que la discusión teórica de este trabajo está dada en términos de abordar la dogmática y la argumentación jurídica, así como las teorías del derecho Constitucional y los derechos humanos, enfocándonos en el bloque de constitucionalidad, el principio de no regresividad, y el derecho a una reparación transformadora de justicia distributiva y profundización democrática. Herramientas de análisis para presentar un hecho social, relacionado con las violaciones de derechos humanos, en un contexto de violencia sociopolítica; como lo es la desaparición forzada en Colombia objeto de análisis y estudio en el presente trabajo.

Lo anterior nos permite presentar y realizar un ejercicio propositivo para un marco teórico que permita observar desde la teoría del derecho y algunas de sus escuelas, el fenómeno de la desaparición forzada, como un hecho social susceptible de ser analizado desde la disciplina del derecho, pero especialmente haremos énfasis en los derechos que tienen las víctimas de este delito a ser reparadas de manera integral en un contexto de justicia transicional. Se busca observar el concepto de la desaparición forzada como categoría de análisis a la luz de las teorías del derecho enfocándonos en el bloque de constitucionalidad, el principio de no regresividad, y el derecho a una reparación transformadora de justicia distributiva y profundización democrática.

Aportamos también una discusión teórica acerca de cómo los estados de sitio o estados de excepción se convierten en escenarios propicios para las violaciones de derechos humanos entre ellos la desaparición forzada de personas. La estrecha relación que existe entre el estado de sitio con la guerra civil, la insurrección y la resistencia, en donde el Estado de derecho es vulnerado constantemente a través de la excepción que termina cooptando su normalidad. Los aportes de los teóricos en el modelo de totalitarismo moderno que puede ser definido como la instauración, a través del estado de excepción, de una guerra civil legal; que permite la eliminación física de los adversarios políticos.

1. REPARACIÓN INTEGRAL A VÍCTIMAS DE VIOLACIONES A LOS DERECHOS HUMANOS

El deber de reparar a las víctimas de graves violaciones a los derechos humanos y al derecho internacional humanitario; se erige como uno de los retos principalísimos en cualquier proceso de reconciliación y búsqueda de la paz, pues mitigar los daños y sufrimientos a quienes se les atropelló en el desarrollo de la confrontación armada no es una tarea fácil si tenemos presente que existen diversas formas de concebir el daño y la manera de repararlo.

La reparación es un principio del derecho internacional, así lo definió entre otros la Corte Permanente de Justicia Internacional desde 1928, "Toda violación de un compromiso internacional comporta el deber de repararlo adecuadamente", y ello por la misma obligación que tienen todos los Estados partes de los sistemas internacionales de justicia y protección de los derechos humanos y del derecho internacional humanitario, de tal manera que toda violación a esta disposición comporta el deber de reparar a sus víctimas. En términos de la Convención Americana de Derechos Humanos —CADH—, se generan dos deberes por parte de los Estados al declararse su responsabilidad internacional por violación de derechos humanos; el primero de ellos consiste en garantizar el goce y efectivo ejercicio del derecho o libertad conculcada; el segundo es reparar los perjuicios causados por la conducta violatoria ya sea por acción o por omisión del mismo.

Luego de un periodo de abusos generalizados, las víctimas y los sobrevivientes presentan toda una serie de daños físicos y psicológicos, en algunos casos en condiciones económicas adversas en las que materialmente les es imposible rehacer su vida, la destrucción de sus bienes, el desplazamiento de sus territorios, las amenazas, la pérdida de sus seres queridos o incluso la capacidad de trabajar, desdibujan sus proyectos de vida relegándolos por presiones o por miedo a manifestar y exigir sus derechos; en ocasiones se presenta más de una vulneración de derechos a una misma persona o familia; en estos casos el Estado debe garantizar recursos efectivos a las víctimas para que puedan reclamar la reparación a la que tienen derecho. Por otra parte, debe proteger el derecho de las víctimas a la reparación mediante su intervención en el marco de sus mecanismos administrativos y judiciales o de justicia transicional, para identificar a los responsables de las violaciones e imponerles la obligación de reparar. Y, por último, el Estado debe proveer reparación cuando es directamente responsable por la acción u omisión de sus agentes, incluso en los casos de conductas no atribuibles a estos, cuando el Estado no logra que los responsables reparen a las víctimas, debe asumir directamente acciones de reparación integral para las mismas.

La reparación a graves violaciones a los derechos humanos debe buscar dignificar a las víctimas mediante medidas que propendan por aliviar sus sufrimientos, compensen sus pérdidas morales, materiales y sociales, así como también, se debe buscar que se les restituyan sus derechos ciudadanos. Por lo mismo al hablar de reparación a víctimas se debe pensar en que las medidas adoptadas deben suprimir, moderar o compensar los efectos de las violaciones cometidas. Su naturaleza y su monto dependerán de las características de la violación y del daño ocasionado tanto en lo material como en lo moral buscando siempre en lo posible tratar de regresarla al estado anterior a la violación de sus derechos.

En todo caso el contexto en el que se apliquen las medidas o los estándares de reparación a las víctimas siempre influirá el contexto en el que se den estos procesos de reparación, esto es, que si bien existen unas obligaciones internacionales y unos estándares definidos su aplicación podrá variar en circunstancias propias por ejemplo de reparaciones masivas en contextos de justicia transicional, donde se podrá como ya se ha hecho, acudir a la reparación individual, colectiva, material o simbólica, por lo que el reto estará mediado en poder equilibrar estas medidas en los programas de reparación que diseñen los Estados y su posterior aplicación institucional y cumplimiento de los mismos a las víctimas.

1.1. Concepto y marco normativo internacional del derecho a la reparación

La comunidad internacional ha hecho grandes esfuerzos para lograr desarrollar, desde el punto de vista normativo, instrumentos que recojan el derecho a la reparación integral consagrando directrices internacionales que les permitan a las víctimas de graves violaciones a los derechos humanos y al derecho internacional humanitario, exigirle a los Estados y a la comunidad internacional el reconocimiento de los hechos dañinos a los que fueron expuestos y por consiguiente el derecho a ser reparados de manera integral por sus victimarios.

El derecho a la reparación integral busca restablecer la dignidad de toda persona que haya sufrido un menoscabo en cualesquiera de sus derechos amparados e independientemente del responsable que se los haya vulnerado; este derecho también comprende el acceso a recursos efectivos y rápidos, el respeto por la dignidad de las víctimas y la disponibilidad de mecanismos que faciliten su participación en el diseño y ejecución de los programas de reparación. Adicionalmente, comprende medidas de reparación concernientes con la restitución, indemnización, rehabilitación y satisfacción de sus derechos y las garantías para que estos hechos no se vuelvan a repetir.

Son ya varios los instrumentos que recogen y desarrollan los derechos de las víctimas, así como los fundamentos jurisprudenciales para su exigibilidad y los mecanismos jurídicos a través de los cuales los Estados deben garantizar y asegurar a las víctimas el acceso a las reparaciones y al restablecimiento de sus derechos de manera segura, pronta y eficaz; buscando siempre, en la medida de lo posible, devolver a las víctimas al estado en que se encontraban antes de las violaciones. Evidenciar este proceso de compilación normativa nos permite tener un marco de referencia a la hora de analizar los instrumentos que permiten la exigibilidad de los derechos consagrados en el contexto internacional para reparar a las víctimas de violaciones a los derechos humanos, el derecho internacional humanitario y en el derecho penal internacional.

1.1.1. El Concepto de reparación en el sistema universal

En primera instancia podemos referenciar que el Sistema de Naciones Unidas, regula en la Declaración Universal de Derechos Humanos, artículo 8 *"Toda persona tiene derecho a un recurso efectivo ante los tribunales nacionales competentes, que la ampare contra actos que violen sus derechos fundamentales reconocidos por la constitución o por la ley"* (Organización de las Naciones Unidas, 1948).

Así mismo, la Convención Internacional sobre la Eliminación de todas las Formas de Discriminación Racial (Organización de las Naciones Unidas, 1969)[3] y la Declaración sobre los principios fundamentales de justicia para las víctimas de delitos y del abuso de poder (Organización de las Naciones Unidas, 1985)[4], establecen el derecho que tienen las víctimas de discriminación racial y de otros delitos a pedir ante los tribunales una reparación justa y adecuada; así como también a acceder a los mecanismos de la justicia y a una pronta reparación del daño que hayan sufrido, por lo que los Estados parte están en la obligación de establecer en sus legislaciones internas mecanismos judiciales y administrativos que les permitan a las víctimas obtener una reparación mediante procedimientos oficiales u oficiosos que sean expeditos, justos, poco costosos y accesibles.

El Pacto Internacional de Derechos Civiles y Políticos (Organización de las Naciones Unidas, 1966 a)[5], establece en su artículo 9 numeral 5, la obligación de los Estados parte de reparar a toda persona que haya sido ilegalmente detenida o presa. Igualmente, establece en su artículo 2 que los Estados parte están obligados a garantizar, a toda persona cuyos derechos reconocidos en dicho Pacto han sido violados, un "recurso efectivo". Al respecto el Comité de Derechos Humanos —en ejercicio de la facultad que le atribuye el artículo 5 del Protocolo Facultativo de 16 de diciembre

---

3 Resolución 2106ª de 1969, artículo 6.

4 Resolución 40/34(XX) de 1985, numerales 4, 5 y 6.

5 Resolución 2200A (XXI) de 1966, artículos 2.2, 9.5 y 14.6.

de 1966— ha señalado que ello implica el deber del Estado de "investigar a fondo las presuntas violaciones de derechos humanos, en particular las desapariciones forzadas de personas y las violaciones del derecho a la vida, y de encausar penalmente, juzgar y castigar, a quienes son considerados responsables de esas violaciones".

De acuerdo con el Comité, "esos recursos deben adaptarse de manera adecuada para que tengan en cuenta la particular vulnerabilidad de determinadas categorías de personas, con inclusión en particular de los niños". En relación con las medidas de reparación, el Comité ha señalado que, cuando procede,

> la reparación puede entrañar la restitución, la rehabilitación y medidas de satisfacción, como apologías públicas, memoriales públicos, garantías de no repetición y cambios en las leyes y las prácticas pertinentes, así como al sometimiento a la justicia de los autores de violaciones de derechos humanos[6].

Por otra parte, la Convención contra la Tortura y Otros Tratos o Penas Crueles, Inhumanos o Degradantes (Organización de las Naciones Unidas, 1984)[7], regula en su artículo 14:

> Todo Estado Parte velará porque su legislación garantice a la víctima de un acto de tortura la reparación y el derecho a una indemnización justa y adecuada, incluidos los medios para su rehabilitación lo más completa posible. En caso de muerte de la víctima como resultado de un acto de tortura, las personas a su cargo tendrán derecho a indemnización.

Aquí cobra vital importancia la Convención Internacional para la Protección de Todas las Personas contra las Desapariciones Forzadas. En cuanto a la reparación de las víctimas, la Convención Internacional (Organización de las Naciones Unidas, 2007) reguló el tema tanto en su preámbulo como en los artículos 19 y 24 numerales 4 y 5; en este último se estableció literalmente:

---

6 Comité de Derechos Humanos, Observación General n.º 31, párr. 15 y 16.

7 Resolución 39/46 de 1984, artículo 25.

> 5. El derecho a la reparación al que se hace referencia en el párrafo 4 de este artículo comprende todos los daños materiales y morales y, en su caso, otras modalidades de reparación tales como:
> **a)** *La restitución;*
> **b)** *La readaptación;*
> **c)** *La satisfacción; incluido el restablecimiento de la dignidad y la reputación;*
> **d)** *Las garantías de no repetición*[8].

La Convención Internacional establece además normas precisas sobre la desaparición de niños y consagra el principio de restitución a la familia de origen; un procedimiento novedoso que incluye esta convención consiste en las acciones de búsqueda encomendadas al Comité de diez expertos contra la Desaparición Forzada, acciones que han sido consideradas como equivalentes a un recurso de "*habeas corpus* internacional". Este Comité también ostenta la potestad de señalar las situaciones de desapariciones forzadas generalizadas o sistemáticas y la potestad para recomendar acciones urgentes.

Adicionalmente, a estos instrumentos encontramos los estudios que le encomendó la ONU a varios consultores, entre ellos los del relator Theo van Boven en 1993, y que posteriormente revisara M. Cherif Bassiouni en el año 2000, para finalmente ser aprobados por la Asamblea General de la ONU el 16 de diciembre de 2005, mediante Resolución 60/147. Principios que desarrollaremos más adelante, a fin de dar paso al análisis de las formas y mecanismos de reparación; pues la publicación de los principios y directrices se ha convertido en una fuente de consulta de la jurisdicción internacional y de los Estados a la hora de adoptar criterios de reparación a las víctimas de graves violaciones a los derechos humanos.

---

8 Resolución A/RES/61/177 del 20 de diciembre del año 2006. Artículo 24, numeral 5.

1.1.2. El Concepto de reparación en el sistema regional

El Sistema Interamericano de Protección y Promoción de los Derechos Humanos presenta mayores desarrollos en esta materia, no solo desde el punto de vista normativo, sino desde el punto de vista jurisprudencial, pues a través de las sentencias proferidas por la Corte Interamericana de Derechos Humanos —Corte IDH—, ha marcado un camino que fija lineamientos de medidas de reparación integral a víctimas de derechos humanos que acuden a su jurisdicción. Al respecto, la Convención Americana de Derechos Humanos (Organización de los Estados Americanos, 1969), establece en su artículo, 1:

> Los Estados Partes en esta Convención se comprometen a respetar los derechos y libertades reconocidos en ella y a garantizar su libre y pleno ejercicio a toda persona que esté sujeta a su jurisdicción, sin discriminación alguna por motivos de raza, color, sexo, idioma, religión, opiniones políticas o de cualquier otra índole, origen nacional o social, posición económica, nacimiento o cualquier otra condición social.

Este criterio adoptado por la Corte IDH, significa que además de investigar y sancionar a los responsables de las violaciones, los Estados están obligados a asegurar a las víctimas una adecuada reparación de los daños y perjuicios causados. Así mismo, establece en su artículo, 63.1:

> Cuando decida que hubo violación de un derecho o libertad protegidos en esta Convención, la Corte dispondrá que se garantice al lesionado en el goce de su derecho o libertad conculcados. Dispondrá, asimismo, si ello fuera procedente, que se reparen las consecuencias de la medida o situación que ha configurado la vulneración de esos derechos y el pago de una justa indemnización a la parte lesionada.

La Corte IDH en su función de aplicación e interpretación de la Convención ha desarrollado este artículo en diversos pronunciamientos jurisprudenciales, así:

> ...el artículo 63.1 de la Convención Americana refleja una norma consuetudinaria que constituye uno de los principios fundamentales del derecho internacional contemporáneo sobre la responsa-

> bilidad de los Estados. De esta manera, al producirse un hecho ilícito imputable a un Estado surge de inmediato la responsabilidad internacional de éste por la violación de una norma internacional, con el consecuente deber de reparación y de hacer cesar las consecuencias de la violación[9].

La obligación que surge para los Estados se enmarca dentro de una serie de medidas que deben tender a desaparecer los efectos de las violaciones cometidas, este deber de reparación demanda de todas aquellas medidas que tiendan también a hacer la plena restitución (*restitutio in integrum*), la cual consiste en el restablecimiento de la situación anterior, siempre que sea posible; dependiendo su naturaleza y el monto del daño ocasionado en los planos tanto material, como inmaterial.

A través de sus sentencias, la Corte Interamericana de Derechos Humanos ha reconocido que en las violaciones a los derechos humanos que son de su competencia es necesario indemnizar el daño moral. Así, la Corte IDH ha declarado que el daño moral es "resarcible según el Derecho Internacional y, en particular, en los casos de violación de los derechos humanos"[10]. La indemnización debe equivaler a los perjuicios directos sufridos por la parte lesionada, tanto materiales como morales[11], que se hayan probado en la sentencia de fondo.

No obstante, en algunos casos la condena podría ser indemnización suficiente del daño moral, sin embargo, la Corte IDH consi-

---

9 Ver CIDH, Caso Cantoral Benavides. Sentencia de 3 de diciembre de 2001, párr. 40; CIDH, Caso Trujillo Oroza. Sentencia de 27 de febrero de 2002, párr. 60; CIDH, Caso Almonacid Arrellano y otros. Sentencia de 26 de septiembre de 2006, párr. 135.

10 Ver CIDH, Caso Velásquez Rodríguez, Indemnización Compensatoria, Sentencia de 21 de julio de 1989. Serie C No. 7, párr. 27 y Caso Godínez Cruz, Indemnización Compensatoria, Sentencia de 21 de julio de 1989. Serie C No. 8, párr. 24.

11 Ver CIDH, Caso Garrido y Baigorria, Reparaciones, párr. 41; Caso Loayza Tamayo, Reparaciones, párr. 124; Caso Castillo Páez, párr. 69; Caso El Amparo, Reparaciones, párr. 35; Caso Castillo Páez, Reparaciones, párr. 84.

dera que esto no ocurre cuando el sufrimiento moral causado a las víctimas y a su familia solo puede ser reparado, por vía sustitutiva, mediante una indemnización pecuniaria. Por ello, se requiere indemnizar el daño moral fijando su cuantía conforme a la equidad y basándose en una apreciación prudente del daño moral, el cual no es susceptible de una tasación precisa[12]. Al referirse a la reparación, la Corte IDH ha señalado a través de sus sentencias que:

> Las reparaciones consisten en medidas con las que se procura suprimir, moderar o compensar los efectos de las violaciones cometidas. Su naturaleza y su monto dependen de las características de la violación y del daño ocasionado en los planos tanto material como inmaterial. Las reparaciones no pueden implicar enriquecimiento ni empobrecimiento para la víctima o sus sucesores, y deben guardar relación con las violaciones declaradas en la Sentencia[13].

La Corte IDH ha calificado como evidente el que toda persona sometida a agresiones y vejámenes propios de la desaparición forzada (detención ilegal, tratos crueles e inhumanos, desaparición y muerte), experimente un agudo sufrimiento moral[14]. De ahí que no se requieran pruebas para establecer la existencia del daño moral[15]. En los eventos en que la víctima no haya aparecido, los familiares inmediatos, como sucesores de la misma, pueden reclamar la indemnización[16]. Esto, sin descuidar que a los familiares también se les ocasiona un daño moral ante la angustia e incertidumbre de la

---

12 Ver CIDH, Caso El Amparo, Reparaciones, párr. 35.

13 Ver CIDH, Caso Vargas Areco. Sentencia de 26 de septiembre de 2006, párr. 142; y, entre otras, Caso Montero Aranguren y Otros (Retén de Catia). Sentencia de 5 de julio de 2006, párr. 118; Caso Ximenes López, Sentencia de 4 de julio de 2006, párr. 210; Caso de las Masacres de Ituango. Sentencia de 1 de julio de 2006, párr. 348.

14 Ver CIDH, Caso Castillo Páez, Reparaciones, párr. 86.

15 Ver CIDH, Caso Aloeboetoe y otros, Reparaciones, párr. 52.

16 Ver CIDH, Caso Aloeboetoe y otros. Reparaciones, párr. 76; Caso Garrido y Baigorria, párr. 50.

desaparición. La Corte presume el daño moral de los padres de la víctima, por lo que no es necesario que sea demostrado.

En igual sentido, la Convención Interamericana sobre Desaparición Forzada de Personas establece, en sus artículos IX y X, la obligación del Estado de prevenir, investigar y sancionar todo delito de desaparición forzada de personas. En relación con la reparación de los daños producidos por la desaparición forzada, la Corte IDH ha señalado, a su vez, entre otras cuestiones, que el Estado está obligado a investigar lo sucedido —hechos y responsables— de manera efectiva; a dar a conocer públicamente los resultados de la investigación; a realizar con la debida diligencia las actuaciones necesarias tendientes a localizar y hacer entrega de los restos mortales de la víctima a sus familiares permitiendo que puedan darle adecuada sepultura; a brindar por medio de sus instituciones de salud especializadas, de manera gratuita, el tratamiento médico y psicológico requerido por todas las víctimas y por el tiempo que sea necesario; y a reparar simbólicamente y mediante compensación económica a los familiares el daño causado por el severo sufrimiento padecido.

Estas medidas de reparación, orientadas a aliviar el daño sufrido por los familiares de la víctima de desaparición forzada, han sido complementadas por la Corte IDH con las medidas necesarias tendientes a evitar la repetición de hechos similares —medidas tendientes a la modificación de normas y a la modificación de prácticas institucionales—[17].

Otros referentes en materia de reparación y en concreto para el caso colombiano son las sentencias de la Corte IDH, sobre el caso de los 19 comerciantes desaparecidos en el Magdalena Medio Santandereanos y la desaparición forzada de 43 campesinos en Pueblo Bello Córdoba, caso en los que la Corte IDH estableció los siguientes criterios de reparación. La sentencia de fecha 5 de Julio de 2004, proferida por la Corte Interamericana de Derechos

---

[17] Ver CIDH, Caso Blanco Romero y otros. Sentencia de 28 de noviembre de 2005; Caso Gómez Palomino. Sentencia de 22 de noviembre de 2005.

Humanos, en el caso de los 19 comerciantes[18], ordenó al Estado colombiano, entre otros:

- Investigar los hechos con el fin de identificar, juzgar y sancionar a todos los autores materiales e intelectuales de las violaciones cometidas en perjuicio de los 19 comerciantes.
- Efectuar una búsqueda seria para determinar lo que sucedió con los restos de las víctimas.
- Construir un monumento en memoria de las víctimas y en presencia de los familiares, colocar una placa con los 19 nombres de los comerciantes.
- En un acto público reconocer su responsabilidad internacional y de desagravio a la memoria de los 19 comerciantes, con presencia de las más altas autoridades del Estado.
- Brindar gratuitamente, a través de instituciones de salud especializadas el tratamiento médico y psicológico requerido por los familiares de las víctimas.
- Pagar a los familiares de cada uno de los 19 comerciantes desaparecidos las indemnizaciones por los siguientes conceptos: los ingresos dejados de percibir, los gastos en que incurrieron las familias en la búsqueda del paradero de sus parientes desaparecidos, indemnización del daño material.
- También está obligado a pagar las costas y gastos judiciales del proceso.
- El fallo también pone de presente la inoperancia de la justicia en Colombia. Demuestra la dimensión de sus contradicciones e incongruencias por los diecisiete años que deambuló, un proceso de estas características, por tantas instancias judiciales.

---

18 Sentencia Corte Interamericana de Derechos Humanos. "Sentencia 19 Comerciantes Vs. Colombia". 5 de julio de 2004.

- Demuestra el fallo que la jurisdicción penal militar no llena los estándares de independencia e imparcialidad internacionales, y reitera la obligación del Estado de hacer cumplir la jurisprudencia que indica que casos como este sean competencia de la jurisdicción ordinaria.

La sentencia de fecha 31 de enero de 2006, proferida por la Corte Interamericana de Derechos Humanos, en el caso de los 43 campesinos[19], ordenó al Estado colombiano, entre otros:

- Realizar inmediatamente las debidas diligencias para activar y completar eficazmente, en un plazo razonable, la investigación para determinar la responsabilidad de todos los partícipes en la masacre.
- Otorgar todas las garantías judiciales en los procesos judiciales. Adoptar inmediatamente las medidas pertinentes para buscar e identificar a las víctimas desaparecidas, así como, para entregar los restos mortales a sus familiares y cubrir los gastos de entierro de aquéllos, en un plazo razonable.
- Proveer un tratamiento médico o psicológico, así como, seguridad a los familiares.
- Realizar, en el plazo de un año, un acto de disculpa pública y reconocimiento de responsabilidad internacional.
- Construir, en el plazo de un año, un monumento apropiado y digno para recordar los hechos de la masacre de Pueblo Bello.
- Publicar parte de la sentencia, dentro del plazo de seis meses, por una vez, en el Diario Oficial y en otro diario de circulación nacional.

---

19 Sentencia de la Corte Interamericana de Derechos Humanos. "Caso de la Masacre de Pueblo Bello Vs. Colombia". 31 de enero de 2006.

- Realizar un pago por daño material y por daño inmaterial a los familiares de los desaparecidos, y por costas y costos.

1.1.3. El concepto de reparación en la Corte Penal Internacional

De acuerdo con el artículo 75 del Estatuto de Roma (Organización de las Naciones Unidas, 1998) indica que la Corte Penal Internacional establecerá principios aplicables a la reparación, incluidas la restitución, la indemnización y la rehabilitación, en este sentido los numerales 1 y 2 señalan taxativamente:

> 1. La Corte establecerá principios aplicables a la reparación, incluidas la restitución, la indemnización y la rehabilitación, que ha de otorgarse a las víctimas o a sus causahabientes.
> Sobre esta base, la Corte, previa solicitud o de oficio en circunstancias excepcionales, podrá determinar en su decisión el alcance y la magnitud de los daños, pérdidas o perjuicios causados a las víctimas o a sus causahabientes, indicando los principios en que se funda.
> ***2.*** *La Corte podrá dictar directamente una decisión contra el condenado en la que indique la reparación adecuada que ha de otorgarse a las víctimas, incluidas la restitución, la indemnización y la rehabilitación. Cuando proceda, la Corte podrá ordenar que la indemnización otorgada a título de reparación se pague por conducto del Fondo Fiduciario previsto en el artículo* [79].

El Estatuto de Roma tipifica la conducta de desaparición forzada y por primera vez un organismo internacional, facultado por los Estados, puede imponer, los mecanismos de reparación integral para sus víctimas contemplados en el artículo 75. La Corte regida por el principio de complementariedad, actuará en forma subsidiaria y a su vez, como un incentivo para el fortalecimiento de la justicia interna de los países que la ratifiquen, constituyéndose en una importante herramienta contra la impunidad.

La creación de la Corte Penal Internacional ha sido uno de los desarrollos más importantes en materia del derecho internacional, ya que se convierte en un mecanismo judicial internacional para juzgar los crímenes internacionales más graves. Lo que busca es prevenir la impunidad y permitir que

> los crímenes más graves de trascendencia para la comunidad internacional en su conjunto no deben quedar sin castigo y que, a tal fin, hay que adoptar medidas en el plano nacional e intensificar la cooperación internacional para asegurar que sean efectivamente sometidos a la acción de la justicia (Organización de las Naciones Unidas, 1998, pág. 3).

Tal y como lo dispone el preámbulo del Estatuto de Roma. El Estatuto de Roma establece el derecho de las víctimas y sus causahabientes a la reparación, que incorpora la restitución, indemnización y rehabilitación, así como el procedimiento para su reclamación.

Sobre esta base, la Corte, previa solicitud o de oficio en circunstancias excepcionales, podrá dictar una decisión contra el condenado en la que indique el alcance y la magnitud de los daños, pérdidas o perjuicios causados a las víctimas o a sus causahabientes, indicando los principios en que se funda. Teniendo en cuenta la magnitud y la gravedad del daño, la CPI puede otorgar una reparación individual o colectiva, o ambas (Organización de las Naciones Unidas, 1998, pág. 32). La Corte podrá, previa solicitud de las víctimas, de su representante legal o del condenado, o de oficio, designar los peritos que correspondan para que le presten asistencia a fin de determinar el alcance o la magnitud de los daños, perjuicios o lesiones causados a las víctimas o respecto de ellas y sugerir diversas opciones en cuanto a los tipos y las modalidades de reparación que procedan.

1.1.4. El concepto de reparación en otros instrumentos internacionales

Por su parte, el Protocolo I adicional a los Convenios de Ginebra, relativo a la protección de las víctimas de los conflictos armados de carácter internacional, dispone que "la parte en conflicto que violare las disposiciones de los Convenios o del presente Protocolo estará obligada a indemnizar si hubiere lugar a ello" (art. 91). Pese a que el Protocolo II, relativo a la protección de las víctimas de los conflictos armados sin carácter internacional, no contempla una disposición similar, el Comité Internacional de la Cruz Roja ha entendido que la obligación general de reparar es exigible en caso de violación a cualquiera de los compromisos internacionales en materia de derecho humanitario[20].

En relación con las personas desaparecidas, en el marco de un conflicto armado internacional o no internacional o de violencia interna, el CICR ha considerado, específicamente, que es fundamental garantizar el derecho de todos los familiares —incluidos los familiares de los miembros de las fuerzas armadas o los grupos armados— a conocer la suerte que han tenido los parientes desaparecidos, incluido su paradero y, en caso de fallecimiento, las circunstancias y la causa y razones de la muerte. Esta garantía implica, según el CICR, la garantía del derecho de los familiares a recibir información periódica y pertinente sobre la suerte de su ser querido (Comité Internacional de la Cruz Roja, 2003).

Finalmente, la obligación general de reparar también aparece consignada en dos instrumentos de gran relevancia en el contexto internacional, los cuales hacen parte de lo que se conoce como normas de *soft law*[21] o derecho blando, que si bien no tienen fuer-

---

20 Comité Internacional de la Cruz Roja. Comentario del Protocolo del 8 de junio de 1977 adicional a los Convenios de Ginebra del 12 de agosto de 1949 relativo a la protección de las víctimas de los conflictos armados internacionales (Protocolo I). Tomo II. Editorial Plaza y Janés, 2001. párr. 3659. Citado por: Uprimny, R. (Uprimny Yepes, Los derechos de las víctimas en los procesos de Justicia Transicional. Verdad, justicia y reparación, 2005, pág. 68).

21 Son documentos de *soft law* aquellos que: i) no reúnen las condiciones estructurales en sus procesos de formación y contenido para ser considerados como una de las fuentes descritas en el artículo 38 del E-CIJ; ii) han sido proferidos por organismos internacionales, por ejemplo aquellos que hacen parte de la Organización de Naciones Unidas, o resultan de acuerdos no vinculantes entre Estados, o que surgen del trabajo de Organizaciones Internacionales no estatales o de doctrinantes expertos sobre una materia específica; y, por último, iii) que tienen relevancia jurídica, que se representa en una clara e inequívoca vocación axiológica o normativa general" Véase: Castro, L.M. (2009), "Sotf Law y Reparaciones a víctimas de violaciones

za vinculante propia, estos instrumentos constituyen una gran referente por su importancia a la hora de interpretar el alcance de los tratados; así como, para determinar los grados de cumplimiento de las obligaciones estatales en materia de reparaciones a violaciones de derechos humanos y como fuente de argumentación de Tribunales nacionales e internacionales para definir las medidas de reparación a las víctimas en casos concretos.

Si bien estos instrumentos no son tratados de derechos humanos, sus disposiciones resultan relevantes para efectos de determinar las pautas mínimas de justicia aplicables en contextos de transición en cuanto reflejan desarrollos recientes del derecho internacional que han sido impulsados por la jurisprudencia de las cortes internacionales de justicia y la práctica de los Estados. Asimismo, se debe resaltar que estos instrumentos no son propios de la justicia transicional, pues los Estados están en el deber de aplicarlos de manera complementaria en sus territorios a la hora de reparar a las víctimas de graves violaciones a los derechos humanos.

Como principal referente de los instrumentos mencionados en relación con el derecho a la reparación encontramos los

> Principios para la protección y la promoción de los derechos humanos mediante la lucha contra la impunidad (Organización de las Naciones Unidas, 2005), Principios y directrices básicos sobre el derecho de las víctimas de violaciones de las normas internacionales de derechos humanos y del derecho internacional humanitario a interponer recursos y obtener reparaciones[22].

---

de derechos humanos: reflexiones iniciales", en *Reparaciones en Colombia: análisis y propuestas,* pág. 65 y 66).

22 Para ver los antecedentes relacionados con los principios internacionales sobre el derecho de las víctimas a obtener reparaciones y su desarrollo consultivo se puede consultar: Principios y directrices básicos sobre el derecho de las víctimas de violaciones manifiestas de las normas internacionales de derechos humanos y de violaciones graves del derecho internacional humanitario a interponer recursos y obtener reparaciones ONU AG Res. 60/147 del 16 de diciembre de 2005.

El estudio de van Boven 1993. Estudio relativo al derecho de restitución, indemnización y rehabilitación a las víctimas de violaciones flagrantes de los derechos humanos y las libertades fundamentales, Informe definitivo presentado por el Sr. Theo van Boven, Relator Especial. Doc. ONU E/CN.4/Sub.2/1993/8.
Las directrices de van Boven 1996 La administración de justicia y los derechos humanos. Serie revisada de principios y directrices sobre el derecho de las víctimas de violaciones graves a los derechos humanos y al derecho humanitario a obtener reparación, preparada por el Sr. Theo van Boven de conformidad con la decisión 1995/117 de la Subcomisión.
Doc. ONU E/CN.4/Sub.2/1996/17.
Las directrices de van Boven 1997 Revisión de los Principios y directrices básicos sobre el derecho de las víctimas de violaciones a los derechos humanos y al derecho internacional humanitario a obtener reparación. Doc. ONU E/CN.4/1997/104.
Las directrices de Joinet revisadas Informe final revisado acerca de la cuestión de la impunidad de los autores de violaciones de los derechos humanos (derechos civiles y políticos) preparado por el Sr. L. Joinet de conformidad con la resolución 1996/119 de la Subcomisión Doc. ONU E/CN.4/Sub.2/1997/20/Rev.1.
Las directrices de Bassiouni 1999 Informe del Sr. M. Cherif Bassiouni, experto independiente sobre el derecho de restitución, indemnización y rehabilitación de las víctimas de violaciones graves de los derechos humanos y las libertades fundamentales, presentado de conformidad con la resolución 1998/43 de la Comisión de Derechos Humanos. Doc. ONU E/CN.4/1999/65.
Las directrices de Bassiouni 2000 El derecho de restitución, indemnización y rehabilitación de las víctimas de violaciones graves de los derechos humanos y las libertades fundamentales, Informe final del Relator Especial, Sr. M. Cherif Bassiouni, presentado en virtud de la resolución 1999/33 de la Comisión. Doc. ONU E/CN.4/2000/62.
Resolución sobre el derecho de restitución, indemnización y rehabilitación de las víctimas de violaciones graves de los derechos humanos y las libertades fundamentales, número 2002/44 de la Comisión de Derechos Humanos. Doc. ONU E/CN.4/RES/2002/44.
El informe de Salinas 2003 El derecho de las víctimas de violaciones de las normas internacionales de derechos humanos y del derecho humanitario a interponer recursos y obtener reparaciones. Nota del Alto Comisionado para los Derechos Humanos. Transmisión del Informe de la reunión consultiva en la que se examinó el proyecto de Principios y directrices básicos sobre el derecho de las víctimas de violaciones de las normas internacionales de derechos humanos y del derecho

En el caso concreto de los "*Principios para la protección y la promoción de los derechos humanos mediante la lucha contra la impunidad*, elaborados por Diane Orentlicher (Orentlicher, 2004), encontramos definido en el capítulo IV literales A y B los principios que regulan el derecho a obtener una reparación y las garantías de no repetición de las violaciones; respecto a la reparación encontramos los principios 31 a 34: Tanto la víctima directa, como sus familiares tienen derecho a ser reparados por el Estado y su victimario; a su vez surge el deber del Estado por garantizar dicha reparación (principio 31).

---

internacional humanitario a interponer recursos y obtener reparaciones, presentado por el presidente-relator, Sr. Alejandro Salinas (Chile). Doc. ONU E/CN.4/2003/63. El informe de Salinas 2004 El derecho de las víctimas de violaciones de las normas internacionales de derechos humanos y del derecho humanitario a interponer recursos y obtener reparaciones. Nota del Alto Comisionado para los Derechos Humanos. Transmisión del Informe de la segunda reunión consultiva relativa a los «Principios y directrices básicos sobre el derecho de las víctimas de violaciones de las normas internacionales de derechos humanos y del derecho internacional humanitario a interponer recursos y obtener reparaciones», (Ginebra, 20, 21 y 23 de octubre de 2003), presidente-relator: Sr. Alejandro Salinas (Chile). Doc. ONU E/CN.4/2004/57.

El informe de Salinas 2005 El derecho de las víctimas de violaciones de las normas internacionales de derechos humanos y del derecho humanitario a interponer recursos y obtener reparaciones. Nota de la Alta Comisionada para los Derechos Humanos. Transmisión del Informe de la tercera reunión consultiva acerca de los "Principios y directrices básicos sobre el derecho de las víctimas de violaciones de las normas internacionales de derechos humanos y del derecho internacional humanitario a interponer recursos y obtener reparaciones", (Ginebra, 29 de septiembre a 1 de octubre de 2004), presidente-relator: Sr. Alejandro Salinas (Chile).Doc. ONU E/CN.4/2005/59.

Resolución 2005/35 de la Comisión de Derechos Humanos (por la cual se aprueban los Principios y directrices básicos y se recomienda al Consejo Económico y Social que apruebe un proyecto de resolución que, a su vez, recomiende a la Asamblea General que apruebe tales Principios y directrices básicos). Doc. ONU E/CN.4/RES/2005/35.

Resolución 2005/30 del Consejo Económico y Social (que aprueba y recomienda a la Asamblea General la aprobación de los Principios y directrices básicos). Doc. ONU ECOSOC Res. 2005/30.

Todas las víctimas tienen derecho a hacer uso de un recurso accesible, rápido y eficaz ante las jurisdicciones penal, civil, administrativa y disciplinaria, exento de las prescripciones reguladas en ese mismo instrumento en su artículo 23, así también, gozaran de protección y de medidas de reparación regladas por las legislaciones internas las cuales pueden ser financiadas por fuentes nacionales e internacionales y dirigidas de manera individual o colectiva. En el diseño y aplicación de los programas de reparación podrán participar las víctimas, la sociedad civil, las mujeres y los grupos minoritarios; así como acceder a los programas internacionales y regionales que les sean aplicables (principio 32).

Los procedimientos especiales que permitan a las víctimas ejercer su derecho a la reparación, serán difundidos de manera amplia por todos los medios de comunicación, inclusive los privados, tanto en el interior del país como en el extranjero, acudiendo a la vía consular en el caso en el que existan víctimas exiliadas (principio 33). El derecho a la reparación deberá comprender todos los daños y perjuicios causados a las víctimas, incluyendo medidas de restitución, indemnización, rehabilitación y satisfacción de acuerdo con el derecho internacional.

Para los casos de desapariciones forzadas, los familiares de la víctima directa tienen el derecho imprescriptible a ser informados de la suerte o el paradero de la persona desaparecida, en caso de fallecimiento se le deberá restituir el cuerpo plenamente identificado, independientemente de que se haya establecido la identidad de los autores o se los haya enjuiciado. (Principio 34). Finalmente, el capítulo IV literal B, regula las garantías de no repetición de las violaciones, en el principio 35:

El Estado adoptará las medidas necesarias para evitar que las víctimas vuelvan a ser objeto de violaciones, buscando reformas institucionales y otras que aseguren el respeto del imperio de la ley; también deberá propender por promover y mantener una cultura de respeto por los derechos humanos y establecer la confianza pública en las instituciones del Estado incluyendo a las mujeres y grupos minoritarios en las instituciones públicas. Así mismo, el

Estado deberá adelantar las reformas institucionales necesarias para prevenir una repetición de las violaciones mediante un proceso que incluya a las víctimas y la sociedad civil. Estas reformas deben promover los siguientes objetivos:

a) Adhesión consecuente de las instituciones públicas al imperio de la ley;

b) La derogación de las leyes que contribuyan a las violaciones de los derechos humanos y del derecho humanitario o que autoricen tales violaciones y la promulgación de leyes y otras medidas necesarias para asegurar el respeto de los derechos humanos y el derecho humanitario, incluidas medidas que salvaguarden las instituciones y los procesos democráticos;

c) El control civil de las fuerzas militares y de seguridad y de los servicios de inteligencia y el desmantelamiento de las fuerzas armadas paraestatales;

d) La reintegración a la sociedad de los niños que hayan participado en conflictos armados (principio 35).

Así mismo, este instrumento insta a los Estados a adoptar medidas de carácter legislativo y administrativo para reformar las instituciones estatales, de tal manera que se garantice el respeto por el estado de derecho y la protección de los derechos humanos; en especial se recomiendan las siguientes medidas: Retirar a los funcionarios públicos que hayan sido encontrados responsables de violaciones a los derechos humanos, en especial a los que pertenezcan a los sectores militar, de seguridad, policial, de inteligencia y judicial respetando siempre los principios del debido proceso y la no discriminación, siempre se acudirá a la medida de suspensión de sus cargos hasta que no se haya definido su situación de manera definitiva. En relación con estos servidores públicos los Estados deberán garantizar su capacitación amplia y permanente en materia de derechos humanos y derecho humanitario.

En relación con el poder judicial se deberán adoptar todas las medidas necesarias tendientes a asegurar el funcionamiento independiente, imparcial y eficaz de los tribunales de acuerdo con las normas de carácter internacional que busquen las garantías procesales debidas. En relación con la figura jurídica de *hábeas corpus* no será derogable.

Los Estados deberán garantizar el control civil de las fuerzas militares y de seguridad e inteligencia, constituyendo o reformando instituciones oficiales para su control y vigilancia. Así también, deberán establecerse procedimiento para la denuncia civil garantizando su eficaz funcionamiento (principio 36).

Por último, referenciamos de este instrumento el principio 37, que señala el deber de desmantelar las fuerzas armadas paraestatales, investigar a fondo sus relaciones con el Estado en particular los vínculos con las fuerzas armadas, la policía, las fuerzas de inteligencia y de seguridad; garantizando la publicación de los hallazgos de estos contubernios y la reintegración de estos a la vida civil; así como, la de los niños que hayan sido reclutados para llevar a cabo hostilidades.

1.2. Medidas y formas de reparación

Una reparación adecuada, efectiva y rápida tiene por finalidad promover la justicia, remediando las violaciones manifiestas de las normas internacionales de derechos humanos o las violaciones graves del derecho internacional humanitario. La reparación deberá ser proporcional a la gravedad de las violaciones y al daño sufrido por las víctimas conforme a su derecho interno y a las obligaciones jurídicas internacionales de sus Estados quienes responderán por las acciones u omisiones que se le puedan atribuir.

De acuerdo con el derecho interno, el derecho internacional y de conformidad con las circunstancias de cada caso en particular, se deberían adoptar las medidas a que tienen derecho las víctimas de graves violaciones a los derechos humanos y al derecho internacional humanitario, de una manera apropiada y proporcional a la gravedad de la violación que propendan por una reparación plena y efectiva, de acuerdo con lo indicado en los "*Principios y directrices básicos sobre el derecho de las víctimas de violaciones de las normas internacionales de derechos humanos y del derecho internacional humanitario a interponer recursos y obtener reparaciones*" (Organización de las Naciones Unidas, 2005), en espacial las directrices 16 a 25, que establecen medidas de restitución, indemnización, rehabilitación, satisfacción y garantías de no repetición, entre otros derechos relacionados con la reparación.

Es importante señalar que para este instrumento se ha considerado la calidad de víctima así:

> Directriz 8. A los efectos del presente documento, se entenderá por víctima a toda persona que haya sufrido daños, individual o colectivamente, incluidas lesiones físicas o mentales, sufrimiento emocional, pérdidas económicas o menoscabo sustancial de sus derechos fundamentales, como consecuencia de acciones u omisiones que constituyan una violación manifiesta de las normas internacionales de derechos humanos o una violación grave del derecho internacional humanitario. Cuando corresponda, y en conformidad con el derecho interno, el término "víctima" también comprenderá a la familia inmediata o las personas a cargo de la víctima directa y a las personas que hayan sufrido daños al intervenir para prestar asistencia a víctimas en peligro o para impedir la victimización.

1.2.1. Medidas de restitución

Los principios básicos sobre el derecho de las víctimas de violaciones de las normas internacionales de derechos humanos y del derecho internacional humanitario a interponer recursos y obtener reparaciones, define esta medida de restitución así:

> Directriz 19. La restitución, siempre que sea posible, ha de devolver a la víctima a la situación anterior a la violación manifiesta de las normas internacionales de derechos humanos o la violación grave del derecho internacional humanitario. La restitución comprende, según corresponda, el restablecimiento de la libertad, el disfrute de los derechos humanos, la identidad, la vida familiar y la ciudadanía, el regreso a su lugar de residencia, la reintegración en su empleo y la devolución de sus bienes.

Las medidas de restitución o de plena restitución (*restitutio in integrum*), han sido concebidas para que siempre que sea posible se devuelva a la víctima al estado anterior de la violación a las normas internacionales de derechos humanos y del derecho internacional humanitario a la que fue sometida, lo que muchos críticos de este instrumento han señalado como una medida casi imposible de llevarse a cabo, pues la restitución trae implícito el anhelo de devolver lo perdido, lo que para ciertas conductas violatorias de derechos humanos se hace imposible, por ejemplo, para los casos que se hayan presentado conductas que atentan contra la vida o la integridad personal, homicidios, masacres, desapariciones forzadas, entre otras. Pues no existe ninguna medida capaz de devolver a la persona a la situación anterior a la violación; por lo que para estos casos se deberá acudir a otras medidas de reparación diferentes a la restitución ya que para los Estados no termina la obligación de reparar a estas víctimas y sus familiares, tal y como lo ha interpretado la Corte Interamericana de Derechos Humanos:

> En lo que se refiere a la violación del derecho a la vida y otros derechos (libertad e integridad personal, garantías judiciales y protección judicial), por no ser posible la restitutio in integrum y dada la naturaleza del bien afectado, la reparación se realiza, inter alia, según la práctica jurisprudencial internacional mediante una justa indemnización o compensación pecuniaria, a la cual debe sumarse las medidas positivas del Estado para conseguir que hechos lesivos como los del presente caso no se repitan (Corte Interamericana de Derechos Humanos, 2000).

Por otra parte, para el caso de las víctimas de desplazamiento forzado, la usurpación de tierras, el secuestro o retención, el hurto entre otros delitos, existe la posibilidad de intentar restablecer los perjuicios causados. Como medida de restitución, la víctima tiene derecho a que le devuelvan los bienes que se le hayan despojado, o a que pueda volver voluntariamente en condiciones dignas y tranquilas a su lugar de residencia habitual, si es una persona desplazada forzadamente, o a la restitución de los bienes que tenía (animales, tierras, herramientas, etc.)

En algunos casos como el de territorios de comunidades indígenas y afrodescendientes, se impone la obligación de devolverles sus territorios, en las mismas condiciones en las que los conservaban al momento de forzar su desplazamiento.

En este mismo sentido podemos acudir a los Principios Rectores de los Desplazamientos Internos (principio 29.2), los cuales han establecido que las autoridades competentes tienen la obligación de darles asistencia a los desplazados, que regresen a sus territorios de origen o que logren reasentarse en otros lugares, con el objeto de buscar la recuperación —siempre que sea posible— de sus propiedades o posesiones, que se vieron forzados a abandonar. Al no ser posible esta recuperación las autoridades competentes concederán a estas personas una indemnización adecuada u otra forma de reparación justa o se les prestara la asistencia para que la obtengan.

1.2.2. Medidas de indemnización

Los principios básicos sobre el derecho de las víctimas de violaciones de las normas internacionales de derechos humanos y del derecho internacional humanitario a interponer recursos y obtener reparaciones, define esta medida de indemnización así:

> Directriz 20. La indemnización ha de concederse, de forma apropiada y proporcional a la gravedad de la violación y a las circunstancias de cada caso, por todos los perjuicios económicamente evaluables que sean consecuencia de violaciones manifiestas de las normas internacionales de derechos humanos o de violaciones graves del derecho internacional humanitario, tales como los siguientes:
> **a)** *El daño físico o mental;*
> **b)** *La pérdida de oportunidades, en particular las de empleo, educación y prestaciones sociales;*
> **c)** *Los daños materiales y la pérdida de ingresos, incluido el lucro cesante;*
> **d)** *Los perjuicios morales;*
> **e)** *Los gastos de asistencia jurídica o de expertos, medicamentos y servicios médicos y servicios psicológicos y sociales.*

La indemnización como medida de reparación busca de una manera proporcional y adecuada cubrir todos los perjuicios económicamente evaluables, ello significa tasar los daños materiales y morales sufridos. En otras palabras, busca resarcir los perjuicios derivados de los daños físicos y psicológicos, en consecuencia conlleva un componente material constituido por el daño emergente y el lucro cesante y otro inmaterial o moral que comprende los daños que no son susceptibles de medición pecuniaria, tales como los sufrimientos y aflicciones causados a las víctimas directas y a sus familiares, el menoscabo de valores muy signïficativos para las personas, así como las alteraciones de condiciones de existencia de la víctima o su familia.

Así, por ejemplo, las víctimas tienen derecho a que se ordenen y tomen medidas que le permitan conseguir un lugar donde vivir, o a que se compense económicamente a los familiares de la víctima desaparecida o fallecida, o a que se pague un dinero por los daños materiales que se le ocasionaron a la víctima cuando sufrió la violación a su derecho (pérdida de la vida, la libertad, la integridad, el buen nombre, las tierras, cosechas, animales, créditos, etc.), así como los gastos en que incurra para la reivindicación de sus derechos ante las autoridades judiciales y administrativas.

La Corte Interamericana de Derechos Humanos ha afirmado que esta indemnización, "tiene carácter compensatorio y, por lo tanto, debe ser otorgada en la extensión y en la medida suficientes para resarcir los daños materiales y morales sufridos" (Corte Interamericana de Derechos Humanos, 1998, pág. 163). Así mismo ha afirmado la necesidad de que exista un nexo de causalidad entre los hechos y las violaciones alegadas por los reclamantes de la indemnización. Igualmente, la indemnización del daño material incluye el daño emergente[23] y el lucro cesante[24].

El pago de una indemnización puede ser concebido para abarcar todo el daño que ha sufrido la víctima y que puede ser económicamente valorado para garantizar una reparación completa. En otro ejemplo, la Corte Interamericana de Derechos Humanos en el caso Velásquez Rodríguez señaló que *"es procedente acordar el pago de una "justa indemnización" en términos lo suficientemente amplios para compensar, en la medida de lo posible, la pérdida sufrida"* (Corte Interamericana de Derechos Humanos, 1989, pág. 27).

Por último, el derecho de la víctima a una indemnización por el daño sufrido hasta el momento de su muerte debe de ser transmitido a sus herederos; los montos compensatorios también deben considerar el plan de vida de la víctima en situación de normalidad, para determinar su posible devenir y calcular en qué

---

23 Los criterios que ha sostenido la Corte en relación con el daño emergente son: "i) la reparación por los salarios que deja de percibir la víctima en razón de la violación de los derechos convencionales; ii) la compensación por los gastos médicos en que haya incurrido la víctima o sus familiares en razón de la violación convencional; iii) los gastos en que hayan incurrido los familiares específicamente en la búsqueda de la víctima, en sus visitas, etc.; iv) la reparación por las pérdidas patrimoniales de los familiares por motivos imputables al Estado vinculados directamente con la violación de los derechos de la víctima; v) los gastos médicos futuros que pueda involucrar un tratamiento vinculado con las violaciones convencionales". Véase Nash, C. *Las Reparaciones ante la Corte Interamericana de Derechos Humanos.* Chile, LOM Ediciones Ltda., pág. 31. http://www.cdh.uchile.cl/media/publicaciones/pdf/14.pdf.

24 El lucro cesante se calcula "de acuerdo con los ingresos que habría de recibir la víctima hasta su posible fallecimiento natural", "fallecimiento este que debe ser considerado atendida las expectativas de vida en el país del cual era natural la víctima". *Ibidem,* pág. 32. No obstante, en algunos casos, la Corte ha considerado que, debido a la imposibilidad material de las víctimas de acopiar las pruebas para demostrar el monto de los perjuicios, se deben fijar los montos del lucro cesante en equidad". Véase Corte IDH. *Caso Gómez Palomino.* Sentencia de 22 de noviembre de 2005, párr. 125; Corte IDH. *Caso Masacre de Pueblo Bello.* Sentencia de 31 de enero de 2006, párr. 247 y 248.

medida se ha visto afectado seriamente por la violación a fin de que se indemnice a sus familiares.

1.2.4. Medidas de Rehabilitación

Los principios básicos sobre el derecho de las víctimas de violaciones de las normas internacionales de derechos humanos y del derecho internacional humanitario a interponer recursos y obtener reparaciones, define la medida de rehabilitación así: *"Directriz 21. La rehabilitación ha de incluir la atención médica y psicológica, así como servicios jurídicos y sociales".*

Respecto a la rehabilitación, el instrumento internacional prescribe que esta debe incluir "la atención médica y psicológica, así como servicios jurídicos y sociales". Tratándose de delitos como la desaparición forzada de personas y la tortura, la rehabilitación debe comprender, necesariamente, medidas orientadas a permitir que las víctimas y sus familiares obtengan una readaptación tan completa como les sea posible. Así lo prevén expresamente la Declaración sobre la Protección de todas las Personas contra las Desapariciones Forzadas (artículo 19 y 24 numerales 4 y 5), y la Convención contra la Tortura y otros Tratos o Penas Crueles, Inhumanos o Degradantes (artículo 14.1).

Como medida de reparación la rehabilitación ha sido abordada por la Corte Interamericana de Derechos Humanos señalando: "que es preciso disponer de medidas de reparación que brinden una atención adecuada a los padecimientos psicológicos e inmateriales sufridos por las víctimas en virtud de las violaciones declaradas" (Corte Interamericana de Derechos Humanos, 2001, pág. 35). Por este caso, la Corte ordenó la prestación gratuita de salud especializada y tratamiento médico y psicológico, incluyendo los medicamentos por el tiempo que fuera necesario a la víctima directa y sus familiares; en el caso del tratamiento psicológico la Corte también ordenó considerar las circunstancias y necesidades particulares de cada persona, de manera que se les brinden tratamientos colectivos, familiares e individuales, según lo que se acuerde con cada uno de ellos y después de una evaluación individual. La rehabilitación busca restablecer la integridad física, psicológica, moral, legal, ocupacional de la víctima, así como su dignidad y buen nombre o reputación.

Como medida de rehabilitación, la víctima y sus familiares tienen derecho a medidas que contribuyan a su recuperación física, moral o psicológica. Por ejemplo, pueden exigir que el Estado o el victimario financien un programa de atención médica, psicológica o social, por medio del cual se atiendan todas las afectaciones a la salud física o psicológica de la víctima y de sus familiares, especialmente cuando se ha sufrido la pérdida de un ser querido como en el caso de los homicidios, masacres o desapariciones forzadas de personas o de una parte del cuerpo, en el caso de las mutilaciones con ocasión de las minas antipersona u otra arma no convencional.

1.2.4. Medidas de Satisfacción

Los principios básicos sobre el derecho de las víctimas de violaciones de las normas internacionales de derechos humanos y del derecho internacional humanitario a interponer recursos y obtener reparaciones, define las medidas de satisfacción así:

> Directriz 22. La satisfacción ha de incluir, cuando sea pertinente y procedente, la totalidad o parte de las medidas siguientes:
> **a)** *Medidas eficaces para conseguir que no continúen las violaciones;*
> **b)** *La verificación de los hechos y la revelación pública y completa de la verdad, en la medida en que esa revelación no provoque más daños o amenace la seguridad y los intereses de la víctima, de sus familiares, de los testigos o de personas que han intervenido para ayudar a la víctima o impedir que se produzcan nuevas violaciones;*
> **c)** *La búsqueda de las personas desaparecidas, de las identidades de los niños secuestrados y de los cadáveres de las personas asesinadas, y la ayuda para recuperarlos, identificarlos y volver a inhumarlos según el deseo explícito o presunto de la víctima o las prácticas culturales de su familia y comunidad;*

> ***d)*** *Una declaración oficial o decisión judicial que restablezca la dignidad, la reputación y los derechos de la víctima y de las personas estrechamente vinculadas a ella;*
> ***e)*** *Una disculpa pública que incluya el reconocimiento de los hechos y la aceptación de responsabilidades;*
> ***f)*** *La aplicación de sanciones judiciales o administrativas a los responsables de las violaciones;*
> ***g)*** *Conmemoraciones y homenajes a las víctimas;*
> ***h)*** *La inclusión de una exposición precisa de las violaciones ocurridas en la enseñanza de las normas internacionales de derechos humanos y del derecho internacional humanitario, así como en el material didáctico a todos los niveles"* (Organización de las Naciones Unidas, 2005).

Las medidas de satisfacción contienen un carácter simbólico y contribuyen de manera importante al cumplimiento del deber estatal de recordar a través de estrategias que incluyen, entre otras cosas, el homenaje periódico a las víctimas, los actos conmemorativos y el reconocimiento público por el Estado de su responsabilidad, la difusión pública de la verdad, la búsqueda de los cadáveres de las personas muertas o desaparecidas, el restablecimiento de la dignidad y reputación de las víctimas a través de una manifestación pública de los hechos y un reconocimiento expreso de las responsabilidades, la aplicación de sanciones judiciales o administrativas a los responsables de las violaciones y las conmemoraciones y homenajes a las víctimas. Las medidas de satisfacción, en este sentido, constituyen medidas no pecuniarias orientadas, fundamentalmente, a compensar el daño moral causado por la comisión de crímenes atroces (Corte Interamericana de Derechos Humanos, 1999, pág. 84).

Como medidas de satisfacción, la Corte ha ordenado, entre otras: la localización y entrega de los restos de las víctimas (Corte Interamericana de Derechos Humanos, 1995, pág. 58), investigación y sanción (Corte Interamericana de Derechos Humanos, 2005, pág. 304); ubicación de restos, identificación de los mismos y entrega a sus familiares (Corte Interamericana de Derechos Humanos, 2007, pág. 287); publicación de las partes pertinentes de la sentencia (Corte Interamericana de Derechos Humanos, 2006, pág. 410) (Corte Interamericana de Derechos Humanos, 2007, pág. 282); y actos de reconocimiento público de responsabilidad internacional y de desagravio a la memoria de las víctimas.

Las medidas de satisfacción son entendidas también como aquellas que no son de carácter monetario y están destinadas a reparar el daño moral sufrido tanto por la víctima directa, como por sus familiares y la sociedad. Como medida de satisfacción, la víctima o sus familiares tienen derecho a medidas que contribuyan, por ejemplo, al reconocimiento de su dignidad, a la reafirmación de su condición de sujetos de derechos humanos, a la preservación de la memoria histórica, a la recuperación de su pasado o el de su colectividad, y a la aceptación y ofrecimiento de disculpa pública por los hechos cometidos.

En los casos de desaparición forzada o de secuestro, la familia de la víctima tiene el derecho a ser informada de la suerte del paradero de la persona desaparecida o secuestrada y, en caso de fallecimiento, tiene el derecho a que se le entregue el cuerpo una vez sea identificado, con independencia de que se haya establecido la identidad del autor o de los autores del delito o se les haya sancionado.

Finalmente, la satisfacción como medida reparadora, incluye una multiplicidad de aspectos, entre los que cabe destacar la verificación de los hechos y la difusión pública y completa de la verdad, la búsqueda de las personas desaparecidas y de los cadáveres de las personas muertas, las disculpas públicas que reconozcan los hechos y acepten las responsabilidades, la aplicación de sanciones judiciales o administrativas a los responsables y las conmemoraciones y homenajes a las víctimas.

1.2.5. Garantías de no repetición

Los principios básicos sobre el derecho de las víctimas de violaciones de las normas internacionales de derechos humanos y del derecho internacional humanitario a interponer recursos y obtener reparaciones (Organización de las Naciones Unidas, 2005), define las garantías de no repetición así:

Directriz 23. Las garantías de no repetición han de incluir, según proceda, la totalidad o parte de las medidas siguientes, que también contribuirán a la prevención:
a) *El ejercicio de un control efectivo por las autoridades civiles sobre las fuerzas armadas y de seguridad;*
b) *La garantía de que todos los procedimientos civiles y militares se ajustan a las normas internacionales relativas a las garantías procesales, la equidad y la imparcialidad;*
c) *El fortalecimiento de la independencia del poder judicial;*
d) *La protección de los profesionales del derecho, la salud y la asistencia sanitaria, la información y otros sectores conexos, así como de los defensores de los derechos humanos;*
e) *La educación, de modo prioritario y permanente, de todos los sectores de la sociedad respecto de los derechos humanos y del derecho internacional humanitario y la capacitación en esta materia de los funcionarios encargados de hacer cumplir la ley, así como de las fuerzas armadas y de seguridad;*
f) *La promoción de la observancia de los códigos de conducta y de las normas éticas, en particular las normas internacionales, por los funcionarios públicos, inclusive el personal de las fuerzas de seguridad, los establecimientos penitenciarios, los medios de información, el personal de servicios médicos, psicológicos, sociales y de las fuerzas armadas, además del personal de empresas comerciales;*
g) *La promoción de mecanismos destinados a prevenir, vigilar y resolver los conflictos sociales;*
h) *La revisión y reforma de las leyes que contribuyan a las violaciones manifiestas de las normas internacionales de derechos humanos y a las violaciones graves del derecho humanitario o las permitan.*

En relación con las garantías de no repetición, la obligación del Estado radica en el deber de adoptar medidas adecuadas para evitar que las comunidades vuelvan a ser objeto de violaciones al derecho internacional de los derechos humanos y al derecho internacional humanitario. En términos más concretos las garantías de no repetición incluyen medidas encaminadas a disolver los grupos armados paraestatales a derogar las disposiciones legislativas de excepción, legislativas o de otra índole, que hayan favorecido las violaciones y a permitir la reincorporación a la sociedad de los niños y niñas involucrados en el conflicto armado; medidas contempladas en el principio 35 de los *Principios para la protección y la promoción de los derechos humanos mediante la lucha contra la impunidad.*

Adicionalmente, conforme a lo dispuesto en las *Directrices básicas sobre el derecho de las víctimas a obtener reparaciones,* las garantías de no repetición incluyen, entre otras, medidas orientadas a asegurar un control efectivo de las autoridades civiles sobre las fuerzas armadas y de seguridad, a fortalecer la independencia de la rama judicial, a prevenir y resolver los conflictos sociales y a impartir capacitación en derechos humanos y derecho internacional humanitario a los funcionarios encargados de hacer cumplir la ley, así como a las fuerzas armadas y de seguridad del Estado.

Como podemos observar el instrumento establece una serie de garantías de no repetición y prevención, entre las que cabe destacar la limitación de la jurisdicción de los tribunales militares exclusivamente a los delitos de naturaleza militar, el fortalecimiento de la independencia de la rama judicial, el fortalecimiento de la capacitación de todos los sectores sociales en materia de derechos humanos y derecho internacional humanitario, y la revisión y reforma de las leyes que permitan o contribuyan a la violación de los derechos humanos. Las víctimas tienen derecho a que el Estado y los miembros de los grupos armados al margen de la ley, les garanticen que no se volverán a producir las actividades delictivas que le causaron un daño a ellas y a la sociedad en general.

Por ejemplo, las víctimas tienen derecho a la desmovilización y desmantelamiento efectivo de los grupos armados organizados al margen de la ley; a la reintegración social de los niños, niñas y adolescentes que han sido reclutados por los grupos armados; a la protección de los defensores de derechos humanos, profesionales del derecho, la salud y la asistencia sanitaria; la promoción de mecanismos destinados a prevenir y vigilar los conflictos sociales; y a la revisión y reforma de leyes que contribuyan a la realización de violaciones manifiestas a los derechos humanos, entre otros.

Se debe reseñar aquí que estas medidas también se encuentran compiladas en los principios 37 a 42 del Conjunto de Principios para la Protección y la Promoción de los Derechos Humanos Mediante la Lucha Contra la Impunidad, enunciados por Joinet en el año de 1997, según los cuales las garantías de no repetición de las vulneraciones graves de los derechos humanos y el derecho internacional humanitario son de tres clases: **a)** medidas encaminadas a disolver los grupos armados paraestatales; **b)** medidas de derogación de las disposiciones de excepción, legislativas o de otra índole que favorezcan las violaciones; y **c)** medidas administrativas o de otra índole que deben adoptarse frente a agentes del Estado implicados en las violaciones.

Otro de los elementos que debe estar presente en todo proceso de reparaciones es la participación de las propias víctimas. Son ellas las que han experimentado el sufrimiento y las que mejor conocen sus necesidades y sus prioridades en materia de reparación. El participar en el diseño del programa de reparaciones otorga a las víctimas la posibilidad de ser reconocidas, lo que contribuye a generar un sentimiento de apropiación del proceso. Ello es algo esencial cuando lo que está en juego es la autoestima de las víctimas, víctimas que han sufrido mucho y cuya recuperación psicológica descansa en buena parte en ese sentimiento de reconocimiento público y de participación.

1.3. Estudios sobre reparación integral para el caso colombiano

Lo anteriormente expuesto, deja claro que existe un alcance amplio del derecho a la reparación no solo en instrumentos internacionales, sino también en el extenso desarrollo jurisprudencial, lo que constituye un abanico de posibilidades para que los Estados puedan asumir la responsabilidad de reparar las víctimas de violaciones graves de los derechos humanos y del derecho internacional humanitario; cualquiera sea la modalidad que empleen siempre deberán sujetarse al respeto por ellas y repararlas en condiciones de igualdad y, por tanto, sin discriminación alguna y de una forma adecuada, justa y pronta; de acuerdo con el marco que hemos expuesto la reparación deberá ser proporcional a la gravedad de las violaciones y al daño sufrido. En este sentido, los instrumentos internacionales han venido a dar coherencia y sistematicidad a todo este conjunto de formas de reparación.

Para el caso colombiano luego del proceso de justicia y paz, regulado por la Ley 975 de 2005 y sus decretos reglamentarios, en especial el Decreto 1290 del 22 de abril de 2008 por el cual se creó el programa de reparación individual por vía administrativa para las víctimas de los Grupos Armados Organizados al Margen de la Ley —GAOML—, proliferaron los estudios sobre el tema de la reparación a las víctimas, en procesos de justicia transicional, entre otros aspectos por la necesidad de observar su aplicación y establecer las medidas de reparación de los grupos victimizados por la violencia en Colombia, así desde la academia, organizaciones de derechos humanos, grupos de estudios independientes y desde el mismo Estado circularon fórmulas para proponer medidas de reparación que equilibraran las exigencias de los derechos de las víctimas y las posibilidades gubernamentales regladas por la ley de justicia y paz, y más recientemente por la ley de víctimas.

De los trabajos revisados podemos destacar en primera instancia que casi todos parten de la premisa de los avances de la legislación internacional y los estándares internacionales en materia de reparación a las víctimas de violaciones a los derechos humanos y el derecho internacional humanitario, priorizando estudios con enfoques diferenciales como la población desplazada, la violencia de género, los pueblos indígenas, entre otros, así mismo encontramos trabajos con enfoque de justicia transicional, todos ellos basados en la literatura existente sobre el derecho a la reparación, las medidas para reparar a las víctimas y los alcances de las mismas. Un recorrido por estos estudios nos permite en un primer momento revisar el estado del arte sobre la materia, al mismo tiempo que fijar un enfoque respecto de la reparación en relación con las víctimas del delito de desaparición forzada para el caso colombiano.

En efecto, la Ley 975 de 2005 en el artículo 8 contempló la reparación como el derecho a las víctimas de acciones que propendieran por la restitución (artículo 36), la indemnización (artículo 8 inciso 3), la rehabilitación (artículo 47), la satisfacción y garantías de no repetición de las conductas (artículo 48) y otras formas de reparación integral como declaraciones públicas de dignificación, localización de personas secuestradas o desaparecidas, entre otras medidas (artículo 44), normas concordantes con el derecho internacional[25].

Esta misma ley creo la Comisión Nacional de Reaparición y Reconciliación —CNRR—, la cual por mandato del Decreto 3391de 2006, estableció en su artículo 16 la obligación de la Comisión en formular las recomendaciones de criterios de reparación y de proporcionalidad restaurativa, informe que debía presentarse al Congreso de la República un año después de su creación. En ese informe la CNRR presentó una serie de recomendaciones en primera instancia para los operadores judiciales de Justicia y Paz, pero también para la sociedad colombiana y las víctimas en particular, de allí destacamos el concepto de reparación adoptado y la propuesta o enfoque de reparación en contextos de justicia transicional.

> El concepto de reparación con el que se identifica la Comisión asume la definición amplia de reparación que existe en el contexto del derecho internacional, en el cual el término se usa para designar toda aquella medida que puede ser utilizada para resarcir a las víctimas por los diferentes tipos de daños que hubieren sufrido como consecuencia de ciertos crímenes cometidos con ocasión del conflicto armado[26].

---

25 Art. 34, Artículos Provisionales sobre Responsabilidad de los Estados por Hechos Internacionalmente Ilícitos; art. 63, Convención Americana de Derechos Humanos; art. 75, Estatuto de Roma de la Corte Penal Internacional; Principios y Directrices Básicos sobre el Derecho de las víctimas de violaciones de normas internacionales de Derechos Humanos y Derecho Internacional Humanitario a Interponer Recursos y Obtener Reparaciones (Resolución de la Asamblea General de Naciones Unidas, A/RES/60/147, 16 de diciembre de 2003 o Principios sobre Reparaciones de la ONU). Al respecto ver: Comisión Internacional de Juristas. 2006. The Right to Remedy and Reparation for Gross Human Rights Violations: A Practitioners Guide, p. 4.

26 Comisión Nacional de Reparación y Reconciliación. "Recomendación de Criterios de Reparación y de Proporcionalidad Restaurativa", abril de 2007, pág 19.

> *Consecuente con la definición anterior, la CNRR ha asumido de manera estratégica el concepto de reparación integral, el cual hace referencia, por un lado, a la necesidad de concebir las reparaciones como parte del proceso de justicia transicional, que incluye además el esclarecimiento de la verdad, la reconstrucción de la memoria histórica, la aplicación de la justicia y las reformas institucionales; y por otro, al necesario balance que debe existir entre las reparaciones materiales y las simbólicas así como entre las reparaciones individuales y colectivas*[27].

Asimismo, la CNRR entiende que el concepto de reparación integral supone reconocer las distintas formas de reparación contempladas en la legislación nacional e internacional,

> ...especialmente la restitución, que busca devolver a la víctima a la situación anterior a la violación; la indemnización, que consiste en compensar los perjuicios causados por el delito y que generalmente asume la forma de un pago en dinero como reconocimiento de los daños padecidos y para reparar las pérdidas sufridas; la rehabilitación, que se refiere al cuidado y asistencia profesional que las víctimas requieren para restablecer su integridad legal, física y moral después de la violación cometida en su contra; la satisfacción, consistente en realizar acciones tendientes a restablecer la dignidad de la víctima y difundir la verdad de lo sucedido; y las garantías de no repetición, que hace referencia a aquellas medidas dirigidas a evitar que las víctimas vuelvan a ser objeto de vulneración de su dignidad y la violación de sus derechos humanos[28].

En cuanto a las reparaciones en el contexto de justicia transicional la CNRR entiende:

> ...que el derecho a la reparación que puede hacerse efectivo dentro de los procesos judiciales iniciados en el marco de la Ley 975 de 2005, se enmarca en un contexto más general determinado por el esquema de justicia transicional adoptado en Colombia, el cual se caracteriza por intentar buscar un balance adecuado entre la

27 *Ibidem*, pág. 19.

28 *Ibidem*, pág. 20.

> necesidad imperiosa de obtener justicia, verdad y reparación para las víctimas y el objetivo estratégico de alcanzar la paz[29].

Para la misma Comisión en su momento, encontrar un balance en tal sentido representaba un riesgo y un desafío para la sociedad colombiana pero, al mismo tiempo, planteaba su convencimiento de que el mismo era la única alternativa viable para ponerle fin al conflicto; lo cual encontramos hasta cierto punto como viable en la medida en que dichas negociaciones se adelantaban para ese momento con uno de los actores armados y bajo la confrontación armada con las guerrillas colombianas lo cual dejaba de lado la posibilidad de alcanzar una paz real sin la desmovilización de todos los grupos armados.

La CNRR también observa en este informe que, en términos de reparaciones, el proceso de justicia transicional tiene profundas implicaciones tanto conceptuales como operativas que, en su opinión, "*...deben ser tenidas en cuenta a la hora de formular criterios de reparación o de adoptar, por parte de las entidades competentes, medidas específicas destinadas a reparar a las víctimas individuales o colectivas*"[30].

Una de ellas es que el marco de la justicia transicional permite que, en aquellos países en donde se han registrado violaciones masivas de los derechos humanos —y en donde consecuentemente existe una gran cantidad de víctimas que no pueden ser reparadas de manera individual—, los Estados diseñen e implementen programas de reparación amplios que favorezcan a la mayor cantidad posible de víctimas.

Posición que compartimos plenamente pues de no ser así el sistema judicial colapsaría o se vería desbordado ante la avalancha de solicitudes, por lo mismo en el informe se plantea

> la necesidad de trabajar en la elaboración de un Programa Nacional de Reparaciones, en el que exista una participación acti-

---

29 *Ibidem*, pág. 20.

30 *Ibidem*, pág. 21.

> va de las víctimas y se caracterice por su gradualidad, es decir, porque su implementación se realice por fases, las cuales tendrán en consideración el patrón de violación y la gravedad de las mismas, el perfil de los beneficiarios, las capacidades institucionales y la disponibilidad de recursos financieros. La Comisión aspira a que dicho programa sea apoyado por todas las fuerzas políticas representadas en el Congreso y, por ende, se convierta en ley de la República[31].

Por otra parte, el marco de la justicia transicional reconoce que en países que han registrado patrones masivos de violaciones a los derechos humanos y al derecho internacional humanitario, como es el caso colombiano, existen dificultades reales, desde un punto de vista estrictamente económico y financiero, para reparar, en un tiempo razonable y en forma justa, a todas las víctimas bajo los criterios de compensación económica que se utilizan, en algunos casos, en el ámbito internacional o en el ámbito ordinario nacional, debido a la magnitud de los costos económicos que ello implicaría dada la enorme cantidad de víctimas existentes.

Por ello, desde el enfoque de la justicia transicional, la Comisión entiende que es posible diseñar programas de reparación que incluyan montos de compensación económica compatibles con las restricciones financieras del país y con la necesidad de asegurar una reparación efectiva, rápida, justa y proporcional al daño sufrido por las víctimas, a cambio de que dichos programas se caractericen por su integralidad, es decir, porque incluyan medidas de reparación simbólicas y materiales, así como medidas de reparación individuales y colectivas.

Este argumento es de gran importancia pues encontrar el equilibrio adecuado para reparar a las víctimas reconociendo y valorando el daño causado y la manera como el mismo será reparado o reconocido puede marcar la diferencia entre el éxito o el fracaso del modelo de reparación que se adopte por parte del Estado.

---

31 *Ibidem*, pág. 22.

Finalmente, en opinión de la CNRR esta particularidad de las reparaciones en el contexto de la justicia transicional es de la mayor importancia para un país como Colombia,

> que registra cientos de miles de víctimas, las cuales, de manera realista, solamente pueden ser justamente reparadas mediante la aplicación de un conjunto de medidas que combinen, creativamente, compensaciones económicas y acciones encaminadas a lograr justicia y conocer la verdad, así como medidas de carácter colectivo que busquen reparar a las comunidades y a los colectivos sociales que han sufrido violaciones en sus derechos humanos[32]

Otros estudios sobre reparación la definen como,

> una medida que busca deshacer el daño material, inmaterial y simbólico realizado a los individuos y a los grupos. Se entiende como las medidas que se utilizan para enmendar todo tipo de daños y lesiones que hayan podido sufrir las víctimas como consecuencia del conflicto armado. Los procesos de reparación buscan dar un reconocimiento a las víctimas, devolverles la confianza, y establecer un sentimiento de solidaridad por parte de la sociedad civil hacia los afectados, para de esta forma renovar el tejido social y poder ofrecer unas mayores y mejores condiciones de vida para los individuos por medio del capital social[33].

Según Pablo de Greiff existen diferentes formas de comprender la reparación por parte de una compañía de seguros o de un programa de reparaciones, aunque los beneficios sean los mismos. En ese sentido, afirma que las reparaciones en el marco de un proceso de justicia transicional deben ir acompañadas de un reconocimiento de responsabilidad lo que no implica culpa. En caso contrario, pueden existir programas de reparación que puedan comportarse como pagos de una compañía de seguros

---

32 *Ibidem*, pág. 23.

33 Casas, Andrés. y Herrera, Germán, "Los procesos de reparación como mecanismo político: una mirada comparada". En *Memorias III Coloquio de profesores*, Facultad de Ciencia Política y Relaciones Internacionales, Pontificia Universidad Javeriana, octubre de 2007, pág. 361-390.

cuando no van acompañados de un reconocimiento de responsabilidad y de una dimensión de justicia para las víctimas[34].

Otra visión de este mismo autor radica en entender las reparaciones como un conjunto de medidas que pueden ser implementadas para hacer frente al legado de los abusos masivos de derechos humanos, donde "hacer frente al legado" significa, en primer lugar, demostrar la vigencia de las normas de derechos humanos que fueron sistemáticamente violadas. Tales medidas incluyen el enjuiciamiento penal, la búsqueda de la verdad, la reparación y la reforma institucional. Estas medidas, comparten dos objetivos intermedios: proporcionar reconocimiento a las víctimas y promover la confianza cívica y, dos objetivos finales: contribuir a la reconciliación y a la democratización[35].

Este enfoque de las reparaciones a las víctimas de violaciones masivas y sistemáticas es, ante todo, una expresión material del reconocimiento debido a aquellos sujetos cuyos derechos fundamentales han sido violados y buscar la reconciliación en un contexto democrático que les garantice la realización de sus derechos y que los mismos no se vuelvan a vulnerar. Por otra parte, Catalina Díaz señala que

> la reparación parte del reconocimiento de lo que pasó, de las consecuencias que esto ocasionó en la vida de las víctimas y de la responsabilidad —jurídica, moral y política— que le cabe al Estado en las violaciones a los derechos humanos. La reparación expresa la decisión del Estado de acoger en la comunidad política a aquellas personas que antes fueron excluidas, perseguidas y victimizadas, y el compromiso de lo que paso no vuelva a ocurrir[36].

---

34 De Greiff, Pablo, "Los esfuerzos de reparación en una perspectiva internacional: el aporte de la compensación al logro de la justicia imperfecta", *Revista Estudios Socio-Jurídicos*, vol. 17, 2006.

35 De Greiff, Pablo, *¿Cuál es el precio que debemos pagar?* 2009. Intermedio Editores.

36 Díaz C., Sánchez N. y Uprimny, R, *Reparar en Colombia: los dilemas en contextos de conflicto, pobreza y exclusión*, 2009. ICJT.

Desde esta visión se plasma la necesidad de reconocer a las víctimas desde el Estado y la sociedad buscando siempre que se les reconozca y garantizándoles la no repetición de los hechos victimizantes. Para el Derecho Internacional Público la responsabilidad de los Estados y el deber de reparar surge cuando se le imputa un hecho ilícito en relación con una obligación internacional ya sea esta por acción o por omisión, así como, la obligación de hacer cesar las consecuencias de la violación[37]. Lo anterior en razón a que el Estado es el único sujeto de derechos y obligaciones al aprobar soberanamente su Constitución Política[38] y ratificar los tratados internacionales con la comunidad internacional.

La negativa del Estado a responder o subsanar la actuación ilícita con una reparación suficiente y adecuada, además de otorgar justicia efectiva a las víctimas, puede producir un nuevo hecho que, le es imputable y conllevar a la declaratoria de responsabilidad por los órganos internacionales de protección de los derechos humanos.

Como observamos no es un capricho de las víctimas y sus representantes, o los defensores de derechos humanos buscar y exigir la responsabilidad del Estado frente a graves violaciones a los derechos humanos y las garantías para que ante dichas violaciones las víctimas sean reparadas, reconocidas y vinculadas nuevamente a la comunidad política. Entre otros, los fundamentos para dicha responsabilidad del Estado son: (i) son los Estados y no los particulares quienes se han obligado, (ii) históricamente, tales garantías se conciben para hacer frente a los abusos estatales, (iii) filosóficamente, la sociedad y los ciudadanos delegan en el Estado

---

37 Galvis, María Clara, Consultora PGN–USAID, *Guía Práctica de Pruebas para las investigaciones disciplinarias por graves violaciones de los derechos humanos e infracciones del derecho internacional humanitario*, Procuraduría General de la Nación, Bogotá, IEMP Ediciones, 2009, pág. 18.

38 Valencia, Alejandro, *Manual de calificación de conductas violatorias, Derechos Humanos y derecho internacional humanitario*, volumen I primera edición, 2004, pág. 51.

el monopolio de la violencia, y (iv) que se debe evitar la dilución de la responsabilidad del Estado ante la multiplicación de agentes violadores.

En ese sentido, la Corte Interamericana ha señalado que: en principio, es imputable al Estado toda violación de los derechos reconocidos por la Convención Americana de Derechos Humanos —CADH—.

Concluyendo este acápite podemos decir que el deber de reparar es uno de los principios del derecho de gentes y se proyecta en dos dimensiones, una internacional y otra interna, en cuanto a esta última la Constitución Política colombiana, en su artículo 90, dispone que el Estado responda patrimonialmente por los daños antijurídicos que le sean imputables, causados por la acción o la omisión de sus autoridades públicas. Por su parte, la Convención Americana de Derechos Humanos, en su artículo 63.1, recoge una regla de derecho consuetudinario el cual establece el deber de reparar las consecuencias de la violación de derechos humanos. Para el caso colombiano el régimen nacional y el interamericano se complementan de acuerdo con la Constitución Política y la jurisprudencia de la Corte Constitucional y su finalidad es garantizar y proteger los derechos humanos, reparando a las víctimas en casos de violaciones[39].

A pesar de ello la Corte Interamericana ha precisado que el deber de reparar, derivado de la responsabilidad por violaciones de los derechos reconocidos en la CADH, se rige en todos sus aspectos por el derecho internacional público, lo que implica que el Estado no puede modificar sus beneficiarios, alcance, determinación y modalidades[40].

---

39 Escobar, L. M., Benítez, V. F., y Cárdenas, M. (2011), "La influencia de los estándares interamericanos de reparación en la jurisprudencia del Estado colombiano. Estudios Constitucionales", vol. 9, (N.° 2), págs. 165-190.

40 Faúndez, H. "El Sistema Interamericano de Protección de los Derechos Humanos. Aspectos institucionales y procesales", 2004.

En todo caso, el Derecho Internacional de los Derechos Humanos no tiene por objeto imponer penas a las personas culpables de sus violaciones, sino amparar a las víctimas y disponer la reparación de los daños que les hayan sido causados, por lo que se predica que el deber de reparar es compensatorio y no punitivo, por lo mismo las solicitudes ante la Corte Interamericana no pueden ser de carácter sancionatorio, como lo es la solicitud de una "indemnización ejemplar"; esto es así porque tales pretensiones no obedecen a la naturaleza de este Tribunal ni a sus atribuciones. Otra definición del derecho a la reparación la encontramos en el trabajo de Tatiana Rincón, la cual define el derecho a la reparación en adoptar medidas con la pretensión de hacer desaparecer los efectos derivados de la violación[41].

En cuanto a los titulares de la reparación son las víctimas de las violaciones a los derechos protegidos por el Derecho Internacional de los Derechos Humanos y el Derechos Internacional Humanitario, diferenciándose de los derechos a la verdad y a la justicia, cuya titularidad, se radica también en las sociedades. Por tanto, el derecho a la reparación está ligado a quienes han sufrido una violación de sus derechos y, a causa de las mismas, así como también a los que han padecido daños. Para el derecho internacional, se entiende a partir de una reparación integral comprensiva de todo el daño causado; tanto el material como el inmaterial, incluyendo los siguientes elementos (i) el sentido y objeto de la reparación, (ii) el titular del derecho, y (iii) el contenido y alcance de la reparación[42].

La comunidad internacional coincide en que la reparación consiste en adoptar las medidas tendientes a hacer desaparecer los efectos de las violaciones de derechos cometidos sus normas establecen que (i) cualquier forma de reparación debe otorgar-

---

41 Rincón, Tatiana, (2010), *Verdad, justicia y reparación. La justicia de la justicia transicional*, primera edición. Editorial Universidad del Rosario, pág. 53.

42 Rincón, Tatiana, (2010), *Verdad, justicia y reparación. La justicia de la justicia transicional*, primera edición. Editorial Universidad del Rosario, pág. 77.

se en condiciones de igualdad, y, por tanto, sin discriminación alguna, (ii) toda reparación debe ser "adecuada, efectiva y rápida", además de "proporcional a la gravedad de las violaciones y al daño sufrido" y (iii) si el responsable de la violación no quiere o no puede reparar a la víctima, el Estado asume la obligación de prestarle asistencia o, incluso de indemnizarla[43].

El concepto de reparación a principios del siglo XX se equiparaba al de indemnización situación reflejada en el artículo tercero de la Convención de La Haya al prever un estándar genérico para las víctimas de violaciones del DIH. Así también, la reparación como concepto autónomo en el ámbito contemporáneo internacional adquiere sus raíces en la Declaración Universal de los Derechos Humanos, aspecto recogido en el Pacto Internacional de Derechos Civiles y Políticos, según el cual "toda persona que haya sido ilegalmente detenida o presa, tendrá el derecho efectivo a obtener reparación"[44].

En las últimas décadas el concepto de reparación sufrió una importante evolución en el ámbito del derecho internacional, pues según Williams *"pasó de un enfoque eminentemente centrado en la restitución a uno en el cual ésta constituye un componente más de la reparación integral, que no necesariamente debe privilegiarse en todos los casos, al menos desde la perspectiva de derechos humanos"*[45].

Según el autor, la concepción original de la reparación en el derecho internacional surgió en las disputas interestatales, que por

---

43 Botero, Catalina y Restrepo, Esteban, (2005) "Estándares internacionales y procesos de transición en Colombia" En *Entre el perdón y el paredón, preguntas y dilemas de la justicia transicional,* primera edición, Universidad de los Andes, págs. 19-78.

44 López, Carlos Mauricio, "La acción de grupo reparación por violación a los derechos humanos", Primera edición, Bogotá. Editorial Universidad del Rosario 2011, págs. 138-140.

45 Williams, R, "El derecho contemporáneo a la restitución de propiedades dentro del contexto de la justicia transicional", en *Reparaciones a las víctimas de la violencia política,* ICTJ, 2008.

lo general trataban sobre bienes susceptibles de ser devueltos. En esa medida, la restitución constituía el componente esencial de la reparación y se consideraba jerárquicamente superior a cualquier otro componente, en especial a la compensación. Sin embargo, cuando la reparación comenzó a utilizarse como mecanismo para enfrentar graves violaciones de los derechos humanos, esta visión restrictiva de la reparación como restitución empezó a resultar limitada, ya que por lo general tales violaciones no atentan única ni principalmente contra bienes patrimoniales y en muchos casos los daños causados por las mismas impiden o tornan inadecuada la devolución de la víctima a la situación anterior. Estas limitaciones condujeron a que en el derecho internacional de los derechos humanos la restitución empezara a concebirse como uno de los componentes de la reparación integral, cuya pertinencia no debe presumirse, sino que debe analizarse en cada caso.

Posteriormente, surgieron una serie de instrumentos internacionales que establecían garantías para que los Estados en sus ordenamientos internos dispusieran mecanismos de reparación justa y adecuada, destacándose la Convención Internacional para la Protección de todas las Personas contra las Desapariciones Forzadas. Así mismo, el Protocolo I Adicional a los Convenios de Ginebra y el Estatuto de Roma de la CPI[46], tal y como se referencio al inicio del presente capitulo.

La noción clásica del derecho a la reparación, desarrollada esencialmente en el derecho internacional, entiende que esta tiene lugar con el objeto de restituir a la víctima a la situación en la que se encontraba antes de ocurrida la violación de sus derechos[47]. Esta posición fue adoptada por el Tribunal Constitucional

---

46 *Ibidem*, pág. 140.

47 Así lo ha entendido, entre otras, la Corte Interamericana de Derechos Humanos (CIDH), la cual ha definido las reparaciones como todas aquellas medidas que tienden a hacer desaparecer los efectos de las violaciones cometidas, dependiendo su naturaleza y el monto del daño ocasionado en los planos tanto material como inmaterial. Véanse, entre otros: CIDH. Caso De

colombiano, que en desarrollo jurisprudencial de la Ley 975 de 2005, en Sentencia C-370 de 2006 hizo referencia explícita a la jurisprudencia de la Corte Interamericana de Derechos Humanos, respecto de la responsabilidad estatal de reparar. Así, de acuerdo con la Corte:

> al producirse un hecho ilícito imputable a un Estado, surge de inmediato la responsabilidad internacional de éste por la violación de la norma internacional de que se trata, con el consecuente deber de reparar y hacer cesar las consecuencias de la violación[48].

En este mismo sentido, en la actualidad existe un amplio consenso en que el derecho de las víctimas a la reparación integral comprende las diferentes formas como un Estado puede hacer frente a la responsabilidad internacional en que ha incurrido, a saber, la *restitutio in integrum*, la indemnización, la rehabilitación, la satisfacción y las garantías de no repetición. Así los principios y directrices básicos sobre el derecho de las víctimas de violaciones manifiestas de las normas internacionales de derechos humanos y de violaciones graves del DIH a interponer recursos y obtener reparaciones, hacen referencia al deber de los Estados de conceder reparaciones adecuadas, proporcionales, efectivas y rápidas[49].

La Cruz Flores, Sentencia de 18 de noviembre de 2004, párr. 141; CIDH. Caso Goiburú y otros, Sentencia de 22 de septiembre de 2006, párr. 143; CIDH. Caso Almonacid Arrellano y otros, Sentencia de 26 de septiembre de 2006, párr. 137.

48 Corte Constitucional, sentencia C-370 de 2006, Magistrados Ponentes Manuel José Cepeda Espinosa, Jaime Córdoba Triviño, Rodrigo Escobar Gil, Marco Gerardo Monroy Cabra, Álvaro Tafur Galvis y Clara Inés Vargas Hernández, fundamento 4.4.7. ONU. Principios y directrices básicos sobre el derecho de las víctimas de violaciones manifiestas de las normas internacionales de derechos humanos y de violaciones graves del derecho internacional humanitario a interponer recursos y obtener reparaciones. Resolución 60/147 Resolución aprobada por la Asamblea General el 16 de diciembre de 2005.

49 ONU. Principios y directrices básicos sobre el derecho de las víctimas de violaciones manifiestas de las normas internacionales de derechos humanos y de violaciones graves del derecho internacional humanitario a in-

Frente a los principios y directrices adoptadas en el seno de Naciones Unidas, se ha indicado que estos recogen todos los componentes del derecho a la reparación y que en el derecho internacional son fuente de derecho en la medida en que contienen las obligaciones internacionales de los Estados derivadas de tratados vigentes, costumbre internacional, principios generales de derecho internacional"[50].

Ahora bien, desde este recorrido podemos notar que las reparaciones han sido concebidas desde un enfoque meramente restitutivo la cual define como objetivo principal el deber de devolver a las víctimas a la situación en la que se encontraban antes de la violación de sus derechos, buscando hasta cierto punto borrar los efectos de los atentados contra su dignidad e integridad física. De acuerdo con los estándares en el derecho internacional de los derechos humanos, la reparación debe ser integral y proporcional al daño sufrido por la víctima, por lo cual, si la restitución total no es posible, debe recurrirse a mecanismos reparadores sustitutos y complementarios, como la compensación y las medidas de rehabilitación y satisfacción entre otras.

Para investigadores como Rodrigo Uprimny, esta perspectiva restitutiva y de reparación integral en proporción al daño ocurrido

> es muy pertinente en casos aislados de sociedades que, por seguir la conocida denominación de Rawls, están "bien ordenadas" por ser viables y estar efectivamente reguladas por principios básicos de justicia51. Sin embargo, y siguiendo en este punto las reflexiones en parte coincidentes elaboradas por Pablo de Greiff52 o Pablo

---

terponer recursos y obtener reparaciones. Resolución 60/147 Resolución aprobada por la Asamblea General el 16 de diciembre de 2005.

50 Comisión Colombiana De Juristas. Principios internacionales sobre impunidad y reparaciones. Compilación de documentos de la Organización de las Naciones Unidas. Bogotá D.C.: Comisión Colombiana de Juristas, 2007, pág. 19.

51 Véase Rawls, J. A Theory of Justice. Oxford, Oxford University Press, 1973, párr. 69.

52 Véase De Greiff, P, (2006), "Justice and Reparations", en *The Hand-book of Reparations*, De Greiff, Pablo (ed.) Oxford University Press, cap. 12.

> Kalmanovitz53, dicha perspectiva de restitución integral puede resultar problemática aplicada a violaciones masivas de derechos humanos en sociedades "bien desordenadas", esto es, que han enfrentado una crisis política y humanitaria profunda y que ya eran desiguales antes de la crisis humanitaria, sobre todo cuando, como es usual, los procesos de victimización han afectado esencialmente a las poblaciones pobres y excluidas[54].

Este último caso podría ser precisamente el colombiano, el cual ha vivido durante décadas un proceso de degradación en el conflicto armado interno que ha llevado a la victimización generalizada e indiscriminada, en especial a la población de bajos recursos, con pocas posibilidades de inclusión política y humanitaria desde la política pública del Estado. Para Pablo de Greiff en estos contextos es muy difícil

> satisfacer al mismo tiempo las demandas de reparación integral de todas las víctimas y las necesidades de otros sectores sociales, que sin haber sido víctimas de crímenes atroces requieren también atención del Estado debido a su situación de pobreza y precariedad material[55].

Coincidimos en afirmar que desde la perspectiva de restitución integral sería poco realista por ser demasiado exigente para el caso colombiano, pues de acuerdo con Rodrigo Uprimny,

> en sociedades que antes de las atrocidades eran en sí mismas excluyentes y desiguales, y cuyas víctimas pertenecían en su mayoría a sectores marginados o discriminados, como es el caso de Guatemala, Perú o Colombia, en este tipo de contextos, las condiciones estructurales de exclusión y las relaciones desiguales de poder se encuentran generalmente a la base del conflicto y en buena

---

53 Kalmanovitz, P. (2009), *Corrective Justice vs. Social Justice in the aftermath of war, presentación en el seminario Land Reform and Distributive Justice in the Settlement of Internal Armed Conflicts.*

54 Véase al respecto Saffon, M. P., y Uprimny, R, (2009), *Reparar en Colombia: los dilemas en contextos de conflicto, pobreza y exclusión.* Centro Internacional para la Justicia Transicional (ICTJ) y Centro de Estudios de Derecho, Justicia y Sociedad (DeJuSticia), pág. 32.

55 De Greiff, *Ob. cit*, pág. 456.

> medida explican que sean unos y no otros los sectores sociales victimizados[56].

Para sociedades excluyentes acudir al modelo restitutivo significaría devolver a las víctimas a una situación de vulnerabilidad y carencias. Este modelo puede resultar más viable en sociedades que eran democráticas y relativamente igualitarias antes de la guerra o la dictadura, y cuyas víctimas no formaban parte de los sectores más excluidos de la sociedad antes de las atrocidades, tal y como pudo ocurrir en cierta medida en Chile y Uruguay. De hecho, en esos contextos, la devolución de las víctimas a la situación anterior a la violación implica el restablecimiento de sus derechos y de su condición de ciudadanas incluidas en la comunidad política.

En síntesis, el enfoque puramente restitutivo de las reparaciones resulta limitado, pues no atiende los factores estructurales del conflicto, cuya transformación es esencial no solo para garantizar la no repetición de las atrocidades, sino porque es necesaria la superación de una situación estructuralmente injusta en términos de justicia distributiva. Así mismo, porque para el caso de la desaparición forzada es prácticamente imposible restituir a las víctimas a su estado anterior.

En las anteriores consideraciones los autores dejan claro que respecto a la reparación integral a las víctimas existen obligaciones jurídicas por parte de los Estados y derechos adquiridos por parte de las víctimas, siendo dominante la postura de restitución integral a pesar de las dificultades planteadas especialmente en sociedades desiguales y excluyentes, a la hora de implementar programas de reparación masiva; por lo mismo proponen una reparación transformadora la cual adoptamos también para este trabajo de tesis doctoral en el sentido de mirar a las reparaciones

---

56 Véase al respecto Saffon, M. P., y Uprimny, R. *Reparar en Colombia: los dilemas en contextos de conflicto, pobreza y exclusión*, pág. 33.

> no sólo como una forma de justicia correctiva, que busca enfrentar el sufrimiento ocasionado a las víctimas y a sus familiares por los hechos atroces, sino también como una oportunidad de impulsar una transformación democrática de las sociedades, a fin de superar situaciones de exclusión y desigualdad que, como en el caso colombiano, pudieron alimentar la crisis humanitaria y la victimización desproporcionada de los sectores más vulnerables y que en todo caso resultan contrarias a principios básicos de justicia[57].

La noción de reparaciones transformadoras busca ir más allá de la noción de reparaciones restitutivas, buscando transformar las relaciones de subordinación y exclusión social que se encuentran en el origen del conflicto que busca ser superado y que en todo caso aparecen insuficientes desde una perspectiva de justicia distributiva.

> El potencial transformador de la reparación es particularmente importante en sociedades que, como la colombiana, antes del trauma de una guerra o una dictadura eran en sí mismas excluyentes y desiguales, y cuyas estructuras de exclusión constituyen un factor esencial del conflicto. En efecto, ¿qué sentido tiene que la reparación consista únicamente en devolver a un campesino a su minifundio de pobreza; a una mujer a su situación de carencia de poder, inseguridad y discriminación; a un niño a una situación de malnutrición y falta de acceso a la educación; a un grupo étnico al sometimiento y la ausencia de seguridad jurídica sobre sus tierras? Sin duda, una devolución de esta naturaleza es importante en contextos como el colombiano en los que los crímenes atroces se han caracterizado históricamente por quedar en la impunidad y en los que, por consiguiente, en la mayoría de casos no ha habido ningún tipo de reparación. Sin embargo, una reparación puramente restitutoria como ésa no aseguraría uno de los objetivos centrales de la reparación, que es garantizar la no repetición de las atrocidades, ya que se dejarían intactas muchas condiciones de exclusión que se encuentran en la base del conflicto. Pero eso no es todo. Una reparación con tal enfoque restitutivo, si bien tiene pleno sentido en términos de justicia correctiva, pues repara el daño ocasionado por el proceso de victimización, parece inapropiada

57 *Ibidem*, p. 34.

> en términos de justicia distributiva, pues preserva situaciones que son en sí mismas injustas y vulneran la dignidad de las víctimas[58].

A partir de este planteamiento podemos dimensionar que esta propuesta busca en realidad ir más allá de la simple restitución y propone no solo enfrentar el daño que fue ocasionado por los procesos de victimización, sino también las condiciones de exclusión en que vivían las víctimas y que permitieron o facilitaron su victimización. De hecho, para los autores, si las condiciones de exclusión permanecen inmodificadas pondrían en riesgo la búsqueda de la paz, logrando el paso de una violencia extraordinaria a la violencia ordinaria "tal y como lo ejemplifican en el caso de Guatemala"[59], o en otro escenario la continuidad y aun la exacerbación del conflicto.

Así las cosas, las reparaciones deberían ser entendidas como un instrumento de vital importancia tanto para la resolución del conflicto, como para la transformación de las condiciones que lo originaron, evitando su continuidad o reproducción y garantizándoles a las víctimas su derecho a la no repetición. Las reparaciones pueden convertirse en una oportunidad para impulsar verdaderas transformaciones democráticas, superando la exclusión y la desigualdad las cuales resultan contrarias a los principios básicos de la justicia distributiva.

---

58 *Ibidem*, p. 35.

59 Podría argumentarse que esto fue lo que sucedió en Guatemala, donde los acuerdos de paz lograron dar fin a las hostilidades del conflicto armado, pero fueron seguidos de recrudecidas formas de violencia ordinaria, que quizás hubieran podido prevenirse o disminuirse si los mecanismos de la transición a la paz hubieran atendido a las condiciones estructurales de exclusión que se encontraban en la base del conflicto, por ejemplo garantizando la participación en el poder de la mayoría indígena sistemáticamente victimizada. Sobre la ausencia de esta garantía como una de las razones del fracaso de la reparación en Guatemala. Véase Williams, R, (2008), "El derecho contemporáneo a la restitución de propiedades dentro del contexto de la justicia transicional", en *Reparaciones a las víctimas de la violencia política*, ICTJ.

> Desde esa perspectiva, las reparaciones podrían ser comprendidas como un mecanismo no sólo de justicia transicional, que es esencialmente correctiva en su visión clásica, puesto que se trata esencialmente de reparar de manera proporcional un daño sufrido, sino también de justicia distributiva, puesto que se trataría de repensar la distribución justa de los bienes y las cargas en esas sociedades en transición de la guerra a la paz o de la dictadura a la democracia[60].

Las reparaciones transformadoras buscan conectar la preocupación por el pasado —sin hacer mucho énfasis en el—, con la preocupación por el futuro de las sociedades al mostrar su interés por las garantías de no repetición. La comprensión del pasado no se limita al daño sufrido por las víctimas, sino también a las condiciones de exclusión social que permitieron los hechos violatorios, esta concepción permite hacer un ejercicio de memoria y sentar las bases para la construcción del futuro, rechazando las atrocidades ocurridas.

De esta manera, la propuesta de Saffon y Uprimny conciben las reparaciones no simplemente como un mecanismo jurídico, sino como parte de un proyecto político más amplio de transformación de la sociedad y particularmente de inclusión de las víctimas en ella, al contribuir en la tarea de transformar las condiciones de exclusión y las relaciones de subordinación existentes en el origen del conflicto, las reparaciones aportarían según los autores, a la garantía de no repetición y también a la transformación política y económica del orden social, con miras a hacerlo más incluyente, justo y democrático.

Las reparaciones deben incluir distintas dimensiones transformativas, es fundamental que las mismas tengan una dimensión transformadora de las relaciones sociales, económicas y políticas que han permitido la exclusión o marginación de la generalidad de las víctimas del acceso a sus derechos y a una ciudadanía plena. Así como también es importante,

---

60 *Ibidem*, pág. 36.

> que las reparaciones tengan una dimensión transformadora de las relaciones de poder que han subordinado o excluido a ciertos tipos de víctimas, tales como las mujeres, los grupos étnicos o los sindicatos, de forma tal que las mismas conduzcan a una reformulación de las situaciones de dominación patriarcal, racial y patronal que han alimentado la exclusión y la violencia en Colombia.

Lo que no implica que esta perspectiva alternativa de reparaciones que proponen sea un abandono de los estándares jurídicos existentes en materia del derecho a la reparación de las víctimas de crímenes atroces.

2. EL DELITO DE DESAPARICIÓN FORZADA Y LA OBLIGACIÓN DE REPARARLO

La comunidad internacional ha señalado que el delito de desaparición forzada es una afrenta a la conciencia del hemisferio y una grave ofensa de naturaleza odiosa a la dignidad intrínseca de la persona humana, en contradicción con los principios y propósitos consagrados en la Carta de la Organización de los Estados Americanos[61]. Las desapariciones forzadas afectan los valores más profundos de toda sociedad respetuosa de la primacía del derecho, de los derechos humanos y de las libertades fundamentales, y que su práctica sistemática representa un crimen de lesa humanidad[62].

Este reproche es tajante respecto a la gravedad del delito de la desaparición forzada y no es para menos pues con este delito se pueden violar varios de los derechos fundamentales más sagrados de la persona humana, sus familiares y la sociedad. La multiplici-

---

61 Convención Interamericana sobre Desaparición Forzada de Personas. Adoptada en Belém do Pará, Brasil el 9 de junio de 1994, en el vigésimo cuarto período ordinario de sesiones de la Asamblea General.

62 Declaración sobre la protección de las personas contra la desaparición forzada. Adopción: Asamblea General de la ONU. Resolución 47/133, 18 de diciembre de 1992.

dad de derechos y libertades que se le violan a las víctimas de este delito son entre otros: la dignidad, la libertad, la integridad personal, la seguridad, la vida, la personalidad jurídica y a las garantías y protección judicial.

La privación de la libertad seguida del ocultamiento excluye a la víctima del ámbito jurídico de protección, en tanto está impedida de acudir ante las autoridades para ejercer acciones de protección y garantía de sus derechos. En este sentido, las normas internacionales son consistentes en señalar que uno de los elementos que configuran la desaparición forzada de personas es la finalidad de excluir o sacar a la víctima del ámbito de protección jurídica.

En cuanto a los familiares, el ocultamiento o negativa a dar información sobre el paradero impide a sus parientes tener claridad sobre lo ocurrido y sobre la situación en que se encuentra su ser querido, si está vivo, o si está muerto, enfermo, encadenado, etc. Por ende, genera incertidumbre frente a los caminos o rutas a tomar para procurar la protección. Esta situación de los familiares se prolonga y se profundiza mientras se desconozca la suerte de la persona desaparecida, la cual puede durar años.

En la perspectiva de la doble dimensión de derechos de las víctimas y obligaciones del Estado frente a la desaparición forzada de personas, la Corte Interamericana de Derechos Humanos ha establecido que tendrán derecho a que se les repare integralmente por el daño entendido en todas sus dimensiones: personal, familiar, social, comunitario, laboral, psicológico, económico, entre otros.

El Estado tiene la obligación de disponer y garantizar el acceso efectivo, oportuno y adecuado de las víctimas y sus familiares a instancias, autoridades, mecanismos de protección, acompañamiento, asesoramiento, garantías de seguridad, trato digno y que respetuosamente se les ofrezcan respuestas a través de las cuales hagan efectivos sus derechos.

Esta perspectiva indica que la respuesta del Estado ha de estar compuesta por un conjunto de acciones, programas y mecanismos que aborden de manera integral la problemática de derechos humanos que representa la desaparición forzada para las víctimas y sus familiares, pero también para la sociedad donde tienen lugar este tipo de prácticas, este abordaje contribuye a enfrentar seriamente el problema y a garantizar su no repetición.

2.1. Antecedentes históricos del delito de desaparición forzada en el contexto internacional

El presente apartado esboza los antecedentes históricos del contexto internacional en el que surge la práctica de la desaparición forzada, sus orígenes, el impacto que causa en la sociedad, su desarrollo en contextos álgidos como la Alemania nazi y las consecuencias de su práctica en los países latinoamericanos. Así mismo, observaremos una aproximación del concepto adoptado por las instancias internacionales que se ocupan de su investigación, juzgamiento y prevención; concepto que se ha ido construyendo con base en las distintas experiencias que se tienen, pero en especial a la continua denuncia realizada por las víctimas y los defensores de derechos humanos interesados en esta problemática.

Este ejercicio nos servirá como punto de partida, en aras de ubicarnos frente al fenómeno de la desaparición forzada desde un contexto histórico y conceptual a nivel internacional, fijando las bases para observar detenidamente el caso colombiano objeto de análisis en el segundo capítulo de este trabajo.

La desaparición forzada de personas lejos de ser un fenómeno nuevo, es por el contrario una práctica que se suscribe en la historia de la humanidad desde tiempos remotos, algunos autores registran su aparición desde narraciones bíblicas, pasando por Luís XIV y la Inglaterra de los Estuardo del XVII, donde fue utilizada como medio de represión a los anglicanos y protestantes, quienes desde el parlamento solicitaron su cesación y la aplicación del Habeas Corpus, también en los periodos de Napoleón Bonaparte y Stalin, hasta llegar a la Alemania nazi de Hitler.

Bajo los gobiernos presididos por estos hombres se dieron algunas de las principales desapariciones más famosas de la historia; la del infeliz sin nombre que cubierto con una máscara permaneció en la Bastilla 34 años, para después resolverse en un final ignoto; la del duque de Enghien, a quien la policía secreta bonapartista secuestró en Baden una noche de marzo de 1804; la del dirigente antibolchevique Kutiepov, esfumado de la faz de la tierra el 26 de enero de 1930, cuando iba de su hogar parisino a la iglesia y la de los 7.000 franceses conducidos clandestinamente a los campos de concentración nazis, con el objeto de salvaguardar la seguridad nacional del Reich (Madrid-Malo Garizabal, 1991, pág. 27).

Este último suceso se enmarca en nuestro contexto histórico más inmediato y del mismo podemos rescatar la institucionalización de la desaparición forzada bajo el decreto *Nacth und Nebel* —Noche Niebla— promulgado el 7 de diciembre de 1941 por el mariscal de campo Wilhelm Keitel, jefe del alto mando alemán, en cumplimiento de las ordenes de Hitler. —El nombre de esa orden recordaba irónicamente, un fragmento del libreto de la ópera wagneriana El Oro de Rin: aquel en el cual Fafner se dirige a los enanos diciéndoles: "Sed como la Noche y la Niebla, esfumaos... despareced"— (Botero Bedoya, La Desaparición Forzada, 1995, pág. 13). La orden de Hitler estaba dirigida a ser aplicada en los territorios occidentales ocupados, convencido que las sentencias de muerte creaban mártires y, por ende, la razón del descontento, Hitler ordenó que, salvo en aquellos casos en que pudiera probarse culpabilidad sin ninguna duda, las personas arrestadas bajo sospecha de "poner en peligro la seguridad de Alemania" debían ser trasferidos a dicho país bajo "el amparo de la noche". Según Keitel, "... los prisioneros deben transportarse a Alemania en secreto...Estas medidas tendrán un efecto disuasivo porque a) los prisioneros desaparecerán sin dejar rastro y b) no puede suministrase información sobre su paradero o destino" (García Rocha, 1989).

Keitel había dicho en un pronunciamiento anterior que "una intimidación efectiva solo puede ser lograda con la pena máxima, con medidas mediante las cuales los familiares del criminal y la población en su conjunto desconozcan la suerte que ha corrido" (Botero Bedoya, 1995, pág. 12). Con esta política estatal se iniciará la represión clandestina contra las resistencias que generan los inconformes bajo gobiernos despóticos y totalitarios; en este caso el pueblo francés fue la víctima de la perversa concepción de eliminar al "enemigo" bajo métodos que están por fuera de toda razón humana, contrarios a la moral y el derecho de los hombres a la vida y la libertad. Por otra parte, genera zozobra, terror, miedo y desconcierto por parte del conglomerado social que rodea a las víctimas y finalmente esta práctica queda en la absoluta impunidad pues los victimarios no solo desaparecen a su víctima, sino los rastros de lo sucedido.

La práctica criminal utilizada por los nazis durante la Segunda Guerra Mundial no fue juzgada como tal en el Tribunal Penal Internacional de Núremberg; aunque se puede rescatar el rango que le otorgó este tribunal a los delitos contra la humanidad o delitos de lesa humanidad[63].

La práctica de la desaparición forzada heredada de los nazis fue adoptada en América Latina bajo gobiernos de corte totalitario y dictatorial, como método de control político y social, en las décadas de los 60 y 70, dejando como resultado el dolor y el drama en varios de los países latinoamericanos; donde se llevaron a cabo desapariciones de opositores políticos, inconformes o desprevenidos ciudadanos. Aún hoy sus familiares buscan a sus seres queridos y la realización de sus derechos a la verdad, la justicia y la reparación.

Es precisamente en este contexto latinoamericano donde el vocablo "desaparecido" se comienza a utilizar frente al terrorismo represivo utilizado por los países que implantaron políticas de seguridad nacional, con el objeto de contrarrestar los auges de la Revolución cubana, pero que en realidad obedecieron a un momento coyuntural más complejo definido por la Doctrina de Seguridad Nacional Norteamericana.

---

63 La palabra lesa proviene de las voces latinas *laesus* y *laedare*, que significan dañar o causar ofensa, sufrimiento y dolor.

2.1.1. La doctrina de seguridad nacional

Luego de finalizar la Segunda Guerra Mundial, las transformaciones geopolíticas se inscriben en una nueva dinámica, en un nuevo orden caracterizado principalmente por los movimientos anticolonialistas especialmente en Asia y África, la polarización de la guerra fría, la influencia de la revolución china y el triunfo de la revolución cubana. Esta nueva dinámica generó intereses diversos y una nueva forma de asumir, entender y buscar la hegemonía política y militar sobre todo a nivel regional, lo que impulsó a las potencias a diseñar su estrategia para contrarrestar las influencias del poder hegemónico adverso en sus zonas de influencia. Para 1947 los Estados Unidos ya habían promulgado la denominada Acta de Seguridad Nacional, la cual se convertiría en el instrumento legal para el desarrollo de la concepción de Estado de Seguridad Nacional; a través de este instrumento jurídico se ratificaba formalmente la guerra fría, identificando a la Unión Soviética, las luchas anticolonialistas y el comunismo como el enemigo principal de su Seguridad Nacional (Amnistía Internacional, 1983).

De esta manera, los Estados Unidos implementan la Doctrina de Seguridad Nacional considerando que la democracia era débil para defender la "seguridad nacional" la cual es amenazada no solo por un enemigo externo, sino también por uno interno, separado por una imprecisa y arbitraria frontera ideológica, en la cual no existe un frente de guerra en el sentido tradicional. El enemigo (la subversión, el comunismo internacional...) se encuentra en cualquier lado, incluso —o, sobre todo— en el seno de la población. El conflicto se expresa no solo en el terreno militar, sino en cuestiones ideológicas, políticas o culturales, las que concibe tan peligrosas como las acciones militares y ante las que responde utilizando métodos violentos. Esta postura conllevó a que se asumiera un estado de alerta frente a cualquier tipo de manifestación política o cultural que involucrara el rechazo al orden preestablecido, para lo cual los organismos de seguridad del Estado debían estar preparados para su control o represión.

Según lo expresa Lazara (1987, pág. 37)

> "...en cuanto ideología dominante para un proyecto de Estado y sociedad, reposa en dos vertientes: la imagen de la existencia de una crisis, por una parte, y la afirmación del rol militar como factor de restauración del equilibrio, para que esa restauración abra el paso al nuevo proyecto ajustado a los intereses económicos de la transnacionalización y la concentración del poder y la riqueza. La restauración neoconservadora expresó un objetivo básico: fundar un Nuevo Orden Político, mientras una esmerada operación de cirugía represiva basada en los métodos de la contrainsurgencia, eliminaba a los "enemigos del sistema" (Lazara, 1987, pág. 41).

La doctrina de Seguridad Nacional derivó en un proceso de militarización en América Latina, surgido en un marco de crisis de la hegemonía norteamericana, en muchos países latinoamericanos se constituyeron Estados fuertes, verticales, militaristas, anticivilistas, quienes eliminaron la independencia de los poderes públicos sometiendo a los organismos legislativo y judicial al ejecutivo, controlado este último por una cúpula militar que actúa con base a medidas de excepción y leyes por decreto. Dentro de esta lógica, la instrucción militar norteamericana impartida a los ejércitos latinoamericanos sustituyó la concepción tradicional de defensa del territorio y la soberanía para convertir a las fuerzas del orden en vigilantes y opresores en sus propios países, defendiendo los intereses de otros en una guerra contra el comunismo internacional, catalogando y dividiendo a los individuos en amigos o enemigos y dirigiendo contra estos últimos la guerra total, sin tener ningún límite para su actuación.

Las condiciones políticas internas en algunos de los países también llegaron a niveles de crisis, predominando el descontento popular, las movilizaciones constantes y la radicalización de sectores de la población que optaron por la lucha armada. En ese contexto los ejércitos modernizados y profesionalizados fueron utilizados como la única opción posible para recuperar el orden social, concebido este como el mantenimiento del sistema político y económico.

La Doctrina de Seguridad Nacional se aplicó de acuerdo con las condiciones específicas de cada país. Todo esto se tradujo para las sociedades latinoamericanas en una situación de sojuzgamiento en la que prevaleció la utilización de métodos terroristas[64] como la tortura, los asesinatos políticos, las desapariciones forzadas y otras formas de conculcación de los derechos civiles y políticos; métodos ejercidos por las fuerzas armadas y grupos paramilitares que actuaron bajo su absoluto control y dirección (Lazara, 1987, pág. 41).

En concreto entendemos para este trabajo que los métodos terroristas utilizados por los Estados se configuran dentro del terrorismo de estado, entendido como lo anota Michael Mann, "Para un mejor entendimiento del tema del terrorismo de Estado, es de aceptar que: un "terrorista" es un agente no estatal que atenta contra objetivos civiles para sembrar el terror en el corazón de la comunidad del enemigo. Un "terrorista de Estado" es un funcionario o un individuo —o cualquier grupo que estos integren—, que, con la anuencia, o aquiescencia del Estado, efectúan actos de terrorismo. Y para una definición del terrorismo de Estado en el contexto latinoamericano acudimos al autor Ernesto Garzón quien es claro en definirlo como

> El terrorismo de Estado es una forma del ejercicio del poder estatal cuya regla de conocimiento permite y/o impone, con miras a crear el temor generalizado, la aplicación clandestina, impredecible y difusa, también a personas manifiestamente inocentes, de medidas coactivas prohibidas por el ordenamiento jurídico proclamado, obstaculiza o anula la actividad judicial y convierte al gobierno en agente activo de la lucha por el poder[65].

---

64 Mann, Michael, (2004), *El imperio incoherente. Estados Unidos y el nuevo orden internacional.* Editorial Paidós, pág 185.

65 Garzón Valdés, E, (2001), *Filosofía Política, Derecho,* Colección Honoris Causa, Universidad de Valencia, pág.147.

2.1.2. Desaparecidos en América Latina

Algunos de los casos que podemos ejemplificar dentro de la incidencia directa de la doctrina de Seguridad Nacional en América Latina y sus consecuencias violatorias de los derechos humanos entre ellos el delito de desaparición forzada son los de Guatemala, Brasil, El Salvador, Chile, Argentina y Colombia, al cual como ya se mencionó analizaré en el segundo capítulo del presente trabajo[66].

2.1.2.1. Desaparecidos en Guatemala

La construcción de un Estado autoritario y racista originado por las relaciones económicas y sociales fuertemente excluyentes heredadas de su pasado colonial, privilegiaron la concentración de bienes y riqueza en pocas manos, generando exclusión y desigualdad, lo que forjó una crisis institucional, a la que en 200 años de historia republicana que el Estado guatemalteco no pudo responder para solucionar las contradicciones sociales, políticas y culturales, que fomentaron la inestabilidad a comienzos de la década de los sesenta.

En un intento por sublevarse por la vía armada el 13 de noviembre de 1960 un grupo de oficiales del Ejército intentan derrocar al presidente Miguel Ramón Ydígoras (1958-1963) quien había permitido que los Estados Unidos se apostaran en este país como base para invadir a Cuba, sin embargo, algunos de los militares se arrepienten de la acción y el gobierno es auxiliado por los Estados Unidos quienes asesoran y reprimen al movimiento revolucionario.

La persecución al movimiento social y al movimiento en armas se agudizaría a partir del golpe de estado en marzo de 1963, encabezado por un militar derechista, el coronel Enrique Peralta Azurdia, quien derogó la Constitución de 1956 y gobernó por decreto los siguientes tres años. La seguridad del Estado fue centralizada

66 Para los países referidos ver: Amnistía Internacional. *Desapariciones*. Editorial Fundamentos, 1983.

por el ejército, el que recurrió al más descarnado terror, con los objetivos de combatir eficazmente a la guerrilla y aislarla. Como parte de la campaña contrainsurgente fueron emitidas leyes antidemocráticas y atentatorias contra los derechos humanos, como la llamada Ley de Defensa de las Instituciones Democráticas[67]. En el marco de esta ley fue organizada la Policía Judicial, bajo la concepción de una policía política; además, se "legalizaron" las detenciones por simples sospechas seguidas de la incomunicación de las víctimas, las que eran sometidas a crueles interrogatorios y salvajes torturas en los centros de detención. Las detenciones fueron haciéndose cada vez más prolongadas y paulatinamente se convirtieron en desapariciones, tal como lo hizo constar el Comité Guatemalteco para la Protección de los Derechos Humanos en un informe a las Naciones Unidas en 1968.

En marzo de 1966, en medio de los preparativos del traspaso del gobierno a un civil electo, el abogado Julio César Méndez Montenegro, fueron capturados y desaparecidos 28 dirigentes políticos y populares e intelectuales opositores. Sus cuerpos jamás aparecieron. Posteriormente se logró establecer que habían sido capturados por órdenes del entonces ministro de la defensa, el coronel Rafael Arriaga Bosque, torturados hasta la muerte y sus cadáveres fueron arrojados al mar desde aviones de la Fuerza Aérea (Galeano H., 1967). Bajo los lineamientos de la Doctrina de Seguridad Nacional el papel del ejército se fundamentó en la noción de enemigo interno, elemento fundamental para la implementación del terrorismo de Estado en Guatemala; mediante el recurso del terror, el racismo y la propaganda se perfilo al "otro" —al enemigo— esta deslegitimación llevo a que las víctimas fueran objeto de salvajes torturas y de las más diversas formas de represión.

Según la Comisión de Esclarecimiento Histórico —CEH, las fuerzas militares y los grupos paramilitares fueron responsables

---

67 Ver texto en: Comité Pro-Justicia y Paz de Guatemala. Situación de los derechos humanos en Guatemala (1984).

del 93 % de las violaciones documentadas, incluyendo el 92 % de las ejecuciones arbitrarias y el 91 % de las desapariciones forzadas en Guatemala. Las víctimas incluyen a hombres, mujeres y niños de todos los estratos del país, obreros, profesionales, estudiantes, religiosos, políticos, campesinos y académicos; la gran mayoría, en términos étnicos, pertenecientes al pueblo Maya.

Entre 1960 y 1996, Guatemala fue perdiendo poco a poco su fisonomía jurídica a fin de someterse a los caprichos de unos pocos coroneles y oficiales, en un proceso de creciente anulación de la sociedad civil a través de la utilización de prácticas terroristas. La desaparición forzada ha cobrado alrededor de 45 000 víctimas en Guatemala, junto con unos 150 000 asesinatos políticos, forman parte de la historia de una nación convulsionada por el terrorismo de estado; que aún hoy se niega a olvidar estos crímenes atroces.

2.1.2.2. Desapariciones en Brasil

Brasil es otro de los países latinoamericanos que durante la dictadura militar entre 1964 y 1985 puso en práctica los lineamientos de la Doctrina de Seguridad Nacional, el 1 de abril de 1964 fue depuesto el presidente Joâo Goulart, luego de que el General Castelo Branco liderara el golpe de Estado apoyado por sectores militares y civiles opositores a Goulart. El 9 de abril se promulgaría el Acto Institucional No. 1, el mismo fue redactado en secreto y limitaba las funciones al poder legislativo centralizándolas en la Presidencia de la República, la cual asumió el General Castelo dos días después.

Con los militares en el poder se daba vía libre a la aplicación del Acto Institucional No. 1, el cual adoptó medidas de control judicial y de suspensión al ejercicio de derechos individuales y colectivos que permitieron llevar a cabo la "operación limpieza"; esto es la depuración de personal civil y militar en los diferentes niveles del Estado; así como, la intervención de los movimientos sociales que habían ganado fuerza en los años anteriores al golpe militar. Estudiantes, sindicalistas, campesinos y movimientos de trabajadores fueron atropellados y perseguidos desde el Estado por los militares.

Para difundir el marco de adoctrinamiento de las fuerzas militares se había creado en 1949 la Escuela Superior de Guerra, quien coordinó durante el nuevo régimen las operaciones militares tendientes a resguardar el orden nacional, por medio de instituciones como el Servicio Nacional de Informaciones —SNI—, o la policía política que operaba a través de las secciones de inteligencia de los diferentes cuerpos de seguridad y de las Divisiones Regionales de Operaciones de Inteligencia del cual hacía parte un personal heterogéneo entre oficiales del ejército y de la policía y elementos de grupos paramilitares. Bajo este esquema de seguimiento y persecución fueron presos, torturados y desaparecidos en el Brasil miles de ciudadanos, los cuales eran sepultados bajo nombres falsos y actas de defunción también falsas, elaboradas con la complicidad del Instituto de Medicina Legal, al amparo de la dictadura[68].

2.1.2.3. Desapariciones en El Salvador

Tras un álgido proceso de agitación vivido en El Salvador desde la década del 70 y con el antecedente histórico de los gobiernos militares, el conflicto salvadoreño se desataría en una confrontación interna a partir de 1980 entre el gobierno derechista y la oposición izquierdista liderada por la guerrilla denominada Frente Farabundo Martí para la Liberación Nacional —FMLN—[69].

---

68 Al respecto, ver *Brasil: nunca mais*. Petrópolis, Arquidiocese de São Paulo, 1985, que recoge las violaciones de derechos humanos en ese país entre abril de 1964 y marzo de 1979. Incluye una lista de personas desaparecidas y numerosos testimonios.

69 Ver: Comisión de la Verdad para El Salvador. *De la locura a la esperanza: la guerra de 12 años en El Salvador*. Naciones Unidas, San Salvador, 1993. La Comisión examinó “graves hechos de violencia y su impacto o repercusiones” a través de los cuales pudo revelar patrones sistemáticos de los mismos. En relación con la desaparición forzada el informe recoge tres casos.

Esta guerra civil se desarrolló en el contexto de la Guerra Fría entre 1980 y 1992 con los resultados nefastos que consignó la Comisión de la Verdad creada luego de firmados los acuerdos de paz de Chapultepec en México y que pusieron fin a la confrontación armada de más de 12 años.

A pesar del corto tiempo que tuvo la Comisión de la Verdad para El Salvador esta logró determinar la magnitud de la confrontación y de violaciones a los derechos humanos cometidas por los grupos en contienda; en su informe relacionó la recepción de fuentes directas de 2000 testimonios de personas con relación a 7357 hechos de violencia que produjeron 7312 víctimas. El 75% de los hechos incluían homicidios y entre estos el 87.5% constituían ejecuciones extrajudiciales y el 10.4% ataques indiscriminados a la población civil. Las fuentes indirectas se refirieron a 13562 víctimas, de las cuales 7388 eran víctimas de homicidios y el promedio de edad de las fuentes directas mostraron que las personas eran de treinta años y la mitad menores de 25 años, la gran mayoría de los asesinatos se produjo de manera colectiva.

Los casos de desaparición forzada ocurridos en El Salvador, suman más de 7000 personas de los cuales aún hoy no se sabe de su paradero, la Comisión de la Verdad para El Salvador registró la masacre del poblado campesino El Mozote, donde forenses encontraron los restos de casi 900 víctimas, de las cuales la mayoría eran niños y mujeres.

2.1.2.4. Desapariciones en Chile

Luego de haber derrocado al gobierno de la Unidad Popular el 11 de septiembre de 1973 la dictadura militar en Chile tuvo un período de 17 años (1973-1990); tras el ataque a la Casa de la Moneda, la Junta Militar liderada por el General Augusto Pinochet centralizó las ramas del poder público, disolvió el Congreso Nacional y el Tribunal Constitucional, los partidos políticos de izquierda fueron disueltos e inició una serie de profundas transformaciones económicas, políticas y sociales, de la misma manera que la violación sistemática a los derechos humanos.

A comienzos de 1974 por medio del Decreto Ley No. 521, se le dio creación legal a la Dirección de Inteligencia Nacional (DINA), la cual quedó al mando del coronel Manuel Contreras con funciones precisas de operar bajo los estados de excepción, es decir, durante casi toda la dictadura y tenía facultades para detener y conducir personas a los centros operativos del régimen militar. Los agentes de la DINA entrenados en la Escuela de las Américas iniciaron una campaña represiva utilizando el secuestro, la tortura, el homicidio y la desaparición de personas consideradas sospechosas de alterar el orden con sus aspiraciones de sedición marxista.

Al crearse la DINA el método se aplicó cada vez más selectivamente y al final, fue dirigido sobre todo contra militantes del Partido Comunista Chileno. También se incorporó el factor de la clandestinidad en las operaciones a través de la utilización de agentes de civil armados en automóviles sin placas que conducían a las víctimas a cárceles secretas. En 1990 se creó la Comisión Nacional de Verdad y Reconciliación, para investigar y preparar un informe sobre las graves violaciones a los derechos humanos durante el régimen de Pinochet. En febrero de 1991 se dieron a conocer a la opinión pública nacional e internacional las conclusiones finales de la Comisión; según este documento, las personas muertas por responsabilidad del Estado durante la dictadura del general Pinochet ascienden a un total de 1 068 víctimas, en cuanto a la desaparición forzada de personas se mencionan 957 casos, desparecidos a manos de agentes del Estado o personas a su servicio, disponiendo de los restos mortales de estos ciudadanos arrojándolos a las aguas del mar o enterrándolos clandestinamente[70].

---

[70] El Informe de la Comisión Verdad y Reconciliación resume los hechos violatorios de los derechos humanos en Chile entre 1973 y 1990, incluyendo la desaparición forzada de personas. (Ver: Síntesis del Informe de la Comisión de la Verdad y Reconciliación. Santiago, Comisión Chilena de Derechos Humanos, 1991. Además, Detenidos desparecidos, recopilación

Sin embargo, las denuncias de los familiares de los detenidos desaparecidos en Chile reportaban más de 2000 chilenos desaparecidos, estas revelaciones sensibilizaron a la opinión pública y por primera vez se hizo visible esta práctica con casos que fueron denunciados a nivel internacional incluso desde el comienzo de la dictadura militar en 1973.

2.1.2.5. Desapariciones en Argentina

Imponiendo la pena de muerte y los consejos de guerra por medio de la Ley 21.264, inició el primer día de la dictadura militar en Argentina, más exactamente el 24 de marzo de 1976, ese mismo día se dictaron 31 comunicados que advertían a la población argentina del rigor que imperaría durante la dictadura; entre otros se comunicó la centralización del país bajo el control operacional de la Junta de Comandantes Generales de las FF. AA. la cual estaba integrada por el General Jorge Rafael Videla, el Almirante Emilio Eduardo Massera y el Brigadier General Orlando Ramón Agosti; de los cuales el primero asumió como presidente con amplias funciones de los poderes ejecutivo y legislativo. El Proceso de Reorganización Nacional como se autodenominó la dictadura militar gobernó hasta 1983, impulsando la persecución, el secuestro, el asesinato y la desaparición forzada de personas de manera secreta.

Los operativos de detención se realizaron por militares y fuerzas paramilitares que actuaban en grupos de cuatro o cinco personas fuertemente armados, transportándose en automóviles. Aprehendían a sus víctimas en las calles o en su domicilio; una vez detenidos eran trasladados a centros clandestinos de detención, donde se torturaba a los detenidos con el fin de interrogarlos, para finalmente, en la mayoría de los casos, ser asesinados o

---

de 984 casos elaborada por la Vicaría de la Solidaridad del Arzobispado de Santiago y publicada en 1993).

desaparecidos mediante los denominados vuelos de la muerte o enterrados en fosas comunes.

Al finalizar la dictadura militar argentina se creó la Comisión Nacional sobre la Desaparición de Personas (CONADEP), luego de nueve meses de trabajo en los que reunió más de 50 000 páginas de testimonios y denuncias, en noviembre de 1984 publicó su informe, con el título "Nunca Más"; la Comisión dio cuenta de la desaparición de 8 960 personas, según denuncias debidamente documentadas y comprobadas. La CONADEP dejó abierta la posibilidad de que el balance final de las víctimas aumentara, pues muchos otros casos quedaron en la etapa de investigación y verificación de los datos, por lo que la cifra de 8 960 desaparecidos no pueden considerarse definitiva. El 80 % de las víctimas de los militares argentinos tenían entre 21 y 35 años de edad[71].

A pesar del informe presentado por la Comisión, los grupos defensores de los derechos humanos como las Madres de Plaza de Mayo y el Servicio Paz y Justicia estimaron que durante la dictadura militar se presentaron más de 30.000 casos de personas detenidas desparecidas durante la dictadura en Argentina, cifra obtenida a partir de las denuncias y la estimación de casos no denunciados.

2.2. Concepto y marco normativo internacional del delito de desaparición forzada

Algunos doctrinantes del derecho internacional (Gómez Cerón, 2002), han manifestado que ya desde Núremberg se hacía referencia indirecta a la desaparición forzada de personas, pues el derecho internacional como norma imperativa protege los derechos de la persona humana por el solo hecho de serlo, aun

---

71 Ver: *Informe de la Comisión Nacional sobre la Desaparición de Personas,* (1984), Editorial Universitaria de Buenos Aires, 1984. La CONADEP documentó 8 960 casos de personas desaparecidas de los 30 000 denunciados por las organizaciones de familiares.

cuando los Estados no lo hayan incorporado formalmente dentro de sus legislaciones internas. Esto quiere decir que, si bien para la segunda mitad del siglo XX no estaba definida una norma específica que consagrara el crimen de desaparición forzada como crimen de lesa humanidad, ya el derecho internacional protegía los mismos derechos que hoy día se vulneran con el delito de la desaparición forzada de personas, tal como se puede evidenciar implícitamente en diferentes convenciones regionales, declaraciones universales y tratados internacionales.

Así mismo, la comunidad internacional en diversas oportunidades, ha considerado el crimen de desaparición forzada como una conducta gravísima que atenta contra la convivencia social, la paz y la tranquilidad de la humanidad, por ello mismo se encuentra dentro de los considerados crímenes de lesa humanidad; los cuales exigen por su naturaleza que para su consumación haya una aceptación intencional del autor, que hace parte de un plan implícito o explícito de un grupo institucional contra la víctima, con el propósito de cercenarle sus más elementales derechos fundamentales y no permitir, por un lapso de tiempo, corto o largo, la recuperación de dichas garantías.

A continuación, se presentan y analizan los referentes jurídicos internacionales y los conceptos que sobre desaparición forzada han adoptado, principalmente los instrumentos jurídicos proferidos por la Organización de Naciones Unidas, la Organización de Estados Americanos y más recientemente por la Corte Penal Internacional, entre otros.

2.2.1. El concepto de desaparición forzada en el sistema universal

La Organización de las Naciones Unidas se ocupó por primera vez del tema de la desaparición forzada en el año de 1975, al adoptar la Resolución 3450 (XXX), sobre las desapariciones ocurridas en el conflicto civil de Chipre. El 20 de diciembre de 1978 la Asamblea General de la ONU pidió a la Comisión de Derechos

Humanos que examinara profundamente los casos de personas mencionadas en los informes procedentes de diversas partes del mundo en relación con la desaparición forzada o involuntaria de personas, a causa de excesos cometidos por las autoridades encargadas de hacer cumplir la ley, o encargadas de la seguridad, o por organizaciones análogas, a menudo mientras esas personas están sujetas a detención o prisión, así como, a causa de actos ilícitos o de la violencia generalizada. Pero solo hasta 1981 esa comisión dispuso que fuera creado un grupo de trabajo al cual se le confiará la tarea de investigar esos casos.

En septiembre de 1981 el grupo empezó sus labores y en su primer informe dijo:

> en los últimos años las desapariciones forzadas han ocurrido preponderantemente en situaciones de tensión o conflicto armado interno. En esas circunstancias, las desapariciones se producen como resultado de las intervenciones de las fuerzas de seguridad, o de grupos o particulares, con el apoyo o el consentimiento de las primeras (...). Los distintos Estados, presuntos guardianes del imperio de la ley, se proponen con frecuencia restaurar el orden público, pero violando los derechos humanos en el proceso, exacerbando así la espiral de violencia. La gestión y solución a esos conflictos constituye, sin duda alguna, la mejor respuesta a las desapariciones en este contexto" (Organización de las Naciones Unidas, 1992, págs. 34-35).

El 18 de diciembre de 1992, la Asamblea General de las Naciones Unidas aprobó la Declaración Sobre la Protección de Todas las Personas Contra las Desapariciones Forzadas[72]; fruto de la lucha de las asociaciones de familiares de detenidos desaparecidos congregados en FEDEFAM (Federación Latinoamericana de Asociaciones de Familiares de Detenidos-Desaparecidos), quienes presentaran en el año de 1984 un proyecto de Convención sobre desapariciones forzadas a la Comisión de Derechos Humanos de

[72] Resolución No. 47/133 del 18 de diciembre de 1992. Aprobada por la Asamblea General de las Naciones Unidas.

la ONU, documento que trabajaron hasta la aprobación de la Declaración. Del texto aprobado podemos extraer el siguiente concepto: El hecho ocurre siempre que

> ... se arreste, detenga, traslade contra su voluntad a las personas, o que estas resulten privadas de su libertad de una u otra forma por agentes gubernamentales de cualquier sector o nivel, o por grupos organizados, o por particulares que actúan en nombre del gobierno o con su apoyo directo o indirecto, su autorización o asentimiento y que luego se niegan a revelar la suerte o el paradero de esas personas o a reconocer que están privadas de la libertad, sustrayéndolas así de la protección de la ley (Organización de las Naciones Unidas, 1992, pág. 1).

En su artículo primero se establece que

> Todo acto de desaparición forzada constituye un ultraje a la dignidad humana. Es condenado como una negación de los objetivos de la Carta de las Naciones Unidas y como una violación grave manifiesta de los derechos humanos y de las libertades fundamentales proclamados en la Declaración Universal de Derechos Humanos y reafirmados y desarrollados en otros instrumentos internacionales pertinentes" (Organización de las Naciones Unidas, 1992, pág. 3).

Los derechos violados según la Declaración son, el derecho al reconocimiento de su personalidad jurídica, el derecho a la libertad y a la seguridad de la persona y el derecho a no ser sometido a penas o tratos crueles, inhumanos o degradantes.

La Declaración contiene un conjunto de medidas legislativas, administrativas, judiciales y otras eficaces para prevenir o erradicar los actos de desapariciones forzosas, entre ellas, la necesidad de establecer penas para los culpables de tal delito, así como, la posibilidad de que las legislaciones internas establezcan atenuantes para quienes, habiendo participado en estos hechos, contribuyan a la reaparición con vida de la persona desaparecida o a esclarecer casos de este tipo; la responsabilidad civil del Estado, además de la internacional; la prohibición de alegar obediencia debida en la comisión de estos delitos, instituyendo no solo la obligación de erradicar las órdenes para desaparecer personas, también establece que "Toda persona que reciba tal orden o tal instrucción tiene el derecho y el deber de no obedecerla"; la no devolución por un Estado de personas que corren peligro de ser desaparecidas por el Estado solicitante y finalmente, el derecho de habeas corpus.

Dentro de la Declaración, los derechos a la verdad y a la justicia en los casos de desaparición forzada implican el derecho de los afectados a denunciar los hechos ante autoridades competentes, la obligación del Estado de investigar de oficio tales situaciones, la garantía de la seguridad de los denunciantes, y el procesamiento judicial de los implicados por parte de tribunales ordinarios.

Son muy importantes en la lucha por la justicia y contra la impunidad de estos delitos los artículos 17, 18 y 19 de la Declaración. En el artículo 17 se considera los actos de desaparición forzada como "...delito permanente mientras sus autores continúen ocultando la suerte y el paradero de la persona desaparecida y mientras no se hayan esclarecido los hechos" y se recomienda la prescripción a largo plazo de los mismos.

Por su parte el artículo 18 establece que los culpables de desaparición forzada, o presuntos culpables, no recibirán beneficio alguno de las leyes de amnistía destinadas a eximirlos de juicio o pena por tal delito. El derecho de gracia también deberá ser limitado por la extrema gravedad de los actos de desaparición forzosa.

Finalmente, el artículo 19 reconoce el derecho a reparación e indemnización de las víctimas y sus familias y llama a los Estados a prevenir y a reprimir la apropiación de los hijos de personas desaparecidas.

> Las víctimas de actos de desaparición forzada y sus familiares deberán obtener reparación y tendrán derecho a ser indemnizadas de una manera adecuada y a disponer de los medios que les aseguren una readaptación tan completa como sea posible. En caso de fallecimiento de la víctima a consecuencia de su desaparición forzada, su familia tendrá igualmente derecho a indemnización" (Organización de las Naciones Unidas, 1992, pág. 9).

Por otra parte, el día 20 de diciembre del año 2006, por medio de la Resolución 61/177 de la Asamblea General de la —ONU—, se tomó la decisión histórica de aprobar la Convención Internacional para la Protección de Todas las Personas contra las Desapariciones Forzadas. Durante esos años de lucha y de reivindicación de los derechos de las víctimas mientras se buscaba un tratado universal, se adoptaron dos instrumentos jurídicos que funcionaron como antecedentes de la misma; por una parte, la Declaración Internacional sobre Desaparición Forzada de Personas, aprobada por la ONU en 1992, y por la otra la Convención Interamericana sobre Desaparición Forzada de Personas aprobada por la OEA, que entró a regir en el año de 1996.

Esta Convención Internacional del año 2006, se convierte en un tratado de derechos humanos histórico en el que FEDEFAM tuvo un papel protagónico a la hora de impulsar su consagración motivando los debates en el grupo de trabajo sobre desapariciones forzadas al interior de Naciones Unidas. La experiencia vivida de este flagelo que se extendió como una mancha imparable a todos los rincones de América Latina (no solo a los países dictatoriales de entonces, sino también a países formalmente democráticos como México, Perú y Colombia) cuenta hoy con un instrumento más para combatir la desaparición forzada de personas. En su artículo 2°, la Convención Internacional define la desaparición forzada como:

> el arresto, la detención, el secuestro o cualquier otra forma de privación de libertad que sea obra de agentes del Estado o de personas o grupos de personas que actúan con la autorización, el apoyo o la aquiescencia del Estado, seguida de la negativa a reconocer dicha privación de libertad o del ocultamiento de la suerte o el paradero de la persona desaparecida, sustrayéndola a la protección de la ley[73].

La convención obliga a todos los Estados a investigar y sancionar penalmente a toda persona que cometa, ordene o induzca a

[73] Resolución A/RES/61/177 del 20 de diciembre del año 2006. Artículo 2.

la comisión de una desaparición forzada, intente cometerla, sea cómplice o partícipe en la misma. Además, regula los procedimientos para el procesamiento obligatorio de los superiores por la actividad de sus subordinados en determinadas circunstancias y la improcedencia de la obediencia debida como justificación de las conductas delictivas. Este instrumento jurídico señala la obligatoriedad de su cumplimiento, protege en especial el reconocimiento del derecho a la verdad sobre las circunstancias de tiempo, modo y lugar en que se dio la desaparición forzada, la evolución y resultados de las investigaciones y la suerte que corrió la persona desaparecida.

En cuanto a la reparación de las víctimas, la Convención Internacional reguló el tema tanto en su preámbulo como en los artículos 19 y 24 numerales 4° y 5°; en este último se estableció literalmente:

> 5. El derecho a la reparación al que se hace referencia en el párrafo 4 de este artículo comprende todos los daños materiales y morales y, en su caso, otras modalidades de reparación tales como:
> 1. La restitución;
> 2. La readaptación;
> 3. La satisfacción; incluido el restablecimiento de la dignidad y la reputación;
> 4. Las garantías de no repetición[74].

La Convención Internacional establece además normas precisas sobre la desaparición de niños y consagra el principio de restitución a la familia de origen; un procedimiento novedoso que incluye esta convención consiste en las acciones de búsqueda encomendadas al Comité de diez expertos contra la Desaparición Forzada, acciones que han sido consideradas como equivalentes a un recurso de "habeas corpus internacional". Este Comité también ostenta la potestad de señalar las situaciones de desaparicio-

---

[74] *Ibidem.* Artículo 24, Numeral 5.

nes forzadas generalizadas o sistemáticas y la potestad para recomendar acciones urgentes.

Otras características de esta herramienta jurídica internacional son:

- El derecho a no ser sujeto de una desaparición forzada con todas las consecuencias y obligaciones para los Estados.
- El derecho a la verdad, es decir, el derecho de saber la verdad acerca del destino de la persona desaparecida y de todas las circunstancias sobre este crimen.
- El derecho de los familiares a recuperar los restos de sus seres queridos.
- El establecimiento de garantías en cuanto a la prohibición de la detención clandestina de cualquier persona en cualquier lugar.
- El derecho a la justicia de los familiares de los desaparecidos.
- Este derecho debe ser garantizado por la incorporación al código penal nacional de la figura de la desaparición forzada.
- Las desapariciones forzadas constituyen crímenes contra la humanidad.
- Se expone un concepto amplio de víctima, al incluir también a los familiares y los allegados.
- Se afirman las múltiples dimensiones del derecho a la reparación.
- Se ratifica el derecho del niño —víctima de desaparición forzada— a recuperar su identidad.

2.2.2. El concepto de desaparición forzada en el sistema regional

De otro lado, encontramos la Resolución número 666 (XIII), de la Organización de Estados Americanos, por medio de la cual se pronunció en 1983 sobre las desapariciones forzadas cometidas por varios gobiernos latinoamericanos y en la cual se advierte el siguiente concepto indicado en el preámbulo, convirtiéndose en antecedente inmediato de la Convención Interamericana: "Que la desaparición forzada de personas constituye un cruel e inhumano procedimiento con el propósito de evadir la ley, en detrimento de las normas que garantizan la protección contra la detención arbitraria y el derecho a la integridad personal"[75] e igualmente dentro del Resolutivo 4, los Estados parte de la Organización de Estados Americanos "declaran que la práctica de la desaparición forzada de personas en América es una afrenta a la conciencia del hemisferio y constituye un crimen de lesa humanidad"[76].

El texto de la Convención Interamericana sobre Desaparición Forzada de personas fue proclamado el 9 de junio de 1994 en *Belém do Pará*, Brasil mediante la Resolución 3114 de 1994 de la Asamblea General de la OEA, sobre un proyecto preparado por la Comisión Interamericana de Derechos Humanos que venía siendo discutido desde el año de 1987.

En el artículo I se establecen las obligaciones generales de los Estados respecto de la desaparición forzada, en cuanto a su total prohibición aún en estado de emergencia, excepción o suspensión de las garantías individuales; la sanción de los autores, cómplices o encubridores de desapariciones forzadas y de los intentos de cometerlas; la necesidad de cooperación interestatal para prevenir y erradicar el delito y de tomar medidas legislativas, administrativas, judiciales y de otra índole en el cumplimiento de estos compromisos.

En el artículo II la Convención Interamericana define la Desaparición Forzada como:

> La privación a la libertad a una o más personas, cualquiera que fuere su forma, cometida por agentes del Estado o por personas o grupos de personas que actúen con la autorización, el apoyo o la

---

75 OEA. Resolución AG/RES.666(XIII-0/83) del 18 de noviembre de 1983. Preámbulo.

76 *Ibidem*, punto 4.

> aquiescencia del Estado, seguida de la falta de información o de la negativa a reconocer dicha privación de la libertad o de informar sobre el paradero de la persona, con lo cual se impide el ejercicio de los recursos legales y de las garantías procesales pertinentes (Organización de los Estados Americanos, 1994).

La Convención Interamericana coincide con la Declaración de la ONU al consagrar el compromiso de los Estados a introducir sanciones penales contra la desaparición forzada dentro de su legislación. Así mismo, se establece que "Dicho delito será considerado como continuado o permanente mientras no se establezca el destino o paradero de la víctima". Respecto de la extradición, en términos generales se establece que la desaparición forzada no será considerada como delito político, por lo que los culpables o presuntos culpables podrán ser extraditados por el Estado ante el cual deban responder. Incluso en los casos en que la extradición no sea concedida, el Estado bajo cuya jurisdicción se encuentre el imputado deberá someterlo a proceso penal.

Entre otras concordancias que encontramos entre ambos instrumentos, cabe mencionar la prohibición de alegar obediencia debida, el juzgamiento de los presuntos culpables de desapariciones por parte de tribunales civiles, las condiciones para erradicar las detenciones arbitrarias e ilegales, así como, el libre y pleno ejercicio del derecho de hábeas corpus.

Lamentablemente, la Convención no es tan amplia como la Declaración respecto de los derechos enunciados, lo cual se comprende dada la naturaleza de ambos instrumentos. Por ejemplo, sí están contenidos en la Declaración, pero no en la Convención el derecho a la reparación, la readaptación y la indemnización para las personas afectadas; el derecho a denunciar la comisión del delito, que lleva consigo la obligación de investigarlo por parte del Estado; y la protección de los testigos, los familiares y los abogados de las víctimas.

Por otra parte, la Declaración enuncia la prohibición de amnistía contra los culpables o presuntos culpables de desaparición forzada, cuestión que no fue abordada por la Convención. Esto constituye un aspecto fundamental que debió haber sido regulado por la Convención Internacional como una medida preventiva ante situaciones futuras, en vista de que es posterior a la emisión de numerosas leyes de amnistía en todos los países en los que se ha producido este delito, como sucedió en Argentina y Chile.

Otro aspecto que es muy importante es la disposición adoptada en el artículo VII de la Convención sobre la imprescriptibilidad del proceso penal y de la sanción que se derive del delito de desaparición forzada. La limitación frente a la Declaración sería la existencia de una norma fundamental, en cuyo caso el período de prescripción se iguala al del delito más grave dentro de la legislación interna de cada Estado.

Finalmente, vale la pena señalar que este instrumento jurídico internacional ha servido de fundamento para que la Corte Interamericana de Derechos Humanos haya fallado varios casos de desaparición forzada, en los que ha sancionado la responsabilidad internacional del Estado colombiano. Algunos ejemplos son: la desaparición forzada de Isidro Caballero Delgado y María del Carmen Santana, ocurrida en el departamento del Cesar en el año de 1989; la desaparición forzada colectiva de 19 comerciantes en el Magdalena Medio Santandereano ocurrida en 1987, la desaparición forzada colectiva de 43 campesinos en el departamento de Córdoba, municipio de Turbo corregimiento de Pueblo Bello a comienzos de 1990 y la masacre de 13 miembros de una comisión judicial en la vereda La Rochela municipio de Simacota en 1989, entre otras.

2.2.3. El concepto de desaparición forzada en la Corte Penal Internacional

Dentro del proceso evolutivo del derecho internacional consuetudinario finalmente encontramos el Estatuto del Tribunal Penal Internacional de Roma el cual fue proferido el 17 de julio de 1998 y entró en vigencia en Colombia el 1 de noviembre del año

2002, este instrumento jurídico reviste una gran importancia en el entendido que consagra el principio de responsabilidad penal del individuo, siendo responsables de los crímenes de su competencia quienes actúen en nombre del Estado con su consentimiento o aquiescencia, además adjudica la responsabilidad de los hechos a quien cometa el crimen, así como, a quien lo ordene, proponga, induzca o sea cómplice del mismo.

La Corte Penal Internacional puede ejercer competencia en cualquiera de los siguientes escenarios criminales: a crímenes graves de gran trascendencia para la comunidad

internacional en su conjunto: genocidio, crímenes de lesa humanidad, crímenes de guerra. Precisamente la noción de crimen contra la humanidad o crimen de lesa humanidad surgió como respuesta a las atrocidades cometidas durante la Segunda Guerra Mundial y se reglamenta en el Estatuto del Tribunal Militar Internacional de Núremberg y más recientemente con el Estatuto de Roma.

Conviene recordar que, tratándose de crímenes que implican la responsabilidad penal individual, los sujetos responsables pueden ser, tanto agentes del Estado, como grupos de particulares que actúan con su apoyo o autorización, pudiendo cometerse tanto en tiempo de paz como en tiempo de guerra o conflicto armado interno. El artículo 7.1 literal i), del Estatuto de la Corte Penal Internacional, define los crímenes de lesa humanidad del modo siguiente:

Crímenes de lesa humanidad. A los efectos del presente Estatuto, se entenderá por "crimen de lesa humanidad" cualquiera de los actos siguientes cuando se cometa como parte de un ataque generalizado o sistemático contra una población civil y con conocimiento de dicho ataque: (i) Desaparición forzada de personas.

Así mismo, encontramos la definición de la desaparición forzada en su artículo 7, numeral 2, inciso i)

> Por desaparición forzada de personas se entenderá la aprehensión, la detención o el secuestro de personas por un Estado o una organización política o con autorización, apoyo o aquiescencia, seguido de la negativa a informar sobre la privación de la libertad o dar

> información sobre la suerte o el paradero de esas personas, con la intención de dejarlas fuera del amparo de la ley por un periodo prolongado[77].

Esta definición nos da un concepto más amplio del establecido por la Convención Interamericana, pues a diferencia de esta última se estipula un sujeto activo del crimen en este caso los integrantes de organizaciones políticas, teniéndose como tales a los autores, cómplices o encubridores y dejando de lado a los instigadores y perseguidores. De otra parte, se observa que la acción como tal consiste en privar de la libertad, o afirmar que se desconoce el paradero de la misma o incluso negarse a informar de la realización de esa detención, con la finalidad de impedir el ejercicio de los recursos legales, derechos o garantías. Por lo tanto, el elemento subjetivo de la conducta en la comisión de dicho crimen es la intención de dejar a la víctima por fuera del amparo de la ley durante un tiempo prolongado, razón por la cual esta conducta es considerada de lesa humanidad.

El Estatuto de Roma no solo tipifica la conducta de desaparición forzada, sino que por primera vez un organismo internacional facultado por los Estados, puede imponer (de acuerdo con procedimientos detallados y preestablecidos) sanciones penales a quienes la cometan, así como, los mecanismos de reparación integral para sus víctimas contemplados en el artículo 75. La Corte regida por el principio de complementariedad, actuará como un complemento y a su vez, como un incentivo para el fortalecimiento de la justicia interna de los países que la ratifiquen, y se constituye en una importante herramienta contra la impunidad. El verdadero reto lo tienen los Estados frente a su administración

---

77 El Estatuto de Roma se distribuyó como documento A/CONF.183/9, de 17 de julio de 1998, enmendado por los *procèsverbaux* de 10 de noviembre de 1998, 12 de julio de 1999, 30 de noviembre de 1999, 8 de mayo de 2000, 17 de enero de 2001 y 16 de enero de 2002.

de justicia en términos de eficiencia, imparcialidad y prontitud, en el esclarecimiento de este tipo de conductas.

2.2.4. El concepto de desaparición forzada desde las víctimas

Desde el punto de vista de las víctimas, tras largos años de búsqueda de sus seres queridos y la denuncia permanente contra el crimen de la desaparición forzada, se han ido congregando a nivel regional, para el caso de América Latina en FEDEFAM, quienes caracterizan este drama en el siguiente concepto:

> La desaparición forzada se basa en una detención arbitraria perpetrada por agentes del Estado o grupos organizados de particulares que actúan con su aquiescencia, tolerancia o inoperancia y donde la víctima es ocultada. Las autoridades no aceptan ninguna responsabilidad por acción u omisión del hecho, ni dan cuentas de la víctima. Los recursos de Habeas Corpus o de amparo son inoperantes y en todo momento los perpetradores procuran mantener el anonimato.
>
> El objetivo es, además de la captura de la víctima y su consiguiente tratamiento sin freno de ningún tipo, el crear, desde el anonimato y la subsiguiente impunidad, un estado de incertidumbre y terror tanto en la familia de la víctima, como en la sociedad entera. Incertidumbre, porque no se sabe qué hacer, a quien recurrir, porque se duda sobre el real destino y/o los beneficios de la búsqueda. Terror, por el destino desconocido, pero obviamente terrible y por la convicción de que cualquiera y por cualquier motivo, puede ser un desaparecido.
>
> La desaparición forzada paraliza tanto la acción opositora de la víctima como a la sociedad entera. El desaparecido no es pues, un simple preso político; tampoco es — como quienes la practican quisieran hacer que se considere — un muerto, por más que se hayan encontrado, muchas veces sus cadáveres (FEDEFAM, s.f.)

Siguiendo los conceptos sobre desaparición forzada, sus antecedentes históricos, las experiencias de los familiares de las víctimas y apoyándonos en la jurisprudencia nacional e internacional, así como, en los autores citados en el presente capítulo, podemos identificar las principales características de la práctica de la desaparición forzada, así:

- A nivel general su uso es para reprimir al opositor político comprometido con la concreción de una justicia social. Este opositor a quien se victimiza con la desaparición no es solo individual, sino social, pues el desaparecido hace parte de una colectividad social y política a la cual se le entorpece o se le impide su oposición. Además, se extiende su uso desde la premisa de control político a una generalización de la desaparición forzada como elemento de control social; se persigue al inconforme social y a quienes practican actividades como la prostitución, la delincuencia y la mendicidad.
- Sus autores trazan con premeditación el *iter criminis*, no dejando rastro, huella, o evidencia alguna que permita establecer las circunstancias que rodearon el hecho.
- No es posible evitarla, los victimarios se aseguran de las condiciones de indefensión e impunidad que rodeará la perpetración del crimen.
- Se reduce al detenido a un estado de absoluta indefensión y de humillación, utilizando medios de tortura física y psicológica para ello.
- Se irrespeta su identidad social, su ser social con nombres y apellidos.
- Es sustraído de su vida cotidiana y trasladado a un mundo clandestino, en el que reina la arbitrariedad, el crimen y para el cual las leyes de la convivencia social y humana parecieran no haber existido jamás.
- El sometimiento en la clandestinidad facilita la obtención de información a través de las más terribles torturas, los detenidos no pueden luego denunciar los vejámenes ni estos ser comprobados por los investigadores y los jueces.
- Hay ilimitado poder sobre el cuerpo y las vidas de los detenidos, no existen condicionamientos sobre el tiempo de la detención o sobre la conservación de la vida.

- Puede mantenerse indefinidamente prisionero en condiciones infrahumanas, para lo cual, en algunos casos se tienen lugares de reclusión clandestinos.
- La posibilidad de la muerte a causa de las torturas, o tiros de gracia, es permanente.
- Traslado de las víctimas o sus cadáveres a zonas de difícil acceso, en jurisdicción distinta de aquella donde se cometió el crimen o de habitual residencia de las víctimas, para evitar la identificación de estas o para que se investigue a otros presuntos responsables.
- Se utilizan medios de ocultamiento y destrucción de los cadáveres, de forma que nunca puedan ser encontrados o identificados. (Fosas comunes, mutilación, incineración, se dejan en poder de animales o se sumergen con peso adicional en el agua de ríos, ciénagas, pantanos o en el mar, evitándose que floten o se trasladen, en otras oportunidades se usan ácidos para descomponer los cuerpos y no dejar rastros del mismo).
- Se aprovecha el temor de los familiares y testigos que les impide denunciar directamente la desaparición, prefiriendo hacerlo a través de terceros; lo cual conduce a que la investigación sea ciertamente difícil frente a este tipo de violación de derechos humanos.
- Se persigue y señala a las familias y al tejido social del cual fue extraída la víctima para evitar que denuncien o busque a sus seres queridos.
- Se generan informaciones contradictorias y disuasivas sobre el paradero de la víctima.
- Se incitan informaciones y comentarios en contra del buen nombre y la honorabilidad de la víctima para generar un ambiente que justifique las causas de su desaparición.
- Logra obtener un silencio cómplice por temor en gran parte del escenario social. Porque esto puede ocurrirle a cualquiera.

- La desaparición forzada desequilibra la estabilidad del núcleo familiar, sometiéndolo a un estado de zozobra permanente y a una tortura psicológica indefinida.
- Hace posible la aplicación de métodos psicológicos tendientes a alterar la identidad política y psíquica de la víctima.
- Produce un efecto disuasivo en toda la sociedad, mediante un mensaje claro por medio del terror.

La desaparición forzada es una conducta criminosa que viola los derechos humanos. Se configura al privar de la libertad a una o varias personas por servidores públicos o particulares que obran bajo las órdenes de aquellos, con la aquiescencia de los mismos y con su colaboración ya sea esta directa o indirecta. La intención dolosa se presenta ante la negativa de reconocer la detención de la víctima por parte de sus captores e informar el lugar de su reclusión; para que se tipifique la desaparición forzada de una persona no se requiere que la aprehensión de la misma sea legal o arbitraria, existen personas que siendo detenidas legalmente pueden terminar siendo víctimas de esta práctica (Alto Comisionado de las Naciones Unidas para los Derechos Humanos. Oficina en Colombia, 2010).

Ahora bien, la desaparición forzada busca sacar del mundo legal a la víctima privándolo de cualquier derecho como el sometimiento a un proceso judicial para que ejerza su defensa o el derecho de reclamar su libertad, no existen exigencias de ningún tipo a cambio de su liberación; en la mayoría de los casos se busca darle muerte y luego ocultar o destruir su cadáver. Al practicarse en contextos álgidos o de agitación política y militar, la desaparición forzada tiene una doble intencionalidad, por una parte, la instauración del terrorismo de estado que busca anular la oposición al régimen instituido y por la otra enviando un mensaje a la sociedad de miedo y zozobra logrando disuadir a los enemigos potenciales.

Respecto a la víctima en concreto un desparecido es un individuo (un ser humano), del cual no se volvió a tener noticias después de haber sido privado de su libertad por agentes estatales; o raptado por particulares bajo circunstancias anómalas e irregulares, para posteriormente ocultar intencionalmente su paradero sin dar razones a sus familiares o conocidos–(Madrid-Malo Garizabal, 1991, pág. 30). Esto implica que la víctima ya en la clandestinidad y en manos de sus captores es sometida y apartada del mundo de los vivos, incomunicada, violada, torturada física y psicológicamente, sometida a interrogatorios para finalmente ser asesinada; en este punto los vejámenes continúan en muchos casos tras la ejecución.

> ...sus cuerpos son objeto de un tratamiento esquizofrénico, en el cual el victimario, impulsado por el deseo de deshacerse del cadáver de la víctima, descarga sobre éste toda suerte de agresiones físicas, algunas veces destruye el rostro, las manos o la dentadura con ácidos o líquidos inflamables, a efecto de que el cuerpo no sea identificado. En otras ocasiones los cadáveres son mutilados y luego esparcidos en diferentes sitios, como ocurrió en el municipio de Trujillo entre 1990 y 1991 (Botero Bedoya, 1995, pág. 13).

Respecto a la familia de un desaparecido y su entorno social las implicaciones y consecuencias de la desaparición forzada de una persona son igualmente dramáticas, ante la negativa y el silencio por parte de sus victimarios, los familiares de la víctima entran en un estado emocional desequilibrante, la incertidumbre de saber si está vivo o está muerto, donde buscarlo y la razón por la cual se lo llevaron sus captores; esta crisis latente y prolongada de angustia y dolor causada por la ausencia de un ser querido perdura indefinidamente.

La elaboración del duelo y de la pérdida de un ser querido es frustrada convirtiéndose en uno de los principales problemas que tienen que afrontar los familiares de los desaparecidos, la falencia de la presencia de los elementos habituales del duelo como el conocimiento de las causas de la muerte, el desconocimiento del paradero del cadáver y como consecuencia la imposibilidad de desarrollar la prácticas funerarias tradicionales como la velación y el entierro, elementos religiosos que reprimen y frustran a sus allegados.

Respecto del tipo penal la desaparición forzada es una conducta que tiende a confundirse con el secuestro y con el homicidio, especialmente por los funcionarios que reciben las denuncias de estos casos. Las particularidades, dado el estado de indefensión en que se pone a la víctima reduciéndola incluso a la condición de cosa, viola gravemente el derecho a la vida, a la libertad, al trato humano, a la protección contra la detención arbitraria y al debido proceso.

Algunas organizaciones que han trabajado el tema de la desaparición forzada por más de treinta años como la Asociación de Familiares de Detenidos Desaparecidos —ASFADDES— y la Federación Latinoamericana de Asociaciones de Familiares de Detenidos Desaparecidos —FEDEFAM—, utilizan una clasificación que nos ubica en casos tipo de desaparición forzada de personas, esta clasificación es definida a partir de la experiencia propia de los familiares de detenidos desaparecidos, quienes han tenido que sortear las diversas formas en que se realiza esta práctica:

a. Los desaparecidos definitivamente: personas que después de haber sido capturadas no se vuelve a tener ninguna información sobre su existencia, o no aparecen registradas ni vivas, ni muertas.

b. Los desaparecidos temporalmente: son aquellas personas que no son registradas en los centros de detención oficial, pero que gracias generalmente a la búsqueda de sus familiares, abogados y defensores de derechos humanos son halladas con vida y puestas en libertad.

c. Los desaparecidos asesinados e identificados: son aquellas personas que habiendo sido detenidas son posteriormente asesinadas. En algunos casos sus cuerpos son dejados en sitios solitarios o son inhumados en fosas comunes o lugares alejados, pero posteriormente identificadas por sus familiares o amigos.

d. Los desaparecidos asesinados sin identificar o N.N: son aquellas personas que han sido asesinadas, pero no han sido identificadas porque fueron inhumadas o entregadas a las facultades de medicina para ser diseccionadas. Muchas personas inhumadas como N.N. en fosas comunes o individuales han sido detenidas —desaparecidas y sus familiares desconocen el sitio donde se encuentran sus seres queridos—.

e. El desaparecido supérstite sin identificar: Son aquellas personas detenidas-desaparecidas, con las cuales ha podido ocurrir: **1)** Que hayan quedado en libertad, pero por efecto de las torturas a las que han sido sometidas, su sistema neurológico ha sido gravemente comprometido o han sido dejadas en una situación de demencia absoluta. Regularmente sus familiares no conocen su paradero, aunque presumen que están vivas. **2)** Dentro de este grupo caben todos aquellos infantes, hijos de detenidos-desaparecidos que han sido capturados también junto con sus padres y han sido entregados en adopción; de ellos se tiene indicios de supervivencia, pero no de su identidad (Botero Bedoya, 1996).

2.3. Principales características del delito de desaparición forzada

De acuerdo con los instrumentos internacionales que regulan el tema, podemos concluir que la desaparición forzada de personas es reconocida como un ilícito, un delito penal tanto por el derecho internacional consuetudinario como por el derecho internacional convencional; en tanto hecho punible reconocido, su práctica es violatoria de derechos y tiene ciertas características especiales las cuales busco ilustrar a continuación como referente para este trabajo, en el entendido que son precisamente estos daños los que se tendrían que reparar a las víctimas, considerando que es un acto cruel e inhumano absolutamente prohibido.

2.3.1. La desaparición forzada como delito pluriofensivo

Partiendo de esta premisa, en primera instancia debemos señalar que con esta práctica se vulneran una serie de derechos fundamentales, a quién es privado por la fuerza sin orden judicial y es sacado del amparo de la ley, lo que convierte a la desaparición forzada en un delito pluriofensivo, que vulnera derechos también protegidos por la legislación internacional, tales como:

- El derecho a la libertad y la seguridad de las personas, que se constituye como el principal derecho humano violado y denegado directamente por el hecho mismo de la desaparición forzada.
- El derecho a no ser arbitrariamente detenido ni preso.
- El derecho a un juicio imparcial en materia penal.
- El derecho al reconocimiento de la personalidad jurídica ante la ley.
- El derecho a un recurso efectivo ante los Tribunales nacionales que lo amparen contra la violación de los derechos fundamentales.
- El derecho a no ser sometido a torturas ni a penas o tratos crueles, inhumanos o degradantes.
- El derecho a no ser privado de la vida.

Así mismo, la desaparición forzada de personas, vulnera otra serie de derechos económicos, sociales y culturales, así como las reglas mínimas para el tratamiento de reclusos y para el caso de que afecten a mujeres embarazadas, niños o lactantes, se violarían además, de todos los anteriores derechos, su derecho a gozar de medidas especiales de protección, atención y asistencia, reconocidos en el artículo 25.2 de la Declaración Universal de los Derechos Humanos (Organización de las Naciones Unidas, 1948); artículo 24.1 del Pacto Internacional de Derechos Civiles y Políticos (Organización de las Naciones Unidas, 1966 a)[78]; artículo 10.2 y 3 del Pacto Internacional de Derechos Económicos, Sociales y Culturales (Organización de las Naciones Unidas, 1966 b), el artículo 7° de la Declaración de Derechos del Niño y la Declaración Americana; parte 1.7 y 17.

---

78 Adoptado por la Asamblea General de la ONU, el 16 de diciembre de 1966, entró en vigor en Colombia el 23 de marzo de 1976 en virtud de la Ley 74 de 1968.

2.3.2. La desaparición forzada como delito imprescriptible

Por otra parte, observamos que la legislación internacional le ha dado el carácter de ser un delito imprescriptible, en este sentido encontramos que la Convención Interamericana sobre Desaparición Forzada de Personas en su artículo 7°, establece que: "La acción penal derivada de la desaparición forzada de personas y la pena que se imponga judicialmente al responsable de la misma no estarán sujetas a prescripción" (Organización de los Estados Americanos, 1994). De la misma manera, los estipulan la Declaración y la Convención Internacional en esta materia, solo que condicionando la imprescriptibilidad del delito en sus artículos 17 y 7 numerales 1 y 2 respectivamente[79].

Además, estipulan que todo acto de desaparición forzada será considerado permanente mientras sus autores continúen ocultando la suerte y el paradero de la persona desaparecida, y mientras no se hayan esclarecido los hechos, de modo que la prescripción, en caso de considerarse, únicamente podría darse a partir del momento en que se conozca el paradero de los desaparecidos, habida cuenta del carácter continuo de este delito.

El carácter de imprescriptibilidad de este delito es incuestionable para el Estatuto de la Corte Penal Internacional cuando la desaparición forzada es constitutiva de crimen de lesa humanidad, tal y como lo establece en su artículo 29, (International Criminal Court, 2002).

2.3.3. La desaparición forzada como conducta de carácter permanente

Es una conducta de carácter permanente lo que implica que para el derecho penal es una situación inconclusa que sigue vulnerando

---

[79] Resolución No. 47/133 del 18 de noviembre de 1992. Artículo 17. Resolución A/RES/61/177 del 20 de diciembre del año 2006. Artículo 7, numerales 1 y 2.

los derechos de las víctimas hasta tanto no aparezca el desaparecido o no sean entregados sus restos a sus familiares debidamente identificados por los organismos del Estado acreditados para tal fin.

El artículo 3 de la Convención Interamericana sobre Desaparición Forzada dispuso que "...Dicho delito será considerado como continuado o permanente mientras no se establezca el destino o paradero de la víctima". La Convención Internacional aprobada en el seno de las Naciones Unidas también configuran la práctica como delito continuado o permanente "mientras no se establezca con certeza el destino o paradero de la persona desaparecida".

Por su parte, el Grupo de Trabajo de las Naciones Unidas sobre Desapariciones Forzadas o Involuntarias estableció que: "Todo acto de desaparición forzada será considerado delito permanente mientras sus autores continúen ocultando la suerte y el paradero de la persona desaparecida y mientras no se hayan esclarecido los hechos". Añade que la finalidad de esta caracterización como delito permanente es "impedir que los autores de actos criminales se aprovechen de la prescripción"[80].

2.3.4. La desaparición forzada no admite obediencia debida

La práctica de la desaparición forzada no responde ni admite la obediencia debida, en este sentido son claros los instrumentos internacionales ya vistos, así, por ejemplo, en la Convención Interamericana sobre Desaparición Forzada de Personas se excluye la excepción de obediencia debida a órdenes superiores como justificación o eximente de responsabilidad. El artículo octavo establece: "No se admitirá la eximente de la obediencia debida a órdenes o instrucciones superiores que dispongan, autoricen o

---

80 Comisión de Derechos Humanos, Informe del Grupo de Trabajo sobre desapariciones forzadas o involuntarias, E/CN.4/2001/68, del 18 de diciembre de 2000, párrafo. 27-30.

alienten la desaparición forzada. Toda persona que reciba tales órdenes tiene el derecho y el deber de no obedecerlas"[81].

La negación de reconocimiento a la excepción de obediencia debida, como eximente de la responsabilidad, fue determinada en el Estatuto del Tribunal Militar de Núremberg y Tokio, la doctrina internacionalista basada en la aplicación de los principios del derecho internacional no admite la obediencia debida como causal eximente ni atenuante de responsabilidad por delitos de lesa humanidad, posición que fue adoptada por la Declaración Sobre la Protección de Todas las Personas Contra las Desapariciones Forzadas de las Naciones Unidas en su artículo 6.

El Estatuto de la Corte Penal Internacional consagra, en su artículo 28, la responsabilidad de los jefes militares y otros superiores civiles por hechos cometidos por fuerzas bajo su control y mando efectivo cuando los superiores no adopten las medidas necesarias para evitar la comisión de los delitos.

2.3.5. La desaparición forzada como delito de lesa humanidad

El concepto de crímenes de lesa humanidad se convirtió en una figura que, tanto en tiempo de paz como de guerra, establece la responsabilidad penal individual por los tipos más graves de las violaciones manifiestas y sistemáticas de los derechos humanos. Con la creación del Tribunal Militar Internacional de Núremberg y Tokio se aportó la primera definición de crimen de lesa humanidad a los asesinatos, el exterminio, la esclavitud, la deportación y otros actos inhumanos cometidos contra cualquier población civil antes o durante la Segunda Guerra Mundial y las persecuciones por motivos políticos, raciales o religiosos en ejecución de cualquier otro crimen de competencia del Tribunal o relacionados con los mismos. La noción de crimen contra la humanidad obede-

---

[81] Convención Interamericana sobre Desaparición Forzada de Personas, artículo. 8.

ce a la necesidad por parte de la comunidad internacional de reconocer que "hay dictados elementales de la humanidad que deben reconocerse en toda circunstancia" y actualmente hace parte de los principios aceptados por el derecho internacional. Así lo confirmó el 11 de diciembre de 1946 la Asamblea General de las Naciones Unidas, mediante su Resolución 95 (I).

Recientemente varios instrumentos internacionales contienen prescripciones que establecen el carácter penal sobre el tema, particularmente la Convención Interamericana sobre Desaparición Forzada de Personas y la Declaración sobre la Protección de Todas las Personas contra las Desapariciones Forzadas, caracterizan a la desaparición forzada como un crimen contra la humanidad cuando es cometido de manera sistemática, la Convención Internacional particularmente define en su artículo 5, que: "La práctica generalizada o sistemática de la desaparición forzada constituye un crimen de lesa humanidad tal y como está definido en el derecho internacional aplicable y entraña las consecuencias previstas por el derecho internacional aplicable"[82].

El Estatuto de Roma de la Corte Penal Internacional, tal vez es el instrumento internacional que por primera vez estableció la desaparición forzada como crimen de lesa humanidad, pues con anterioridad no se daba por mandato de una norma convencional, sino a través de su consideración como norma imperativa de derecho internacional general. No se debe olvidar, que en los crímenes que implican la responsabilidad penal individual, los sujetos responsables pueden ser, tanto agentes del Estado o de una organización política como grupos de particulares que actúan con su apoyo o autorización, pudiendo cometerse tanto en tiempo de paz como en tiempo de guerra o conflicto armado interno o internacional.

---

[82] *Ibidem*, artículo 5.

2.3.6. La desaparición forzada sujeto activo y sujeto pasivo

Los victimarios o sujeto activo de esta conducta punible de acuerdo con la legislación internacional es el Estado, así se regula por la Declaración sobre la Protección de todas las personas contra las desapariciones forzadas, la Convención Interamericana sobre desaparición forzada de personas y la Convención Internacional para la protección de todas las personas contra las desapariciones forzadas. Estos instrumentos coinciden en señalar que la conducta punible debe cometerse por el Estado a través de sus agentes, o por personas o grupos de personas que actúen con su autorización, apoyo o aquiescencia. Además, se establece la obligación para los Estados de considerar penalmente responsable tanto a quien cometa, ordene o induzca a la comisión de una desaparición forzada, intente cometerla, sea cómplice o participe en la misma.

La Corte Penal Internacional tipifica la desaparición forzada como crimen de lesa humanidad estableciendo la autoría a un Estado o una organización política, o a quien actúe con su autorización, apoyo o aquiescencia. Las víctimas o sujeto pasivo de acuerdo con la legislación internacional puede ser cualquier persona, la definición de víctima, para efectos legales, varía en función del espacio donde la misma pretenda la exigibilidad de sus derechos. La normativa internacional consagra una definición amplia de víctimas que comprende a los familiares de las víctimas de violaciones de derechos humanos; sin embargo, los estados que han ratificado la normatividad internacional, han asumido la obligación entre otras de legislar para prevenir esta práctica, sancionar a los responsables de la misma y reparar de manera integral a sus familiares, no existe uniformidad en cuanto al alcance de la definición a efectos de su participación en los diferentes procesos que contempla el derecho interno. A continuación, se presentan las definiciones consagradas en instrumentos internacionales.

La Convención Internacional para la Protección de Todas las Personas Contra las Desapariciones Forzadas, define la víctima de este delito internacional así: Artículo 24, numeral 1. "A los efectos de la presente Convención, se entenderá por "víctima" la persona desaparecida y toda persona física que haya sufrido un perjuicio directo como consecuencia de una desaparición forzada". El Estatuto de la Corte Penal Internacional consagra, en su regla 85 la definición de víctima así:

> Para los fines del Estatuto y de las Reglas de Procedimiento y Pruebas:
> a) Por "víctimas" se entenderá las personas naturales que hayan sufrido un daño como consecuencia de la comisión de algún crimen de la competencia de la Corte;
> b) Por víctimas se podrá entender también las organizaciones o instituciones que hayan sufrido daños directos a alguno de sus bienes que esté dedicado a la religión, la instrucción, las artes, las ciencias o la beneficencia y a sus monumentos históricos, hospitales y otros lugares y objetos que tengan fines humanitarios.

3. JUSTICIA TRANSICIONAL

El presente tema se desarrollará a partir de una revisión teórica de la concepción de lo que conocemos como justicia transicional; entendiéndola no como una serie de medidas para buscar una transición de un modelo de orden social a otro (de la dictadura a la democracia o de un contexto de violencia álgido a la búsqueda de la paz), sino desde el punto de vista teórico y argumentativo, lo que implica el concepto como tal de "justicia transicional", para ello acudiremos a los autores más representativos que han querido plantear esta discusión desde este mismo punto de vista lo cual puede tomarse como un aporte a la discusión del desarrollo teórico de esta categoría, aplicada en varios contextos de transición pero muy poco entendida lo que termina por desequilibrar la filosofía real de la transición, es decir, que su no compresión puede dejar rezagos de injustica de verdad o de reparación.

3.1. Concepto y desarrollo teórico de la justicia transicional

Para observar el desarrollo histórico de la justicia transicional y su conceptualización abordaremos varios autores que trabajan este tema desde una perspectiva mucho más reciente, hablamos de la segunda mitad del siglo XX, en especial la genealogía de la justicia transicional de Ruti Teitel (2000) será uno de nuestros textos guía para evidenciar el proceso y desarrollo de la justicia transicional en este período, con el objeto de contextualizar la justicia transicional desde una perspectiva histórica y poder comprender su origen, su desarrollo y el estado actual en el que se encuentra. A partir de este enfoque histórico busco ampliar el tema hacía varias definiciones y posturas recientes del concepto de la justicia transicional para acercarnos a sus múltiples aplicaciones en contextos transicionales de justicia desde varios autores como por ejemplo Priscilla Hayner y el papel de las comisiones de la verdad en la medida de determinar qué se debe juzgar, qué se debe mirar y de qué manera hacerlo.

Otros como Alex Boraine, quien hace énfasis en la recuperación de la memoria y la necesidad de confesar y dar testimonio por medio del procedimiento de amnistías que permitió oír sobre las pruebas y evidencias que de otra manera nunca habrían sido reveladas en el caso sudafricano. También el resultado de los esfuerzos de la ONU y sus diferentes investigadores contemporáneos, el francés Louis Joinet, el holandés Theo Van Boven, el egipcio-estadounidense M. Cherif Bassiouni y la norteamericana Diane Orentlicher, quienes son autores de los principios y directrices básicos sobre el derecho de las víctimas de violaciones manifiestas de las normas internacionales de derechos humanos y de violaciones graves del derecho internacional humanitario a interponer recursos y obtener reparaciones, considerado uno de los más importantes documentos sobre el tema actualmente. Entre otros investigadores como Rodrigo Uprimny, María Paula Saffon, Migai Akech, Hernando Valencia Villa, Michael Walzer, Pablo de Greiff quienes tienen su propio acercamiento al concepto de la justicia transicional.

3.1.1. Genealogía de la justicia transicional en el siglo XX

Para observar el desarrollo histórico de la justicia transicional después de la segunda mitad del siglo XX, acudiremos a la postura de la profesora Ruti G. Teitel titular de la Cátedra Ernst C. Stiefel de Derecho Comparado, *New York Law School*, NYU; quien en su texto "Genealogía de la Justicia Transicional"[83], expone que la justicia transicional puede definirse como la concepción de justicia que se asocia con periodos de cambio político los cuales se caracterizan por dar respuestas legales con el objeto de enfrentar los crímenes cometidos por regímenes anteriores. La autora busca con su postura de la genealogía de la justicia transicional, observar la justicia durante períodos de cambio político, revisar el desarrollo de los acontecimientos políticos de la segunda mitad del siglo XX para mostrar y analizar la evolución de la concepción de justicia transicional demostrando como a través del tiempo existe una relación cercana entre el tipo de justicia que se persigue y las restricciones políticas relevantes, actualmente el discurso está dirigido a preservar un estado de derecho mínimo caracterizado principalmente con la conservación de la paz.

Teitel estructura su propuesta en tres fases, que obedecen a ciclos críticos que a su vez presentan interrelaciones dinámicas críticas al interior del análisis que hace la autora; en última instancia buscamos evidenciar una periodización que nos muestre que el tema ha tenido un desarrollo teórico y no se limita a exponer la justicia transicional desde los estándares internacionales de verdad, justicia y reparación; sino que pasa por un proceso mucho más elaborado que se ha ido construyendo a partir de experiencias internacionales.

> Los orígenes de la justicia transicional moderna se remontan a la Primera Guerra Mundial, sin embargo, la justicia transicional comienza a ser entendida como extraordinaria e internacional en el período de la posguerra después de 1945. La Guerra Fría da término al internacionalismo de esta primera fase, o fase de la posguerra, de la justicia transicional. La segunda fase o fase de la posguerra fría, se asocia con la ola de transiciones hacia la democracia y modernización que comenzó en 1989. Hacia finales del siglo XX, la

---

83 El libro de Ruti G. Teitel, *Transitional Justice* (2000), contiene un análisis integral de la justicia transicional.

> política mundial se caracterizó por una aceleración en la resolución de conflictos y un persistente discurso por la justicia en el mundo del derecho y en la sociedad. La tercera fase, o estado estable, de la justicia transicional, está asociada con las condiciones contemporáneas de conflicto persistente que echan las bases para establecer como normal un derecho de la violencia (Teitel, 2003, págs. 69-94).

La primera fase de la genealogía de Teitel inicia a partir de 1945, durante la posguerra y con su símbolo más reconocido "los juicios de Núremberg", esta etapa muestra el triunfo de la justicia transicional dentro del contexto del derecho internacional en términos de identificar cuál es la guerra injusta y los parámetros para un castigo justo; esta primera fase de la justicia transicional, asociada con la cooperación entre los Estados, con procesos por crímenes de guerra y con sanciones, culminó poco después del terminar la guerra.

Los aportes durante este periodo están dados en que se abre paso a la idea que existen derechos universales que deben ser respetados tanto por gobiernos como por hombres y nadie puede pasar por encima de estos, así no esté de acuerdo con ellos. "Lo que se pudo observar en Núremberg fue el penoso proceso del nacimiento de una nueva idea del derecho, a partir de las cáscaras del derecho de guerra" (Huhle, 2005). Sin embargo, el legado de los juicios de posguerra que penalizaron los crímenes de Estado como parte de un esquema de derechos universales, supera ampliamente la fuerza real de los precedentes históricos y forma la base del derecho moderno de los derechos humanos.

Otros resultados relevantes de este período de posguerra se enmarcan en la creación de respuestas internacionales como el derecho de los conflictos armados y se transcendió a la actuación individual por encima de los Estados. El Tribunal Internacional contra los criminales nazis en Núremberg marcó la pauta en esta etapa, ya que abrió el camino del derecho internacional precisamente por las normas sobre las que se constituyó y la definición de los crímenes que quedaron estipulados en su jurisdicción. Si bien, es el comienzo de lo que actualmente llamamos justicia transicional, es claro que hay un vacío conceptual muy marcado en Núremberg en tanto se refiere a los crímenes contra la humanidad ya que no se expresa a qué hacen referencia y termina por reducirlos a crímenes de guerra, dejando por fuera del estatuto también el término de derechos humanos (Huhle, 2005, pág. 25).

El comienzo de la Guerra Fría en los años 50 permitió el establecimiento de un equilibrio bipolar de poder que conllevó a un *estatus quo* político general relegando los procesos de justicia transicional; sin embargo, este abordaje dio cabida a un enfoque más liberal de enjuiciamiento con base a las responsabilidades individuales es el giro hacia el derecho penal internacional y la extensión de su aplicabilidad más allá del Estado, es decir, al individuo. Lo anterior quedó demostrado con el sistema legal internacional que permitió juzgar y hacer responsables a los altos mandos del *Reich* por los crímenes de agresión y políticas represivas. El acercamiento a la justicia internacional fue considerado como una garantía para el estado de derecho, lo cual también es debatido pues la imparcialidad asociada a la justicia internacional se contrapone con otros valores del estado de derecho derivado del establecimiento del nivel local de responsabilidades, el cual se asocia con la justicia nacional.

La justicia internacional en relación con el período de la posguerra retornó transformada por las circunstancias contemporáneas del posconflicto, evidenciando la dinámica crítica de la justicia transicional. La justicia internacional se presentó nuevamente, pero es transformada por los precedentes pasados (Primera Guerra Mundial) y por un nuevo contexto político (Segunda Guerra Mundial). El tema y el campo de acción de la justicia transicional se expandieron para trascender su acción operativa por sobre los Estados y actuar sobre actores privados. La justicia transicional se ha extendido también más allá de su rol histórico en la regulación de conflictos internacionales, pudiendo ahora regular tanto los conflictos interestatales, así como las relaciones en tiempos de paz, estableciendo un mínimo estándar de estado de derecho en las políticas globalizadoras.

La segunda fase de la genealogía de Teitel se ubica en el contexto de las dos últimas décadas del siglo XX, caracterizado por serias transformaciones políticas. Por una parte, el colapso de la Unión Soviética y la proliferación de procesos de democratización política marcaron la fase de la posguerra fría de la justicia transicional. En este contexto se rescata la idea del Estado de derecho y se tocan temas como el de la reparación de valores de paz y reconciliación.

El colapso del Imperio Soviético inició una ola liberalizadora que comenzó con las transiciones en el Cono Sur (Sudamérica) a finales de los años 70 y comienzos de los 80; esta ola continuó a través de Europa del Este y Centroamérica. A pesar de ser acontecimientos regionales que son generalmente representados como procesos independientes, una perspectiva genealógica ilumina la conexión entre estas transiciones políticas e ilustra cuántos conflictos locales fueron apoyados por el bipolarismo soviético y estadounidense[84]. El término de este esquema histórico no implica que dichos conflictos también hayan terminado, pues continúan activos numerosos movimientos insurgentes interconectados[85].

Luego del colapso de las juntas militares represivas y el surgimiento de las democracias en América Latina no existió seguridad de que se pudiera seguir con el modelo de enjuiciamiento de Núremberg, sobre todo después de la Guerra de las Malvinas donde el régimen sucesor impulsó juicios a nivel nacional luego

---

84 Un examen de esta tercera ola de transición aparece en Huntington, nota 12 supra. Véase también Schoultz, nota 15 supra, págs. 112–204 (analiza cuestiones de geopolítica y derechos humanos en el contexto de la política de Estados Unidos hacia Centroamérica). Citado por: Teitel. Ruti G. *Transitional Justice Genealogy*, Pág. 7.

85 Esto quedó sumamente claro después del atentado terrorista del 11 de septiembre de 2001. Véase Ahmed Rashid, Jihad: *The Rise of Militant Islam in Central Asia* (2002); véase también Harold Hongju Koh, *A United States Human Rights Policy for the 21st Century*, 46 St. Louis U. L.J. 293 (2002); notas 130-131 infra y textos correspondientes. Citado por: Teitel. Ruti G. *Transitional Justice Genealogy*, pág. 7.

de hacer una distinción entre el contexto nacional y el de justica internacional de la posguerra. En última instancia los países latinoamericanos de las democracias nacientes optaron por aplicar la justicia de los Estados-nación a los inculpados para legitimar al régimen y avanzar en la reconstrucción de la nación.

Anota Teitel que, a pesar de la ausencia de juicios internacionales en esta segunda fase, un examen de la jurisprudencia transicional demuestra que el derecho internacional puede jugar un rol constructivo, proveyendo una fuente alternativa de estado de derecho para guiar los juicios nacionales en una sociedad en transición (Teitel, Transitional Justice Genealogy, 2003, pág. 8).

Mientras la política de justicia de la fase I sencillamente asumió la legitimidad de castigar los abusos a los derechos humanos, en la fase II la tensión entre castigo y amnistía se complicó con la admisión y reconocimiento de dilemas inherentes a períodos de cambio político. Plantea la autora, que para entender mejor estos procesos de transición hay que situarse en las verdaderas realidades políticas y en el contexto político de la transición, lo que implica observar las características del régimen predecesor y las contingencias de tipo político, jurídico y social; el intento de hacer valer la responsabilidad en los hechos por medio del derecho penal, a menudo generó dilemas propios del estado de derecho, incluyendo la retroactividad de la ley, la alteración y manipulación indebida de leyes existentes, un alto grado de selectividad en el sometimiento a proceso y un poder judicial sin suficiente autonomía[86]. Por lo mismo, dice la autora que la imposición de la

---

86 En aquellos casos en que la estrategia procesal se centra en personas determinadas, esta habitualmente fracasa en su intento de condenar al sistema que define al régimen represivo moderno, anulando el propósito esencial de la justicia transicional. Véase Jon Elster, *On Doing What One Can: An Argument Against Post-Communist Restitution and Retribution*", en Kritz, nota 3 supra, págs. 566-68. Respecto a juicios selectivos, compárese Teitel, T*ransitional Jurisprudence*, nota 4 supra (que presenta a los juicios selectivos como un límite en la política del castigo transicional), con Payam Akhavan, Justi-

justicia penal que incurrió en estas irregularidades puso en riesgo de deslegitimar la contribución de la justicia puede ejercer para restablecer un estado de derecho.

> En democracias débiles, donde la administración de sanciones y castigos puede provocar agudos dilemas sobre el estado de derecho, las contradicciones generadas por el uso de la ley pueden volverse demasiado grandes[87]. Estos profundos dilemas fueron reconocidos en las deliberaciones que precedieron a las decisiones, en muchos países, de renunciar a procesos penales en favor de métodos alternativos para el esclarecimiento de la verdad y el establecimiento de responsabilidades en los hechos.

---

ce in *The Hague, Peace in the Former Yugoslavia A Commentary on the United Nations War Crimes Tribunal*, 20 Hum. Rts. Q. 774, 774–81 (1998) (que plantea argumentos a favor de los juicios selectivos por el impacto que produce el hecho de "decir la verdad"), y Diane F. Orentlicher, *Settling Accounts: The Duty to Prosecute Human Rights Violations of a Prior Regime*, 100 Yale L.J. 2537 (1991) (ofrece un argumento a favor de los juicios selectivos por contribuir, a fin de cuentas, a imponer el imperio de la ley). Citado por Teitel Ruti G. *Transitional Justice Genealogy*, pág. 9.

87 Véase Teitel, nota 1 supra, págs. 36-39, 46-51. Véase en general Ruti G. Teitel, *Persecution and Inquisition: A Case Study*, en Stotsky, nota 13 supra, pág. 141. El fracaso de los juicios en democracias novatas, tales como Ruanda, ejemplifican los conflictos que se suscitan entre los procesos nacionales de reconciliación y la justicia penal. Un análisis del sistema judicial ruandés y el debate acerca de las resoluciones del Consejo de Seguridad de Naciones Unidas para crear un tribunal penal internacional en Ruanda aparece en Neil J. Kritz, U.S. Inst. of Peace, Special Report, Rwanda: Accountability For War Crimes and Genocide (A Report On A United States Institute For Peace Conference) (1995) que está disponible en http://www.usip.org/oc/sr/rwanda1.html. Véase también William Schabas, Justice, *Democracy and Impunity in Post-Genocide Rwanda: Searching for Solutions to Impossible Problems*, 7 Crim. LF 523, 551-52 (1996) (se cita la Res 955 CS, ONU SCOR, Ses. XLIX, 3453era reunión, Doc. ONU S/RES/995 (1994)). Compárese la solución internacional; véase José Álvarez, *Crimes of State/Crimes of Hate: Lessons from Rwanda*, 24 Yale J. Int'l L. 365 (1999) (que analiza los límites que enfrentan los tribunales penales internacionales). Citado por: Teitel Ruti G. "Transitional Justice Genealogy", pág. 9.

El ejemplo que destaca Teitel frente a este caso es el de Sudáfrica y el papel histórico del poder judicial bajo el régimen del apartheid. Siguiendo a Teitel en el análisis de la justicia transicional en la segunda fase, se apartaron de la justicia transicional internacional de posguerra hacia estrategias alternativas. El modelo más destacado en esta fase es el que se conoce como el modelo restaurativo, que buscó construir una historia alternativa de los abusos del pasado, lo que a la postre hizo emerger una dicotomía entre verdad y justicia. Este paradigma evitó los enjuiciamientos para concentrarse en un nuevo mecanismo institucional conocido como las comisiones de la verdad.

> Una comisión de verdad es un organismo oficial, habitualmente creado por un gobierno nacional para investigar, documentar y divulgar públicamente abusos a los derechos humanos en un país durante un período de tiempo específico. Si bien este nuevo mecanismo institucional fue usado por primera vez en la Argentina88, este modelo investigativo es ahora asociado con la respuesta adoptada por la Sudáfrica post-Apartheid en los años '90. Desde entonces, se han propuesto o convocado comisiones de verdad y reconciliación de diversos tipos en todo el mundo y —frecuentemente— han generado un significativo apoyo internacional.

Lo llamativo de este modelo es la capacidad que tiene para ofrecer una perspectiva histórica más amplia, en lugar de juicios para casos aislados; por lo general estas comisiones son preferidas en contextos donde hubo desapariciones forzadas por los regímenes predecesores, o el ocultamiento de información sobre su política persecutoria, como fue el caso de Latinoamérica, por

---

[88] Argentina estableció la primera comisión oficial transicional de investigación de la era moderna. Si bien era una comisión de verdad, su objetivo no era la reconciliación. La investigación realizada por la Comisión "Nunca Más" fue la primera fase de la justicia argentina posterior a la junta, tras el colapso del régimen militar después de la derrota en la guerra de Las Malvinas. Un relato de estos hechos aparece en Nino, nota 47 supra. Véase también Nunca Más: The Report of the Argentine National Commission on The Disappeared (Farrar et al. trans, 1986). Citado por Teitel. Ruti G. *Transitional Justice Genealogy*. Pág. 11.

otro lado, las comisiones de la verdad fueron de poco interés en la Europa poscomunista, donde el uso de la historia por parte de los gobiernos fue en sí mismo una dimensión destructiva de la represión comunista; allí no se crearon historias oficiales sino que se garantizó el acceso a los archivos históricos.

De acuerdo con Teitel, desde la genealógica, el objetivo primordial de las comisiones de verdad no era la verdad, sino la paz. Esto planteó el interrogante sobre la relación esperada entre la paz y la promoción del estado de derecho y la democracia. Los propósitos de esta segunda fase de la justicia transicional se trasladaron de establecer el estado de derecho por medio de hacer valer responsabilidades, hacia el objetivo de preservar la paz. Así mismo, esta modalidad de justicia transicional se convirtió en un tema de orden privado pues cuando las comisiones de la verdad fueron investidas por la autoridad gubernamental se convirtió en un instrumento para que las víctimas se reconciliaran y se recuperaran del daño sufrido en el pasado, muchas veces a través de la asesoría y la ayuda de varios actores no estatales. La justicia transicional se convirtió en una forma de diálogo entre las víctimas y sus victimarios.

Las comisiones de la verdad son instancias encargadas de investigar los abusos y crímenes violentos que quebrantan el Derecho Internacional Humanitario y los derechos humanos que fueron cometidos en el pasado para posteriormente usar esta información con el fin de alcanzar una justicia así sea en términos parciales y de manera selectiva. Después de una guerra civil, una dictadura o a alteración permanente del orden es necesario investigar los abusos que se han hecho por parte del Estado y de la oposición armada debido a que sin saber esta verdad es muy difícil alcanzar la reconstrucción del país, la unidad nacional y la reconciliación. Dichas violaciones al DIH y los derechos humanos deben estar reconocidos en un informe de la verdad con el fin de garantizar la no repetición de los actos y que se haga justicia. Aunque es difícil alcanzar una verdad absoluta, debe rescatarse que las comisiones juegan un papel indispensable en determinar una imagen de lo que pasó y las consecuencias en la vida de las personas.

Según Priscilla Hayner, las comisiones de la verdad determinan qué se debe juzgar, qué se debe mirar y de qué manera hacerlo. Al ser comisiones extrajudiciales de investigación no sustituyen la labor de los Estados de administrar la justicia, sino de investigar los acontecimientos y recolectar pruebas para delatar la verdad. No son el reemplazo de la justicia, por el contrario, ayudan a que se garantice la justicia y trabaja de la mano con esta debido a que aportan las investigaciones de los casos para ser juzgados seguidamente. La diferencia entre ambos es que mientras las comisiones se encargan principalmente de las víctimas, los juicios buscan castigar e identificar al responsable de un crimen específico (Hayner, 2001, pág. 83).

En pocas palabras, sus metas son documentar, corroborar los casos para poder pensar en un programa de reparación, llegar a conclusiones firmes sobre los casos de abuso, acercarse a las víctimas y comprometer al país en un proceso de curación nacional que contribuya con la justicia, tenga evidencia en reportes públicos que involucren a la sociedad, le de voz a las víctimas y perfile reformas en miras al mejoramiento de la situación (Hayner, 2001, pág. 83). Una comisión tiene como pregunta fundamental qué clase de verdad debe obtener y para quién debe hacerlo y esto rige su desarrollo dentro de los conflictos. El reconocimiento es un paso positivo hacia el esclarecimiento de la verdad, y es clave para las víctimas que este sea alcanzado (Hayner, 2001, pág. 85).

Más recientemente, Hayner ha puntualizado que las funciones de

> una comisión de la verdad 1) se centra en acontecimientos del pasado, en lugar de acontecimientos del presente; 2) investiga un patrón de abusos cometidos durante un periodo de tiempo; 3) colabora de forma directa y amplia con la población afectada, recopilando información de sus experiencias; 4) es un organismo temporal, cuya labor concluye con un informe público; y 5) está oficialmente autorizada o facultada por el Estado sometido a examen (Hayner, 2011, pág. 48).

A pesar de apartarse de la justicia criminal internacional asociada con la primera fase, la segunda sí incorporó la retórica de los derechos humanos del modelo de posguerra, aunque en un abordaje más amplio, societal y restaurativo. El dilema central asociado con esta fase fue frecuentemente enmarcado en términos de derechos humanos tales como, si acaso las víctimas tienen el derecho a saber la verdad y si acaso el Estado tiene el deber de investigar para revelar dicha verdad.

Dentro de este marco, la dinámica central de "verdad versus justicia" sugirió que necesariamente existían conflictos entre justicia, historia y memoria. Esta formulación dinámica se entiende mejor como una respuesta crítica al modelo de posguerra previo. No obstante, el intento de acomodar la retórica internacional de derechos humanos a una amplia variedad de objetivos sociales de gran espectro pone en relieve muchas contradicciones y arriesga un probable mal uso de dicha retórica[89].

Aun cuando limitada, la justicia transicional en su segunda fase posibilitó una suerte de justicia de preservación, también permitió la creación de un registro histórico y al mismo tiempo dejó abierta la posibilidad de acciones y resoluciones judiciales futuras. El énfasis en la preservación significó aceptar las restricciones existentes sobre la soberanía política asociada con la democratización moderna, la globalización de la fragmentación política y otras restricciones políticas en el núcleo de la justicia transicional contemporánea.

Otro aspecto relevante en la segunda fase de la genealogía de Teitel, es la teoría del perdón y la reconciliación. En términos generales lo que buscaba no era solamente la justicia sino la paz, tanto para los individuos como para la sociedad; el problema de la justicia transicional fue concebido a través de líneas morales y psicológicas para redefinir la identidad, la mezcla evidente de len-

---

89 Respecto al argumento de que sí existe dicha obligación, véase Velásquez Rodríguez, Inter-Am. CHR 35, en 166, OEA/ser. L/V/III.19, doc. 13 (1988) ("[E]l Estado debe evitar, investigar y castigar toda violación de derechos reconocida por la convención y ... restituir el derecho violado y entregar la indemnización que el hecho amerite."). Véase también Torture Victim Protection Act, 28 USC § 1350 (1992). Citado por Teitel. Ruti G. "Transitional Justice Genealogy". Pág. 14.

guaje legal, político y religioso reflejó tanto la arrogancia como la limitación del derecho. Mientras en su primera fase el problema de la justicia transicional se enmarcó en términos de justicia versus amnistía, con la consideración de que la amnistía es una excepción respecto a la aplicación del estado de derecho, la segunda fase adoptó una política más amplia a favor de la amnistía con miras a la reconciliación.

Para finalizar la genealogía de Ruti G. Teitel observemos la tercera fase, la cual denomina el estado estable de la justicia transicional y es aquella donde se reconoce plenamente el establecimiento del Derecho Humanitario que "permite la identificación de fallas en la acción del Estado, pero también parece presionar para que el Estado cumpla con los derechos humanos" (Teitel, Transitional Justice Genealogy, 2003, págs. 69-94).

Como primer elemento simbólico está la creación del Tribunal Penal Internacional en 1998 como un organismo permanente que se encarga de perseguir y condenar los crímenes de guerra, genocidio y crímenes contra la humanidad. El apogeo de los derechos humanos y la importancia que ha tomado en un mundo globalizado la comunidad internacional impulsan a los Estados a hacer valer los derechos de sus ciudadanos. Hoy en día no solo los gobiernos nacionales están pendientes de sus procesos de justicia; existe también una gran presión internacional debido al desarrollo del Derecho Internacional Humanitario que ha fijado unos estándares cada vez más exigentes y a la constante operatividad de la Corte Penal Internacional que se encuentra al tanto de los resultados en los procesos de justicia alrededor del mundo. La verdad sin justicia y reparación no puede cerrar las brechas abiertas en un conflicto. Se ha demostrado que uno de los mayores miedos de los victimarios es la cárcel, pero es posible que confiesen la verdad en la medida en que se les ofrezcan ciertas garantías con pocos años de cárcel, lo cual no es sinónimo de impunidad.

Un ejemplo de esto se dio en Sudáfrica, donde se exigió total testimonio y declaración de los acontecimientos pasados como una condición para la amnistía de los victimarios.

> Sin esa verdad hubiera sido menos posible que la reconciliación fuera aceptada y trabajada que lo que de hecho fue: la exposición de la verdad dio un golpe certero a la negación y alentó profundamente a las víctimas y sobrevivientes a dejar el pasado atrás y retomar nuevamente sus vidas sin la sombra constante de la incertidumbre y la pérdida de dignidad y reconocimiento (Boraine, 2000, pág. 27).

Es tan solo una prueba de que uno de los objetivos principales de procesos de cambio es recuperar la memoria, que, en el caso sudafricano implicó verdad y perdón al mismo tiempo, pero sin la cual es imposible reconstruir una sociedad. Como lo afirma Alex Boraine (2000), uno de los aspectos más importantes del sistema adoptado en dicho país fue la motivación que se generó para confesar y dar testimonio por medio del procedimiento de amnistías que permitió oír sobre las pruebas y evidencias que de otra manera nunca habrían sido reveladas. De este modo, aquellos que confesaron sus errores se vieron expuestos ante la decisión de la población que al escucharlos podía escoger entre perdonar o guardar rencor; pero que al parecer asumió el perdón como primer paso para empezar de nuevo, en el camino hacia la reconciliación y con la expectativa de que los agresores recuperaran su humanidad (Boraine, 2000).

3.1.2. Hacia un concepto de justicia transicional

Respecto a la justicia transicional y su aproximación a un concepto, en el lenguaje común que se ha utilizado, la Organización de Naciones Unidas desde el año 2004, la concibe así:

> ... abarca toda la variedad de procesos y mecanismos asociados con los intentos de una sociedad por resolver los problemas derivados de un pasado de abusos a gran escala, a fin de que los responsables rindan cuentas de sus actos, servir a la justicia y lograr la reconciliación (Organización de las Naciones Unidas, 2005).

Cada país debe establecer un modelo que se adapte a la medida de sus necesidades, necesidades que no solo deben enfocarse en garantizar la no repetición del conflicto, la reparación efectiva de las víctimas, la impartición de justicia, el reconocimiento de la memoria histórica y el descubrimiento de la verdad sobre los hechos ocurridos (Zalaquett, 1992).

Así mismo, la Organización de Naciones Unidas ha proferido en distintas oportunidades Resoluciones sobre temas de justicia transicional, entre otras referenciamos la **Resolución 60/147** del 16 de diciembre de 2005, por medio de la cual la Asamblea General de las Naciones Unidas aprobó el texto final de la doctrina oficial de la organización mundial en la materia. Aparece bajo el título de Principios y directrices básicos sobre el derecho de las víctimas de violaciones manifiestas de las normas internacionales de derechos humanos y de violaciones graves del derecho internacional humanitario a interponer recursos y obtener reparaciones y se basa en los trabajos de la antigua Comisión de Derechos Humanos a partir de los informes de cuatro ilustres juristas contemporáneos: el francés Louis Joinet, el holandés Theo Van Boven, el egipcio-estadounidense M. Cherif Bassiouni y la norteamericana Diane Orentlicher.

El texto es el resultado de veinte años de investigaciones, reflexiones y negociaciones de gobiernos, agencias internacionales, organizaciones no gubernamentales, expertos y activistas de muy diversas procedencias y orientaciones, y constituye la última frontera del derecho internacional de los derechos humanos y que concierne a la justicia debida a todas las víctimas de todas las violencias.

Vale la pena señalar aquí que el antecedente más remoto de estos principios y directrices se encuentra en las denuncias y discusiones en torno a las atrocidades imputables a las dictaduras sudamericanas de los años setenta y ochenta del siglo pasado, y en especial a sus amnistías generales, y que se tradujeron en los primeros informes internacionales sobre la impunidad judicial estructural como principal factor de reproducción de la crisis humanitaria en amplias regiones del planeta. Por el carácter unánime de su adopción (la Resolución 60/147 fue aprobada sin votación, es decir, por aclamación) y por la naturaleza normativa de su contenido, puede afirmarse que esta decisión del órgano parlamentario de la ONU constituye *opinio juris communitatis* (opinión jurídica de la comunidad internacional) y es, por tanto, de índole general y obligatoria. También podemos definir la Justicia Transicional de acuerdo con el Centro Internacional para la Justicia Transicional —ICTJ— como:

> ...una respuesta generalizada o sistemática de violaciones de los derechos humanos" que "busca el reconocimiento de las víctimas y la promoción de posibilidades para la paz, la reconciliación y la democracia". Con el fin de no confundir este concepto, el ICTJ aclara que "la justicia transicional no es una forma especial de la justicia, sino una justicia adaptada a las sociedades que se están transformando después de un período de abusos sistemáticos de derechos humanos (International Center for Transitional Justice, 2010).

También la define como:

> La justicia transicional es el conjunto de medidas judiciales y políticas que diversos países han utilizado como reparación por las violaciones masivas de derechos humanos. Entre ellas figuran las acciones penales, las comisiones de la verdad, los programas de reparación y diversas reformas institucionales" (International Center for Transitional Justice, 2010).

Por otra parte, y continuando con la delimitación del concepto, la profesora Anja Mihr afirma que "la reconciliación no es el perdón o una excusa para olvidar, tampoco es una alternativa a la verdad o la justicia". Otra referencia la aporta el profesor Migai Akech (2010, pág. 10) quien establece que:

> ...la justicia transicional no sólo se refiere a la retribución por los errores del pasado o la prestación de la justicia a aquellos que han sufrido bajo regímenes represivos, sino que también trata de curar a la sociedad, facilitar la salida del autoritarismo, y establecer una sociedad justa basada en el imperio de la ley.

La justicia transicional, se presenta después de conflictos internacionales, guerras civiles o dictaduras genocidas y arbitrarias. En estas situaciones se cometen graves violaciones al Derecho Internacional Humanitario y a los Derechos Humanos; lo que se pretende con la Justicia Transicional es pasar de este estado de violaciones sistemáticas a la búsqueda de un estado de derecho que garantice la democracia; sin dejar de lado a las víctimas y el reproche a sus victimarios. Los investigadores Rodrigo Uprimny y María Paula Saffon, afirman de la justicia transicional en un concepto más elaborado que:

> hace referencia a aquellos procesos transicionales mediante los cuales se llevan a cabo transformaciones radicales de un orden social y político determinado; que enfrentan la necesidad de equilibrar las exigencias contrapuestas de paz y justicia. De hecho, por un lado, los procesos de Justicia Transicional se caracterizan por implicar en la mayoría de los casos —en especial cuando se trata de transiciones de la guerra a la paz— negociaciones políticas entre los diferentes actores, tendientes a lograr acuerdos lo suficientemente satisfactorios para todas las partes como para que éstas decidan aceptar la transición. Pero, por otro lado, los procesos de Justicia Transicional se ven regidos por las exigencias jurídicas de justicia impuestas desde el plano internacional, que se concretan en el imperativo de individualizar y castigar a los responsables de crímenes de guerra y de lesa humanidad cometidos en la etapa previa a la transición. De esta manera, mientras que las exigencias jurídicas antes mencionadas buscan proteger cabalmente los derechos de las víctimas de tales crímenes a la verdad, la justicia y la reparación, las necesidades de paz y reconciliación nacional propias de los procesos transicionales presionan en dirección opuesta, pues para que los responsables de crímenes atroces decidan aceptar dejar las armas y llegar a un acuerdo de paz, resulta necesario que encuentren incentivos atractivos para hacerlo, tales como el perdón y el olvido de sus actos (Uprimny Yepes y Saffon, 2005, pág. 24).

Este concepto pone necesariamente de presente la necesidad de equilibrar las exigencias contrapuestas en un proceso de justicia transicional entre paz y justicia, afirman los autores que las negociaciones políticas entre las partes implican buscar acuerdos suficientemente satisfactorios entre las partes para que decidan aceptar la transición. Sin embargo, por otra parte, los procesos de justicia transicional están sujetos a exigencias jurídicas internacionales que exigen un castigo para los perpetradores de graves violaciones a los derechos humanos garantizando los derechos de las víctimas a la verdad, la justicia y la reparación lo que genera tensionalidades con las necesidades de paz y reconciliación nacional. Ante esta situación solo la búsqueda de un equilibrio entre los derechos de las víctimas y las medidas de perdón y olvido pueden dar paso a la transición buscada.

La fragilidad de estos procesos obliga entonces a la creación de condiciones previas que garanticen la consecución de los fines superiores propuestos y la permanencia de los resultados en el tiempo, este análisis se fortalece con los aportes de abogada Camila de Gamboa Tapias, quien sostiene que:

> La Justicia Transicional constituye una concepción democrática de la justicia que analiza la forma como sociedades afectadas por masivas violaciones de derechos humanos causadas por una guerra civil, un conflicto violento o por regímenes dictatoriales, pueden hacer tránsito a regímenes democráticos en los que se pueda garantizar una paz duradera. Los procesos de transición democráticos [...] reflejan una constelación de problemas y dilemas morales, políticos y jurídicos a los que deben enfrentarse esas sociedades (Gamboa Tapias, 2006, pág. 12).

Ruti G. Teitel, va más allá en su en su conceptualización sobre justicia transicional ya que la ubica en el terreno de la intervención normativa, la define *"como la concepción de justicia asociada con períodos de cambio político, caracterizados por respuestas legales que tienen el objetivo de enfrentar los crímenes cometidos por regímenes represores anteriores"* (Teitel, 2003, pág. 1).Lo que se expuso ampliamente a partir de su texto la genealogía de la justicia transicional.

Se pregunta el profesor Hernando Valencia Villa (2007) ¿Qué es la justicia transicional? A la que responde: bajo este neologismo tomado de la lengua inglesa se conoce hoy todo el conjunto de teorías y prácticas derivadas de los procesos políticos por medio de los cuales las sociedades tratan de ajustar cuentas con un pasado de atrocidad e impunidad, y hacen justicia a las víctimas de dictaduras, guerras civiles y otras crisis de amplio espectro o larga duración, con el propósito de avanzar o retornar a la normalidad democrática. En el texto analítico más importante que se ha publicado en este campo durante las últimas décadas, el sociólogo noruego Jon Elster afirma que:

> ... la justicia transicional está compuesta de los procesos penales, de depuración y de reparación que tienen lugar después de la transición de un régimen político a otro" y agrega, en lo que él mismo llama "la ley de la justicia transicional", que "la intensidad de la demanda de retribución disminuye con el intervalo de tiempo entre las atrocidades y la transición, y entre la transición y los procesos judiciales (Elster, 2004, pág. 15 y 97).

El pensador estadounidense Michael Walzer, por su parte, emplea la fórmula latina *jus post bellum* (el derecho, o la justicia, tras la guerra) para aludir a la misma cuestión, a la cual considera tributaria de la doctrina de la guerra justa (Walzer, 2004, págs. 18, 169 y 170).

En materia de justicia transicional, se han consolidado una serie de consensos internacionales referentes a los requerimientos básicos de la justicia en períodos de transición. Tales acuerdos se manifiestan en tratados y convenciones internacionales, en declaraciones, resoluciones e informes de órganos de los diferentes sistemas de protección de derechos humanos y en la jurisprudencia y doctrina internacional. Lo que la hace aplicable y exigible para los Estados que hacen parte de la comunidad internacional, que han suscrito convenios internacionales y lo más importante que se encuentren en contextos de violencia y quieran salir de ella.

3.1.3. Algunas conclusiones sobre justicia transicional

Algunos autores que han trabajado el tema de la justicia transicional de manera comparada han llegado a la conclusión que la misma varía de acuerdo con el contexto político en el que se encuentren las naciones que optan por la transición. Recordemos a Teitel quien hacía énfasis en esta situación, así como, de otro la autores como Hernando Valencia Villa, quien hace un ejercicio comparado de varios casos en los que se han llevado a cabo procesos transicionales, este autor concluye que

> el tipo de crisis o conflicto que está en el origen del proceso de transición, trátese de una dictadura militar, una guerra civil, una

> ocupación extranjera o un régimen racista, se ha traducido tanto en el colapso parcial del Estado como en la miseria política de la sociedad, merced a la generalización de las prácticas de arbitrariedad, corrupción y violencia que afectan sobre todo a la población civil no combatiente.

Por lo mismo, concluye que los modelos de transición que han sido articulados a la justicia judicial han sido impuestos a las élites nacionales como alternativa para superar la crisis humanitaria, recuperar o establecer la democracia y responder ante la comunidad internacional.

Así mismo, la justicia transicional comparada evidencia que la reparación a las víctimas sobre todo en términos de indemnizaciones por parte de los Estados, es importante pero no suficiente, lo cual implica la necesidad de acudir a las diversas formas de reparación determinadas por la comunidad internacional tales como las medidas de satisfacción, la restitución, la rehabilitación y las garantías de no repetición, con el objeto también de que haya esclarecimiento y sanción para los responsables.

Diversos países han acudido a diferentes modelos de transición de acuerdo con sus propios contextos económicos, políticos e institucionales, lo que observa Valencia en los casos abordados es que se les garantizó a las víctimas por lo menos dos de los tres elementos constitutivos del derecho de las víctimas a la justicia: verdad y castigo, verdad y reparación o castigo y reparación.

> En la mayoría de los casos estudiados el primer paso del proceso de transición ha sido la construcción de la verdad pública y la recuperación de la memoria histórica sobre los hechos luctuosos del pasado, casi siempre a través de una Comisión de la Verdad u otro mecanismo comparable de investigación extrajudicial, al punto que ha llegado a decirse, como en Chile, que la justicia transicional debe ofrecer (Valencia Villa, 2007), "toda la verdad y tanta justicia como sea posible" (Abad, 2005, pág. 97).

La búsqueda de la normalidad democrática necesariamente debe pasar por la combinación de verdad, justicia y reparación que se les dé a las víctimas, lo que dependerá como ya se anotó, del momento político en el que se enfrente esa tarea, lo que dependerá también de un cierto equilibrio entre justicia y paz. Las condiciones en que se encuentran las naciones para ofrecer a las víctimas de un pasado de violaciones a los derechos humanos y de impunidad serán mayores en tanto más consolidada se encuentre consolidada la cultura democrática de la sociedad en transición.

> Un Estado democrático, con leyes, instituciones y autoridades legítimas y eficaces, y con una ciudadanía consciente de sus derechos y deberes, no debería temer ni temblar para cumplir con generosidad sus obligaciones constitucionales e internacionales en materia de justicia debida a todas las víctimas de todas las violencias (Valencia Villa, 2007).

En todo caso tratándose de procesos de justicia transicional no podrá excusarse ningún Estado de cumplir con los mandatos internacionales en la materia pues más allá de su derecho interno y de la legitimidad de sus instituciones, debe guiarse por las enseñanzas de las experiencias internacionales las cuales podrá adoptar para dar el paso a la transición. Así lo ha determinado el artículo 27 de la Convención de Viena sobre derecho de los tratados de 1969. La obligación del cumplimiento de los tratados internacionales en especial en temas de derechos humanos y derecho humanitario, en materia de tutela judicial y derechos de las víctimas es de carácter convencional; mucho más ahora con la jurisprudencia de los sistemas mundial y regionales de protección de los derechos humanos, y con los estatutos de los tribunales penales internacionales del Consejo de Seguridad y de la Corte Penal Internacional, los cuales se han enriquecido de manera sustancial con las experiencias nacionales de justicia transicional y constituyen una verdadera herramienta para superar los contextos de barbarie.

Por otra parte, reseñare algunos avances de la justicia transicional anotados por Pablo de Greiff, quien de entrada afirma críticamente que la justicia transicional parece haberse convertido en una "herramienta universal" para resolver un sin fin de problemas, sin importar el contexto, a pesar de que nació en la práctica y con el objeto de resolver problemas específicos. Al respecto señala:

> El contexto en el cual la práctica se cristalizó fue en realidad el de los países latinoamericanos del Cono Sur. Lo que marcó el inicio del campo no fue tanto la innovación conceptual; después de todo se echó mano de instrumentos en su mayoría familiares. Aun las comisiones de verdad, el instrumento más novedoso en el "saco de herramientas" de la justicia transicional, tenía precedentes amplios en diferentes comisiones de investigación[90].

Por supuesto, las formas específicas como los diferentes elementos de la política de justicia transicional vinieron a ser aplicados, y especialmente la relación que llegó a forjarse entre esos elementos, es novedosa y en algunos casos ha resultado exitosa.

Para el autor, existen dos características fundamentales del contexto del surgimiento de este paradigma de la justicia transicional, por una parte señala que las medidas de transición fueron aplicadas en países con relativos grados altos de institucionalización tanto horizontal como vertical, no existía en estos países ausencia de instituciones y las mismas estaban en relación con los ciudadanos, lo que sí es cierto es que la normatividad resulto ser insuficiente para evitar los abusos y las violaciones a los derechos humanos; lo que si se presento fue un quiebre de la institucionalidad y parte del objeto de la transición fue precisamente recuperar la tradición institucional.

De hecho, las medidas adoptadas en el proceso de justicia transicional se enfocaron hacia un determinado tipo de violaciones que en última instancia se tradujeron en el abuso del poder. Lo que concluye De Greiff es que *"Estados relativamente institucionalizados y eficientes pueden cometer violaciones de cierto grado de magnitud, pero, sobre todo, de sistematicidad"* (De Greiff P. , Algunas reflexiones acerca del desarrollo de la justicia transicional. Anuario de Derechos Humanos, 2011, págs. 17-39).

Las medidas de justicia transicional en estos contextos fueron adoptadas como herramientas para saldar déficits de justicia, sin

---

90 El profesor De Greiff retoma una de las conclusiones de Priscilla Hayner (2002) en su texto *Unspeakable Truths.* New York, Routledge.

alterar problemas de inestabilidad política. Además de estas características el autor señala los logros de la justicia transicional sobre todo en esta etapa de surgimiento y desarrollo del siglo XX, el primer logro es su consolidación en campo internacional.

> Que la justicia transicional logró consolidarse en un campo no cabe duda alguna. Tiene todas las características de un campo, incluyendo especialistas, instituciones dedicadas a él, oficinas a cargo del tema en instituciones multilaterales, ministerios, etc., documentos internacionales que versan sobre el tema, cursos universitarios y revistas académicas (De Greiff P., Algunas reflexiones acerca del desarrollo de la justicia transicional. Anuario de Derechos Humanos, 2011, pág. 18).

Si bien este proceso de consolidación no fue fácil, los primeros debates de justicia transicional sí pudieron superarlos o por lo menos mantenerlos bajo control, al contrario del trabajo en derechos humanos clásico de donde emergió la justicia transicional y que propendía solo por la judicialización de casos de violaciones de derechos humanos, desde el inicio la justicia transicional fue más allá, al incluir dentro de sus exigencias el esclarecimiento de la verdad, la reparación a las víctimas de las violaciones y reformas institucionales. Un hecho evidente de la consolidación de la justicia internacional en el contexto internacional se materializó con el reporte del secretario general de las Naciones Unidas del 2004:

> La noción de "justicia de transición" que se examina en el presente informe abarca toda la variedad de procesos y mecanismos asociados con los intentos de una sociedad por resolver los problemas derivados de un pasado de abusos a gran escala, a fin de que los responsables rindan cuentas de sus actos, servir a la justicia y lograr la reconciliación. Tales mecanismos pueden ser judiciales o extrajudiciales y tener distintos niveles de participación internacional (o carecer por completo de ella) así como abarcar el enjuiciamiento de personas, el resarcimiento, la búsqueda de la

> verdad, la reforma institucional, la investigación de antecedentes, la remoción del cargo o combinaciones de todos ellos[91].

El segundo gran logro de la justicia transicional, —anota De Greiff— cuya "popularidad" en círculos internacionales, políticos, académicos, activistas, y otros, pone de manifiesto, es haber logrado no solo su consolidación, sino su "normalización".

La justicia transicional, independientemente de las variaciones en la forma de implementación de sus diferentes componentes, en diferentes países, se convirtió en un punto de encuentro de los procesos de transición y no solo de carácter internacional o con su injerencia; también en procesos locales en transiciones donde sus protagonistas fueron actores nacionales como en Sudáfrica, Perú y Marruecos; o

> como Timor Oriental, por ejemplo, cuya transición ocurrió bajo el mandato de las Naciones Unidas, o Sierra Leona, en donde la comunidad internacional dejó sentir su influencia no sólo mediante la creación de un tribunal híbrido, sino participando activamente en todas las medidas de justicia transicional" (De Greiff P., Algunas reflexiones acerca del desarrollo de la justicia transicional. Anuario de Derechos Humanos, 2011, pág. 19).

---

91 Informe del secretario general "El Estado de derecho y la justicia de transición en las sociedades que sufren o han sufrido conflictos". S/2004/616, August 23, 2004. Hay diferencias importantes con el original, en inglés. El párrafo dice: "The notion of transitional justice discussed in the present report comprises the full range of processes and mechanisms associated with a society's attempts to come to terms with a legacy of large-scale past abuses, in order to ensure accountability, serve justice and achieve reconciliation. These may include either judicial and non-judicial mechanisms, with differing levels of international involvement (or none at all) and individual prosecutions, reparations, truth-seeking, institutional reform, vetting and dismissals, or a combination thereof". Este proceso continúa. El interés por parte de las Naciones Unidas no mengua; en junio del 2010 la presidencia del Consejo de Seguridad le pidió al secretario general la actualización del reporte del 2004 (S/PRST/2010/11), proceso que está en curso a la fecha de la escritura de este artículo. Citado por: De Greiff, Pablo. *Óp. Cit.*

Sin embargo, la normalización no ha implicado un debate pacífico existen serias diferencias, sobre de quienes ven sus intereses afectados por la adopción de las medidas generalmente aceptadas por la comunidad internacional, que no son en última instancia programas estandarizados ni un consenso sobres sus bondades.

La normalización de las medidas de justicia transicional se puede hacer evidente de dos formas; por una parte, su inclusión en la agenda de las organizaciones tradicionales de derechos humanos anota De Greiff

> Mucho ha cambiado desde cuando tanto Amnistía Internacional como Human Rights Watch miraban con sospecha los mecanismos de justicia transicional, considerándolos intentos por diluir la justicia entendida en términos de criminalización. Ahora ambas instituciones abogan por la adopción de medidas de este tipo. (De Greiff P. , Algunas reflexiones acerca del desarrollo de la justicia transicional. Anuario de Derechos Humanos, 2011, pág. 20).

Por la otra, la incorporación de medidas de justicia transicional en la agenda internacional, y, de hecho, su incorporación en la protección de derechos humanos como en La Corte Penal Internacional, los tribunales ad hoc, los híbridos, son solo las manifestaciones más visibles de esta normalización, pero no las únicas. Documentos internacionales con diferentes grados de vinculación, que cubren diversos temas de la agenda de la justicia transicional, son también reflejo de esta normalización, muestra de ello son los principios y directrices básicos sobre el derecho de las víctimas a interponer recursos y obtener reparaciones el cual se ha ilustrado suficientemente en este documento. No se puede dejar de lado el papel de los mecanismos regionales de derechos humanos, dentro de los cuales el sistema interamericano ocupa un lugar muy destacado, lo que refleja el proceso de incorporación de la agenda de la justicia transicional en el contexto regional de protección de los derechos humanos. (De Greiff, 2011, pág. 21).

En última instancia lo que se puede observar es el rol protagónico de la justicia transicional en el contexto internacional, la cual no se puede olvidar tiene su génesis precisamente en la lucha por los derechos humanos, lo que implica que más que diferencias estos campos se encuentran entrelazados, lo cual no implica como lo señala el autor, que la expansión de los derechos humanos obedezca a la justicia transicional toda vez que desde los años ochenta se han venido expandiendo los mecanismos que buscan proteger los derechos humanos a nivel global, en especial respecto a los derechos a la verdad y la reparación, se han creado instituciones de diferente tipo para su protección; así como también se ha atacado la impunidad, logrando incluso limitar las amnistías frente a delitos graves como el genocidio, los crímenes contra la humanidad y los crímenes de guerra. Lo que influye de manera positiva en la implementación final de la justicia transicional.

4. MARCO TEÓRICO

A manera de marco teórico podemos señalar que la discusión teórica de este trabajo está dada en términos de abordar la dogmática y la argumentación jurídica, así como las teorías del derecho constitucional y los derechos humanos, enfocándonos en el bloque de constitucionalidad, el principio de no regresividad, y el derecho a una reparación transformadora de justicia distributiva y profundización democrática. Herramientas de análisis para presentar un hecho social, relacionado con las violaciones de derechos humanos, en un contexto de violencia sociopolítica; como lo es la desaparición forzada en Colombia objeto de análisis y estudio en el presente trabajo.

Si bien no existen trabajos que aborden este fenómeno desde una lectura interpretativa o propositiva o critica, desde las teorías y escuelas del derecho o la doctrina jurídica, si podemos reseñar que la jurisprudencia internacional de los derechos humanos ha recogido esta preocupación de denuncia constante de familiares y organizaciones de derechos humanos Lo anterior nos permite presentar y realizar un ejercicio propositivo para un marco teórico que permita observar desde la teoría del derecho y algunas de sus escuelas, el fenómeno de la desaparición forzada, como un hecho social susceptible de ser analizado desde la disciplina del derecho, pero especialmente haremos énfasis en los derechos que tienen las víctimas de este delito a ser reparadas de manera integral en un contexto de justicia transicional.

Finalmente aportamos una discusión teórica acerca de cómo los estados de sitio o estados de excepción se convierten en escenarios propicios para las violaciones de derechos humanos entre ellos la desaparición forzada de personas. La estrecha relación que existe entre el estado de sitio con la guerra civil, la insurrección y la resistencia, en donde el estado de derecho es vulnerado constantemente a través de la excepción que termina cooptando su normalidad. Los aportes de los teóricos en el modelo de totalitarismo moderno que puede ser definido como la instauración, a través del estado de excepción, de una guerra civil legal; que permite la eliminación física de los adversarios políticos y la de categorías enteras de ciudadanos que no se integran al sistema político.

4.1. Teoría, argumentación jurídica, constitucionalismo y derechos humanos

La desaparición forzada como categoría de análisis desde una perspectiva investigativa dogmática y acudiendo necesariamente a la argumentación jurídica, pues en los sistemas jurídicos de los estados constitucionales es de vital relevancia la argumentación para operar con sentido el derecho, esto a la luz de normatividad existente frente al tema de la desaparición forzada, teniendo presente la concepción de que los estudios dogmáticos por ejemplo en Courtis, estudian el ordenamiento jurídico para conocerlo, transmitir ese conocimiento, operarlo, optimizarlo y mejorarlo, entendiendo la dogmática como la doctrina o ciencia del derecho, que analiza distintos objetos normativos como normas constitucionales, civiles, penales, administrativas, laborales, internacionales y las decisiones judiciales, consideradas como las principales fuentes de socialización de abogados, jueces, legisladores y administradores para sustentar o argumentar sus decisiones[92].

Se busca observar el concepto de la desaparición forzada como categoría de análisis a la luz de las teorías del derecho enfocándonos en el bloque de constitucionalidad, el principio de no regresividad, y el derecho a una reparación transformadora de justicia distributiva y profundización democrática. En el contexto de la posmodernidad el discurso de los derechos humanos refuerza procesos hegemónicos de contenido ideológico y alienador dada su pretensión de universalización y su vocación de servir como discurso justificatorio de todo tipo de prácticas políticas excluyentes, pero a su vez contiene la concreción de procesos contrahegemónicos que cruzan los ámbitos de la vida social desde estrategias emancipatorias alternativas, lo cual se pone en evidencia en la práctica a través del ejercicio de los tribunales internacionales de protección de los derechos humanos, donde se dan casos concretos de emancipación individual o colectiva a través de la reivindicación de derechos vulnerados.

En materia de justicia transicional la verdad, la justicia y la reparación se erigen como derechos inalienables de las víctimas, ello en virtud de los tratados y convenios internacionales ratificados por los Estados en el marco del derecho internacional. Para el caso colombiano los tratados y convenios internacionales aprobados por el Congreso de la República y ratificados por el gobierno tienen validez plena en el orden jurídico nacional; así lo establece nuestra Constitución Política en virtud de lo que se conoce como "Bloque de Constitucionalidad"[93].

---

92 Christian Courtis, (2009), "El juego de los juristas: ensayo de caracterización de la investigación dogmática" en *Ecos cercanos. Estudios sobre derechos humanos y justicia.* Siglo del Hombre, Universidad de los Andes, pág. 105.

93 Corte Constitucional Colombiana. Sentencia C-191 de 1998. "Boque de Constitucionalidad". "Resulta posible distinguir dos sentidos del concepto de bloque de constitucionalidad. En un primer sentido de la noción, que podría denominarse bloque de constitucionalidad stricto sensu, se ha considerado que se encuentra conformado por aquellos principios y normas de valor cons-

En este sentido los parámetros fijados por el derecho internacional que han sido aceptados por los Estados tienen fuerza vinculante y, por ende, son de obligatorio cumplimiento, sin importar que los mismos consten en tratados, convenciones, en declaraciones, resoluciones, e informes de órganos de los diferentes sistemas de protección de derechos humanos y en la jurisprudencia y doctrina internacional.

De esta manera la comunidad internacional, ha reconocido una serie de lineamientos en materia de justicia, verdad y reparación de las víctimas de violaciones de los derechos humanos y del derecho internacional humanitario. Estos estándares tienen como principal sustento la obligación de los Estados de administrar justicia conforme a la normatividad internacional.

El camino en la búsqueda de la verdad, la justicia y la reparación, ya ha sido transitado por otros países, en Suramérica por ejemplo: Argentina y Chile afrontaron su transición de la dictadura a la democracia en medio de las imágenes de las madres y las abuelas de la Plaza de Mayo, las multitudinarias marchas de protestas contra la conmutación de las penas a Pinochet, el descarnado relato de las víctimas sobre las atrocidades del pasado en las dictaduras militares y las crueldades protagonizadas desde el Estado. En Centroamérica el caso de Guatemala y El Salvador, la decisión de los actores en conflicto fue prácticamente, la de tender un manto de perdón, olvido e impunidad sobre las desa-

---

titucional, los que se reducen al texto de la Constitución propiamente dicha y a los tratados internacionales que consagren derechos humanos cuya limitación se encuentre prohibida durante los estados de excepción (C.P., artículo 93). (...) Más recientemente, la Corte ha adoptado una noción lata sensu del bloque de constitucionalidad, según la cual aquel estaría compuesto por todas aquellas normas, de diversa jerarquía, que sirven como parámetro para llevar a cabo el control de constitucionalidad de la legislación. Conforme a esta acepción, el bloque de constitucionalidad estaría conformado no solo por el articulado de la Constitución sino, entre otros, por los tratados internacionales de que trata el artículo 93 de la Carta, por las leyes orgánicas y, en algunas ocasiones, por las leyes estatutarias".

pariciones y las masacres, una medida que bien podría arrojar un parte de desesperanza y frustración para la humanidad.

El conflicto armado interno vivido en el Perú entre 1980 y el año 2000 ha sido tal vez el periodo más violento de su historia reciente, la guerra popular que emprendiera en la década de los ochenta el Partido Comunista del Perú Sendero Luminoso contra el Estado. Esta guerra popular dejaría miles de víctimas en el Perú donde sus gobernantes acudieron al estado de excepción y las fuerzas militares de su país, en búsqueda de la pacificación por la confrontación armada desde 1986. Su transición hacia la paz se daría en el año 2001, creando una comisión de la verdad que esclareciera lo ocurrido durante los años de violencia que vivió el país.

Estos cinco casos serán analizados y comparados a profundidad en el capítulo siguiente. Desde la transición hacia la democracia, en unos, y desde el conflicto hacia la paz negociada, en otros, la lucha por buscar la verdad, la justicia y la reparación ha marcado experiencias que arrojan resultados de equilibrio distintos, en unos países aunque hubo verdad y se confesaron los crímenes, fue muy poca la justicia lo que generó un manto de impunidad; en otros la reparación a las víctimas terminó por sepultar las aspiraciones de verdad y de justicia a la que tiene derecho también la sociedad.

Así el reto dentro de un proceso de transición puede convertirse en una tarea titánica que solo la sociedad podrá asimilar en la medida en que se busque el equilibrio esquivo entre los procesos de paz y la verdad, la justicia y la reparación.

En este contexto los lineamientos metodológicos y teóricos de los estudios de investigación de la dogmática y la argumentación planteados en Christian Courtis[94] y Manuel Atienza[95], hemos

---

94 Christian Courtis. (2009). "El juego de los juristas: ensayo de caracterización de la investigación dogmática" en *Ecos cercanos. Estudios sobre derechos humanos y justicia*, págs. 12 a 90.

95 Manuel Atienza, (2008), "Derecho y argumentación" en *Ideas para una filosofía del derecho: una propuesta para el mundo latino. Arequipa*, Universidad Inca

tomado como punto de partida, de acuerdo con el primero de los autores, la concepción de que los estudios dogmáticos estudian el ordenamiento jurídico para conocerlo, transmitir ese conocimiento, operarlo, optimizarlo y mejorarlo, entendiendo la dogmática como la doctrina o ciencia del derecho, que analiza distintos objetos normativos como normas constitucionales, civiles, penales, administrativas, laborales, internacionales y las decisiones judiciales, consideradas como las principales fuentes de socialización de abogados, jueces, legisladores y administradores para sustentar o argumentar sus decisiones.

Así mismo, advierte el autor sobre varias problemáticas que debe afrontar la investigación dogmática tales como: la indeterminación lingüística, el carácter lógico, problemas relacionados con el hecho, discutido extensamente a partir de los portes de Ronald Dworkin y Robert Alexy, de que el orden jurídico está compuesto por normas o reglas en sentido estrecho y además por estándares como principios y directrices cuya función difiere de las de aquellas, determinación de los valores y de los fines de un conjunto normativo necesarios para establecer su sentido y su alcance, problemas de la estructura jerárquica y escalonada del orden jurídico ya que por la misma se determina su aplicación o no a un caso concreto, y finalmente los problemas que surgen de la limitación de la interpretación de la ley, sujeta a las interpretaciones jurisprudenciales, además de la potenciación de estos problemas entre sí[96]. Partiendo de la definición de estos problemas Courtis[97], nos ofrece tres caminos o hipótesis de investigación dogmática los cuales caracteriza así:

Una primera tarea expositiva, ordenadora, sistematizadora, dedicada a describir un conjunto de normas del derecho positivo cuyo contenido es presentado como no problemático.

Gracilaso de la Vega, págs. 153 a 230.

96 Christian Courtis, *Op. Cit.* págs. 19 a 22.

97 Christian Courtis, *Op. Cit.* Págs. 29 a 32.

Una segunda tarea cuya presentación pretende ser descriptiva, en el sentido de postular como plausible una interpretación determinada del contenido del derecho positivo que contiene a su vez un componente prescriptivo o normativo señalando razones para inducir al aplicador a preferir esa interpretación sobre otras; Courtis la denomina —*Lege Lata*— caracterizada por identificar problemas interpretativos en el derecho positivo vigente y se propone señalar soluciones adecuadas que se pretenden racionalmente derivables de ese derecho.

Una tercera tarea, cuya orientación pretende ser crítico — prescriptiva, y no descriptiva—, la cual es llamada por Courtis como *Lege Ferenda* en la que el intérprete acepta que la solución que propone para la regulación o decisión de un caso no puede ser derivada del derecho positivo y en este sentido postula que la mejor solución implica no la interpretación sino la modificación del derecho positivo vigente. En otras palabras, critica la solución normativa vigente propugnando por su remplazo, enmienda o complementación por otra norma aun no vigente. Que para nuestro caso es la reglamentación, desarrollo y aplicación de las normas existentes, que tengan en cuenta a las víctimas y que se les repare de manera integral, diferenciada y focalizada.

Respecto de esta última hipótesis es que observamos que es posible ubicar nuestro tema de discusión, al observar la normatividad de la desaparición forzada en Colombia incluyendo la normatividad internacional que hace parte de dicho ordenamiento jurídico como ya lo señalamos en virtud del Bloque de Constitucionalidad[98], sin querer ni pretender abolir esta reglamentación sobre la materia sino más bien intentando ser propositivo al aumentarla, pues la legislación sobre desaparición forzada en Co-

---

98 Rodrigo Uprimny, (2001), "El bloque de constitucionalidad en Colombia: un análisis jurisprudencial y un ensayo de sistematización doctrinal" en *Compilación de Jurisprudencia y doctrina nacional e internacional.* Oficina Alto Comisionado de la ONU para los derechos humanos.

lombia es realmente escasa y adolece del interés histórico y tardío por penalizarla y por reglamentarla, no solo por los legisladores y el Estado, sino por la sociedad que desconoce este flagelo así como sus consecuencias; es así, que nuestra propuesta va dirigida a observar si dentro del derecho positivo vigente existe o no una reglamentación para la reparación integral de las víctimas de desaparición forzada que contenga criterios de reparación integral diferenciados y no generalizados que incluyan medidas de reparación acordes con las consecuencias que se derivan de la desaparición forzada de un ciudadano, sin tener en cuenta las particularidades de esta atroz práctica y de sus fatales consecuencias para las víctimas y sus familiares victimizados.

Para ello es posible aplicar el método sugerido por Christian Courtis en investigación dogmática y específicamente a la *Lege Ferenda*[99], acudiendo en primera instancia a una delimitación o identificación del universo normativo —teniendo en cuenta las razones de escala—, posteriormente se podría realizar una crítica a las normas cuestionadas y finalmente la formulación de la propuesta normativa o sus lineamientos o las bases para una futura legislación.

También se pueden emplear las fuentes y los métodos sugeridos por Courtis[100] para desarrollar o sustentar la argumentación jurídica acudiendo a la historia normativa (Historia social o externa del derecho correlacionando hechos sociales con la creación aplicación y modificación del derecho con normas sociales —Historia normativa o interna propia del derecho—, la jurisprudencia y la doctrina. En cuanto a los métodos es posible recurrir al análisis del lenguaje, análisis lógico, análisis sistemático, análisis ideológico, y al análisis empírico dependiendo de las necesidades de argumentación que se puedan emplear.

99 Christian Courtis. *Op. Cit.* págs. 48-50.

100 Christian Courtis. *Op. Cit.* págs. 63-88.

Ahora bien, este tipo de análisis no solo se enfocan desde una perspectiva investigativa meramente dogmática, se debe acudir necesariamente a la argumentación jurídica pues en los sistemas jurídicos de los estados constitucionales es de vital relevancia la argumentación para operar con sentido el derecho, en palabras de Atienza la argumentación jurídica también entendida parcialmente como argumento o razonamiento jurídico permite observar que el derecho tiene que contemplarse en relación con el sistema social y con los diversos aspectos del sistema social: morales, políticos, económicos, culturales, etc.; la concepción del derecho así vista debe considerar el contexto, lo que conlleva necesariamente a abandonar una concepción demasiado simple del razonamiento jurídico como lo es la del formalismo o las visiones clásicas del derecho más exactamente las del siglo XX que no dan cuanta satisfactoria del Derecho visto como argumentación.

Así, desde las concepciones clásicas a las contemporáneas del derecho y su paso por el constitucionalismo permitió que se rompieran las fronteras entre el iusnaturalismo y el positivismo, a partir de este fenómeno se considera difícil mantener la separación de las visiones "clásicas" del Derecho, se presentó en distintas intensidades y en diferentes países, que condujeron a lo que algunos autores conocen como el neoconstitucionalismo consistente en adoptar constituciones densas con derechos fundamentales y fuerza normativa, con órganos de justicia constitucional. Es lo que en Atienza se llama el paso del Estado del derecho legislativo al derecho constitucional[101]. Después de la segunda guerra mundial un gran número de países adoptan tratados de derechos humanos, y así los valores clásicos del iusnaturalismo son positivados en las constituciones, defendidos además con la fuerza normativa de la constitución como norma superior lo que cambia el tipo de razonamiento jurídico y genera nuevos debates que abrirán paso a la postura de la argumentación jurídica entre otros.

---

101 Manuel Atienza. *Op. Cit.* Págs. 162-163.

El primer debate tenía más sentido donde la fuente fundamental del derecho era la ley codificada, sistematizada o ley no obligatoriamente sometida a control de constitucionalidad. En el mundo contemporáneo los jueces tienen una multiplicidad de fuentes jurídicas. Al lado de la ley está la Constitución, tratados de derechos humanos, jurisprudencia nacional de las altas cortes e internacional, "*soft law*"[102], documentos jurídicos como resoluciones de la Asamblea General de Naciones Unidas que no son vinculantes en sentido formal, pero no se pueden ignorar, por su fuerza persuasiva debido al compromiso adquirido por los Estados que hacen parte del sistema universal.

Partiendo de la premisa de que el derecho es argumentación, en repuesta a la pregunta qué es derecho y cómo se aplica, Atienza[103] enfatiza que capturar el derecho como argumentación permite englobar las otras visiones clásicas, y se enmarca dentro del debate o naturaleza contemporánea del derecho, reconociendo ciertos elementos del positivismo como la importancia del derecho positivado y una constitución abierta a valores del iusnaturalismo, lo que interpretarla de esta manera permite dogmáticas justas con criterios de moralidad que pueden ser positivistas o iusnaturalistas. Esto influirá también en cómo se aplica y cómo se toman decisiones.

---

102 Son documentos de *soft law* aquellos que: i) no reúnen las condiciones estructurales en sus procesos de formación y contenido para ser considerados como una de las fuentes descritas en el artículo 38 del E-CIJ; ii) han sido proferidos por organismos internacionales, por ejemplo aquellos que hacen parte de la Organización de Naciones Unidas, o resultan de acuerdos no vinculantes entre Estados, o que surgen del trabajo de Organizaciones Internacionales no estatales o de doctrinantes expertos sobre una materia específica; y, por último, iii) que tienen relevancia jurídica, que se representa en una clara e inequívoca vocación axiológica o normativa general" Véase: Castro, L.M. "Sotf Law y Reparaciones a víctimas de violaciones de derechos humanos: reflexiones iniciales", en Uprimny, R. (Director de Investigación) (2009), *Reparaciones en Colombia: análisis y propuestas*, págs. 65 y 66.

103 Manuel Atienza. *Op. Cit.*

La relación entre argumentación y dogmática ha generado debates polémicos porque se considera que la argumentación es antilógica, distinta a la lógica, aunque otros consideran que es compatible con esta. La teoría de la argumentación usa la justificación y no es deductiva, así tenga pasos deductivos, es una distinción vieja entre silogismo lógico y silogismo retórico o argumentativo. Existen dos vertientes de la teoría de la argumentación[104]: i) como retórica, técnica de persuasión, lo importante es el argumento eficaz y ii) como técnica de justificación, el argumento es razonablemente justificado, para Atienza la argumentación es más cercana a la lógica y reemplaza el método jurídico.

La dicotomía entre elementos internos y externos al mundo jurídico que propician el cambio hacia la argumentación, plantean varias posiciones, una que establece que el giro en la cultura jurídica cercana a la argumentación revaluó la forma como se argumenta en cuestiones éticas y morales; otra posición es que el auge de la argumentación se da porque los jueces están empoderados y producen consecuencias importantes para la sociedad, de allí la necesidad de controlar racionalmente sus decisiones, y responder cómo los jueces deciden y cómo deben decidir. La última posición que plantea Atienza empieza con la argumentación y luego lleva a los otros planteamientos, aunque no explica el auge de la argumentación en el derecho.

Atienza señala que la moderna teoría del método jurídico es la teoría de la argumentación, se plantea que la dogmática está abierta a otras consideraciones más políticas y sensibles a las ciencias sociales, y la argumentación no es la única herramienta para construir buena dogmática. La teoría de la argumentación se mueve más en temas de fundamentación, coherencia y consistencia. Hay que evitar creer que la investigación en derecho es exclusivamente en argumentación, se privilegia la formación en argumentación que, en dogmática, aunque es necesario para

---

104 Manuel Atienza. *Op. Cit.*

hacer dogmática en ciertos campos estar dispuesto a abrirse a conocimientos empíricos de las ciencias sociales.

En síntesis, podemos plantear que para hacer una buena dogmática se requiere necesariamente de la argumentación apoyándose desde las ciencias sociales, lo que evidenciaría una reciprocidad metodológica y teórica a la hora de plantearse temas sensibles que afectan directamente a la sociedad, pero que para su resolución tienen que pasar necesariamente por el ordenamiento jurídico positivo. La argumentación sirve a la dogmática como insumo de interpretación jurídica. Para hacer una buena dogmática se requiere buen método jurídico y buena argumentación, una buena argumentación tiene elementos de las ciencias sociales y una mayor sensibilidad por una dimensión empírica que la complementa; así la argumentación jurídica dada la nueva forma de entender el derecho, a partir de su constitucionalización en el mundo moderno y sus debates contemporáneos.

Uno de los debates contemporáneos más importantes en materia de protección judicial de los derechos humanos está vinculado con la justiciabilidad de los llamados derechos sociales. Mientras que algunos autores consideran que la protección judicial de esos derechos es la consecuencia necesaria de tomarlos en serio, otros autores se oponen a dicha justiciabilidad, pues consideran que conduce a una suerte de dictadura judicial.

En este sentido, se plantea observar el principio de no regresividad en materia de derechos sociales, la cual se asume como una consecuencia del principio de progresividad en este campo. El argumento se funda en si los Estados tienen el deber de lograr progresivamente la plena vigencia de los derechos sociales, de acuerdo con la legislación internacional[105]. Aquí es necesario aclarar el planteamiento de Christian Courtis, en el sentido de que este principio no aplica solamente a los derechos sociales, pues

---

[105] Protocolo de San Salvador y en el Pacto Internacional de Derechos Económicos Sociales y Culturales.

se hace extensivo a los derechos humanos tal y como lo concibe desde la interpretación de la Convención Americana de sobre Derechos Humanos[106].

El principio de no regresividad plantea el deber de no retroceder cuando por medio de la jurisprudencia o la ley, incluso a través de una política se ha alcanzado un nivel de protección de un determinado derecho social o derecho humano, sin embargo, algo que parece simple se plantea una serie de interrogantes como por ejemplo, cuando se presenta la posición de un gobierno o de los legisladores que introducen medidas que retroceden en la protección de un derecho de contenido social con base en diferentes argumentos que pueden implicar una violación de una prohibición de retroceso.

La evolución jurisprudencial de la Corte Constitucional ha abordado el tema y se ha pronunciado en diversas oportunidades sobre la materia (C-428/09, C-469/13), teniendo en cuenta tres 3 tendencias.

La prohibición de retroceso tiene una pretensión dogmática sistematizadora, buscando evidenciar cuál es la práctica de la Corte Constitucional Colombiana sobre la materia, presentando las líneas jurisprudenciales y, a partir de ellas, se hace una valoración crítica para demostrar la existencia de una conceptualización asumida por la alta Corte.

Esa labor ha llevado a la Corte a innovar doctrinariamente en este campo, proponiendo nuevos conceptos —como los de las expectativas legítimas— o herramientas metodológicas específicas, como sus reflexiones sobre los "*test*" que deben ser aplicados para determinar si hubo o no un retroceso injustificado.

---

106 Al respecto ver: Christian Courtis, (2006), *Ni un paso atrás. La prohibición de regresividad en materia de derechos sociales* Centro de Estudios Legales y Sociales, págs. 11 a 17.

Es dogmatizable la prohibición de retroceso tiene su fundamento en el principio de progresividad en materia de derechos sociales, reconocido por el derecho internacional de los derechos humanos, según el cual una vez alcanzado un nivel de protección se prohíbe retroceder en el mismo. La pregunta que surge es determinar si este criterio es justiciable de suerte que amerite un desarrollo dogmático.

La posición inicial interpretada a la luz de la noción de derecho adquirido, de suerte que la prohibición de retroceso solo tiene sentido frente a modificaciones normativas en los casos en que no se tiene un derecho adquirido, evento en el cual no existe ninguna protección por tratarse de una mera expectativa. Con esta interpretación se acaba con la prohibición, pues se permite cualquier retroceso.

Por otra parte, existe una regla estricta en la que sostiene la Corte Constitucional que existe un verdadero derecho adquirido al régimen, de tal manera que una vez se ingrese al mismo no puede modificarse porque implicaría un retroceso, en este caso si estriamos ante un derecho adquirido, que puede ser exigido y no renunciable. A pesar de lo anterior, hay situaciones donde debería poderse retroceder como, por ejemplo, en los eventos en que el Estado debe actuar frente a crisis sociales, como sucede con los cambios en la composición demográfica, caso en el cual la regla debe ser interpretada de forma flexible.

Como principio la prohibición de retroceso es un mandato prima facie que establece una presunción de constitucionalidad derrotable, caracterizado porque el análisis de constitucional es más estricto y requiere una mayor justificación para que pueda ser derrotado.

Las dos primeras conceptualizaciones tienen como problema que buscan trasladar dinámicas del derecho civil a los derechos sociales, por una parte, las meras expectativas, acaban con la prohibición; y por la otra los derechos adquiridos, petrifican el sistema. La última, tiene la fortaleza de permitir una justiciabilidad de este principio, acorde con un principio de flexibilidad.

Sin embargo, esta experiencia ha demostrado que es posible dotar, en la práctica judicial, al principio de no regresividad de un contenido normativo justiciable. Y que además es posible avanzar en la elaboración de una dogmática en este campo, que sea vigorosa en la defensa de los derechos sociales y los derechos humanos frente a eventuales retrocesos. Otra ventaja del principio de no regresividad no solo puede representar un estándar normativo justiciable, sino que, además, simplifica en ciertos casos los litigios en derechos humanos, lo cual se puede constituir en una herramienta fundamental para garantizar la jurisprudencia en favor de los derechos de las víctimas al desarrollarse una verdadera línea jurisprudencial en este sentido. Por otra parte, y como tercer modelo de este marco teórico encontramos importantes aportes a la dogmática de la justicia transicional, el concepto de reparaciones con enfoque transformador.

Como regla general, las graves violaciones a los derechos humanos, así como los conflictos armados internos o de baja intensidad, acontecen en sociedades que presentan como características especiales un gran déficit en protección y garantía de derechos, la inequidad en la propiedad de la tierra, por la deficiente prestación y garantía de derechos esenciales para la subsistencia de las personas, entre otras causas.

Partiendo de reconocer que las medidas tradicionales de reparación tienen ventajas y desventajas a la hora de implementarse en contextos de justicia transicional sobre todo en países pobres "las políticas estatales de reparación de víctimas pueden tener tanto una vocación puramente restitutiva como una vocación transformadora"[107]. Estas últimas deberán desarrollarse precisamente en aquellos escenarios caracterizados por estructuras socio económicas de exclusión y desigualdad que propiciaron el

---

[107] Díaz Gómez, Catalina; Sánchez, Nelson Camilo y Uprimny Yepes, Rodrigo. (2009), *Reparar en Colombia: Los dilemas en contexto de conflicto, pobreza y exclusión.* ICTJ, DeJusticia y Unión Europea, pág. 34.

surgimiento y desarrollo del conflicto[108]. Lo anterior en el entendido que una reparación puramente restitutiva no va más allá de su fin último de reparar el daño, dejando de lado la transformación social de las causas que dieron origen a las violaciones, como ya se explicó por el autor.

En efecto, las reparaciones en procesos de justicia transicional no se deben limitar simplemente a retrotraer a la víctima al estado anterior de la vulneración, en los casos que esto se puede llevar a cabo —ya que para casos de desaparición forzada esta medida no procede—, por el contrario, la reparación debe ser entendida como una oportunidad de devolver a las víctimas de graves violaciones de derechos humanos su plena condición de ciudadanos, cuya carencia les hizo vulnerables y fáciles víctimas del conflicto[109].

De esta manera uno de los errores que se cometen en los procesos de reparación en contextos de justicia transicional es que abandonan su naturaleza eminentemente jurídica y se analizan como un proyecto político tendiente a erradicar la marginación social y económica que propiciaron el desarrollo del conflicto, mediante la adopción de medidas tendientes a la inclusión social y productiva de las víctimas.

De acuerdo con estos autores, la prestación de servicios sociales es de carácter permanente, tiende a garantizar los derechos sociales, económicos y culturales mediante la implementación de medidas tendientes a erradicar la pobreza y correlativamente a satisfacer necesidades materiales básicas; por su parte, la atención humanitaria a las víctimas de situaciones de desastres o catástrofes es de carácter temporal, se funda en el principio constitucional de solidaridad y propende por "mitigar el riesgo y reducir la vulnerabilidad" de los afectados y, por último, la reparación a las víctimas

---

108 Díaz Gómez, Catalina; Sánchez, Nelson Camilo y Uprimny Yepes, Rodrigo, *op. cit.*, pág. 35.

109 Díaz Gómez, Catalina; Sánchez, Nelson Camilo y Uprimny Yepes, Rodrigo, *op. cit.*, pág. 8, 24, 34, 36 y 43.

de graves violaciones a los derechos humanos se fundamenta en el deber de reparar e implica, en primera medida, la obligación a cargo de los victimarios en relación con las víctimas y, subsidiariamente, el deber de reparación en cabeza del Estado.

Tales planteamientos fueron acogidos por la Corte Constitucional en la Sentencia C-1199 de 2008:

> En relación con este tema la Corte comienza por reconocer la separación conceptual existente entre los servicios sociales del Gobierno, la asistencia humanitaria en caso de desastres (independientemente de su causa) y la reparación a las víctimas de violaciones a los derechos humanos. En efecto, tal como lo sostienen los actores y lo aceptan la totalidad de los intervinientes, se trata de deberes y acciones claramente diferenciables, en lo relacionado con su fuente, su frecuencia, sus destinatarios, su duración y varios otros aspectos.

En sentido general, las reparaciones son abordadas desde una perspectiva esencialmente restitutiva, de conformidad con la cual el principal objetivo de las mismas debe ser devolver a las víctimas a la situación en la que se encontraban antes de la violación de sus derechos humanos, esto es, al statu quo ex ante, buscando en cierta medida borrar, hasta donde sea posible, los efectos de los atentados contra la dignidad humana. Además, conforme a los estándares más aceptados en el derecho internacional de los derechos humanos, la reparación debe ser integral y proporcional al daño sufrido por la víctima, por lo cual, si la restitución total no es posible, debe recurrirse a mecanismos reparadores sustitutos y complementarios, como la compensación y las medidas de rehabilitación y satisfacción.

Sin embargo, la reparación a las víctimas desde este sentido proporcional puede ser compleja en sociedades que han enfrentado una crisis política y humanitaria profunda, con desigualdades marcadas y en las que los procesos de victimización han afectado esencialmente a las poblaciones más pobres y excluidas. Tal vez en contextos más igualitarios se podrían llevar a cabo como lo fue en países como Chile y Uruguay. Pero para los casos de Guatemala,

Perú o Colombia, son insuficientes, porque pretende devolver a las víctimas a una situación de vulnerabilidad y carencias.

Por lo mismo, se acude por parte de los autores, a un modelo de reparación transformador "reparaciones transformadoras" o "reparaciones con vocación transformadora": se trata en esencia de mirar a las reparaciones no solo como una forma de justicia correctiva, que busca enfrentar el sufrimiento ocasionado a las víctimas y a sus familiares por los hechos atroces, sino también como una oportunidad de impulsar una transformación democrática de las sociedades, a fin de superar situaciones de exclusión y desigualdad que, como en el caso colombiano, pudieron alimentar la crisis humanitaria y la victimización desproporcionada de los sectores más vulnerables y que en todo caso resultan contrarias a principios básicos de justicia.

El concepto que proponen de una reparación transformadora consiste en primera instancia en diferenciarla de la reparación restitutiva. Mientras que en el primer caso el objetivo de las medidas es devolver a las víctimas a la situación en la que estaban con anterioridad a los crímenes y borrar hasta donde sea posible los efectos de tales crímenes, en el segundo caso el objetivo es ir más allá de una mera restitución, buscando transformar las relaciones de subordinación y exclusión social que se encuentran en el origen del conflicto que busca ser superado y que en todo caso aparecen inicuas desde una perspectiva de justicia distributiva.

El potencial transformador de la reparación es particularmente importante en sociedades que, como la colombiana, antes del trauma de una guerra o una dictadura eran en sí mismas excluyentes y desiguales, y cuyas estructuras de exclusión constituyen un factor esencial del conflicto. Si bien es importante, por ejemplo, la restitución de un predio, en contextos como el colombiano en el que predomina la impunidad y no ha habido ningún tipo de reparación, sin embargo, es una reparación restitutoria que no garantiza en nada la no repetición y que si dejaría intactas muchas condiciones de exclusión que se encuentran en la base del conflicto.

Para los autores, eso no es todo. Una reparación con tal enfoque restitutivo, si bien tiene pleno sentido en términos de justicia correctiva, pues repara el daño ocasionado por el proceso de victimización, parece inapropiada en términos de justicia distributiva, pues preserva situaciones que son en sí mismas injustas y vulneran la dignidad de las víctimas. Por ello la importancia de que las reparaciones deben tener una vocación transformadora y no puramente restitutoria, esto es, que las reparaciones no solo deben enfrentar el daño que fue ocasionado por los procesos de victimización, sino también las condiciones de exclusión en que vivían las víctimas y que permitieron o facilitaron su victimización.

Lo anterior no significa que, por ser más ambiciosa que el enfoque restitutivo, ella se confunda con los objetivos generales de la transformación política y económica del orden social propios de un contexto transicional, que exceden en mucho el alcance y los propósitos de la reparación de las víctimas de crímenes atroces[110].

Finalmente, de esta visión propuesta se puede concluir que la reparación integral se distingue de la política social, ya que busca saldar una deuda específica por violencias directas que fueron ejercidas contra ciertas víctimas. Por lo mismo, aunque las políticas de reparación integral deben tener un contenido material significativo para enfrentar los efectos materiales de la violencia, igualmente deben poseer una inevitable dimensión simbólica, ya que los daños ocasionados suelen ser irreparables.

De esa manera, la reparación marca un proceso de reconciliación del Estado con sus ciudadanos que reintegra a la comunidad política a las víctimas y a sus familiares. La política social por su

---

110 Para una visión escéptica de la posibilidad de que las reparaciones cumplan una función tan ambiciosa como la transformación, véase Mani, "*Reparation as a Component...*" Para un análisis crítico de los planteamientos de esta autora, véase Saffon, M. P. (2008), *Estudio preliminar", en Enfrentando los horrores del pasado. Estudios conceptuales y comparados sobre justicia transicional.* Nuevo Pensamiento Jurídico.

parte no tiene ni ese foco ni esa dimensión simbólica específica, ya que tiene el propósito de superar exclusiones sociales y pobrezas, pero de personas que ya son reconocidas como ciudadanos integrados a una comunidad política. De otra parte, es posible concluir que, si bien las víctimas de crímenes atroces pueden y deben recibir atención humanitaria de parte del Estado, esta no puede de ninguna manera considerarse como parte de la reparación integral, pues su objetivo es drásticamente distinto.

De hecho, la atención humanitaria busca simplemente estabilizar temporalmente la situación de las víctimas, sin garantizar que estas serán restituidas en sus derechos. Por tanto, aun en casos como el de la población desplazada en Colombia, en los que, debido al carácter de tragedia humanitaria del fenómeno, la atención humanitaria de víctimas de crímenes atroces se torna más permanente que temporal[111]e incluye medidas más complejas que la atención inmediata o de urgencia, es fundamental mantener la distinción entre esta y la reparación integral. Ello porque sus fuentes son distintas y, sobre todo, porque los objetivos de la reparación integral no pueden ser cumplidos con medidas encaminadas simplemente a estabilizar o menguar los efectos de la situación de crisis derivada de la violación de derechos.

Y todo ello explica una cierta dimensión temporal diversa de cada una de esas políticas, la reparación, cuando asume esencialmente la visión restitutiva, tiene una mirada hacia el pasado, pues debe evaluar el daño que tiene que ser enfrentado; la asistencia humanitaria se centra en el presente inmediato, pues se trata de paliar los efectos de una crisis; finalmente, las políticas sociales buscan en el presente asegurar el contenido mínimo de los DESC, pero tienen la mirada puesta también en el futuro, ya que se fun-

---

[111] Véase, al respecto, Corte Constitucional, Sentencia C-278 de 2007, M.P. Nilson Pinilla, en la cual la Corte se refirió al carácter permanente de la atención humanitaria para la población desplazada.

dan en la idea de la satisfacción progresiva del contenido total del derecho[112].

Ahora bien, es importante precisar que esta perspectiva alternativa de reparaciones que proponen los autores no implica un abandono de los estándares jurídicos existentes en materia del derecho a la reparación de las víctimas de crímenes atroces. Esta perspectiva alternativa de reparaciones con potencial de transformación democrática no es entonces un argumento de *lege ferenda*, que implique un cambio en los estándares normativos vigentes en materia de reparación, por cuanto se trata de una perspectiva plenamente compatible con estos.

En efecto, como lo relata de manera muy articulada Williams, en las últimas décadas el concepto de reparación sufrió una importante evolución en el ámbito del derecho internacional, pues pasó de un enfoque eminentemente centrado en la restitución a uno en el cual esta constituye un componente más de la reparación integral, que no necesariamente debe privilegiarse en todos los casos, al menos desde la perspectiva de derechos humanos[113].

4.2. Historia, filosofía y sociología. El estado de excepción

Basado en el concepto de estado de excepción se observa la estrecha relación que existe entre este con la guerra civil, la insurrección y la resistencia, en donde el estado de derecho es vulnerado constantemente a través de la excepción que termina cooptando su normalidad. Otra de las definiciones que aportan los teóricos es la de totalitarismo moderno que puede ser definido como la instauración, a través del estado de excepción, de una

---

112 Uprimny, R., y Saffon, M. P. *Reparaciones transformadoras, justicia distributiva y profundización democrática.* Editado por Dejusticia, pág. 31-47.

113 Williams, R. (2008), "El derecho contemporáneo a la restitución de propiedades dentro del contexto de la justicia transicional", en *Reparaciones a las víctimas de la violencia política.*

guerra civil legal; lo que permite la eliminación física de los adversarios políticos y la de categorías enteras de ciudadanos que no se integran al sistema político, esta práctica incluso ha sido adelantada en los estados contemporáneos, incluidos los democráticos como lo es el caso colombiano.

Así las cosas y tomando en primera instancia el tema o el concepto de desaparición forzada, buscando observar si como categoría conceptual es susceptible de análisis por las diferentes corrientes teóricas del derecho a partir del siguiente marco conceptual y a manera de definición.

La desaparición forzada es una conducta criminosa que viola los derechos humanos, se configura al privar de la libertad a una o varias personas por servidores públicos o particulares que obran bajo las órdenes de aquellos, con la aquiescencia de los mismos y con su colaboración ya sea esta directa o indirecta. La intención dolosa se presenta ante la negativa de reconocer la detención de la víctima por parte de sus captores e informar el lugar de su reclusión; para que se tipifique la desaparición forzada de una persona no se requiere que la aprehensión de la misma sea legal o arbitraria, existen personas que siendo detenidas legalmente pueden terminar siendo víctimas de esta práctica[114].

Ahora bien, la desaparición forzada busca sacar del mundo legal a la víctima privándolo de cualquier derecho como el sometimiento a un proceso judicial para que ejerza su defensa o el de reclamar su libertad, no existen exigencias de ningún tipo a cambio de su liberación en la mayoría de los casos se busca darle muerte y luego ocultar o destruir su cadáver. Al practicarse en contextos álgidos o de agitación política y militar la desaparición forzada tiene una doble intencionalidad, por una parte, la instauración del terrorismo de estado que busca anular la oposición al régimen

114 Defensoría del Pueblo. "Manual de Calificación de Conductas Violatorias de Derechos Humanos".

instituido y por la otra enviando un mensaje a la sociedad de miedo y zozobra logrando disuadir a los enemigos potenciales.

Respecto del tipo penal de manera general la desaparición forzada es una conducta que tiende a confundirse con el secuestro y con el homicidio, especialmente por los funcionarios que reciben las denuncias de estos casos. Las particularidades, dado el estado de indefensión en que se pone a la víctima reduciéndola incluso a la condición de cosa; viola gravemente el derecho a la vida, a la libertad, al trato humano, a la protección contra la detención arbitraria y al debido proceso.

La pregunta que surge a esta problemática son diversas, pero en especial cabe cuestionarse sobre si al asumir el concepto de la desaparición forzada como una categoría de análisis y observar si desde las líneas de investigación e interpretación jurídica es posible analizar esta práctica como un hecho social y jurídico; desde las discusiones teóricas del derecho moderno que puedan dar cuenta de un debate más argumentado en materia de violaciones a los derechos humanos en Estados de conflicto o conmoción interior.

Apoyados en las ciencias sociales como la historia, la sociología y la ciencia política la práctica de la desaparición forzada no es nueva, por el contrario, sus orígenes se suscriben en la historia de la humanidad desde tiempos remotos, algunos autores rescatan su aparición desde narraciones bíblicas, pasando por Luís XIV, Napoleón Bonaparte y Stalin, hasta llegar a la Alemania nazi de Hitler[115].

En el contexto latinoamericano, la práctica de la desaparición forzada heredada de los nazis, fue adoptada bajo gobiernos de corte totalitario y dictatorial, como método de control político y social, en las décadas de los sesentas y setentas; es precisamente en este contexto donde el vocablo "desaparecido" se comienza a utilizar frente al terrorismo represivo utilizado por los países que implantaron políticas de seguridad nacional, con el objeto

---

115 Madrid-Malo. Arizábal. Mario. *Op. cit.* Pág. 27.

de contrarrestar los auges de la revolución Cubana, pero que en realidad obedecieron a un momento coyuntural más complejo definido por la Doctrina de Seguridad Nacional Norteamericana.

A pesar de haberse instituido como método represivo durante las dictaduras latinoamericanas, este fenómeno no es exclusivo de las dictaduras y de gobiernos despóticos, países gobernados por sistemas democráticos que vieron amenazadas sus instituciones y el orden público de sus naciones adoptaron este método de intimidación contra sus opositores políticos; tal es el caso de países como México, Perú y Colombia.

En el caso colombiano particularmente, esta práctica se adoptó a finales de los años setenta con la desaparición forzada de Omaira Montoya Henao, bacterióloga de treinta años, natural del departamento de Antioquia quien fue desaparecida el 9 de septiembre de 1977 en la ciudad de Barranquilla, luego de ser detenida por unidades del F-2 dentro de un operativo adelantado con unidades del Ejército colombiano[116].

Posteriormente, al caso de la detención desaparición de Omaira Montoya, el país conocería hechos de desapariciones forzadas por todo el territorio nacional y solo por citar algunos ejemplos de la década de los ochentas, podemos observar el caso de 13 estudiantes de la Universidad Nacional y Distrital desparecidos consecutivamente y dentro de los móviles un mismo caso, en una serie de operativos policiales adelantados por la DIPEC, dirigidos y ordenados por su jefatura (Coronel Nacim Yanine Díaz) y el Estado Mayor del F-2, en torno al secuestro de los hijos del narcotraficante José Hader Álvarez[117].

Hoy en Colombia se estima que las cifras de personas desaparecidas pueden superar las 60 000 personas, estadísticas que avala

---

116 Liga Colombiana por los Derechos y la Liberación de los Pueblos. (1988), "El Camino de la Niebla". Colectivo de Abogados José Alvear Restrepo, pág. 23.

117 Ibidem. p. 81.

la Comisión Nacional de Reparación y Reconciliación, el Instituto de Medicina Legal, la Fiscalía General de la Nación y algunas Organizaciones no Gubernamentales, incluso más recientemente la Unidad de Atención a Víctimas registra 164861 víctimas directas e indirectas de este delito al mes de octubre del año 2016.

Las múltiples agresiones a los ciudadanos, familias, comunidades y sectores sociales por parte de los diferentes actores, saturan los espacios de la vida individual y colectiva con acciones de diversas formas de violencia sociopolítica y de intolerancia social, llegando a lastimar la unidad básica de la sociedad, al irrumpir con violencia en el ser humano para sustraerlo del lugar que ocupa dentro de su contexto social y relegarlo al nivel de cosa negociable o simplemente prescindir de él, como cualquier objeto material.

Esta misma población se ve sometida a la desprotección por parte del Estado colombiano que no le brinda los medios oportunos de protección legal, panorama desalentador al que se le suman los altos niveles de impunidad que perpetúan los espirales de violencia, agresiones, despojo y destierro, cerrando de esta manera toda posibilidad de lograr esclarecer los hechos (verdad) adelantar las investigaciones y las sanciones a los responsables (justicia) y el resarcimiento material, simbólico, psíquico, emocional y moral de los afectados (reparación).

Se presenta de esta manera una fractura en el tejido social, rompe los imaginarios individuales y colectivos, se desestructuran las unidades familiares, sociales y comunitarias largamente construidas y por último la credibilidad en el aparato institucional y judicial se deslegitima tal y como históricamente se ha evidenciado en nuestro país.

Luego de las primeras desapariciones forzadas en Colombia, el Estado colombiano negó por décadas que se practicará este delito en nuestro país y mucho menos reconoció que en los mismos estuvieran involucrados agentes de seguridad del Estado; solo hasta la Constitución de 1991 se reconoce como derecho fundamental, el derecho a no ser desaparecido y una década después se tipifica como delito en nuestro código penal; antecedente que ratifica la negación de un crimen de Estado y su interés por regular jurídicamente su prohibición.

En cada una de las violencias vividas por las víctimas han estado marginadas, sin embargo, y para contextualizar la temporalidad en la que se inscribe el presente trabajo, la violencia vivida después del primer gobierno del Frente Nacional, se caracteriza por gobiernos que van desde el terrorismo de Estado, pasando por la búsqueda de la paz, hasta las fórmulas globales que definen los conflictos de baja intensidad, en los que interviene la comunidad internacional en aras de hacer cumplir las normas básicas de los Derechos Humanos y del Derecho Internacional Humanitario.

El recrudecimiento, expansión e intensificación de la confrontación armada, las variables en las estrategias de la insurgencia y el surgimiento de los grupos paramilitares, la financiación del narcotráfico al conflicto y la presencia de un Estado débil agudizaron la crisis humanitaria y de derechos humanos desde la década de los ochenta, dejando como resultado un panorama mucho más desalentador pues la nación se inscribe en una alarmante preocupación frente a la violación de los derechos humanos; preocupación que no solo es interna, pues a nivel internacional Colombia fue alertada de esta misma situación por varias organizaciones, luego de terminar el gobierno de Belisario Betancur; desde luego estos organismos internacionales coincidían en sus recomendaciones y en el dossier de derechos vulnerados a la población civil.

La situación más grave se reflejaba en delitos contra presos políticos, opositores al Estado, estudiantes, campesinos, maestros, dirigentes políticos y sindicales; que iban desde tratos crueles brutales e inhumanos, infligidos en lugares de detención provisional en dependencias de las Fuerzas Armadas, hasta ejecuciones extrajudiciales, torturas y desapariciones forzadas.

Si bien dentro de los nuevos modelos de democracia para América Latina se buscó la participación de distintas fuerzas, para el caso colombiano con la Constitución de 1991 fueron creadas nuevas instituciones para la protección de los derechos humanos, la práctica cotidiana demuestra que ninguna de ellas fue dotada de facultades eficaces para proteger realmente los derechos.

Las normas relativas a los Estados de Excepción retomaron las estructuras de la "dictadura civil" que imperó en Colombia durante esos años bajo la figura del "Estado de Sitio". Un análisis de esta normatividad muestra que solo hubo un cambio de nombre. La duración del estado de conmoción interior se puede perpetuar en el tiempo, pues de acuerdo con su reglamentación nada impide que luego de los 270 días que puede durar constitucionalmente, se vuelva a decretar al día siguiente. Su uso no solo puede ser nuevamente abusivo y arbitrario, a pesar de los controles previstos, sino que de hecho lo ha sido desde su inmediato estreno, como lo denunciaron la Comisión Interamericana de Derechos Humanos y otras entidades internacionales; además, el gobierno Gaviria aplicó el mecanismo de convertir en leyes permanentes con la colaboración del Congreso todos los decretos de emergencia dictados bajo el Estado de Conmoción Interior.

En este contexto y siguiendo la teoría de Agamben[118] para el cual el estado de excepción determina el paradigma político de la sociedad contemporánea, en el cual es el soberano quien concluye qué es, en qué momento y de qué forma debe establecerse el estado de excepción, en el cual se determina la normalidad o anormalidad del sistema jurídico, constituyendo un estado de desequilibrio entre derecho público y hecho político. La vida queda sujeta a lo que se determine en el estado de excepción incluyéndola en la normalidad o anormalidad del mismo.

El estudio de Agamben busca observar el espacio que existe entre el derecho público y el hecho jurídico y entre el orden jurídico y la vida, lo que cubre esta incierta zona es lo que permite comprender el juego de la diferencia entre lo político y lo jurídi-

---

118 Giorgio Agamben, (2004), "El Estado de Excepción como Paradigma de Gobierno" en *Estado de Excepción*, Homo Sacer II, 1, Pre-Textos, págs. 9-50.

co; entre el derecho y el viviente para contestar la pregunta ¿Qué significa actuar políticamente? Para definir el estado de excepción se observa la estrecha relación que existe entre este con la guerra civil, la insurrección y la resistencia, en donde el estado de derecho es vulnerado constantemente a través de la excepción que termina cooptando su normalidad.

Otra de las definiciones que aporta Agamben es la de totalitarismo moderno que puede ser definido como la instauración, a través del estado de excepción, de una guerra civil legal; lo que permite la eliminación física de los adversarios políticos y la de categorías enteras de ciudadanos que no se integran al sistema político, esta práctica incluso ha sido adelantada en los estados contemporáneos, incluidos los democráticos como lo es el caso colombiano.

El estado de excepción en este contexto se presenta como una indeterminación entre democracia y absolutismo, un ejemplo de ello son las medidas adoptadas por los EE. UU. después del 11 de septiembre del 2001, las cuales le permiten someter a detención a sospechosos que pueda poner en peligro la seguridad nacional.

La elección del término estado de excepción supone una toma de posición en relación con el fenómeno que se propone investigar. El origen de esta figura jurídica se encuentra en el Decreto del 8 de julio de 1791 en la Asamblea Constituyente Francesa que distingue entre la autoridad militar y la autoridad civil, cada una con su propia esfera.

Es claro que la práctica de la desaparición forzada de personas en contextos autoritarios y totalitarios pueden ejemplificarse con las dictaduras militares del conos sur, sin embargo, en democracias formales como en Colombia las víctimas de esta modalidad que dentro del ámbito de aplicación de la guerra sucia es por sus características la más inhumana de todas, por la misma forma en que se sustrae de su seno social a un individuo deteniéndolo ilegalmente (desapareciéndolo) para en el peor de los casos torturarlo y asesinarlo; desde sus orígenes esta práctica se ha utilizado bajo regímenes represivos y totalitarios que buscan no solo la eliminación física del individuo sin dejar rastro, sino también golpear moralmente por medio del terror a sus familiares y al grupo social o político al que pertenecía.

La manera sistemática y generalizada con que se ha practicado este crimen atroz, por más de treinta años en nuestro país, ha estado amparado por los estados de excepción y ha dejado millares de víctimas que aún hoy buscan a sus seres queridos exigiendo la realización de sus derechos a conocer la verdad, la aplicación de la justicia, la reparación integral y la recuperación de la memoria histórica.

Las democracias modernas poseen espejismos democráticos que hacen relevante la superioridad de una minoría y la debilidad de la participación política, donde los intereses de los gobernados no se ven representados puesto que no pertenecen a la red de poder que está facultada para apropiarse del sistema político y burocrático.

En la figura de los Estados de Excepción suelen entrar en conflicto las "razones de Estado" frente a la vigencia del Estado de Derecho. En ocasiones, la defensa del Estado justifica la adopción de cualquier medio para protegerlo de las amenazas que atacan su estabilidad y, a la vez, constituye la legitimación de la ruptura de la legalidad de allí que autores como Luigi Ferrajoli destaquen la forma como la alteración de las fuentes de legitimidad ha consistido en la asunción de la excepción o de la emergencia como justificación política del cambio de las reglas de juego que disciplinan aspectos tan delicados como la función penal[119].

Los estados de excepción y particularmente el estado de conmoción interior, se colocan entonces en el centro de la tensión entre guerra y derecho, entre orden y violencia y entre democracia y violencia más aún en un contexto como el colombiano, donde la excepcionalidad suele ofrecer instrumentos que permitan eludir la precariedad de nuestro Estado. Al respecto, se ha precisado la

---

119 Ferrajoli, Luigi, (1995), *Derecho y Razón. Teoría del Garantismo Penal*, Trotta, pág. 807.

forma como se ha utilizado la legislación de excepción para compensar simbólica e instrumentalmente el déficit de eficiencia de los aparatos judicial, policivo y militar del Estado, en desmedro de las garantías individuales[120].

Los estados de excepción se acentúan los tratamientos puramente represivos a los problemas sociales, económicos y políticos, cuya etiología ameritaría un enfoque distinto. El anotado acento represivo, generalmente significa una presencia y actuación mayores de la fuerza pública. El control judicial, en este contexto, muestra una faceta inédita del antiguo principio de división de poderes, aplicado no a los órganos del poder público, sino al equilibrio y adecuada división de funciones entre la esfera civil y la esfera militar y policiva.

Estas manifestaciones de los sistemas constitucionales modernos, llámense, estado de excepción, estado de sitio o poderes de emergencia constitucional no permiten realizar controles efectivos sobre la concentración de los poderes, se convierten en disposiciones cuasi dictatoriales capaces de transformarse en sistemas totalitarios si se presentan condiciones favorables, pues esta transformación implica inevitablemente un gobierno más fuerte, es decir, el gobierno tendrá más poder y los ciudadanos menos derechos[121]. Es aquí donde el Estado de excepción presenta analogías evidentes con el del derecho de resistencia, pues cuando los poderes públicos violan las libertades fundamentales o los Derechos garantizados por la Constitución la resistencia a la opresión es un derecho y un deber del ciudadano, pues tanto en el derecho de resistencia como en el estado de excepción lo que se pone en

---

120 Orozco Abad, Iván y Gómez, Juan Gabriel, (1997) *Los peligros del nuevo constitucionalismo en materia criminal, Ministerio de Justicia y del Derecho,* IEPRI, pág. 285.

121 Agamben, "El Estado de Excepción como nuevo paradigma de Gobierno", en *Estado de Excepción,* Pretextos, 2004, pág. 19.

juego en última instancia es el problema del significado jurídico de una esfera de acción, que es en sí misma extrajurídica[122].

Las principales consecuencias del autoritarismo como principal modalidad de relación entre el Estado y la sociedad, son el distanciamiento de las instituciones sociales en relación con las demandas sociales, la inoperancia del poder legislativo y la inexistencia de una justicia accesible e imparcial, Colombia ha sido siempre caracterizado como uno de los países más corruptos del mundo, con la preponderancia del poder ejecutivo sin transparencia en sus prácticas y con una burocracia gubernamental que permanece y si turna en el poder, conformando un estado sin ciudadanos, pues bajo la proclamación del estado de excepción esta institución jurídica se concibe no solo como un acto para salvaguardar la seguridad y el orden público, sino como una defensa de la constitución democrático liberal, convirtiéndose así la excepción en regla[123].

La inestabilidad institucional se vuelve causa y efecto del exceso de militarismo y del espacio que a este se le cede en el ámbito de lo político, con perjuicio de su estricta profesionalización. Es evidente que una judicatura débil, no querría arriesgarse a probar su fuerza y ante el deterioro de la eficacia de sus fallos, antes que erradicar excesos represivos y poner término a la colonización indebida de lo político, por lo militar, acudirá a tesis inhibitorias, resignando su papel, lo que prácticamente pasa inadvertido, pues son muchas las máscaras que sirven para ocultar el temor y la debilidad de la jurisdicción[124].

Mauricio García Villegas, considera que lo jurídico ha colonizado terrenos propios de lo social, de lo político, de lo económi-

---

122 *Ibidem*, pág. 23.

123 *Ibidem*, pág. 29.

124 Cifuentes, Eduardo. Profesor de Derecho Constitucional de la Universidad de los Andes de Colombia. Expresidente del Tribunal Constitucional. defensor del pueblo de Colombia

co: "*se ha politizado el derecho y juridificado la política*"[125] que lo llevan a afirmar que el Estado de excepción en Colombia ha inculcado una cultura jurídica sobre los límites entre lo posible y lo imposible. Para el autor, la práctica del Estado de excepción ha producido una ampliación del margen de lo posible en el derecho, a través de la normalización de la excepción, expresión del autoritarismo dentro de la neodemocracia colombiana.

El autor concluye que en Colombia se ha producido una legitimación juridicista inaceptable: *"hacer creer que la excepción constitucional es tan constitucional como la normalidad, y, por esa vía, hacer creer que la excepción debe ser aceptada no como tal, sino como algo normal"*[126]. Esa es la manifestación de la cultura del Estado de excepción, bajo el cual se han llevado a cabo los desbordamientos más significativos por la fuerza pública en materia de violación a los derechos humanos, las libertades y funciones de policía judicial han permitido la persecución de opositores políticos y líderes sociales por nombrar un ejemplo de la larga lista de grupos perseguidos por gobiernos amparados en el estado de excepción.

Un ejemplo de ello fue el gobierno de Cesar Gaviria en la década de los noventa; no solo se cobijó bajo los estados de excepción, también creo la justicia regional, —conocida en el pasado como la justicia de orden público— la cual se caracterizó por tener jueces sin rostro, testigos y pruebas secretas, detenciones arbitrarias, injerencia decisoria de militares en los procesos penales; modificación permanente de tipos penales y de procedimientos penales regulados a través de decretos presidenciales. Al amparo de ese régimen de excepción, no solo expidió el gobierno normas relativas a todos los aspectos de la vida social, sino sustituyendo así de

---

125 Citado por García, Villegas, Mauricio, (2000) en *Cultura jurídica, Estado y Violencia Social*, pág. 94.

126 *Ibidem*, pág. 94.

facto al Congreso como legislador que con su vigencia posibilitó la violación de numerosos derechos ciudadanos[127].

En la práctica colombiana esa cultura es manifiesta e inclusive, en materia penal, el denominado derecho penal de enemigo, eficientista y ligado a escenarios de alta conflictividad, no solo son producto de declaraciones de Estado de excepción sino normas que han surtido el trámite ordinario del poder legislativo[128], refiriéndose a la Ley de Justicia y Paz del año 2005, por ejemplo.

La influencia del autoritarismo queda evidenciada en la ola de considerar al delincuente como enemigo, por lo que la lógica amigo-enemigo (a la manera de Schmitt) tiene actualidad, que invade la interpretación jurídica, fenómeno dentro de la cual las autoridades dejan de estar ceñidas por el principio de legalidad y la garantía de los derechos y actúan con fundamento con el fin bélico de la eliminación del enemigo[129]. Y esa lógica impregna los campos de la práctica judicial la jurisprudencia de las Cortes en su jurisprudencia, en las decisiones que tienen que ver con el delito político utiliza términos que hacen parte del lenguaje de la guerra, sin que se desconozca la defensa de la carta política, en algunas ocasiones, oponiéndose al interés de otras ramas del poder público[130].

---

[127] Uprimny Rodrigo y García Mauricio. *El control judicial de los estados de excepción en Colombia.*

[128] Aponte Cardona, Alejandro, (2006), *Guerra y Derecho Penal de Enemigo, Reflexión crítica sobre el Derecho Penal del Enemigo,* Editorial Ibáñez, pág. 49.

[129] García Villegas, *op. cit.*, pág. 95.

[130] Corte Suprema de Justicia, Sala Penal, Rad. No.12661 del 27 de mayo de 1999, en la que define la noción de combate.

Capítulo II.

Contexto histórico, desarrollo y transformación del delito de desaparición forzada en Colombia 1977-2010

INTRODUCCIÓN

El objeto central de este capítulo es presentar una síntesis del fenómeno de la desaparición forzada en Colombia, delimitando temporalmente nuestro tema de análisis entre los años 1977 al 2010. Observar la práctica de la desaparición forzada en nuestro país durante este período nos permite hacer un recorrido histórico a fin de evidenciar el origen de la misma, su desarrollo y transformación, así como, observar y analizar la manera como se ha perpetrado esta práctica en nuestro país, el papel del Estado frente a los responsables, y el camino que han recorrido sus familiares y las organizaciones de víctimas denunciando permanente buscando saber la verdad, obtener justicia y reparación frente a estos hechos.

Desde la primera denuncia formal de desaparición forzada en el año de 1977, la desaparición forzada de personas, ha sido una práctica execrable, sistemática y generalizada en todo el territorio nacional, bajo el amparo y la negación por parte del Estado colombiano, la denegación de justicia por parte de los funcionarios judiciales, dejando en la impunidad miles de casos y con la incertidumbre a sus familiares, que aún hoy esperan que se haga justicia, se conozca la verdad y se les repare de manera integral por la pérdida de sus seres queridos.

El origen, desarrollo y transformación de la desaparición forzada en Colombia, obedece y está íntimamente ligado a las relaciones de poder (política, mafia y narcotráfico), la oposición a los diferentes gobiernos establecidos y el escenario de confrontación armada entre el Estado y los grupos armados organizados al margen de la ley; contexto recurrente en los períodos de violencia política reciente que ha vivido el país desde los años cincuenta y el período conocido como el Frente Nacional.

Fue en el gobierno de Alfonso López Michelsen, en el que se conoció formalmente la primera desaparición forzada en Colombia. El 9 de septiembre de 1977, alrededor de las 5:30 de la tarde en la ciudad de Barranquilla, miembros de inteligencia de la Policía Nacional y del Ejército colombiano detuvieron de forma ilegal y arbitraria a la ciudadana Omaira Montoya Henao, quien posteriormente a su detención fue desaparecida sin que a la fecha se tenga noticia de su paradero; con este caso, denunciado por sus familiares ante las instancias judiciales de la época, se conocería de la práctica de la desaparición forzada de personas en Colombia, dentro del contexto sociopolítico enmarcado por la implementación de la Doctrina de Seguridad Nacional.

La década de los años ochenta es un período realmente convulsionado, desde el Estatuto de Seguridad del presidente Julio César Turbay Ayala hasta la Asamblea Nacional Constituyente de 1990; convocada como resultado de los acuerdos de paz entre el presidente Virgilio Barco con el grupo guerrillero M-19. El país conocería de las ambivalencias entre el orden y el caos, entre el consenso y el disenso. La presencia simultánea de procesos de democracia y violencia fueron las constantes más relevantes de la sociedad colombiana durante ese período en el que la población civil se vio sometida a los vejámenes del conflicto armado interno colombiano, como nunca antes en su historia reciente.

En un primer momento, observaremos el período comprendido entre 1977 y el año 1986, es decir, desde el origen de la desaparición forzada hasta el episodio de los desparecidos del Palacio de Justicia, a través de casos tipo podemos exponer los escenarios en los que se han visto implicados principalmente agentes de seguridad del Estado y de las fuerzas armadas en las detenciones y posteriores desapariciones de personas en Colombia; la tesis central de este primer período se centra en afirmar que desde finales de la década de los setenta y hasta la mitad de los años ochenta, las desapariciones forzadas en Colombia se caracterizaron por ser ejecutadas por miembros de la Policía Nacional, agentes de seguridad de Estado y algunos mandos del Ejército en connivencia con narcotraficantes y grupos de justicia privada. El objeto con el que se utiliza la desaparición forzada consiste en reprimir la protesta social utilizando un instrumento que generará confusión y miedo a quienes se manifestaran en contra de la institucionalidad.

Además, la época se encuentra enmarcada y caracterizada por la persecución a los dirigentes sindicales, maestros, estudiantes y opositores políticos entre otros; en desarrollo de la misma encontramos casos tipo como el de Omaira Montoya Henao, la desaparición forzada de 12 estudiantes de las universidades Nacional y Distrital y el holocausto del Palacio de Justicia donde fueron desparecidas 14 personas por cuerpos de seguridad del Estado. A finales de la década de los ochenta desarrollamos la transformación de los grupos de justicia privada en grupos paramilitares, los cuales comienzan a utilizar la práctica de la desaparición forzada como método de intimidación en la población civil, en connivencia con las fuerzas militares.

En un segundo momento se presenta el período comprendido entre 1987 y 2001, con el auge, crecimiento y fortalecimiento de los grupos paramilitares en Colombia, la práctica de la desaparición forzada se trasladó de las ciudades al sector rural y fue allí donde apelando a un método de intimidación contrainsurgente, los grupos paramilitares desplegaron todo su accionar militar contra las guerrillas, sus simpatizantes y la población civil; dejando a miles de personas asesinadas, desplazadas y desaparecidas al paso del copamiento territorial que fue disputado a sangre y fuego durante este lapso de tiempo.

En efecto, luego de finalizar el período presidencial de Belisario Betancur y con el incremento de lo que en Colombia se ha llamado la guerra sucia (por un lado, se habla de paz y reconciliación y por el otro existe una fuerte represión a los opositores políticos del *status quo*), civiles o alzados en armas, sintieron el rigor de la represión y la persecución política, militar y paramilitar.

La tesis central de este segundo período se centra en afirmar que desde mediados de la década de los años ochenta, las desapariciones forzadas en Colombia se caracterizaron por ser ejecutadas principalmente por miembros del Ejército Nacional en connivencia con narcotraficantes y grupos paramilitares. El fin último con el que se utiliza la desaparición forzada consiste en intimidar a los alzados en armas a sus simpatizantes y la población civil sobre todo en los sectores rurales; en la transformación de la misma encontramos casos tipo como el de los 19 comerciantes desparecidos en el Magdalena Medio Santandereano a finales de la década de los ochenta, a manos de un "grupo de autodefensas" denominado Asociación de Campesinos y Ganaderos del Magdalena Medio (ACDEGAM) y el de los 43 campesinos desparecidos en Pueblo Bello (Córdoba) a manos de un grupo de paramilitares denominado Los Tangueros cuyo líder, para esa época, era Fidel Castaño Gil. En los dos casos hubo participación del Ejercito Nacional y por estos mismos hechos existen sentencias de la Corte Interamericana de Derechos Humanos responsabilizando al Estado Colombiano.

Asimismo, se presentará una revisión estadística entre 1977 y el año 2002, desarrollando la década de los noventa, la cual inicia con la Constitución Política de 1991 elevando a rango constitucional el derecho fundamental a no ser desaparecido en su artículo 12. Dentro del contexto sociopolítico para cada período presidencial se adelanta un seguimiento describiendo el fenómeno de la desaparición forzada a partir de las estadísticas que frente a este flagelo procesan tanto las instituciones del Estado, como las organizaciones no gubernamentales del orden nacional e internacional. Las principales características de esta década se centran en la situación de derechos humanos dentro del conflicto armado interno, la consolidación y expansión del paramilitarismo en Colombia, así como, los diálogos de paz que durante esta etapa se dan entre el gobierno y las guerrillas colombianas.

La tesis de este tercer momento se centra en el manejo estadístico de personas desaparecidas en el país; es necesario advertir que las cifras y el seguimiento sistemático a esta práctica han presentado divergencias entre las organizaciones no gubernamentales y las entidades del Estado, como consecuencia de las diferencias tanto de carácter conceptual, como de temporalidad en su misma recaudación, lo cual impide una unificación de criterios a la hora de observar el fenómeno objetivamente.

Algunos de estos obstáculos se presentan precisamente por varios factores entre los cuales podemos resaltar: en primera instancia el desconocimiento por parte del Estado y sus funcionarios, además de su negativa, para reconocer la ejecución de desapariciones en los primeros años de denuncia por parte de los familiares que buscaban a sus seres queridos. Segundo, una tardía consagración Constitucional del derecho a no ser desparecido en Colombia. Tercero, la confusión permanente de esta práctica con el delito de secuestro por parte de la administración de justicia, a causa de su falta de tipificación. Por último, las estrategias de impunidad con ocasión del desvió de las investigaciones por parte de sus responsables cobijados por el fuero militar en gran parte de los casos.

Posteriormente, analizaremos el contexto sociopolítico del gobierno de Álvaro Uribe Vélez, el cual estuvo marcado por el proceso de desmovilización, desarme y reinserción de los grupos paramilitares, y la confrontación directa a la guerrilla de las FARC-EP. La política de seguridad democrática tras ocho años de gobierno dejó como resultado un proceso de polarización en el país; así como, a millares de víctimas y victimarios en el camino de la reconciliación lleno de diversos obstáculos, los cuales no fue posible superar en el marco de la controvertida ley de "justicia y paz" norma adoptada para la transición hacia la paz.

Así mismo, la administración Uribe se caracterizó por la continuidad de violaciones a los derechos humanos y las infracciones al Derecho Internacional Humanitario —DIH—, graves vejámenes sufriría la población civil en la confrontación "directa" por parte de las Fuerzas Militares a las guerrillas, que en su afán por mostrar resultados en sus operaciones militares y el éxito de la política de seguridad democrática acudieron nuevamente y de forma directa —ya no con las fuerzas paramilitares como en la década de los noventa— a violar los derechos humanos de la población civil. El caso más representativo es el de los "falsos positivos" de Soacha, que como lo exponemos, en realidad son más desapariciones forzadas, perpetradas como en el pasado, por la oficialidad.

En este contexto, la tesis central es presentar el fenómeno de la desaparición forzada en Colombia, entre los años 2002 a 2010, observar la continuidad de su práctica y la manera como se perpetró este delito desde las filas de las Fuerzas Armadas. Este período nos permite hacer un balance y un análisis coyuntural del tema a efectos de tener un panorama reciente de este delito, que nos permita evidenciar que, en hechos recientes, la desaparición forzada de personas y como se continuó practicando en el país, lo cual es preocupante si tenemos en cuenta que para el año 2010, han pasado más de tres décadas de denuncia sobre estos hechos.

Finalmente, retomaremos el tema del seguimiento estadístico, realizado hasta el último año de la administración Pastrana, para observar el periodo 2002-2010 y plantearemos las dificultades que existen en el subregistro de este fenómeno, a pesar de los esfuerzos de las organizaciones de víctimas y del propio Estado, para tener una aproximación de cuantos son los ciudadanos desaparecidos en el país. Estadística que no ha logrado consolidarse entre otras causas por el manejo tergiversado que ha tenido el delito de la desaparición forzada, desde las instituciones y los medios de comunicación, al crear otras tipologías distractoras como los "falsos positivos" o las "ejecuciones extrajudiciales".

La tesis central se centra en afirmar que el subregistro de casos de desaparición forzada, no solo obedece a la invisibilización por parte del Estado, también es una estrategia de desviación del fenómeno, de tal manera que se crea una categoría mediática con el nombre de "falsos positivos", como si fuese un hecho nuevo de violación de derechos humanos por parte de las fuerzas militares, pero que en última instancia, son actos de desaparición forzada presentados de otra manera, para distorsionar la realidad en la sociedad.

1. DESAPARICIÓN FORZADA EN COLOMBIA

En el presente capítulo sostenemos como fundamento principal que el delito de desaparición forzada en Colombia ha sido un "crimen de Estado" y como tal obedece a unas lógicas de concebir la confrontación armada del conflicto interno como un escenario de riesgo para las políticas del Estado. La legitimidad del Estado y el monopolio de la violencia se fundamentan principalmente en la protección de los derechos de la propiedad y la seguridad de sus ciudadanos. El Estado en su afán por mantener el orden y el control político acude incluso desde la teorización a definir sus potenciales enemigos en esta tarea, sin impedirle que como generador del derecho acuda de manera refinada a la violación masiva de los derechos humanos.

Como crimen de Estado observamos que la práctica de la desaparición forzada en Colombia ha adoptado distintos modelos de selección y neutralización, que han permitido su impunidad, así el terrorismo de Estado haciendo uso del poder estatal crea el temor generalizado, la aplicación clandestina de la fuerza a personas inocentes, sacándolas del ámbito jurídico de la protección legal por medios prohibidos en el ordenamiento jurídico del cual es garante.

Para el caso colombiano y dentro del periodo analizado, en el presente capítulo, (1977-2010), identificamos tres momentos históricos de neutralización como crimen de Estado, en los que se acudió a la selección de un enemigo objetivo o enemigo absoluto, el cual por su sola existencia es un peligro para el sistema, por su postura disidente. De esta manera observamos que: **i) La Doctrina de Seguridad Nacional,** expandida por la administración norteamericana configuro la idea del "enemigo interno" considerando principalmente que la polarización de oriente y occidente demandaría también una guerra interna donde el enemigo estaría dentro de las fronteras y por lo mismo la fuerza militar estatal debería movilizarse para derrotarlo; bajo esta premisa en Colombia se persiguieron y desaparecieron forzadamente, estudiantes, maestros, obreros y disidentes al régimen principalmente en el periodo (1977-1986). **ii) La desaparición forzada como método de intimidación contrainsurgente,** a finales de la década de los ochenta los grupos de justicia privada creados bajo la Doctrina de Seguridad Nacional, se transformaron en grupos paramilitares, con el auge, crecimiento y fortalecimiento de estos grupos en Colombia, la práctica de la desaparición forzada se trasladó de las ciudades al sector rural y fue allí donde apelando a un "método de intimidación contrainsurgente", estos grupos desplegaron todo su accionar militar contra las guerrillas, sus simpatizantes y la población civil en la forma del "mercenarismo corporativo contrainsurgente"[1], que como lo veremos, es una violencia realizada por grupos de mercenarios, que actúan en función de los intereses del Estado cuando el mismo no puede enfrentar a la insurgencia dentro de los marcos del Estado de Derecho; en el periodo (1987-2001). Finalmente, **iii) la Política de Seguridad Democrática,** la cual fundo sus lineamientos en torno a la lucha contrainsurgente, negando la presencia del conflicto armado interno y la estigmatización de "la lucha subversiva como terrorista". La transformación de la imagen del enemigo hace parte de la inclinación estatal para invisibilizar la guerra y negar la naturaleza política del fenómeno insurgente; es otra forma de neutralización dentro del crimen de Estado y de deshumanización del enemigo efectivo para justificar una guerra de exterminio. La desnaturali-

---

1 Para Franco esta categoría de análisis —mercenarismo corporativo contrainsurgente—, ha de entenderse como expresión de una alianza de intereses dominantes en vínculo orgánico y vital con el aparato estatal, en tanto este (el Estado) es la instancia que detenta la función directriz en la lucha contrainsurgente y cuyas capacidades dependen del vínculo con fuerzas sociales que operan más allá de su materialidad institucional —algunas de las cuales constituyen el poder de Estado y otros sectores de apoyo—. Franco. V. (2009), pág. 36.

zación política del conflicto y del adversario a través del uso del calificativo "terrorista" acrecienta la posibilidad de que este sea considerado malo y, por tanto, odiado. Al lado de la propaganda contra el "terrorismo" en el caso de las desapariciones forzadas en Colombia, se acudió también por los medios de comunicación a la presentación de la misma como "falsos positivos o ejecuciones extrajudiciales", en las que se presentaron a civiles inocentes como dados de baja por la fuerza pública y posteriormente fueron presentados como guerrilleros; en el periodo (2002-2010).

El crimen de Estado ha sido estudiando por varios autores quienes lo han calificado como el crimen organizado por excelencia, Chambliss señaló que el tipo más importante de la criminalidad estatal organizada consiste en la comisión de acciones que están previstas en la ley como delitos y son cometidas por funcionarios que actúan en nombre del Estado, en tal sentido, la criminalidad organizada de Estado no incluye en su definición aquellos actos que solo crean un beneficio individual a los funcionarios que participan en él, por el contrario, se refiere a la violación de las normas penales como parte de una política oficial. Antes de la llamada de Chambliss para estudiar lo que llamó la delincuencia "organizada por el Estado", la disciplina de la criminología había ignorado en gran medida el concepto, aunque ya se había acercado al mismo a través de los estudios realizados sobre delincuencia juvenil[2].

Kauzlarich intentó perfeccionar la definición del crimen de Estado con la tradición legalista e incluyó cinco características: *primero,* el crimen de Estado genera daños a individuos y grupos propietarios; *segundo,* este es producto de la acción o inacción en nombre del Estado o de sus agencias; *tercero,* la acción o inacción del Estado se refiere directamente a la confianza que le fue asignada o implica

---

2 Chambliss, W. J. (1989). State Organized Crime-The American Society of Criminology, *1988 Presidential Address. Criminology,* 27 (2), 183-208. Citado por: Fernández Gómez Angie, (2014), "La desaparición forzada de personas como Crimen de Estado en Colombia: Una mirada desde la Criminología".

un deber de dicho Estado; *cuarto*, el acto en cuestión es cometido, u omitido, por una agencia gubernamental, organización o representante; y finalmente el acto es cometido a favor del Estado o a favor de las élites económicas que controlan el Estado[3].

El crimen de Estado es definido también como la desviación de la organización del Estado que implica la violación de los derechos humanos[4]. En ese sentido los atentados y homicidios políticos que generalmente están asociados a las dictaduras militares y las monarquías europeas se han convertido en una práctica para lograr algunos intereses del Estado. Con frecuencia los Estados capitalistas centrales apoyan la comisión de actos atroces como genocidio, crímenes de lesa humanidad y brutales guerras civiles los cuales están legalmente clasificados como "crímenes internacionales", y deben ser investigados y sancionados por todos los Estados, sin embargo, en la lucha por el control del territorio y de los recursos, estas acciones son permitidas e incluso exaltadas[5].

Resulta evidente que en estas relaciones de poder son las víctimas quienes se encuentran en mayor situación de vulnerabilidad frente al poder represivo ilimitado y violento del Estado, aplicado en contra de grupos sociales y a la venganza descontrolada ante conductas lesivas reales o supuestas o simples disidentes[6].

Para Raúl Zaffaroni, el crimen de Estado debe observarse a partir de quienes han llamado la atención sobre las justificaciones

---

3 Kauzlarich, D., y Matthews, R. A. (2007). *State crimes and state harms: a tale of two definitional frameworks. Crime, Law and Social Change*, 43-55. Citado por: Fernández Gómez Angie, (2014), "La desaparición forzada de personas como Crimen de Estado en Colombia: Una mirada desde la Criminología".

4 Green, P., y Ward, T. (2000). Legitimacy, Civil Society, and State Crime. *Social Justice*, 27 (4), 76-92.

5 Barak, G., Friedrichs, D., Kauzlarich, D., Kramer, R. C., Michalowski, R., Mullins, C. W., y otros. (2009). *That was then, this is now, What about tomorrow? Future directions in State crime studies*. Págs. 1-13.

6 Zaffaroni, R. E. (2011). *La palabra de los muertos: Conferencias de criminología cautelar*. Ediar, págs. 340-341.

de los infractores en el campo criminológico como Cohen Stanley, para hacer una atenta relectura de la teoría de las técnicas de neutralización de Sykes y Matza en claves de crímenes de Estado, entendiendo que los actores de crímenes de Estado no intentan enfrentar los valores corrientes de sus sociedades, sino que pretenden reforzarlos. Así como se presenta en la delincuencia juvenil en el crimen de Estado es verificable que el mismo obedece a un aprendizaje y un entrenamiento incluso profesional y en ocasiones de larga práctica política, científica o técnica[7].

Otra particularidad que observa Zaffaroni consiste en que los criminales de Estado de todos los tiempos, en relación con los valores dominantes, es que fueron siempre mucho más allá que los infractores juveniles de Sykes y Matza, pues sostuvieron que su misión, lejos de negar estos valores, era la de reforzarlos y reafirmarlos. Con frecuencia estos criminales pretenden estar predestinados a superar la crisis de valores que denuncian y a reafirmar los valores nacionales, a defender la moral pública y la familia, a sanear las costumbres etc. El criminal de Estado se presenta como un moralista y como un verdadero líder moral.

La selectividad victimizante en los criminales de Estado es mucho más clara, pues nunca su ataque es contra miembros de su propio grupo, salvo cuando se consideran traidores o por pugnas de poder hegemónico, o purgas como las nazistas o stalinistas de los años treinta. La selectividad que plantea Zaffaroni en el criminal de Estado es mayor o menor de acuerdo con el tipo de conflicto en el que se encuentre, así por ejemplo si se trata de una guerra colonial o de violencia interétnica la selectividad recaerá directamente en los colonizados y no en el grupo colonizador. Así mismo señala, que *el crimen de Estado es un delito altamente orga-*

---

7 Zaffaroni, R. E. (2008). "El crimen de estado como objeto de la criminología". http://www.juridicas.unam.mx. Pág. 22.

nizado y jerarquizado, quizá la manifestación de criminalidad realmente organizada por excelencia[8].

Las técnicas de neutralización son mucho más evidentes en los crímenes de Estado que en la delincuencia común, pues para el autor basta con leer las alocuciones y discursos públicos, en el que buscan resaltar la imagen llevándolos a considerarse héroes o mártires, es la integridad psíquica del criminal de Estado la que requiere de dicha exaltación, la técnica de neutralización le impide reconocer a posteriori la naturaleza aberrante de sus crímenes.

Sykes y Matza distinguieron cinco tipos mayores de técnicas de neutralización como ampliaciones no reconocidas legalmente de causas de impunidad, justificación, inculpabilidad o no punibilidad[9]:

> ***La negación de la responsabilidad:*** *En el crimen de Estado suele negarse el hecho mismo, como en el caso del holocausto por el nazismo, se afirma que los hechos no ocurrieron o no fueron como se describen. En primera instancia como técnica de neutralización no es esta negación de la responsabilidad, esta es una táctica defensiva de cualquier delincuente. En el crimen de Estado la verdadera neutralización por negación de la responsabilidad se presenta cuando los criminales afirman que sus hechos no fueron intencionales, sino inevitables, cuando se argumenta que en toda guerra hay muertos, que en todas sufren los inocentes, que los errores son inevitables, que los excesos son inevitables.*
>
> ***La negación de la lesión:*** *Para el autor, esta neutralización en relación con los crímenes de Estado es inviable por su misma magnitud masiva del daño, la única forma de apelarla es minimizándola o argumentando la legitima defensa con la intención de negar la condenación moral del crimen. Esta técnica de negación suele combinarse con la anterior y la siguiente, se reduce la responsabilidad, se niega la víctima y se niega la lesión.*
>
> ***La negación de la víctima:*** *Es la técnica de neutralización más usada en los crímenes de Estado. Las víctimas eran terroristas, traidores de la nación, agresores, el crimen de Estado fue en legítima defensa etc. La justificación de la tortura, basada en la imposibilidad de contener las agresiones de las víctimas es una clásica técnica*

---

8 Zaffaroni, R. E. (2008). Pág. 25.

9 Zaffaroni, R. E. (2008). Pág. 27-30.

de neutralización. Las víctimas de crímenes de Estado siempre son mostradas por sus victimarios como inferiores, sea biológica, cultural, o moralmente, según la naturaleza del conflicto en que se cometa el crimen.

La condenación de los condenadores: *Esta técnica es bastante frecuente en los crímenes de Estado, en especial cuando se dirige contra pacifistas, disidentes o adversarios políticos. Se emplea en lo que se conoce como procesos de ruptura, donde por una parte se desautoriza moralmente a sus juzgadores, negándose a declarar y por la otra desautorizando moralmente a quienes lo redujeron a la condición de procesado, acusando a quienes traicionaron su confianza, a quienes lo impulsaron o patrocinaron y ahora llama hipócritas.*

La apelación a lealtades más altas: *Es la neutralización por excelencia de los crímenes de Estado. La invocación de pretendidos deberes de conciencia o lealtades a ídolos o mitos es la característica más común. Así por ejemplo la raza superior o valores positivos como la nación, la cultura, la religión, los derechos humanos, etc. Recientemente el más usado es el llamado a la seguridad.*

Señala Zaffaroni, que a diferencia de las técnicas de neutralización planteadas Sykes y Matza para la delincuencia juvenil, las mismas son mucho más fácilmente para los crímenes de Estado, así, por ejemplo, los infractores juveniles elaboran sus técnicas de neutralización con elementos de la tradición oral o creándolos en el *in-group*, la neutralización de valores en el crimen de Estado es mucho más sofisticada alcanzando niveles de teorización mucho más importantes, casos irracionales como el de la raza aria superior, que no es una elaboración propia del criminal, sino que se configura en una ideología criminal bastante elaborada.

La técnica de neutralización usada profusamente en la Europa medieval y moderna para sacrificar a miles de mujeres y reafirmar el patriarcado, tuvo como base la teorización de un sistema integrado de criminología etiológica, derecho penal y procesal penal y criminalística como un todo orgánico. Menor teorización tuvo las neutralizaciones que legitimaban la esclavitud que no eran producto de los importadores ni de sus propietarios.

Zaffaroni expone que más recientemente, una terrible técnica de neutralización se difundió en los estamentos militares a partir de una elaboración francesa durante las guerras de indochina y Argelia, que llego directamente a América y que también fue expandida por la administración norteamericana, conocida como la Doctrina de Seguridad Nacional. Esta técnica de neutralización opero eficazmente en las dictaduras latinoamericanas que cometieron los peores genocidios del siglo[10].

Para Sandra Gamboa[11], por su parte el crimen de Estado se inscribe precisamente en la modernidad, ubicándola al final de la Segunda Guerra Mundial, desde un enfoque sociológico de su existencia. La autora plantea que es posible concebir que los contenidos de la noción de crimen de Estado surgieron para el derecho en el segundo momento histórico del siglo XX, es decir, con la caída del régimen nazi y a partir de la "insólita y temporal alianza del capitalismo liberal y el comunismo" enfrentados contra el fascismo bajo el antifascismo.

En el contexto de esta bipolaridad, se pretendió la creación de una organización internacional abanderada de la paz mundial. Allí surgió la creación la Organización de las Naciones Unidas, en el contexto del reconocimiento de "la matanza, la tortura y el exilio masivo", en una realidad inversa al proceso de "humanización" del que se había hablado a partir de la Ilustración.

En estas condiciones, la víctima del crimen de Estado es víctima de quien determina, condiciona y sostiene el Derecho. Frecuentemente será víctima del Derecho como expresión de poder, como forma ritual de guerra, la criminalidad de Estado que se ejercita y viabiliza a través de la selección y la impunidad.

Gamboa plantea que el crimen de Estado es una tecnología del poder. Si bien debe reconocerse que comporta dificultad aceptar

---

10 Zaffaroni, R. E. (2008). Pág. 31-32.

11 Gamboa. S.R. (2015). "Ejercicios de discriminación y tecnologías de poder: el crimen de estado como categoría para el derecho en el nuevo humanismo militar". *Revista Misión Jurídica*, pág. 93.

que, siendo el Estado productor del Derecho, pueda excusarse cuando se trasgrede el Derecho producido o reconocido. Dicha conclusión se aplica tanto a la acción del Estado como estructura, o a través de sus integrantes. La autora citando a Garzón Valdez, plantea que,

> El terrorismo de Estado es una forma de ejercicio del poder estatal cuya regla de reconocimiento permite y/o impone, con miras a crear el temor generalizado, la aplicación clandestina, impredecible y difusa, también a personas manifiestamente inocentes, de medidas coactivas prohibidas por el ordenamiento jurídico proclamado, obstaculiza o anula la actividad judicial y convierte al gobierno en agente activo de la lucha por el poder[12].

Para Gamboa es claro que el crimen de Estado se utiliza como venganza signada por el poder. El ejercicio de poder político, que se presenta como el mito del Estado ético, utilizando la negación y la supuesta insularidad (la conocida retórica de agentes de Estado y no Estados), para traslapar una verdadera tecnología de poder.

Esa tecnología de poder transita a través de la discriminación, como lo resalta Zaffaroni, en relación con el poder punitivo, que no reconoce un trato correspondiente a personas, sino como "entes peligrosos o dañinos. Seres humanos señalados como enemigos de la sociedad"[13].

En la criminalidad de Estado se sintetiza un proceso de selección sobre las víctimas, lo que implica para Gamboa que esta criminalidad en la actualidad se configura de forma muy frecuente como criminalidad reconfiguradora en el caso de la autora sobre el genocidio en el nuestro sobre la desaparición forzada de personas:

Selección como dominación identificable de diversas formas: ellos no son como nosotros o el prototipo moderno: "Hay amigos

---

12 Garzón Valdés, E. (2001). *Filosofía, política, derecho.* Citado por: Gamboa. S.R. (2015). *Op. Cit.* Pág. 95.

13 Zaffaroni, E. R., (2011). *El enemigo en el derecho penal,* 2ª Ed. Ediciones Coyoacán, pág. 11.

y enemigos. Y también extranjeros", donde este último constituye "un miembro de la familia de los innombrables", esto es, aquellos que no pueden ser incluidos dentro de la oposición. En palabras de Calveiro: "cuanto más "totalizante" es una forma de dominación, menos tolerancia tiene para aceptar cualquier "afuera", de manera que convierte toda exclusión en eliminación lisa y llana"[14].

Selección como determinación del binomio víctima/enemigo. De forma corriente, las víctimas de crímenes de Estado pertenecen a sectores populares, o a naciones no incluidas dentro de la hegemonía mundial, y por ello tienen una menor posibilidad de reclamar sus derechos ante los tribunales nacionales o extranjeras, en tanto que, además, son concebidas como "enemigas" del Estado (Corte IDH, 2009a), o de la humanidad.

Selección y temor. Estos procesos se acompañan de acciones de angustia, temor e inseguridad, que acompañan las pretensiones de justificar la selección (Corte IDH, 2009a), que permite garantizar su conexión con la posibilidad de reorganización, lo que tiene y no tiene lugar, a través de argumentos de tipo endógeno o exógeno. El proceso de selección endógeno implica la recuperación de la noción del que no tiene lugar: "(...) El extranjero, quien no solo está fuera de lugar, sino que, además, sin hogar, puede convertirse en un atractivo objeto de genocidio"[15].

Actualmente, en la criminalidad de Estado se encuentran dos dimensiones principales del uso del terror, desarrolladas a nivel nacional como internacional mediante un etiquetamiento que incluso va de Estados a individuos[16]: la relativa a los lugares y a for-

---

14 Calveiro Garrido, P. (2012). *Violencias de Estado. La Guerra Antiterrorista y la Guerra contra el Crimen como Medios de Control Global*, Siglo XXI Editores, pág. 20. Citado por: Gamboa. S.R. (2015). *Op. Cit.* Pág. 100.

15 Bauman. Z. (1996). Modernidad y ambivalencia. En J Beriarin (Comp.). *Las consecuencias perversas de la modernidad. Modernidad, contingencia y riesgo.* Anthropos, pág. 109. Citado por Gamboa. S.R. (2015). *Op. Cit.* Pág. 101.

16 Gamboa. S.R. (2015). Pág. 101.

mas mismas de ejecución de acciones de terror, así como la que se refiere al tratamiento de sobrevivientes y víctimas en general que han sido objeto de selección.

La determinación de la noción de víctima de la criminalidad de Estado, parte del concepto de enemigo para lo cual se ha edificado una arquitectura compleja del concepto, aun cuando con un mismo resultado: la fusión de "las ideas de delincuente a castigar, enemigo a exterminar y otro a desaparecer (...)" De esta forma se "orientó toda la maquinaria en torno a la persecución primero, la eliminación después y la desaparición por último"[17].

i) El enemigo bajo el signo del homo *œconomicus* o enemigo social. Se trata de un concepto general de las víctimas de la criminalidad de Estado, en tanto constituye uno de los reflejos de la razón instrumental en la modernidad.

ii) El enemigo objetivo[18] o enemigo absoluto[19] que representa un peligro para el sistema por su sola existencia. Es representado por Calveiro con sustento en Arendt, bajo un amplio matiz que va desde el enemigo objetivo por su nacimiento, o por su postura disidente.

Para Gamboa, el enemigo objetivo es marcado "por el mal absoluto como el mal absoluto"[20], y puede tratarse de cualquier persona, como ha tenido lugar incluso de manera previa al inicio de la modernidad: las mujeres-brujas de la última edad media, la población judía durante una buena parte de su historia, el islam y sus adeptos durante el Nuevo Humanismo Militar. Esta faceta

---

17 Calveiro Garrido, P. (2012). Pág. 41. Citado por: Gamboa. S.R. (2015). Op. Cit. Pág. 102.

18 Arendt, H, (1998), *Los orígenes del totalitarismo.* Taurus. Citado por Gamboa. S.R. (2015). *Op. Cit.*, pág. 102.

19 Horkheimer, M. y Adorno, T. (1998), *Dialéctica de la Ilustración. Fragmentos Filosóficos.* Editorial. Trotta. Citado por Gamboa. S.R. (2015). *Op. Cit*, pág. 102.

20 Horkheimer y Adorno, (1998), pág. 213. Citado por Gamboa. S.R. (2015). *Op. Cit.*, pág. 102.

presentada por Arendt y Calveiro como ejemplos de víctimas del terror del totalitarismo o de la esencia de la dominación totalitarista, caracteriza también espacios de criminalidad de Estado, esto es, que no llegan a la acentuación que exigiría un fenómeno totalitario.

El enemigo objetivo es un grupo poblacional escogido por el poder y edificado como víctima universal. El proceso de aniquilamiento de las personas seleccionadas como enemigo objetivo o absoluto no es el que se aplica a quien es considerado en general como enemigo social. El enemigo objetivo pasaría por un nuevo proceso de victimización, pues además son víctimas de deshumanización en cárceles o en campos de concentración[21]. Desde luego que el paso entre las dos categorías es cuando menos azaroso. Por ejemplo, el general colombiano Landazábal Reyes[22] consideró dentro de la categoría de enemigo interno, a la población civil: *"los indiferentes e indecisos forman parte de las filas del adversario, al que prestan apoyo por el sólo hecho de dejarlo prosperar"*.

> El enemigo por su postura contrahegemónica. Puede considerarse una subcategoría dentro del enemigo objetivo. Incumbe al enemigo por su identidad política, el movimiento disidente, diverso del discurso oficial. En esta categoría han sido incluidos en el continente americano, los "intelectuales, artistas, estudiantes, docentes, líderes sindicales y otros múltiples actores que sufrieron las consecuencias de la violencia sistemática producida durante este periodo" (CIDH, 2011, párr. 501).

En múltiples casos adelantados en el sistema interamericano de protección de los derechos humanos, el análisis de contexto ha evidenciado acciones sistemáticas contra estudiantes y profesores de universidades públicas (Corte IDH, 2009). Asimismo, Calveiro re-

---

21 Bauman, Z. (2011), *Modernidad y Holocausto*. Ediciones Sequitur. Gallardo, H. (2009). *Derechos Humanos como Movimiento Social*, Ediciones Desde Abajo. Citado por Gamboa. S.R. (2015). *Op. Cit.*, pág. 103.

22 Landazábal Reyes, F. (1982). *Conflicto social*. Editorial Bedout. Citado por: Gamboa. S.R. (2015). *Op. Cit.*, pág. 103.

salta que, en América Latina, el enemigo en la dimensión de identidad política fue etiquetado bajo el genérico subversivo. A partir de allí fue seleccionada y eliminada "toda una generación de dirigentes políticos, sociales, sindicales, militares nacionalistas, sacerdotes progresistas, intelectuales alternativos, descabezando, desarticulando, vaciando las sociedades para penetrarlas y controlarlas"[23].

Es en este contexto de la teorización del crimen de Estado en que se inscribe nuestro trabajo respecto de la desaparición forzada de personas para el caso colombiano, el cual tiene sus antecedentes en el proceso de militarización que sufrió América Latina a raíz de la crisis de la hegemonía norteamericana, luego de la Segunda Guerra Mundial, permitió que la Doctrina de Seguridad Nacional se incrustará como política de Estado en los países del Sur, conllevando a que se constituyeran Estados antidemocráticos, verticales y militaristas, incluso llevando a los Estados más cercanos a la democracia a adoptar políticas de control y orden a través de las medidas de excepción y las leyes por decreto, como ya lo anotábamos la instrucción militar impartida a los ejércitos latinoamericanos sustituyó la concepción tradicional de defensa del territorio y la soberanía para convertir a las fuerzas del orden en vigilantes y opresores en sus propios países, defendiendo los intereses de otros en una guerra contra el comunismo internacional, catalogando y dividiendo a los individuos en amigos o enemigos.

Esta concepción del enemigo interno se basó principalmente en considerar que la relación irreconciliable entre el oriente comunista y el occidente capitalista, llevaría a una guerra que según la doctrina no se desarrollaría únicamente fuera de las fronteras, sino dentro de ellas, por lo que el enemigo militar no combatiría únicamente desde el exterior, sino que dentro de cada país habría "enemigos internos", con esta lógica la estrategia de las Fuerzas

---

23 Calveiro Garrido, P. (2012), pág. 41. Citado por Gamboa. S.R. (2015). *Op. Cit.*, pág. 103.

Militares debería orientarse a movilizar el aparato estatal y la sociedad a derrotar el enemigo interno.

Esta visión se institucionalizó en Colombia a través del Decreto 3398 de 1965 (Estatuto Orgánico de la Defensa Nacional), adoptado de manera transitoria por medio del estado de sitio y posteriormente como legislación permanente en la Ley 48 de 1968, lo cual llevo rápidamente a considerar como enemigo interno a diversos sectores de la sociedad civil, especialmente a la oposición política, los movimientos sociales, sindicales, campesinos y estudiantiles.

En este sentido el Decreto 3398, también dispuso la creación de grupos paramilitares por parte del Ejercito tal y como se desprende del parágrafo 3 del artículo 33, el cual autorizó la entrega de armas de uso privativo de las fuerzas militares, a individuos no pertenecientes formalmente a las mismas, directriz que fue desarrollada por los mandos militares a través de una serie de disposiciones reglamentarias orientadas a la creación de los grupos paramilitares[24].

Las condiciones políticas internas en algunos de los países también llegaron a niveles de crisis, predominando el descontento popular, las movilizaciones constantes y la radicalización de sectores de la población que optaron por la lucha armada. En ese contexto los ejércitos modernizados y profesionalizados fueron utilizados como la única opción posible para recuperar el orden social, concebido este como el mantenimiento del sistema político y económico.

La década de los años ochenta se vivió como un periodo realmente convulsionado, desde el Estatuto de Seguridad del presidente Julio César Turbay Ayala, que adopto la Doctrina de Seguridad Nacional, hasta la Asamblea Nacional Constituyente de 1990; con-

---

24 Además del Estatuto Orgánico de la Defensa Nacional, encontramos entre otros: El Reglamento de Combate Contraguerrillas —EJC 3— 10, del 9 de abril de 1969. El Manual de Guerrillas y Contraguerillas Urbanas (EJC 3) 18, de 1977. Las Instrucciones Generales para Operaciones de Contraguerrillas del Comando General del Ejercito de 1979, El Manual de Combate Contra Bandoleros o Guerrilleros, del 25 de junio de 1982.

vocada como resultado de los acuerdos de paz entre el presidente Virgilio Barco con el grupo guerrillero M-19, el país conocería de las ambivalencias entre el orden y el caos, entre el consenso y el disenso. Por una parte, los acercamientos del gobierno con la insurgencia para lograr un acuerdo de paz y por la otra una represión estatal que dejaría un sin número de víctimas de violaciones a los derechos humanos. Además, la época se encuentra enmarcada y caracterizada por la persecución a los dirigentes sindicales, maestros, estudiantes y opositores políticos entre otros.

La práctica de la desaparición forzada de personas en Colombia, dentro del contexto sociopolítico enmarcado por la implementación de la Doctrina de Seguridad Nacional, se evidencia desde la primera desaparición forzada que referimos en este trabajo, miembros de la fuerza pública detuvieron y desaparecieron el 9 de septiembre de 1977 a Omaira Montoya Henao, quien militaba en la izquierda, este caso como los demás que utilizamos para ejemplificar esta situación o casos tipo, nos permiten exponer los escenarios en los que se han visto implicados principalmente agentes de seguridad del Estado y de las Fuerzas Militares en las detenciones y posteriores desapariciones de personas en Colombia; otros casos como la desaparición selectiva de 12 estudiantes de la Universidad Nacional y Distrital de quienes luego de las investigaciones se logró demostrar la participación de miembros de la Policía Nacional, agentes de seguridad de Estado y algunos mandos del Ejército en connivencia con narcotraficantes y finalmente las desapariciones del holocausto de Palacio de Justicia donde fueron desparecidas 14 personas por cuerpos de seguridad del Estado.

El objeto con el que se utiliza la desaparición forzada consiste en reprimir la protesta social utilizando un instrumento que generará confusión y miedo a quienes se manifestaran en contra de la institucionalidad. A finales de la década de los ochenta los grupos de justicia privada creados bajo la Doctrina de Seguridad Nacional, se transformaron en grupos paramilitares, con el auge, crecimiento y fortalecimiento de estos grupos paramilitares en Colombia, la práctica de la desaparición forzada se trasladó de las ciudades al sector rural y fue allí donde apelando a un método de intimidación contrainsurgente, estos grupos desplegaron todo su accionar militar contra las guerrillas, sus simpatizantes y la población civil; dejando a miles de personas asesinadas, desplazadas y desaparecidas al paso del copamiento territorial que fue disputado a sangre y fuego durante este lapso de tiempo.

El fin último con el que se utiliza la desaparición forzada consiste en intimidar a los alzados en armas a sus simpatizantes y la población civil sobre todo en los sectores rurales; en la transformación de la misma encontramos casos tipo como el de los 19 comerciantes desparecidos en el Magdalena Medio Santandereano a finales de la década de los ochenta, a manos de un "grupo de autodefensas" denominado Asociación de Campesinos y Ganaderos del Magdalena Medio (ACDEGAM) y el de los 43 campesinos desparecidos en Pueblo Bello (Córdoba) a manos de un grupo de paramilitares denominado Los Tangueros cuyo líder, para esa época, era Fidel Castaño Gil. En los dos casos hubo participación del Ejercito Nacional y por estos mismos hechos existen sentencias de la Corte Interamericana de Derechos Humanos responsabilizando al Estado Colombiano.

La expansión y consolidación del paramilitarismo entre 1988 y el año 2000 dejó como resultado un aumento en los índices de las violaciones a los derechos humanos por todo el territorio nacional. Estas ocupaciones estuvieron acompañadas de graves atropellos contra la población civil, agudizando mucho más la situación humanitaria que vivía el país llegando a elevar las estadísticas de tal manera que se registraron cifras nunca antes vistas, con mayor impacto en el desplazamiento forzado de personas, las masacres, los asesinatos políticos y las desapariciones forzadas, que alcanzaron su pico más alto en el gobierno Pastrana. La producción de violencia generada a partir de la consolidación y expansión del fenómeno paramilitar a finales de los años noventa agudizó la crisis del conflicto colombiano y las desapariciones forzadas no dejaron de copar —al paso paramilitar— el territorio nacional.

En efecto, la crisis desencadenada con la expansión paramilitar en este período afecta la violación sistemática al derecho fundamental a no ser desaparecido, pues se puede evidenciar un aumento vertiginoso frente a la desaparición forzada tanto en el número de víctimas como en su expansión territorial, tal y como se observará y analizará en el presente capítulo.

Las desapariciones forzadas durante esta década se convirtieron en una estrategia de intimidación contrainsurgente practicada indiscriminadamente por los grupos paramilitares, con la omisión o aquiescencia de las fuerzas militares, contra los pobladores rurales y urbanos señalados de ser simpatizantes o colaboradores de la guerrilla, así mismo, se implementó como método de terror e instrumento de instigación para el desplazamiento forzado a fin de colonizar tierras, ganados y propiedades en una contrarreforma agraria violenta y paramilitar.

En este sentido, la investigadora Vilma Liliana Franco en su libro "Orden Contrainsurgente y Dominación"[25], hace un análisis exhaustivo del proceso de modernización capitalista del Estado colombiano y su relación con estructuras de poder económico y político que, basadas en una justificación del Estado de tipo liberal, han legitimado un orden de exclusión, segregación, asimetría y desequilibrio, centrado en el terror y la violencia.

Ese mismo proceso se vivió en varios países de América Latina donde las clases dominantes, articuladas en un interés único definido por el Estado, en correspondencia con los intereses de la sociedad útil[26] a los que sirve, han ejercido la violencia de formas diferentes en distintos momentos de la historia, en nombre de la seguridad, la libertad, la propiedad y la paz.

---

25 Franco. V. (2009). *Orden Contrainsurgente y Dominación,* Siglo del Hombre Editores, Instituto Popular de Capacitación.

26 Citado por Franco Vilma. La "sociedad útil" es una expresión acogida por Bataille para nombrar los sectores dueños de los medios de producción, cuya medida común es el dinero. Georges Bataille, El Estado y el problema del fascismo, Murcia, Pre-textos, Universidad de Murcia, 1993.

El discurso justificatorio propuesto por el Estado y la violencia con la que se abre paso se ha dirigido principalmente contra quienes se han manifestado en contra de estos intereses como los indígenas, los campesinos, los obreros, los sindicalistas y los rebeldes.

Uno de los principales obstáculos que ha encontrado este proceso de modernización capitalista radica en la violencia insurgente que ha intentado destruir las bases y supuestos que hacen posible una sociedad pacificada, en la que se garanticen los valores fundamentales de la seguridad, la libertad, la propiedad y la paz. De acuerdo con Franco el Estado para superar esta interrupción, vivida de maneras diferentes en distintos momentos de la historia, el Estado colombiano ha tenido que valerse del uso de la violencia, que en las formas de la violencia burocrática y del mercenarismo corporativo, ha permitido someter, eliminar, controlar, disciplinar y desorganizar a quienes pretenden oponerse al orden de dominación.

La autora en este libro busca evidenciar la estructura de la guerra contrainsurgente, es decir, de la guerra que se libró en Colombia a partir de los años ochenta y que se extiende hasta la desmovilización de las estructuras del paramilitarismo en Colombia. Allí afirma que el fenómeno paramilitar, en la forma del mercenarismo corporativo contrainsurgente[27], es un elemento substancial al Estado, diferente de la violencia burocrática contrainsurgente, que es un tipo de violencia ejercida directamente por el Estado a través de sus instituciones de coacción.

La violencia mercenaria contrainsurgente es una violencia realizada por grupos de mercenarios, que actúan en función de los intereses del Estado cuando el mismo no puede enfrentar a la insurgencia dentro de los marcos del Estado de derecho y de las regulaciones de los conflictos internos previstas en el Derecho Internacional Humanitario y los Derechos Humanos.

---

27 *Op. Cit.* Franco. V. (2009), pág. 36.

En efecto el mercenarismo corporativo contrainsurgente, como dispositivo coercitivo irregular, bajo la dirección de las fuerzas militares con su apoyo e instrucción, recurrió a la ejecución rigurosa de las técnicas de lucha contrainsurgente y se restableció, bajo el amparo de una estructura de impunidad, la práctica de exterminio de organizaciones sociales, partidos políticos y grupos obstáculo. A finales de la década de los ochenta se aceleró el proceso de descentralización del monopolio de la fuerza acudiendo a las alianzas con el poder regional y local, cuyos puntos estratégicos fueron Puerto Boyacá y la región del Magdalena Medio[28], al que le siguió un proceso de expansión con un sentido anticomunista.

> A través de la violencia contrainsurgente ejercida por dispositivos paramilitares se fue cumpliendo "eficazmente" con la persecución de lo que los militares han clasificado como "población civil insurgente" —movimiento sindical, estudiantil, campesino, político— y manifestación de la "guerra política"; es decir, se desató la persecución a muerte del enemigo objetivo y las comunidades de legitimación con el propósito de desactivar el apoyo actual o potencial a las fuerzas rebeldes, garantizar que las generaciones rebeldes se acogieran al orden vigente y mantener la reforma democratizante en el ámbito de lo formal[29].

Reconfigurado el bloque de poder contrainsurgente, a partir de la organización y propagación de un mercenarismo corporativo regido por la ilegalidad, las múltiples violencias y definido el orden estratégico de la guerra a partir de la definición del enemigo y los procedimientos para confrontarlo contenidos en los manuales militares, se pasó a la reconstrucción del orden táctico de la guerra, entendido como la reorganización de la fuerza armada,

---

[28] Citado por Franco. V (2009), pág. 265. Carlos Medina Gallego, *Autodefensa, paramilitares y narcotráfico en Colombia: origen, desarrollo y consolidación. El caso "Puerto Boyacá"*, op. cit.; Proyecto Nunca Más, Colombia nunca más: crímenes de lesa humanidad. Zona 14 1966..., op. cit.; Manuel Alberto Alonso Espinal, Conflicto armado y configuración regional: el caso del Magdalena medio, Medellín, Universidad de Antioquia, 1997.

[29] Franco. V, (2009), pág. 266.

esta vez, a partir de su privatización como un ejercicio de evadir los límites que le impone la ley a la fuerza pública e intentar recuperar la eficacia coercitiva y con ella la ideología.

La organización del mercenarismo contrainsurgente sirvió al inicio de un proceso de exterminio de organizaciones campesinas a través del asesinato selectivo y la desaparición forzada, que apuntaba a la configuración en las zonas de colonización de un orden interno favorable a la conservación y el reforzamiento de la estructura de tenencia de la tierra[30];

> en la década de los noventa fue la continuación de ese exterminio o disgregación a través de la masacre, la desaparición forzada y el desplazamiento forzado buscando la creación de un ambiente adverso a las fuerzas rebeldes, la expropiación a favor de grandes propietarios capitalistas, terratenientes y mercenarios, y la habilitación de actividades económicas de adecuación de infraestructura, agroindustriales o de carácter extractivo[31].

Uno de los elementos principales que señalamos y desarrollamos en este capítulo es la tardía tipificación del delito de desaparición forzada en Colombia, lo que implico no solo un desconocimiento por parte del Estado a reconocer su práctica en el país, sino que también genero un subregistro de este delito por todo el territorio nacional, Franco también explica que,

> la relevancia de la renuencia a la tipificación de la desaparición forzada —rasgo característico de la criminalidad burocrática y contrainsurgente— reside en que no siendo crimen reconocido por el derecho penal interno entonces no podía ser objeto de persecución penal porque prevalece el principio de nullum crimen, nulla poena sine lege. Esta omisión se compensó —en casos excepcionales— mediante la calificación de esa práctica como secuestro simple agravado, introduciendo una contradicción que,

---

30 Citado por Franco. V (2009), pág. 198. Proyecto Nunca Más, Colombia nunca más: crímenes de lesa humanidad. Zona 14 1966, Bogotá, Proyecto Nunca Más, noviembre de 2000, vol. 1; Consuelo Corredor Martínez, "Crisis agraria, reforma y paz: de la violencia homicida al genocidio", *op. cit.*

31 Franco. V. (2009), pág. 198.

> sin embargo, no niega la función del desconocimiento del delito y es parte del funcionamiento del Estado. La no tipificación funcionó como una garantía de impunidad para las fuerzas armadas regulares e irregulares, que es en términos negativos negligencia estatal a sancionar o, en términos afirmativos, indulgencia política estatal como respuesta a un mal que es tanto destrucción física de las víctimas como destrucción moral de sucedáneos y parientes"[32].

Para Franco esta es la *Política Criminal Selectiva*, que busca que el sistema penal y la política criminal estructuran el contexto de la guerra a través del trastrocamiento entre la legislación de excepción y legislación ordinaria que busca el aseguramiento de la dominación política, el resguardo de los intereses de la sociedad útil y la defensa del orden.

El esquema de selectividad en su estructura ideológica revela un interés por desarrollar tipos penales como el secuestro, la extorsión y el terrorismo, un interés por desestructurar el delito político, y la renuencia a la tipificación de delitos como la desaparición forzada y el paramilitarismo.

Esa libertad para proceder en la guerra permitió que el mercenarismo corporativo contrainsurgente, utilizara la desaparición forzada de personas como un método de intimidación contrainsurgente, toda vez que les permitió compensar la asimetría que tiene la contienda irregular y avanzar con eficacia en el propósito del afianzar la dominación para la conservación del orden.

La desaparición forzada constituye una eliminación de la "persona jurídica"[33]. El desaparecido es puesto fuera de la órbita de protección del derecho no por la privación de su libertad en sí mismo sino por la negación de esa privación, su muerte y el paradero del cuerpo, y por el ocultamiento o la destrucción de su identidad. No hay certidumbre de vida, pero tampoco de muerte, solo ausencia, y sobre ella la ley es muda. La falta de tipificación

---

32 Franco. V. (2009), pág. 198.

33 Hannah Arendt, (1974), *Los orígenes del totalitarismo,* Taurus, pág. 561-562.

de la desaparición forzada como delito en el derecho interno constituyó un mecanismo de olvido:

> permitió la negación estatal de estos crímenes, las víctimas y la responsabilidad (política institucional y criminal individual), permitió su reducción al silencio. A través de esta triple negación, el olvido institucionalizado, que alcanza la historia política, se enlaza con el proceso de represión: no hay crimen en el sentido jurídico y tampoco responsable; no hay víctima porque no hay vestigio; no hay cuerpo ni tumba porque la identidad ha sido borrada por el fuego, los ácidos, el descuartizador, el río o las babillas; hay sobrevivientes, pero su memoria no parece suficiente para romper el secreto de los verdugos ni para socavar la legitimidad del aparato estatal. El olvido, como lo entendiera Hannah Arendt, es instrumento excepcional de dominación[34].

Finalmente planteamos que el último periodo de análisis de este trabajo se inscribe en las políticas de seguridad adoptadas después de los ataques del 11 de septiembre de 2001 en Nueva York, que para el caso colombiano se vieron reflejadas en la adopción del discurso de la Política de Seguridad Democrática, el cual fundo sus lineamientos en torno a la lucha contrainsurgente, negando la presencia del conflicto armado interno y la estigmatización de la lucha subversiva como terrorista.

En este punto también con la autora Vilma Franco, se observa que la imagen del rebelde terrorista se construye y se difunde a través de un discurso ideológico y hegemónico en el que se reclama para el Estado y la sociedad útil la representación de la democracia, el pluralismo y la paz, y acusa exclusivamente a los rebeldes y sus comunidades de legitimación de todo lo contrario[35].

La divulgación sistemática de este discurso se hace desde el seno del Estado y a través de los medios masivos de comunicación, que son vistos como aparatos de propaganda, mas no como canales de información, de esta forma los relatos sobre la violencia

---

34 Franco. V. (2009), pág. 311.

35 Franco. V. (2009), pág. 129.

insurgente y la manera como se le presentaron a la ciudadanía configuraron opinión pública que ejerció coacción moral extrema sobre disidentes y libre pensadores tendiendo a la pacificación intelectual como la homogenización política hasta formar un masa poseída por una excitación antiterrorista que termina por contradecir los valores de democracia, pluralismo y paz que se dice encarnar; hasta producir entre esa multitud de repetidores el olvido sobre el terror provocado por el Estado y sus servidores mercenarios; hasta llevarlos a justificar moralmente toda forma de violencia contrainsurgente[36].

Para Franco citando a Baratt

> "el producto de manipulaciones del flujo de informaciones que a ellas se refiere, las que son sometidas a los mecanismos de selección [...] siendo la ignorancia con referencia al terrorismo de derechas y la relativa abundancia de informaciones sobre el terrorismo "rojo" la expresión de un solo y mismo fenómeno: la manipulación del flujo informativo"[37].

La transformación de la imagen del enemigo hace parte de la inclinación estatal para invisibilizar la guerra y negar la naturaleza política del fenómeno insurgente; es otra de las estrategias de deshumanización del enemigo efectivo para justificar una guerra de exterminio. Mientras aquellas viejas representaciones sobre el comunismo tenían implícito el reconocimiento de la existencia de un conflicto de causas objetivas entre las fuerzas del orden legalmente constituidas y las fuerzas que quieren controvertir ese orden establecido, es estigmatizado como terrorismo, para la autora esa estigmatización como terrorista constituye la negación más radical de la naturaleza política de la insurgencia.

La desnaturalización política del conflicto y del adversario a través del uso del calificativo "terrorista" acrecienta la posibilidad de que este sea considerado malo y, por tanto, odiado. Desde esta

---

36 Franco. V. (2009), pág. 130.

37 Franco. V. (2009), pág. 130.

perspectiva, el enemigo deja de ser una personalidad genérica para convertirse en un ente abstracto e inorgánico, intolerable y execrable, reducido al plano de la criminalidad ordinaria o delincuencia común sin ningún respaldo beligerante o político en su accionar.

La utilización del término "terrorismo" como forma de difamación desdibuja los fines políticos del rebelde en la guerra, y centra el problema en reducir la identidad política de los mismos a la cualidad de sus acciones bélicas.

> Ese odio contrainsurgente, producto de una construcción social y en el que converge el apego a la estructura de propiedad y al orden, se ha convertido en un elemento de movilización política a favor de la guerra, la movilización que propicia encuentra manifestación en la formación de un ejército paramilitar socialmente heterogéneo que hace de esa aversión radical su único punto de cohesión en la demanda social de lucha contrainsurgente; en la justificación del recurso de medios irregulares para buscar la capitulación o el exterminio de los insurgentes; en la legitimación de la persecución de las expresiones de oposición política y reivindicación contenciosa por contingente afinidad ideológica o política con los rebeldes; en la tendencia a inculpar a los insurgentes de toda la violencia, incluida la ocasionada por las fuerzas legales e ilegales que la confrontan; en la inculpación de las víctimas de la agresión paramilitar, y en la soterrada identificación con los perpetradores[38].

Así mismo, al lado de la propaganda contra el "terrorismo" en el caso de las desapariciones forzadas en Colombia, se acudió también por los medios de comunicación a la presentación de la misma como "falsos positivos o ejecuciones extrajudiciales", en las que, mediante engaños ciudadanos humildes, por medio de promesas falsas, se trasladaron a otras ciudades en las cuales fueron dados de baja, aparentemente en confrontaciones armadas con la fuerza pública, posteriormente fueron presentados como guerrilleros, sin que nadie con posterioridad a los hechos diera razón o información sobre su paradero.

---

38 Franco. V. (2009), pág. 132.

Para Neyla Pardo[39], la expresión implementada por los medios de comunicación como "falso positivo" está determinada por un marcador de subjetividad "se tomaban personas que parecían estar vinculadas a..." esta es la característica fundamental que deja ver el carácter subjetivo del término, en tanto que se le da una cualidad determinada a un individuo, persona perteneciente a un grupo ilegal, y que aquella cualidad innata —joven no perteneciente al conflicto— se convierte en una particularidad del suceso[40].

Cuando un "positivo" es falso porque se supone que el objeto no corresponde con la acción de dar de baja, entonces uno puede inferir ahí cuales son los valores que están detrás de esa forma denominar ese tipo de acciones. Y lo otro tiene que ver con cuando el "positivo" es positivo, entonces ¿cuándo es insurgente si es positivo asesinar? Se preguntaría uno. Entonces la denominación de "falso positivo" trae detrás de si la legitimación del ejercicio de la violencia, de la posibilidad de despojar al otro de su vida so pretexto de impartir justicia en este caso, porque se supone que lo que hacen las Fuerzas Militares es tratar de ejecutar acciones para garantizar el orden. En la entrevista referida la autora señala dos dimensiones que están articuladas y que tienen que ver con el papel del falso positivo:

> ...en términos de la exaltación del papel de las fuerzas de seguridad del estado, por una parte; y el papel del 'falso positivo' en términos de la consolidación de la hegemonía dominante, desde la ideología dominante y de los sistemas de valores que están detrás de la posibilidad de que el conflicto persista. Si uno lo mira desde la cuestión de la exaltación de las fuerzas de seguridad del estado el 'falso positivo' lo que hacía era permitirle al ejército dotarse como de argumentos para decir "sí, hemos logrado un avance significativo en la neutralización de los grupos insurgentes" entonces mostraban cantidades de personas aparentemente dadas de baja en diferentes lugares y eso iba muy de la mano con esas cifras que

---

39 El análisis lingüístico presentado a continuación hace parte de la entrevista realizada en el Trabajo de Grado "Entre Titulares, Imaginarios, Falsedades y Positivos". (Melo Rodriguez y Rojas Mancipe, 2011).

40 Melo Rodriguez y Rojas Mancipe, 2011.

> en un momento fueron tan contundentes del aparente éxito de la política de seguridad democrática, pero que cuando se descontaban los 'falsos positivos' en realidad esas cifras no daban cuenta de que esa política fuera exitosa. Por otra parte, el 'falso positivo' en términos como de la reificación de esa visión de que es positivo asesinar al otro si el otro es de izquierda, si el otro es insurgente, entonces ese sí es positivo[41].

Es por ello por lo que el "falso positivo" se debe interpretar desde una perspectiva retórica, de construcción del lenguaje y no a través del lente sintáctico y semántico. Respecto a este análisis Pardo aclara que "en términos estructurales de la construcción sintáctica y semántica no hay contradicciones, lo que hay es una asociación estratégica, hay un uso del lenguaje, un recurso lingüístico que se pone al servicio de unos intereses concretos de una política concreta". La especialista argumenta que el contexto en el que surge el concepto de los falsos positivos es en el de la acreditación internacional.

> Este concepto surge como en esa lucha del estado por acreditarse internacionalmente y por poder acceder a ciertos espacios que le habían sido negados entre esos la aprobación del TLC que le exigía cumplir con unos estándares de protección de derechos humanos para poder recibir por una parte ayuda de países extranjeros en materia de lucha contra el narcotráfico y contra grupos armados ilegales y por otra poder cada vez más cumplir con esos estándares que diversas organizaciones y estados le han venido exigiendo. Entonces en ese contexto surge esa expresión para ocultar la realidad de que los crímenes de estado siguen vigentes, que son una realidad sistemática, permanente, donde el estado ha vulnerado de todas las formas no solamente asesinando a civiles, sino que el estado mismo ha participado por acción u omisión en crímenes como por ejemplo amenazas a civiles, asesinatos selectivos, ejecuciones extrajudiciales, desapariciones forzadas, expoliación de recursos entre otros[42].

---

41 *Ibidem.*

42 *Ibidem.*

Añade la autora que en ese contexto era funcional el concepto en términos de legitimar el Estado, pero sobre todo porque en ese momento en que surgió el concepto, el objetivo era legitimar y posicionar la política de seguridad democrática, pues uno de los principios de esa política era lograr ampliar el acceso a la seguridad a la mayor cantidad de población posible.

Al realizar una distinción de cada palabra, desde el punto de vista lingüístico, la profesora Pardo, subraya que "el 'falso' es al hecho de que alguien no es, es una construcción atributiva, y 'positivo' da cuenta que esa persona es ejecutada sobre unos presupuestos que se creían, definición en la cual persiste la carga de subjetividad en la expresión misma".

Así, el "falso positivo" más allá de lo que significa encierra unos intereses o propósitos particulares. Para la lingüista, se puede evidenciar que en el término "se oculta el origen social de la cosa, el problema social en este caso, se ocultan los responsables del fenómeno y con frecuencia se desarticula la acción humana".

La Política de Seguridad Democrática 2002-2010, estuvo definida por la lucha frontal contra la guerrilla de las FARC-EP, focalizando sus esfuerzos en un grupo de políticas puntuales como los soldados campesinos, los estímulos a la deserción, las redes de informantes, los estímulos a las Fuerzas Militares por bajas del enemigo, entre otras y argumentada en el discurso exterior de la guerra contra el terrorismo.

En esta administración las violaciones a los derechos humanos y las infracciones al Derecho Internacional Humanitario (DIH), involucraron a la población civil de manera directa, bajo el discurso oficial de que en la misma se ocultaba o se mimetizaba la subversión. Los grupos paramilitares continuaron siendo los mayores violadores del derecho a la vida, a pesar del proceso de negociaciones con el Gobierno. Desde el inicio de ese proceso el 1 de diciembre de 2002 hasta el 31 de julio de 2006, por lo menos 3.005 personas fueron muertas o desaparecidas.

En el segundo período presidencial de Álvaro Uribe Vélez, graves vejámenes sufriría la población civil en la confrontación "directa" por parte de las Fuerzas Militares a las guerrillas, que en su afán por mostrar resultados en sus operaciones militares y el éxito de la "Política de Seguridad Democrática" acudieron nuevamente y de forma directa —ya no con las fuerzas paramilitares como en la década de los noventa— a violar los derechos humanos de la población civil, el caso más representativo es el de los "falsos positivos" de Soacha, que como lo expusimos, en realidad son más desapariciones forzadas, perpetradas como en el pasado, por la oficialidad.

Bajo los preceptos de la lucha contra el terrorismo se inició el proceso de desmovilización, desarme y reinserción de los grupos paramilitares, y la confrontación directa a la guerrilla de las FARC-EP. La política de seguridad democrática tras ocho años de gobierno dejó como resultado un proceso de polarización en el país; así como, a millares de víctimas y victimarios en el camino de la reconciliación lleno de diversos obstáculos, los cuales no fue posible superar en el marco de la controvertida ley de "justicia y paz" norma adoptada para la transición hacia la paz.

1.1. Antecedentes históricos del delito de desaparición forzada en Colombia

La práctica de la desaparición forzada en Colombia se remonta a finales de la década de los años setenta, precisamente en un contexto álgido de agitación social y protestas reivindicatorias de diversos sectores de la sociedad contra el gobierno de López Michelsen, es en este escenario en el que se denuncia de manera oficial por sus familiares la detención ilegal y posterior desaparición de Omaira Montoya, por parte de organismo de seguridad del Estado. Por ser este el primer caso denunciado formalmente como una detención desaparición ante las autoridades de investigación correspondientes en el país, es nuestro primer caso para hacer un ejercicio de reconstrucción histórica de este fenómeno en el contexto nacional, el cual realizaré a partir de casos paradigmáticos o caso tipo de desaparición forzada y que han tenido repercusiones de carácter judicial o de denuncia en el contexto nacional e internacional. Así mismo, busco mostrar que la desaparición forzada en nuestro país ha sido desde sus inicios una práctica generalizada e indiscriminada, pues es un hecho que no solo las estadísticas y los casos denunciados en el país lo demuestran, la comunidad internacional también lo ha reconocido a través de sentencias judiciales e informes que demuestran, y denuncian esta realidad.

Finalizado el régimen de alternación bipartidista heredado por el Frente Nacional, Alfonso López Michelsen sería elegido para el período presidencial de 1974 a 1978; para ese mismo periodo las guerrillas, habían tenido una influencia principalmente rural con características más bien de autodefensas y sin presencia política; y en el contexto urbano su presencia era baja a pesar de que ya el M-19 hacia sus primeras incursiones armadas. Al parecer, López intentaría por primera vez en la historia del país, alguna aproximación a la insurgencia armada. Durante su gobierno se buscó la negociación con el ELN, pero esta habría sido frustrada por el Ejército[43].

En realidad el Ejército venía desarrollando su propia dinámica frente a estos brotes de insurrección los cuales observamos desde el año 1960 dentro del contexto de la Doctrina de Seguridad Nacional; cuando el General Alberto Ruíz Novoa creó el "Plan Lazo", el cual intimaba con las directrices norteamericanas frente al componente de la guerra irregular, destacándose las acciones cívico militares las cuales pretendían ganarse la población civil con jornadas de alfabetización, salud y obras públicas a fin de quitarle el apoyo a las organizaciones rebeldes. Ya para el año de 1964 aumentó la participación colombiana en el adiestramiento

---

[43] Véase J. Broderick, (2000), *El guerrillero invisible*. Intermedio Editores, págs. 239-307.

militar extranjero enviando hombres a cursos y entrenamiento antisubversivo[44].

En Colombia las desapariciones forzadas de personas obedecen a la lógica que se aplicó en las dictaduras del cono sur para enfrentar al enemigo interno descrito en los manuales de la Doctrina de Seguridad Nacional, por ejemplo, los manuales de contrainsurgencia son muy explícitos en señalar que el enemigo al cual se debe combatir está principalmente entre la población civil.

Así lo sostiene, el investigador Javier Giraldo:

> El manual de 1963 afirma que la guerra moderna consiste en enfrentarse "a una organización establecida en el mismo seno de la población" y que "es entre los habitantes que se desarrollan las operaciones de guerra" y el manual de 1979 incluye entre los aspectos teóricos que deben conocer los soldados en su entrenamiento "el significado de la población civil como uno de los principales objetivos en la guerra irregular". El manual de 1979 clasifica los paros, las huelgas, las organizaciones estudiantiles, el movimiento sindical y otras formas de organización popular como maneras "como se manifiesta la guerra revolucionaria en el país". Los capítulos más extensos de estos manuales están dedicados a la "Inteligencia" y a la "Guerra Psicológica" y en ellos se prescriben infinidad de métodos de control, hostigamiento y represión contra la población civil, sin detenerse ante los procedimientos más repugnantes éticamente[45].

Dentro de los rasgos principales que fueron heredados de la Doctrina de Seguridad Nacional encontramos a la Justicia Penal Militar, la cual le otorgó a los militares competencia para administrar justicia sobre los delitos cometidos por civiles bajo el régimen de los estados de sitio, hoy conocido como estados de conmoción interior o de excepción; las acciones cívico militares como alfabe-

---

44 Para ampliar este tema véase LEAL, Buitrago, Francisco, (2002), *La Seguridad Nacional la Deriva. Del Frente Nacional a la Posguerra Fría.* Editorial Alfaomega, Universidad de los Andes, págs. 55-56.

45 Giraldo, Javier. M; S. J., (2003), *Miradas Desveladas sobre la guerra Interna.*

tización, salud y construcción y la elección de alcaldes militares en zonas de grave estado de orden público, así como la militarización de la Policía Nacional.

Hacia 1974 con el Decreto 1573[46], los mandos militares lograron que se regulara el Manual para la Seguridad Nacional, en el cual se dividió la sociedad en varios frentes: interno, externo, económico, técnico, científico y militar. En el plano operativo, a las compañías de lanceros se sumaron los comandos operativos, se revivió la acción cívico militar y las operaciones de inteligencia; sin embargo, justamente este manual provocó un aumento en las denuncias sobre las violaciones de derechos humanos[47].

El gobierno de López concluyó con una aguda crisis política, el incremento creciente del número de homicidios a partir de esos años, y la presencia de múltiples conflictos sociales sin antecedentes por su magnitud y extensión, durante este período se produce el primer gran auge de la economía de la droga con el cultivo de la marihuana sobre todo en la Costa Atlántica, la sociedad colombiana comienza desde ese momento su largo aprendizaje de convivencia con el narcotráfico y la guerrilla se encuentra en un momento de caída, resultado de sus derrotas y divisiones internas.

El paro nacional del 14 de septiembre de 1977 duramente reprimido por el gobierno, al que los militares responden con violencia, evidenciaría aún más los nuevos conflictos sociales y el pánico por una naciente agitación urbana de gran magnitud se apoderaría de ellos, lo que los condujo a una depuración en sus filas y que pone al mando una generación de mano dura, excluyendo los sectores más democráticos; esta nueva generación va a ocupar un lugar protagónico en los conflictos de los años posteriores. A partir de ese

---

46 Uno de los efectos de este Decreto fue la elaboración del "Manual provisional para el planeamiento de la seguridad nacional". Fue publicado en 1975, a pesar de su carácter provisional, fue el único manual que hubo en el país para orientar la política militar sobre seguridad nacional hasta 1991.

47 Leal, Buitrago, Francisco. *Op. Cit.*, pág. 54.

momento, se produce irreversiblemente un cambio en la correlación de fuerzas entre el poder civil y el poder militar, para asumir un papel protagónico en el manejo autónomo del orden público.

1.2. La desaparición forzada de Omaira Montoya Henao

Es en este álgido contexto sociopolítico en el que se daría apertura a la práctica de la desaparición forzada de personas en nuestro país; si bien existen autores que manifiestan desapariciones de personas con ocasión de la violencia sociopolítica, como Arturo Alape quien referencia casos desde el 9 de abril de 1948, para nuestro estudio identificamos el caso de Omaira Montoya como un caso paradigmático o caso tipo, por ser un caso denunciado, documentado judicialmente, por las características de la víctima al ser militante de izquierda y las características de su victimarios quienes pertenecían a los servicios de inteligencia del Estado.

El 9 de septiembre de 1977, solo cinco días antes del mencionado paro había sido detenida-desaparecida Omaira Montoya Henao, de treinta años, natural del departamento de Antioquia, en la ciudad de Barranquilla luego de ser detenida por unidades del F-2, dentro de un operativo dirigido por la Policía Nacional y el Ejercito, junto con Mauricio Trujillo Uribe, quien posteriormente fue trasladado a la cárcel, procesado por un tribunal militar y condenado a siete años de prisión. Al momento de su desaparición por parte de los servicios de inteligencia del Estado,

Una vez detenidos de forma arbitraria e ilegal fueron introducidos violentamente y contra su voluntad en una camioneta del F-2 y luego de ser esposados Omaira y Mauricio fueron llevados a una playa solitaria y ahí según el testimonio de Mauricio Trujillo, fueron separados. Omaira se quedó dentro de la camioneta y él fue llevado a unos 50 metros de esta, esa misma tarde del 9 de septiembre, Mauricio Trujillo fue violentamente torturado por sus captores llegando a perder el conocimiento y una vez pudo recuperar este, Mauricio Trujillo se percató que Omaira Montoya había sido desaparecida.

Con posterioridad, y de acuerdo con las investigaciones judiciales se logró establecer que la detención ilegal y posterior desaparición se ordenó, planeó y dirigió por miembros de la Policía Nacional y personal adscrito al servicio de inteligencia del B-2, de la II Brigada del Ejército del Atlántico de acuerdo con los testimonios rendidos ante los investigadores de la Inspección General de la Policía Nacional y funcionarios de la Procuraduría[48].

1.2.1. El Estado frente a la detención-desaparición de Omaira

El Estado colombiano representado por una parte en la administración de justicia, que para este caso la tuvo la jurisdicción penal militar respecto a la investigación y sanción penal y por la otra en los entes de control y vigilancia en cabeza de la Procuraduría, muestran falencias desde este primer caso de desaparición forzada, al no cumplir con el mandato constitucional y legal de esclarecer los hechos y sancionar a los verdaderos responsables.

La justicia penal militar, que se acuñaron los militares, comienza a dar sus primeros frutos, como se observará, no solo impide el esclarecimiento de los hechos, sino que, además, quienes dirigen las actuaciones procesales son los mismos perpetradores del crimen. Por otra parte, la ausencia de una legislación tanto penal como disciplinaria y el hecho mismo de la estructura jerárquica de las fuerzas militares, evidencia que, aunque la Procuraduría adelantó las investigaciones correspondientes, en el momento de las sanciones se queda corta ante los altos mandos militares, quienes bajo el estatus de superioridad terminan delegando las responsabilidades en sus subalternos[49].

Según esta misma fuente, el proceso estuvo lleno de irregularidades, como el Ministerio Público lo señalo, el Juzgado desvió

48 Liga Colombiana por los Derechos y la Liberación de los Pueblos. "El Camino de la Niebla". Colectivo de Abogados José Alvear Restrepo, 1988, pág. 23-33.

49 *Ibidem.*

la investigación a cuestiones "que no son objeto de investigación" y dilato el proceso solicitando reconocimientos legales por las presuntas torturas en Mauricio Trujillo, cuando la investigación tenía por objeto establecer la desaparición de Omaira Montoya Henao, así mismo, solo concurrieron testigos de descargos; los tres agentes que presenciaron la captura de Omaira y que habían testimoniado esta circunstancia ante la Procuraduría, se retractaron (aunque posteriormente ante la Procuraduría dos de ellos ratificaron su primera declaración).

Tal vez lo más irregular en este proceso, es que adquirió total dimensión la afirmación según la cual en la Justicia Militar son los militares juzgándose a sí mismos; es así como el juez de primera instancia en este proceso y el fiscal fueron los principales autores de la desaparición de Omaira.

1.2.2. Modus operandi y mecanismos de impunidad

La manera como es llevada a cabo la desaparición forzada de una persona implica desde su propio inicio la clandestinidad, lo que impide posteriormente su esclarecimiento por parte de los entes investigadores, sin embargo, y como lo hemos venido observando en el presente caso, cuando los perpetradores hacen parte de la institucionalidad lógicamente se tendrá como resultado un crimen casi perfecto.

En este caso se pueden describir los siguientes mecanismos de impunidad, por una parte, la clandestinidad misma del procedimiento de la detención, las órdenes dadas por oficiales en forma verbal cuya reconstrucción se dificulta a la hora de probarlas dentro del proceso, la participación de personal de los cuerpos de inteligencia vestidos de civil y utilizando vehículos sin identificación de su pertenencia a organismos estatales.

Por otra parte, los informes presentados con posterioridad a la detención-desaparición de Omaira Montoya, el ocultamiento de los oficiales superiores que planearon, ordenaron y dirigieron los operativos, así como de parte del personal que participó en estos. Dentro de los informes, pretender simular la fuga de la víctima, el traslado de los implicados en comisiones, para efecto de entorpecer las investigaciones.

Y finalmente las falencias en los procesos judiciales y disciplinarios, en especial en la jurisdicción penal militar donde parte de los autores intelectuales terminaron convertidos en juez y fiscal del proceso de primera instancia, la intimidación a los testigos presenciales del hecho quienes terminaron retractándose de su primera declaración, así mismo, la Procuraduría no vinculó a los oficiales superiores comprometidos en este crimen, ni se aplicó el principio de responsabilidad del superior por orden impartida, para terminar con la morosidad del proceso disciplinario de más de siete años, lo que hizo que frente a la mayoría de cargos operara la prescripción de la investigación.

Con esta desaparición forzada denunciada oficialmente en Colombia se da inicio a una de las tantas prácticas utilizadas dentro del contexto de la "guerra sucia", conocida en nuestro país con este calificativo pero que en realidad obedece a la estrategia táctico militar utilizada en conflictos de baja intensidad y adelantada para contrarrestar a la subversión.

En esta concepción de guerra no convencional, las acciones militares se desarrollan en una dinámica distinta y recordemos que el fenómeno está atravesado por la Doctrina de Seguridad Nacional, que predetermina la salvaguarda del *status quo*, a costa de la eliminación selectiva del enemigo, esto es, las bases sociales que en determinado momento podrían servir de apoyo a las fuerzas insurgentes. Para llevar a cabo esta tarea se recurre a distintas formas clandestinas de operación en las que intervienen no solo particulares, sino como lo observamos en este caso la misma oficialidad y lo que es aún más grave utilizando los bienes del Estado para su cometido.

La desaparición forzada de Omaira Montoya abrirá paso al refinamiento de su práctica, y aún peor, a una larga lista de personas detenidas desaparecidas de las que aún hoy no se tiene noticias

i) de su paradero, ii) de la manera como fueron relegadas de su contexto social y familiar, iii) del por qué se las llevaron, iv) ni de sus victimarios; pero así mismo, la historia nos devela como esta práctica no es un hecho aislado del conflicto armado interno y sus consecuencias, también obedece a la multiplicidad de intereses que se tejen a su alrededor y de las largas luchas emprendidas por los que no se resignan a aceptar la pérdida de un ser querido en estas absurdas circunstancias.

1.3. Turbay Ayala y el estatuto de seguridad

Turbay Ayala al empezar su gobierno decidiría enfrentar la crisis que recibía del expresidente López, planteando una reforma constitucional centrada en el fortalecimiento de la justicia, pero la misma correría la suerte de la presentada años atrás por López, cuando la Corte Suprema de Justicia la declarara inexequible en noviembre de 1981. Por otra parte, su estrategia para contrarrestar la protesta social y combatir la lucha armada se centró en el llamado Estatuto de Seguridad, el cual promulgó por medio del Decreto 1923 del 6 de septiembre de 1978, conocido como Estatuto de Seguridad[50], desde el inicio de su gobierno uso este instrumento como la plataforma legal que garantizaba la represión desde el Estado[51].

De acuerdo con el investigador Camilo Bernal, este Decreto 1923 de 1978, inspirado en la Doctrina de Seguridad Nacional y el Plan Cóndor, se utilizó para enfrentar el terrorismo de los

---

50 Ministerio de Defensa Nacional, Compilación..., tomo XVII..., 1978, pág. 31 y sigs. Citado por LEAL, Buitrago. *Op. Cit.*, pág. 58.

51 Para profundizar en este tema ver a BERNAL, Camilo, quien analiza la excepcionalidad política y el derecho penal de emergencia en tres periodos: 1957-1978, 1978-1990, 2002-2006. En: Transiciones En Contienda. "Excepcionalidad permanente: un ensayo de comprensión histórica de la justicia penal de excepción y la justicia transicional en Colombia". Centro Internacional para la Justicia Transicional, 2010, págs. 115-155.

grupos subversivos y sus colaboradores, en su articulado, se le atribuyo poderes a los tribunales militares para procesar civiles, se le entrego la competencia a los comandantes de brigadas militares para reprimir las protestas sociales y el activismo político con la posibilidad de privar de la libertad durante un año a ciudadanos que cometieran delitos menores como: ocupación ilegal de sitios públicos para la protesta, distribución de propaganda subversiva, hacer grafitis o exhortar a la rebelión, así como, otras conductas, que incluían el aumento de la pena incluso por encima de lo establecido en el Código Penal[52].

El desprestigio del gobierno Turbay en los contextos nacional e internacional ponían en evidencia los vestigios del Frente Nacional con gobiernos ineficaces, despilfarros administrativos, redes clientelares y corrupción; pero sobre todo la masiva represión en contra de los opositores políticos por parte de las clases dominantes colombianas para enfrentar las crisis políticas y conservar el poder.

Pero este desprestigio no solo cobijaba a la administración en cabeza de Turbay, las Fuerzas Armadas, tal y como se presagiaba desde el final de la administración López, jugaron un papel protagónico en el manejo del orden público y como resultado no solo se hallaron responsables directas de abusos y violaciones a los derechos humanos, pues eran casi innumerables las denuncias por allanamientos ilegales, detenciones arbitrarias, torturas y desapariciones; sino que a nivel internacional eran mal vistas por su intención de militarizar el régimen político[53].

En efecto, el descontento social que reinaba para este momento llevó a tomar medidas fuertes que a la postre sirvieron para causar un efecto contrario, pues lo que generó en última instancia su aplicación fue precisamente el reconocimiento y la admiración

---

52 Bernal, Camilo. (2010), Transiciones En Contienda. "Excepcionalidad permanente: un ensayo de comprensión histórica de la justicia penal de excepción y la justicia transicional en Colombia", pág. 128.

53 Leal, Buitrago, Francisco. *Op. Cit.*, pág. 59.

casi general de la subversión y en especial del M-19, que, con sus acciones espectaculares, más que militares, pondrían a la guerrilla como un actor político de primer orden. La toma de la Embajada Dominicana llevada a cabo por el M-19 desde el 27 de febrero hasta el 27 de abril de 1980, sería el escenario público para las denuncias de los abusos por parte del gobierno y las Fuerzas Militares, así como, para el lanzamiento de una propuesta de paz como iniciativa del grupo armado, con la consigna "amnistía general y diálogo nacional", el mismo Bateman Cayón presentó una invitación a varios ex presidentes y varias personalidades colombianas para reunirse en Panamá y sostener un diálogo sobre la paz[54].

Tres meses después de finalizada la toma se presentó al Congreso de la República, tanto la propuesta de amnistía amplia y general, aprobada en el II Foro por los Derechos Humanos, como el proyecto de amnistía del presidente Turbay el cual se convirtió en la Ley 37 de 1981[55] que regulaba el procedimiento para someterse a la justicia y los requisitos para ser amnistiado; sin embargo, los mismos estaban concebidos para una guerrilla debilitada política y militarmente por lo que fue rechazada por el grupo subversivo.

Para 1981 Turbay Ayala conformaría una comisión a la que se le encargó la elaboración de una propuesta jurídica para la integración de los alzados en armas a la vida legal, la misma se instaló el 6 de noviembre de ese año y estaba presidida por el expresidente Lleras Restrepo incluyendo a dos militares, el General José Gonzalo Forero Delgadillo, comandante de las Fuerzas Militares y el Mayor General Naranjo, director de la Policía Nacional.

Esta comisión realizó algunos acercamientos con el M-19 llevando a cabo una propuesta para reformar el artículo 28 de la Constitución Política, planteó un proyecto de suspensión de penas para algunos delitos de libertad provisional y de amnistía; a

---

54 Ramírez V. Socorro, Restrepo, M. Luís Alberto. (1989), "Actores en Conflicto por la Paz". Siglo XXI Editores., pág. 48.

55 *Ibidem.*

lo que reaccionaria airadamente el General Camacho Leyva por considerar que la comisión estaba sacrificando el orden jurídico y político, a lo que se sumó el presidente Turbay manifestando que la propuesta contradecía su comportamiento político como mandatario. Ante la actitud presidencial los miembros de la comisión renunciaron el 13 de mayo de 1981. Finalmente, el 19 de febrero de 1982, el presidente Turbay expidió el Decreto 474, en el que ofrecía 30 días de suspensión de actividades militares, período durante el cual las guerrillas que hubiesen manifestado su deseo de suspender sus actividades y entregar las armas al comando militar de su región serían beneficiadas con la figura jurídica del indulto.

Terminaría el gobierno de Turbay en la dualidad política del garrote y la zanahoria, de un lado, la puja por la paz con el M-19 y del otro la aplicación del Estatuto de Seguridad, en una muestra clara de arbitrariedades contra la población civil, inerme y en estado de sitio. El vaivén de las negociaciones con el M-19 no solo concluiría con una fallida salida negociada, sino que también había desmoralizado a las tropas, según las afirmaciones de Turbay Ayala al rechazar la propuesta presentada por la comisión de acercamientos con el grupo insurgente.

En este contexto de arbitrariedades se ejecutó por parte de organismos de seguridad del Estado en asocio con un reconocido narcotraficante, la detención ilegal y posterior desaparición de 12 estudiantes de las universidades Nacional del Colombia y Distrital de Bogotá; llevadas a cabo entre el 4 de marzo y el 13 de septiembre de 1982, adelantadas por la entonces DIPEC, F-2 de la Policía Nacional, para desvertebrar presuntas células urbanas del M-19 y el ELN, que al parecer habían llevado a cabo el secuestro de los hijos del conocido narcotraficante Jader Álvarez.

1.3.1. La desaparición forzada de 12 estudiantes

Otro caso representativo en este primer periodo se dio durante el gobierno de Turbay Ayala, la alianza entre un reconocido narcotraficante y agentes de seguridad del Estado a comienzos de la década de los ochenta dejó 12 personas desparecidas dentro de la operación "Gachalá", municipio en el que se vio por última vez a varios de los estudiantes desaparecidos.

La ejecución y consumación de estas 12 detenciones-desapariciones[56] estuvieron enmarcadas dentro de una serie de operativos policiales adelantados por organismos de inteligencia de la Policía Nacional, dirigidas y ordenadas por su jefatura (coronel Nacim Yanine Díaz) especialmente y el Estado Mayor del F-2, en torno a los secuestros de los niños Álvarez, hijos del narcotraficante José Jader Álvarez. Así mismo, en estas desapariciones se utilizaron varios vehículos adscritos a los servicios de inteligencia de la Policía Nacional, así como, vehículos particulares de la familia Álvarez, que financió, suministró inteligencia, apoyo logístico y humano a la Policía Nacional[57].

Este caso inició con una serie de desapariciones selectivas, en la ciudad de Bogotá entre el 4 de marzo de 1982 y el 15 de septiembre de ese mismo año, se trataba de varios estudiantes de la Universidad Nacional y Distrital, quienes se conocían entre sí, y que con el avance de las investigaciones se logró determinar que no se trataba de hechos aislados sino de una sola operación adelantada por miembros de la Policía Nacional.

Atreves de seguimientos, estos estudiantes fueron interceptados en distintos sitios de la ciudad por hombres armados, vestidos de civil, quienes por la fuerza y en contra de su voluntad fueron subidos a vehículos sin placas de servicio estatal y otros identificados por testigos como de propiedad del narcotraficante.

---

[56] Para la operación Gachalá y el desarrollo completo de cada uno de los casos ver: El camino de la niebla, CAJAR, 1990; págs. 90-155.

[57] Liga Colombiana por los Derechos y la Liberación de los Pueblos. "El Camino de la Niebla". Colectivo de Abogados José Alvear Restrepo,1988, pág. 81.

A pesar de la búsqueda de sus familiares en diferentes oficinas del Estado, inspecciones de Policía, clínicas y anfiteatros, nunca más se volvió a saber de su paradero, en varias de las desapariciones sus propios familiares y amigos fueron testigos de los hechos, quienes declararon dentro de las investigaciones adelantadas por la comisión creada especialmente para el caso, por orden del Procurador General de la Nación, Carlos Jiménez Gómez en 1983.

1.3.2. De la justicia ordinaria a la justicia penal militar

Aunque la justicia ordinaria unificará e iniciará el procedimiento frente a la investigación penal, en marzo de 1983, por designación de la Dirección Seccional de Instrucción Criminal al Juzgado 9 de Instrucción Criminal Ambulante el cual tan pronto llamó a los primeros oficiales investigados a indagatoria, se decreta la colisión de competencias en abril de 1985 y la investigación penal pasó a la Jurisdicción Penal Militar.

En esta jurisdicción se ordenó en primera instancia sobreseer definitivamente a todos los integrantes implicados. Esta providencia de marzo 1987 sería confirmada por el Tribunal Superior Militar en julio de ese mismo año. Más recientemente el 22 de junio de 2011, la Sala Penal de la Corte Suprema de Justicia decidió revisar los sobreseimientos definitivos dictados por la justicia castrense en 1987, a favor del entonces coronel Nacim Yanine Díaz y otros 17 miembros de la Policía Nacional, respecto de la desaparición de los 12 estudiantes desaparecidos.

Por su parte la Procuraduría, que inicialmente abre tantos expedientes como casos individuales, unifica la averiguación disciplinaria bajo la dirección de una comisión investigadora encabezada por Federico Torres Donado. La Comisión en un informe al Procurador General de la Nación, Jiménez Gómez el 1 de agosto de 1984, llega a la conclusión de que en esta desaparición colectiva están implicados la alta oficialidad de la Dirección de Inteligencia de la Policía Nacional, empezando por su jefe, así como varios suboficiales y agentes, completando una lista de 22 encartados y recomienda que sean penal y disciplinariamente procesados[58].

Sin embargo, solo hasta enero de 1987, la Procuraduría delegada para la Policía Nacional levanta cargos a seis oficiales. En septiembre de 1987 el Procurador delegado para la Policía Nacional pide sanciones para tres oficiales de baja graduación, pero niega que su responsabilidad sea por conductas activas tendientes al desaparecimiento de las personas.

El 29 de julio de 1988 la Procuraduría, a través de una providencia, confirmando la sanción a los tres tenientes, decide reabrir la investigación por todos los desaparecidos de este caso y contra todos los demás implicados. Además, esta nueva decisión de la Procuraduría traería un importante elemento, el reconocimiento de la desaparición como falta disciplinaria, un logro importante de los familiares de los desparecidos, después de ocho años.

1.3.3. Modus operandi y mecanismos de impunidad

La forma como se lleva a cabo la detención-desaparición es de por sí el principal mecanismo generador de impunidad, pues dificulta la identificación de los victimarios y la reconstrucción misma de este crimen. En este caso colectivo se pueden identificar los siguientes mecanismos utilizados por los miembros de seguridad del Estado.

La realización de los operativos por personal civil en algunos casos encapuchados, utilización de vehículos adscritos a la Policía Nacional, sin distintivos de la institución con placas diferentes a las registradas en los libros, uso de vehículos particulares, uso de helicópteros particulares, sin registro aeroportuario de los vuelos efectuados.

Por otra parte, la participación de personal perteneciente a diferentes aparatos e instituciones de seguridad, de inteligencia y

---

58 Informe de la Comisión Investigadora al Procurador Jiménez Gómez, el 1 de agosto del 84.

de contrainteligencia del Estado, el no registro de las detenciones hechas ni la existencia de reporte escrito de las órdenes impartidas, el montaje de falsos rescates de secuestrados u operativos para reaparecer como muertos a los desaparecidos.

Finalmente las falencias en los procesos judiciales y disciplinarios, el principal mecanismo de impunidad es la jurisdicción penal militar, no se consideraron o se descalificaron parcial o totalmente pruebas que demostraban plenamente la responsabilidad de los investigados en las diversas desapariciones, se alteró el contenido de las llamadas telefónicas hechas por algunos de los desaparecidos desde su lugar de captura a sus familias, utilizándolas como prueba de supervivencia y conexión con la delincuencia, se recurrió al expediente de los antecedentes "delictivos" y a los montajes periodísticos-policíacos para legitimar hasta cierto punto la actuación de los miembros de la Policía , sobreseimiento definitivo para todos los integrantes de inteligencia en todas las desapariciones y los dos asesinatos, por "falta de pruebas", así mismo, se adujo por la Procuraduría la falta de tipo disciplinario y penal para la desaparición[59].

1.3.4 El drama de 12 familias se organiza para exigirle respuestas al Estado

La búsqueda de sus seres queridos en hospitales, inspecciones de policía, anfiteatros los llevó a encontrarse para vivir en colectivo el drama de la desaparición forzada, estas madres, esposas, compañeras, hermanas, hijas y sus familiares coincidieron en la tragedia y decidieron organizarse para pedirle al Estado colombiano respuestas sobre los detenidos-desaparecidos del país.

Ante el silencio oficial por los desaparecidos y con el acompañamiento del abogado Eduardo Umaña Mendoza y el padre Javier Giraldo los familiares del caso de desaparición forzada colectiva

---

59 Liga Colombiana por los Derechos y la Liberación de los Pueblos. "El Camino de la Niebla". Colectivo de Abogados José Alvear Restrepo, pág. 125-129.

conocido como Colectivo 82 se unieron para buscar respuestas sobre sus seres queridos y con ello se dio origen a la Asociación de Familiares de Detenidos Desaparecidos —ASFADDES—, tomando como ejemplo las experiencias de la Asociación de las madres de la Plaza de Mayo de Argentina; que para esa época se encontraban en la etapa final de la dictadura militar y sus graves consecuencias.

El Padre Javier Giraldo describió el proceso de encuentro con esas familias

> ...yo trabajaba entonces en el CINEP en el campo de derechos humanos. De pronto atrajeron mi atención algunos avisos que aparecían en algunos diarios, como unos pequeños recuadros con una foto y una leyenda que decía más o menos lo mismo: Quien haya visto a esta persona o sepa de su paradero, le rogamos comunicarse a estos teléfonos o a esta dirección. Yo recorté esos avisos y los fui coleccionando porque me parecía que una nueva modalidad de represión, similar a la de Argentina, Uruguay o Chile comenzaba a anunciarse.
> Un día sábado tomé el vehículo de mi comunidad y salí en búsqueda de las direcciones que estaban registradas en esos avisos. Me encontré con familias supremamente angustiadas que me atendían entre llantos y me contaban lo que estaban viviendo. Pude comprobar que realmente el método de la desaparición forzada comenzaba a hacer carrera entre nosotros. Todos los indicios apuntaban a detenciones por fuera de todos los marcos legales (ASFADDES, 2003, pág. 29).

Luego de este acercamiento con el padre Javier Giraldo, los familiares del caso Colectivo 82 se reunieron hacia finales del mes de octubre en las instalaciones del CINEP y en el intercambio de experiencias comenzaron a encontrar nexos y relaciones entre las víctimas, los hechos y actores de la desaparición forzada de los estudiantes:

> ...la primera reunión que tuvimos en el CINEP, quizás octubre del 82. En la medida en que cada familia iba contando su historia, las otras iban descubriendo alguna relación con su propio caso (...). Recuerdo que yo utilicé un tablero para graficar todas las relaciones que iban apareciendo y al final vimos que todos los casos se conectaban de alguna manera. Fueron apareciendo indicios muy claros sobre la responsabilidad del F-2 de la Policía Nacional en los hechos (ASFADDES, 2003, pág. 32).

Como resultado de estas reuniones los familiares intercambiaron propuestas para unir esfuerzos en la búsqueda de desaparecidos y en su denuncia; el grupo publicó entonces un primer folleto de denuncia: "La Justicia no se Tranza" y programó una serie de manifestaciones públicas como las marchas de los Claveles Blancos por las calles con las fotos de los detenidos desaparecidos. El jueves 4 de febrero de 1983, se realizó la primera actividad pública de los familiares a través de una marcha y manifestación pacífica, para protestar ante las autoridades por su silencio; al mismo tiempo que se hacía conocer a la sociedad la existencia de las desapariciones forzadas en el país.

Estas marchas se realizaron cada jueves, por la carrera séptima en frente de las principales instituciones de la Nación, hasta mediados de 1984 cuando por la represión y el hostigamiento oficial a los marchantes tuvieron que suspenderse. Según los familiares y las personas que los apoyaban había más presencia de fotógrafos y agentes de inteligencia que participantes y aumentaron las agresiones de la Policía arrebatando y rompiendo los carteles de los familiares.

Para el año 1984 las denuncias hechas llegaron a instancias internacionales, es así como la ONU y específicamente el recién creado grupo de trabajo sobre desapariciones forzadas registró en uno de sus informes casos sobre Colombia y transmitió 17 denuncias al gobierno Betancur.

Con esta serie de actividades y denuncias públicas nació en Colombia la primera organización de familiares de detenidos desaparecidos que recurrieron desde ese momento y hasta entonces a la protesta social y la denuncia internacional sobre los casos de desaparición forzada en Colombia, que ya eran más que evidentes para la época.

1.4. El anhelo de paz de Belisario Betancur y la tragedia del Palacio de Justicia

La política de mano dura diseñada y aplicada por Turbay Ayala sucumbió en el fracaso y abrió el espacio para la nueva contienda electoral la cual pondría en el debate público el tema de la paz, los esfuerzos de la clase dirigente por buscar una salida a la crisis política por la vía de la represión naufragaría y la propuesta de diálogo hecha por el M-19 fue acogida por una difusa opinión pública que llevaría al poder al candidato Belisario Betancur y al grupo guerrillero como su inmediato interlocutor.

Belisario Betancur adelantaría una campaña que rompía con el estilo tradicional de sus antecesores, de origen campesino y con una personalidad informal, Belisario acercaba su programa de gobierno al hombre de la calle y al ciudadano de a pie, así es como en mayo de 1982 conquista la Presidencia de la República con la más alta votación registrada en la historia por la alta magistratura con 3.134.962 votos relegó a su contendor Alfonso López Michelsen.

El 7 de agosto de 1982 Belisario Betancur se posesionaría en su cargo, mientras que en el departamento del Putumayo el M-19 celebraba su VIII Conferencia; desde este momento se daría inicio a uno de los periodos presidenciales más álgidos que viviera nuestra nación, surgieron en la escena política los actores del conflicto que hasta la fecha se mantenían en el anonimato abrieron sus propuestas en busca de la reconciliación nacional, este proceso provocaría que el país viviera una experiencia de politización intensa en sus conflictos sociales y armados que hasta el momento se habían acallado y desconocido por la fuerza.

El gobierno de Belisario Betancur[60], encaró con la crisis del régimen político colombiano, heredada del Frente Nacional, priorizó en la recuperación de la paz por las vías del diálogo, la negociación y los acuerdos con los grupos alzados en armas, fortaleció la política exterior y las relaciones internacionales afiliando al país a los No Alineados; significando con esto un distanciamiento a la tradicional incondicionalidad de Colombia para con los Estados

---

[60] Para profundizar en el tema del proceso de paz durante el gobierno de Belisario Betancur 1982-1986 ver: Actores en Conflicto por la Paz. (Ramírez V. y Restrepo M., 1988).

Unidos. Sin embargo, esta política alejó al gobierno de la realidad interna a nivel social y de reestructuración política, la paz se convirtió en terreno de enfrentamiento, en prolongación de la guerra por otros medios, el diálogo y la concertación fueron cediendo paso nuevamente a la confrontación violenta hasta culminar en la tragedia nacional del Palacio de Justicia, en las masacres de Tacueyó y la generalización de la guerra sucia.

Estos últimos acontecimientos estuvieron rodeados de advertencias durante el gobierno de Betancur, al parecer era una tragedia anunciada, pues desde el comienzo de su gobierno el 21 de agosto de 1982, doce días después de su posesión, el grupo delictivo Muerte a Secuestradores —MAS— se reivindicó, entre otros, el asesinato del profesor de la Universidad Nacional, Alberto Álava, el historial delictivo del MAS[61] después de año y medio de fundación, era ya conocido y despertaba una gran preocupación en amplios sectores de la sociedad. En realidad, su existencia y su acción era una de las razones más válidas que podía argumentar los movimientos guerrilleros para no deponer las armas e incorporarse a la vida civil. La experiencia de anteriores amnistías en la historia nacional y de los asesinatos que los acompañaron, son un

---

61 El 03 de diciembre de 1981, se informa del surgimiento del MAS en Cali, en volantes arrojados desde un helicóptero con el título: "Comunicado del MAS a la ciudadanía" y en el comunicado remitido a la prensa a nombre de "Los Secuestrables". Se advierte que el MAS funcionaría como una empresa, según decisión de 223 jefes de la mafia reunidos en asamblea. Cada uno de los participantes aportó $2 millones, para un total de $446 millones y 2230 hombres de choque. Anunciaban que "toda persona comprometida en secuestro, será ejecutada públicamente, colgada de los árboles o fusilada y marcada con el signo de nuestro grupo MAS y una cruz que significa muerte a secuestradores. Los secuestradores detenidos por las autoridades serán ejecutados en prisión". Así lo hicieron particularmente cuando el secuestro de Martha Nieves Ochoa, en Medellín, el 12 de noviembre de 1981. *Semana* No. 1. Bogotá, mayo 12-18, págs. 57 y 59. *Semana* No. 17, Bogotá, agosto 31 septiembre 4 de 1982. Al ver además el "Memorando sobre el surgimiento y actividades criminales del grupo Muerte a Secuestradores MAS", Comité Permanente por la Defensa de los Seres Humanos, Bogotá, noviembre 15 de 1982.

precedente que los insurgentes de la época, con sobrada razón, no podían olvidar.

La posición del presidente Betancur frente al grupo de justicia privada fue la de asumir el compromiso de su gobierno en el "desentrañamiento y sanción ejemplar del siniestro MAS y sus similares" (Semana, 1982). Las denuncias de las organizaciones defensoras de derechos humanos y de la Comisión de Paz, que recibía testimonios, denuncias y mensajes sobre atrocidades de las que se sindicaba al MAS, solicitando en ese entonces al presidente una investigación y las medidas necesarias para desactivar tales organismos.

El 14 de octubre de 1982 el presidente envió su respuesta escrita a la Comisión en la que reiteraba su rechazo a la justicia privada y añadía que estaba convocando al ministro de justicia y al procurador general de la nación para que establecieran el estado de las investigaciones (El Espectador, 1982). Esta petición fue aceptada inmediatamente por el procurador Carlos Jiménez Gómez (El Tiempo, 1892), quien, en compañía de Rodrigo Lara Bonilla, entonces ministro de justicia, viajó a recibir testimonios en el Magdalena Medio y a respaldar la labor de investigadores que permanecieron durante más de dos meses en Arauca, Cimitarra, Puerto Boyacá, La Dorada, Puerto Triunfo, Puerto Berrío, Estación Cocorná y Medellín[62].

La presentación, por parte del procurador Carlos Jiménez Gómez, de los resultados de la investigación acerca de los asesinatos políticos y los desaparecidos, solicitada por la Comisión de Paz, por el presidente de la República y por el ministro de defensa, desató un gran malestar. En este informe, se sindicaba a cincuenta y nueve militares en servicio activo de pertenecer al movimiento Muerte a Secuestradores (MAS).

El informe en mención revelaba que, si bien la sigla había surgido en un plan concreto para rescatar a una persona secuestrada,

---

62 Ramirez V. Socorro, Restrepo M. Luís Alberto. *Op. cit.*, pág. 118.

por haber logrado su objetivo y por el ambiente de confusión reinante, el grupo de justicia privada se había convertido en modelo. Según el Procurador Jiménez, distintos sectores de la población, en la ciudad y en el campo, —"finqueros y ganaderos, comerciantes, líderes de la nueva política lugareña o regional, o simples activistas"— habían venido, paulatinamente, apelando, en forma cada vez más recurrente y masiva, a la justicia privada, para combatir las más diversas manifestaciones del conflicto social.

> Nuestra investigación encontró en los distintos lugares personas vinculadas directa o indirectamente a las Fuerzas Armadas que se han dejado arrastrar por esta corriente de disolución nacional y han incurrido, fuera de combate, en hechos del tipo de delincuencia que he venido analizando" (El Tiempo, 1983, págs. 26-27).

El procurador añadía los nombres de los 59 militares en servicio activo, presuntos miembros del MAS. La sindicación se hacía aún mucho más grave por cuanto, en el origen del MAS, se hallaba una poderosa asociación de narcotraficantes[63]. Ante el informe del Procurador las Fuerzas Militares reaccionarían de inmediato y en conjunto, a lo que se sumó el apoyo corporativo de los gremios pertenecientes al campo, la Asociación Nacional de Productores Lecheros (ANALAC), la Federación Colombiana de Ganaderos (FEDEGAN), la Federación Antioqueña de Ganaderos (FADEGAN), la Asociación de Algodoneros, los ganaderos de Arauca y Córdoba (El Tiempo, 1983), más el sector de la construcción representado por CAMACOL, les enviaron comunicados de respaldo. También los industriales les dieron su apoyo. Así lo hizo la Asociación Nacional de Industriales (ANDI) (El Tiempo, 1983), Ardila Lulle ofreció un banquete en su casa[64], al ministro de

---

63 *Ibidem*, pág. 119.

64 Aunque las invitaciones para ese banquete anunciaban la intervención del presidente de la República, este no se hizo presente, como tampoco concurrió Julio Mario Santodomingo. Por el contrario, al día siguiente del banquete, Betancur hizo una intervención en la Escuela Superior de Guerra mostrando la conveniencia de una política internacional no alineada.

defensa quien, en su discurso de agradecimiento, trazó la línea política que, a su parecer, debía seguir el poder civil. Señaló que era el momento de "modificar la postura magnánima del legislador de ayer para asumir la imagen severa del custodio del orden social establecido" (El Espectador, 1983). Las Fuerzas Armadas asumían, pues, públicamente, a través del ministro de defensa, la posición política sobre el proceso de paz que habían venido alimentando, hasta entonces, en privado.

De esta manera, saldría a la luz pública la verdadera posición de las Fuerzas Armadas frente al proceso de paz adelantado por Belisario. En realidad, el proceso era visto como un despropósito que negaba su experiencia de más de treinta años de enfrentamientos con las guerrillas y que a su vez los deslegitimaba, al ver cómo eran señalados en palestra pública varios de sus hombres, mientras sus enemigos salían de las cárceles cobijados por la amnistía del presidente. Ante las graves denuncias hechas en el informe del procurador se produjeron otras muchas reacciones de protesta, entre las que se destaca la del consejero de la Sala Penal del Consejo de Estado, Jorge Valencia Arango quien presentara una proposición, en la cual se pedía una severa sanción al procurador.

El presidente Betancur dejó a su suerte al procurador Jiménez al no desmentir ni confirmar sus denuncias y el apoyo al procurador no se hizo esperar en la voz de algunos sectores democráticos del país, como el sindicalismo y algunos jueces de Instrucción Criminal de Medellín, al igual que el periódico El Espectador, el cual dejaría ver entre sus páginas que el "compromiso perentorio del presidente Betancur" es el de liquidar el grupo terrorista MAS. "Viene a ser así uno de los puntos más respetables y atractivos del gobierno del presidente Betancur". Destacó que el paso más decisivo en ese sentido lo daba el Procurador, "al señalar los nombres

---

"Renovación y racionalización de las instituciones colombianas", mayo 6 de 1983. "Ver además *Semana,* N. 54, Bogotá, pág. 22 y Jacobo Arenas, *Op. cit.*, pág. 27.

propios de militares en actividad y en retiro y otras personas, contra quienes hay cargos suficientes para su vinculación". Y agregó: "No hay duda de que el MAS había metido sus tentáculos en algo tan sagrado para el país como lo son sus Fuerzas Armadas, cuyos jefes responsables y respetados han de ser los primeros en celebrar que se cercene la parte gangrenada"[65].

Finalmente, con el apoyo del presidente y con un concepto del Consejo Nacional Disciplinario[66], de carácter más político que jurídico, los procesos contra los militares implicados pasaron a manos de la Justicia Penal Militar. Desviadas las investigaciones, no fue posible clarificar los hechos ni sancionar a los culpables. Por el contrario, algunos de los acusados aprovecharon la impunidad y usaron sus puestos para amenazar y amedrentar a quienes los habían denunciado. Las Fuerzas Armadas perdieron la oportunidad de recuperar su prestigio y la justicia penal militar apareció como una justicia ineficaz y poco garantista, que sentó un gravísimo e inconstitucional precedente de impunidad en los servicios de seguridad del Estado.

Rodrigo Lara Bonilla informó a la Comisión de Paz que la mayoría de las personas que habían dado testimonios ante él y el Procurador habían sido asesinadas. En consecuencia, el país vio alejarse la posibilidad de conseguir una sanción ejemplarizante para los culpables y de iniciar el oportuno desmonte de los aparatos paramilitares, que desde entonces se multiplicaron y tomaron los más diversos nombres: Mano Negra, Embrión, Muerte a Abigeos, Muerte a comunistas, Los Grillos, Los Menudos, entre otros (Semana, 1983).

Los resultados de este funesto esguince fueron claros. Según los datos que el Comité Permanente de Defensa de los Derechos Humanos pudo registrar, en el primer año de gobierno del presidente Betancur, ocurrieron 181 asesinatos reclamados por el

---

65 El Espectador, Bogotá, julio 21 de 1983.

66 Citado en el Informe de Amnistía Internacional sobre Colombia (El Espectador, 1995).

MAS, 146 por otros grupos paramilitares y 187 atribuidos a los servicios de seguridad del Estado[67].

Además, el número de personas forzosamente desaparecidas se incrementó en el mismo año[68]. Según las investigaciones adelantadas por el procurador, el total de los desaparecidos de los que se tenía noticia oficial era aproximadamente de 150 personas. Personal al servicio de los aparatos de seguridad del Estado, y concretamente de la Policía y el Ejército Nacional, habrían sido, según su informe, responsables de haber incurrido en esta clase de delitos.

Por su parte, ASFADDES tenía reportados 325 casos de desapariciones forzadas y pedía al Procurador la investigación y sanción correspondiente para los culpables. "Nosotros — añadía — hemos señalado nombres de mandos y agentes de los servicios de seguridad y de las Fuerzas Armadas desde un comienzo" (El Espectador, 1984). Amnistía Internacional también señalaba entonces, en su informe sobre Colombia: "Hay preocupación por las ejecuciones extrajudiciales que parecen ser llevadas a cabo como política por algunos sectores del ejército colombiano. Otras materias preocupantes incluyen la presunta "desaparición" de cuando menos 80 prisioneros en 1983" (El Tiempo, 1984). El desbordamiento del estado de derecho por la justicia privada era manifiesto.

Bajo esta tensa situación, el proceso de paz adelantado por Belisario Betancur con el M-19, tuvo un desarrollo con diversos altibajos que acabaron por llevarlo a una coyuntura que terminaría con la toma del Palacio de Justicia.

---

67 Citado en el Informe de Amnistía Internacional sobre Colombia (El Espectador, 1995).

68 Semana. No. 110, Bogotá, junio 12 a 18 de 1984, págs. 26-28.

1.4.1 La toma del Palacio de Justicia, la retoma y los desaparecidos

6 de noviembre de 1985 la "toma anunciada" del M-19 al Palacio de Justicia se producía a las 11:30 de la mañana, inmediatamente el edificio de los poderes judiciales colombiano fue cerrado por un comando de 35 hombres del M-19 denominado "Iván Mariano Ospina", casi la totalidad de magistrados de la Corte Suprema de Justicia y del Consejo de Estado fueron tomados como rehenes por el comando guerrillero, así como, un gran número de empleados y funcionarios del Palacio, varios civiles y visitantes ocasionales del mismo fueron atrapados en la toma, dando inicio a un intenso tiroteo.

La operación denominada Antonio Nariño por los Derechos del Hombre, exigía por parte de los guerrilleros la publicación de las actas de la Comisión de Verificación, el texto de los acuerdos de tregua con el objeto de presentar una demanda ante la rama jurisdiccional y frente a los magistrados rehenes, acusando a Betancur de haber incumplido los pactos suscritos con ellos el año anterior. También exigían, un espacio radial para explicar por qué habían roto la tregua y para publicar un manifiesto sobre la paz, así como, los acuerdos del gobierno con el Fondo Monetario Internacional —FMI—, a su vez denunciaban el manejo de los recursos energéticos —petróleo, gas y carbón— por parte de compañías extranjeras y el tratado de extradición.

Muy al estilo grandilocuente del M-19, convocaban a la nación en nombre del "nuevo gobierno": "Que ningún colombiano nuestro se quede al margen de este juicio y que este juicio tenga la altura, la grandeza y la fuerza de un acto del nuevo gobierno". Luego, exigían "la presencia en este tribunal del presidente Belisario Betancur o de su apoderado para que responda de manera clara e inmediata a cada una de las acusaciones contra el actual gobierno". Y le anunciaban al país: "Hoy por fin el futuro está en nuestras manos" (El Espectador, 1985).

A los pocos minutos ya las tropas de asalto del Ejército penetraban en el Palacio de Justicia. Dos horas después, un tanque Cascabel rompía las puertas del edificio. Fuerzas especiales, combinadas de Ejército y Policía, se abalanzaron sobre el Palacio, a pie, en tanques y helicópteros, con cañones de retroceso, bazucas, cohetes y explosivos, en una operación de exterminio y aniquilamiento, como si estuviera operando en campo abierto, sin parar un instante el fuego, el gobierno se limitaba a exigir la rendición del M-19 y prometía un juicio con garantías. Se negaba por completo al diálogo, por el contrario, el Ejército obstruyó a la Cruz Roja para que no tendiera un puente entre los asaltantes y el Palacio de Nariño.

El magistrado Reynaldo Arciniegas fue enviado desde el Palacio en busca de diálogo con el gobierno, pero los militares se limitaron a interrogarlo sobre la ubicación de los guerrilleros y de los rehenes y no le permitieron cumplir su gestión. Tampoco lo dejaron regresar. El presidente Betancur, terriblemente endurecido y tal vez espantado, se negó a pasarle al teléfono a Alfonso Reyes Echandía, quien, investido de su condición de presidente de la Corte Suprema y como jefe máximo de uno de los poderes públicos, exigía el cese del fuego. De hecho, el asalto militar fue un golpe de Estado contra la rama jurisdiccional del Estado a una acción terrorista de la guerrilla (Ramírez V. y Restrepo M., 1988).

El 7 de noviembre de 1985 en las horas de la tarde todo había terminado, casi un centenar de muertos, otro tanto de heridos, el Palacio de Justicia en ruinas y asaltada la Justicia. Ese mismo día todo empezaba, 14 desaparecidos y su trágica búsqueda sin fin.

1.4.2. Irma Franco Pineda la guerrillera desaparecida del M-19

Ocho empleados de la cafetería, tres visitantes ocasionales y tres miembros del comando guerrillero fueron desaparecidos durante los operativos militares. Entre ellos se encontraba la guerrillera Irma Franco Pineda. ¿Dónde está? es el interrogante que décadas después del holocausto del Palacio de Justicia aún no se ha despejado, como tampoco se tienen noticias de los demás desaparecidos, ni se ha castigado a todos los culpables.

Irma Franco Pineda tenía 28 años, cumplidos en 1985, había terminado sus estudios de Derecho en la Universidad Libre en Bogotá y estaba escribiendo su tesis para graduarse. Irma militaba desde hacía algún tiempo en el Movimiento19 de abril, M-19, y junto con su compañero Ariel Sánchez hizo parte del comando guerrillero que tomó por asalto el Palacio de Justicia el 6 de noviembre de 1985.

Unas semanas antes de la toma Irma Franco se había presentado en la oficina de Darío Quiñones Pinilla en el Palacio de Justicia, para consultarle respecto de su tesis[69], el doctor Quiñones le dijo en esa oportunidad que debido al tema que ella iba a tratar en su monografía, él no le podía ayudar. Sin embargo, tiempo después Irma volvió nuevamente a la oficina del doctor Quiñones a informarle que ya estaba resuelto lo de su tesis. Darío Quiñones conocía bien a la familia Franco Pineda, especialmente al hermano de Irma, el representante a la cámara Jorge Eliécer Franco, a causa de las actividades que ambos desarrollaban en torno al atletismo; el día de la toma dentro del comando guerrillero que sacó de su oficina al doctor Quiñones y lo condujo con otros rehenes al baño ubicado entre el segundo y tercer piso, estaba Irma Franco a quien Quiñones reconoció inmediatamente.

Irma estuvo en el baño ubicado entre el segundo y tercer piso del Palacio de Justicia, junto con los rehenes. Ahí, con otras dos mujeres del comando guerrillero, auxiliaba a los heridos y suministraba drogas, como lo declararon varios de los rehenes ante la Procuraduría General de la Nación, que la identificaron como la guerrillera trigueña pecosa, de nariz respingada, que vestía falda escocesa y portaba un revólver[70].

El 7 de noviembre al finalizar la mañana, se filtró la información de que el Ejercito iba a lanzar una "operación rastrillo" para

---

69 Liga Colombiana por los Derechos y la Liberación de los Pueblos. Op. cit., pág. 285.

70 *Ibidem*, pág. 286.

recuperar definitivamente el edificio. Ante el inminente asalto final del Palacio de Justicia, Almarales dio la orden de evacuar todos los heridos y las mujeres[71]. Las guerrilleras también recibieron la directriz de evacuar las instalaciones, para lo cual dos de ellas se despojaron de sus uniformes y se pusieron prendas de civil[72]. A las 2:30 de la tarde un grupo de rehenes salieron del baño ubicado entre el segundo y tercer piso, entre ellas iban Irma Franco Pineda y otra guerrillera. Cuando salían uno a uno del Palacio, un militar dijo "aparten a esa": era la guerrillera Irma Franco.

Irma fue conducida al segundo piso de la Casa del Florero, donde parece que tuvo su cuartel general el B-2 de la XIII Brigada, al mando del teniente coronel Edilberto Sánchez Rubiano. En el corredor del segundo piso, Darío Correa Tamayo y Magalys Arévalo, —quienes inicialmente fueron confundidos con guerrilleros y, por tal razón, fueron llevados al segundo piso—, vieron a la guerrillera que los había custodiado en el baño ubicado entre el segundo y tercer piso. Juntos la identificaron fotográficamente como Irma Franco Pineda. Darío Correa Tamayo posteriormente declaró ante la Procuraduría que Irma "salió infiltrada con nosotros y luego la vi en la casa del Florero en un balcón del segundo piso; la tenían aparte con un soldado al lado". Carmen Elisa Mora Nieto y Betty Quintero, también la vieron en la casa del Florero en el segundo piso.

El celador de la Casa del Florero, Francisco de la Cruz Lara, testificó ante la Procuraduría que en el segundo piso de la Casa se instalaron los comandantes del Ejército y de la Policía y que allí tenían a ocho sospechosos. Todos ellos fueron sacados de las instalaciones por agentes secretos. El señor de la Cruz vio que el jueves entre los rescatados venía una muchacha, que fue apartada e interrogada por miembros del B-2. Ella le decía a su interroga-

---

71 *Ibidem*, pág. 288.

72 Declaraciones del Magistrado Nemesio Camacho ante el Tribunal Especial de Instrucción y en declaraciones públicas el 8 de diciembre de 1985 en la página 11-A de El Espectador.

dor que había ido al Palacio a hablar algo relacionado con su tesis. Ese mismo jueves el celador vio que a esta muchacha, en medio de estrictas medidas de seguridad, la sacaron de la Casa del Florero hacia las 7:30 p.m. y la introdujeron en un capero Nissan verde, escoltado por dos o tres hombres. Francisco de la Cruz identificó fotográficamente a esta muchacha como Irma Franco Pineda.

El 10 de noviembre de 1985 Mercedes Franco de Solano, hermana de Irma, recibió una llamada telefónica en la que le preguntaban, "¿a usted no se le perdió una amiga en el Palacio de Justicia?", la voz era de un hombre joven que parecía estar asustado. Ese número telefónico al que había marcado no aparecía registrado en el directorio telefónico, ni a nombre de Mercedes ni al de su esposo. No se trata de una amiga sino de mi hermana, le contesto Mercedes. Entonces la voz le dijo que Irma le mandaba decir que estaba detenida en la Brigada de Institutos Militares y que estuviera tranquila que seguramente tan pronto la interrogaran, la dejaban libre.

Las llamadas de este joven se repitieron varias veces, hasta que Mercedes convino con él una cita, a la que acudió Jorge Eliécer Franco, el hermano parlamentario de Irma. Una tarde de 1986, en la casa del matrimonio Solano Franco, Mercedes y Jorge Eliécer conocieron al hombre que tan insistentemente venía llamando se trataba de Edgar Moreno Figueroa quien había prestado su servicio militar entre los meses de abril de 1985 y abril de 1986, en el Batallón No.1 Policía Militar en Bogotá.

Moreno fue el soldado que estuvo custodiando en el segundo piso de la Casa del Florero a Irma Franco Pineda ella le dijo que se llamaba Irma y le pidió el favor que llamara a Mercedes y le dijera que estaba retenida por el Ejército, ella le dio un número de teléfono que él anotó con su uña sobre el proveedor de su fusil G-3. Luego un hombre vestido de civil la llamó y la introdujo en una oficina en la cual se encontraban otros hombres, unos de civil y otros con uniforme militar. Días después, Edgar Moreno Figueroa vería publicada en los diarios la foto de esa muchacha y debajo de esta su nombre Irma Franco Pineda. Posteriormente en la Procuraduría también la reconocería fotográficamente como Irma Franco Pineda.

En la prensa nacional y extranjera apareció publicado un documento contentivo de las comunicaciones y órdenes militares impartidas durante el operativo de rescate del Palacio de Justicia. Estas mismas transcripciones fueron llevadas a la Cámara de Representantes en un debate realizado en esta corporación. En las transcripciones de las comunicaciones entre los militares aparecía la siguiente, que corresponde al día 7 de noviembre en las horas de la tarde. Arcano 2 "...únicamente pudimos tener inclinación sobre un sujeto que es abogada y que ya fue reconocida por todo el personal, cambio". Arcano 5 "Esperamos que, si está la manga, no aparezca el chaleco"[73].

Según se ha podido establecer, Arcano 2 y Arcano 5 fueron los nombres de guerra utilizadas por el teniente coronel Sánchez Rubiano y el teniente coronel Plazas Vega, quienes al parecer se referían a Irma en su comunicación radial.

1.4.2.1 Las instituciones del Estado frente a la tragedia del Palacio de Justicia

Con ocasión de los hechos del Palacio de Justicia se iniciaron las actuaciones judiciales correspondientes, por una parte, la Justicia Penal Militar, en las que los jueces castrenses abrieron procesos por porte ilegal de armas contra los miembros del comando guerrillero del M-19. Y por la otra la Justicia Ordinaria, el juzgado 14 Superior de Bogotá y el Juzgado Segundo Especializado iniciaron la investigación penal por los hechos del Palacio.

Frente a la primera los jueces militares realizaron el levantamiento de los cadáveres del Palacio de Justicia, mientras que a los funcionarios de la Justicia Ordinaria les fue vedado el acceso al Palacio inicialmente. Durante los levantamientos de cadáveres realizados el 8 de noviembre, se cometieron graves irregularidades y violaciones al Código de Procedimiento Penal vigente para la época, como posteriormente lo afirmarían la Procuraduría General de la

---

73 *Ibidem*, pág. 288.

Nación y el Tribunal Especial de Instrucción. Los jueces 78 y 86 de Instrucción Penal Militar fueron vinculados disciplinariamente por la Procuraduría por su actuación ilegal en los levantamientos de los cadáveres y su posterior remisión a Medicina Legal.

Al Instituto de Medicina Legal fueron llevados 94 cadáveres, de los cuales los médicos legistas y demás funcionarios del Instituto pudieron identificar a 76. Resultaba imprecisa la cifra de 115 cadáveres suministrada por el ministro de defensa Vega Uribe a la prensa. Con las cuentas del general, se podían incluir dentro de los cadáveres a los desaparecidos. Pero dentro de los 94 cadáveres no estaban ni el de Irma Franco, ni tampoco había más cadáveres a pesar de lo afirmado por el General Vega Uribe. Inexplicablemente, varios de los 94 cadáveres fueron inhumados en una fosa común, entorpeciéndose de entrada, por los jueces militares, la investigación. Las razones aducidas fueron motivos de salubridad y una "posible acción del M-19" según informaciones detectadas por los cuerpos de Inteligencia del Ejército. En todo caso el procedimiento fue irregular.

El 17 de junio de 1986 el gobierno de Belisario Betancur autoriza publicar el informe del Tribunal Especial de Instrucción por medio del Decreto No.1917. Ese mismo día aparecía publicado el informe en el Diario Oficial No. 37.509. Los magistrados clasificaron en dos grupos a los desaparecidos del Palacio. En el primero incluyeron a los empleados de la cafetería y los civiles visitantes ocasionales, en el segundo los miembros del comando guerrillero, incluida Irma Franco.

De entrada, el Tribunal absolvía de toda responsabilidad, tanto al presidente como a los militares que tuvieron la dirección del operativo castrense. Para los magistrados las irregularidades que se presentaron en la recuperación del Palacio de Justicia correspondieron a "procederes individuales, aislados, ejecutados fuera de las ordenes implantadas, ajenas a la instrucción militar"[74] lo

---

[74] *Ibidem*, pág. 300.

curioso es que, según el mismo Tribunal, estas "irregularidades" estaban aún por esclarecer plenamente, pero a pesar de ello se hacía ya un juicio de responsabilidad.

Dentro de las "irregularidades" por esclarecer, el Tribunal señalaba la desaparición de Irma Franco Pineda, pues "hay abundancia testimonial en el sentido de que logró salir con vida del edificio y, conducida al Museo-Casa del Florero, allí identificada, sacada del museo y embarcada en un campero sin que hasta hoy se tenga noticia de su paradero". Era pues un hecho irrebatible, lo de la detención y posterior desaparición de Irma Franco. Así mismo, el Tribunal daba cuenta de otros casos de muertes, tortura y desaparición en los que resultaban involucrados miembros de las Fuerzas Armadas.

Respecto del grupo de desaparecidos No.1, el Tribunal consideró que estos estaban muertos. Así, de plano el Tribunal daba sepultura a los desaparecidos. El Tribunal fundo su conclusión en la consideración de que la cafetería había sido copada totalmente por el comando guerrillero y que tenían cadáveres sin identificar. Sin embargo, no se explicaba por qué ninguno de los cadáveres de los empleados de la cafetería y de los tres visitantes ocasionales aparecieron nunca ni fueron identificados entre los N.N. llevados a Medicina Legal. Tampoco nada explicaba el Tribunal especial, acerca de la circunstancia de que tan solo existían 19 cadáveres sin identificar, y además de los 14 desaparecidos existían 10 cadáveres no identificados de los 35 guerrilleros que participaron en la toma, como posteriormente lo afirmaría el Procurador General de la Nación.

Terminada la actuación del Tribunal, el caso por los hechos del Palacio de Justicia fue remitido al Juzgado 14 Superior de Bogotá, por competencia. La familia de Irma Franco trató de constituirse en parte civil en el proceso, sin embargo, la juez 14 superior abogada Marta Patricia Carrizosa, negó tal solicitud argumentando que el caso era de competencia de los jueces castrenses.

1.4.2.2. Mecanismos de la impunidad

En el caso de los desaparecidos del Palacio de Justicia, y muy particularmente en los de Irma Franco y una de las civiles desaparecidas, es tal vez donde más salta a la vista la impunidad. "Hay una voluntad política por parte de la estructura del poder para olvidar el caso". Le afirmaría el abogado de las familias de los desaparecidos del Palacio al periódico El Mundo, el 8 de noviembre de 1987. Esto resume en este caso el porqué de la impunidad.

En este caso se pueden describir los siguientes mecanismos de impunidad, por una parte, la clandestinidad con que fue detenida y desaparecida Irma Franco constituye uno de los factores generadores de impunidad. Su falta de registro en los libros de detenidos en la Casa del Florero y en las instalaciones militares a donde hubiese sido llevada dificulta y entorpece su búsqueda e identificación de los responsables.

Los informes y declaraciones rendidos por los altos oficiales que tuvieron bajo su cargo los operativos maquillan los hechos y encubren a los responsables. Un ejemplo de esto lo constituye la declaración por certificación jurada del general Arias Cabrales a la Procuraduría delegada para las Fuerzas Militares, en la cual el oficial contesta de modo tan genérico respecto del personal bajo su mando que participó en los hechos, que es imposible poder concretar responsabilidades.

Finalmente, la actividad de la Procuraduría, especialmente la delegada para las Fuerzas Militares constituye uno de los principales mecanismos de impunidad. La falta de acciones inmediatas para localizar a los desaparecidos y la ausencia de investigación para descubrir los responsables fue lo que caracterizó la actuación de la Procuraduría delegada para las Fuerzas Militares y aseguran la impunidad del crimen.

1.5.3. La Guerra Sucia en el gobierno de Belisario Betancur

El balance más desolador del proceso de paz emprendido por la administración Betancur, se observaba en la creciente violación de los derechos humanos hacia el final de su mandato. Los esfuerzos de paz habían desembocado en una oleada de violencia política entre fuerzas opuestas que perdieron toda legitimidad a los ojos de la mayor parte del país.

Esta nueva violencia, desprovista de toda ubicación política, comenzó a proliferar rápidamente desde finales de su gobierno en múltiples formas de violencia privada, golpeando a todo el tejido de las relaciones sociales, sin discriminación alguna y los más grave de todo, con el patrocinio de varios sectores de la sociedad y sin ningún tipo de reproche por parte del ente estatal.

Ya con anterioridad las organizaciones nacionales de derechos humanos, como el Comité Permanente para los Derechos Humanos, el Comité de Presos Políticos, ASFADDES y seis instituciones de gran peso nacional e internacional venían alertando al país sobre el grave deterioro de los derechos humanos con el que terminaba el gobierno de Betancur. Dichas entidades presentaron sus informes y recomendaciones, que al juzgar por los hechos no incidieron de manera alguna en el orden nacional.

La Cruz Roja Internacional, presentó un informe en septiembre de 1985 (CAJAR, 1990, pág. 244), producto de tres series de visitas a presos políticos, realizadas entre 1983 y 1984, en ocho cárceles de Bogotá, Cali, Ibagué, Palmira y Tunja. De las cincuenta personas detenidas que fueron entrevistadas, el 70 % dijo haber sido víctima de graves y brutales malos tratos, infligidos en los lugares de detención provisional y en centros de interrogación situados en dependencias de las Fuerzas Armadas[75].

---

75 El Espectador, Bogotá, septiembre 26, 1985.

Amnistía Internacional, presentó un informe para 1984, en el que destaca que más de trescientos casos de desapariciones anteriores a ese año continuaban aún sin resolverse y que había recibido nuevas denuncias sobre ejecuciones extrajudiciales y desapariciones atribuidas a las fuerzas de contrainsurgencia del ejército y de la policía. Las víctimas eran según Amnistía— principalmente pequeños agricultores vinculados a sindicatos influenciados por organizaciones de izquierda que tienen una actuación legal, o dirigentes cívicos pertenecientes a asociaciones comunitarias rurales o a partidos de oposición (El Espectador, 1995). El 18 de julio de 1986, Amnistía Internacional entregó un parte de prensa informando sobre la carta enviada desde el 22 de abril de ese año al presidente, en relación con las ejecuciones extrajudiciales, las desapariciones y torturas.

La única respuesta que obtuvo la entidad internacional provenía de los militares. El comandante general de las Fuerzas Armadas, general Moreno Guerrero, les contestó: "Estas organizaciones internacionales están influidas por extremistas que buscan unos cambios y sistemas en el país y en el mundo que no son los más convenientes ni para nosotros ni para otras naciones de América Latina". El ministro de Defensa, general Miguel Vega Uribe les dijo: "El informe de Amnistía Internacional sobre Colombia es incompleto y manipulado porque no registra los 600 y más asesinatos cometidos por la subversión".

La Comisión de Derechos Humanos de las Naciones Unidas con sede en Ginebra, solicitó al gobierno colombiano aclaraciones sobre la desaparición de 133 personas[76]. La Comisión Internacional del Diálogo Norte-Sur presentó, como resultado de la visita practicada a Colombia, un informe al Parlamento Europeo (Múnera Ruíz, 1986, pág. 10).

El *Americas Watch Commitee* informó sobre los abusos cometidos, especialmente en zonas militarizadas. Señaló que la actividad pa-

---

[76] El Colombiano, Medellín, octubre 4 de 1985.

ramilitar aumentó notablemente en los primeros años del gobierno de Betancur, con motivo de la iniciación del proceso de paz y declinó levemente en el tercer año para volver a aumentar en 1985. Tal actividad habría sido especialmente notoria en el Magdalena Medio[77]. Finalmente, la Procuraduría presentó, el 29 de diciembre de 1985, un segundo informe sobre los desaparecidos. La Procuraduría afirmaba allí, entre otras cosas[78]:

I. Desapariciones:

1) Hasta octubre del presente año, oficialmente la Procuraduría tuvo conocimiento de la desaparición de 344 personas, en desarrollo de cuyas investigaciones fueron encontradas con vida 71, sin vida 67, desconociéndose el paradero de 206.

2) Los anteriores resultados arrojaron un incremento de aproximadamente 129 % de desaparecidos, con relación al informe rendido en octubre de 1984, que daba una cifra cercana de 150 desaparecidos en el país.

3) Dentro de las investigaciones adelantadas por la Procuraduría se han vinculado procesalmente 32 miembros de la policía y el ejército, así como, 10 particulares, presuntamente implicados en algunas de las desapariciones anteriormente señaladas.

II. Torturas:

1) Desde 1983 hasta octubre del año en curso, la Procuraduría delegada para la Policía Nacional ha adelantado 242 investigaciones por presuntas torturas infligidas por personal de la Policía Nacional, con los resultados que a continuación se relacionan: casos comprobados y sancionados: 12. Casos absueltos: 2. Casos con pliegos de cargos: 27. Los demás casos se encuentran en trámite (El Espectador, 1985).

---

77 "Colombia: ¿otro país centroamericano?" CINEP, enero de 1986, págs. 116-118.

78 Ramírez V. Socorro. *Op. cit.*, pág. 253.

Al final del gobierno de Betancur grupos de sicarios (Semana, 1986), como Terminator, el Justiciero, Implacables, Kankil, Bandera Negra, Comandos Verdes, la Mano Negra, Muerte a Jaladores de Carros, Juventud Inconforme Anticomunista, se sumaron a la ya larga lista de grupos paramilitares actuantes en diversas ciudades del país. La llamada "limpieza social" comenzó a realizarse en muchas ciudades, para la época la Revista Semana señalaría que "esta modalidad parece haberse institucionalizado, hasta el punto de que, contra lo que podría creerse, la ciudadanía la acepta como una nueva forma de hacer justicia"[79].

La misma revista señalaría en su edición de balance del gobierno de Betancur: "A primera vista, la acumulación de hechos sangrientos que copó las páginas de los periódicos durante la última semana del gobierno de Belisario Betancur constituyó un epílogo dramático para el proceso de paz puesto en marcha durante su gobierno" (Semana, 1986).

2. LA DESAPARICIÓN FORZADA COMO MÉTODO DE INTIMIDACIÓN CONTRAINSURGENTE

2.1. Virgilio Barco Vargas-La paradoja entre la violencia y la democracia

En las elecciones presidenciales de 1986 Virgilio Barco fue electo por más de cuatro millones de votantes, superando a Álvaro Gómez su contendiente conservador, por más de millón y medio de votos. Al ocupar la presidencia para el período presidencial puso en marcha el controvertido esquema de "gobierno-oposición", con el cual buscaba superar los vestigios del bipartidismo que, en su concepto, bloqueaba el sistema político, impedía

---

[79] *Ibidem.*

la crítica y desvirtuaba el papel de los partidos, al concentrar su atención en la distribución de sus cuotas burocráticas.

La respuesta del conservatismo a este esquema fue la "oposición-reflexiva", absteniéndose de participar en la administración. Los primeros meses de su gobierno fueron tormentosos; además de la oposición conservadora al nuevo esquema, tuvo que afrontar los numerosos asesinatos de líderes y miembros de la Unión Patriótica (UP), grupo político creado como resultado de los acuerdos de paz firmados durante el mandato de su antecesor.

En este contexto se inscribe el comienzo del gobierno del presidente Barco, demarcado en la lógica de un país en estado de guerra, donde los grupos paramilitares crecen de una manera inusitada, el narcotráfico adquiere el protagonismo que nunca había tenido y la violencia en todas sus formas alcanza niveles sin precedentes.

No obstante, el cuatrienio presenta resultados positivos en la política de paz, el pacto político con el M-19 y otros grupos guerrilleros menores, y el impulso de una Asamblea Nacional Constituyente, como acto democrático que pretendía poner fin a la crisis. Estos aspectos pareciesen contradictorios a primera vista, sin embargo, la presencia simultánea de procesos de democracia y violencia han sido una de las constantes más relevantes de la sociedad colombiana; la ambivalencia entre el orden y el caos, entre el consenso y el disenso que históricamente acompaña a la nación.

Después de los acontecimientos del Palacio de Justicia es un hecho indudable que la política de paz y negociación directa con la guerrilla ha perdido toda justificación. El presidente Barco pone en práctica una política de "mano tendida y pulso firme", que pretendía combinar una solución militar del conflicto en unos casos, y una solución política en otros, como síntesis contradictoria a la orientación desarrollada por los dos últimos gobiernos. Durante los dos primeros años de gobierno la política de combatir las "causas objetivas" de la subversión sigue vigente, con un impulso al Plan Nacional de Rehabilitación (PNR) y un programa para combatir la pobreza absoluta.

Durante estos mismos años la negociación y el diálogo con la guerrilla estuvieron prácticamente suspendidos. A partir del segundo semestre de 1988, después del secuestro del líder conservador Álvaro Gómez por parte del M-19, cuya finalidad era forzar el diálogo con el Gobierno, se reanudan las conversaciones con este grupo, que después de algunos tropiezos van a dar como resultado su desmovilización y su integración a la vida civil, a comienzos de 1990. Igual sucede con otros grupos guerrilleros, a pesar de las duras condiciones no deja de ser paradójico que la negociación con estas organizaciones ocurra en los momentos en que la violencia alcanza los más altos niveles[80].

En realidad, como lo pudimos evidenciar en el periodo inmediatamente anterior, es desde 1985 cuando los actores de la violencia guerrillas, narcotraficantes, militares, paramilitares y los grupos de autodefensa comienzan a realinearse para disputarse el territorio nacional. El copamiento de territorios lógicamente que se haría por la fuerza, la intimidación, el terror y el miedo, en las áreas rurales; en el contexto urbano la violencia se difunde bajo la modalidad muy propia de lucha antisubversiva, a través de las llamadas violencias de limpieza, que tienen un inusitado auge en los años 1986 y 1987 en varias ciudades del país como Cali, Bucaramanga y Medellín.

Para el año de 1987 existe ya un claro predominio de las organizaciones paramilitares directamente financiadas por los grandes jefes del narcotráfico, lo significativo en este momento es que, si bien anteriormente los grupos paramilitares se limitaban a actividades de control territorial inmediato, ahora son "los objetivos globales del narcotráfico los que toman la delantera"[81] (Melo, 1991). Y es precisamente en este contexto en el que es asesina-

80 Al respecto se puede consultar el ensayo de Bejarano, Ana María. "Estrategias de Paz y Apertura Democrática: un balance de las administraciones Betancur y Barco", Buitrago Francisco, y Zamosc, León Editores, págs. 57-124.

81 Melo. Jorge Orlando, (1991), Los paramilitares y su impacto sobre la política. *En Al filo del caos. Crisis política en la Colombia de los años 80.* Tercer Mundo Editores.

do el líder del grupo político Unión Patriótica (UP) Jaime Pardo Leal, quien fuera candidato presidencial, en un crimen que es adjudicado a los grupos paramilitares financiados, e incluso dirigidos directamente por los narcotraficantes.

Estas alianzas generarían a partir del año de 1988 una nueva modalidad de violencia, solo comparable con los grandes genocidios de la violencia de la década de los años cincuenta, las masacres de grupos de personas campesinas, de manera indiscriminada, por parte de grupos paramilitares que hacen gala de avanzadas técnicas militares de guerra. En marzo de 1988, 40 campesinos que habían invadido una finca de narcotraficantes son masacrados, en las fincas llamadas "Honduras" y "La Negra". Acciones similares ocurren en los sitios conocidos como Punta Coquitos y La mejor Esquina en los días siguientes (CAJAR, 1990)[82]. A partir de ese momento los grupos paramilitares ejecutarán más de 80 masacres entre el año de 1988 y enero de 1989.

El enemigo privilegiado de los grupos de autodefensa es el grupo político la Unión Patriótica U.P, creado en enero de 1985 como resultado de los acuerdos de paz del gobierno Betancur, cuyos miembros son sistemáticamente exterminados. En octubre de 1987, como ya lo hemos mencionado, es asesinado Jaime Pardo Leal máximo dirigente de la organización, que en 1986 había logrado una altísima votación, nunca lograda por un líder de la izquierda en toda la historia de Colombia. En ese momento habían sido asesinados cerca de 600 miembros de la UP, cifra que se multiplicará en los años venideros.

Los militantes de la UP presentaban condiciones excepcionales para ser los elegidos en esta guerra de exterminio realizada por los grupos narcoparamilitares. Para nadie era un secreto el nexo de la UP con las FARC-EP y es indudable que los grupos de narcotraficantes podían arreglar sus cuentas pendientes con esta guerrilla, asesinando a sus representantes en la vida civil. Igualmente,

---

[82] Sobre algunos de los casos citados ver capítulos IV y VI.

en 1988 debía realizarse la primera elección popular de alcaldes, la UP tenía arraigo en innumerables municipios y era un hecho que allí su victoria estaría garantizada. Representaban pues, por otro lado, una amenaza para el bipartidismo tradicional; el hecho de que más del 35 % de los candidatos fueron asesinados, indica que las víctimas de esta campaña de exterminio eran selectivas[83].

A esta altura podemos afirmar que los grupos violentos le habían arrebatado al Estado el "monopolio del uso legítimo de la fuerza", una de las principales características del Estado moderno desde la teoría Weberiana, con la misma complicidad de algunos agentes del Estado, a juzgar por la comodidad con que operan los grupos paramilitares, por la manera fácil como esquivan los retenes militares, por la impunidad casi absoluta de los crímenes, e incluso por las denuncias directas de la ciudadanía; problemática ya advertida por el Procurador General de la Nación en el gobierno Betancur.

Solo cuando los grupos paramilitares o de autodefensa adquieren una autonomía propia que escapa por completo al control de las autoridades, y comienzan a desarrollar y definir sus propios fines, el Gobierno de Virgilio Barco trata desesperadamente de reconquistar el monopolio estatal del uso de la violencia a través de la promulgación de nuevas medidas de excepción, orientadas a centralizar de nuevo la acción represiva del Estado, un ejemplo de ello fue la promulgación del Estatuto en defensa de la Democracia promulgado en 1988, el cual buscaba la prohibición de tales grupos, e incluso su persecución.

Muy a pesar de la ofensiva estatal contra los paramilitares —valga decir aquí sin grandes resultados— para 1989 sería evidente otro duro golpe contra la democracia al hacerse visible la gran ofensiva del narcotráfico contra el Estado en su afán por evitar la

---

83 Valencia, Alberto, (1996), "Violencia y Constituyente: Propuestas para un estudio de la violencia en Colombia". Universidad del Valle. Documento de Trabajo No. 25. CIDSE, Centro de Investigaciones y Documentación Socioeconómica.

extradición de colombianos hacia los Estados Unidos. Los magnicidios desempeñan un papel esencial en el contexto de la crisis de este momento. En julio es asesinado el Gobernador del departamento de Antioquia, Antonio Roldán Betancur y el 18 de agosto son asesinados el mismo día el comandante de la Policía del mismo Departamento, coronel Aldemar Franklin Quintero y el líder liberal Luis Carlos Galán.

El segundo semestre de 1989 estaría marcado por acontecimientos violentos que conmueven al país, una bomba de gran poder destruye el edificio del DAS en Bogotá y otra estalla en un avión de Avianca en pleno vuelo. A finales de diciembre cae abatido Gonzalo Rodríguez Gacha, uno de los más grandes capos del negocio de la droga, jefe de los grupos paramilitares, comprometido con las acciones militares del narcotráfico[84].

A raíz del asesinato de Galán el gobierno emprende una ofensiva contra el narcotráfico de grandes proporciones. El presidente Virgilio Barco restablece la extradición de colombianos a los Estados Unidos y muchos de los miembros de los carteles de la droga son encarcelados o sus propiedades confiscadas. El asesinato de Luis Carlos Galán marca sin lugar a dudas un punto de referencia histórico en la vida del país y más en particular, tiene consecuencias de gran envergadura sobre la situación de violencia de los años anteriores su efecto solo es comparable con lo que significó en 1948 el asesinato de Jorge Eliécer Gaitán, que si bien no fue el punto de partida de la violencia de los años cincuenta —que ya existía desde 1946 — sí se convirtió en el momento definitivo para el paso a la generalización del conflicto a partir de 1949[85]. En un sentido opuesto, la muerte de Galán abre la posibilidad de que la sociedad colombiana se aboque de manera definitiva a una transformación radical de sus condiciones de vida, ninguno de los

---

84 *Ibidem.*

85 Pecaut, Daniel, (1987), *Orden y violencia,* vol. II, Siglo XXI Editores, págs. 522-526. Citado Por Valencia, Alberto. *Op. cit.*, pág. 34.

magnicidios anteriores había llegado a tener efectos tan profundos en la vida del país.

La campaña para las elecciones presidenciales de 1990 se desarrolla en medio de una difícil situación de violencia. En marzo es asesinado Bernardo Jaramillo Ossa, candidato de la UP, conocido por su interés en deslindar claramente los nexos entre su agrupación política y las acciones guerrilleras de las FARC-EP; en abril es abatido en un avión en pleno vuelo, Carlos Pizarro, luego de haber firmado un acuerdo de paz y dejación de armas el 9 de marzo de 1990 en la vereda de Santo Domingo, corregimiento de Tacueyó, municipio de Toribio-Cauca; su apuesta por la discusión política sin el uso de las armas no fue suficiente expresión para que los estrategas de la muerte no decidieran acabar con su vida.

Durante el gobierno de Virgilio Barco Colombia viviría una de las más profundas crisis sociales e institucionales de su historia, solo comparable con lo que fue el período de la violencia de los años cincuenta —a la que se le pretendió dar fin por medio del Frente Nacional—; ahora la historia buscaría la salida a la crisis convocando a una Asamblea Nacional Constituyente.

2.1.1. La Toma del Paramilitarismo al Magdalena Medio Santandereano

San Vicente de Chucurí y El Carmen conjuntamente con los municipios de Sabana de Torres, Puerto Wilches, Barrancabermeja, Puerto Parra, Cimitarra, Landázuri, Santa Helena del Opón y Simacota, constituyen la región del Magdalena Medio santandereano (Medina Gallego, 1994).

La región se caracteriza por su producción agrícola y por poseer importantes riquezas en el subsuelo, petróleo, carbón, gas natural, oro, entre otras. En esta zona del Magdalena Medio se encuentra el mayor complejo petrolero del país y es zona de exploración y explotación de nuevos recursos. Pese a la abundancia de posibilidades de desarrollo económico y social, la población sobrevive en condiciones extremas de pobreza, lo que ha generado una atmósfera de inconformidad generalizada en la que fueron madurando conflictos agrarios y laborales de importancia, que dieron origen a la presencia de organizaciones políticas y militares, y a una dinámica de confrontación social cada vez más radical.

Desde los conflictos laborales que tuvieron su origen en la década del 30 y fueron consolidando un movimiento obrero sindical de gran actividad y beligerancia, hasta los movimientos sociales que se han expresado en masivas acciones de protesta, la población ha tenido que sortear variadas formas de violencia comenzando por la oficial que se ha manifestado en la militarización permanente, la represión abierta, los ametrallamientos, las detenciones, los retenes, el control de mercados, las torturas y las desapariciones forzadas.

La región del Magdalena Medio santandereano fue durante la época de la violencia, centro de acciones de la guerrilla liberal de Rafael Rangel. Posteriormente, fue escenario del nacimiento del Ejército de Liberación Nacional–ELN en 1964, organización guerrillera que ha sorteado distintos momentos de crisis, hasta convertirse en uno de los grupos más activos y radicales existentes en el país. Hacia mediados de la década del 70 y en los años 80 las FARC-EP entran a operar en la región a través de cuatro de sus frentes (IV, XII, XXIII y XXIV). Los procesos de confrontación armada entre las fuerzas militares y los grupos insurgentes se hicieron más complejos con la irrupción de grupos paramilitares y narcoparamilitares, inspirados en las acciones contrainsurgentes de la Doctrina de la Seguridad Nacional y auspiciados por los intereses económicos de los propietarios de la tierra, comerciantes, empresarios, petroleros y narcotraficantes (Medina Gallego, 1994).

Inmerso en los problemas generales que azotan el Magdalena Medio santandereano, sus municipios comenzaron a sentir a mediados de 1985, el peso de la violencia parainstitucional. La acción de grupos paramilitares y las Fuerzas Armadas contra el movimiento insurgente comenzaron a comprometer la población civil, la que de repente se encontró cercada por distintas líneas de fuego que se disputaban su apoyo.

Pronto comenzaron a producirse asesinatos y a impulsarse mecanismos de coacción directa contra aquellos que mantenían sus reservas frente a estas propuestas de organización; más aún, sus acciones se dirigían contra pobladores señalados de auxiliares de la guerrilla, líderes cívicos, campesinos u obreros cuya inconformidad la hacían explícita en denuncias ante organismos de control del Estado y de defensa de los derechos humanos de carácter nacional e internacional.

La más reciente violencia parainstitucional en la zona comienza a gestarse con el asesinato el 8 de mayo de 1987 de José del Carmen Figueredo, activista sindical y trabajador popular, vinculado laboralmente al Colegio Camilo Torres en el municipio de San Vicente de Chucurí. Las denuncias e investigaciones adelantadas por la muerte de este ciudadano a cargo de organismos de derechos humanos señalan como responsables del crimen a miembros del grupo contraguerrilla del Ejército, a efectivos militares del Batallón Luciano D'Luyer y a agentes de la Policía Nacional[86].

A partir de este asesinato se desencadenó una oleada de terror y crímenes que comprometió la integridad de estudiantes, trabajadores comunales y campesinos. Los victimarios actúan encubiertos operando a través de la modalidad de detención arbitraria, secuestro, tortura y asesinato. La elaboración de listas negras dirigidas a amedrentar y asesinar dirigentes sindicales y políticos comenzó a hacer carrera en la región promovidas por los propietarios de grandes extensiones de tierra, quienes además se encargaron de financiar en la zona los operativos de aniquilamiento, torturas detenciones-desapariciones de campesinos y dirigentes políticos, ejecutados por los escuadrones de justicia privada. La detención-desaparición de campesinos y dirigentes políticos, que participaron activamente en jornadas de protesta, cuya expresión más significativa fueron las marchas de mayo de 1988, en las que

86 Medina Gallego, Carlos, (1994), "La Violencia Parainstitucional, Paramilitar y Parapolicial En Colombia". Rodríguez Quito Editores, pág. 140.

masacraron decenas de campesinos, y que se les atribuyen a las operaciones militares de los Batallones Caldas y Nueva Granada[87].

En la medida en que el Ejército a través de sus acciones cívico-militares fue construyendo la carretera que desde El Carmen se dirige a los municipios de Simacota y Santa Helena del Opón, el establecimiento de bases militares fue generando unas condiciones particulares de represión que se hicieron más agudas cuando la región de El Carmen se convirtió en zona de influencia del asentamiento paramilitar dirigido por Isidro Carreño Lizarazo, inspector de Policía de la vereda de San Juan Bosco de la Verde[88].

Desde la base paramilitar de San Juan Bosco de la Verde se coordinó por mucho tiempo el hostigamiento, la persecución, el secuestro, la tortura, la desaparición y el asesinato selectivo que con el tiempo se convirtieron en hechos comunes en la región. La expansión del movimiento paramilitar avanzaba con la carretera, la presencia de grupos criminales de esa naturaleza se comenzó a manifestar en las veredas Angostura de los Andes, Santo Domingo del Ramo y Tres Amigos, llegando en 1987 a incursionar en las veredas Cabeceras de Riosucio, Islandia, La Pintada y sus áreas de influencia. Las acciones criminales de origen militar encargadas de controlar el orden público han golpeado duramente a la población y las acciones paramilitares han terminado por desaparecer y desterrar a sus habitantes, en una clara acción de persecución y hostigamiento oficial que hizo crecer la acción parainstitucional[89].

2.1.2 Desaparición forzada colectiva de 19 comerciantes

En 1984 se conformó en el municipio de Puerto Boyacá un "grupo de autodefensas" denominado Asociación de Campesinos y Ganaderos del Magdalena Medio (ACDEGAM), el cual en sus inicios

---

87 *Ibidem.*

88 Para ver este proceso. Medina Gallego, Carlos. *Op. cit.*, pág.144.

89 Medina Gallego, Carlos. Op. Cit, pág. 146.

tenía fines sociales y de defensa frente a posibles agresiones de la guerrilla. Con el tiempo esta asociación derivó en un grupo "paramilitar" o delincuencial, que no solo pretendía defenderse de la guerrilla, sino también atacarla y erradicarla. Este grupo tenía gran control en los municipios de Puerto Boyacá, Puerto Berrio, Cimitarra, entre otros y se encontraba comandado por Gonzalo Pérez y sus hijos Henry y Marcelo Pérez. En la época en que ocurrieron los hechos de este caso el Magdalena Medio era una región en la cual había una intensa actividad de lucha entre el Ejército y las "autodefensas" contra los grupos guerrilleros que operaban en la zona, en la cual los altos mandos militares no solo apoyaron al referido grupo de autodefensa para que se defendiera de la guerrilla, además lo apoyaron para que adoptara una actitud ofensiva.

El 4 de octubre de 1987 19 ciudadanos que transportaban mercancías para venderlas, dedicados a actividades comerciales, tales como transporte de mercaderías o de personas, compra de mercancías en la frontera colombo-venezolana y venta de las mismas en las ciudades de Bucaramanga, Medellín e intermedias fueron interceptados por un grupo paramilitar y desaparecidos colectivamente[90].

La cúpula del grupo paramilitar ACDEGAM que tenía gran control en el Municipio de Puerto Boyacá realizó una reunión, en la cual se tomó la decisión de matar a los comerciantes y apropiarse de sus mercaderías y vehículos, en virtud de que estos no pagaban los "impuestos" que cobraba el referido grupo "paramilitar" por transitar con mercancías en esa región y debido a que consideraban que las presuntas víctimas vendían armas a los grupos guerrilleros o subversivos de la región del Magdalena Medio, las cuales compraban en Venezuela. Esta reunión se realizó con la aquiescencia de algunos oficiales del Ejército, los cuales estaban de acuerdo con dicho plan.

---

90 Este caso esta argumentado con base en la sentencia de la Corte Interamericana de Derechos Humanos. "Sentencia 19 Comerciantes Vs. Colombia". 5 de julio de 2004.

El 6 de octubre de 1987, en la tarde, las referidas presuntas víctimas pasaron por el caserío de Puerto Araujo, donde fueron requisadas por miembros de las Fuerzas Militares, lo cual constituyó la última indicación de su paradero. En el retén militar en el cual fueron requisados los comerciantes, el teniente a cargo simplemente verificó si estos llevaban o no armas y les permitió seguir, haciendo caso omiso de la cantidad considerable de mercancías de contrabando que logró detectar.

En la tarde del 6 de octubre de 1987 los ciudadanos en cuestión fueron detenidos por miembros del grupo paramilitar ACDEGAM, que operaba en el Municipio de Puerto Boyacá cerca de la finca el Diamante, la cual era propiedad del dirigente de los paramilitares y se encontraba ubicada en la localidad de Cimitarra en dicho municipio. Ese mismo día en la noche o el 7 de octubre en horas de la mañana de 1987 miembros del referido grupo paramilitar que operaba en la zona dieron muerte a los 17 comerciantes, descuartizaron sus cuerpos y los lanzaron a las aguas del caño "El Ermitaño", afluente del río Magdalena, frente al sitio "Palo de Mango".

Algunos familiares de las presuntas víctimas integraron varios comités de búsqueda de estas personas y recorrieron las rutas por las cuales habían pasado los 17 comerciantes. En uno de estos viajes de búsqueda participaron dos hermanos y un sobrino de la presunta víctima Antonio Flores Contreras, el padre Israel Pundor Quintero y un hermano Ángel María Barrera Sánchez. En el batallón de Cimitarra un militar les indicó que por allí habían pasado los 17 comerciantes y en Campo Capote unos civiles les contaron que también habían pasado por allí, cuando se dirigían hacia Puerto Boyacá los detuvieron en el camino unos civiles armados que se identificaron como miembros de las autodefensas. En otro viaje, en el cual participaron cinco familiares de las presuntas víctimas, les informaron en Puerto Araujo que los automóviles de los 17 comerciantes se los habían llevado los militares a la base de Puerto Araujo. Cuando fueron a pedir ayuda al alcalde de Puerto Boyacá, este les dijo que preguntaran a Henry Pérez comandante de los paramilitares o que preguntaran al comandante del Ejército. Hablaron con Henry Pérez, quien les dijo que no había visto nada y los amenazó con que se fueran de esa región o algo les podría pasar a ellos y a sus familias. Ante la advertencia se fueron camino al Batallón Bárbula, pero no pudieron llegar debido a que fueron perseguidos, por lo que acudieron a la Policía de Medellín donde no lograron ningún apoyo, para finalmente regresar a Ocaña porque no obtuvieron información.

Alrededor de quince días después de la desaparición de los 17 comerciantes, y en vista de no tener noticias de sus familiares los señores Juan Alberto Montero Fuentes, cuñado de la presunta víctima Víctor Manuel Ayala Sánchez y José Ferney Fernández Díaz, se dirigieron a la zona en búsqueda de los desaparecidos, transportándose en una moto Yamaha 175 de color gris. Cuando se encontraban realizando dicha búsqueda, miembros del grupo paramilitar detuvieron a los señores Montero y Fernández, quienes corrieron la misma suerte de los primeros 17 desaparecidos.

La mercancía de los comerciantes fue puesta a la venta en almacenes de propiedad de dirigentes del grupo paramilitar, los cuales se encontraban ubicados en Puerto Boyacá. Además, una parte de esta mercancía fue repartida entre los integrantes del grupo y otra parte fue entregada como "regalos" a campesinos de la región.

Los familiares de las víctimas informaron a las autoridades estatales encargadas de investigar la desaparición las características de los vehículos en que estas viajaban. Dichos vehículos fueron retenidos para uso en las fincas de dirigentes de los paramilitares, pero luego, ante la búsqueda de los familiares debido a las investigaciones, los cortaron y lanzaron al fondo de un lago de la finca "El Diamante". El camión también fue lanzado a dicho lago, pero antes fue incendiado y le cambiaron el color a la motocicleta en la que viajaban los señores Juan Alberto Montero Fuentes y José Ferney Fernández Díaz la cual fue utilizada por miembros del grupo paramilitar.

Ante la desaparición de los 17 comerciantes y posteriormente de los señores Juan Alberto Montero Fuentes y José Ferney Fernández Díaz, sus familiares acudieron ante diversas autoridades estatales para solicitar ayuda y denunciar las desapariciones. Sin embargo, las autoridades no realizaron una búsqueda inmediata de las 19 presuntas víctimas.

Las autoridades estatales competentes no realizaron actos de búsqueda ni de identificación de los restos mortales de las 19 presuntas víctimas. Sin embargo, el señor Jorge Corzo Viviescas, padre de la presunta víctima Reinaldo Corzo Vargas, denunció el 23 de octubre de 1987 en el Juzgado Octavo de Instrucción Criminal del Distrito Judicial de San Gil que "en las aguas del río Guayabito había sido hallado el cadáver de Reinaldo Corzo Vargas".

Ante ello, el juez responsable se limitó a preguntar a las Inspecciones de Policía de Puerto Olaya, Puerto Araujo, Campo Capote y Municipal de Berrío "sí allí fue verificado el levantamiento del señor Corzo Vargas o de una persona que correspondiera su descripción física", obteniendo respuestas negativas. Por otra parte, el 14 de julio de 1989 el Juzgado Diecisiete de Instrucción Criminal del Distrito Judicial de Tunja tampoco ordenó actas de levantamiento o identificación de cadáveres, sino que se limitó a solicitar al responsable de la Unidad de Indagación Preliminar del Cuerpo Técnico de la Policía Judicial de Puerto Boyacá "inquirir si en algún despacho de ese Municipio se hallan las actas de levantamiento, el resultado de las necropsias y los registros civiles de defunción de los comerciantes desaparecidos", obteniendo respuestas negativas de varios Juzgados de la Inspección Primera Municipal de Policía de Puerto Boyacá y de la Alcaldía del Circuito del mismo lugar.

En la época de los hechos de este caso, el grupo "paramilitar" que operaba en la región del Magdalena Medio actuaba con la colaboración y apoyo de diversas autoridades militares de los Batallones de dicha zona. Los "paramilitares" contaron con el apoyo de los altos mandos militares en los actos que antecedieron a la detención de las presuntas víctimas y en la comisión de los delitos en perjuicio de estas.

2.1.3. La justicia internacional

Las víctimas del caso 19 comerciantes ante la ineficacia, inoperancia y una clara denegación de justicia, por parte del Estado colombiano, decidieron acudir a la Corte Interamericana de Derechos Humanos representados por la Comisión Colombiana de Juristas y apoyados por ASFADDES. Allí, una vez realizado el procedimiento contemplado frente a las pruebas y los testimonios allegados por los familiares, esta jurisdicción internacional procedió a condenar al Estado colombiano por la detención-desaparición de 19 personas en el Magdalena Medio Santandereano. La Sentencia de fecha 5 de Julio de 2004[91], proferida por la Corte Interamericana de Derechos Humanos, ordenó al Estado colombiano, entre otros:

- Investigar los hechos con el fin de identificar, juzgar y sancionar a todos los autores materiales e intelectuales de las violaciones cometidas en perjuicio de los 19 comerciantes.
- Efectuar una búsqueda seria para determinar lo que sucedió con los restos de las víctimas.
- Construir un monumento en memoria de las víctimas y en presencia de los familiares, colocar una placa con los 19 nombres de los comerciantes.
- En un acto público reconocer su responsabilidad internacional y de desagravio a la memoria de los 19 comerciantes, con presencia de las más altas autoridades del Estado.
- Brindar gratuitamente, a través de instituciones de salud especializadas el tratamiento médico y psicológico requerido por los familiares de las víctimas.
- Pagar a los familiares de cada uno de los 19 comerciantes desaparecidos las indemnizaciones por los siguientes con-

91 Corte Interamericana de Derechos Humanos. "Sentencia 19 Comerciantes Vs. Colombia". 5 de julio de 2004.

ceptos: los ingresos dejados de percibir, los gastos en que incurrieron las familias en la búsqueda del paradero de sus parientes desaparecidos, indemnización del daño material.

- También está obligado a pagar las costas y gastos judiciales del proceso.

El fallo también pone de presente la inoperancia de la justicia en Colombia, demuestra la dimensión de sus contradicciones e incongruencias en diecisiete años de deambular de un proceso de estas características por tantas instancias judiciales. Demuestra el fallo que la jurisdicción penal militar no llena los estándares de independencia e imparcialidad internacionales, y reitera la obligación del Estado de hacer cumplir la jurisprudencia que indica que casos como este sean competencia de la jurisdicción ordinaria.

La Corte Interamericana determinó que hay responsabilidad estatal, entre otros, por tener leyes para amparar a los grupos paramilitares. En octubre de 1987 estaba vigente el Decreto 3398 del 65, creado bajo estado de sitio, que organizaba la defensa nacional y daba fundamento legal a la creación de grupos paramilitares. Este Decreto es una autorización que tuvo por efecto el surgimiento y fortalecimiento de grupos paramilitares desde mediados de los años 70 en adelante.

Esta permisividad legal estuvo vigente por casi un cuarto de siglo. Bajo este parámetro se propició y alentó la cooperación, patrocinio y auspicio de oficiales y suboficiales del ejército a los grupos paramilitares. En el Magdalena Medio, este proceso estuvo bajo la dirección del Brigadier General Farouk Yanine Díaz, quien además de patrocinar las acciones defensivas instigó el paso a la acción ofensiva. Uno de esos "trabajos conjuntos" entre el ejército y los paramilitares fue la detención, desaparición y descuartizamiento de los 19 comerciantes.

El Decreto 3398 cesó de regir en 1989 como una medida para frenar el accionar de los grupos paramilitares. La decisión del presidente Virgilio Barco fue anunciada después del asesinato de los 13 miembros de una misión judicial que en el municipio de La

Rochela[92] buscaba, entre otras, las huellas para seguir la pista a los criminales de los 19 comerciantes.

2.2. Córdoba en las manos del paramilitarismo y la Guerra Sucia

La aparición de la violencia parainstitucional en Córdoba obedece al desarrollo de los conflictos sociales, que en esta región son predominantemente agrarios debido a una enorme concentración de la propiedad de la tierra en pocas manos; esta situación unida a unas relaciones de trabajo y producción profundamente atrasadas, que han generado una dinámica de confrontación social que se ha expresado básicamente a través de la violencia.

La inconformidad generada por la situación de miseria en que vive la población marginada en Córdoba no constituye solamente la causa de los conflictos agrarios, además, es uno de los factores que facilitaron los procesos de implantación del movimiento insurgente y su ideario político. El departamento de Córdoba se convirtió de esta manera en área de colonización armada de las organizaciones guerrilleras, las cuales han hecho presencia a distintos niveles en la región; allí el Ejército Popular de Liberación (EPL), las Fuerzas Armadas Revolucionarias de Colombia (FARC-EP) y la Unión Camilista Ejército de Liberación Nacional (UC-ELN) encontraron el apoyo social que necesitaban para sus objetivos políticos, en medio de las grandes contradicciones existentes entre latifundistas y campesinos y los rigores de la pobreza absoluta.

El Investigador Carlos Medina hace una síntesis de los elementos del conflicto social cordobés que posibilitaron el surgimiento de formas de violencia parainstitucional en el departamento de Córdoba (Medina Gallego, 1994, págs. 108-125) y que se reflejan básicamente sobre los siguientes aspectos:

---

92 La Corte Interamericana de Derechos Humanos también condeno al Estado colombiano por acción y omisión en la masacre de La Rochela. Con la Sentencia de fecha 11 de mayo de 2007.

La concentración desmedida de tierras cultivables en el departamento en manos de latifundistas, mediante procesos de expropiación violenta, la ausencia del Estado con políticas de desarrollo y con programas de bienestar social que den solución a los problemas relacionados con servicios públicos, disminuyan los niveles de miseria generalizada, la presencia de las fuerzas contraestatales y parainstitucionales confrontándose en el marco de las estrategias de contrainsurgencia resultantes de la aplicación de la Doctrina de la Seguridad Nacional y los fundamentos del Conflicto de Baja Intensidad y por último señala la presencia del narcotráfico en la región en los últimos años y la toma de partido del lado de los latifundistas, de la clase política y del Estado colombiano, que es otro de los elementos a tener en cuenta en el universo de los conflictos que se generan en la dinámica del desarrollo regional cordobés.

En el camino de erradicar de la región la presencia comunista fueron articulándose los intereses políticos, económicos, sociales y militares de los ganaderos y terratenientes de Córdoba, de los políticos tradicionales del departamento, de los comandos paramilitares organizados y dirigidos por Fidel Antonio Castaño Gil, aplicando las estrategias contrainsurgentes de la XI brigada del Ejército, de la profesional Brigada Móvil y de la Policía Nacional. La confluencia de estos intereses en una estrategia de guerra dirigida contra la subversión arrojó como resultado una cruzada de terror que se extendió a lo largo de tres años (1987-1990), dejando más de tres mil muertos entre los que figuran los más destacados dirigentes campesinos, indígenas, sindicales, comunales, estudiantiles y del magisterio de esa región del país[93].

El asesinato selectivo, las masacres, el secuestro, la tortura, las desapariciones individuales y colectivas que dieron origen a las fosas comunes encontradas en Córdoba, han sido las modalidades de violencia utilizadas por los agentes de la guerra sucia en este departamento.

---

93 Medina Gallego, Carlos. Op. cit., pág. 113.

Las denuncias realizadas sobre la guerra sucia en el departamento de Córdoba nos ubica frente a una situación de permanente violación de los derechos humanos por parte de los organismos de seguridad del Estado y las fuerzas armadas de la región, representadas por la XI Brigada del Ejército a la cual se hallan adscritos los batallones Junín y Cartagena, por la Policía Nacional y la Brigada Móvil, que ocasionalmente opera en la región, esta brigada ha sido señalada y acusada por los campesinos de la región de realizar bombardeos en zonas agrarias en inmediaciones de la Secretaría de San Jerónimo, el ametrallamiento de viviendas, la muerte de campesinos y el decomiso ilegal de ganado.

Tomando en consideración la experiencia de lucha paramilitar acumulada por Puerto Boyacá, Fidel Castaño logra articular con la ayuda de Henry Pérez y de las autoridades militares de la región, un pequeño ejército privado a la manera de grupo paramilitar para desarrollar su cruzada anticomunista. El grupo comenzaría a operar en la región con el respaldo de ganaderos y comerciantes de la zona, de personalidades de la vida política local y departamental quienes se comprometen a colaborar económicamente para su sostenimiento, con tal de deshacerse de las prácticas de contribución obligatoria de las FARC-EP y de las acciones de la delincuencia común.

Una ofensiva general se inicia en la región contra todas las formas organizadas de la sociedad civil. Pronto, el movimiento social se ve atrapado en una lógica de aniquilamiento que ve por todas partes actividades comunistas. La lucha contra la subversión armada se da a través de supuestos colaboradores quienes son perseguidos y asesinados sin otro argumento que la sospecha. El movimiento campesino, los trabajadores agrícolas, los pequeños y medianos propietarios, los líderes populares, las organizaciones políticas de izquierda y de derecha se convierten en blanco de las acciones paramilitares. La población en su conjunto entra en una atmósfera de intimidación que da origen al ambiente de "paz" logrado por la vía del terror.

Muchas de las masacres ocurridas en el país, en el período comprendido entre 1988-1990, que sobresalieron por la sevicia de sus actores son atribuidas a los hombres de Fidel Castaño y Henry Pérez; las masacres de la Mejor Esquina, la Negra, el Tomate, Honduras y Segovia, en las que fueron asesinadas decenas de personas, son otras acciones paramilitares atribuidas al trabajo conjunto de Córdoba y Puerto Boyacá[94]. Particularmente criminal fue el operativo llevado a cabo en Pueblo Bello, en Urabá, donde un comando enviado por Fidel Castaño, con lista en mano, secuestró, torturó, asesinó y finalmente desapareció a 43 personas que fueron a parar a fosas comunes en las fincas Las Tangas y Jaraguay de propiedad del paramilitar Castaño Gil.

Las acciones paramilitares y militares se desarrollaron en las zonas rurales y urbanas de Córdoba mediante las modalidades de la desaparición individual y colectiva, el secuestro, la tortura y posterior asesinato, la acción sicarial, los retenes militares, la detención arbitraria, la violación de mujeres, el ametrallamiento de viviendas, la destrucción de cultivos y la masacre. Los municipios más golpeados por este tipo de violencia fueron Montería, Cereté, Valencia, Tierralta, Ciénaga de Oro y las zonas rurales de Costa de Oro, Puerto Escondido, La Chica, Volador, Callejas, Verdinal, Manguito, Martillo, Las Cruces, Florisanto, Tres Piedras, Tres Palmas, Leticia, San Rafaelito, Ébano, Tomate, Arboletes, Laguneta, Mejor Esquina, Buena Vista, Portal Vía Cereté-San Pelayo, Tuchin-San Andrés de Sotavento, Pueblo Bello entre otras.

2.2.1. La desaparición colectiva de 43 campesinos

En las horas de la noche del día 14 de enero de 1990 un grupo de paramilitares denominado Los Tangueros, cuyo líder, para esa época era Fidel Castaño Gil, incursionó violentamente en Pueblo Bello, corregimiento del municipio de Turbo. El grupo armado después de copar militarmente el poblado se dedicó a derrumbar puertas y aterrorizar a la población, violentaron varias viviendas y

---

94 *Ibidem*, pág.116.

una iglesia evangélica en busca de los habitantes del pueblo; finalmente los hombres armados retuvieron a un número de personas y las forzaron a acostarse boca abajo en la plaza principal, tras lo cual seleccionaron a 43 campesinos, los amordazaron y se los llevaron, sin que se les haya vuelto a ver con vida. Al retirarse los hombres armados incendiaron tres inmuebles y señalaron ante los habitantes de Pueblo Bello: "esto es para que respeten a "Los Tangueros"[95].

Los victimarios colocaron a los detenidos en dos camiones carpados, llevándoselos del pueblo por la carretera que de Pueblo Bello conduce a las fincas las Tangas y Jaraguay, donde estaba ubicado un puesto de control por parte de la fuerza pública, en la misma se requisaban vehículos y pasajeros para lo cual se disponía de retenes en la carretera, en particular uno de estos retenes se hallaba ubicado a escasos minutos de la entrada a Pueblo bello; este reten funcionaba permanentemente e inspeccionaba a todos los que por este sector se movilizaban en un horario continuo de 24 horas.

En esta detención desaparición participaron agentes del Estado quienes realizaron acciones y omitieron el cumplimiento de las obligaciones a su cargo que hicieron posible el resultado mismo de la desaparición colectiva, los hechos ocurridos el 14 de enero de 1990, eran una tragedia anunciada porque públicamente se había sindicado a pobladores del corregimiento como auxiliares de la guerrilla y porque el mismo grupo paramilitar había hecho amenazas contra la seguridad, la integridad y la vida de las personas que allí residían; sin embargo, la fuerza pública no tomó las medidas necesarias, dentro de los deberes que le impone la ley, para la protección de los habitantes del corregimiento.

Según la versión de testigos que presenciaron los hechos señalan que los vehículos paramilitares pasaron por dos retenes custodiados por los Batallones Vélez y Cóndor sin ser detenidos o cues-

---

95 Este caso esta argumentado con base en la sentencia de la Corte Interamericana de Derechos Humanos. "Caso de la Masacre de Pueblo Bello Vs. Colombia". 31 de enero de 2006.

tionados. Los 43 campesinos retenidos fueron llevados a la finca Santa Mónica en el departamento de Córdoba, donde los esperaba el entonces líder paramilitar Fidel Castaño. Señalan que allí fueron interrogados y brutalmente torturados, las venas de sus cuerpos punzadas, sus ojos perforados, sus oídos cerrados, sus órganos genitales mutilados y finalmente fueron ejecutados uno a uno.

Al día siguiente de la detención desaparición de los 43 campesinos, los pobladores de Pueblo Bello se dirigieron a denunciar el hecho ante la autoridad militar de San Pedro de Urabá, pero a pesar de la gravedad de los hechos, la fuerza pública no dispuso operativo alguno para ubicar a las víctimas y a sus victimarios, por el contrario, varios oficiales hicieron burlas de las dolorosas circunstancias de los familiares. Luego de varios días de la desaparición colectiva los pobladores de Pueblo Bello hallaron los camiones atizados por los paramilitares, abandonados en un paraje en la carretera que conduce de Montería a Arboletes, Antioquia.

De acuerdo con las denuncias interpuestas por las víctimas, al parecer la ofensiva paramilitar tuvo su origen en los señalamientos del Ejército contra los campesinos de Pueblo Bello. Alegan que miembros del Ejército interpretaron la actitud pasiva de estos campesinos ante un incidente de robo de ganado perteneciente a Fidel Castaño como símbolo de su presunta afiliación a la guerrilla. Así mismo, alegan que las autoridades apostadas en las bases militares y retenes de San Pedro de Urabá no solo permitieron el paso de los vehículos paramilitares, sino que se produjeron actos de colaboración directa con el grupo armado ilegal. Según surge de las alegaciones de los familiares, una vez consumados los hechos, miembros de la comunidad de Pueblo Bello se dirigieron a las bases militares con el fin de solicitar información sobre el paradero de las personas desaparecidas y posteriormente habrían sido víctimas de actos de intimidación.

Uno de los participantes en el hecho, más exactamente el paramilitar Rogelio de Jesús Escobar, relató ante las autoridades la forma como estaba integrado el grupo paramilitar autor de la desaparición forzada, los motivos de los actores intelectuales para organizar el hecho delictivo, precisó la forma de participación de la fuerza pública e indicó los lugares donde habían sido sepultadas las víctimas.

A pesar de que en el mes de abril de 1990 se exhumaron 24 cuerpos de la finca Las Tangas, seis de los cuales fueron identificados como campesinos de Pueblo Bello, el resto de las víctimas permanecerían desaparecidas; muy a pesar de existir indicios sobre la ubicación del resto de los cadáveres, nunca se realizaron las diligencias necesarias para llevar adelante nuevas exhumaciones.

2.2.2. La justicia internacional

Las víctimas de esta tragedia encontraron la misma situación que los familiares de los 19 comerciantes; por lo que, ante la ineficacia, inoperancia y una clara denegación de justicia, por parte del Estado colombiano, decidieron acudir a la Corte Interamericana de Derechos Humanos representados por la Comisión Colombiana de Juristas y apoyados por ASFADDES. Una vez realizado el procedimiento contemplado frente a las pruebas y los testimonios allegados por los familiares, condujo a esta jurisdicción internacional a condenar al Estado colombiano por la detención desaparición de 43 personas en el Departamento de Córdoba. La sentencia de fecha 31 de enero de 2006, proferida por la Corte Interamericana de Derechos Humanos, ordenó al Estado colombiano, entre otros:

- Realizar inmediatamente las debidas diligencias para activar y completar eficazmente, en un plazo razonable, la investigación para determinar la responsabilidad de todos los partícipes en la masacre.
- Otorgar todas las garantías judiciales en los procesos judiciales.
- Adoptar inmediatamente las medidas pertinentes para buscar e identificar a las víctimas desaparecidas, así como, para entregar los restos mortales a sus familiares y cubrir los gastos de entierro de aquéllos, en un plazo razonable.

- Proveer un tratamiento médico o psicológico, así como, seguridad a los familiares.
- Realizar, en el plazo de un año, un acto de disculpa pública y reconocimiento de responsabilidad internacional.
- Construir, en el plazo de un año, un monumento apropiado y digno para recordar los hechos de la masacre de Pueblo Bello.
- Publicar parte de la sentencia, dentro del plazo de seis meses, por una vez, en el Diario Oficial y en otro diario de circulación nacional.
- Realizar un pago por daño material y por daño inmaterial a los familiares de los desaparecidos, y por costas y costos.

La Corte Interamericana determinó que hay responsabilidad estatal, entre otros, por los siguientes hechos probados:

- Se realizó la desaparición forzada de 37 personas, así como, la ejecución extrajudicial de seis campesinos de la población de Pueblo Bello en enero de 1990. Esto se presenta como un acto de justicia privada a manos de los grupos paramilitares entonces liderados por Fidel Castaño en el departamento de Córdoba, aunque ello fue perpetrado con la aquiescencia de agentes del Estado.
- Por su magnitud y por el temor que sembró en la población civil, este hecho determinó la consolidación del control paramilitar en esa zona del país e ilustra las consecuencias de las supuestas omisiones, actos de aquiescencia y colaboración de agentes del Estado con grupos paramilitares en Colombia, así como, su impunidad.

Transcurridos casi quince años de la desaparición de las víctimas por acción de múltiples actores civiles y estatales, los tribunales internos esclarecieron el destino de seis de los 43 desaparecidos y solamente diez de los aproximadamente sesenta particulares involucrados han sido juzgados y condenados (solo tres se encuentran privados de la libertad).

2.2.3. Modus operandi en las desapariciones colectivas

Las modalidades de violencia que se han utilizado por el Ejército y los grupos paramilitares para confrontar la subversión en las zonas del Magdalena Medio santandereano y Córdoba han sido aplicadas teniendo presentes los parámetros de lucha contrainsurgente que orienta la Doctrina de la Seguridad Nacional y los planteamientos de la teoría de los Conflictos de Baja Intensidad mediante[96]:

- Operativos de control, consistentes en el desplazamiento de patrullas por las diferentes veredas, descargue de tropas aerotransportadas, allanamientos y detenciones, amenazas a los campesinos, saqueo de viviendas, maltrato y tortura.
- Hostigamiento permanente. Manifiesto en la calificación y señalamiento a los pobladores de ser "guerrilleros", auxiliares o colaboradores de la guerrilla; en la elaboración de listas y en la obligada presentación a las bases militares; asistencia a las reuniones convocadas por el Ejército para recibir lecciones de intimidación; en la instalación de retenes, requisas permanentes, control de mercados, carnetización, decomiso de medicinas, hurto de animales, destrucción de cultivos, exigencias de aportes en alimentos, especie y trabajo personal a los miembros del Ejército y a las bases militares, son, entre otros, los procedimientos más utilizados para hostigar la población.
- Violencia indiscriminada. Manifiesta en el bombardeo y ametrallamiento de zonas rurales, en la destrucción de cultivos por acciones de guerra —colocación de minas— y en la "muerte accidental" de campesinos.
- Violencia dirigida y selectiva, consistente en señalamientos, amenazas, detenciones de dirigentes campesinos, cívicos

---

96 Medina Gallego, Carlos. Op. cit., pág.154.

y políticos, los líderes populares y maestros, prácticas de detención-desaparición, tortura y asesinatos.

- Incitación a la violencia paramilitar, a través, de la recomendación de formar grupos de "autodefensa" para combatir a la subversión al lado del Ejército como única posibilidad que tienen los campesinos y pobladores de sobrevivir.

3. ESTADÍSTICAS DE DESAPARICIÓN FORZADA EN COLOMBIA 1991-2001

3.1. Cesar Gaviria 1991-1994

La ruptura del proceso de negociación entre el gobierno de Cesar Gaviria y la Coordinadora Guerrillera, desarrollados en Caracas, Venezuela, entre junio y noviembre de 1991 y en Tlaxcala, México, entre marzo y abril de 1992, se originó debido al quebrantamiento en la agenda acordada por las partes, el gobierno recurrió a una declaratoria de guerra, en octubre de 1992, aumentando de manera exorbitante el presupuesto militar, multiplicando las unidades militares especializadas en contrainsurgencia y utilizando nuevamente el estado de conmoción interior. Su estrategia frente al narcotráfico se basó en el impulso de la política de "Sometimiento a la Justicia", diseñada al final del gobierno Barco, aunque solo se aplicó a los miembros poderosos de los carteles[97].

El paramilitarismo se incrementó escandalosamente durante la administración Gaviria y la tortura en guarniciones militares donde casi todo preso político fue llevado por 36 horas ilegalmente, pero con la complicidad omisiva de todos los órganos de control del Estado, para este mismo período surgieron dos nuevas

---

97 Giraldo, Javier, (agosto de 1994), "Balance de la administración Gaviria". http://www.javiergiraldo.org.

organizaciones paramilitares: "Los Pepes" hacían su aparición en enero de 1993 y "Colombia Libre" lo hacía un mes más tarde, cuyo accionar característico los evidenciaba con nexos entre las fuerzas militares y el narcotráfico.

Pero estos no eran los únicos grupos paramilitares que comenzaban a surgir, ya la geografía nacional comenzaba a sentir su presencia en nuevos departamentos; durante la administración Gaviria, se fueron copando de nuevas estructuras paramilitares: Urabá, Córdoba, Sucre, Magdalena, Cesar, Boyacá, Casanare, Arauca, Meta, Santander, Nordeste antioqueño, Magdalena medio, Valle, Cauca, Nariño, Putumayo quienes conocieron durante esta administración, el accionar y una expansión del paramilitarismo.

La impunidad fue nota característica de la administración Gaviria. En un foro sobre la Justicia en abril de 1994, el director de Planeación Nacional revelaba que de cada 100 delitos que se cometen en Colombia, apenas 21 eran denunciados y que, de estos, 14 prescribían por diferentes causas y solo tres terminaban con sentencia. Esto arroja una cifra neta de impunidad de un 97 %.

El último informe del procurador sobre derechos humanos en junio de 1993 reconocía que menos del 10 % de las quejas presentadas ante la Procuraduría eran investigadas y que, de estas, solo el 21 % culminaban en un fallo y que de estos fallos en el caso de las fuerzas militares, el 56 % eran absolutorios[98].

En un informe publicado por Americas Watch[99] (Americas Watch, 1993) se muestra cómo en 1991 se presentaron un total de 3 760 muertes por razones políticas, cifra que está por encima del promedio de 3 500 de los cuatro años anteriores. Si bien, las grandes masacres de los grupos paramilitares bajaron significati-

---

98 *Ibidem.*

99 Americas Watch, (1993), *La Violencia continúa, Asesinatos políticos y reforma institucional en Colombia*, Tercer Mundo Editores, Instituto de Estudios Políticos y Relaciones Internacionales UN. Citado por Valencia Gutiérrez, Alberto, pág. 54.

vamente en 1991, los asesinatos de miembros de partidos políticos de izquierda continuaron sosteniendo índices elevados. A fines del año, se denunciaba la muerte o desaparición de 110 líderes de la UP, grupo que registra un poco más de 1 000 muertos desde su creación como resultado de los acuerdos de paz en 1985. Para el mismo año de 1991 se registran 389 muertes en operaciones de "limpieza social", que el informe cataloga como políticas.

Según las estadísticas de la Policía el año más violento desde 1986 hasta el año de la nueva Constitución es precisamente 1991, en el que se presentan 28 204 homicidios, paradójicamente es el mismo año en que se desarrolla el proceso de reforma constitucional. Estas condiciones de violencia se mantendrán hasta 1992. El Instituto de Medicina Legal presenta un número de 26 764 muertes violentas para 1994, y de 25 273 para 1995 que significa un promedio para ese año de 77.4 muertes por cada 100 000 habitantes, que es el más alto de toda América, y uno de los más elevados del mundo[100].

3.1.1. Estadísticas consolidadas de desaparición forzada 1977-1994

Con los grandes márgenes de violencia que se reportan hasta la terminación del gobierno de Cesar Gaviria incluyendo a sus antecesores desde la primera desaparición forzada denunciada en 1977 con la detención desaparición de Omaira Montoya; es preciso hacer un balance de este crimen basándonos en las estadísticas que se han consolidado desde ese momento.

Frente al tema de la desaparición forzada es necesario advertir que las cifras y el seguimiento sistemático a esta práctica han presentado divergencias entre las organizaciones no gubernamentales y las entidades del Estado como consecuencia de las diferencias tanto de carácter conceptual, como de temporalidad en su

---

100 Ver El Tiempo, viernes 17 de mayo de 1995, Pág. 3. Citado por Valencia Gutiérrez, Alberto. Op. Cit, pág. 54.

misma recaudación, lo cual impide una unificación de criterios a la hora de observar el fenómeno objetivamente. Algunos de estos obstáculos se presentan precisamente por varios factores entre los cuales podemos resaltar:

En primera instancia el desconocimiento por parte del Estado y sus funcionarios, además de su negativa, para reconocer la ejecución de desapariciones en los primeros años de denuncia por parte de los familiares que buscaban a sus seres queridos. Segundo, una tardía consagración Constitucional del derecho a no ser desparecido en Colombia. Tercero, así mismo, la confusión permanente de esta práctica con el delito de secuestro por parte de la administración de justicia a causa de su falta de tipificación y por último las estrategias de impunidad con ocasión del desvió de las investigaciones por parte de sus responsables cobijados por el fuero militar en gran parte de los casos.

Otro de los obstáculos que podemos evidenciar radica en que la mayoría de los casos de desaparición forzada no son denunciados por sus víctimas ya por desconocimiento, como por temor, o con ocasión de la falta de credibilidad en las instituciones del Estado e incluso de las mismas organizaciones no gubernamentales, lo que significa que el registro adelantado por estas instancias puede reflejar una realidad meramente somera, del objeto de nuestro estudio. Sin embargo, a partir de la información recaudada daremos unas primeras pinceladas a la dimensión de la realidad para tratar de evidenciar la magnitud del problema.

En este contexto es precisamente donde las organizaciones de familiares de las víctimas juegan un papel preponderante en la recaudación y seguimiento a la desaparición forzada en Colombia, pues ante la negativa por parte del Estado de reconocer en los primeros años la existencia de esta práctica y aún más de prolongar en el tiempo su tipificación, estas organizaciones adelantaron el seguimiento de los casos denunciados ante las mismas, consolidando una base de datos y gestionando, tanto a nivel nacional como internacional, la búsqueda de sus seres queridos o en la búsqueda de justicia para no dejar sus casos en la impunidad.

Un consolidado de las desapariciones forzadas en Colombia entre 1977 al año 1994, lo evidencian los datos recogidos por ASFADDES, la Comisión Colombiana de Juristas (CCJ), el Centro de Investigaciones y Educación Popular (CINEP) y el Grupo de Trabajo de las Naciones Unidas sobre Desapariciones Forzadas o Involuntarias de la ONU, en el que podemos observar cómo después de 17 años de la primera desaparición forzada en Colombia, esta fue aumentando y lo más grave, sin tener mayores resultados frente al castigo de sus responsables. (Ver Tabla 1).

Tabla 1. Estadísticas consolidadas de desaparición forzada 1977-1994

Año	Número De Personas Desaparecidas 1977 - 1994
1977	1
1978	0
1979	2
1980	0
1981	101
1982	130
1983	109
1984	122
1985	82
1986	191
1987	109
1988	211
1989	137
1990	213
1991	115
1992	237
1993	173
1994	156
TOTAL	2.089

Fuente: ASFADDES.

Con relación a estas cifras ya habíamos anotado las apreciaciones del procurador general de la nación Carlos Jiménez Gómez, quien para el año de 1984 había reaccionado ante una solicitud de ASFADDES, frente a 325 casos de desapariciones reportadas por esta organización; cuatro años más tarde en un informe del Ministerio Público en 1988 esta cifra ascendía a 917 casos, los cuales se encontraban en investigación según el mismo ente de control.

Por su parte el Grupo de Trabajo de la ONU sobre desapariciones forzadas, informaba públicamente en 1989 que, de 672 casos presentados al Gobierno colombiano por el grupo de trabajo, las autoridades colombianas consideraron clarificados 85, de ello 19 personas habían sido halladas muertas, 8 estaban en prisión y 42 habían sido puestas en libertad. En el mismo informe del grupo de trabajo, señalaba que, de los 672 casos confirmados de desaparición forzada, se hacían responsables de trescientos ochenta y cinco (385) casos al Ejército de Colombia, ciento cuatro (104) a la Policía Nacional, treinta y cinco (35) a las diferentes agencias de seguridad del Estado, dieciséis (16) al DAS y ciento veinticinco (125) a grupos paramilitares.

En conclusión, el grupo de trabajo sostiene que "en la mayoría de los casos denunciados con la información disponible demuestran y según las pruebas indirectas permiten sospechar, la participación de unidades de las fuerzas armadas o de los servicios de seguridad en las desapariciones forzadas"[101] (Amnistía Internacional, 1990).

El cuatrienio de Cesar Gaviria terminaría con un hecho vergonzoso, su consejero presidencial había acompañado la redacción del proyecto de Ley sobre Desaparición Forzada de Personas, en largos procesos de discusión entre ONG y ponentes del Congreso, hasta llegar a un texto supuestamente avalado por el gobierno; pero una vez aprobado el texto por el Congreso de la República, el presidente Gaviria lo objetaría, desautorizando toda la labor pública de "su consejero", pese a que dicho texto se limitaba a

---

101 Amnistía Internacional. Informe Anual 1990. "Escuadrones de la muerte a la defensiva".

tipificar el delito en concordancia relativa con el Derecho Internacional Humanitario, sin tomar ninguna medida práctica para enfrentar los métodos concretos utilizados por los victimarios.

3.2. Ernesto Samper 1994-1998

Se debe resaltar que su actitud frente al tema de derechos humanos fue ostensiblemente diferente ante la opinión pública nacional e internacional, respecto de los gobiernos anteriores, lo cual generó expectativas entre los defensores de derechos humanos quienes aprovecharon las buenas intenciones del presidente para abrir un espacio de observación internacional promovido por la ONU y la OEA, a fin de reconocer la situación actual de violaciones a los derechos humanos y adoptar algunas medidas reclamadas de tiempo atrás por la sociedad colombiana.

Como resultado se inició la campaña ¡Derechos Humanos Ya! promovida por organizaciones nacionales e internacionales y agencias de cooperación europea, la campaña que duraría un año, y a la que se inscribieron más de trescientas organizaciones, culminó el 9 y 10 de febrero de 1995 en el Parlamento Europeo; con la Conferencia Europea sobre los Derechos Humanos en Colombia.

A esta conferencia fueron invitados el gobierno colombiano, delegados del parlamento europeo y organismos internacionales de cooperación y derechos humanos. Aunque la ONU no nombró un relator especial para Colombia la campaña tuvo gran éxito frente a temas como la necesidad de implementar mecanismos de observación intergubernamentales sobre el cumplimiento de las recomendaciones internacionales, la necesidad de detener y sancionar las violaciones de Derechos Humanos y del Derecho Internacional Humanitario, la erradicación de los grupos paramilitares, derogar la justicia regional, garantizar un retorno con dignidad de la población desplazada y por último la conferencia hizo un llamado a las partes en conflicto a la humanización del mismo y a la búsqueda de una salida negociada.

Algunos de estos resultados permitieron, por ejemplo, que el gobierno abriera la posibilidad de crear comisiones de esclarecimiento e investigación, en especial sobre cuatro casos relevantes, fallados por la Comisión Interamericana de Derechos Humanos de la OEA a través del mecanismo de solución amistosa, Los Uvos, Trujillo, Caloto[102], Villa Tina y la situación de derechos humanos y derecho humanitario del Departamento del Meta. Al finalizar el año de 1995, se inauguró la Unidad de Derechos Humanos de la Fiscalía General de la Nación y en 1996 se promulgo la ley 288 de 1996 para el cumplimiento de reparación pecuniaria a casos fallados por la ONU y la OEA (ASFADDES, 2003, pág. 84).

En el caso particular de la Comisión de Investigación para esclarecer los hechos violentos de Trujillo, perpetrados por militares, paramilitares y narcotraficantes, se creó una comisión mixta bajo la intervención de la CIDH y la participación de representantes del Estado, ONG, Ejército, Policía y entidades gubernamentales, la cual tuvo un mandato de tres meses. La comisión declaró la responsabilidad del Estado colombiano en los hechos, e individualizó responsabilidades de unidades del Ejército, la Policía y grupos paramilitares, además produjo una serie de recomendaciones de investigación, justicia, reparación para los afectados, para la región y para la erradicación de la impunidad judicial.

El resultado arrojado por la comisión era evidente al señalar la participación directa de la fuerza pública y por primera vez en un caso de violaciones a los derechos humanos, incluida la práctica de la desaparición forzada, un presidente de la república se disculpaba públicamente y aceptaba el informe presentado por la comisión.

> En un gesto sin precedentes, el presidente Samper reconoció en febrero la responsabilidad del Estado por la desaparición, la tortura y el asesinato de 107 personas entre 1988 y 1990 en Trujillo, Valle

---

[102] Para profundizar en los casos de Trujillo, Caloto y el Meta. Ver Medina Gallego, Carlos, (1994), *La Violencia Parainstitucional, Paramilitar y Parapolicial en Colombia*, Rodríguez Quito Editores, págs.137-156.

del Cauca y ordenó la destitución de un oficial. El reconocimiento por el presidente de la responsabilidad del Estado se basó en las conclusiones de una comisión de investigación creada con la mediación de la CIDH" (ASFADDES, 2003, pág. 84).

Para el mes de julio de 1995 el procurador delegado para los Derechos Humanos proferiría una resolución declarando la responsabilidad de otro alto mando militar, esta vez el brigadier general Álvaro Velandia Hurtado, quien luego de haber interpuesto varios recursos y una acción de tutela fallada en su contra, fue destituido en el mes de septiembre por el Presidente Samper al comprobarse su responsabilidad en la desaparición forzada, tortura y asesinato en 1987, de la estudiante de Sociología de la Universidad Nacional, Nydia Erika Bautista.

Por otra parte, la recién creada Unidad de Derechos Humanos de la Fiscalía General de la Nación, inicio labores el 25 de septiembre de 1995, a esta unidad fueron asignados 25 fiscales apoyados por unidades especiales de la policía judicial, investigadores técnicos, auxiliares y personal administrativo; con el objeto de investigar las violaciones más graves a los derechos humanos y del derecho internacional humanitario.

La selección de los casos con que se inauguró esta unidad, fue realizada por la Procuraduría General de la Nación, la Defensoría del Pueblo, el Ministerio de Defensa y la Consejería Presidencial, así mismo las organizaciones no gubernamentales entre las que se encontraba ASFADDES, presentaron más de 50 casos que se encontraban en total impunidad, de esta manera, y tras realizar la argumentación jurídica pertinente con respecto a la no prescripción de la práctica de la desaparición forzada, se reabrieron los casos, entre otros, el de Pueblo Bello de Urabá del año 1990, el de los 19 Comerciantes de Bucaramanga y Ocaña del año 1987, el caso del Colectivo de Estudiantes del año 1982 y el caso de Nydia Erika Bautista en el año de 1987 desparecidos en la ciudad de Bogotá.

Durante el año de 1996 las investigaciones adelantadas por la Unidad Nacional de Derechos Humanos de la Fiscalía, demostraron jurídicamente en varios de los casos nexos entre agentes del Estado con actividades de grupos paramilitares responsables de violaciones a los derechos humanos, lo que conllevó a su vinculación dentro de los procesos judiciales correspondientes, uno de estos casos fue el del General (r) Farouk Yanine Díaz, dentro de la investigación por la desaparición forzada de 19 personas en el Magdalena Medio a finales del año de 1987.

> Las investigaciones dieron lugar a la formulación de cargos contra más de 200 personas, entre ellas varios miembros de las fuerzas armadas. En octubre, el general retirado del ejército Farouk Yanine Díaz fue arrestado y acusado en relación con la creación de grupos paramilitares responsables de abusos generalizados contra los derechos humanos en la región central del Magdalena Medio. (Amnistía Internacional, 1997, pág. 147).

Este es uno de los pocos ejemplos que se puede rescatar de los avances hacia la justicia en materia de desaparición forzada, pues como lo hemos venido reiterando uno de los factores que generan mayor impunidad frente a esta práctica, es el fuero militar, el cual nuevamente hace su aparición dentro de nuestro contexto descriptivo al obstaculizar la búsqueda de la justicia por este nuevo ente de investigación. Así es como, de ocho colisiones de competencia presentadas entre la Unidad de Derechos Humanos de la Fiscalía y la Justicia Penal Militar, dos se decidieron favorablemente a la Unidad y seis fueron enviados a los tribunales castrenses (CCJ, 1996, págs. 120-121).

Ya hemos manifestado a lo largo de este trabajo las diversas dificultades que se presentan a la hora de observar la desaparición forzada en cifras, las dificultades no solo son numéricas, ni conceptuales, ni de método para recopilar y procesar la información de los casos, pues como ya lo hemos anotado, las diferencias entre las instituciones gubernamentales (encargadas de investigar y sancionar a los responsables) y las organizaciones no gubernamentales (que realizan la recepción, la denuncia y el seguimiento de los casos de desaparición forzada), radican para este momento histórico que estamos analizando, en la falta de tipificación como delito de esta práctica, pues no olvidemos que se sigue confundiendo con el secuestro o lo más grave con actos propios del servicio que se deben juzgar en la Justicia Penal Militar. Otro obstáculo evidenciado es la temporalidad en la que se observa el fenómeno por parte de las instancias ya mencionadas, lo que dificulta encontrar cifras consolidadas y analizadas por períodos como en el que nos encontramos.

Ahora bien, no quiere decir esto que con la tipificación del delito —como lo veremos más adelante— se lograrán consolidar cifras más armónicas o concordantes entre el Estado colombiano y las organizaciones no gubernamentales, o que por ello disminuya su práctica y aumente su repudio social. Por el contrario, lo que hemos observado es un distanciamiento más profundo a la hora de responder a las preguntas ¿Cuántas son las personas detenidas desparecidas en Colombia? y ¿dónde están? Por esta razón y con ocasión del seguimiento histórico que hemos venido realizando, es preciso no dejar limbos y trabajaremos para ello con la información existente o por lo menos a la que hemos podido tener acceso.

Retomemos pues el análisis estadístico que venimos construyendo. En la tabla 1, observábamos que para el año de 1994 según un informe de la CCJ se registraban ciento cincuenta y seis (156) personas desparecidas de las cuales cuarenta y uno (41) casos fueron atribuidos a los agentes del Estado, treinta y seis (36) a los grupos paramilitares y setenta y nueve (79) a desconocidos. Para el año de 1995, según la misma fuente se llevaron a cabo ciento seis (106) desapariciones, de las cuales dieciséis (16) fueron atribuidas a los agentes del Estado, treinta y nueve (39) a los grupos paramilitares y cincuenta y uno (51) a desconocidos.

En 1996 en total se llevaron a cabo ciento setenta y seis (176) desapariciones, de las cuales veintiocho (28) fueron atribuidas a los agentes del Estado, ciento cuatro (104) a los grupos paramilitares y cuarenta y cuatro (44) a desconocidos. Ya para 1997 en total se llevaron a cabo ciento ochenta y tres (183) desapariciones, de las cuales trece (13) fueron atribuidas a los agentes del Estado, ciento sesenta y seis (166) a los grupos paramilitares y cuatro (4) a desconocidos.

Estas cifras son significativas al observar el número de desapariciones forzadas por año, nos muestra un aumento mínimo, pero igualmente preocupante, sin embargo, lo que capta la atención es el cambio que se presenta frente a los responsables de estas desapariciones, pues desde 1994 y hasta 1997 las desapariciones atribuidas a agentes del Estado tienen una disminución relevante frente a las atribuidas a los grupos paramilitares las cuales fueron en aumento.

Dicho fenómeno se reiteró en 1996 en forma notoria. Los hechos atribuidos a paramilitares pasaron de 46.03 % en 1995 a 62.69 % en 1996, mientras los atribuidos a los agentes estatales pasaron de 15.68 % en 1995 a 10.52% en 1996, concerniéndole a las guerrillas el 26.79 % para este último año. El número de víctimas de violencia sociopolítica no ha variado sustancialmente en los últimos cuatro años, manteniéndose un promedio de diez personas muertas cada día, afirmaría Amnistía Internacional en su informe anual de 1997[103].

En efecto, hasta este momento tanto la academia como las organizaciones no gubernamentales coincidían en el análisis de las cifras al observar que más de diez (10) personas son muertas diariamente por razones políticas e ideológicas en Colombia, este promedio se ha mantenido desde el año de 1988 hasta el año de 1996, seis (6) de ellas son ejecutadas extrajudicialmente; otras tres (3) mueren en acciones bélicas dentro del contexto del conflicto armado interno y cada tercer día una persona es desaparecida en el país, a la fecha casi treinta mil personas (30 000) han muerto por estas causas desde 1988.

En los casos en que el actor es conocido más de el treinta por ciento (30 %) de esas muertes son atribuidas a las guerrillas violando el Derecho Internacional Humanitario y más del sesenta por ciento (60 %) a agentes estatales y grupos paramilitares. Para 1996 la tasa de homicidios fue de setenta y cuatro homicidios (74) por cada cien mil habitantes (100.000), promedio que se mantie-

---

[103] Amnistía Internacional. Informe Anual. 1997, pág. 147.

ne desde el año de 1988, de este total de homicidios aproximadamente el trece por ciento (13 %), lo constituyen los causados por violencia sociopolítica.

3.2.1. Dos décadas de coerción estatal

Desde el inicio mismo de este capítulo con la desaparición forzada de Omaira Montoya Henao en el año 1977, hemos venido realizando un seguimiento a la implementación y práctica de la desaparición forzada en Colombia, este recorrido no ha sido ajeno a la situación de derechos humanos que bajo los distintos gobiernos, ha padecido la nación, sin embargo, un ejercicio comparativo a esta altura nos permitirá observar la dimensión del fenómeno en relación con otras prácticas de coerción estatal en el período que venimos analizando.

El objetivo es demostrar la práctica de la desaparición forzada hasta este momento histórico, luego de dos décadas de la primera detención desaparición en Colombia y de esta manera evidenciar que la misma no ha sido un hecho aislado, ni ajeno a la realidad del conflicto armado interno que vive el país, por el contrario, la desaparición forzada en Colombia se ha negado, invisibilizado y pormenorizado ante la realidad histórica del país.

Desde comienzos de los años setenta se puede constatar cómo evolucionaron las formas de coerción estatal. Las detenciones arbitrarias hechas por las autoridades militares, amparadas en los estados de sitio, permitieron la captura de miles de personas sin una orden judicial que les garantizara los derechos a la libertad y a un debido proceso convirtiéndose en el mecanismo principal de esa coerción. Esta forma de coerción comenzó a decaer desde el inició de la década siguiente, mientras que los homicidios las ejecuciones extrajudiciales y las desapariciones forzadas comenzaron a engrosar las estadísticas de violación a los derechos humanos.

Este período coincide con una gran movilización campesina provocada por el desmonte de la reforma agraria iniciada a mediados de los años sesenta, lo mismo que con una persistente protesta estudiantil y de los sectores públicos de la salud y la educación. Recordemos que es precisamente dentro de este contexto histórico en el que se produce la primera desaparición forzada en Colombia bajo el gobierno de Alfonso López Michelsen.

Es relevante que entre 1970 y 1971 las detenciones arbitrarias se multiplicaron por más de seis, al pasar de 615 a casi 4000, para luego mantener un promedio de 7000 detenciones arbitrarias por año durante el resto de la década y empezar a disminuir significativamente desde comienzos de la década de los ochenta[104].

Mientras que esa forma de negación de derechos disminuía como forma de ejercicio de la coerción estatal en los años ochenta, los homicidios políticos y las ejecuciones extrajudiciales comenzaron a ganar peso numérico, lo mismo que las desapariciones forzadas. Los cambios en las formas de coerción se inician luego de la formalización de conversaciones de paz entre el gobierno y las guerrillas en 1982, durante el gobierno de Belisario Betancur, acentuándose con la creación de la Unión Patriótica en 1985. "De la misma forma, el surgimiento de los llamados escuadrones de la muerte o grupos de justicia privada fue otra de las características que acompañó ese cambio en las formas de coerción en los años ochenta" (Comisión de Estudios sobre la Violencia, 1987).

Ya anotábamos el cambio que se presentaba hacia 1996 entre los actores causantes de la coerción y la violación sistemática a los derechos humanos al mencionar la disminución de agentes del Estado en estas prácticas y el aumento de los grupos paramilitares en las mismas. En la tabla 2 se observa que el periodo 1986-995 ha sido uno de los periodos más violentos en la historia del país. Precisamente en este lapso se cometieron el mayor número de asesinatos políticos que el país conociera para la época, de hecho,

---

104 Romero. Mauricio, "La Política en la Paz y en la Violencia". *Análisis Político* No. 45. IEPRI, pág. 67.

19 457 homicidios políticos y ejecuciones extrajudiciales se realizaron en esos diez años, en relación con las 3 088 perpetrados en la década inmediatamente anterior. Solo en 1988 se presentaron 2 738 de esos casos. En el mismo período ocurrieron 1 611 desapariciones forzadas, en relación con las 595 desapariciones forzadas en la década anterior. De la misma manera, es importante anotar que el secuestro empezó a ser registrado en estadísticas desde 1987 con 227 casos, y se convirtió en práctica de financiación o de presión política por parte de las guerrillas desde el año siguiente, aumentando su número progresivamente hasta llegar a una cifra diez veces mayor una década más tarde[105]. (Ver tabla 2).

Tabla 2. Principales formas de coerción estatal 1970-1988

Año	Detenciones arbitrarias	Homicidios políticos y ejecuciones	Desapariciones forzadas	Secuestros
1970	615	49	0	n.d.
1971	3.968	45	0	n.d.
1972	4.297	37	1	n.d.
1973	4.271	101	1	n.d.
1974	7.846	92	1	n.d.
1975	6.217	71	3	n.d.
1976	6.940	98	3	n.d.
1977	7.914	139	9	n.d.
1978	4.914	96	6	n.d.
1979	4.098	105	23	n.d.
1980	6.819	92	4	n.d.
1981	2.322	369	101	n.d.
1982	2.400	525	130	n.d.
1983	1.325	594	109	n.d.
1984	1.783	542	122	n.d.
1985	3.409	630	82	n.d.

105 *Ibidem*, pág. 69.

1986	1.106	1.387	191	n.d.
1987	1.912	1.651	109	227
1988	1.450	2.738	210	640
1989	732	1.978	137	716
1990	1.102	2.007	217	1.191
1991	1.392	1.829	180	1.407
1992	961	2.178	191	1.320
1993	n.d.	2.190	144	1.026
1994	n.d.	1.668	147	1.293
1995	153	1.831	85	1.158
1996	n.d.	n.d.	n.d.	1.608
1997	n.d.	n.d.	n.d.	1.984
1998	n.d.	n.d.	n.d.	2.366

Fuente: Comisión Colombiana de Juristas (CCJ, 1996).

3.2.2. El fin de las Convivir abre el camino para la consolidación del paramilitarismo

La información que se ha presentado hace referencia a un período de más de dos décadas, en donde se aprecia como durante el comienzo de los años ochenta se inició ese cambio en las formas de coerción estatal, para dar paso a otras modalidades y a otros actores del conflicto, esos cambios en la coerción llegaron acompañados de una pérdida del monopolio de las armas por parte del Estado.

Según el investigador Mauricio Romero en la década de los ochenta los paramilitares y las autodefensas iniciaron su crecimiento como reacción en contra de las políticas de paz adelantadas por el gobierno en primera instancia y en segunda para contrarrestar las oportunidades de la descentralización política o elección de alcaldes, las cuales ofrecieron posibilidades de acceso al poder local y regional a las alianzas o frentes electorales con alguna influencia de la guerrilla o de movimientos de izquierda radical[106]. Sin embargo, ese aumento en el número de hombres armados se presenta hasta el año 1990, pues al presentarse la desmovilización del M-19 junto con otros grupos armados sumado a las expectativas de paz con ocasión de la asamblea nacional constituyente de 1991 se redujo la intensidad del conflicto conllevando incluso al desarme de algunos grupos paramilitares, como el de Fidel Castaño en el sur del departamento de Córdoba.

Entre 1993 y 1994 el aumento en el número de combatientes de los paramilitares se reanuda, como consecuencia de la intensificación del conflicto entre las FARC-EP y el ELN, por un lado, y el gobierno liberal de Cesar Gaviria (1990-1994), por el otro[107]. Muestra de lo anterior es la fundación de las Autodefensas Campesinas de Córdoba y Urabá —ACCU— en 1994, consolidándose como fuerza contrainsurgente en la región, con el ya descrito recorrido de muerte y desapariciones forzadas que abordamos en este trabajo.

Por otra parte, esta misma consolidación de las ACCU en 1994 coincidiría con la elección de Álvaro Uribe Vélez como gobernador de Antioquia y su promoción de las cooperativas de seguridad Convivir, al mismo tiempo que el general Rito Alejo del Río fue nombrado comandante de la XVII Brigada del Ejército con sede en Carepa a finales de 1995 y quien fuera reportado meses después por el coronel del Ejército Alfonso Velásquez ante la dirección del Ejército por vínculos con los grupos paramilitares que operaban en la región.

Las Convivir fueron restringidas por la Corte Constitucional al final del gobierno Samper por sus nexos con la delincuencia común y los grupos paramilitares, que en poco tiempo habían sobrepasado las 400 en todo el país. Llama la atención el número de Convivir en el departamento de Santander (Alternativa, 1997)[108], hecho que podría ser un antecedente ilustrativo de la ofensiva

---

106 *Ibidem*, pág. 71.

107 *Ibidem*, pág. 72.

108 Según la Superintendencia de Vigilancia y Seguridad Privada, en las Convivir estaban empleados unos 2.000 oficiales retirados de las Fuerzas Arma-

paramilitar, iniciada en 1997 en contra del ELN y la población civil en el Magdalena Medio, sin olvidar que fue en este período cuando se inició una centralización política y militar de los diferentes grupos paramilitares y de autodefensas del país, a través de la creación oficial de las Autodefensas Unidas de Colombia —AUC—, en abril de 1997. (Ver tabla 3).

Tabla 3. Número de Convivir por departamento (1997)

Departamento	Número de Convivir
Santander	106
Cundinamarca	83
Antioquia	65
Boyacá	64
Córdoba	19
Caldas	12
Cesar	8
Meta	8
Otros departamentos	49
TOTAL	414

Fuente: Superintendencia de Vigilancia y Seguridad Privada 1997.

A partir de 1998 se presenta un aceleramiento en el crecimiento de los grupos paramilitares, precisamente cuando se le anunciaba al país la posibilidad de iniciar diálogos de paz entre el candidato presidencial Andrés Pastrana Arango y las Fuerzas Armadas Revolucionarias de Colombia (FARC-EP).

das. Véase "Convivir, embuchado de largo alcance", en *Revista Alternativa,* no. 8, marzo -abril, 1997. Citado por Mauricio Romero. Op. Cit., pág. 73.

3.3. Andrés Pastrana. La Paz desde el Caguán y la expansión del paramilitarismo en Colombia 1998-2001

La administración del presidente Pastrana estuvo marcada por el contexto político del proceso de paz, particularmente con las FARC-EP, a quienes concedió una zona de distensión en el sur del país con el objeto de definir una agenda para adelantar los diálogos de paz en el Caguán. Otro de los acuerdos con la organización guerrillera además del despeje se centró en el compromiso por parte del Estado de desmantelar el paramilitarismo. Al inicio de su mandato Pastrana cumpliría con el despeje, a la vez que asumió la lucha contra los paramilitares como parte integral de su política de paz, como lo expresó al posesionar a Víctor G. Ricardo como Alto Comisionado para la Paz el 11 de agosto de 1998.

En esos primeros meses, el Gobierno tomó medidas importantes, algunas sin precedente, en contra de este flagelo. Mantuvo la decisión que habían sostenido los últimos gobiernos de no otorgarle reconocimiento político a los grupos paramilitares, ordenó el desmonte total de las Convivir, le otorgó prioridad a la lucha contra los paramilitares en los planes estratégicos de las Fuerzas Armadas y nombró comandante general de las Fuerzas Armadas al general Fernando Tapias.

Dentro de estas iniciativas se destaca la decisión de destituir a los generales Rito Alejo del Río y Fernando Millán, fuertemente cuestionados por diferentes sectores, incluyendo el Departamento de Estado de Estados Unidos, por sus nexos con los grupos paramilitares[109]. Esta medida, de carácter eminentemente político y no jurídico ni disciplinario, reflejó un mensaje claro a las Fuerzas Armadas, al país y a la comunidad internacional. De todas maneras, no dejaron de evidenciarse signos claros de malestar en

---

[109] García. Peña Daniel. (2005), "La relación del Estado colombiano con el fenómeno paramilitar: por el esclarecimiento histórico", *Revista Análisis Político*, No. 53, pág. 64.

las filas castrenses que se pusieron en evidencia con la renuncia intempestiva del ministro de defensa Rodrigo Lloreda en 1999, así como por parte de importantes sectores de opinión, algunos que se expresaron en un inmenso homenaje de desagravio a los generales destituidos, al cual asistieron entre otros Álvaro Uribe Vélez y el exministro del Interior y Justicia Fernando Londoño.

Los avances en esa primera etapa del proceso se hicieron palpables, aunque siguieron existiendo aspectos muy importantes por aclarar a lo largo de los años del gobierno Pastrana. Aunque al vicepresidente Gustavo Bell se le asignaron ciertas responsabilidades con relación al paramilitarismo como parte de sus funciones como alto consejero para los Derechos Humanos, estas nunca se hicieron explícitas, ni se materializaron. Si bien las acciones de la Fuerza Pública contra los grupos paramilitares aumentaron frente al pasado, aún estuvieron muy por debajo de los niveles requeridos para lograr la efectividad, la decisión de destituir a los generales no fue bien recibida por algunos sectores, pues su oportunidad y circunstancias se prestaron para que se interpretara como una concesión a las FARC-EP y no como parte de una decisión propia del Estado.

Un día después de la instalación formal del proceso con las FARC-EP, el 7 de enero de 1999, los grupos paramilitares lanzaron una cruenta ofensiva de masacres que dejaron más de 140 muertos. Las FARC-EP reaccionarían congelando los diálogos y entregándole al gobierno una lista con nombres de generales del Ejército, de los que ellos decían tener evidencia de compromisos con los paramilitares, las presiones de las partes conllevaron a que los compromisos adquiridos por Pastrana con las FARC-EP prevalecieran cerrando todo acercamiento de diálogo con los paramilitares; de hecho nunca se realizaron contactos formales entre representantes del gobierno con la comandancia de las AUC durante el cuatrienio de Pastrana[110].

---

110 *Ibidem.*

Más tarde, los grupos paramilitares amenazaron con entrar a la zona de distensión, donde se realizaban los diálogos con las FARC-EP, si a su juicio el gobierno aceptaba las exigencias de la guerrilla que para su criterio eran demasiado. La inclusión en los acuerdos del combate a los grupos de autodefensa como tema de la Agenda Común por el Cambio hacia una Nueva Colombia, firmada el 6 de mayo por el Gobierno y las FARC-EP, llevó a que las AUC secuestraran y posteriormente liberaran a la senadora Piedad Córdoba, exigiendo que ese punto fuera eliminado del temario de los diálogos y que se les otorgara el carácter político en igualdad de condiciones que la guerrilla. En el caso del proceso con el ELN, las acciones fueron aún más perniciosas, en cuanto que la mayoría de los observadores concuerdan que los continuos pronunciamientos y saboteos de los paramilitares a la creación de una zona de encuentro en el sur de Bolívar, fueron claves para frustrar su materialización[111].

3.3.1. La expansión paramilitar a sangre y fuego

El colapso en la experiencia del Caguán respondió a muchos factores más allá de las acciones de los paramilitares, pero es evidente que los mismos sacaron provecho de la crisis. En primera instancia se consolidaron y desplegaron en zonas estratégicas del conflicto, ocupando regiones que hasta entonces fueron territorios guerrilleros con baja presencia estatal, estas ocupaciones estuvieron acompañadas de graves violaciones a los derechos humanos agudizando mucho más la situación humanitaria que vivía el país llegando a elevar las estadísticas del tal manera que se registraron cifras nunca antes vistas con mayor impacto en el desplazamiento forzado de personas, las masacres, los asesinatos políticos. Las desapariciones forzadas alcanzaron su pico más alto en el gobierno Pastrana, como lo veremos más adelante.

---

111 *Ibidem.*

En el caso de masacres cometidas por los grupos paramilitares, también se observa una mayor actividad desde 1998 y un incremento en casi cuatro veces en los ataques en contra de la población civil entre 1998 y 1999, con un resultado en el número de víctimas abrumador, que para el año 2000 seguían aumentando a un ritmo acelerado. (Ver tabla 4).

Tabla 4. Masacres cometidas por grupos paramilitares 1997-2000

AÑO	Número de masacres	Número de víctimas
1997	6	30
1998	16	111
1999	61	408
2000/Oct.	75	507
TOTAL	158	1056

Fuente: Ministerio de Defensa. Bogotá. 2000.

Gran parte de las muertes perpetradas por paramilitares ocurrieron durante masacres, en las cuales eran asesinadas gran cantidad de personas. Algunas de las más grandes masacres de esos años fueron las de El Salado en el departamento de Bolívar ocurrida entre el 18 y 19 de febrero del año 2000 y en la que cerca de 100 personas fueron torturadas y asesinadas por paramilitares de las Autodefensas Campesinas de Córdoba y Urabá. La masacre se prolongó por varios días durante los cuales los paramilitares tocaron acordeón y tomaron licor, varias mujeres fueron violadas sexualmente y luego asesinadas[112]. En Ovejas departamento de Sucre el 16 de febrero de 2000, 42 personas fueron asesinadas, 39 de las cuales también fueron torturadas, por paramilitares del Bloque Norte y Anorí de las ACCU, quienes contaron con la aquiescencia y complicidad de tropas del Batallón Fusileros de la Infantería de Marina, Bafim 3, adscritas a la I Brigada del Ejército.

112 Informe Comisión Colombiana de Juristas. "Colombia 2002-2006: Situación de derechos humanos y derecho humanitario", 2007, pág. 8.

Por último, la masacre del alto Naya, en los municipios de Buenos Aires y Timba ubicados en el departamento de Cauca, el 8 de abril de 2001, 46 personas fueron asesinadas por presuntos paramilitares del Bloque Farallones, de las AUC. Los paramilitares realizaron un recorrido de varios días durante los cuales degollaron con machetes y motosierras a la mayoría de las víctimas. Al parecer, los paramilitares entraron a la zona inmediatamente después de que la abandonaran los miembros de la III Brigada del Ejército Nacional, responsables de la misma[113].

En segunda instancia el crecimiento de hombres en armas de los grupos paramilitares prácticamente tuvo un aumento de más del 100% en solo tres años. En efecto, según el Ministerio de Defensa, los hombres en armas de los grupos paramilitares eran 3 800 en 1997, y ya sumaban 8 150 en el año 2000, esto indica que para el período analizado los paramilitares se encontraban en una etapa de expansión de sus actividades, así como, su fortalecimiento de hombres en armas (ver gráfico 1), similar a la ocurrida en los años 1993 y 1994, cuando la reactivación también incluyó intentos de centralización y unificación de mando, los cuales tomaron forma en la organización de las llamadas Autodefensas Unidas de Colombia —AUC—[114], aspecto ya descrito en el presente trabajo.

Este aumento del pie de fuerza de los paramilitares no solo se debe a la ofensiva de las guerrillas y al incremento de los secuestros; el crecimiento y mayor radio de acción paramilitar también formarían parte de los planes de quienes serían afectados por un proceso de paz exitoso, estos sectores —elites ganaderas y rurales, políticos locales tradicionales, etc.— mediante una alianza estratégica con grupos de las Fuerzas Armadas y el narcotráfico, contribuyeron a neutralizar cualquier intento de paz por medio de la negociación entre el gobierno Pastrana y las FARC-EP[115].

---

113 *Ibidem.*

114 Romero. Mauricio. Op. cit., pág. 73.

115 *Ibidem.*

Gráfico 1 . Crecimiento paramilitar de hombres en armas 1986-2001

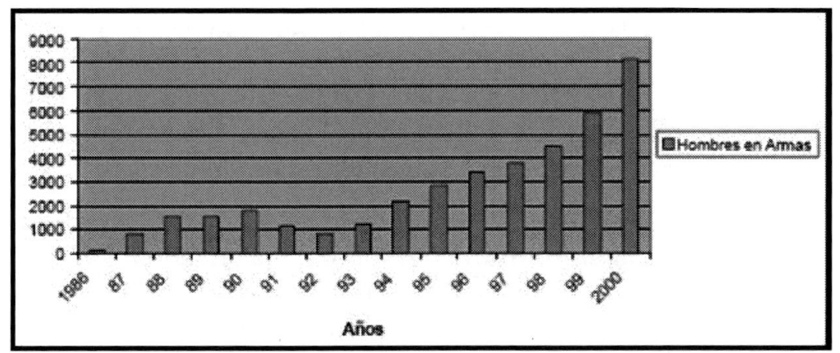

Fuente: Ministerio de Defensa. Bogotá. 2000.

En tercer lugar, la crisis les facilitó el terreno a los grupos paramilitares para apropiarse y divulgar un discurso antiguerrillero; Carlos Castaño aprovecho estos años de crisis para apropiarse del discurso antisubversivo con el cual le hizo propaganda al proyecto paramilitar el cual se difundiría años después a todo el país por los medios de comunicación.

En los documentos emanados de las reuniones paramilitares y en las profusas declaraciones de Carlos Castaño después de 1997, era claro que el esfuerzo militar realizado por los paramilitares, la violenta ocupación del territorio, su inmersión completa en el mundo del narcotráfico tenía además de la motivación de enriquecimiento personal de sus jefes, una clara intencionalidad política para buscar una negociación con el Estado.

Bastaría con el siguiente texto emanado de la cumbre donde se fundan las AUC en mayo de 1998 para aclarar la misión de las fuerzas paramilitares: "Definir las Autodefensas Unidas de Colombia como un movimiento político-militar de carácter anti-subversivo en ejercicio del derecho a la legítima defensa que reclama transformaciones del Estado, pero no atenta contra él" (Martínez, 2004).

El discurso de Castaño se iría refinando con el tiempo, su argumentación se dirigía a la necesidad de señalar el camino a la expansión del paramilitarismo por todo el país se trataba de un gran proyecto "contrainsurgente" cuya misión era derrotar a la guerrilla, liberar el norte del país primero y luego marchar hacia el sur. El relato no podía ser más eficaz; el miedo a la guerrilla había crecido en esos años, también el odio por la escalada de secuestros, extorsiones y ataques a la población civil la cual había aumentado su desconfianza en las instituciones del Estado lo que le permitió a Castaño afianzar aún más su discurso contraguerrillero[116].

Para este momento histórico se preparaba, al lado de la ofensiva militar, toda una estrategia política de los paramilitares a fin de copar tanto territorios como bancas en el Congreso de la República fuera posible; pocos pusieron los ojos en las horrendas masacres y en las fosas comunes que se abrían al paso de los paramilitares, el discurso contrainsurgente lo tapaba todo. Lo cierto es que los enemigos de la paz, las exigencias de las FARC-EP y las restringidas acciones del gobierno, permitieron que el proceso de paz en el Caguán se deteriorara; a su vez el país vivió en carne propia otra realidad: la expansión del paramilitarismo por todo el territorio nacional, dejando a su paso las secuelas del conflicto en las víctimas inermes que siguen contando a sus muertos y buscando a sus desaparecidos.

3.3.2. Los desaparecidos también copan el territorio nacional

La producción de violencia generada a partir de la consolidación y expansión del fenómeno paramilitar en los últimos años agudizó la crisis del conflicto colombiano como lo venimos analizando, su incursión en nuevos territorios propició el aumento de violación a los derechos humanos; el desplazamiento forzado y las masacres han venido en aumento desde mediados de los noventa y las desapariciones forzadas no han dejado de copar —al paso paramilitar— el territorio nacional. En efecto la crisis desencadenada

---

116 Observatorio del Conflicto Armado. "Los caminos de la alianza entre los paramilitares y los políticos". Corporación Nuevo Arco Iris, 2007, pág. 12.

con la expansión paramilitar refleja un aumento significativo de las desapariciones forzadas en Colombia. El aumento que se presenta en este periodo afecta la violación sistemática al derecho fundamental a no ser desaparecido, pues se puede evidenciar un aumento vertiginoso frente a la desaparición forzada tanto en el número de víctimas como en su expansión territorial. (Ver ilustración 1).

Ilustración 1. Desaparecidos por departamento 1996-1999

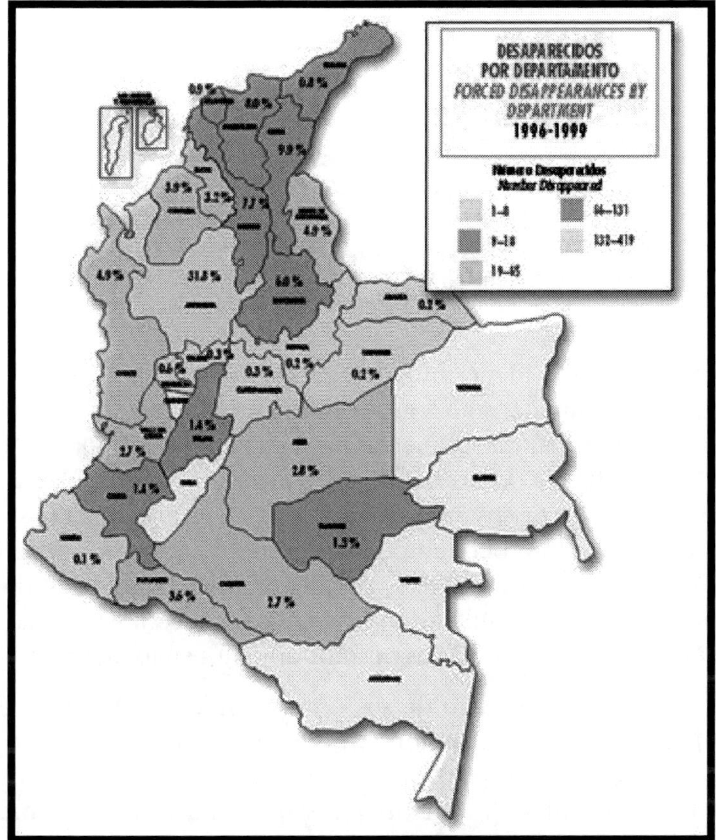

Tomado de: Comité Permanente para la Defensa de los Derechos Humanos.
Source: Permanent Committee for the Defense of Human Rights.
(Observatorio de los derechos humanos en Colombia, 2010)

Entre 1996 y 1999, según el Comité Permanente para la Defensa de los Derechos Humanos —CPDDH—, ocho departamentos concentraron el 72 % de los desaparecidos en Colombia. Del mapa anterior, podemos evidenciar que los departamentos más afectados por la desaparición forzada de personas son: Antioquia, Cesar, Magdalena, Bolívar, Santander, Norte de Santander, Chocó y Córdoba.

> En cuanto a los culpables de las desapariciones, un análisis basado en estadísticas disponibles de organizaciones no gubernamentales, a saber, la Comisión Colombiana de Juristas, el Comité Permanente para la Defensa de los Derechos Humanos y el CINEP-Justicia y Paz, permite determinar la mayor responsabilidad de los grupos de autodefensas, y en segundo lugar de agentes del Estado. Las quejas por desapariciones forzadas presentadas ante la Defensoría del Pueblo recaen sobre todo en las Autodefensas y mucho menos en miembros de la Fuerza Pública. Con excepción del DAS, no se dispone de estadísticas que den cuenta de desapariciones originadas en la acción de las guerrillas, debido a la concepción predominante y a la definición de la desaparición en función de la relación estatal (Observatorio de los derechos humanos en Colombia, 2010)[117].

Tal y como lo evidenciamos la segunda mitad de la década de los noventa el paramilitarismo logro consolidarse militar y "políticamente" basado en expandir sus fuerzas por el territorio nacional, aumentar el pie de fuerza de sus hombres en armas, acuñar un discurso a sus intereses y los de sus patrocinadores, pero principalmente su posicionamiento como oponente militar se llevó a cabo por medio de la barbarie, el terror y el miedo, ampliamente documentado por su particularidad para combatir a la guerrilla en el contexto de la guerra sucia, practicada desde sus mismos orígenes en los años setenta.

Es notorio que dentro de sus oscuras prácticas el número de desaparecidos siguiera aumentando en el país tal y como lo señalan las organizaciones no gubernamentales, las cuales reportan cifras consolidadas de personas desaparecidas, que involucran

---

[117] Observatorio de los Derechos Humanos en Colombia. http://www.derechoshumanos.gov.co/observatorio.

como responsables en su mayoría a los grupos paramilitares. De acuerdo con los registros de la CCJ entre el año de 1994-1999 fueron desparecidas 1 016 personas, el Comité Permanente para la Defensa de los Derechos Humanos lleva un archivo de 1 317 desaparecidos entre 1996-1999, el CINEP-Banco Justicia y Paz, que ha reseñado casos de desaparecidos en forma no continua desde 1998, habla de 593 casos en solo dos años. Por su parte, las cifras de la Fiscalía General de la Nación, reportaron entre el año de 1994 a 1999 1 677 casos, aunque para el DAS, este fenómeno prácticamente pasa inadvertido durante este período. (Ver gráfico 2).

Gráfico 2. Desaparecidos comparativo entre las fuentes 1996-1999

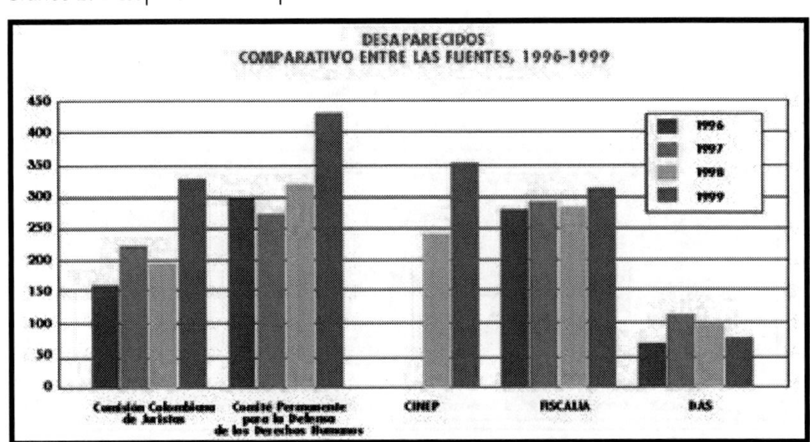

Tomado de: Observatorio de los Derechos Humanos en Colombia (Observatorio de los derechos humanos en Colombia, 2010).

Las cifras consolidadas tanto por las organizaciones no gubernamentales, como por las mismas instituciones estatales nos muestran una situación alarmante, especialmente hacia el final de la década de los noventas; los últimos años de administración Pastrana serían realmente críticos para las víctimas de la desaparición forzada; pues como lo advertíamos anteriormente es precisamente en esta administración en la que el fenómeno llega su punto más alto, por lo menos en los casos de que se tiene conocimiento, pues no podemos dejar de lado las notas que se han hecho frente al bajo promedio de denuncia que sobre la práctica se hace en el país.

ASFADDES reportó que en el año 1998, último año de la administración de Ernesto Samper, se produjeron 354 casos, en 1999 aumentaron a 468, en el año 2000 se reportaron 767 casos, siendo dos personas desaparecidas por día y para el año 2001 se reportan 1 609 desapariciones forzadas en diferentes zonas del territorio nacional, llegando así a un promedio diario de 3,7 personas víctimas de la desaparición forzada, este índice supone un aumento dramático de más del 100 % (ASFADDES, 2003). (Ver gráfico 3).

Gráfico 3. Desaparición Forzada 1994-2001

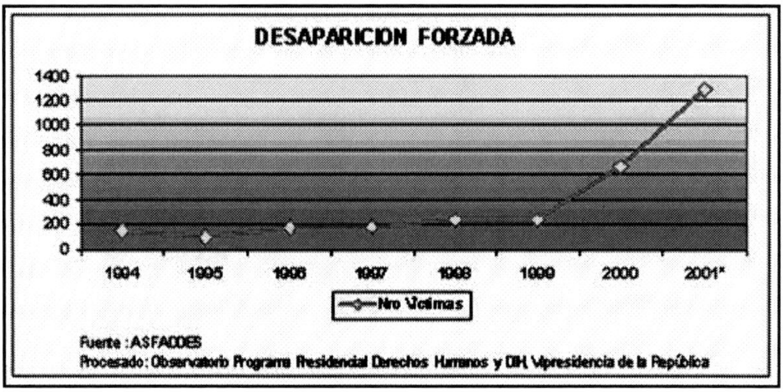

Tomado de: ASFADDES (ASFADDES, 2003).

Este aumento vertiginoso en las cifras de desaparición forzada que evidenciamos en los dos últimos años de la administración Pastrana es el resultado de la carrera guerrerista adelantada por el paramilitarismo en Colombia, luego del fracaso de las negociaciones con las FARC-EP en la zona de distensión, que terminó por degenerar la búsqueda de la paz, en una prolongación del conflicto armado interno colombiano, con las consecuencias que en materia de violación a los derechos humanos hemos venido analizando y que terminó por agudizar y expandir la crisis humanitaria por el territorio nacional a niveles nunca antes vistos en la historia reciente de nuestro país.

De hecho la desaparición forzada se convirtió en una práctica que dejó de mantenerse constante hasta mediados de los años noventa, para convertirse en la práctica más utilizada a finales de la misma, así, por ejemplo, podemos observar comparativamente el fenómeno con otras violaciones a los derechos humanos que se practicaban en el país como método de coerción Estatal, tal es el caso de las detenciones arbitrarias que no llevaban a la víctima a su detención y posterior ocultamiento sino que disponían de su libertad, luego de los clásicos atropellos de la fuerza pública, práctica que tuvo su punto más alto en el año 1981, pero que se fue abandonando progresivamente desde 1988, en contraste los asesinatos políticos denunciados que desde 1981 comenzaron a aumentar progresivamente hasta alcanzar su punto máximo en el año de 1989, para mantenerse constante hasta el año 2000 inclusive.

La desaparición forzada, que comenzó a practicarse en la segunda mitad de la década del setenta se mantuvo constante hasta el año de 1993, pero es desde el año de 1994 en que su progresivo aumento empieza a evidenciarse, alcanzando su punto más crítico en el año 2001 donde se conocieron más de 1 609 desapariciones. (Ver gráfico 4).

Gráfico 4. Desaparición forzada y otras violaciones de derechos humanos 1980-2000

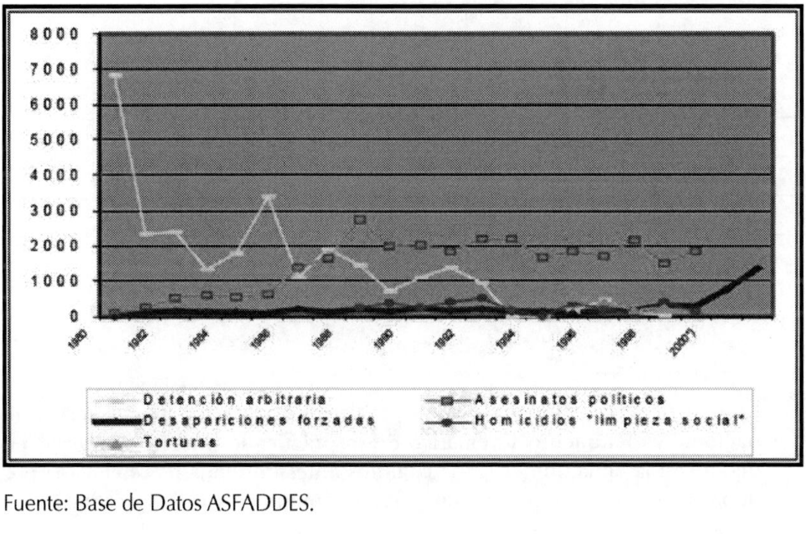

Fuente: Base de Datos ASFADDES.

Con el análisis realizado a la información suministrada por ASFADDES correspondiente al periodo comprendido entre el año 1998 y el año 2002, observamos que estos años son realmente críticos, no solo la práctica de desapariciones forzadas se mantiene en los departamentos mencionados, sino que aumenta dramáticamente para el año 2001. Así, por ejemplo, el departamento de Antioquia que para 1999 reportaba 87 desapariciones, registrará 312 personas desaparecidas para el año 2001, en el departamento de Santander de 26 desapariciones en 1999 se pasó a 404 desapariciones forzadas en el año 2001, para el mismo periodo el Magdalena pasó de 40 a 111 desapariciones forzadas. Estas cifras nos revelan la continuidad y el aumento significativo de esta práctica en los departamentos que para la época padecieron la presencia paramilitar[118]. (Ver tabla 5).

Tabla 5. Desapariciones Forzadas Por Departamento 1998–2002

DEPARTAMENTO	1998	1999	2000	2001	2002	TOTAL
Antioquia	171	87	139	312	288	997
Arauca	0	0	1	5	75	81
Atlántico	1	3	4	20	10	38
Bolívar	21	45	56	63	36	221
Boyacá	0	0	9	14	9	32
Cundinamarca	5	13	26	60	28	132
Caldas	2	2	6	20	36	66
Caquetá	12	30	19	7	16	84
Casanare	2	0	2	58	8	70
Cauca	7	10	68	96	68	249
Cesar	26	27	80	41	49	223

118 La expansión territorial de las desapariciones forzadas por el territorio nacional y el aumento sistemático de su práctica lo podemos apreciar en detalle en la tabla número 5, la cual nos muestra de manera detallada por departamento el comportamiento del fenómeno entre 1998 y el 2002.

Choco	6	19	8	7	15	55
Córdoba	2	51	37	35	32	157
Guajira	23	0	1	5	19	48
Guaviare	0	0	2	0	3	5
Huila	1	16	9	24	18	68
Magdalena	20	40	56	111	66	293
Meta	6	5	15	18	18	62
Nariño	1	0	1	56	96	154
Norte de Santander	0	17	32	85	140	274
Putumayo	3	39	25	28	2	97
Quindío	2	2	0	6	8	18
Risaralda	3	3	1	18	23	48
Santander	33	26	35	404	194	692
Sucre	1	2	15	41	11	70
Tolima	0	8	17	31	14	70
Valle del Cauca	6	23	103	44	80	256
TOTAL	354	468	767	1609	1362	4560

Fuente: Tabulación propia, con base en datos suministrados por ASFADDES.

4. EL DELITO DE DESAPARICIÓN FORZADA EN EL GOBIERNO DE LA SEGURIDAD DEMOCRÁTICA 2002-2010

4.1. La política de seguridad democrática y los derechos humanos

El gobierno de Álvaro Uribe trazaría tres líneas de acción de la política de seguridad democrática: la primera, una "política de paz" con los paramilitares, la segunda, la continuación de la ofensiva contra las FARC-EP, iniciada al final del gobierno anterior y la tercera, un grupo de políticas puntuales como los soldados campesinos, los estímulos a la deserción y las redes de informantes, destinadas a apoyar las otras dos.

En este sentido, el contexto sociopolítico del gobierno de Uribe Vélez estuvo marcado por el proceso de desmovilización, desarme y reinserción de los grupos paramilitares, los acercamientos de diálogo con la guerrilla del ELN y la confrontación directa a la guerrilla de las FARC-EP. La política de seguridad democrática bajo el gobierno del presidente Uribe, que sostuvo desde su postulación a la presidencia de la república, dejó como resultado un proceso de polarización en el país, así como, a millares de víctimas y victimarios en el camino de la reconciliación lleno de diferentes obstáculos los cuales no se pudieron superar en el marco de la controvertida ley de "justicia y paz" en un proceso que sin duda marcó el debate nacional en los últimos años de gobierno frente a sus aciertos y fracasos como norma adoptada para la transición hacia la paz.

Sin embargo, este proceso de reconciliación se caracterizó no solo por los retos de la reintegración a la vida civil de los desmovilizados y la búsqueda de los derechos de las víctimas a la verdad, la justicia y la reparación; también fue protagonista por la continuidad de violaciones a los derechos humanos y las infracciones al Derecho Internacional Humanitario —DIH— que continuaron cometiéndose en el país y que fueron denunciadas y documentadas por las organizaciones no gubernamentales y las fuerzas políticas opositoras al gobierno nacional, a pesar del desmonte de uno de los actores armados con mayor responsabilidad en esas violaciones y que buscaba responder ante la justicia por los graves hechos cometidos, las estadísticas de esos últimos años reflejan la continuidad de hostigamientos a la población civil.

Un ejemplo de esta afirmación se refleja en un informe de la Comisión Colombiana de Juristas —CCJ— presentado en enero del año 2007, el cual muestra un balance general de la situación de derechos humanos en el país para el período comprendido entre julio de 2002 a junio de 2006 abarcando el primer mandato del presidente Uribe. Según esta organización en el período señalado se registraron 11 292 personas asesinadas o desaparecidas por fuera de combate. Esto significa que, en promedio, más de siete personas (7,8) fueron asesinadas o desaparecidas forzadamente por motivos sociopolíticos cada día en Colombia. Durante los seis años precedentes (julio de 1996 a junio de 2002) el promedio de víctimas de violencia sociopolítica asesinadas o desaparecidas fue de nueve (9) cada día (CCJ, 2007).

Aunque se registra un leve descenso en las cifras con respecto a años anteriores, las violaciones a los derechos humanos continúan siendo altas y los perpetradores de los crímenes tienen su mayor representación en los grupos paramilitares con responsabilidad del Estado, seguidos por las guerrillas y por último agentes estatales. Una variación respecto de los victimarios que ya analizábamos en el capítulo anterior cuando los principales perpetradores se concentraban en los servicios de inteligencia del Estado, la Policía Nacional y el Ejército en el sector urbano, lo que cambio desde el surgimiento de grupos de autodefensa y paramilitares y nuevamente se retoma la dinámica inicial, es decir, son agentes del Estado los principales violadores a los derechos humanos en este período 2002-2006.

Para la Comisión Colombiana de Juristas la presunta autoría de las violaciones ocurridas en este período, el 75,15 % de las muertes producidas fuera de combate en las que se conoce el presunto autor genérico, se atribuyó como responsabilidad del Estado, por perpetración directa de agentes estatales, el 14,17 % (908 víctimas), por tolerancia o apoyo a las violaciones cometidas por grupos paramilitares, el 60,98 % (3 907 víctimas) y a las guerrillas se les atribuyó la autoría del 24,83 % de los casos (1 591 víctimas).

Esas violaciones se inscriben dentro de un patrón sistemático de ejecuciones y desapariciones forzadas perpetradas en una gran porción del territorio nacional, durante los cuatro años se registraron violaciones al derecho a la vida directamente atribuibles a agentes estatales en 27 de los 32 departamentos del país. El inusitado incremento de las violaciones al derecho a la vida está directamente relacionado con la implementación de la política de "seguridad democrática" y son atribuibles principalmente a agentes estatales y grupos paramilitares.

El Gobierno insistentemente señaló que la principal ventaja militar de los grupos subversivos son los vínculos que estos mantienen con la población civil, que adoptan la forma de complicidad u ocultamiento y "la mimetización de sus integrantes dentro de la población civil" según afirmaciones del propio presidente de la república. El incremento de las desapariciones forzadas cometidas directamente por agentes estatales es consecuencia directa de la inobservancia del principio de distinción entre combatientes y población civil, derivado del planteamiento gubernamental según el cual un sector de la población civil hace parte de los grupos combatientes que enfrenta militarmente.

Algunas de las operaciones militares de la política de "seguridad democrática", que se desarrollaron en el territorio nacional, con resultados lamentables para los derechos humanos perpetrados por agentes estatales son: la Operación Espartaco, la Operación Ejemplar y la Operación Marcial, implementadas en Antioquia; las operaciones Laguna y Tormenta del Caguán, en Caquetá; la Operación Tormenta I y la Operación Broca, en Arauca; la Operación Holocausto, en Norte de Santander; la Operación Imperio I, en Quindío; la Operación Júbilo, en el Sur de Bolívar; la Operación Bombardero, en Valle del Cauca; y el Plan Patriota, implementado en los departamentos del Meta, Caquetá, Putumayo y Guaviare[119].

El informe de la Comisión Colombiana de Juristas señala a los grupos paramilitares como los mayores perpetradores de homicidios y desapariciones en el país ya que 3.907 personas asesinadas fueron atribuidas a estos grupos armados ilegales. Mientras que a la guerrilla se le sindican el 24.8 % del total de víctimas al margen del conflicto, es decir, 1 591 personas durante el periodo de 2002 a 2006.

En la mayoría de los casos, las violaciones estuvieron precedidas por detenciones arbitrarias y, en algunos casos, de desapariciones forzadas. Posteriormente, como las operaciones militares exigen resultados, las víctimas fueron reportadas como guerrilleros muertos en combate. En una muestra de 98 casos de ejecuciones extrajudi-

---

119 Informe "Situación de Derechos Humanos, Colombia 2002-2006". Comisión Colombiana de Juristas, 2007.

ciales perpetradas entre julio de 2002 y junio de 2006, 46 personas civiles fueron presentadas como muertas en combate en algunos de los operativos militares antes mencionados (ODH, 2006)[120]. Este panorama evidencia que la práctica de los mal llamados "falsos positivos" no se presentó al final del segundo gobierno de Uribe como se ha querido señalar por las instituciones castrenses y los medios de comunicación, en efecto reportar positivos como muertos en combate obedece a una vieja tradición de uniformar civiles y presentarlos como guerrilleros, tema que abordaremos más delante.

El mismo informe da cuenta que entre julio de 2002 y junio de 2006, los paramilitares asesinaron o desaparecieron forzadamente a 976 personas cada año en promedio. Esto significa una reducción importante, pero de ningún modo satisfactoria, en relación con lo ocurrido durante los seis años precedentes (julio de 1996 a junio de 2002), en los cuales el promedio anual fue de 1.756 víctimas.

En los años 2000 y 2001 el número de personas desaparecidas forzadamente por paramilitares ascendió a más de 1 000 víctimas cada año. En esos años los paramilitares perpetraron 352 masacres que dejaron por lo menos 2 367 víctimas. A partir del año 2002 el promedio de personas asesinadas en ese tipo de ataques empezó a disminuir, entre julio de 1996 y junio de 2002, el promedio anual de personas muertas en masacres por paramilitares fue de 886 personas cada año. Durante los siguientes cuatro años (julio de 2002 a junio de 2006) ese promedio de muertes en masacres disminuyó a 227 personas cada año, lo cual sigue siendo una cifra escandalosa.

Históricamente los grupos paramilitares son los que más han irrespetado el derecho a la vida en Colombia. Si a lo acontecido durante los últimos años se suman las violaciones cometidas por esos grupos desde julio de 1996, tenemos un total de 14 444

---

120 Véase el documento, preparado por el Observatorio de derechos humanos y derecho humanitario de la Coordinación Colombia-Europa-Estados Unidos para las audiencias de la Comisión Interamericana de Derechos Humanos en Washington, el 23 de octubre de 2006.

personas civiles muertas o desaparecidas fuera de combate. Ello equivale a los 71,06 % de las muertes causadas por motivos sociopolíticos, ocurridas durante los últimos diez años, en las cuales se conoce el presunto autor genérico.

En los últimos cuatro años del primer período presidencial de Uribe Vélez los grupos paramilitares continuaron siendo los mayores violadores del derecho a la vida, a pesar del proceso de negociaciones con el Gobierno. Desde el inicio de ese proceso el 1 de diciembre de 2002 hasta el 31 de julio de 2006, por lo menos 3 005 personas fueron asesinadas o desaparecidas presuntamente por paramilitares. El Gobierno no reaccionó al respecto, a pesar de que había anunciado que dicho proceso estaba sujeto a la condición de que tales grupos no cometieran ni una muerte más. Por el contrario, el Alto Comisionado para la Paz, declaró públicamente, y sin sonrojarse por ello, que "el cese de hostilidades era una metáfora que debería manejarse con mucha flexibilidad"[121].

4.1.1. Estadísticas de desaparición forzada en el periodo Uribe 2002-2010

Como lo referenciamos en el acápite inmediatamente anterior hasta el año 2001, las cifras nos dejan un panorama desolador y revelador en este tema, pues lejos de abandonarse el ejercicio delictivo en los periodos de la seguridad democrática se seguirían registrando más desapariciones forzadas en el contexto nacional, recurriendo incluso al estímulo económico y los permisos de descanso para las tropas que arrojaran resultados en la lucha contra la subversión.

Anotábamos con preocupación que para el año 2001 se reportaron 1 609 desapariciones forzadas en diferentes zonas del territorio nacional, llegando así a un promedio diario de 3,7 víctimas,

---

[121] Declaración del Alto Comisionado para la Paz, durante una jornada de seguimiento al proceso de negociaciones con los paramilitares. Hotel Tequendama, Bogotá., 24 de febrero de 2005.

índice con un aumento dramático de más del 100 % con respecto a los registros anteriores y ubicando esta cifra como la más alta conocida en el país. Para el año 2002 la práctica de la desaparición forzada presentó un leve descenso registrándose 1 362 casos según las cifras reportadas ASFADDES.

Ahora bien, bajo el primer mandato del presidente Uribe, el delito de desaparición forzada continúo en el país, pese al proceso de desmovilización, las organizaciones internacionales de derechos humanos continuaron registrando atropellos contra la población civil. Amnistía Internacional denunció en su informe anual que: pese a la declaración unilateral de cese al fuego, los paramilitares siguieron siendo responsables de masacres, homicidios selectivos, desapariciones forzadas, torturas, secuestros y amenazas.

Durante el año 2003 se les atribuyó la responsabilidad de la muerte o desaparición forzada de al menos 1 300 personas, más del 70 % de todos los homicidios y desapariciones de los que se conoce la autoría por motivos políticos no relacionados con los combates. ASFADDES por su parte reportó para el año 2003 la desaparición forzada de 1 189 personas, lo que reflejaba un descenso en las cifras, en comparación con el año 2001 en el que se registró un aumento sin precedentes de casos de desaparición forzada. (Ver gráfico 5).

Gráfico 5. Desapariciones forzadas 1994-2003

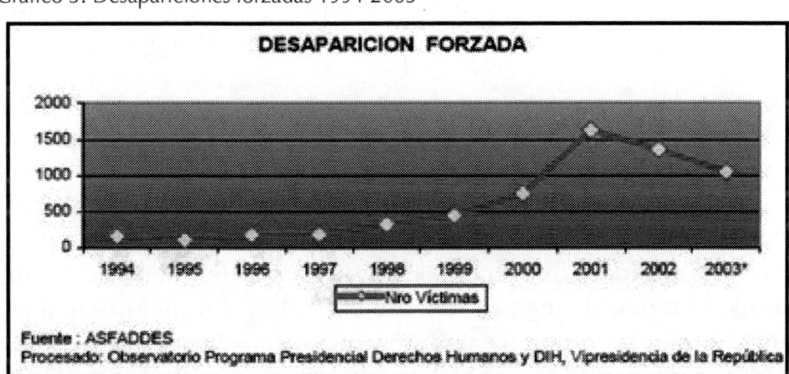

Para los años 2004 a 2006 se presentó una disminución en algunos indicadores de violencia política como los secuestros y las masacres, por otra parte, las ejecuciones extrajudiciales, las detenciones masivas y las desapariciones forzadas se continuaron cometiendo en el territorio nacional. En la primera mitad de 2004 se dio muerte o se hizo desaparecer al menos a 1 400 civiles según Amnistía Internacional, para el 2005 el Instituto de Medicina Legal reportó que 839 personas desaparecieron por la fuerza en 2005 y 175 en el primer semestre del 2006.

La CCJ organización no gubernamental, señaló que la responsabilidad de los agentes estatales en las violaciones al derecho a la vida ha aumentado en un 73% entre julio del 2002 y junio del 2006, es decir, durante el primer mandato del presidente Uribe. La CCJ señala 1 137 casos de desaparición forzada durante este período, la mitad de los cuales se le atribuyen a los grupos paramilitares, 184 al Estado y 25 casos a las guerrillas. El director de la CCJ declaro "Sistemática en algunas regiones, la complicidad entre paramilitares y militares es difícilmente demostrable... el problema de las desapariciones forzadas en Colombia se diluye en la masa de los asesinatos políticos".

La Oficina en Colombia de la Alta Comisionada de las Naciones Unidas para los Derechos Humanos, en su informe del año 2010, al analizar la práctica de los llamados "falsos positivos", señalo: "que más de 3 000 personas pudieron haber sido víctimas de ejecuciones extrajudiciales, atribuidas principalmente al Ejército. La gran mayoría de casos ocurrió entre los años 2004 y 2008" (ONU, 2011).

4.2. Más de tres décadas de desaparición forzada en Colombia

En los primeros meses del año 2007 Colombia ratifica la Convención internacional para la protección de todas las personas contra la desaparición forzada. El canciller colombiano Fernando Araujo firmó, el 1 de abril del año 2007, la Convención en la oficina de tratados del departamento de asuntos legales de la ONU. Esta convención fue aprobada por el Congreso de la República cuatro años más tarde, por medio de la Ley 1418 de 2010.

La Convención consagra el derecho a no ser sometido a una desaparición forzada y requiere a los Estados prohibir y criminalizar esta práctica en sus legislaciones nacionales. También reconoce el derecho a la verdad y a la reparación para las víctimas y sus familiares. Adicionalmente, al igual que la Convención Interamericana de la cual Colombia hace parte, señala que la práctica generalizada o sistemática de la desaparición forzada constituye un crimen de lesa humanidad.

La Convención Internacional para la Protección de todas las Personas contra la Desaparición Forzada, se constituyó en un logro por el que los familiares de detenidos desaparecidos de América Latina lucharon por más de 25 años y que se convierte en una herramienta más para combatir la impunidad de este delito.

Varios de los países que han sufrido el flagelo de la desaparición forzada cuentan entre sus víctimas a miles de ciudadanos que desaparecieron a manos del Estado y de las fuerzas oscuras de los grupos paramilitares, creados para contrarrestar y combatir la protesta social de sus opositores; algunas cifras consolidadas de esta experiencia en América Latina son:

Uruguay que vivió 16 años de dictadura, dejando 220 víctimas fatales, desaparecidas o muertas bajo la tortura, y un promedio de 5 000 prisioneros políticos por año durante la década de 1968-1978, la inmensa mayoría de los cuales soportaron la tortura. En Brasil durante 15 años de dictadura se supo que 7 367 personas pasaron por procesos militares, la mayoría de los cuales fueron torturados y que hubo 125 desapariciones documentadas. En Bolivia, en un lapso de 17 años que cobijaron seis gobiernos militares, hubo 1 778 muertes violentas por motivos políticos, 243 desaparecidos y 8 293 prisioneros políticos.

En Chile la Comisión de Verdad y Reconciliación recibió 2 666 denuncias por desaparición o asesinato, perpetrados durante los 17 años de dictadura militar. En Argentina, durante siete años de dictadura fueron registrados más de 9 000 casos de desaparición forzada. En 1984, la Comisión Nacional sobre la Desaparición de Personas publicó una lista con casi 10.000 nombres de personas que habían sido denunciadas como detenidos-desaparecidos. Hoy las organizaciones defensoras de derechos humanos en Argentina denuncian que los casos podrían llegar a 30 000 personas, que no volvieron al seno de sus familias. En Perú unas 13 mil personas desaparecieron en 20 años de conflicto, entre 1980 y el año 2000. La provincia de Ayacucho fue una de las más golpeadas por esa modalidad, atribuida especialmente a las fuerzas de seguridad del Estado peruano.

En Colombia no existe una cifra exacta de personas que han sido desaparecidas forzadamente, sin embargo, en el presente trabajo hemos venido hilando la contextualización de la desaparición forzada de personas a partir de las cifras existentes y reportadas por las organizaciones defensoras de derechos humanos, las instituciones del Estado y las organizaciones internacionales que realizan el seguimiento y la denuncia de estos casos. En este recorrido histórico que abarca más de treinta años, hemos venido insistiendo en la complejidad de la desaparición forzada, la misma modalidad de este delito no permite tener un consolidado real de los desaparecidos en Colombia, el ocultamiento y la clandestinidad en el que se despliega el accionar de los perpetradores dejan en las sombras y la impunidad los aberrantes hechos, sus motivaciones y al ser humano del cual no se vuelve a tener noticia. La mayoría de los casos que nunca se denuncian por el miedo y las retaliaciones que se hacen a sus familiares, la falta de compromiso por parte del Estado con esta población victimizada y la tardía tipificación como delito de esta práctica son algunas de las causales del subregistro que se tiene de este flagelo en el país.

Más allá de una consolidación final de las estadísticas de desaparición forzada en Colombia, lo que ya tenemos claro en el análisis de estas tres décadas por las cifras reportadas, es que este crimen ha tenido una práctica sistemática, masiva, generalizada y permanente, que puede incluso desbordarse de lo hasta aquí planteado; si bien, parte de esa verdad que pudo conocerse en el marco de la ley de "justicia y paz" permitió poner en el debate público el tema negado de la desaparición forzada en el país, también es cierto que con este proceso no se obtuvo un acceso real a los derechos de las víctimas a la verdad, la justicia y la reparación. Incluso hoy comienzan a salir de las cárceles con penas cumplidas, sin procesos terminados, los jefes paramilitares que lideraron la refundación de la patria a sangre y fuego, dejando en la impunidad la mayor parte de sus delitos.

En efecto, es a partir de los primeros meses del año 2007 que se comienza a plantear en el debate nacional la preocupación por saber cuántos son los desparecidos colombianos que no han regresado a sus hogares, las razones por las que fueron arrancados de su contexto social y las razones que llevaron a los perpetradores de estos crímenes a cometer dichos actos. El proceso de reconciliación nacional para lograr la paz, la búsqueda de la verdad, la justicia y la reparación de las víctimas del conflicto, el hallazgo de fosas comunes —que no es un tema nuevo en el país— y la confesión parcial de las atrocidades cometidas por los paramilitares (desmembrando campesinos vivos, aplicando diversas técnicas para infligir dolor en sus víctimas, enviando un mensaje de terror a sus comunidades y organizaciones, picando a seres humanos y enterrándolos o botándolos al río); pusieron en contexto el tema de la desaparición forzada en Colombia.

La Comisión de Búsqueda de Personas Desaparecidas —CBPD—, luego de más de seis años de su creación, hizo público el 15 de febrero de 2007 el Plan Nacional de Búsqueda de Personas Desaparecidas, que establece una estrategia ya aplicada a nivel internacional para la búsqueda de personas víctimas de desaparición forzada. Este plan contempla que en primera instancia se debe establecer quiénes están desaparecidos, posteriormente, dónde pueden estar los desaparecidos, esto significa, los lugares de posibles detenciones o de enterramientos, para finalizar con la fase de rescate, si son encontrados vivos, o con la de identificación, si son hallados muertos.

El objetivo del Plan era lograr encontrar vivos a los desaparecidos o entregar los cadáveres a sus familias para que puedan hacer el duelo conforme a sus creencias y costumbres. Según la Comisión Colombiana de Juristas encontrar restos y no poder identificarlos constituye un fracaso judicial que incrementa las frustraciones y los sufrimientos de los familiares. Por ello, es crucial que, al emprender la búsqueda, se identifique plena y previamente a quienes se está buscando. Solo así se garantizará el éxito y se contribuirá a esclarecer lo que sucedió con los desaparecidos. No hacerlo puede conducir a almacenar restos, a destruir o dañar evidencia y, por lo tanto, a perpetuar la impunidad y el dolor de las familias.

El número de personas desaparecidas que planteaba buscar la CBPD se estableció en 4 367 víctimas según lo reporto el periódico El Tiempo del 16 de febrero de 2007, en ese mismo artículo el Instituto de Medicina Legal (que hace parte de la CBPD) reveló que, en el 2006 se reportaron 7 965 personas desaparecidas, de las cuales aparecieron vivas 1 418 y muertas 1 888. De restante 55 %, aún no hay noticia. (El Tiempo, 2007).

Así mismo, los casos reportados a las distintas instancias que realizan un seguimiento y adelantan acciones frente a la desaparición forzada en Colombia, registran las cifras relacionadas en la tabla a continuación (es preciso aclarar que todas hacen parte de la CBPD excepto el Comité de la Cruz Roja Internacional —CICR—), por otra parte, se debe tener presente que las instituciones en mención realizan un seguimiento de casos con distintos periodos y cortes. (Ver tabla 6).

Tabla 6. Número de casos reportados por desaparición forzada

ENTIDADES GUBERNAMENTALES	PERIODO	PERSONAS DESAPARECIDAS
FISCALÍA	1988-2005	**7.702**
PROCURADURÍA	1993-2005	**829**
VICEPRESIDENCIA	1997-2005	**4.177**
MEDICINA LEGAL	2005-2006	**1.014**
ENTIDADES NO GUBERNAMENTALES	**PERIODO**	**PERSONAS DESAPARECIDAS**
ASFADDES	1977-2004	**7.800**
COMISIÓN COLOMBIANA DE JURISTAS	1996-2004	**3.588**
CICR	**1994-2005**	**3.600**

Fuente: Comisión de Búsqueda de Personas Desaparecidas.

La Comisión Colombiana de Juristas en su seguimiento también reporta una relación de casos de desaparición forzada en

Colombia según sus presuntos perpetradores desde el año 1996 y hasta el 2004 en el cual se puede evidenciar a los grupos paramilitares, seguidos de agentes del Estado como los mayores perpetradores de este crimen y, por último, están las guerrillas quienes también han sido señalados de algunos casos. (Ver tabla 7).

Tabla 7. Desaparición forzada según posibles perpetradores

PERIODO	GRUPOS PARAMILITARES	AGENTES DEL ESTADO	GUERRILLAS
Julio de 1996 a junio de 1997	214	23	0
Julio de 1997 a junio de 1998	208	16	0
Julio de 1998 a junio de 1999	300	26	12
Julio de 1999 a junio de 2000	330	12	0
Julio de 2000 a junio de 2001	301	5	11
Julio de 2001 a junio de 2002	294	6	6
Julio de 2002 a junio de 2003	334	62	13
Julio de 2003 a junio de 2004	234	38	18
Total	2.215	188	60

Fuente: Comisión Colombiana de Juristas.

La Comisión de Búsqueda de Personas Desaparecidas reveló previamente al lanzamiento del plan de búsqueda, por medio del delegado del defensor del pueblo, que

> actualmente la información sobre desaparición forzada está completamente dispersa y no está sistematizada. El Registro Único de Personas Desaparecidas recogerá toda la información a partir de este mes de noviembre. Es posible que a mediados de 2007 ya tengamos un conocimiento preliminar de las primeras estadísticas oficiales sobre víctimas de desaparición forzada en Colombia (PNUD, 2006).

Las principales dificultades que se han tenido para conocer la realidad sobre la desaparición forzada en Colombia o por lo menos la consolidación de estadísticas que reflejen el comportamiento de este delito versan principalmente en:

Primero, el reconocimiento tardío por parte el Estado colombiano de la existencia de este flagelo, la ley que tipifica esta conducta como delito fue aprobada en el año 2000, cuando habían pasado ya 23 años de la primera desaparición forzada, antes del año 2000, la desaparición forzada no era considerada delito y las denuncias eran recibidas en la Fiscalía como un secuestro simple, incluso posteriormente a su tipificación este error se sigue cometiendo por algunos fiscales del país, principalmente por desconocimiento de la ley.

Segundo, el alto subregistro por ser un crimen cometido, entre otros, por agentes estatales o con su tolerancia o aquiescencia, las familias temen denunciar ante el riesgo de ser señaladas o desaparecidas como ha sucedido en el país.

El subregistro también se debe al *modus operandi* de este delito. En los años setenta y ochenta predominaron las desapariciones individuales en el ámbito urbano con altos niveles de ocultamiento e impunidad. En la década de los noventa con el auge del paramilitarismo, aumentaron las desapariciones colectivas sobre todo en el sector rural, lo que hace aún más difícil su denuncia debido a la situación de presencia permanente y de hostigamiento constante de estos grupos en las comunidades.

La falta de presencia institucional en zonas apartadas del país donde las víctimas no pueden denunciar sus casos o si los denuncian, no se les da el trámite correspondiente pasando a los anaqueles de la fiscalía, siendo archivados por falta de pruebas o de la individualización de los presuntos responsables.

La falta de abogados defensores de derechos humanos que adelanten casos de desaparición forzada, pues la experiencia nos muestra que los mismos han sido víctimas de amenazas, asesinatos y desapariciones forzadas, por hacerse cargo de este tipo de denuncias que en su gran mayoría se adelantan contra miembros de la fuerza pública, paramilitares y miembros de las guerrillas.

Tercero, la metodología en la recolección de información. Varias entidades oficiales no diferencian según el posible motivo de la desaparición. Por eso, incluyen al desaparecido por la fuerza y a quien se perdió por padecer una enfermedad mental, entre otras razones. Como, por ejemplo, decirle al denunciante que la posibilidad es que regrese o que tal vez es una persona que decidió apartarse de su lado por motivos personales.

El Instituto de Medicina Legal, por ejemplo, incluía todo tipo de desapariciones en sus estadísticas, sin discriminar las razones de las mismas. Frente a este último se espera que ponga en marcha el Registro Único de Personas Desaparecidas por mandato de la ley 589 de 2000, e inicie la recolección y consolidación de las estadísticas de otras entidades en especial las que hacen parte de la CBPD.

La Asociación de Familiares de Detenidos Desaparecidos —ASFADDES—, por ejemplo, estima que unas 15 000 personas han sido víctimas de este crimen, aunque el número de casos registrados al año 2004 sea solo de 7 800 durante los últimos 27 años. La Asociación indica que muchos casos se dieron sin que haya habido denuncias efectivas por causa del miedo.

Según Gloria Gómez, coordinadora de ASFADDES, la desaparición forzada es "una práctica criminal nacida del Estado para eliminar a sus opositores políticos. Después y hasta ahora, se convirtió en una práctica para engendrar el terror"[122]. Nosotros respondemos por nuestras estadísticas y nuestras cifras con base en un trabajo constante de más de 25 años; estas cifras nosotros las hemos obtenido de la información de la fuente inicial que son los familiares de las víctimas. A diciembre de 2004 terminamos con 8 000 casos reportados, totalmente denunciados, documentados, sin embargo, creemos que hay más de 15 000 desaparecidos.

> Nosotros optamos por llevar todos los casos a la Procuraduría General de la Nación, sin embargo, esa entidad sólo registra 829 desaparecidos. La Fiscalía en una reciente reunión de la CBPD informó que tenía una cantidad enorme de todos los delitos que ahora se convirtieron en desaparición forzada y que su número pa-

---

122 Entrevista a Gloria Luz Gómez Cortes, Coordinadora General de ASFADDES, junio 14 de 2011.

> saba fácilmente de 20.000, hay que tener en cuenta que muchos casos son de personas extraviadas, otras son de personas que se van voluntariamente. Pero la práctica de la desaparición forzada, crimen atroz en la que la persona es previamente detenida, luego desaparecida se ha incrementado en el país[123].

En realidad, los casos de desaparición forzada durante este último periodo toman un giro en el registro que venimos analizando; ASFADDES que viene denunciando esta práctica en el país desde la década de los ochenta tiene documentados más de 8000 casos y hoy habla de 15000, así mismo, la Fiscalía General de la Nación que tiene casos denunciados desde 1988 reporta al año 2005 alrededor de 7702 casos y hoy habla de más de 20000 desaparecidos en el país.

Este aumento en la realidad de la desaparición forzada en Colombia se ratifica con el informe público que realizó la Comisión Nacional de Reparación y Reconciliación —CNRR— (2007), en cumplimiento de lo ordenado por la Ley 975 de 2005 y presentado al Congreso de la República a finales de agosto de 2007, en el mismo la CNRR, señala que la desaparición forzada en Colombia se ha convertido junto con el secuestro en una de las principales amenazas a los derechos humanos de los colombianos, es una conducta delictiva que atenta contra el derecho fundamental a la libertad y la integridad física y psíquica de las personas afectadas, cuya secuela es una conmoción que genera alteraciones fisiológicas y psicológicas a nivel individual, familiar y colectivo de carácter permanente debido a la incertidumbre sobre el destino del ser querido.

Por otra parte, la CNRR señaló: *"que este flagelo ha tenido en el país una práctica masiva, sistemática y generalizada que alcanza cifras que dan cuenta de la magnitud del delito las cuales oscilan entre 20.000 y 25.000 desapariciones"* (CNRR, 2007). La colaboración por parte de los desmovilizados que se beneficiaron de la ley de justicia y paz ha sido realmente escasa a pesar de que la misma ley exige como requisito, dentro de las versiones libres que den los des-

---

123 *Ibidem.*

movilizados se debe informar sobre las personas desaparecidas, tal parece que esta exigencia brilló por su ausencia dentro de los procesos judiciales de justicia y paz.

El informe de la CNRR también presenta las dificultades en la capacidad institucional para responder a las necesidades de las familias, desde el punto de vista de una atención oportuna de las demandas y peticiones de los familiares las cuales sintetiza así (CNRR, 2007):

a) La ausencia de una agencia dedicada a la atención, orientación y apoyo psicosocial de los familiares de las víctimas de este delito.

b) La ausencia de un registro de información actualizado que permita el análisis y cruce de las diversas variables las causas y los posibles responsables del delito.

c) La ausencia de una información previa de contexto que estudie los patrones de violencia sistemática ejercidos por los bloques o frentes desmovilizados en determinado territorio y durante un determinado periodo de tiempo específico.

La Comisión hace una recomendación que se deberá tener en cuenta, la Fiscalía General de la Nación deberá fortalecer su Unidad de Justicia y Paz al atender a las víctimas de desaparición forzada dada la magnitud que se evidencia en la práctica de la misma; por lo mismo se requiere de una ampliación considerable de los recursos técnicos y humanos, que le permitan responder a la demanda del esclarecimiento de los casos y la participación de los familiares de las víctimas en los procesos de justicia y paz.

Los medios de comunicación también registraron a lo largo del año 2007 las escalofriantes notas periodísticas del hallazgo de fosas comunes y los interrogantes frente al delito de la desaparición forzada en Colombia. Algunos medios, como el periódico El Tiempo y la Revista Semana cuentan con nutrido material de esta realidad, en el cual se evidencian el clamor de las víctimas, las respuestas del Estado y las cifras que frente al delito puede esperar el país. En estos medios también se registran cifras que pronostican que en Colombia se buscan entre 10 000 y 31 000 personas de las que no ha quedado rastro después de los últimos años de guerra, (el primer dato es de la Fiscalía general de la Nación, el segundo es de la Comisión Colombiana de Juristas) (Sierra, 2007).

El panorama después de más de tres décadas de desaparición forzada en Colombia no puede ser más desolador, las cifras que hemos venido trabajando a lo largo del presente trabajo evidencian la magnitud de un crimen de lesa humanidad, que se ha gestado durante décadas en el silencio y el ocultamiento, en la negativa para reconocerlo y criminalizarlo, en la permisividad, el facilitamiento y la aquiescencia para su comisión, ante los ojos de una sociedad inerme en la indiferencia, el desconocimiento o la ignorancia de la comisión de un crimen tan execrable y repudiado por la comunidad internacional.

4.2.1. Exhumando la verdad, buscando la justicia y esperando la reparación

Como podemos observar las cifras de desaparición forzada tomaron un rumbo inesperado. Las organizaciones no gubernamentales, así como el propio Estado por medio de las instituciones creadas por la ley para combatir este flagelo y los medios de comunicación se plantean hoy que el delito puede ser más grave de lo que se pensaba. Hablarle al país de los desparecidos y sus cifras entraña la responsabilidad de establecer en primera instancia cuantas personas en realidad se buscan, quiénes y por qué razón las desaparecieron y por último devolver a sus familiares los restos plenamente identificados de sus seres queridos que se hallan en las fosas comunes que cubren el territorio nacional.

Desde que entró en vigencia la ley de Justicia y Paz, la Fiscalía General de la Nación ha recibido miles de denuncias sobre personas desaparecidas e información de la ubicación de fosas comunes. Durante los primeros meses del año 2006, la Fiscalía había encontrado 21 cadáveres en fosas comunes en tres veredas de Ciénaga, en el Magdalena. Durante los dos meses siguientes, otros 40 cuerpos fueron hallados en varias fosas en San Onofre, departamento de Sucre y por la misma fecha, las autoridades descubrieron 29 cuerpos más en El Catatumbo, Norte de Santander.

A mediados de ese mismo año un desmovilizado denunció que había unos 800 cuerpos enterrados en el Urabá antioqueño, días después 15 cuerpos fueron encontrados en San Miguel, en el Putumayo. La lista de fosas comunes continúo y los medios de comunicación llenaron sus titulares y separatas especiales respecto al tema desde comienzos del año 2006 y prácticamente durante todo el 2007, los documentos están llenos de relatos de testimonios de víctimas que han denunciado y que le han contado al país el horror de la experiencia paramilitar en todos los departamentos por donde pasaron dejando su mensaje de muerte y desconsuelo para madres, padres, hijos y familiares de las personas que se llevaron y de las cuales no volvieron a tener noticia.

> Hay fosas comunes en toda Colombia y los cadáveres encontrados en el último año pueden ser más de 1.500, la mayoría víctimas de los paramilitares de las AUC que se desmovilizaron en los últimos tres años. Según los investigadores que han hecho los hallazgos, los restos óseos son de colombianos que fueron secuestrados, torturados y finalmente masacrados, hechos que evidencia los crímenes atroces que han cometido las autodefensas en las últimas décadas (Peña, 2006).

Este mismo artículo señala que

> el Gobierno sabía que esta "avalancha" de apariciones iba a llegar. Tras la firma del acuerdo de Santa Fe de Ralito en 2003 y la aprobación de la ley de Justicia y Paz, los desmovilizados, la red de cooperantes, los pobladores y las autoridades comenzaron a develar los sitios donde jefes paras como Mancuso, el alemán y Jorge 40 ordenaron enterrar a sus muertos. Sin embargo, la realidad los ha desbordado (Peña, 2006).

La Fiscalía tiene por mandato legal encontrar a los desparecidos y devolver los restos a sus familiares de acuerdo con lo estipulado en la Ley de Justicia y Paz, sin embargo, esta institución no está preparada para la magnitud de casos reportados y denunciados, no cuenta con los recursos financieros, ni humanos para atender la demanda que tomó por sorpresa al gobierno nacional.

> A medida que los cadáveres han ido apareciendo, dependiendo de la zona en la que se encuentran, se llevan a la morgue más cercana (donde se realizan las necropsias) o a uno de los cinco cuartos fríos (donde se conservan los cadáveres) que existen en las principales ciudades. Por ejemplo, los restos que aparecieron en San Onofre deberían ser llevados al cuarto frío de Barranquilla, pero no hay el espacio ni el personal suficiente para trasladarlos y hacer las respectivas prácticas forenses. Entonces, se quedaron en la morgue. Cuando las morgues se llenan, vuelven a enterrar los cuerpos en fosas comunes donde permanecen cinco años a la espera de que alguien los identifique y los reclame (Peña, 2006).

Según la Fiscalía General de la Nación las diligencias de exhumación realizadas entre marzo 29 de 2006 y mayo 5 de 2007 por la Unidad Nacional de Fiscalías para la Justicia y la Paz, arrojaron el hallazgo de 704 cadáveres, de los cuales tienen identificación preliminar 188 e identificación plena 42. (Ver gráfico 6).

Gráfico 6. Exhumaciones realizadas por la Fiscalía 2006-2007

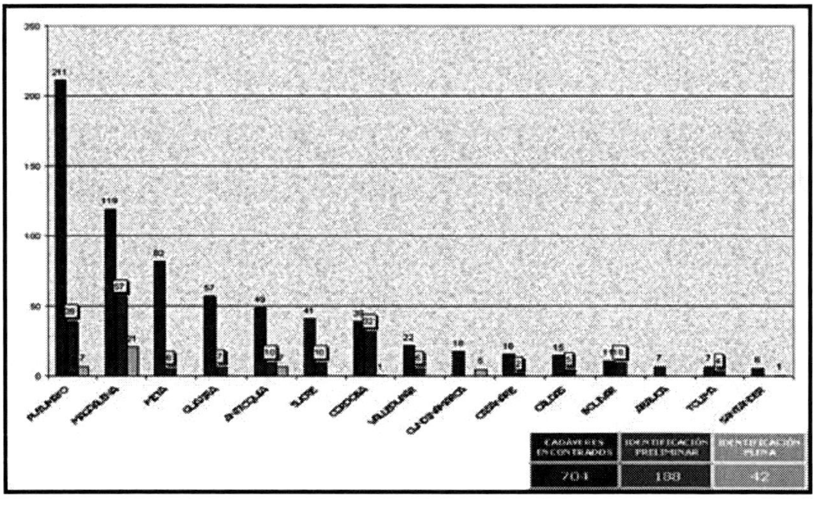

Fuente: Fiscalía General de la Nación.

Así mismo, la Fiscalía discrimina el hallazgo de fosas por departamentos, durante el período reseñado el ente investigador ha encontrado 698 fosas en 22 departamentos, en las mismas hallo 836 cuerpos de los cuales cuenta con información preliminar de 298 y la identificación plena de 57, así mismo en relación con estos hallazgos la Fiscalía solo ha podido regresar a sus familiares los restos de 33 personas para el periodo analizado. (Ver tabla 8).

De esta lista de 698 fosas encontradas 148 se localizaron en el departamento del Putumayo en las cuales se hallaron 211 cuerpos. El Diario El Mundo de fecha 7 de mayo de 2007 registró la noticia así:

> Con los 211 cadáveres exhumados en Putumayo, ya se encontraron casi 1000 cuerpos de desaparecidos en todo Colombia por parte de los paramilitares. En fincas y al borde de carreteras del departamento de Putumayo, limítrofe con Ecuador, fueron hallados 105 cadáveres en 56 fosas comunes, la mayoría de ellos desmembrados y con tiros en la cabeza. Los autores de los crímenes serían los paramilitares del Frente Sur del Putumayo de las Autodefensas, reducto del Bloque Central Bolívar. Según el informe judicial de la Comisión que desenterró los cuerpos este sábado y que se sumaron a otros 106 encontrados en las últimas semanas en la misma zona, el responsable de ordenar la mayoría de los crímenes es Carlos Mario Jiménez Naranjo, alias Macaco, ex comandante del Central Bolívar (Vásquez Guzmán , 2014).

Tabla 8. Exhumaciones de la Fiscalía por departamento 2006-2007.

DEPARTAMENTO	FOSAS ENCONTRADAS	CADAVERES ENCONTRADOS	INFORMACIÓN PRELIMINAR	INDENTIFICACIÓN PLENA	CUERPOS ENTREGADOS
ANTIOQUIA	58	63	36	7	
ARAUCA	6	7			
BOLIVAR	12	15	12		
CALDAS	7	13	4		
CAQUETA	8	15	1		
CASANARE	15	16	2	1	1
CAUCA					
CESAR	28	30	10	5	5
CHOCO					
CORDOBA	65	67	57	12	
CUNDINAMARCA	13	18	14	7	7
GUAJIRA	54	68	12		
MAGDALENA	126	138	77	20	20
META	96	112	7	2	
NARIÑO	2	2			
PUTUMAYO	148	211	48	3	
NORTE SANTANDER	2	2	2		
SANTANDER	9	10	2		
SUCRE	41	41	10		
VALLE					
VICHADA					
TOLIMA	8	8	4		
TOTALES	698	836	298	57	33

Fuente: Fiscalía General de la Nación.

El desbordado número de fosas comunes que comenzaron a aparecer generó también una crisis más dentro del proceso de justicia y paz, toda vez que el hallazgo de cementerios clandestinos de las autodefensas mezclados con sus propias víctimas arrojan datos que desbordaron la capacidad de las instituciones del Estado, a fin de identificar por una parte los restos de las personas hallados en las mismas y por la otra esclarecer los hechos que rodearon su muerte.

La CNRR en el informe presentado al Congreso de la República también se refirió a las dificultades del proceso de búsqueda e identificación, frente a este tema se consultó a la organización no gubernamental EQUITAS, la cual señaló que la falta de identificación se debe a la falta de documentación que indique que personas han sido reportadas como desaparecidas en Colombia.

Por otra parte, esta misma organización señaló que las exhumaciones realizadas en virtud de la ley de justicia y paz hacen más ostensibles los problemas históricos de la búsqueda oficial de las personas desaparecidas. Las autoridades colombianas no tienen documentación adecuada sobre quienes están desaparecidos y los registros existentes adolecen de un enorme subregistro.

La CNRR señaló que emprender búsquedas y recuperaciones de cuerpos sin contar con previa información y documentación pondría en riesgo la identificación por que fragmenta la evidencia que se pudiera encontrar en el momento del hallazgo si se contara con más información acerca de las circunstancias de modo, tiempo y lugar en que ocurrió las desapariciones.

EQUITAS advirtió en este mismo informe de la Comisión que hacer exhumaciones incompletas es contraproducente para las investigaciones, ya que se podría alertar a los perpetradores en un área determinada para que procedan a desaparecer la evidencia, mediante la creación de entierros secundarios. Advertencia que se cumplió, si tenemos en cuenta las declaraciones de varias de las víctimas que han denunciado el trasteo de fosas o la exhumación de las mismas por parte de los excombatientes o los grupos emergentes como las águilas negras, quienes arrojan los restos de las personas allí enterradas a los ríos.

Estas recomendaciones debieron tenerse en cuenta a fin de garantizar a las víctimas sus derechos a la verdad, a la justicia y a la reparación; teniendo presente que tanto los investigadores como los administradores de justicia necesitaban tener todos y cada uno de los elementos probatorios, que les permitieran fallar en derecho; para ello debían contar con el suficiente acervo probatorio que les permita la reconstrucción de los hechos, la ubicación de los posibles sitios de entierro, la individualización de los victimarios, sus *modus operandi*, las causas de la muerte de la víctima, todo lo anterior, con el objeto de la identificación física y social para la reparación a sus familiares.

Finalmente, la CNRR resaltó la condición de vulnerabilidad en la que se encontraban los familiares de las víctimas de desaparición forzada en el marco del proceso transicional, lo que necesariamente implicaba establecer una estrategia de comunicación con ellas, impulsada desde la Fiscalía, que les permitiera participar con el aporte de elementos probatorios y conocer los avances en el desarrollo de las investigaciones.

Haciendo un balance general, podemos concluir en última instancia que el hallazgo de las fosas comunes que aparecieron en todo el territorio nacional, fue fruto de la denuncia de las víctimas que tienen familiares desaparecidos, de las pocas confesiones de los postulados a justicia y paz y de la información suministrada por excombatientes de las autodefensas en aras de conseguir beneficios económicos o jurídicos; el número de las fosas encontradas se incrementó con el paso del tiempo, lo que aumentó la demanda y la responsabilidad de las instituciones del Estado para darle respuesta a los familiares de desaparecidos y a la sociedad que esperaron sin mayores resultados se les garantizara parte de la verdad de los hechos sucedidos con las víctimas del paramilitarismo en Colombia.

Para finales del año 2007, la Fiscalía General de la Nación reportaba el número de fosas y de víctimas de desaparición forzada que se habían localizado; 1 022 fosas encontradas, en las cuales se hallaron los restos de 1 213 personas, se reconocieron indiciariamente a 454 con la colaboración de familiares y confesiones de los victimarios, así mismo, de este universo solo 120 cuerpos habían sido identificados y entregados a sus familiares.

4.3. ¿Falsos positivos, ejecuciones extrajudiciales o desaparición forzada?

Una aclaración introductoria. Consideramos muy importante hacernos la siguiente pregunta: ¿falsos positivos, ejecuciones extrajudiciales o desaparición forzada?, la misma surge a raíz del seguimiento estadístico que venimos realizando y de las profundas diferencias, que, en materia de cifras, evidenciamos entre las estadísticas de las organizaciones no gubernamentales, entidades estatales y organismos internacionales.

El subregistro de casos de desaparición forzada no solo obedece a la invisibilización por parte del Estado de este fenómeno. También es una estrategia para desviar la atención sobre el mismo; para cumplir tal cometido se crea una categoría mediática con el nombre de "falsos positivos"[124] a fin de denunciar aparentemente una nueva forma de violación de derechos humanos por parte de las fuerzas militares, pero que, en última instancia, corresponden a actos de desaparición forzada. Ocultando a sus responsables, las consecuencias de sus crímenes y generando estadísticas nuevas, de fenómenos nuevos, de hechos criminales nuevos, que en realidad no existen como tal y que no están tipificados en el código penal.

Igualmente, se usa esta estrategia de tergiversación por los medios de comunicación con las ejecuciones extrajudiciales, las cuales, de hecho, existen en el ordenamiento internacional pero que internamente no están tipificadas como delito. Lo anterior, que implica que se genere o recree un nuevo hecho, al cual se le da un despliegue mediático, seguido de un seguimiento estadístico nuevo y son cifras que en realidad no son falsos positivos, ni ejecuciones extrajudiciales, sino que son casos de desaparición forzada, que no se denuncian como tal, lo que implica una pormenorización e invisibilización del delito y un subregistro provocado desde el cubrimiento y manejo de las noticias del conflicto armado interno.

Es así como, desde nuestra perspectiva comprendemos que estas diferencias surgen como consecuencia de procesos mediáticos que

---

124 El término "Falsos Positivos" hace referencia en lenguaje castrense al hecho de presentar como muertos en actividades propias de una acción militar a quienes en realidad no lo son. En un sentido más amplio y jurídico el término apropiado es el de víctimas del delito de desaparición forzada.

buscan (lográndolo en muchas ocasiones), minimizar el flagelo de la desaparición forzada ante la opinión pública, desviar las investigaciones en las instancias judiciales, invisibilizando las víctimas, junto con la lucha de sus familiares y exonerando de responsabilidad a sus victimarios. Es la representación exacta de un eufemismo, entendido este como una manifestación suave o decorosa de ideas cuya recta y franca expresión sería dura o malsonante (RAE, 2001).

No está demás mencionar que los falsos positivos no son un delito en sí mismo, toda vez que tal conducta no se encuentra tipificada en nuestra legislación interna, este término es comúnmente utilizado en el argot militar para significar un error cometido por la tropa, sin embargo, no puede considerarse un error la práctica impulsada desde y por el Estado para optimizar las bajas en combate presentadas por la fuerza pública, y que estaban claramente clasificadas y justificadas en la directiva 029 del de 17 de noviembre de 2005, emitida por el entonces ministro de la Defensa Camilo Ospina Bernal, el pago de información y recompensas consistía en "*una retribución en dinero o en especie, previamente establecida por el Gobierno Nacional, a una persona indeterminada por informaciones oportunas y veraces que conduzca a la captura o abatimiento de cabecillas de las organizaciones armadas al margen de la ley*"[125]. Otro mecanismo que incentivaría la práctica de los "falsos positivos" seria el Decreto 1400 de 5 de mayo de 2006, "Por el cual se crea la Bonificación por Operaciones de Importancia Nacional (Boina)". Este decreto fue posteriormente derogado por el Decreto 1664 de 2007.

Muestra de los anterior se refleja en los procesos judiciales adelantados a los victimarios por esos mismos hechos, en los que la Fiscalia ha tenido que adecuar la conducta (presentada por los medios masivos de comunicación, en el contexto del conflicto armado interno como "falsos positivos o ejecuciones extrajudiciales") al tipo penal de desaparición forzada, pues con la privación

---

125 Directiva ministerial permanente 029 de 2005, emitida por el Ministerio de la Defensa Nacional.

de la libertad por medios artificiosos como engaños y promesas falsas, seguida de su ocultamiento y de la negativa a reconocer dicha privación o dar información sobre su paradero y sustrayéndola del amparo de la ley, estamos frente al tipo penal de la desaparición forzada. No son otras las circunstancias que rodearon las desapariciones forzadas de Soacha (Cundinamarca), conocidas como "falsos positivos", en las que, mediante engañados ciudadanos humildes, por medio de promesas falsas, se trasladaron a otras ciudades en las cuales fueron dados de baja, aparentemente en confrontaciones armadas con la fuerza pública, posteriormente fueron presentados como guerrilleros, sin que nadie con posterioridad a los hechos diera razón o información sobre su paradero.

Con estas aclaraciones nos disponemos a ampliar el tema y analizarlo desde el punto de vista lingüístico, abordando el concepto "Falso Positivo"[126] (Melo Rodríguez y Rojas Mancipe, 2011), con el objeto de evidenciar nuestro discurso en términos del uso amañado que se le ha dado a este fenómeno, que como ya lo dijimos no es otra realidad que casos de desaparición forzada.

Para Neyla Pardo[127], la expresión implementada por los medios de comunicación como "falso positivo" está determinada por un

126 El análisis lingüístico presentado a continuación hace parte de la entrevista realizada en el Trabajo de Grado "Entre Titulares, Imaginarios, Falsedades y Positivos". (Melo Rodríguez y Rojas Mancipe. Universidad Sergio Arboleda. Escuela de Comunicación Social y Periodismo. Trabajo de Grado.Bogotá. 2011).

127 Neyla Pardo es Doctora en lingüística Española de la Universidad Nacional de Educación Nacional a Distancia UNED (España). Magister en lingüística del Instituto Caro y Cuervo Seminario Andrés Bello y Magíster en Administración de Supervisión Educativa de la Universidad Externado de Colombia. Se ha desempeñado por más de treinta años como docente e investigadora en diferentes universidades del país. Ha asumido cargos directivos, administrativos y académicos en ellas y ha publicado el desarrollo de sus investigaciones en libros y revistas especializadas. Ha obtenido diferentes distinciones como docente en la Universidad Nacional de Colombia. Actualmente es Profesora Titular en el Departamento de Lingüística e investigadora adscrita al Instituto de Estudios en Comunicación y Cultura, IECO, de la misma Univer-

marcador de subjetividad "se tomaban personas que parecían estar vinculadas a..." esta es la característica fundamental que deja ver el carácter subjetivo del término, en tanto que se le da una cualidad determinada a un individuo, persona perteneciente a un grupo ilegal, y que aquella cualidad innata —joven no perteneciente al conflicto— se convierte en una particularidad del suceso.

Cuando un "positivo" es falso porque se supone que el objeto no corresponde con la acción de dar de baja, entonces uno puede inferir ahí cuales son los valores que están detrás de esa forma denominar ese tipo de acciones. Y lo otro tiene que ver con cuando el "positivo" es positivo, entonces ¿cuándo es insurgente si es positivo asesinar? Se preguntaría uno. Entonces la denominación de "falso positivo" trae detrás de si la legitimación del ejercicio de la violencia, de la posibilidad de despojar al otro de su vida so pretexto de impartir justicia en este caso, porque se supone que lo que hacen las Fuerzas Militares es tratar de ejecutar acciones para garantizar el orden. En la entrevista referida la autora señala dos dimensiones que están articuladas y que tienen que ver con el papel del falso positivo:

> ...en términos de la exaltación del papel de las fuerzas de seguridad del estado, por una parte; y el papel del 'falso positivo' en términos de la consolidación de la hegemonía dominante, desde la ideología dominante y de los sistemas de valores que están detrás de la posibilidad de que el conflicto persista. Si uno lo mira desde la cuestión de la exaltación de las fuerzas de seguridad del estado el 'falso positivo' lo que hacía era permitirle al ejército dotarse como de argumentos para decir "sí, hemos logrado un avance significativo en la neutralización de los grupos insurgentes" entonces mostraban cantidades de personas aparentemente dadas de baja en diferentes lugares y eso iba muy de la mano con esas cifras que en un momento fueron tan contundentes del aparente éxito de la política de seguridad democrática, pero que cuando se descontaban los 'falsos positivos' en realidad esas cifras no daban cuenta de que esa política fuera exitosa. Por otra parte, el 'falso positivo' en términos como de la

---

sidad. Actualmente es investigadora principal y líder del Grupo Colombiano de Análisis del Discurso Mediático, Categoría A en COLCIENCIAS. Citado por: Melo Rodríguez y Rojas Mancipe (2015). Op. Cit. Pág. 15.

> reificación de esa visión de que es positivo asesinar al otro si el otro es de izquierda, si el otro es insurgente, entonces ese sí es positivo (Melo Rodríguez y Rojas Mancipe, 2011).

Es por ello por lo que el "falso positivo" se debe interpretar desde una perspectiva retórica, de construcción del lenguaje y no a través del lente sintáctico y semántico. Respecto a este análisis Pardo aclara que "en términos estructurales de la construcción sintáctica y semántica no hay contradicciones, lo que hay es una asociación estratégica, hay un uso del lenguaje, un recurso lingüístico que se pone al servicio de unos intereses concretos de una política concreta". (Melo Rodríguez y Rojas Mancipe, 2011). La especialista argumenta que el contexto en el que surge el concepto de los falsos positivos es en el de la acreditación internacional.

> Este concepto surge como en esa lucha del estado por acreditarse internacionalmente y por poder acceder a ciertos espacios que le habían sido negados entre esos la aprobación del TLC que le exigía cumplir con unos estándares de protección de derechos humanos para poder recibir por una parte ayuda de países extranjeros en materia de lucha contra el narcotráfico y contra grupos armados ilegales y por otra poder cada vez más cumplir con esos estándares que diversas organizaciones y estados le han venido exigiendo. Entonces en ese contexto surge esa expresión para ocultar la realidad de que los crímenes de estado siguen vigentes, que son una realidad sistemática, permanente, donde el estado ha vulnerado de todas las formas no solamente asesinando a civiles sino que el estado mismo ha participado por acción u omisión en crímenes como por ejemplo amenazas a civiles, asesinatos selectivos, ejecuciones extrajudiciales, desapariciones forzadas, expoliación de recursos entre otros (Melo Rodríguez y Rojas Mancipe, 2011).

Añade la autora que en ese contexto era funcional el concepto en términos de legitimar el Estado, pero sobre todo porque en ese momento en que surgió el concepto, el objetivo era legitimar y posicionar la política de seguridad democrática, pues uno de los principios de esa política era lograr ampliar el acceso a la seguridad a la mayor cantidad de población posible.

Al realizar una distinción de cada palabra, desde el punto de vista lingüístico, la profesora Pardo, subraya que "El 'falso' es al hecho de que alguien no es, es una construcción atributiva, y 'positivo' da cuenta que esa persona es ejecutada sobre unos presupuestos que se creían", definición en la cual persiste la carga de subjetividad en la expresión misma.

Cabe aclarar que todo acto comunicativo se construye de dos formas. El primero hace referencia a los propósitos, intereses e ideología que tienen las personas a la hora de exponer un discurso. Como segunda manera se identifica la apropiación de los recursos lingüísticos según aquellas intencionalidades, por ello Pardo afirma que "todo hecho discursivo no se construye sobre unas reglas gramaticales o sobre una manera de pegar una palabra con otra". (Melo Rodríguez y Rojas Mancipe, 2011).

Así, el "falso positivo" más allá de lo que significa encierra unos intereses o propósitos particulares. Para la lingüista, se puede evidenciar que en el término "se oculta el origen social de la cosa, el problema social en este caso, se ocultan los responsables del fenómeno y con frecuencia se desarticula la acción humana".

4.3.1 Los "falsos positivos" de la Política de Seguridad Democrática

Para el año 2008 el país volvería a tener noticias de las fuerzas militares colombianas implicadas en más casos de desaparición forzada, en esta ocasión con un escándalo vergonzoso e indignante. El Ejército de Colombia continuó legalizando civiles como guerrilleros dados de baja en combate, como lo hizo en el pasado solapadamente, pero con la diferencia de que en esta oportunidad adicionalmente recibían bonificaciones económicas y permisos de descanso para la tropa "más exitosa" en la lucha contra la subversión, es decir la unidad militar que más muertos o bajas le presentara a los altos mandos, incluido el presidente.

Este hecho conocido y difundido por los principales medios de comunicación del país adopto el nombre mediático como ya lo vimos de "los falsos positivos" en los que se denunciaba a las fuerzas militares como posibles perpetradoras de conductas violatorias de los derechos humanos. "*Crece la preocupación en el gobierno por serios indicios de que decenas de muchachos que han desaparecido en varias ciudades, luego son presentados como muertos en combate*" (Semana, 2008).

La política de Seguridad Democrática recogía el descontento generalizado de la sociedad por la extrema agudización del conflicto armado interno y en particular el rechazo al fracaso de las negociaciones de paz con la guerrilla de las FARC-EP, política adelantada por el entonces presidente Andrés Pastrana Arango, dando como resultado la admiración de un sector de la población en la figura del candidato Álvaro Uribe Vélez. En su campaña como lo mencionamos al inicio del presente capítulo los objetivos de la política de "seguridad democrática" eran: combatir el terrorismo y el narcotráfico, recuperar y mantener el monopolio de la fuerza del Estado en el territorio nacional y la protección de la población civil, propósitos que obedecían a pilares básicos de eficacia, cooperación de la sociedad civil con las Fuerzas Amadas, fortalecimiento de toda la estructura militar y la retórica del respeto a los derechos humanos.

Durante el primer período presidencial de Álvaro Uribe Vélez y bajo su proyecto político de defensa y seguridad democrática más conocido como seguridad democrática (Presidencia de la República, 2003), se desarrolló un marco normativo de incentivos y estímulos a los integrantes de la Fuerza Pública encaminados a lograr resultados militares frente a los grupos armados ilegales. En el marco de esta política y ante la exigencia de las más altas autoridades del gobierno para obtener resultados cuantitativos por parte de la Fuerza Pública en la lucha contra los grupos armados, entendido como un aumento de los "combatientes dados de baja" en operativos militares, se registró un vertiginoso aumento de desapariciones forzadas en el país, las cuales obedecieron a la estrategia ya practicada en antaño de presentar civiles como "guerrilleros muertos en combate".

En ese contexto, las autoridades y más específicamente desde el Ministerio de Defensa el ejecutivo promovió varios incentivos, de distinta naturaleza, para las tropas militares y en particular el otorgamiento de bonificaciones, primas económicas y otras clases de beneficios como días de descanso por cada "combatiente dado de baja". Lo que incentivó a las tropas a volver a practicar, desde su seno, la desaparición forzada de personas esta vez estimulada novedosamente por las bonificaciones, aunado a los ascensos y condecoraciones del pasado, como ya lo hemos referido en este trabajo. Miles de civiles fueron desaparecidos forzadamente por miembros de las Fuerzas Militares, para así acceder a estos beneficios y bonificaciones.

Esta política demandaba el papel protagónico de las Fuerzas Armadas, núcleo esencial de la consolidación y el mantenimiento de la seguridad, lo que suponía un cambio en la concepción de los medios para la superación del conflicto armado interno: se pasaba de la búsqueda de soluciones negociadas en cabeza de las autoridades civiles relegando a las fuerzas coercitivas del Estado, a la idea de derrotar a las organizaciones al margen de la ley por medio de la confrontación armada; en ello las autoridades civiles no jugaban un papel preponderante. La negación del conflicto armado fue un componente más de la política de seguridad y a su vez un manto de ilegalidad para justificar las arbitrariedades y violaciones a los derechos humanos de los ciudadanos por parte de la Fuerza Pública.

Dentro de la lógica impartida por los Estados Unidos, luego del 11 de septiembre, los esfuerzos desplegados para combatir al "enemigo" estuvieron centrados en la lucha contra el terrorismo, lo que propicio la violación a las libertades individuales en torno a ese discurso globalizado por la Casa Blanca. La principal consecuencia de esta estrategia consistió en relegación de distinguir entre combatientes y no combatientes. La población civil es en última instancia la que quedaría inerme en medio del conflicto armado interno —negado por la administración Uribe— relegada entre las fuerzas en contienda, acudiendo como en el pasado reciente a cobijar todo, decretando la conmoción interior.

Aquí es importante señalar que este contexto descrito no está lejos del panorama presentado al inicio de este trabajo, en el que los gobiernos pretendieron manejar las protestas sociales y el conflicto armado interno, bajo los decretos del estado se sitio, ahora conocidos por los estados de conmoción interior —luego de la Constitución de 1991—, que en última instancia son la misma figura bajo la cual se han violado sistemáticamente los derechos humanos en el país. Recordemos la transformación que tuvo la práctica de la desaparición forzada de personas, en el que los gobiernos de Turbay, Betancur y Barco presentaron índices delicados de violaciones a los derechos humanos bajo el estado de sitio, figura que amparó las desapariciones forzadas realizadas por la Policía y el Ejército Nacional, de manera directa como se presenta nuevamente en el gobierno de la Seguridad Democrática al amparo de la conmoción interior.

En el desarrollo y aplicación de la política de Seguridad Democrática luchar contra el terrorismo se convirtió, entonces, en un fin en sí mismo y todo mecanismo utilizado tendiente a combatirlo se volvió legítimo y aceptado por una parte de la sociedad colombiana, sin importar que el medio fuera violatorio de los derechos humanos y de las mínimas garantías consagradas en un Estado social de derecho.

De hecho, para demostrar este fenómeno, podemos señalar que entre otras medidas se invocó el uso indiscriminado de detenciones masivas, la apelación al estado de excepción, las zonas de rehabilitación, el diseño de estatutos antiterroristas, entre otros. Se trataba, entonces, de una propuesta restrictiva de las libertades y garantías fundamentales, que apelaban al uso de la fuerza del Estado para la lucha contra el terrorismo, articulada principalmente por las fuerzas militares a las cuales se les destinaron ingentes recursos para su fortalecimiento operacional y tecnológico, aunado a un componente de colaboración de la población civil con las autoridades militares.

Las consecuencias de esa política arbitraria y avasalladora serian el incremento en las cifras de violaciones a los derechos humanos registrados nuevamente con preocupación por la comunidad internacional en sus informes sobre Colombia.

Según informaciones de prensa, en abril de 2009 la Unidad Nacional de Derechos Humanos de la Fiscalía General de la Nación adelantaba 1 009 investigaciones por denuncias de "falsos positivos", correspondientes a 1 666 personas ejecutadas extrajudicialmente, de las cuales 1 507 eran hombres, 108 mujeres y 51 niños, cometidas presuntamente por miembros de las Fuerzas Militares (Rodríguez, 2009). Para 2012 la Fiscalía General de la Nación registraba 4 716 víctimas de ejecuciones extrajudiciales de civiles presentadas como "muertes en combate" (ONU, 2013). Por su parte la Misión Internacional de Observación sobre Ejecuciones Extrajudiciales e Impunidad en Colombia —una comisión no gubernamental de investigación— concluyó que es posible afirmar que:

> En Colombia existe una práctica sistemática de ejecuciones extrajudiciales, llevadas a cabo directamente por agentes estatales ...el aumento de estas ejecuciones extrajudiciales ha coincidido con la implementación de la "Política de Seguridad Democrática" y ha sido tolerado por las autoridades estatales en la medida que las violaciones permanecen en la impunidad (ODHDIH, 2008)[128].

Al examinar la situación de Colombia, la Fiscal de la Corte Penal Internacional consideró que esa práctica, dada su magnitud y carácter metódico, es equivalente "a un ataque generalizado y sistemático contra la población civil"[129], en otras palabras, un crimen de lesa humanidad. Como lo mencionábamos, la comunidad internacional ha seguido advirtiendo al Estado colombiano de los graves hechos que dejaron la adopción de medidas para combatir el enemigo interno, para acabar con el terrorismo en todas sus manifestaciones, incluso acudiendo a presentar civiles como una forma de mostrar resultados por parte de la Fuerza Pública y a su vez para preponderar el éxito de la "política de seguridad democrática".

La realidad de estos "éxitos" fue destacada por la Organización de Naciones Unidas —ONU—, el relator especial sobre las

---

128 Informe Final de la Misión Internacional de Observación sobre Ejecuciones Extrajudiciales e Impunidad en Colombia. Bogotá, p. 12.

129 Office of the Prosecutor of the International Criminal Court. (2012). Situation of Colombia, Interim Report, párrafo 110 (Original en inglés, traducción libre).

ejecuciones extrajudiciales, sumarias o arbitrarias; el Comité de Derechos Humanos; el Comité contra la Tortura; y la Oficina en Colombia de la Alta Comisionada de las Naciones Unidas para los Derechos Humanos. Al terminar su visita a Colombia, en el mes de junio del año 2009, declararía su preocupación al respecto:

> La preocupación más preponderante es la incidencia de los llamados 'falsos positivos'. El fenómeno es muy conocido. Un 'reclutador' engaña a la víctima con falsas pretensiones y la lleva a una localidad remota. Allá, al poco tiempo de llegar, miembros del ejército matan al individuo. Luego se manipula el lugar de los hechos para que parezca que la persona fue dada de baja legítimamente en el fragor de un combate. A menudo se hace una fotografía en la que sale vistiendo uniforme de guerrillero con un arma o granada en la mano. Las víctimas suelen ser enterradas de manera anónima en fosas comunes, y los asesinos son premiados por los resultados conseguidos en la lucha contra la guerrilla[130].

El relator especial constataría también, que esos asesinatos de civiles fueron premeditados y presentados al país como bajas en combate, en las que participaron un gran número de unidades militares por todo el país, dichas unidades actuaron por la presión del ejecutivo de mostrar resultados en su lucha contra las guerrillas las cuales estaban motivadas a través de beneficios (vacaciones, dineros y medallas) de acuerdo con los resultados positivos, que se medían por el número de bajas al enemigo.

Por otra parte, resaltó la deficiencia en las investigaciones judiciales, característica histórica como lo hemos señalado en este trabajo por la incidencia de la Justicia Penal Militar que se usa para cubrir sus crímenes mediante la lentitud, el rezago investigativo, la impunidad, incluso obrando como fiscales y jueces de sus propios delitos, como ya lo describimos. El Relator Especial resaltó que:

---

130 Declaración del Profesor Philip Alston, Relator Especial de las Naciones Unidas para las Ejecuciones Arbitrarias, misión a Colombia del 8 al 18 de junio de 2009, p. 2 y 3. Recuperado de: http://www.hchr.org.co/documentoseinformes/documentos/relatoresespeciales/2009/Colombia%20Press%20statement.pdf

> La falta de atribución de la responsabilidad penal ha sido un factor clave para que sigan produciéndose casos de falsos positivos. La tasa de impunidad de los homicidios atribuidos a las fuerzas de seguridad se estima actualmente en la alarmante cifra del 98,5 % [...] Las barreras principales para el enjuiciamiento efectivo de los miembros de las fuerzas de seguridad acusados de ejecuciones extrajudiciales son los constantes conflictos jurisdiccionales entre estos dos sistemas de justicia y el hecho de que los jueces militares no remiten los casos pertinentes al sistema de justicia civil[131].

En ese mismo sentido, se pronunció el Comité de Derechos Humanos en sus observaciones a Colombia del año 2010:

> El Comité observa las medidas tomadas por el Estado parte para contrarrestar ejecuciones extrajudiciales, sin embargo, le preocupa profundamente porqué existen más de 1200 casos, y las pocas sentencias condenatorias obtenidas. El Comité observa con preocupación que la justicia militar siga asumiendo competencia sobre casos de ejecuciones extrajudiciales donde los presuntos autores son de la fuerza pública (Artículos 6 y 7 del Pacto Internacional de Derechos Civiles y Políticos)[132].

Otro punto importante que señala este informe es la responsabilidad que tiene el Consejo Superior de la Judicatura, en resolver los conflictos de competencia y asegurar que estos crímenes quedan claramente fuera de la jurisdicción de la justicia militar en la práctica[133].

El Comité contra la Tortura expresó igualmente su seria preocupación por aspectos como la justicia militar, en el sentido de que siga asumiendo casos de graves violaciones de derechos humanos, y recomienda poner fin a dichas investigaciones para que sean asumidas por la justicia ordinaria de manera imparcial,

---

131 Informe del Relator Especial sobre las ejecuciones extrajudiciales, sumarias o arbitrarias, Philip Alston-Adición: Misión a Colombia, A/HRC/14/24/Add.2, de 31 de marzo de 2010, párrafos 29 y 37.

132 Observaciones finales del Comité de Derechos Humanos: Colombia, CCPR/C/COL/CO/6, de 4 de agosto de 2010, párrafo 14.

133 *Ibidem.*

también señaló la responsabilidad que tiene el Consejo Superior de la Judicatura en resolver los conflictos de competencia y la importancia que las primeras indagaciones, la recolección de pruebas y el levantamiento de cadáveres deben encontrarse a cargo de autoridades civiles.

Finalmente, referimos la confirmación que hizo la Oficina en Colombia de la Alta Comisionada de las Naciones Unidas para los Derechos Humanos[134], respecto a los casos de Soacha (Cundinamarca):

> Confirmó la existencia de redes encargadas de ofrecer a las víctimas trabajos en municipios diferentes a los de su lugar de origen, y de procurarles medios para trasladarlos hasta tales lugares, donde eran ejecutadas y presentadas como muertos en combate. Según varias investigaciones en curso, otros miembros de esas redes (entre los que podrían encontrarse miembros del ejército) serían los encargados de presentar denuncias contra los muertos, como integrantes de la guerrilla o de grupos armados ilegales surgidos después del proceso de desmovilización de organizaciones paramilitares, y de elaborar informes de inteligencia o declaraciones de desmovilizados para corroborar tal vinculación. Asimismo, es reiterada la presentación de las víctimas sin identificar, como 'NN', aun cuando portaban sus documentos o se conocía su identidad. Esta práctica parecería estar dirigida a evitar la identificación de las personas reportadas como desaparecidas y a impedir las investigaciones[135].

En cuanto a las estadísticas en este período concluimos con un breve seguimiento de prensa e informes de organizaciones de derechos humanos nacionales e internacionales, así como las oficiales del Estado, a través del Instituto de Medicina Legal, en los que se reportan desapariciones forzadas en unos casos, en otros falsos positivos o ejecuciones extrajudiciales, que reiteramos implica un aumento en el subregistro de desapariciones forzadas en

---

[134] Informe anual de la Alta Comisionada de las Naciones Unidas para los Derechos Humanos sobre la situación de los derechos humanos en Colombia, A/HRC/10/32 de 9 de marzo de 2009.

[135] *Ibidem*, párrafo 13.

el país y una tergiversación de la realidad, al generar nuevas estadísticas sobre conductas no tipificadas en la legislación interna. Para nuestro objeto, aunque someras y distorsionadas como se pretenden presentar, son casos de desaparición forzada.

En primera instancia y para el período que estamos analizando, observamos un estudio realizado por dos profesores de la Universidad de la Sabana y la Universidad Externado, en el cual se evidencia como los "falsos positivos" aumentaron más de un 150 % en el período de gobierno de Álvaro Uribe Vélez y detallan por qué este incremento entre el 2002 y el 2010.

> Estas ejecuciones extrajudiciales, llamadas 'falsos positivos', no eran nuevas en el país, pero sí aumentaron de manera drástica: 154% entre el 2002 y el 2010". El promedio de los 10 años anteriores a la elección de Uribe como presidente de Colombia es mucho menor a los ocho años que él estuvo en el Gobierno, aun incluido un período tan violento como los 90. Desde principio de esa década hasta el 2001, hay una tasa de 0,095 'falsos positivos' por cada 100.000 habitantes, pero esa cifra aumenta de manera desproporcionada entre el 2002 y el 2008, siendo de 0.385, según los datos recopilados por el estudio (Cárdenas y Villa, 2013).

Por otra parte, observamos una denuncia realizada por organizaciones de derechos humanos y llevada a la Comisión Segunda de la Cámara de representantes por el Senador Iván Cepeda Castro, quien reveló datos de cinco informes sobre el estado actual de las investigaciones por los "falsos positivos" en Colombia, publicado por la Revista Semana:

> Según Cepeda (basado en cifras oficiales), de los 1.100 procesos que han entrado a indagación por estos hechos en la Fiscalía en los últimos años, 665 han entrado a etapa de investigación y solo 72 han llegado a juicio. No hace falta ir muy lejos para ver cómo más allá de las cifras, la impunidad se evidencia en el drama de las familias que perdieron a sus hijos en ese oscuro episodio de los 'falsos positivos', que según el banco de datos del Cinep (citado por Cepeda) sigue ocurriendo.
>
> Y si en la parte penal son pocos los logros que se han tenido frente a los casos de los llamados 'falsos positivos', en los procesos disciplinarios contra miembros del Ejército, la situación no ha sido muy

diferente. *De 1.150 expedientes, 458 han pasado a investigación formal, en 57 se han imputado cargos, y solo en 13 la justicia ha proferido fallo, según reveló Iván Cepeda* (Semana, 2012).

Así mismo, un informe del periódico El Tiempo resaltó:

El Cinep documentó los casos de las 1.741 víctimas de estos 27 años. Antioquia aparece como el departamento con más víctimas (393), seguido de Meta (114), Huila (110), Norte de Santander (90) y Santander (86). El 63 por ciento de los casos se presentó entre el 2004 y el 2008. El 2007 fue el año más crítico, con 388 (El Tiempo, 2011).
Por otra parte, los datos de la Oficina del Alto Comisionado para los Derechos Humanos de la ONU superan las cifras oficiales: entre el 2004 y el 2008 se registraron en el país 2.500 casos de ejecuciones extrajudiciales, donde murieron 3.000 ciudadanos (El Tiempo, 2011).

Paradójicamente para el Instituto de Medicina Legal, quien lleva las cifras oficiales del Estado en el tema de desaparición forzada y hace parte de la Comisión de Búsqueda de personas Desaparecidas, mostró un informe estadístico sobre el periodo 2000-2009 en el que evidencia el abismal aumento en este crimen, sin embargo, lo atañe a la implementación del Registro Nacional de Desaparecidos y afirma que son desapariciones presuntamente forzadas. Al final del informe también destaca que entre el año 2008 y 2013 se ha presentado una reducción de casos de desaparición forzada es decir dentro del período presidencial del Juan Manuel Santos.

En la primera década de este siglo se reportaron un total de 42.213 casos, cifra que equivale a más de tres veces los reportados en la década anterior. El período comprendido entre los años 2000 y 2009 contiene el 47,04% del total, registrado hasta el 31 de diciembre de 2013. Este aumento puede entenderse como resultado de la puesta en marcha del Registro Nacional de Desaparecidos en 2007, puesto que es a partir de ese momento en el que los casos de desaparición empiezan a ser reportados masivamente por las entidades competentes en un sistema de información estandarizado. Durante este periodo se registra un total de 12.063 casos de desaparición presuntamente forzada, que equivalen a un 57,60% de los casos ingresados bajo esta clasificación (INMLCF, 2014).
A diferencia de los periodos anteriores, durante esta década se evidencia un aumento en los casos de mujeres víctimas de desaparición, los cuales alcanzaron una cifra de 8.972 que corresponden

> *al 21,25% del total. A partir del año 2005 se observa un descenso importante en el porcentaje de casos de desaparición forzada, la cual pasa de ocupar el 42,35 % del total de estos en 2004 al 36,12 % en 2005; para el año 2006, dicho porcentaje vuelve a reducirse al 11,57 %. Desde el año 2008 hasta el 2013 se observa una reducción tanto en el número de casos de desaparición forzada, como en el porcentaje de este tipo de casos en el total de registros* (INMLCF, 2014).

4.3.2. Los "falsos positivos" de Soacha

A finales del año 2008, bajo el titular de la revista Semana ¿Falsos positivos mortales?, el país se enteraría por un medio de comunicación de los hechos aberrantes de la fuerza pública, en donde las víctimas fueron presentadas como miembros de grupos subversivos, de bandas criminales y de delincuencia común abatidos en combate. El medio señaló: "Crece la preocupación en el gobierno por serios indicios de que decenas de muchachos que han desaparecido en varias ciudades, luego son presentados como muertos en combate" (Semana, 2008). En efecto los varios jóvenes aparecían relacionados como desaparecidos en el Instituto de Medicina Legal, reportados como combatientes de grupos irregulares dados de baja, entre otros:

Fair Leonardo Porras Bernal: El 8 de enero de 2008 fue reportado como desaparecido de Soacha Cundinamarca y el 12 del mismo mes su cadáver ingresó a Medicina Legal, hallado en una fosa común en Ábrego, Norte de Santander. Tropas de la Brigada Móvil N.º 15, adscrita a la Segunda División con sede en Norte de Santander, lo reportaron como paramilitar muerto en combate.

Elkin Gustavo Verano Hernández y Joaquín Castro Vásquez: El 13 de enero de 2008 fueron reportados como desaparecidos de Soacha Cundinamarca y el 15 del mismo mes como paramilitares muertos en combate en Ocaña, Norte de Santander por tropas de la Brigada Móvil N.º 15.

Jonathan Orlando Soto Bermúdez: Joven de 17 años quien el 26 de enero de 2008 fue reportado como desaparecido de Soacha

Cundinamarca y el 27 del mismo mes fue sepultado en una fosa común en la vereda Las Liscas de Ocaña, Norte de Santander.

Julio Cesar Mesa: El 26 de enero de 2008, fue reportado como desaparecido de Soacha Cundinamarca y el 27 de febrero fue ejecutado en Ocaña, Norte de Santander por tropas de la Brigada Móvil N.° 15, apareció su cuerpo en una fosa común en la vereda Las Liscas el 27 de agosto de 2008.

Jaime Estiben Valencia Sanabria: Joven de 16 años quien el 6 de febrero de 2008, fue reportado como desaparecido de Soacha Cundinamarca y el 8 del mismo mes su cadáver fue hallado en la vereda Las Liscas de Ocaña, Norte de Santander.

Diego Armando Marín Giraldo: El 6 de febrero de 2008, fue reportado como desaparecido de Soacha Cundinamarca y el 8 del mismo mes su cadáver fue hallado en la vereda Las Liscas de Ocaña, Norte de Santander.

Daniel Alexander Martínez: El 7 de febrero de 2008, fue reportado como desaparecido de Soacha Cundinamarca y el 9 del mismo mes su cadáver fue hallado en la vereda Las Liscas de Ocaña, Norte de Santander.

Mario Alexander Arenas Garzón: El 21 de febrero de 2008, fue reportado como desaparecido de Soacha Cundinamarca y el 21 de agosto su cadáver fue hallado en Ocaña, Norte de Santander.

Daniel Andrés Pesca Olaya: El 27 de febrero de 2008, fue reportado como desaparecido de Soacha Cundinamarca y el 5 de marzo su cadáver fue hallado en Cimitarra, Santander.

Julián Oviedo Monroy: El 2 de marzo de 2008, lo desaparecieron y ejecutaron las tropas de la Brigada Móvil N.° 15, quienes lo reportaron como muerto en combate, y posteriormente fue hallado en una fosa común en la vereda Las Liscas de Ocaña, Norte de Santander.

Eduardo Garzón Páez: Desapareció en Soacha Cundinamarca el 4 de marzo de 2008 y fue ejecutado el 5 de marzo en San Vicente de Chucurí. Su cadáver fue hallado en Cimitarra, Santander.

Diego Alberto Tamayo Becerra: El 18 de agosto de 2008, fue reportado como desaparecido en Soacha Cundinamarca y el 25 del mismo mes presentado como "paramilitar muerto en combate con el Ejército" por la Brigada Móvil N.º 15 en Ocaña, Norte de Santander.

Jader Andrés Palacio Bustamante y Víctor Gómez Barrero: El 23 de agosto de 2008, los jóvenes fueron reportados por sus familias como desaparecidos en Soacha Cundinamarca y el 25 del mismo mes hallados en una fosa común en Ocaña, Norte de Santander y reportados como "paramilitares dados de baja en combate" por la Brigada Móvil N.º 15.

Los jóvenes desaparecidos tenían edades que oscilaban entre 17 y 32 años, casi todos eran desempleados o trabajaban en oficios como construcción y mecánica. Eran, en general, muchachos humildes que vivían en la marginalidad de Ciudad Bolívar, Altos de Cazucá, y Bosa. Sin embargo, el drama para estas familias habría empezado meses antes de la denuncia pública que aparecía ya en varios medios de comunicación, de manera particular estas madres de Soacha en la búsqueda de sus hijos comenzaron a recorrer el siempre camino tortuoso de los familiares de los desaparecidos en Colombia. Primero bajo la incertidumbre de no saber de la suerte de sus hijos y segundo los desaires y la negligencia de las autoridades, en este caso como en otros ya narrados en este trabajo no faltó el servidor público que les dijo, "eso es que están en Girardot de paseo con sus novias", nada nuevo en este tema, la respuesta que le dieron a los familiares desde la década de los ochenta fue la misma "se fueron de paseo , se fueron para el monte, se fueron con una amiguita...", nunca se reconoció y como vemos aún hoy no se reconoce la desaparición forzada de personas a pesar de estar tipificada como tal en el Código Penal Colombiano.

> Los perpetradores de estos aberrantes crímenes hacen parte activa de las Fuerzas Armadas colombianas, autoridad que constitucionalmente tiene a su cargo la protección de las y los ciudadanos del país, sin distinción de sexo, raza, condición socioeconómica, entre otras. Se identifica como presuntos autores de las desapariciones y ejecuciones extrajudiciales de los jóvenes de Soacha a personal adscrito al Batallón de Infantería No. 15, General Francisco de Paula Santander de la Trigésima Brigada, y al Batallón de Infantería No. 41, General Rafael Reyes del municipio de Cimitarra

> de la Quinta Brigada, adscritos a la Segunda División del Ejército Nacional (FEDES, 2010).

Sin embargo se conoció que estos hechos ya habían sido denunciados ante la Fiscalía General de la Nación, la Procuraduría General y altos mandos del Ejército, a comienzos del año 2008, por el sargento Alexander Rodríguez, adscrito a la Brigada Móvil XV que opera en Ocaña, quien manifestó que en su Batallón les daban cinco días de descanso a los soldados que obtuvieran 'bajas' en combate, y denunció que fue testigo de cómo se cometieron homicidios de civiles para luego presentarlos como guerrilleros. El sargento fue expulsado de las Fuerzas Militares.

> Aunque entre muchos militares se suele calificar las denuncias por ejecuciones extrajudiciales como un arma política de la guerrilla contra las Fuerzas Armadas, el problema es real y mucho más grave de lo que se cree. El gobierno de Estados Unidos y varias ONG nacionales e internacionales le hacen un seguimiento permanente al tema y han encontrado que éstas siguen ocurriendo en muchas regiones del país. Lo que parece más preocupante es que si en el pasado a muchos militares se les acusaba de tener nexos con los paramilitares, desde cuando estos se desmovilizaron, crecieron las denuncias por homicidios cometidos directamente por los uniformados. Llama la atención, por ejemplo, que de los 558 casos que está investigando la Unidad de Derechos Humanos, más de la mitad ocurrieron en 2007. Las brigadas con el peor récord son las de Antioquia, que tienen 155 casos en investigación, y Meta, que tiene 107. Ello, no obstante, aclara Sandra Castro, directora de esta Unidad de la Fiscalía, se debe a que en estos departamentos han hecho un trabajo más exhaustivo los investigadores. Según Castro, en este momento hay vigentes 244 medidas de aseguramiento contra militares, de los cuales cuatro coroneles, dos tenientes coroneles, siete mayores y 23 capitanes, y la mayoría son casos del Ejército (Semana, 2008).

En este caso de los jóvenes desaparecidos en Soacha, también se establece un *modus operandi* de los victimarios, en el cual no solo estaba involucrada la oficialidad, sino que a esa empresa criminal, se le sumaron civiles que se encargaron de reclutar y engañar a los jóvenes, hacerles falsas promesas y facilitarles su traslado al sitio del "supuesto trabajo", los reclutadores ponían en alerta a la unidad militar para que en un falso reten los bajaran y luego de indocumentarlos montaban un falso enfrentamiento para hacerlos pasar como dados de baja en combate, cuando en realidad eran asesinados en estado de indefensión.

Así, se terminaba por desaparecer a las víctimas que habían sido privadas de su libertad por medios artificiosos mediante engaños, sacadas de su contexto social con rumbos desconocidos, para ocultarlas y negarse a dar información de su paradero, sustrayéndolas del amparo de la ley, que era lo que sucedía precisamente al indocumentarlos, asesinarlos y enterrarlos como NN, ocultando sus objetos personales que permitirían la correcta y fácil identificación de las víctimas por parte de las autoridades competentes, procurando en todo momento que su crimen quede impune.

Por lo mismo, muchos defensores de derechos humanos en Colombia se han propuesto descubrir la cara de la impunidad a través de las luchas por la verdad, la justicia y la reparación de manera integral. Es un derecho de las familias y de la sociedad establecer la verdad de estos casos estableciendo las circunstancias de tiempo modo y lugar de las desapariciones forzadas, así como los mecanismos utilizados por los victimarios que tal y como lo hemos desarrollado en el presente trabajo en la mayoría de los casos obedecen a mecanismos estatales y paraestatales que se oponen a su esclarecimiento.

El delito de desaparición forzada se convierte también en un reto para víctimas y defensores de derechos humanos en Colombia, en términos de lucha contra la impunidad, pues no es un hecho aislado, siguen siendo las desapariciones forzadas de ciudadanos colombianos en medio del conflicto armado interno, a manos de las fuerzas de seguridad del Estado, en nada cambia el eufemismo que se le quiera dar. Siempre se busca que el crimen quede en la impunidad, dejando que las instituciones encargadas legalmente de su investigación y juzgamiento opten por el camino de impartir justicia o el de dejar estos casos en el olvido, como ha sido ya un referente en la historia de violencia sociopolítica que ha vivido el país.

Debemos anotar que hoy en Colombia las organizaciones defensoras de derechos humanos, la comunidad internacional y el propio Estado manejan cifras diferentes. Por una parte, se estima que hay más de 60 000 personas desaparecidas por la violencia sociopolítica, sin embargo, en el informe "Basta ya. Colombia: Memorias de guerra y dignidad" de la Comisión Nacional de Memoria Histórica —CNMH—, que recoge las cifras entre 1958 y 2012, se documentan 25 007 personas desaparecidas, el Instituto de Medicina Legal habla de 89 736 casos de personas desaparecidas hasta el 31 de diciembre de 2013, de los cuales, 20 944 corresponden a desapariciones presuntamente forzadas. Y finalmente el Registro Único de Víctimas reconoció en su informe de abril de 2014 a 122 155 casos, de las que 13 448 eran víctimas directas y el resto familiares.

Pero más allá de una cifra estadística lo que sí es un hecho evidente, es que hoy después de más de tres décadas de desapariciones forzadas en Colombia este delito se mantiene, se sigue practicando de manera indiscriminada y generalizada contra la población civil en todo el país; como lo hemos visto en este recorrido estadístico y de contexto sociopolítico, las desapariciones forzadas continúan practicándose incluso desde la desaparición forzada de Omaira Montoya en el año de 1977. Por lo mismo y teniendo de presente las graves vulneraciones que la práctica de este delito genera contra las víctimas y sus familiares, es necesario entrar a observar la reparación integral, a las víctimas del delito de desaparición forzada, ejercicio que adelantaremos en los capítulos posteriores.

Capítulo III.

Programas comparados de reparación a víctimas: las experiencias de Argentina, Chile, El Salvador, Guatemala y Perú en el caso de las desapariciones forzadas

INTRODUCCIÓN

Plantear o formular criterios de reparación integral para víctimas de conflictos internos donde se ha violado el Derecho Internacional Humanitario y los Derechos Humanos en términos de justicia transicional, es decir, en procesos de reconciliación en donde además están implícitos otro tipo de derechos como a la verdad y a la justicia, en sociedades que aceptan o rechazan la verdad y el olvido puede generar varias complicaciones tanto desde la perspectiva de las víctimas, como de sus victimarios. Incluso puede ser una tarea difícil para las comisiones de la verdad o los tribunales de justicia que se creé para la transición según el modelo que se adopte por las sociedades en reconciliación. Sin embargo, varios países han transitado ya esos desafíos y es allí donde las experiencias internacionales, en muchos ámbitos, constituyen aportes importantes para el desarrollo de estrategias encaminadas a la superación de situaciones conflictivas, para erradicar sus consecuencias y transitar hacia la reconciliación. Por tal razón, hemos considerado importante conocer las estrategias implementadas en países latinoamericanos, en los cuales la práctica de la desaparición forzada fue un hecho evidente reconocido por sus victimarios, demandado por sus víctimas directas o sus familiares y reparados de manera exitosa en algunos casos en otros no, por las comisiones de la verdad.

Considerando lo anterior, el presente capítulo es un ejercicio comparado mediante el cual se analizan cinco países latinoamericanos, que han sufrido graves violaciones a los derechos humanos y al DIH, en los cuales se empleó la desaparición forzada de personas como método selectivo de guerra, en donde se evidencia que el principal objetivo de su práctica era exterminar al "enemigo interno" y contribuir a la destrucción de organizaciones sindicales, estudiantiles, políticas, entre otras; consideradas como opositoras al régimen establecido. En este sentido, se priorizaron las dictaduras de Argentina y Chile, los conflictos armados de El Salvador y Guatemala, y la confrontación interna sufrida en Perú.

Rescataremos de estas experiencias el contexto sociopolítico y jurídico de la dictadura, la guerra civil o la democracia alterada por la violencia, para luego observar en cada uno de los casos su transición hacia la democracia o hacia la paz y la reconciliación, es decir haremos énfasis descriptivo de cada proceso de justicia transicional, para finalmente rescatar los resultados de ese proceso dirigido únicamente hacia las medidas de justicia transicional adoptadas respecto de las víctimas de desaparición forzada. La razón principal por la que se escogieron estos países radica en que en los mismos se presentaron tres situaciones de análisis **(i)** Conflictos internos, represivos o violentos, **(ii)** Procesos de justicia transicional para terminarlos y **(iii)** Reparación a las víctimas de desaparición forzada, perpetrada en estos contextos. Este ejercicio es fundamental para nuestro último capítulo el cual analizará de la misma manera el caso colombiano.

ze, los conflictos centroamericanos de El Salvador y Guatemala guardan una similitud en los alcances obtenidos en el posconflicto en relación con la reparación integral de las víctimas. Estos países suscribieron Acuerdos de Paz, contando con el apoyo de la comunidad internacional y regional, en procesos costosos tanto económica como socialmente. Sin embargo, no han logrado asumir con seriedad estos Acuerdos y no han acogido los aportes realizados por las Comisiones de la Verdad para caminar por la senda de la justicia transicional.

Finalmente, el caso peruano nos permite observar que las políticas adoptadas para el posconflicto a través de seis programas de reparación que tienen su base fundamental en el Plan Integral de Reparaciones que propuso la Comisión de Verdad y Reconciliación, legalmente aprobada. No obstante, la implementación de estas medidas tiene profundas limitaciones, cambios en sus políticas y discursos encontrados basados en la exclusión social y política que continúa viviendo el país. Una de sus principales falencias obedeció a dejar el Plan Integral de Reparaciones en manos de posteriores reglamentaciones que nunca se llevaron a cabo en el orden nacional, departamental o local[1]. Es indispensable ver el cuadro comparativo presentado en el Anexo 1.

Con aciertos o desaciertos estas experiencias han enseñado que las políticas de reparación no se pueden reducir a programas masivos de indemnizaciones económicas, en las que por decreto se fijan montos económicos —en algunos casos irrisorios—, tomando como punto de partida para la reparación a víctimas la dimensión material, dejando de lado la posibilidad de poder proponer alternativas de reparación simbólica que pueden ir desde la búsqueda de la verdad hasta la satisfacción de garantizar la memoria histórica de sus sociedades.

La integridad y coherencia de los programas de reparación que habla Pablo de Greiff[2] y que abordamos en el primer capítulo de este trabajo, nos muestra la necesidad de alternar en los programas de reparación, por una parte, los beneficios adjudicados por un programa deberán tener presente tanto las medidas simbólicas, como las materiales que tengan un alcance individual y colectivo. Por la otra los programas de reparación deben tener una estrecha relación con otras medidas de transicionales como la verdad y la justicia.

Desde este sentido las sociedades en transición deberán tener especial cuidado a la hora de diseñar programas de reparación integral que encuentren un equilibrio entre lo material y lo simbólico, entre

---

1 Hayner, Priscilla. (2008). Unspeakable truths. Confronting State terror and atrocity, Routledge.

2 De Greiff, Pablo, (2009), *¿Cuál es el precio que debemos pagar?*

lo individual y lo colectivo, y de estos con otros mecanismos transicionales. Así mismo, estos programas deberían ser diseñados teniendo en cuenta las posibilidades económicas e institucionales que den cumplimiento a lo acordado y que no generen en las víctimas expectativas frente a la reparación que no van a hacer realizables.

La metodología para este análisis se centra en el método conocido como comparaciones centradas, mediante el cual se realizan comparaciones sistemáticas de un número limitado de casos, el cual se caracteriza por utilizar más casos dando información menos detallada que el estudio de caso y por lo mismo presentar conclusiones de carácter más general, de esta manera el conjunto de información que arroja el estudio comparado de las experiencias seleccionadas nos permitirá observar los contextos sociopolíticos en que se han dado las desapariciones forzadas, los procesos de justicia transicional para superarlos y las medidas de reparación adoptadas para reparar integralmente a las víctimas[3].

Para una adecuada contextualización de los conflictos, se toma la periodización que de ellos realizaron las Comisiones de la Verdad, así como las recomendaciones emitidas por estas instancias (excepcionales y temporales) que dejaron para los países "cartas de navegación" de cómo sería la mejor forma de transitar hacia la reparación de las víctimas en el nuevo camino de la justicia transicional, a la que se enfrentaban. Posteriormente, se contrastan estos hallazgos con lo que ha sido la responsabilidad asumida por los gobiernos en su gestión, por diseñar políticas públicas encaminadas a dar respuestas y en subsanar, mediante la reparación a las víctimas, los trágicos episodios que vivieron sus naciones producto del irrespeto a los derechos humanos.

Las lecciones aprendidas de las experiencias internacionales, son bastante útiles para buscar formular una propuesta de criterios de reparación integral para las víctimas del delito de desaparición forzada en Colombia, nos dejan un panorama abierto para

---

3 Castellanos. Morales. Ethel Nataly. "Estudios Comparados: Una Propuesta Metodológica Aplicada", *Revista Principia Iures*, No. 8.

poder observar y plantear un programa de reparación o su base que tenga en cuenta los alcances de la reparación, los beneficiarios o destinatarios de las mismas, las condiciones para acceder a los beneficios y los tipos de beneficios o medidas a los que pueden aspirar las víctimas de este delito.

Este capítulo constituye un insumo importante para aportar ideas y conceptos, desde las lecciones aprendidas por otras naciones, sobre la importancia que tiene para la sociedad que los estados asuman su responsabilidad en la gestión de desarrollar criterios de reparación integral a las víctimas, en contextos de justicia transicional y en contribuir, de esta manera, a la reconciliación nacional. Es un contexto supremamente valioso para reconocer distintos elementos que se pueden aplicar o evitar a la hora de diseñar un marco jurídico soporte de una política pública para la reparación a las víctimas de la desaparición forzada en Colombia.

1. ARGENTINA: LA CONSTANTE LUCHA CONTRA EL OLVIDO

La inestabilidad del sistema político de Argentina se caracterizó por sucesivos golpes de Estado desde 1930 hasta 1983, donde los gobiernos militares adoptaron como estrategia para lograr su relativa estabilidad, la imposición de directrices económicas y un control social basado en la represión y eliminación a toda forma de oposición política, controlando la movilización popular.

Un primer período del convulsionado sistema político argentino comprende el período 1930 y 1976, donde se sucedieron seis golpes de Estado[4], que no solamente desplazaron gobiernos elegidos

---

[4] (1)El 6 de septiembre de 1930, liderado por el General José Félix Uriburu y derrocó al presidente Hipólito Yrigoyen de la Unión Cívica Radical; (2) el 4 de junio de 1943, único golpe de Estado en Argentina que fue pura y exclusivamente militar, sin apoyo civil, derrocó al presidente conservador Ramón Castillo, cuyo gobierno es recordado como la década infame; (3) el 16 de sep-

por voto popular, además, donde se cometieron graves violaciones de los derechos humanos mediante la persecución y el asesinato de opositores políticos por parte de grupos paraestatales. Sin embargo, la desaparición forzada de personas se empieza a registrar a partir de 1973[5], durante el gobierno constitucional de Juan Domingo Perón y María Estela Martínez de Perón (1974-1976).

Bajo esta administración inicia esta práctica sistemática de terror por los mismos agentes del Estado que tuvieron anclaje en el Ministerio de Bienestar Social, bajo la jefatura de José López Rega, quien coordinó la "agencia de la muerte" conocida como la *Triple A* — Alianza Anticomunista Argentina (AAA)— [6]. En realidad, este es el preámbulo al período de terror que sigue en este país, contribuyó a derrocar el régimen democrático y su accionar basado en utilizar la violencia como recurso ilegal-parapolicial, no redujo los niveles de la "amenaza subversiva", por el contrario, creó un ambiente de esquizofrenia colectiva. El segundo período identificado inicia en

---

tiembre de 1955, llamada "Revolución Libertadora" fue una dictadura militar de tipo transitoria, originada en el golpe de Estado que derrocó al presidente Juan Domingo Perón entre el 16 y el 23 de septiembre de 1955; (4) el 29 de marzo de 1962, liderado por el Teniente General Raúl Alejandro Poggi, derrocó al presidente Arturo Frondizi y puso como presidente al civil José María Guido; (5) el 28 de junio de 1966 un levantamiento militar liderado por el general Juan Carlos Onganía derrocó al presidente Arturo Illia perteneciente a la Unión Cívica Radical del Pueblo; (6) el 24 de marzo de 1976 una nueva sublevación militar derrocó a la Presidenta María Estela Martínez de Perón instalando una dictadura de tipo permanente (Estado burocrático autoritario) autodenominada "Proceso de Reorganización Nacional", gobernada por una Junta Militar integrada por tres militares, uno por cada fuerza.

5 El Informe "Nunca Más" de la Comisión Nacional Sobre la Desaparición de Personas (1984), habla de 600 secuestros que se habrían producido antes del golpe militar del 24 de marzo de 1976.

6 La Triple A fue un actor político colectivo con una organización interna (estructura, jerarquía, modus operandi) que ejerció una acción política no convencional, no legal y violenta, utilizando recursos del propio Estado. Para profundizar ver: Rostica, Julieta (2011, págs. 21-51). http://revistas.urosario.edu.co/index.php/desafios/article/view/1801/1606

1976 y finaliza en 1983. Es conocido como el "Proceso de Reorganización Nacional", donde cuatro gobiernos militares rigen el país y siembran una guerra sucia contra la sociedad civil argentina.

- *Primer gobierno (1976-1981).* El 24 de marzo de 1976 una junta militar que representaba las tres armas (marina, ejército y aviación) derroca a María Estela Martínez de Perón. La nueva junta conformada por el teniente general Jorge Rafael Videla, presidente y comandante del Ejército, el almirante Emilio Massera, comandante de la Armada, y el Brigadier Orlando Agosti, comandante de la Fuerza Aérea, suspendió la Constitución Nacional, disolvió el Congreso y lo reemplazó por la Comisión de Asesoramiento Legislativo (CAL), reemplazó a los integrantes del poder judicial o los hizo jurar fidelidad a las nuevas "actas institucionales". Estas actas, junto con otras normas reformadas como el Código Penal y las nuevas leyes que fueron sancionadas, conformaron un orden institucional que le permitía al gobierno militar actuar libremente.
- *Segundo gobierno (marzo a diciembre de 1981).* Una nueva junta militar conformada por el teniente general Roberto Viola, presidente y comandante del Ejército, el almirante Armando Lambruschini, comandante de la Armada, y el Brigadier Omar Graffigna, comandante de la Fuerza Aérea.
- *Tercer gobierno (1981-1982).* Otra junta conformada por el teniente General Leopoldo Galtieri, presidente y comandante del Ejército, el almirante Jorge Anaya, comandante de la Armada y el Brigadier Basilio Lami Dozo, comandante de la Fuerza Aérea.
- *Cuarto gobierno (1982-1983).* En junio de 1982 la junta se disolvió tras la derrota de la Guerra de las Malvinas y asumió la presidencia el General Reynaldo Bignone quien inició un proceso de negociaciones con las fuerzas políticas que culminó en las elecciones de octubre de 1983.

La principal característica del régimen adoptado y denominado "Proceso de Reorganización Nacional", se basa en la guerra contra el *enemigo interno*, donde todo inconformismo u oposición al proyecto militar sería tomado como un ataque directo a la nacionalidad argentina. De esta manera, la represión se ejerció como una defensa de la "Civilización Occidental Cristiana" con orientación primordialmente anticomunista y mediante procedimientos clandestinos. Así, la detención de personas, seguida de su desaparición, fue ejecutada por organismos parapoliciales que encubrieron la responsabilidad directa de los militares. La decisión de tomar el poder por parte de los militares había sido gestada con anterioridad, septiembre de 1975 y sus modalidades de violación a los derechos humanos ya venían siendo sistemáticas. (Mignone, 1998, pág. 51)

La opción golpista legitimó la idea de acabar con los vacíos de la democracia, expresados en la inconformidad social, así que la dictadura se orientó a acabar con la alianza de clases base del populismo argentino. Reprimió ferozmente al movimiento obrero y atacó a la burguesía nacional a través de un proyecto político-económico que cambiaría las estructuras socioeconómicas del país (Rostica, 2011). Cuando la oficialidad castrense decidió tomarse el poder ya tenía tres directrices fundamentales, según Emilio Mignone: 1) No aumentar el número de presos políticos que ya llegaba a 8 000; 2) Exterminar físicamente, no solo a los denominados combatientes, sino a todos aquellos que por sus ideas implicaran un riesgo para el PRN; 3) Llevar a cabo la represión de una manera clandestina, sin procesos judiciales y negando la participación de las Fuerzas Armadas en los hechos para no atraer la oposición de la iglesia y de organismos humanitarios ni alejar la inversión extranjera.

La dictadura operó su aparato represor mediante una legislación de excepción que le otorgó a la junta de gobierno un poder absoluto sobre la Constitución Nacional. El Acta para el Proceso de Reorganización Nacional (29.03.76), disolvió el Congreso Nacional y los cuerpos legislativos provinciales y municipales; removió a los miembros de la Corte Suprema, al Procurador General y a los integrantes de los tribunales superiores provinciales; suspendió la actividad de los partidos políticos y las actividades gremiales de trabajadores y profesionales (Vásquez, 1985). Paralelamente, se creó una estructura que operaba siguiendo una doctrina clandestina que contó con la complicidad de todos los altos mandos de las Fuerzas Armadas.

La violación de los derechos humanos en este período fue generalizada, el país se dividió en zonas, subzonas y áreas militares, que tuvieron responsabilidad en los asesinatos, secuestros y detención de personas en más de 500 centros clandestinos de detención, desaparición, muerte y robo de bebés. En cada uno de los lugares de reclusión clandestino operó un Grupo de Tareas (GT) que era el responsable directo de las torturas, violaciones sexuales, y otros tipos prácticas (Barbuto, 2010, pág. 38).

Dos millones de argentinos huyeron para escapar del régimen y aproximadamente 30 000 fueron desaparecidos, incluyendo a 600 hijos de personas desaparecidas quienes fueron detenidos junto con sus padres, nacidos en cautiverio o en ocasiones robados y entregados en adopción a familias de militares[7]. La cifra oficial dada por la Comisión Nacional sobre la Desaparición de Personas —CONADEP—, registra 8 961 desaparecidos, de los cuales el 30 % fueron mujeres (embarazadas 3 %) y hombres 70 %. Según la edad: entre 16 y 20 años corresponde al 10.61 %; entre los 21 y 25 años, fueron desaparecidos el (32.62 %); de 26 a 30 años corresponde el (12.26 %). Según su profesión: obreros 30.2 %; estudiantes 21 %; empleados 17.9 % y profesionales 10.7 %.

Mediante el método de la desaparición forzada se impedía la fiscalización y el control del ejercicio del poder; se consiguió generar un terror generalizado en la población y el no encontrar respuestas por el carácter clandestino de las detenciones, negan-

7 Los organismos de derechos humanos y algunas instancias oficiales estiman que existieron 30.000 víctimas del terrorismo de Estado. Esta cifra sigue siendo aproximada, debido a la poca precisión por parte de las investigaciones judiciales y administrativas, así como a la negativa de las Fuerzas Armadas a brindar información fidedigna. Los cálculos de los organismos de derechos humanos argentinos se realizan con base en la proporción de casos denunciados tanto oficialmente como ante alguna organización, en algunos casos sin registros.

do la existencia de los prisioneros, permitió que no se pudiesen hacer investigaciones judiciales. Los familiares eran amenazados para que no buscasen a sus desaparecidos y las puertas de las instituciones de gobierno y la justicia argentina eran cerradas ante sus reclamos (Tappatá de Valdez, 2005, pág. 89). En efecto, entre 1976 y 1979 se presentaron solo en la capital federal 5 487 recursos de "*habeas corpus*", y otros 2 848 entre 1980 y 1983, todos con respuesta de "improcedentes", con el argumento de no contar con ningún registro de detención en los organismos de seguridad. (Vásquez, 1985, pág. 64).

Mientras tanto los familiares de las víctimas encontraron en los organismos de derechos humanos existentes[8] y los que nacieron durante la dictadura[9], el lugar de recepción de denuncias que no hallaban en los tribunales o en las reparaciones del Estado. Ejemplo de ello fue la casa de Emilio Mignone y Chela Mignone, quienes llevaron adelante una intensa tarea de documentación de los crímenes del terrorismo de Estado, que sustentó las denuncias ante la justicia nacional y en el ámbito internacional. El documento "El caso argentino: desapariciones forzadas como instrumento básico y generalizado de una política", presentación en el Coloquio la Política de Desapariciones Forzadas de Personas, París, 1981, es una de las primeras explicaciones contundentes sobre la forma de funcionamiento del aparato represivo[10]. La casa Migno-

---

8 Antes de 1976, existían la Liga Argentina por los Derechos del Hombre —LADH—, La Asamblea Permanente por los Derechos Humanos —APDH— y el Servicio Paz y Justicia —SERPAJ—.

9 La Fundación del Centro de Estudios Legales y Sociales —CELS— en 1979, respondió a la necesidad de encarar acciones rápidas y decisivas para detener las graves y sistemáticas violaciones de los derechos humanos, documentar el terrorismo de Estado y proporcionar ayuda legal y asistencia a los familiares de las víctimas, especialmente en el caso de detenidos-desaparecidos. http://www.cels.org.ar/cels/?info=detalleTpl&ids=6&lang=es&ss=133.

10 Otros documentos de altísimo valor histórico pueden ser: Centro de Estudios Legales y Sociales, CELS, Colección Memoria y Juicio, Buenos Aires, 1982; CONADEP, Nunca Más. Informe de la Comisión Nacional sobre la Desapari-

ne fue uno de los primeros lugares donde se realizaron reuniones de las Madres de Plaza de Mayo hasta que estas tuvieron su sede.

La estabilidad de la dictadura militar entró en crisis producto de tres factores: a). las divisiones al interior de las Fuerzas Armadas, b). el fracaso de la política económica, y c). el contundente fracaso de la guerra de las Malvinas[11]. Con esta derrota el régimen quedó sin ninguna legitimidad y los militares se vieron obligados a convocar elecciones para dar el tránsito a la democracia. Antes de su retirada, expidieron la Ley 22.924, el 22 de septiembre de 1983, llamada "Ley de Auto-amnistía", donde se afirmaba que "únicamente el juicio histórico podrá determinar con exactitud a quién corresponde la responsabilidad directa de métodos injustos o muertes inocentes"; declaraba extinta toda acción penal que acusara a la dictadura por hechos realizados para prevenir, conjurar o poner fin a las acciones subversivas, cualquiera hubiera sido su naturaleza o bien jurídico lesionado, extendiendo dicho privilegio a los autores, participes y encubridores. Igualmente, expidieron el Decreto 2726 de 1983 que ordenaba incinerar todo documento comprometedor, como un intento por borrar de la historia argentina, todos los delitos cometidos por el abuso de poder durante este oscuro período para los pueblos de América Latina.

1.1. La transición a la democracia

El juicio a los delitos cometidos por la dictadura fue el empleado en los discursos electorales de 1983 para conquistar la presi-

---

ción Forzada de Personas, EUDEBA, Buenos Aires, 1984; Centro de Estudios Legales y Sociales, CELS, Terrorismo de Estado. 692 responsables, ediciones CELS, Buenos Aires, 1986; D'Andrea Mohr, José Luis, Memoria Debida, Colihue, Buenos Aires, 1999; Mittelbach, F. y Mittelbach, J., (2000), Sobre áreas y tumbas. Informe sobre desaparecedores, editorial Sudamericana.

11 En el año 1982, el General del Ejército Leopoldo F. Galtieri resolvió invadir las islas Malvinas y declarar la guerra a la Gran Bretaña, como un gesto de Soberanía Nacional del territorio insular argentino.

dencia. De esta manera el partido de la Unión Cívica Radical con el candidato Raúl Alfonsín, planteaba que la justicia civil diferenciaría entre los que dieron las órdenes, los que las cumplieron y los que se excedieron en su aplicación para cometer estos delitos (Tappatá de Valdez, 2005). Luego de su posesión en diciembre de 1983, el presidente Alfonsín, planificó judicializar a los responsables en un plazo de seis meses, e inicia una secuencia de medidas que van mostrando, en últimas, las debilidades institucionales para la búsqueda de la verdad y la justicia de las desapariciones:

1. El 13 de diciembre de 1983, se expide el Decreto 158/83 mediante el cual ordena someter a juicio sumario a los miembros de las tres juntas militares que gobernaron de facto entre 1976 y 1982. El juicio fue encomendado al Consejo de Justicia Militar, respetando el artículo 22 del Código de Justicia Militar. Frente a la prohibición presentada en el artículo 18 de la Constitución "*sacar al imputado del juez designado por la ley con antelación al hecho*" anunciaba un proyecto de ley para modificar el procedimiento penal militar, introduciendo un recurso de apelación ante la justicia civil. (Giraldo Moreno, 2004).

2. El presidente Alfonsín presentó el mismo 13 de diciembre ante el Congreso un proyecto de ley para derogar la Ley 22.924 "Ley de Autoamnistía", el cual fue aprobado el 22 de diciembre de 1983, como Ley 23.040 y que declaraba la autoamnistía como "insanablemente nula" y carente de todo efecto jurídico.

3. Este mismo día se radicó otro proyecto ante el Congreso que buscaba modificar el Código de Justicia Militar, particularmente la exclusión de la jurisdicción penal militar de los delitos comunes y a introducir un recurso de apelación de las sentencias ante la Corte Federal. De esta manera se aprobó la Ley 23.049 del 9 de febrero de 1984, la cual define los delitos típicamente militares cuyo enjuiciamiento competía a la justicia castrense, excluyendo los delitos comunes; introdujo y reglamentó los recursos de apelación contra sentencias de los tribunales militares; incluyó la participación de los ofen-

didos en el proceso penal y un amplio artículo sobre juzgamiento, mediante procedimientos sumarios, por parte del Consejo Supremo de las Fuerzas Armadas, a los militares que actuaron durante la dictadura en las operaciones efectuadas en la represión subversiva. En este mismo artículo (Art. 10) se introdujeron dos medidas trascendentales: 1). El Consejo Supremo de las FF.AA. debía presentar un informe a la Cámara Federal sobre los motivos que eventualmente impedían haber concluido los juicios, autorizando a la Cámara remitir los procesos y fijar un término para concluirlo. 2). Sí la Cámara advertía demora injustificada o negligencia en el trámite del juicio, asumiría el conocimiento del proceso cualquiera fuera el estado de los autos (Giraldo Moreno, 2004).

4. El tercer proyecto de ley radicado ante el Congreso, el mismo 13 de diciembre, se denominó “Ley de Defensa de la Democracia”, aprobado el 9 de agosto de 1984 como Ley 23.077. Con esta Ley se derogaron las leyes antisubversivas dictadas por el gobierno de Isabel Martínez de Perón (1974-1976) y por el mismo régimen militar (1976-1983) e introdujo un nuevo capítulo en el Código Penal, en el que cambió la expresión “*rebelión*” por la de “*atentados contra el orden constitucional y la vida democrática*”. También amplió el tipo penal de “*traición a la patria*” para aplicarlo a todos los funcionarios de los poderes públicos que consintieren con la interrupción del orden constitucional o siguieren ejerciendo sus funciones en connivencia con quieres modificaren por la fuerza la Constitución. El tipo “*terrorismo*” se subsumió como “*agravante*” de cualquier delito, quedando identificado con una contribución significativa y deliberada a poner en peligro la vigencia de la Constitución Nacional (Giraldo Moreno, 2004).

5. Otra de las medidas adoptadas por Alfonsín fue crear la Comisión Nacional sobre Desaparición de Personas —CONADEP—, mediante el Decreto 187 del 15 de diciembre de 1983. Fue una Comisión presidencial conformada por diez ciudadanos prestigiosos e independientes y por

otros seis miembros designados por las dos Cámaras del Congreso. Le fueron otorgados poderes y autonomía para investigar las desapariciones ocurridas en Argentina; creó cinco secretarías: recepción de denuncias, documentación, procedimientos, asuntos legales y administración. En sus seis meses de actividad comprendidos de enero a julio de 1984, la Comisión elaboró 7380 legajos de denuncias; elaboró una base de datos y envío 1086 legajos a la justicia para iniciar sus correspondientes investigaciones penales. En su informe final "Nunca Más", presenta esta dura realidad que es descrita en su prólogo como "*Con la técnica de la desaparición y sus consecuencias, todos los principios éticos que las grandes religiones y las más elevadas filosofías erigieron a lo largo de milenios de sufrimientos y calamidades fueron pisoteados y bárbaramente desconocidos*". El informe está estructurado en seis capítulos: 1). La acción represiva del Estado mediante secuestro, torturas, centros clandestinos de detención, el compromiso de impunidad, los represores y sus esquemas represivos, la actitud de la iglesia, la coordinación represiva en Latinoamérica, el registro de las desapariciones y el lucro de la represión; 2). Las víctimas: niños, mujeres embarazadas, adolescentes, familias, lisiados, religiosos, periodistas y sus modalidades de detención; 3) El poder judicial durante el período en el que se consumó la desaparición forzada de personas; 4) La creación y organización de la CONADEP; 5) El respaldo doctrinario de la represión; y 6) Recomendaciones y conclusiones. Una de sus conclusiones sostiene que

A pesar de afirmase en el «Documento Final de la Junta Militar sobre la guerra contra la subversión y el terrorismo» que la subversión reclutó veinticinco mil efectivos de los cuales quince mil estaban «técnicamente capacitados e ideológicamente fanatizados para matar», los Consejos de Guerra con competencia para juzgar tales delitos sólo sostuvieron cargos que concluyeran en condenas contra aproximadamente trescientas cincuenta personas. Ello demuestra claramente cual fue entonces la otra modalidad adoptada para suprimir a millares de opositores, fueran o no terroristas.

6. El Informe "Nunca Más", suscitó un movimiento social en América Latina que fue apoyado por los familiares víctimas y la sociedad civil para luchar contra la impunidad de los gobiernos de facto que cometieron este tipo de barbarie.

7. En 1985 la Cámara Nacional de Apelaciones en lo Criminal y Correccional Federal llevó a convocar el enjuiciamiento de los miembros de las juntas militares, en la Causa No. 13. Esta acción fue tomada por las reiteradas negaciones de los militares en aceptar su colaboración con la justicia y por el nulo avance del proceso ordenado mediante el Decreto 158/83 y la Ley 23.049.

8. El juicio concluyó el 9 de diciembre de 1985 con dos condenas a prisión perpetua de Rafael Videla y Emilio Massera; otra condena por 17 años a prisión a Roberto Viola; Armando Lambruschini fue condenado a 8 años; Orlando Agosti a cuatro y seis meses. Omar Graffigna, Leopoldo Galtieri, Jorge Anaya y Lami Dozo fueron absueltos.

9. En realidad, se trató de un juicio precipitado, se tomó en cuenta solo el 2.37 % de los crímenes de desaparición forzada que se pudieron calcular a la fecha, muchos de los casos fueron excluidos por falta de pruebas, lo que tomó la acusación Fiscal fueron en realidad 711 casos. Primo el afán de mostrar sentencia condenatoria y silenciar la presión de las incriminaciones (Giraldo Moreno, 2004).

10. La conocida Causa No. 44 fue abierta por la Cámara Nacional en lo Criminal y Correccional Federal, para enjuiciar a otros comandantes de segundo rango, principalmente de la policía. El 2 de diciembre de 1986 dictó la sentencia condenatoria al General Juan Alberto Camps, jefe de la Policía de la Provincia de Buenos Aires, a 25 años de prisión, a Ovidio Pablo Riccheri, otro jefe de Policía de Buenos Aires, a 14 años, a Miguel Osvaldo Etchecolatz, ex director de investigaciones de la Policía de Buenos Aires, a 23 años; a Jorge Antonio Bergés, principal oficial médico de la Dirección de Investigaciones, a

6 años, y a Norberto Cozzani, auxiliar de investigaciones de la Policía, a 4 años (Giraldo Moreno, 2004).

Entre 1986 y 1995 inicia una segunda etapa en esta transición a la democracia, marcada por la clausura de los procesos judiciales mediante leyes de perdón y los indultos presidenciales, incentivando la política de olvido y la negación de todas las solicitudes de las victimas al reconocimiento de lo sucedido.

1. Paradójicamente, luego de los avances alcanzados en materia de justicia, el mismo presidente Alfonsín presenta ante el Congreso, el 5 de diciembre de 1986, el proyecto de Ley de "Punto Final"[12] que estableció como plazo de 60 días para que finalizara la acción penal por los delitos contemplados en la Ley 23.049. Esta ley suscitó un intenso debate jurídico que intentaba determinar si se trataba de una reducción retroactiva del plazo de la prescripción de la acción o sí era en realidad una "*Ley de amnistía*" y más aún una "*Ley de impunidad*" a la que no se quiso nombrar así. En todo caso, tenía todos los elementos que la definen como de olvido, perdón o renuncia a una acción legal vigente al momento de ser sancionada. Comienza, entonces, una carrera contra reloj por agilizar todos los procesamientos que la ley establecía en el proceso de amnistiar el Terrorismo de Estado en contravía de lo que establece el artículo 29 de la Constitución el cual prohibía expresamente al legislador otorgar poderes "*por los que la vida, el honor y las fortunas de los argentinos queden a merced de gobiernos o persona alguna*".
2. El 13 de mayo de 1987 el presidente envió al Congreso otro proyecto de ley que terminó por aprobarse el 4 de junio de 1987 como Ley 23.521 de "Determinación de los alcances

[12] Ley 23.492. Dispone la extinción de acciones penales por presunta participación en cualquier grado, en los delitos del artículo 10 de la Ley 23049 y por aquellos vinculados a la instauración de formas violentas de acción política. Fue sancionada el 23 de diciembre de 1986, promulgada el 24 de diciembre de 1986 y publicada en el Boletín Oficial el 29 de diciembre de 1986.

del deber de Obediencia", conocida como "*Ley de Obediencia Debida*"[13]. Jurídicamente la ley desvinculaba de responsabilidad a todos los oficiales jefes, subalternos, suboficiales y personal de tropa de las fuerzas armadas, la policía, los organismos de seguridad y penitenciarios, respecto a los crímenes perpetrados en la dictadura.

3. El 6 de octubre de 1989 un nuevo presidente gobernaba Argentina, Carlos Saúl Menen quien luego de tres meses de su posesión, sancionó los Decretos 1002, 1003, 1004, y 1005 de 1989, mediante los cuales otorgaba indulto a los pocos militares que estaban siendo procesados en el momento o que habían sido ya sentenciados por los crímenes de la dictadura. Allí incluyó también a 64 "exguerrilleros", muchos de ellos desaparecidos por los militares y otros ya sobreseídos, y a los 174 militares y civiles que participaron en la rebelión de abril de 1987 contra el gobierno constitucional.

Una tercera etapa comprende el período de 1995 hasta el presente y está marcada por el reconocimiento del derecho a la verdad de las víctimas, de sus familiares y de la sociedad en su conjunto.

1. En 1995 las confesiones públicas del excapitán de Corbeta Francisco Scilingo, dieron a conocer ante la sociedad argentina y el mundo, la forma como eran desaparecidos los cuerpos de las personas retenidas en los cautiverios clandestinos en los "vuelos de la muerte" y en los cuales él había participado, describiendo con detalles cómo los prisioneros eran dopados, subidos en aviones y arrojados al Río de la Plata. Esta aterradora práctica, revivió las inquietudes de las víctimas y de los organismos de derechos humanos sobre cómo superar la impunidad.

---

[13] Ley 23.521. Delimitación prevista en los alcances del deber de obediencia debida, se fijan límites al sistema de enjuiciamiento dispuesto por el artículo 10 de la Ley 23.049. Fue sancionada el 4 de junio de 1987, promulgada el 8 de junio de 1987 y publicada en el Boletín Oficial el 9 de junio de 1987.

2. Dado que la substracción de menores mientras sus padres eran desaparecidos, fue un crimen no cobijado por las leyes de impunidad, comenzaron a presentarse querellas por cerca de 500 niños desaparecidos y a las cuales se sumaba la demanda por la verdad en la desaparición de sus padres. Carmen Lapacó, Emilio Mignone y Marta Vázquez, con el patrocinio del CELS, presentaron dos demandas judiciales solicitando el cumplimiento de su derecho a obtener la verdad sobre lo sucedido con sus hijas desaparecidas, a quienes la justicia negó ese derecho en todas sus instancias, hicieron que se presentara el caso ante la CIDH. El proceso culminó en 1999 con la firma de un acuerdo de solución amistosa en el que el Estado argentino reconoció el derecho a la verdad y se comprometió a realizar las acciones pertinentes para que las causas por este derecho pudieran tramitarse ante los juzgados federales. Así, muchos jueces comenzaron a abrir procesos y ordenaron capturar a altos oficiales. Allí, cayeron de nuevo algunos de los beneficiados previamente por las leyes de impunidad. Hasta el año 2003 existían juicios por el derecho a la verdad en importantes jurisdicciones nacionales como las de Buenos Aires, La Plata, Mar del Plata, Córdoba y Mendoza.
3. El 6 de marzo de 2001 el juez federal Gabriel R. Cavallo dictó la resolución que invalida las leyes de "Punto Final" y de "Obediencia Debida", por ser incompatibles con varios tratados internacionales y con la Constitución de la República[14]. El hecho se produjo dentro de la causa 8686/2000, dentro

---

[14] A partir de 2003, en Argentina se conformó una nueva Corte Suprema comprometida con la búsqueda de justicia para las graves violaciones de derechos humanos y los crímenes de lesa humanidad y con la aplicación del derecho internacional de los derechos humanos. Esta Corte ha sido la que declaró la inconstitucionalidad de las leyes de Obediencia Debida y Punto Final y la que ha sostenido la imprescriptibilidad de los crímenes de lesa humanidad.

de la cual se investigaba el delito de substracción de la menor Claudia Victoria Poblete, arrebatada a sus padres en el centro de detención clandestino El Olimpo, el 28 de noviembre de 1978. Gracias al trabajo desarrollado por Abuelas de Plaza de Mayo, la menor fue identificada veinte años después y estaba en poder del militar retirado Ceferino Lande y su esposa. En febrero de 2000 los esposos Lande fueron detenidos y la joven Poblete recuperó su identidad legal que había sido cambiada. Los elementos recaudados sobre la autoría del crimen conducían a determinar también la responsabilidad en la desaparición forzada de sus progenitores en 1978. En julio de 2000 la Cámara Nacional en lo Criminal y Correccional Federal, a petición del Fiscal Comparatore, solicitó que se ampliara la investigación al delito de que fueron víctimas los padres de la menor. Sin embargo, existía el impase de la vigencia de las leyes de obediencia debida y de punto final. El 4 de octubre de 2000, Horacio Vebitsky, en calidad de presidente del Centro de Estudios Legales y Sociales —CELS—, presentó una querella dentro de estas actuaciones contra varios excomandantes del primer cuerpo del ejército, responsables de la desaparición de los padres de Claudia Victoria Poblete (José Liborio Poblete Roa y Gertrudis Marta Hlaczik). En dicha querella el CELS sostiene que se debe declarar la nulidad de las Leyes 23.492 (Punto Final) y 23.521 (Obediencia Debida), para sustentar lo cual presenta numerosos argumentos jurídicos (Giraldo Moreno, 2004, pág. 30). El juez reconoció que el caso presentado resultaba paradigmático, en tanto planteaba la contradicción de que la apropiación de la niña podía ser investigada, pero el secuestro de sus padres, por medio del cual se apropiaron de la menor, podía quedar impune. De este modo, una porción del crimen habilita la intervención de la justicia penal en tanto la otra, de igual magnitud, se consideraba amnistiada. Igualmente, analizó que las leyes de impunidad se oponían a las obligaciones internacionales del Estado argentino de investigar y sancionar penalmente surgidas de tratados internacionales[15].

4. Adicionalmente, la decisión del juez analizó la validez de las normas en relación con el artículo 29 de la Constitución, que regula la nulidad insanable de los actos o disposiciones que impliquen el ejercicio de facultades extraordinarias por parte de cualquiera de los poderes del Estado. En este marco afirmó que los delitos investigados devienen de una manifestación del ejercicio de la suma del poder público y que las leyes de Punto Final y Obediencia Debida son disposiciones asimilables a amnistías que consagran la impunidad de este tipo de hechos. Por esta razón la resolución judicial afirmo que estas leyes "*se oponen a principios jurídicos reconocidos universalmente desde hace siglos y trastocan gravemente el sistema de valores en el que se apoya nuestro sistema jurídico*" (Barbuto, 2010, pág. 51).

1.2. Instancias internacionales para la protección de los derechos humanos en Argentina

Para el caso argentino, el proceso de juzgamiento de las graves violaciones de derechos humanos se ha regido de acuerdo con los procedimientos de la justicia penal nacional y no ha recurrido a tribunales especiales. Sin embargo, los procedimientos concretos para la denuncia de las violaciones más graves de los derechos fundamentales y los trámites para su protección por parte de la ONU han tenido un desarrollo limitado.

---

15 La Corte Suprema de Justicia de la Nación ha sostenido —aún antes de la reforma de la Constitución del año 1994— la primacía de los tratados internacionales de derechos humanos sobre las normas internas como la Convención de Viena sobre el Derecho de los Tratados, que se remonta al 27 de enero de 1980. A la fecha en que las leyes de Punto Final y Obediencia Debida fueron sancionadas, se encontraban vigentes entre otras, la Declaración Americana de los Derechos y Deberes del Hombre, el Pacto Internacional de Derechos Civiles y Políticos y la Convención Americana sobre Derechos Humanos.

1.2.1. El procedimiento 1503 de las Naciones Unidas

Solo hasta mayo de 1970 el Consejo Económico y Social emitió la Resolución 1503, la cual creó un Grupo de Trabajo, dentro de la Subcomisión para Prevención de Discriminaciones y Protección de Minorías, cuyo objeto era examinar las denuncias sobre violaciones a los derechos humanos, y someter esas situaciones a la Comisión de Derechos Humanos. Esta Comisión podría entonces designar un Comité Especial de Investigación, siempre y cuando contara con el consentimiento del gobierno acusado y en un marco de confidencialidad extrema.

Este procedimiento, llamado el "1503", fue el único canal de denuncia y de intervención de la ONU frente a situaciones de violaciones sistemáticas de los derechos fundamentales, entre 1959 y 1976, cuando entraría en vigor el Protocolo Facultativo del Pacto Internacional de Derechos Civiles y Políticos, que contemplaba un Comité llamado "Comité del Pacto" para el trámite de denuncias individuales presentadas por las víctimas u organizaciones sociales.

Así que, cuando los militares argentinos dieron el golpe de Estado en 1976, el procedimiento único de denuncia era el 1503, pues el Comité del Pacto apenas se estaba creando. Ya en septiembre de 1979, la Subcomisión decidió someter a la Comisión un conjunto de casos e informes que revelaban un cuadro persistente de violaciones a los derechos humanos, aunque hay rastros que muestran que, en los dos años anteriores, durante las sesiones públicas de la Comisión, muchas personas y organizaciones hablaron de la situación de Argentina.

Las sesiones 36° a la 40° de la Comisión de Derechos Humanos se ocuparon del Caso Argentina entre 1980 y 1984. Las sesiones de la Subcomisión, en los meses de agosto/septiembre, y las de la Comisión, en los meses de febrero/marzo, seleccionaron informes para someterlos a la revisión de la Comisión la cual los examinaba a la par que las respuestas del gobierno militar, para concluir siempre en lo mismo: agradecer al gobierno militar su colaboración en brindar explicaciones de los hechos; expresaba su preocupación por la situación de Argentina y dejaba "bajo observación" el caso; solicitando más explicaciones al gobierno y terminaba anunciando que en las sesiones del año siguiente se volvería a analizar el caso. Solo difiere un poco la decisión final del año 84, donde se anuncia que ya no se va a considerar más el caso "a causa de la restauración de la democracia en el país", como lo cita el Padre Javier Giraldo M., S.J., en su libro "Búsqueda de Verdad y Justicia", siguiendo el exhaustivo estudio de María Luisa Bartolomei[16], sobre la suerte que corrieron las denuncias sobre el caso Argentina y su tramitación bajo el Procedimiento 1503.

La sesión de la Comisión en febrero/marzo de 1980 desató un profundo debate sobre el fenómeno de las desapariciones forzadas, que culminó en la creación del Grupo de Trabajo sobre Desapariciones Forzadas e Involuntarias, en el interior de la ONU. Aunque las discusiones se refirieron al alcance mundial de esta práctica, todo el mundo sabía que el caso más dramático era el de Argentina. Este grupo, como otros mecanismos temáticos de las Naciones Unidas, comenzaron a aplicar métodos más efectivos que el Procedimiento 1503, pues podían actuar inmediatamente, rendir informes públicos, buscar ampliamente información y hacer visitas a los lugares de ocurrencia de los hechos.

A pesar de que todos esos trámites eran confidenciales y ni siquiera a los denunciantes se les comunicaba sobre los efectos de su denuncia, en 1985 el Consejo Económico y Social decidió, mediante su resolución 156/85, del 30 de mayo/85, decide levantar la confidencialidad para el caso de Argentina, dado el retorno del régimen constitucional.

---

16 Para mayor información sobre el Procedimiento 1503 de la ONU sobre el caso argentino comparado con otros países, ver: Bartolomei, María Luisa, "Gros san Massive Violations of Human Rights in Argentina: 1976-1983. An Analysis of the Procedure Under ESCOSOC Resolution 1503", Institute of International Law, University of Lund, Sweeden, 1991.

1.2.2. La Comisión Interamericana de Derechos Humanos

Esta Comisión hace parte de la Organización de Estados Americanos —OEA— desde 1965, y el principal instrumento para presionar a los Estados al respeto de los derechos humanos fue la Convención Americana de Derechos Humanos, vigente desde julio de 1978. El nuevo Estatuto de la Comisión, aprobado en 1979, le dio mayor agilidad para la defensa y promoción de los derechos humanos a través de dos procedimientos principales: el trámite de denuncias individuales de casos, elevadas por las mismas víctimas, o por organizaciones de derechos humanos, y la elaboración de informes sobre la situación general de derechos humanos en un país determinado.

Desde 1975 la Comisión recibió numerosas denuncias de graves violaciones a los derechos humanos en Argentina, pero las respuestas del gobierno se reducían a negar que los desaparecidos hubieran sido detenidos por agentes del Estado. A comienzos de 1977 la Comisión solicitó el consentimiento del gobierno para practicar una visita, pero al no dar el gobierno su consentimiento, anunció que prepararía un informe general sobre el país. A comienzos de 1978 el gobierno aceptó que se hiciera una visita, pero restringida a examinar la situación legal, restricción que la Comisión rechazó.

En diciembre de 1978 el gobierno finalmente aceptó la visita sin restricciones y esta tuvo lugar del 6 al 20 de septiembre de 1979. Durante la visita fueron numerosísimos los testigos entrevistados y la recepción de quejas ascendió a 5 580 quejas, de ellas 4 153 nuevas. En Buenos Aires miles de personas colmaron las calles adyacentes al sitio donde la Comisión realizaba las audiencias. Muchas de las víctimas que dieron su testimonio ante la CIDH expresan que por primera vez una autoridad los escuchaba sin poner en duda su relato, de manera que encontraron un espacio de contención y de esperanza de justicia.

El 11 de abril de 1980 se hizo público el Informe (Doc. OEA/Ser. L/V/II.49) que incorporó el análisis minucioso de numerosos casos de desapariciones, asesinatos y torturas, así como las respuestas inaceptables del gobierno. Denunció ampliamente el desconocimiento sistemático de los derechos a la vida, la integridad de las personas, la libertad, la justicia, un justo proceso, la información y comunicación, la libertad religiosa, de los derechos laborales, de los derechos políticos y del mismo derecho a la defensa de los derechos humanos. Su impacto fue muy grande en la deslegitimación internacional de la dictadura militar[17].

Otra intervención importante de la Comisión Interamericana de Derechos Humanos sobre el caso Argentina, se produjo a través del Informe No. 28/92, del 2 de octubre de 1992. Este informe se produjo como conclusión del trámite de 5 casos, la mayoría de ellos colectivos, que coincidían en denunciar las leyes de "Punto Final" y de "Obediencia Debida", así como el Decreto 1002 de 1989 (Decreto de Indultos), como violatorias del derecho a la protección judicial y a las garantías judiciales, consagrados en los artículos 25 y 8 de la Convención.

En dicho Informe la Comisión abordó el problema jurídico de la impunidad. El gobierno alegó que muchos de los crímenes denunciados ocurrieron antes del 5 de septiembre de 1984 cuando el estado argentino ratificó la Convención y que además el Estado había ido más lejos que muchos otros al condenar a los excomandantes militares y al aprobar leyes de indemnización para las víctimas. El Informe fue contundente en denunciar las leyes de impunidad como incompatibles con la Convención:

> En el presente Informe uno de los hechos denunciados consiste en el efecto jurídico de la sanción de las Leyes y el Decreto, en tanto que privó a las víctimas de su derecho a obtener una investigación judicial en sede criminal, destinada a individualizar y sancionar a los responsables de los delitos cometidos. En consecuencia, denuncia como incompatible con la Convención la violación de las garantías judiciales (art. 8) y del derecho de protección judicial (art. 25), en relación con la obligación para los Estados de garantizar el libre y pleno ejercicio de los derechos reconocidos (art. 1.1. de la Convención).

---

17 Una síntesis periodística que refleja la repercusión en la prensa escrita de la visita in loco que realizó la CIDH a la Argentina entre el 6 y el 20 de septiembre de 1979 puede consultarse en: www.cels.org.ar

1.3. La reparación a las víctimas de desaparición forzada

La reparación en Argentina, dentro de este escenario descrito, se basó en reparaciones económicas a las víctimas de prisión política, desaparición forzada y asesinatos. Este proceso trajo consigo la consolidación de un gran archivo de testimonios y un reconocimiento oficial de la condición de víctimas de enorme trascendencia en los años venideros. Pero la reparación es un acto que en sí mismo conlleva a que el Estado reconozca oficialmente su autoría en la violación de los derechos humanos.

Esta reparación económica a las víctimas de la última dictadura militar fue la única obligación estatal reconocida en forma incipiente a mediados de los años ochenta y posteriormente desarrollada como política pública desde la década del noventa hasta la actualidad junto con las demandadas por los organismos de derechos humanos quienes enfatizaron se incluyeran medidas simbólicas y garantías de no repetición con los fundamentos establecidos en el sistema internacional e interamericano sobre el deber de reparar a las víctimas de graves violaciones a los derechos humanos. De esta manera, se configuró una amplia gama de reparaciones a las víctimas en Argentina, que incluye medidas de restitución, indemnización económica y medidas de carácter simbólico.

1.3.1. Medidas de restitución y rehabilitación

Durante los primeros años de democracia (1984-1985) se dictaron una serie de leyes orientadas a restituir y rehabilitar algunos derechos a las víctimas. De esta manera, la Ley 23.053 sancionada el 22 de febrero de 1984, dispuso el reingreso al cuadro permanente activo del servicio exterior de la nación de los funcionarios declarados prescindibles durante la dictadura; la Ley 23.117 de 30 de septiembre de 1984, estableció la reincorporación de los trabajadores de las empresas del Estado que hubieran sido cesanteados por causas políticas y gremiales; la Ley 23.238 sancionada el 10 de septiembre de 1985, ordena la reincorporación y el reconocimiento del tiempo de inactividad a los efectos laborales y previsionales de los docentes que habían sido declarados prescindibles o cesantes por causas políticas, gremiales o conexas; la Ley 23.523 del 24 de junio de 1988, dispone la reincorporación de los trabajadores bancarios despedidos por razones políticas; la Ley 23.278 sancionada el 28 de septiembre de 1985, publicada en el Boletín Oficial el 5 de noviembre de 1985, ordenó el cómputo de inactividad a efectos jubilatorios de aquellas personas que por motivos políticos o gremiales fueron dejadas cesantes, declaradas prescindibles o forzadas a renunciar a sus cargos públicos o privados, o se vieron obligadas a exiliarse (Centro Regional de Derechos Humanos y Justicia de Género, 2008).

La restitución en sentido amplio aún no ha sido cumplida en su totalidad. Uno de los problemas más sentidos por la nación argentina es el de la restitución de la identidad a los niños apropiados por los agentes de las desapariciones. La Asociación Abuelas de Plaza de Mayo estima que aún resta encontrar más de 300 niños. En 1984 se crea en el ámbito de la Secretaría de Desarrollo Humano y Familia una comisión investigadora por la desaparición de niños pero que funcionó temporalmente en un período de más de tres años. Luego, en 1987 se sancionó la Ley 23.511 que creó el Banco Nacional de Datos Genéticos para facilitar el trabajo de identificación y restitución a su familia de sangre de los hijos de desaparecidos o asesinados, secuestrados o nacidos en cautiverio.

En 1992 a partir de una iniciativa de las Abuelas de Plaza de Mayo se creó en el ámbito de la Secretaría de Derechos Humanos una Comisión Técnica destinada a localizar a los hijos de desaparecidos. En 1998, esta Comisión pasó a llamarse Comisión Nacional por el Derecho a la Identidad —CONADI—, su objetivo de origen, la búsqueda y localización de niños desaparecidos durante la última dictadura militar, el cual se amplió por ser el único ámbito del Estado Nacional especializado y dedicado a la temática de garantizar el derecho a la identidad y de acuerdo con la Ley 25.457 su misión incluye: (a) coadyuvar en el cumplimiento del compromiso asumido por el Estado nacional al ratificar la Convención sobre los Derechos del Niño[18], con rango constitucional desde 1994, en lo atinente al derecho a la identidad; (b) impulsar la búsqueda de hijos e hijas de desaparecidos y de personas nacidas durante el cautiverio de sus madres, en procura de determinar su paradero e identidad y (c) intervenir en toda situación en que se vea lesionado el derecho a la identidad de un menor[19].

En cuanto a medidas de rehabilitación por parte del Estado, han sido nulas en relación con la atención médica y psicológica, así como servicios jurídicos y sociales. La tarea de asistencia en salud mental, y el acompañamiento jurídico a las víctimas ha sido asumida por equipos de profesionales de los organismos de derechos humanos[20].

1.3.2. Medidas de indemnización económica

La indemnización como reparación económica ha sido la política más amplia y sostenida en Argentina para compensar a las víctimas, entre las que se encuentran presos políticos, víctimas de desaparición forzada y los familiares de los asesinados; incluye también a los niños apropiados nacidos durante el cautiverio, los que permanecieron detenidos en centros clandestinos y quienes fueron víctimas de sustitución de identidad, así como a sus abuelas.

La Ley 23.466 sancionada el 30 de octubre de 1986 y publicada en el Boletín Oficial el 16 de febrero de 1987, fue la primera ley de reparación económica y dispuso la concesión de una pensión a los cónyuges e hijos de personas desaparecidas; recibían también la cobertura social del Instituto Nacional de Servicios Sociales para Jubilados y Pensionados que incluye básicamente asistencia médica y medicamentos. Se específica que los beneficiarios son los hijos

---

18 Ley 23.849, sancionada: 27/09/1990; Publicada en el Boletín Oficial de la República Argentina: 22/10/1990

19 Ver http://www.conadi.jus.gov.ar/.

20 El CELS cuenta con equipo de salud mental que brinda asistencia a víctimas de la dictadura hasta la actualidad, y que es subvencionado por la ONU.

menores de 21 años que con posterioridad se extendió hasta el momento en el cual se completaran los estudios universitarios o se cumplieran 25 años, que tuviesen uno o ambos padres desaparecidos, en caso de discapacidad el beneficio no caducaba; el esposo o la esposa legalmente casados o el que hubiere convivido con la víctima durante un período mínimo de cinco años inmediatamente anteriores a su desaparición (este beneficio sigue vigente en cuanto al pago y a la asistencia médica); los padres y hermanos incapacitados para el trabajo y que no desempeñaran actividad lucrativa ni gozaren de jubilación, pensión, retiro o prestación no contributiva; los hermanos menores de edad huérfanos de padre y madre que hubieran convivido con la víctima en forma habitual antes de la desaparición (estos últimos tres beneficios no caducaron).

En 1994 se sancionó la Ley de Ausencia por Desaparición Forzada, Ley 24.321, sancionada el 11de mayo[21]. El 7 de diciembre de 1994 fue sancionada la Ley 24.411 y publicada en el Boletín Oficial el 03 de enero de 1995, que estableció una reparación económica a las víctimas de desaparición forzada y a los sucesores de personas asesinadas por los militares, miembros de las fuerzas de seguridad o grupos paramilitares con anterioridad a 1983.

Posteriormente se otorgó mediante la Ley 25.91, sancionada el 4 de agosto de 2004 y publicada en el Boletín Oficial el 30 de agosto 2004, una reparación a las personas que nacieron durante la privación de la libertad de sus madres; a los menores que per-

---

21 En sus primeros artículos establece: "*Artículo 1°. Podrá declararse la ausencia por desaparición forzada de toda aquella persona que hasta el 10 de diciembre de 1983 hubiera desaparecido involuntariamente del lugar de su domicilio o residencia, sin que se tenga noticia de su paradero. Artículo 2°. A los efectos de esta ley se entiende por desaparición forzada de personas, cuando se hubiere privado a alguien de su libertad personal y el hecho fuese seguido por la desaparición de la víctima, o si ésta hubiera sido alojada en lugares clandestinos de detención o privada, bajo cualquier otra forma, del derecho a la jurisdicción. La misma deberá ser justificada mediante denuncia ya presentada ante autoridad judicial competente, la ex Comisión Nacional sobre la Desaparición de Personas (decreto 158/83), o la Subsecretaría de Derechos Humanos y Sociales del Ministerio del Interior o la ex Dirección Nacional de Derechos Humanos*".

manecieron detenidos debido a la detención o desaparición de sus padres por razones políticas —ya sea a disposición del Poder Ejecutivo Nacional, de tribunales militares o de áreas militares—; y a las personas que hubieran sido víctimas de sustitución de identidad como los niños o niñas que fueron robados a sus padres detenidos-desaparecidos, e inscritos como hijos legítimos de otras familias. Más recientemente en el año 2006 se dictó una ley que indemnizó a las abuelas de los niños nacidos en cautiverio y apropiados.

1.3.3. Medidas de reparación simbólica

Gracias a la perseverancia de las víctimas, solo hasta el año 2000 tomó fuerza el debate público sobre la reparación simbólica y de la obligación de llegar a la verdad y el resguardo de elementos probatorios para la justicia. Todo esto con el objeto de suplir la necesidad de reconstruir desde la perspectiva histórica, testimonial y arqueológica los lugares que la dictadura utilizó para violar sistemáticamente los derechos humanos.

En 1996 al conmemorarse veinte años del golpe militar, las organizaciones de derechos humanos promovieron la construcción de un monumento que posteriormente se llamó Parque de la Memoria–Monumento a las Víctimas del Terrorismo de Estado. El proyecto inicial fue presentado a los legisladores de la Ciudad Autónoma de Buenos Aires el 10 de diciembre de 1997 y se cristalizó en la Ley 46 del 21 de julio de 1998 de la Ciudad de Buenos Aires. Esta misma ley conformó la Comisión proMonumento a las Víctimas del Terrorismo de Estado, integrada por representantes de diez organismos de derechos humanos, once legisladores, respetando la proporción de los bloques en la legislatura, cuatro funcionarios de las áreas del Gobierno de la Ciudad involucradas en el proyecto y un representante de la Universidad de Buenos Aires. Esta Comisión fue la encargada de convocar y organizar el concurso de esculturas "Parque de la Memoria". Con la promulgación de la Ley 3.078 del 3 de julio de 2009, esa Comisión fue reemplazada por el Consejo de Gestión del Parque de la Memoria y del Monumento a las Víctimas del Terrorismo de Estado.

El 7 de noviembre del año 2007 se inauguró oficialmente el Parque de la Memoria–Monumento a las Víctimas del Terrorismo de Estado. Es un espacio público de una extensión de 14 hectáreas, emplazado en la Ciudad de Buenos Aires, ubicado en la franja costera del Río de la Plata adyacente a la Ciudad Universitaria. Es un lugar emblemático para las víctimas, pues muchos cuerpos de estudiantes desaparecidos fueron arrojados a las aguas del Río de la Plata. Es un lugar de recuerdo y de testimonio, porque allí están los nombres de esos seres a los que la historia quiso borrar y las generaciones actuales y futuras que lo visiten se enfrentarán allí con la memoria del horror cometido por el Estado.

> Este lugar de memoria no pretende cerrar heridas ni suplantar la verdad y la justicia. Nada devolverá la paz real a los familiares que no han podido conocer el destino final de sus seres queridos, salvajemente torturados y asesinados, ni nada reemplazará el vacío social que dejó su ausencia[22].

Otra iniciativa fue el Museo de la Memoria en la ciudad de Rosario, creado por legislatura local en 1998 y que inició sus actividades en 2001 en una sede provisoria. En diciembre de 2010 se encuentra en el edificio donde funcionó el Comando del II Cuerpo de Ejército; allí en sus espaciosas y luminosas salas, el Ejército diseñó y llevó a cabo el plan de persecución y exterminio que se desplegó sobre seis provincias de la Argentina. Este edificio, fue sitio obligado de peregrinación de familiares de detenidos-desaparecidos, quienes llegaban hasta sus puertas con la esperanza de obtener alguna respuesta acerca de la suerte corrida por sus seres queridos.

En julio de 2000, la Cámara de Diputados de la Provincia de Buenos Aires creó la "*Comisión Provincial por la Memoria*", la cual tiene a su cargo el Archivo de la Dirección de Inteligencia de la Provincia de Buenos Aires —DIPBA—, en él se alberga información pormenorizada de partes e informes de inteligencia sobre

---

22 Para más información y visita virtual al Parque, puede visitar http://www.parquedelamemoria.org.ar/.

eventos, organizaciones y personas que constituían el objeto de su vigilancia. El archivo se compone de 3.800.000 folios y 300 000 fichas personales, además de documentos sonoros y audiovisuales. La Comisión creó con posterioridad un Museo de Arte y Memoria en el que se exhiben importantes colecciones de arte político.

A nivel nacional, el gobierno del presidente Néstor Kirchner creó el Archivo Nacional de la Memoria, cuya función es preservar informaciones, testimonios y documentos para contribuir al estudio e investigación contra la impunidad en la violación de los derechos humanos. El archivo está integrado por la documentación de la CONADEP, así como por las investigaciones posteriores y los expedientes sobre reparación a las víctimas. El Archivo tiene como actual propósito recuperar la documentación clave aún en manos de diversas instituciones —especialmente de las Fuerzas Armadas y de Seguridad— que requieren ser conocidas e incluidas como parte de una política de Estado que procura preservar el patrimonio histórico, fundamental para profundizar en lo ocurrido en la última dictadura militar y contribuir a los procesos judiciales. (Tappatá de Valdez, 2005, pág. 105).

Aquellos lugares llamados "*centros de reclusión clandestina*", los cuales fueron reportados en el Informe Nunca Más en 340 sitios utilizados para llevar a los desaparecidos, siguen aumentando y hoy se habla de unos 500 en todo el país. Aunque algunos de ellos han sido recuperados como centros históricos de memoria y la sociedad los identifica como los símbolos del terrorismo de Estado, la mayoría de ellos han pasado inadvertidos y se incorporaron a la cotidianeidad sobre la base de la negación y el silencio.

Tabla 9. Argentina dictadura "proceso de reorganización nacional" (1973-1983)

Víctimas Desaparición Forzada	Criterios Reparación Comisión de la Verdad	Marco Legal de Reparaciones	Políticas Públicas de Reparación
Aproximadamente 30.000 personas Fueron desaparecidas, incluyendo a 600 hijos de personas desaparecidas quienes fueron detenidos junto con sus padres, nacidos en cautiverio o en ocasiones robados. CONADEP, registra 8961 desaparecidos, de los cuales el 30% fueron mujeres (embarazadas 3%) y hombres 70%.	Comisión Nacional sobre Desaparición de Personas – CONADEP, mediante el Decreto 187 del 15 de diciembre de 1983. Informe "Nunca Más": - Normas necesarias para que los hijos y/o familiares de personas desaparecidas reciban asistencia económica; becas para estudio; asistencia social; puestos de trabajo. - Medidas para afrontar los problemas familiares y sociales emergentes de la desaparición forzada de personas. - Sancionar normas que tiendan a: 1. Declarar crimen de lesa humanidad la desaparición forzada de personas. 2. Apoyar el reconocimiento y adhesión a las organizaciones nacionales e internacionales de Derechos Humanos. 3. Establecer la enseñanza obligatoria de los Derechos Humanos en los organismos docentes del Estado, sean civiles, militares o de seguridad.	Restitución y rehabilitación. Ley 23.053/84, reingreso al activo del servicio exterior de la nación de los funcionarios. Ley 23.117/84, reincorporación de trabajadores estatales. Ley 23.238/85, reincorporación de docentes. Ley 23.523/88, reincorporación de los trabajadores bancarios. Ley 23.278/85, retroactividad de jubilados públicos o privados. Ley 23.511 /87 Banco Nacional de Datos Genéticos. Ley 25.457/88 Comisión Nacional por el Derecho a la Identidad – CONADI. Indemnización. La ley 23.466/86 pensión a los cónyuges e hijos de personas desaparecidas. Ley de Ausencia por Desaparición Forzada, Ley 24.321/94 Ley 24.411/94 reparación	Restitución y rehabilitación Reintegro y reconocimiento del tiempo de inactividad de trabajadores cesanteados por causas políticas y gremiales. Retroactividad de jubilatorios que por motivos políticos o gremiales fueron dejadas cesantes, declaradas prescindibles o forzadas a renunciar. Restitución de la identidad a los niños desaparecidos. Banco Nacional de Datos Genéticos para facilitar el trabajo de identificación y restitución a su familia de sangre de los hijos de desaparecidos o asesinados, secuestrados o nacidos en cautiverio. Comisión Nacional por el Derecho a la Identidad – CONADI. La rehabilitación por parte del Estado ha sido nula en relación con la atención médica y psicológica, así como servicios jurídicos y sociales. La tarea de asistencia en salud mental, esta tarea fue asumida por los organismos de derechos humanos. Indemnización - Pensión a los cónyuges e hijos de personas desaparecidas: a) Hijos menores de 21 años que con posterioridad se extendió hasta el momento en el cual se completaran los - Comisión pro Monumento a las Víctimas del Terrorismo de Estado. - Consejo de Gestión del Parque de la Memoria y del Monumento a las Víctimas del Terrorismo de Estado. - Museo de la Memoria en la ciudad de Rosario.

	4. Fortalecimiento y adecuación plena de la Justicia Civil para investigación de violación de Derechos Humanos. 5. Derogar toda la legislación represiva que se encuentre vigente.	económica a víctimas de desaparición forzada Ley 25.91/ 2004 reparación a personas que nacieron durante la privación de la libertad, detenidos debido a la detención o desaparición de sus padres, víctimas de sustitución de identidad. Reparación Simbólica: Ley 46/98 creación Parque de la Memoria – Monumento a las Víctimas del Terrorismo de Estado, Comisión pro Monumento. Ley 3.078/2009 Consejo de Gestión del Parque de la Memoria y del Monumento a las Víctimas del Terrorismo de Estado.	- Comisión Provincial por la Memoria Archivo de la Dirección de Inteligencia de la Provincia de Buenos Aires – DIPBA. - Archivo Nacional de la Memoria. - "Centros de reclusión clandestina": 500 en todo el país, algunos de ellos han sido recuperados como centros históricos de memoria. estudios universitarios o se cumplieran 25 años, en caso de discapacidad el beneficio no caducaba. b) Esposo o esposa legalmente casados o el que hubiere convivido con la víctima durante un período mínimo de cinco años inmediatamente anteriores a su desaparición. c) Padres y/o hermanos incapacitados para el trabajo y que no desempeñaran actividad lucrativa ni gozaren de jubilación, pensión, retiro o prestación no contributiva. d) Hermanos menores de edad huérfanos de padre y madre que hubieran convivido con la víctima en forma habitual antes de la desaparición. - Reparación a las personas que nacieron durante la privación de la libertad de sus madres; a los menores que permanecieron detenidos debido a la detención o desaparición de sus padres por razones políticas; y a las personas que hubieran sido víctimas de sustitución de identidad. - Indemnización a las abuelas de los niños nacidos en cautiverio y apropiados. Reparación simbólica - Parque de la Memoria - Monumento a las Víctimas del Terrorismo de Estado.

Fuente: Elaboración propia con base a las recomendaciones de reparación para víctimas de desaparición forzada de la CONADEP-Argentina.

2. CHILE: EL LARGO CAMINO HACIA LA REPARACIÓN

Salvador Allende con el apoyo de la Unidad Popular asumió la presidencia en 1970, a pesar de no haber ganado las elecciones por una mayoría absoluta, pero fue ratificado por el Congreso Nacional. Con su elección, se convirtió en el primer presidente marxista en acceder al poder mediante elección popular en un Estado de derecho, y se da inició a una experiencia única en América Latina por establecer un camino hacia un estado socialista sin implementar el foco guerrillero o la toma del poder por la vía armada en la aguda polarización de la Guerra Fría. Con ese propósito, el gobierno inicia profundas reformas en educación, salud, planes de vivienda, Reforma Agraria y luego la nacionalización del cobre, industria que aún hoy sostiene la economía nacional. Estos cambios que marcaban el camino hacia una redistribución del ingreso y la nacionalización de la propiedad privada fueron marcando radicales confrontaciones entre quienes apoyaban su modelo político-económico y quienes se oponían.

Una fuerte crisis económica comienza a permear todas las instancias del país, expresada en una creciente inflación, el quiebre productivo, el desabastecimiento de productos esenciales y una progresiva paralización de la economía. Como respuesta a la nacionalización de la propiedad privada, se producen sucesivas tomas de inmuebles agrícolas y urbanos, así como de empresas, y ante una ineficiente respuesta judicial y policial, los privados asumen individualmente la defensa de sus intereses y pasan a sustituir a la fuerza pública mediante la creación de fuerzas parapoliciales. (Domínguez, 2005).

El Ejecutivo había ordenado la devolución de varias empresas a sus propietarios, con especial fuerza desde mediados de 1972, al anunciar medidas cautelares en favor del patrimonio de los dueños afectados, lo que lo llevó a enfrentarse a la Corte Suprema contribuyendo a agravar la crisis desde la administración de justicia y el descontento y abuso de las mayorías electorales y del Congreso. El papel de los medios de comunicación produjo finalmente una sensación generalizada de desorden e ilegalidad.

Los partidos políticos opositores como el Partido Nacional y la Democracia Cristiana buscaron la forma de destituir legalmente al presidente usando el artículo 43 de la Constitución ante la Cámara de Diputados. Finalmente, el 22 de agosto la Cámara aprobó un Acuerdo que acusaba al gobierno de Allende de haber incurrido en graves violaciones que llevaron al quebrantamiento del orden institucional y legal de la República, entre las cuales estaban la implementación de medidas de control económico y político con el fin de instaurar un sistema totalitario, violar garantías constitucionales, dirigir una campaña de difamación contra la Corte Suprema, violar la libertad de expresión, reprimir con violencia a los opositores e intentar infiltrar políticamente a las Fuerzas Armadas (Sigmund, 1977, págs. 228-229).

2.1. La dictadura

El gobierno de Salvador Allende terminó abruptamente mediante un golpe de Estado, producido el 11 de septiembre de 1973, en el que participaron las tres ramas de las Fuerzas Armadas y el cuerpo de Carabineros. Esta dictadura se conocería como el proyecto de "Reconciliación Nacional" y regentaría el poder hasta 1990. Existe un consenso en identificar tres grandes etapas de este proceso chileno[23]:

2.1.1. Primera etapa (septiembre-diciembre de 1973)

La Junta Militar asume el poder inmediatamente y expide el Decreto Ley N.° 1, 1973 mediante el cual se arroga el mando supremo de la nación concentrando el poder constituyente, el legislativo y el ejecutivo. En este período se justifica su accionar acusando al gobierno depuesto de "quebrantar la unidad nacional", de su incapacidad para mantener la convivencia, de oponerse a la Constitución

---

[23] Particularmente fue la periodización que realizó la Comisión de la Verdad y Reconciliación en su Informe Final, 1991.

Nacional, de quebrantar la armonía entre los poderes del Estado, entre otras. Estas acusaciones fueron, a su vez, el argumento para justificar su línea de acción en todo el período de la dictadura.

La argumentación ideológica de la dictadura se basó, entonces, en garantizar la seguridad nacional, en institucionalizar el concepto de guerra interna contrainsurgente, en un contexto de Guerra Fría, que abarcó todos los ámbitos de la administración pública. Así, los primeros perseguidos fueron los adeptos de la Unidad Popular, quienes sufrieron una represión sin límites, que purgara todo rastro de simpatía de lo que había sido el gobierno derrocado.

Desde el 11 de septiembre se estableció un estado de emergencia nacional, y quedó en manos del general en jefe de las Fuerzas Armadas y de los comandantes en jefe de las unidades operativas de cada región el control de las provincias y regiones. Mediante los decretos N.º 3, 4 y 5 de 1973, se declaró un estado de guerra a efectos de aplicar la normativa militar y todas sus disposiciones en el restablecimiento del orden. En la práctica esto significó que la justicia ordinaria quedó inhabilitada para decidir las infracciones al estado de sitio. El 31 de marzo de 1975 se dispuso que las medidas de emergencia fueran adoptadas por medio de decretos supremos que firmaría el ministro del Interior por orden del presidente de la república o por medio de resoluciones que, como agentes inmediatos del jefe de Estado, dictaren los intendentes regionales o provinciales (Decreto Ley 228, 1973).

En esta primera etapa, se expidieron decretos leyes que restringieron las garantías individuales de los ciudadanos. El 13 de octubre de 1973, mediante el Decreto Ley N.º 77 se declararon disueltos, prohibidos e ilícitos los partidos, entidades, agrupaciones, facciones o movimientos que sustentaran la doctrina marxista o que por sus fines fueran coincidentes con esta. En efecto, la dictadura se propuso eliminar toda la dirigencia —superior, media y de base— del movimiento político, el cual representaba la oposición al régimen instituido. El 15 de octubre se dictó el Decreto N.º 78 mediante el que se suspendió la actividad de los partidos políticos y las entidades no comprendidas en el decreto previo. El Decreto N.º 130 caducó todos los registros electorales. El sector estudiantil también fue reprimido, las universidades fueron intervenidas mediante el Decreto N.° 50 de 1 de octubre de 1973.

Finalmente, promovió el quiebre del sistema económico y social con dependencia del estado, mediante la expulsión masiva de trabajadores, la perdida de garantías salariales de empleados oficiales; disuadió los sindicatos y persiguió a los refugiados en el país. El Decreto N.° 198 de 10 de diciembre de 1973 ordenó a los sindicatos y a sus directivas abstenerse de cualquier actividad partidista y prohibió su agrupación durante la duración del estado de sitio (Feddersen, 2010).

En medio de la crisis humanitaria, nace el Comité para la Paz en Chile —COPAHI—, integrado por varias iglesias: católica, Evangélica Luterana, Evangélica Metodista, ortodoxa, Pentecostal y el Rabinato de Chile. Este Comité recibió apoyo del Cuerpo Diplomático y ONG internacionales para la defensa de las personas perseguidas y los derechos humanos. De esta manera pudo testimoniar muchos casos que ocurrieron durante este período (Domínguez, 2005).

2.1.2. Segunda etapa (1 de enero de 1974–julio1977)

El 26 de junio de 1974 entró en vigor el Decreto Ley N.° 527 que señaló que el jefe de la Junta de Gobierno es el presidente de la nación y sobre él recae la administración y el gobierno interno y exterior del Estado. En este período la represión se hizo de manera más selectiva para reprimir todo tipo de resistencia, de esta manera se inició una eliminación sistemática de dirigentes y militantes quienes recurrieron a la detención arbitraria, al uso irregular de la tortura, a la práctica de la desaparición forzada de detenidos y al exilio indefinido. Dirigida por organismos especializados como la Dirección de Inteligencia Nacional —DINA— y el Comando Conjunto, quienes estaban amparados por los estados de sitio que suprimía en los hechos la vigilancia y respeto de los derechos humanos.

La dictadura realizó la reconversión de la economía nacional, que fue conocida como "el milagro Pinochet". Se traspasó masivamente la propiedad de empresas a los grupos económicos que apoyaron el golpe de Estado y dio comienzo a una clase emergente que hoy concentra la riqueza nacional.

En cuanto a las organizaciones de derechos humanos en este período, siguieron trabajando intensamente en la protección y asesoría a las víctimas. El 15 de mayo de 1974, el diario Excélsior de México revela un informe atribuido a COPAHI, en el cual se da cuenta de muchos actos de ultraje y violaciones a los derechos humanos cometidos por la dictadura, de tal suerte que son expulsados los abogados del Comité y prohíben la residencia en Chile del Obispo luterano Helmut Frenz y acusan a la Iglesia católica de traición a la patria. El 31 de diciembre de 1975 se cierra el COPACHI (Domínguez, 2005)

Sin embargo, se siguen creando otras instancias comprometidas con la protección de los derechos humanos violados por la dictadura, es así como la Fundación de Ayuda Social de las Iglesias Cristianas —FASIC—, se instituyó oficialmente el 1 de abril de 1975, concentrando su labor en la protección y liberación de presos políticos y su salida del país en calidad de refugiados. Otro ejemplo es la Vicaría de la Solidaridad, fundada por el Cardenal Raúl Silva Henríquez el mismo 1 de enero de 1976, al día siguiente del cierre de COPAHI. Su labor se especializó por secciones específicas, tanto para la defensa de las víctimas como en brindar servicios para acompañar la salud mental y física. Estas instituciones se constituyeron en fuente privilegiada de la verdad del horror cometido contra una generación de chilenos y han desempeñado un papel fundamental ante los Tribunales de Justicia, gracias a los registros que minuciosamente fueron documentados (Domínguez, 2005).

2.1.3. Tercera etapa (agosto 1977–marzo 1990)

En esta etapa se combinaron los métodos anteriores, pero gracias a la gestión de los organismos de derechos humanos quienes brindaron información sobre sus graves violaciones durante el régimen a los organismos internacionales como las Naciones

Unidas y a la Organización de Estados Americanos —OEA—, se produjo una presión y control creciente.

El 10 de marzo de 1978 el Gobierno militar dictó el Decreto Ley 2.191 o Decreto Ley de Amnistía, mediante el cual concedió la amnistía a todas las personas que en calidad de autores, cómplices o encubridores hayan incurrido en hechos delictuosos durante la situación del estado de sitio comprendida entre el 11 de septiembre de 1973 y el 10 de marzo de 1978, siempre que a esa fecha no se encontraren sometidos a proceso. Mediante este decreto, además, se amnistió a las personas que al 10 de marzo de 1978 se encontraban condenadas por tribunales militares, y que lo habían estado con posterioridad al 11 de septiembre de 1973.

En 1980 se prepara, aprueba y pone en marcha la Constitución Política[24] que aún sigue vigente para los chilenos. En su artículo 24 transitorio sustrae formalmente los mecanismos de violación de derechos humanos de toda injerencia del poder judicial. El efecto fue incrementar la violencia contra la sociedad bajo la impunidad

---

24 Texto de 120 artículos permanentes y 29 transitorios, que más tarde, estando el país bajo Estado de Sitio, es sometida a plebiscito el 11 de septiembre de ese año, para ser posteriormente promulgada el 21 de octubre de ese mismo año. Entra parcialmente en vigencia el 11 de marzo de 1981. En lo esencial, determina un régimen político presidencialista con una participación del Estado en la economía mediante un rol subsidiario, con una fuerte protección a las garantías individuales en el ámbito de la actividad económica y del derecho de propiedad. Establece un preciso decálogo de garantías individuales que se encuentran protegidas por un recurso especial de rápido trámite, denominado recurso de protección, asimismo, considera como pilar fundamental la tutela de las Fuerzas Armadas sobre la estabilidad del Régimen a través de diversas instituciones, entre las que se destaca el Consejo de Seguridad Nacional, que establecía cargos vitalicios en el Senado, la atribución del Presidente para la designación de los comandantes en jefe de las Fuerzas Armadas y de orden y un rol importante para decidir los estados de emergencia constitucional. En el ámbito económico institucional establece como fundamento la protección de la libre competencia y la autonomía absoluta del Banco Central. Un análisis crítico sobre la Constitución vigente en Chile puede leerse en Álvarez, Viera Christian. "(Álvarez Viera, 2011).

total. La dictadura, en este período, amplió los llamados "procedimientos preventivos", organizó grupos de choque "antimarxista" dirigidos desde el Ministerio Secretaría General de Gobierno, en manos de civiles adeptos a la ideología del régimen, allanamientos masivos a conglomerados urbanos, fichajes policiales, agresión física a las viviendas, aplicación de tratos crueles públicos.

La dictadura tuvo su nivel de legitimidad en los nuevos grupos económicos y la militancia política nacida bajo el régimen, quienes la sostuvieron hasta el final, incluso apoyando activamente el plebiscito a favor de la perpetuación del general Pinochet quien aspiraba a otros ocho años de régimen.

En este período las instituciones creadas por la sociedad civil para continuar en la protección de los derechos humanos fueron: a) El Servicio de Paz y Justicia en 1977, de inspiración cristiana que contó con el apoyo de dos obispos católicos, su línea de acción fue la educación y la movilización a favor de la justicia mediante el método de la no violencia; b) la Comisión Chilena de Derechos Humanos, fundada en diciembre de 1978, fue una organización laica centrada en la promoción, educación, denuncia y movilización para hacer efectivos los derechos humanos, asesorada por abogados defensores y en acuerdo con los partidos políticos prohibidos por la dictadura; su labor permitió la articulación con todas las instituciones encaminadas en defender a las víctimas y coordinó con la Vicaría de la Solidaridad un trabajo de sistematización de información y de denuncia internacional; c) el Comité de Defensa de los Derechos Humanos —CODEPU—, constituido el 8 de noviembre de 1981, con un claro compromiso de izquierda y su acción abarcó distintas regiones del país, se especializó en brindar atención en salud mental a las personas afectadas por violaciones a sus derechos, así como perseverar en las causas judiciales; d) la Comisión Nacional Contra la Tortura, creada en 1983 desde entonces se focalizó en denunciar, educar y desarrollar actividades para obtener la atención de las personas que estaban en calidad de víctimas; cesó su funcionamiento en 1990.

2.2. El Proceso de la Asamblea de la Civilidad

Tomando como referencia la descripción de este proceso y los datos que recoge Andrés Domínguez Víal (2005, págs. 128-130), en el año de 1983 se inicia un movimiento social que se expresa en las llamadas "jornadas Nacionales de Protestas" marcadas por el descontento frente a las condiciones económicas de la población que venía reducir su ingreso familiar en un 37,1 % entre 1974 y 1983. Estas primeras jornadas les costaron la vida a 96 personas; 379 heridas de bala y 15 078 detenciones; 17 000 allanamientos y cercos militares y 127 relegados de sus funciones administrativas.

Estos saldos no detuvieron las jornadas de movilización. En 1984 la dictadura decidió someter a la población al recurrente estado de sitio, el estado de emergencia y el estado de pliego de perturbación de la paz interior, trayendo consigo la agudización de las violaciones a los derechos humanos con saldos trágicos de 79 muertos, 39 429 detenciones masivas y 1 774 denuncias de torturas y tratos crueles e inhumanos. En 1985 se prolongaron las protestas y los estados de excepción fueron renovados automáticamente; la represión también se agudizó con secuestros, torturas, desapariciones y degollamientos públicos.

Frente a estos hechos se convoca a movilizaciones nacionales como la "movilización Nacional por el Derecho a la Vida", la "Jornada de Reflexión y Ayuno", la "Jornada de Reflexión sobre la Justicia en Chile". En 1986 la Asamblea Nacional de la Civilidad en un acto clandestino prepara la Demanda de Chile en la que se pide: democracia para garantizar una vida digna a todos los chilenos, democracias para poner fin a las exclusiones, democracia para el desarrollo de una educación y una cultura pluralista, democracia para reparar las injusticias más flagrantes, democracia para restablecer la independencia nacional y democracia para restablecer el Estado de Derecho.

La Asamblea Nacional de la Civilidad llamó a paro nacional el 2 y 3 de julio, a lo que se responde con el despliegue de 11 000 soldados y una dura represión a los manifestantes. El 7 de septiembre se produjo el atentado armado contra Augusto Pinochet, donde mueren cinco escoltas y otros once heridos. La dictadura repuso el estado de sitio y la persecución política, cuatro opositores son sacados a la fuerza de sus casas y posteriormente acribillados. En este año, 1986, se registran 52 muertos, 33898 detenidos y 1077 denuncias de torturas.

Las Naciones Unidas enviaron al Relator Especial de Derechos Humanos y el papa, Juan Pablo II visitó la nación en 1987, lo que contribuye a que se termine el estado de sitio, pero no el de emergencia y la vigencia del artículo 24 transitorio de la Constitución Nacional. El pueblo chileno se preparó y ganó el plebiscito en el cual la ciudadanía tuvo que decidir si Augusto Pinochet seguía como presidente de la república por ocho años más o si se procedía a la realización de elecciones libres al año siguiente. El plebiscito dio el triunfo al "no" el 5 de octubre de 1988 con un 53 % frente a un 43 % que apoyaba la dictadura.

2.3. Actuaciones de los Organismos de Derechos Humanos Internacionales

Durante los dos primeros años de la dictadura un número aproximado en 20 mil chilenos abandonaron el país por motivos políticos y fueron refugiados por gobiernos de otros países. El deterioro de las relaciones internacionales de Chile por las constantes violaciones a los derechos humanos se mantuvo a lo largo de todo el régimen y varios de ellos mantuvieron su rechazo en las votaciones de condena a Chile, al interior de los Organismos Internacionales.

2.3.1. La Organización de Estados americanos

Durante los dos primeros años la Comisión Interamericana de Derechos Humanos mantuvo su preocupación por la suerte de las víctimas del régimen como queda registrado en sus informes periódicos y visitas al país. Entre los años de 1977 y 1980 este organismo dictó resoluciones desde la Asamblea General en las que manifiesta su preocupación por las violaciones a los derechos humanos, el gobierno chileno decide, entonces, suspender sus relaciones con la Comisión de Derechos Humanos en 1981. En su informe anual del 1982-1983 la Comisión incluye referencias críticas a la situación chilena.

2.3.2. La Organización de las Naciones Unidas

- Hacia 1974 se emiten informes especiales acerca de la situación de los derechos humanos en Chile por parte de la Comisión de Derechos Humanos de la Organización de las Naciones Unidas. Algunas de sus actuaciones fueron:
- La Resolución de la Asamblea General, noviembre de 1974. Pide al gobierno de Chile respetar plenamente la Declaración de los Derechos Humanos.
- Creación del Grupo de Trabajo *ad hoc* para investigar e informar acerca de la situación de derechos humanos en Chile, febrero de 1975. El gobierno de Chile aprobó su visita al país; sin embargo, cuando sus integrantes se encontraban de viaje, fue revocada (4 de junio de 1975). El grupo presentó su informe en diciembre de 1975.
- Resolución de la Asamblea General, diciembre de 1975. Aprueba el informe y condena al gobierno de Chile por las violaciones a los derechos humanos y solicita adopción de medidas necesarias para salvaguardar los derechos humanos y las libertades fundamentales.
- Resolución de la Comisión de los Derechos Humanos, febrero de 1976. Manifiesta su malestar ante las violaciones de los derechos humanos.
- Informe Especial del Grupo de Trabajo *ad hoc*, diciembre de 1976.
- Resolución Asamblea General, diciembre de 1976. Aprueba el informe anterior, constató violaciones a los derechos humanos y pide al gobierno chileno tomar medidas al respecto.

- Resolución de la Comisión de Derechos Humanos, marzo de 1977. Se condena al gobierno de Chile por las violaciones constatadas.
- Informe Especial del Grupo de Trabajo *ad hoc*, diciembre de 1977.
- Resolución Asamblea General, diciembre de 1977. Aprueba el informe anterior, constató violaciones a los derechos humanos, condena al gobierno chileno y le pide adoptar recomendaciones.
- Creación de un Grupo Especial de la Comisión de Derechos Humanos para analizar la situación de los detenidos desaparecido en el país, 1978.
- Designación de un relator especial para informar acerca de la violación de los derechos humanos en Chile, 1979. Este Informe abarcó la observación del periodo comprendido entre 1979 a 1982.
- La Comisión pidió poder judicial para hacer uso de sus facultades y obtener un mejor tratamiento a la situación. La Asamblea General emitió resoluciones de condena y petición de medidas en la materia en las acciones perpetuadas en cada año del periodo 1979-1982.

2.3.3. Otros Organismos

Organismos Internacionales defensores de los derechos humanos y de carácter no gubernamental como Amnistía Internacional, la Comisión Internacional de Juristas y la Asociación Internacional de Juristas Demócratas, mantuvieron una actitud de permanente preocupación y vigilancia por la aguda crisis humanitaria registrada en Chile durante la dictadura, quienes desplegaron acciones de colaboración para obtener el cese de dichas violaciones.

2.4. La transición a la democracia

El 14 de diciembre de 1989 se llevaron a cabo las elecciones presidenciales en Chile para poner fin a la dictadura e iniciar la Democracia. En la contienda electoral se enfrentaron Patricio Aylwin Azócar y el exministro de Pinochet, Hernán Büchi resultando triunfador con un 55,2 % de los votos, Aylwin. Pese a que la profunda división creada en el país continuaba viva, se inició el proceso de transición y las principales medidas para buscar la verdad, la justicia y la reparación fueron las descritas a continuación.

2.4.1. La Comisión de la Verdad y la Reconciliación

La creación de la Comisión nace del Decreto Supremo No. 355 del 25 de abril de 1990 y estuvo presidida por el jurista y exparlamentario Raúl Rettig[25]. Su objetivo consistió en contribuir a la búsqueda de la verdad sobre los delitos cometidos durante el régimen militar, en secuestros, detenciones, torturas, desapariciones, ejecuciones, atentados que realizaron los civiles y militares. Junto a estas revelaciones, la Comisión debía entregar recomendaciones sobre las medidas de reparación a las víctimas y sus familias, así como plantear las medidas legales y administrativas para que estos crímenes no se volvieran a repetir. El producto final de los once meses de trabajo del 9 de mayo de 1990 al 9 de febrero de 1991 fue el Informe Rettig.

La Comisión de la Verdad y la Reconciliación, tomó 3 920 casos de estudio de los cuales 2 130 fueron considerados como víctimas de violación de los derechos humanos, 168 víctimas de la violencia política, 634 casos en que la Comisión no pudo formarse convicción, 515 que fueron presentados, pero no estaban dentro de

---

25 La Comisión estuvo integrada por los comisionados Jaime Castillo Velasco, José Luis Cea E., Mónica Jiménez de la Jara, Ricardo Martín D., Laura Novoa Vásquez, Gonzalo Vial Correa y José Zalaquet D., siendo su secretario Jorge Correa Sutil.

su mandato y 473 en que solo se aportó un nombre que resultó insuficiente para formular cualquier investigación[26].

En el informe la Comisión distingue dos formas principales de practicar el delito de la desaparición forzada, llamada "detenidos desaparecidos": la primera modalidad fue la que prevaleció en los meses posteriores al 11 de septiembre, que fueron practicadas por diversos actores militares y civiles, operando en distintos puntos del país; consistió en ejecutar a las víctimas y luego disponer sus cadáveres enterrándolas en lugares no identificados o tirándolas al río, seguido de una negación de los hechos o entregando falsas declaraciones. "*La desaparición en estos casos es más bien un modo de ocultar o encubrir los crímenes cometidos, antes que el resultado de acciones sujetas a una coordinación central que tuvieran por objeto eliminar a categorías predeterminadas de personas*". La segunda modalidad fue practicada entre 1974 y 1977, siendo la principal responsable la DINA, aunque no la única en implementarla. "*En el conjunto de esos casos sí ha podido convencerse la Comisión de que había detrás una voluntad de exterminio, dirigida sistemáticamente por motivaciones políticas, en contra de ciertas categorías de personas*" (CNRV, 1996, pág. 19).

2.4.2. La campaña nacional "Para creer en Chile"

Consistió en una estrategia de difusión al Informe de la Comisión Nacional de Verdad y Reconciliación promovida por la Comisión Chilena de Derechos Humanos para que la sociedad chilena iniciara un proceso de reflexión e interiorización del respeto a los derechos humanos, las conclusiones propuestas por la Comisión, así como sus propuestas de reparación (Domínguez, 2005, pág. 132).

---

[26] En la reimpresión del Informe Rettig, se ajustaron las estadísticas de los casos investigados y calificados y por tal razón presentan diferencias en las presentadas en el informe original, ver: anexo VI–Estadísticas, Tomo II. (CNRV, 1996).

2.4.3. La agrupación de familiares de detenidos-desaparecidos

Este grupo de familiares que fue creciendo con el paso de los años, en medio de su angustia y dolor por encontrar a sus familiares en condición de desaparecidos por el régimen militar, se constituyó en un frente de acción ciudadana que fue determinante para reconstruir la verdad y mediante su articulación con otros organismos de derechos humanos, brindaron información fundamental a la Comisión Nacional de Verdad y Reconciliación permitiendo, a la vez que las recomendaciones y orientaciones realizadas hayan podido adelantarse.

Entre los años 80 y 90, con la información que se logró obtener mediante las investigaciones que se abrieron con los amparos presentados, las denuncias y las querellas, y los testimonios cruzados de familiares, se pasa de una época en que se conocía muy poco sobre lo ocurrido y las herramientas judiciales disponibles eran escasas, a un período caracterizado por la formación de investigaciones serias y algunas condenas.

Desde 1998 es posible hablar de un nuevo período en la búsqueda de la verdad y la justicia. Se comienzan a consolidar los juicios finalmente y se obtienen las primeras condenas importantes. Las víctimas, sus abogados y los jueces logran reconstruir la historia de las violaciones, los métodos de represión utilizados, los agentes involucrados en los hechos. La incorporación del Departamento Quinto de la Policía de Investigaciones (hoy Departamento de Derechos Humanos) y la designación de los jueces con dedicación exclusiva marcan esta etapa.

2.4.4. Programa de derechos humanos del Ministerio del Interior

El Programa de Derechos Humanos del Ministerio del Interior y Seguridad Pública tiene como misión contribuir al esclarecimiento de la verdad respecto de aquellos hechos constitutivos de graves violaciones a los derechos humanos ocurridas en Chile entre el 11 de septiembre de 1973 y el 10 de marzo de 1990. Fue la institución sucesora de la Corporación Nacional de Reparación y Reconciliación, que dejó de tener existencia legal el 31 de diciembre de 1996. Fue creado por el Decreto Supremo N.° 1.005 del Ministerio del Interior, de 1997, bajo la dependencia de la Subsecretaría del Interior, con la finalidad de continuar con las tareas de promover y contribuir en las acciones tendientes a determinar el paradero y las circunstancias de la desaparición o muerte de las personas detenidas desaparecidas y de aquellas que, no obstante existir reconocimiento legal de su deceso, sus restos no han sido ubicados[27].

La entrada en vigencia de la Ley N.° 20.405, en diciembre de 2009, normativa especial que creó el Instituto Nacional de Derechos Humanos[28], otorgó al Programa de Derechos Humanos del Ministerio del Interior y Seguridad Pública nuevas facultades que le permiten aumentar su rango de acción, otorgándole la facultad de ejercer todas las acciones legales que sean necesarias para el cumplimiento de su función, incluida la de presentar querellas en casos de secuestro, desaparición forzada, homicidio o ejecución sumaria.

La función jurídica del Programa de Derechos Humanos se realiza en conjunto con el mandato legal de prestar asistencia social a los familiares de las víctimas y fomentar una cultura de respeto a los Derechos Humanos impulsando, difundiendo y apoyando acciones de orden cultural y educativo.

En la actualidad, es el organismo que mantiene un sistema de información actualizado cada trimestre y es el órgano estatal que lleva todos los procesos relacionados con las violaciones de los derechos humanos. Según las estadísticas del Programa de Derechos Humanos para

---

27 Para más información visite la página web del Programa de Derechos Humanos del Ministerio del Interior: http://www.ddhh.gov.cl/index.html.

28 El Instituto Nacional de Derechos Humanos (INDH) nace como una corporación autónoma de derecho público creada por la Ley N.° 20.405 destinada a promover y proteger los Derechos Humanos de todas las personas que habitan en Chile, establecidos en las normas constitucionales y legales; en los tratados internacionales suscritos y ratificados por Chile y que se encuentran vigentes, así como los emanados de los principios generales del derecho, reconocidos por la comunidad internacional. http://www.indh.cl/.

septiembre del año 2010, se tenían 13 sentencias condenatorias en firme dictadas en el período, que recogen las denuncias de 23 víctimas, sí se compara con el año anterior el número es de 34 que recogieron a 60 víctimas. El total de agentes procesados, acusados, condenados o absueltos (en apelación) al fin del período se tenía un número de 808, para 2005 el número era de 779, 2008=702, 2007=602, 2006=497, 2005=432. (Programa de Derechos Humanos, 2010).

2.5. El caso Pinochet

Augusto José Ramón Pinochet Ugarte, gobernó Chile por 17 años (1973-1990) con la tranquilidad del deber cumplido y con la seguridad de que nadie lo podría acusar ante ningún juez por los abusos y crímenes cometidos bajo su mando, amparado primero en su condición de comandante en jefe del Ejército y luego en el fuero parlamentario que le correspondía como senador vitalicio.

Su impunidad fue interrumpida al ser detenido en Inglaterra en 1988 a solicitud del juez español Baltasar Garzón (Antena 3, 1998), que investigaba las denuncias de violaciones a los derechos humanos en su contra interpuestas en su país. Luego de considerar el informe de los exámenes neurológicos, geriátricos y la edad del detenido, Straw decidió liberar a Pinochet por razones humanitarias el 2 de marzo de 2000. Fue así como el general regresaría a Chile, pero esta vez para enfrentar a la justicia de su país.

Mientras estaba en Londres, en Chile se sumaban querellas en contra de Pinochet, recogidas por el juez Juan Guzmán Tapia. Delitos como la "Operación Caravana de la Muerte" que consistió en el secuestro de 18 personas, durante el viaje aéreo que realizó la comitiva militar por el norte del país, dejando a su paso esta estela de crímenes, fue el sustento para presentar el proceso de desafuero al general.

La Corte de Apelaciones de Santiago decidió proceder con su desafuero, por lo que la defensa de Pinochet apeló ante la Corte Suprema, la que decidió por 14 votos contra 6 que el senador vitalicio era privado de su fuero. La defensa de Pinochet intentó que se sobreseyera al general por razones médicas, nuevamente los exámenes de salud revelaron que sufría de demencia vascular subcortical, siendo sobreseído el 4 de julio de 2002. Ese mismo día, Pinochet renunció a su puesto senatorial (EMOL, 2002).

El 28 de mayo de 2004 la Corte de Apelaciones de Santiago revocó el sobreseimiento por demencia, y la Corte Suprema confirmó este fallo dejándolo en posición de ser juzgado por su eventual participación en la denominada «Operación Cóndor». En 2005 la Corte de Santiago lo desaforó, posibilitando determinar su responsabilidad en el caso «Operación Colombo», por la desaparición de 15 opositores a su régimen.

Posteriormente, a mediados de julio de ese mismo año, el informe sobre terrorismo y lavado de dinero de una comisión senatorial de Estados Unidos, revelo que entre 1996 y 2002, Augusto Pinochet manejó cuentas millonarias en el Riggs National Bank. El 23 de noviembre de 2005 fue ordenado el procesamiento de Pinochet por enriquecimiento ilícito y falsificación de documentos. Al día siguiente, el ministro Montiglio dictó el procesamiento de Pinochet por tres delitos de secuestro calificado en el marco de la «Operación Colombo». El 20 de enero de 2006 la Corte de Apelaciones de Santiago lo desaforó nuevamente, mientras una sala de la Corte Suprema lo sobreseyó, por razones de salud, del juicio de la Operación Cóndor. (Dominguez, 2005, pág. 135). Finalmente, murió el 10 de diciembre de 2006, a los 91 años de edad luego de sufrir un infarto de miocardio y presentar un edema pulmonar (EMOL, 2006).

2.6. La reparación a las víctimas de la dictadura

En la reparación a las víctimas de la dictadura chilena se recogen una serie de medidas adoptadas por el Estado, que devienen de las recomendaciones realizadas por la Comisión Nacional de Verdad y Reconciliación y que los gobiernos han venido implementando y perfeccionando desde el regreso de la democracia. A continuación se exponen las diferentes formas de reparación, agrupadas en cinco categorías de análisis en las que se pueden observar la promulgación de leyes y decretos, la conformación de comisiones especiales para determinar el número oficial de víctimas a las cuales se les otorgan los derechos de reparación, así como de los distintos mecanismos para ampliar en diferentes momentos históricos la cobertura de estas víctimas, y que apuntan a la construcción de la reconciliación nacional por los vejámenes cometidos contra la sociedad en los 17 años de dictadura.

2.6.1. Reparación de satisfacción

2.6.1.1. La Corporación Nacional de Reparación y Reconciliación

Fue creada como una propuesta de la Comisión Nacional de Verdad y Reconciliación, a través de la Ley 19123[29]. Su objetivo es promover la reparación del daño moral de las víctimas de violaciones a los derechos humanos o de violencia política y otorgar la asistencia social y legal que requieran los familiares de estas para acceder a los beneficios contemplados en esta ley.

Para ello debía promover y coadyuvar a las acciones tendientes a determinar el paradero y las circunstancias de la desaparición o muerte de las personas detenidas y desaparecidas y recuperación de sus cuerpos[30] (Observatorio de Derechos Humanos, 2012). En su ejercicio la Corporación debía informar a los órganos del Esta-

---

[29] Por medio de la cual se crea la Corporación Nacional de Reparación y Reconciliación, establece pensión de reparación y otorga otros beneficios en favor de personas víctimas de violaciones a los derechos humanos o de violencia política. Publicada en el Diario Oficial 48.096 de 10 de junio de 2011el 8 de febrero de 1992.

[30] La Comisión Rettig no había podido llegar a una determinación con respecto a más de 600 de los casos que consideró, y surgieron a la vez nuevas denuncias; mientras que su total compuesto interino de 2298 víctimas reconocidas incluía a 979 personas aún desaparecidas. Ver: www.icso.cl/observatorio-derechos-humanos.

do la calidad de víctima de las personas para que fuesen reconocidos los beneficios otorgados por la ley de reparación.

Fruto de su trabajo fue el *Informe sobre calificación de víctimas de violaciones de derechos humanos y de violencia política*, publicado en 1996. La Comisión identificó dos períodos en los que se practicó la desaparición forzada: 1). Entre septiembre de 1973 y marzo de 1974, en este período se calificaron como detenidos desaparecidos a 86 personas, que representaban el 74% de los clasificados en tal calidad por la Corporación. Las investigaciones arrojaron que estas personas fueron ejecutadas poco tiempo después de su detención y luego inhumadas irregularmente como desconocidos en cementerios y otros lugares en diferentes partes del país. Solo en el Patio No. 29 del Cementerio Central de Santiago fueron identificadas 92 de estas víctimas, hasta la fecha del Informe; 2). Entre abril de 1974 y el resto de la dictadura, la Comisión puedo establecer la desaparición de otras 30 personas, las cuales tenían relación con las identificadas por la Comisión Nacional de Verdad y Reconciliación. Se establece que estas personas fueron detenidas por agentes de seguridad del Estado quienes vestían de civil y las conducían a centros clandestinos; la negación de las autoridades de seguridad para brindar información y la ineficiencia de las investigaciones judiciales impidieron establecer su paradero, así como sus autores. (CNRV, 1996, págs. 33-36)

La cifra total de personas plenamente identificadas como detenidas desaparecidas por la Corporación fue de 123; de las cuales 116 se clasificaron producto de la violación a los derechos humanos y 7 atribuidas a la violencia política. Estos casos sumados a los 979 casos registrados por la Comisión Nacional de Verdad y Reconciliación, permitió identificar 1 102 personas detenidas desaparecidas en Chile (CNRV, 1996).

2.6.1.2. Mesa de diálogo de derechos humanos

Convocada en 1999, por el gobierno del presidente Eduardo Frei Ruiz-Tagle para avanzar en el esclarecimiento del destino final de los detenidos desaparecidos. Uno de los acuerdos fue precisar la responsabilidad del Estado chileno en su conjunto y la obligación de poner a disposición de los tribunales de justicia la información existente para permitir el avance de las investigaciones judiciales de estos casos a fin de establecer el paradero de esas personas.

La mesa terminó su labor en junio de 2000 con el compromiso de las Fuerzas Armadas de realizar, durante los seis meses siguientes, todos los esfuerzos para obtener información útil con el fin de encontrar los restos de los detenidos desaparecidos y establecer su destino final. La gestión de la mesa permitió esclarecer judicialmente el destino final de 180 víctimas individualizadas y 20 víctimas NN; sin embargo, la gran mayoría de los casos de detenidos desaparecidos sigue sin respuesta.

2.6.1.3. *Comisión asesora presidencial para la Calificación de Detenidos Desaparecidos, Ejecutados Políticos y Víctimas de Prisión Política y Tortura*

Esta Comisión se creó con el objetivo de abrir un nuevo plazo para el reconocimiento de las víctimas que no se presentaron o no fueron reconocidas por la Comisión Rettig, por la Corporación Nacional de Reparación y Reconciliación o por la Comisión Nacional sobre Prisión Política y Tortura.

La Ley N.° 20.405, de 10 de diciembre de 2009, creo el Instituto Nacional de Derechos Humanos y la Comisión[31] en su artículo 3° transitorio:

> b) Aquellas que, en el período señalado precedentemente, hubieren sido víctimas de desaparición forzada o correspondieren a ejecutados políticos, cuando aparezca comprometida la responsabilidad del Estado por actos de sus agentes o de personas a su servicio; como asimismo, los secuestros y los atentados contra la vida de personas cometidos por particulares bajo pretextos políticos.

---

[31] La Comisión fue establecida por la presidenta Michelle Bachelet Jeria mediante el Decreto Supremo N.° 43, publicado con fecha 13 de febrero de 2010. Su sesión constitutiva fue el 17 de febrero de 2010.

Brindándole competencia sobre casos de detenidos desaparecidos, ejecutados políticos y víctimas de prisión política y tortura. Se facultó, así, a las personas que, por diversas razones, no presentaron sus casos a esas instancias y a las que, habiéndose presentado a ellas, no resultaron calificadas. Esto último, siempre y cuando allegaran nuevos antecedentes.

La Comisión culminó sus funciones el 17 de agosto de 2011 entregando al señor presidente de la república Sebastián Piñera Echenique y al país un nuevo listado de personas reconocidas como víctimas de desapariciones forzadas, ejecuciones por razones políticas, y víctimas de prisión política y tortura. La Comisión recibió 622 solicitudes de calificación sobre detenidos desaparecidos y ejecutados políticos y 31 831 solicitudes de calificación sobre víctimas de prisión política y tortura.

Las víctimas reconocidas en este Informe, agrega 30 detenidos desaparecidos y ejecutados políticos y 9 795 víctimas de prisión política y tortura. Chile reconoce oficialmente un total de 40 018 víctimas fruto de la labor de esta Comisión y sus predecesoras, incluyendo detenidos desaparecidos, ejecutados políticos, víctimas de violencia política, torturados y presos políticos durante los 17 años de la dictadura. Esta realidad reafirma que el país sufrió entre 1973 y 1990 una política de Estado en materia de violaciones de derechos humanos y por tanto la responsabilidad del Estado de Chile en relación con el reconocimiento y reparación de las víctimas.

2.6.2. Reparación económica

Son beneficios que otorga la Ley 19.123[32] o Ley de Reparación y las modificaciones comprendidas en la Ley 19.980[33] a los fami-

32 "Crea Corporación Nacional de Reparación y Reconciliación, establece pensión de reparación y otorga otros beneficios en favor de personas que señala". Publicada el 8 de febrero de 1992 y con última modificación realizada el 10 de diciembre de 2009 Ley 20405 mediante la cual se creó el Instituto Nacional de Derechos Humanos.

33 Publicada el 9 de noviembre de 2004.

liares de las víctimas calificadas como detenidos desaparecidos y ejecutados políticos, por violación a los derechos humanos en el período 1973-1990, reconocidos por los informes de la Comisión Nacional de Verdad y Reconciliación y la Corporación Nacional de Reparación y Reconciliación[34].

1. *Pensión de Reparación:* Es una pensión mensual otorgada por el Estado a los familiares de las víctimas de violaciones a los Derechos Humanos o de la violencia política, individualizadas en el Informe de la Comisión Nacional de Verdad y Reconciliación y de la Corporación Nacional de Reparación y Reconciliación.

Esta pensión es compatible con cualquier otra pensión que se reciba; inembargable; reajustable de acuerdo con el IPC anual; vitalicia, a excepción de hijos; se acrecienta en caso de no concurrencia o cese de algún beneficiario; los hijos la perciben hasta el último día del año en que cumplen 25 años; no es hereditaria y su monto varía de acuerdo con el número de beneficiarios quienes serán:

- Cónyuge sobreviviente (40 %).
- Madre de la víctima (30 %).
- Padres de Víctimas contenidas en la Ley 19.980[35], otorga el 40 %. El padre de la víctima accede como beneficiario de la pensión mensual de reparación en caso de falta, fallecimiento o renuncia de la madre. Se pagará a contar del día 1 del mes subsiguiente a la fecha de presentación de la solicitud del padre. Si la solicitud hubiese sido hecha por escrito con anterioridad al 9 de noviembre de 2004, el beneficio se pagará a contar del día 1 de enero de 2005.

---

[34] Las nóminas de estas reparaciones se pueden ver en http://www.indh.cl/informacion-comision-valech.

[35] Ley 19.980, publicada el 9 de noviembre de 2004. "Modifica la Ley n.º 19.123, ley de reparación, ampliando o estableciendo beneficios en favor de las personas que indica".

- Madre o padre de hijos de filiación no matrimonial de las víctimas (Ley N.° 19.980). (40%). La pensión correspondiente a la madre o al padre de hijos de filiación no matrimonial de la víctima se aumentó del 15% a un 40% de ella en 2004. Este beneficio se aplicó en forma automática por el INP. Se establece el derecho a solicitar pensión de reparación a todas las madres o padres de hijos no matrimoniales de la víctima que hayan obtenido reconocimiento judicial de dicha calidad.
- Hijos legítimos, naturales y adoptivos, menores de 25 años (15%).
- Hijos con 50% de discapacidad física y mental, de cualquier edad.

2. *Bono de reparación para hijo:* este beneficio es introducido a partir de 2004. Los titulares de este derecho son los hijos no discapacitados, sean matrimoniales o no, de víctimas reconocidas de desaparición forzada o ejecución política, que cumplan o hayan cumplido los 25 años, para completar el total de ingresos recibidos hasta un monto máximo de $10.000.000. Se otorgará de la siguiente manera:

- Si el hijo nunca había recibido pensión antes de cumplir los 25 años, su bono es de $10.000.000.
- Si el hijo había recibido un total de $10.000.0000 o más en pensión antes de cumplir los 25 años, su bono es de $0.
- Si el hijo había recibido un monto de entre $1 y $ 9.999.999 en pensión antes de cumplir los 25 años, su bono completa la diferencia entre el monto total ya recibido y $10.000.000.
- Los hijos discapacitados pueden seguir recibiendo pensión después de los 25 años y de por vida. Es de suponer que están en libertad de optar a los 25 años por recibir el bono y renunciar a su pensión vitalicia, pero no se conoce casos ya que en general es más favorable para el hijo optar por seguir recibiendo la pensión.

3. *Pensiones de gracia para situaciones especiales*: este beneficio también fue otorgado en 2004 a las personas que mantenían vínculos importantes afectivos y de dependencia económica en víctimas reconocidas de desaparición forzada o ejecución política, pero cuya situación no era reconocida en ninguna de las categorías existentes de derecho a medidas de reparación. La pensión es de 40 % del monto total nominal de la pensión regular. El número total posible de receptores es limitado a 200. La calificación es hecha por una comisión especial constituida dentro del Ministerio del Interior y el pago es realizado por la Tesorería General de la República.

2.6.3. Reparación por rehabilitación

1. *Programa de reparación y atención en salud:* Se crea para dar una atención especializada y preferente a los familiares de detenidos desaparecidos y ejecutados políticos, y todos aquellos estipulados en el artículo 7 de la Ley N.°19.980. Existen equipos PRAIS en todo el país vinculados a los Servicios de Salud y para acceder a este Programa es necesario acreditar la calidad de familiar de la víctima y solicitar credencial en las Oficinas del PRAIS de cada región. Los beneficiarios de este servicio de salud son los padres, cónyuge, convivientes, hijos e hijas, hermanos y hermanas de la persona calificada como víctima, nietos y nietas.
2. *Beca de educación para los hijos:* hijos matrimoniales (hasta 2004) y no matrimoniales (desde 2004) de víctimas reconocidas de desaparición forzada o ejecución política, hasta que cumplan 35 años de edad. Permite subsidiar estudios secundarios y cursar estudios de pregrado en instituciones educacionales nacionales, sujeto a un reglamento técnico desde noviembre 2004 estableciendo usos y límites de la beca.

- Enseñanza media: subsidio mensual de 1,24 UTM, 10 meses lectivos del año, de marzo a diciembre.

- Enseñanza superior: subsidio mensual de 1,24 UTM, 10 meses lectivos del año, de marzo a diciembre y pago de matrícula y arancel mensual a: Universidades, Institutos Profesionales y Centros de Formación Técnica.

3. *Exención de servicio militar obligatorio:* los hijos de las víctimas individualizadas quedarán exentos del Servicio, hijos matrimoniales (hasta 2004) y no matrimoniales (desde 2004) de víctimas reconocidas de desaparición forzada o ejecución política, en la categoría de disponibles, como lo señala el artículo N.° 30 del Decreto Ley N.° 2306 de 1978 sobre Reclutamiento y Movilización de las Fuerzas Armadas. En 2005 se modificó el Decreto Ley N.° 2306, por medio de la Ley N.° 20.045 de 2005, sobre el nuevo sistema de reclutamiento, extendiéndose el beneficio y se señala "en relación a los ciudadanos descendientes por consanguineidad en línea recta y colateral, ambos en segundo grado inclusive, de las personas calificadas en la Ley N.° 19.123, quedarán excluidos del servicio militar", lo que incluye también a nietos y sobrino-nietos.

4. *Beneficios complementarios:* se entiende como beneficios complementarios aquellos que la Ley N.° 19.123 no explicita y que han sido materia de dictámenes especiales para su otorgamiento.

- *Incorporación a las cajas de compensación*: los beneficiarios de la Ley N.° 19.123 pueden afiliarse a las cajas de compensación, de acuerdo con la resolución emitida por la Superintendencia de Seguridad Social.

- *Beneficios de asignación por muerte:* por dictamen de la Superintendencia de Seguridad Social, a los beneficiarios que perciben pensión de reparación les corresponde una Asignación por Muerte al momento de su fallecimiento. El Instituto de Normalización Previsional —INP—, paga directamente esta asignación a las empresas funerarias.

- *Fondo solidario de crédito universitario*: la Ley N.° 19.287, en su artículo transitorio N.° 6 establece que a los beneficiarios de la Ley N.º 19.123 se le condonarán las deudas contraídas con anterioridad a 1992.

2.6.4. Reparación simbólica

El primer acto público de reparación simbólica fue el efectuado por el presidente Patricio Aylwin quien, en 1991, presentó al país las conclusiones del Informe de la Comisión de la Verdad y la Reconciliación y pidió perdón a las víctimas en nombre del Estado chileno. En el mismo acto y por recomendación de la misma Comisión, se entregó a cada familia una copia del informe para garantizar la difusión de sus resultados para la educación y concientización de las futuras generaciones. Este acto recibió fuertes críticas por parte de las Fuerzas Militares y la Corte Suprema quienes, además, rechazaron el Informe Rettig.

Tras la recuperación de la democracia, las agrupaciones de familiares, amigos, compañeros de trabajo o de profesión y, en ocasiones, los propios vecinos, propiciaron la instalación de cruces, memoriales, placas alusivas en hospitales, universidades, plazas y salas de clase, como una forma de rendir homenaje a la memoria de las víctimas y contribuir a la formación de una conciencia social que impida el olvido a las víctimas de la dictadura.

A partir de 2001 el Programa de Derechos Humanos dirige una Política de Construcción de Memoriales acogiendo el mandato de la Comisión Nacional de Verdad y Reconciliación, y de la Corporación Nacional de Reparación y Reconciliación. Se resaltan tres hitos importantes en la implementación de esta política de apoyo a la instalación de memoriales: el primero, fue la construcción del Memorial del Cementerio General en Santiago, iniciativa que se generó en 1990 y se concretó en 1993. El segundo, fue la firma del acuerdo entre el Gobierno y las Agrupaciones de familiares de las víctimas, en marzo de 2003, al conmemorarse los 12 años del Informe Rettig, para construir obras de reparación simbólica en diversos lugares del país, entre ellos, Tocopilla, La Serena, Villa Grimaldi, Paine, Talca, coronel, Valdivia y Osorno. El tercero, es el Mensaje "No hay mañana sin ayer", del expresidente Ricardo Lagos Escobar, en donde la autoridad anunció la creación de un fondo de $450 millones de pesos para la implementación de dicha política, entre 2004 y 2006. En la actualidad existen 39 memoriales, que tienen por objeto mantener vivo el recuerdo de las víctimas. Además, se encuentra trabajando en obras de reparación de algunos monumentos que fueron afectados por el terremoto del 27 de febrero de 2010 y en la construcción de nuevos memoriales[36].

En 2010 se inauguró El Museo de la Memoria y los Derechos Humanos como espacio destinado a dar visibilidad a las violaciones a los derechos humanos cometidas por el Estado de Chile entre 1973 y 1990, a dignificar a las víctimas junto con sus familias y a estimular la reflexión y el debate sobre la importancia del respeto y la tolerancia, para que estos hechos nunca más se repitan. Alberga objetos, documentos y archivos en diferentes soportes y formatos, y una innovadora propuesta visual y sonora, a través de la cual es posible conocer apartes de la historia de horror que vivieron los chilenos: el golpe de Estado, la represión de los años posteriores, la resistencia, el exilio, la solidaridad internacional, las políticas de reparación. El patrimonio de sus archivos contempla testimonios orales y escritos, documentos jurídicos, cartas, relatos, producción literaria, material de prensa escrita, audiovisual y radial, largometrajes, material histórico y fotografías documentales[37].

2.6.5. Reparación por garantías de no repetición

En 2008 Chile ratificó el Protocolo Facultativo de la Convención contra la Tortura y otros Tratos Crueles, Inhumanos o Degradantes de la ONU. En 2009 tipificó en legislación doméstica crímenes de

---

36 Para conocer virtualmente los memoriales (obras de reparación simbólica) existentes en Chile y bajo el cuidado del Programa de Derechos Humanos, http://www.ddhh.gov.cl/memoriales_regiones.html.

37 Para más información sobre el Museo de la Memoria de los Derechos Humanos, http://www.museodelamemoria.cl/.

lesa humanidad y promulgó los Estatutos de Roma de la Corte Penal Internacional y el Protocolo Optativo contra la Tortura de la ONU.

En 2010 se inauguró el Museo de la Memoria y los DDHH y se fundó el Instituto Nacional de Derechos Humanos —INDH—. En 2011 se planteó la creación de una Subsecretaría de DDHH que desempeñaría un papel importante en el diseño y desarrollo de estudios, planes y programas, destinados a la reparación de víctimas de violaciones a los Derechos Humanos. Actualmente se encuentra en tercer trámite, ante el Senado de la República[38] y espera materializarse pues es una de las prioridades contempladas en el programa de la presidenta Bachelet. Así mismo, se inician las reformas políticas para la formulación de una nueva Constitución Política que sustituya la Constitución que rige desde 1980 y que sea creada en Democracia que refleje los consensos sociales que debe tener el país y que brinde amplitud a los derechos Humanos[39].

---

38 "Llaman a dialogar con todos los actores sociales, sin excepción". Publicado el: 12/03/2014. Sala de Prensa. Senado de la República de Chile. http://www.senado.cl/llaman-a-dialogar-con-todos-los-actores-sociales-sin-excepcion/prontus_senado/2014-03-12/122956.htm

39 Esta es una de las prioridades del gobierno de la presidente Michelle Bachelet quien se posesionó del cargo en su segundo período presidencial el pasado 11 de marzo de 2014. Bachelet hija del General de Brigada Aérea Alberto Bachelet, quien fuera torturado por la dictadura y por cuya causa falleció, y de la antropóloga Ángela Jeria, también presa política y torturada junto con la misa Michelle Bachelet. Toma posesión de su cargo recibiendo la banda presidencial de manos de Isabel Allende, primera mujer presidenta del Senado e hija del fallecido presidente Salvador Allende.

Tabla 10. Chile dictadura "reconciliación nacional" (1973-1990)

Víctimas desaparición forzada	Criterios Reparación Comisión de la Verdad	Marco Legal de Reparaciones	Políticas Públicas de Reparación
La Comisión Nacional de Verdad y Reconciliación, permitió identificar 1 102 personas detenidas desaparecidas en Chile. La Comisión Asesora Presidencia para la Calificación de Detenidos Desaparecidos, Ejecutados Políticos y Víctimas de Prisión Política y Tortura–2011, agrega 30 detenidos desaparecidos y ejecutados políticos.	La Comisión de la Verdad y la Reconciliación. Decreto Supremo No. 355 del 25 de abril de 1990. Reparación pública de la dignidad de las víctimas. Restablecimiento solemne del buen nombre de las víctimas. Procedimiento especial de declaración de muerte de personas detenidas desaparecidas. Recomendaciones relativas a la salud. Recomendaciones relativas a la educación. Recomendaciones de vivienda. Otras recomendaciones de bienestar social. Corporación Nacional de Reparación y Reconciliación. Prevención de violaciones a los derechos humanos: Marco Jurídico Internacional y Reajustar el marco jurídico interno. Crear el Instituto Nacional de Derechos Humanos.	Ley 19.123 Publicada el 8 de febrero de 1992 o Ley de Reparación y las modificaciones comprendidas en la Ley 19.980, publicada el 9 de noviembre de 2004. Ley 19123, publicada en el Diario Oficial el 8 de febrero de 1992. Crea la Corporación Nacional de Reparación y Reconciliación. Ley N.° 20.405, diciembre de 2009, creó el Instituto Nacional de Derechos Humanos y la Comisión Asesora Presidencia para la Calificación de Detenidos Desaparecidos, Ejecutados Políticos y Víctimas de Prisión Política y Tortura. Ley 19.980 publicada el 9 de noviembre de 2004. "Modifica la Ley N.° 19.123, ley de reparación, ampliando o estableciendo beneficios en favor de las personas que indica".	Corporación Nacional de Reparación y Reconciliación. Mesa de Diálogo de Derechos Humanos. Comisión Asesora Presidencia para la Calificación de Detenidos Desaparecidos, Ejecutados Políticos y Víctimas de Prisión Política y Tortura. Instituto Nacional de Derechos Humanos. Reparación económica - Ley de Reparación y sus modificaciones: a) Pensión de Reparación: Cónyuge sobreviviente (40%); Madre de la víctima (30%); Padres de Víctimas (40%); Madre o padre de hijos de filiación no matrimonial (40%); Hijos legítimos, naturales y adoptivos, menores de 25 años (15%); Hijos con 50% de discapacidad física y mental, de cualquier edad. b) Bono de reparación para hijo. c) Pensiones gracia para situaciones especiales. Reparación por rehabilitación a) Programa de Reparación y Atención en Salud. b) Beca de Educación para los hijos. c) Exención de Servicio Militar Obligatorio. d) Beneficios complementarios: Incorporación a las Cajas de Compensación; Beneficios de asignación por muerte; Fondo Solidario de Crédito Universitario. Reparación simbólica a) Política de Construcción de Memoriales. b) Museo de la Memoria y los Derechos Humanos. Garantías de no repetición Ratificación del Protocolo Facultativo de la Convención contra la Tortura y otros Tratos Crueles, Inhumanos o Degradantes de la ONU. En 2009 tipificó en legislación doméstica crímenes de lesa humanidad y promulgó los Estatutos de Roma de la Corte Penal Internacional y el Protocolo Optativo contra la Tortura de la ONU. Se avanza en Asamblea Constituyente para cambiar la Constitución de 1980.

Fuente: elaboración propia con base a las Recomendaciones de Reparación para Víctimas de Desaparición Forzada de la CNVR-Chile.

3. EL SALVADOR: LA REPARACIÓN AUSENTE

Este país de Centro América vivió un período de violencia entre los años de 1980 y 1991, otros factores de violencia aún persisten en el Salvador, y han dejado miles de víctimas producto de las violaciones a los derechos humanos por parte de las Fuerzas Armadas mediante "escuadrones de la muerte" y de las organizaciones guerrillera. Pese a la firma de los Acuerdos de Paz en Chapultepec, México el 16 de enero de 1992, la sociedad salvadoreña no ha obtenido respuestas por parte del Estado, lo que impide que se hagan efectivas las reparaciones integrales y se abone el camino que lleve a esta nación hacia la reconciliación.

3.1. Del conflicto armado a los acuerdos de paz

La Comisión de la Verdad del Salvador realizó una cronología de la forma cómo se desarrollaron los hechos del conflicto armado durante el periodo comprendido entre enero de 1980 y julio de 1991. Metodológicamente dividió esta etapa en cuatro períodos de evolución de la misma guerra, relaciona los cambios políticos ocurridos en el país y la sistematicidad con que ocurrieron las violaciones a los derechos humanos y al derecho internacional humanitario (CVES, 1993, págs. 18-39).

3.1.1. Primer período (1980-1983): la institucionalización de la violencia

Este marcado por el crecimiento de la violencia sistemática, la represión contra las organizaciones políticas, gremios y sectores organizados de la sociedad civil salvadoreña. El objetivo era desarticular todo movimiento opositor mediante detenciones arbitrarias, ejecuciones, desapariciones forzadas de dirigentes políticos, comunitarios o sociales, así como a defensores de derechos humanos.

El general Carlos Humberto Romero (1977-1979), es derrocado el 15 de octubre de 1979 y se instaura la Junta Revolucionaria de Gobierno, integrada por los coroneles Jaime Abdul Gutiérrez y

Adolfo Majano, quienes proclamaron como objetivo el cese de la violencia y la corrupción, garantizar los derechos humanos y una distribución equitativa de la pobreza.

Se anuncian elecciones para 1982 y se dictan disposiciones que restringen a 100 hectáreas la posesión de la tierra (Decreto 46 del 6/12/79); se disuelve la Organización Democrática Nacionalista —ORDEN— que era una institución de defensa civil creada por el General Medrano en la década de los sesenta para vigilar la población campesina, precursora de los "escuadrones de la muerte". Se desmantela la Agencia Nacional de Seguridad Salvadoreña —ANSESAL—.

Ante la expectativa electoral, inicia una creciente pugna política que enfrenta a civiles y sectores militares conservadores. Las organizaciones de izquierda como el Bloque Popular Revolucionario —BPR—, las ligas populares 28 de febrero —LP-28— y el Frente de Acción Popular Unificada —FAPU— ocupan ministerios y organizan huelgas en las que exigen liberación de presos políticos, reformas económicas y de la tenencia de la tierra. La Junta Revolucionaria de Gobierno anuncia la Ley de Reforma Agraria y la nacionalización de los bancos. La polarización política desata un incremento en la violencia, la extrema derecha inicia una alianza con los militares e inician una secuencia de ejecuciones, secuestros, y acciones de los escuadrones de la muerte.

El 21 de marzo es asesinado Monseñor Oscar Arnulfo Romero, mientras oficiaba misa en la Capilla del Hospital la Divina Providencia. Este crimen polarizó radicalmente a la sociedad y se constituyó en el mayor símbolo de irrespeto a los derechos humanos. Con este detonante se abre la guerra entre gobierno y guerrillas. Durante sus funerales, estalla una bomba en la Catedral de San Salvador, la multitud es ametrallada y deja un saldo de 27 a 40 víctimas fatales y más de 200 heridos.

A finales de 1980 se conforma el Frente Farabundo Martí para la Liberación Nacional (FMLN), integrado por los grupos de oposición armada: Fuerzas Populares de Liberación —FPL—, Ejército Revolucionario del Pueblo —ERP—, Fuerzas Armadas de

Liberación —FAL—, Fuerzas Armadas de Resistencia Nacional —FARN— y el Partido Revolucionario de los Trabajadores de Centroamérica —PRTC—.

Las acciones de la extrema derecha continúan enfocadas en una campaña de asesinatos a líderes de cooperativas y beneficiarios de la Reforma Agraria. El 3 de enero de 1981, es asesinado el presidente del Instituto Salvadoreño de la Reforma Agraria y dos asesores norteamericanos en distintos hechos. Por su parte, el FMLN, lanza el 10 de enero, la llamada "Ofensiva Final", realizando ataques contra objetivos militares en todo el país dejando centenares de muertos. La Junta decreta un estado de sitio que se mantendrá hasta octubre de 1981.

El gobierno de los Estados Unidos incrementa su asistencia militar y económica que contribuyen a modernizar y expandir la estructura militar de las Fuerzas Armadas, permiten crear Batallones de Infantería de Reacción Inmediata especializados en la lucha antiguerrillas. Las acciones combinadas por tierra y aire, emprendidas en la guerra contrainsurgente con el fin de recuperar territorios controlados por los rebeldes, afectan a la población civil rural, mediante asesinatos indiscriminados y obligados al desplazamiento forzado. Los escuadrones de la muerte siguen operando abiertamente. El 10 de marzo de 1982, la Alianza Anticomunista del Salvador hace pública una lista de 34 condenados a muerte por desacreditar a las Fuerzas Armadas, donde la mayoría son periodistas. La Comisión Interamericana de Derechos Humanos reporto en su informe, cementerios clandestinos víctimas de los escuadrones de la muerte, donde habría sido depositados los cuerpos de más de 150 personas.

El 27 de mayo de 1982 se encuentran los cadáveres de seis militantes del Partido Demócrata Cristiano, en un cementerio clandestino denominado el Playón. El presidente Duarte denuncia públicamente a la extrema derecha como autor de los asesinatos de cientos de militantes de este partido.

3.1.2. Segundo período (1983–1987): el enfrentamiento armado como marco de las violaciones

Este período inicia con la Ley de Amnistía para civiles involucrados en delitos políticos, otorgada por la Asamblea Nacional Constituyente, que sancionaría la nueva Constitución Política del Salvador, el 15 de diciembre de 1983. El 29 y 30 de agosto de 1983 inician los diálogos entre el gobierno y el FDR-FMLN en San José de Costa Rica, y posteriormente el 29 de septiembre en Bogotá, con el auspicio del Grupo de Contadora, pero pronto se anunciaría la cancelación de una nueva ronda de diálogos por la negativa del FMLN de participar en las elecciones. El 7 de octubre es asesinado el líder del FDR, Víctor Manuel Quintanilla, a manos de la Brigada Anticomunista Maximiliano Hernández Martínez.

El FMLN fortalece su estructura militar para buscar el control territorial. A partir de 1985 emplea minas que causan muertes de población civil. Su escalada se realiza tomando como objetivo la infraestructura económica del país. Practican la toma de rehenes, asesinatos de funcionarios públicos como alcaldes municipales. Por su parte, las Fuerzas Armadas responden mediante bombardeos aéreos indiscriminados, incursiones de infantería, ataques masivos de artillería que deja como saldo grandes masacres de población civil. Los escuadrones de la muerte siguen operando contra los dirigentes políticos de oposición, sindicalistas, educadores, representantes de la iglesia, defensores de derechos humanos.

La visita del vicepresidente de los Estados Unidos a San Salvador, George Bush, el 9 de diciembre de 1983, marca un rechazo público a los escuadrones de la muerte por considerarse una amenaza para la estabilidad del gobierno y porque el mismo Bush entrega una lista de civiles y militares sospechosos de formar parte de estas organizaciones. A partir de este momento se registra una disminución del accionar de estos escuadrones.

José Napoleón Duarte se convierte en el primer civil elegido presidente de la República del Salvador, luego de cincuenta años y quien asume el cargo el 1 de junio de 1984. A cuatro meses de su posesión invita al FMLN a dialogar, sosteniéndose dos reuniones: la primera el 15 de octubre en la Palma, Chalatenango; la segunda en Ayagualo, La Libertad. Estos encuentros fracasan debido a las posiciones encontradas sobre las condiciones de una posible incorporación del FMLN a la vida política.

En 1985 el FMLN secuestra sucesivo de alcaldes y funcionarios municipales. El ejército captura en combate a la comandante del PRTC Nidia Díaz; posteriormente el FMLN secuestra a la hija del presidente Duarte, luego de negociaciones con mediación de la iglesia y la comunidad internacional, Inés Guadalupe Duarte y 22 alcaldes son canjeados por Nidia Díaz y un grupo de 21 dirigentes del FMLN. Luego 101 combatientes lisiados del FMLN salen del país.

Durante todo el año de 1986, el presidente Duarte propone un nuevo intento de paz y es apoyada por la comunidad internacional para promover la paz en la región centroamericana conocido como el proceso de pacificación de Contadora. En septiembre, nuevamente el presidente convoca a los grupos en Sesori, San Miguel, pero la guerrilla no asiste.

3.1.3. Tercer periodo (1987-1989): el conflicto militar como obstáculo a la paz

En agosto de 1987 los cinco presidentes centroamericanos firman en Guatemala "Esquipulas II" en donde se contempla la creación de comisiones de reconciliación nacional en cada país, una "Comisión Internacional de Verificación" y las Leyes de Amnistía. Por su parte la Nunciatura Apostólica ofrece su sede para encuentros entre el gobierno y el FMLN-FDR. Las partes se adhieren públicamente al acuerdo de Esquipulas II y anuncian la creación de comisiones, en las áreas de cese al fuego.

La Asamblea Legislativa aprueba el Decreto Ley 805 "Ley de Amnistía para alcanzar la Reconciliación Nacional", la cual es duramente criticada por los organismos de derechos humanos, incluso Socorro Jurídico Cristiano presenta un recurso de inconstitucionalidad contra el artículo que concede el beneficio a toda clase de delito.

Es asesinado el coordinador de derechos humanos de El Salvador, Sr. Hebert Anaya Sanabria. Las Fuerzas Armadas regresan a las prácticas de ejecuciones masivas y los escuadrones de la muerte regresan con todo el horror hacia la sociedad civil. El FMLN señala como objetivos militares a los funcionarios municipales como informantes del ejército y recurre al empleo de minas que afectan a la población en general. Con este panorama, el proceso de diálogo se estanca y se evidencia que los vacíos, complicidad y negligencia institucional facilitan la violación a los derechos humanos y se constituyen en los obstáculos fundamentales para el proceso de pacificación.

3.1.4. Cuarto periodo (1989-1991): de la "Ofensiva Final" a los acuerdos de paz

Dos tendencias contradictorias siguen marcando la dinámica política de la sociedad salvadoreña: por un lado, se acentúa la violencia y sus denuncias sobre violaciones a los derechos humanos; por el otro, se continúa en los diálogos entre gobierno y FMLN con el objeto de darle una salida negociada y política al conflicto. Las elecciones presidenciales de 1989, obtuvo el poder el candidato de La Alianza Republicana Nacionalista —ARENA—, Alfredo Cristiani. El FMLN lo recibe con un boicot de las elecciones y un paro de transporte. La amenaza a los alcaldes como objetivos militares ha provocado el abandono de sus cargos en una tercera parte del país.

Los diálogos de paz continúan en Ciudad de México del 13 al 15 de septiembre de 1989, en San José de Costa Rica se retoman el 16 de octubre y en Caracas un mes después. Estas negociaciones son acompañadas por la Iglesia Católica Salvadoreña, Naciones Unidas y la Organización de Estados Americanos. Este período de diálogos es suspendido a consecuencia de un atentado por bomba en las oficinas de la Federación Nacional Sindical de Trabajadores Salvadoreños —FENASTRAS—.

Como respuesta a este ataque, el 11 de noviembre de 1989 el FMLN arremete con la mayor ofensiva registrada durante el conflicto, lo que obliga al gobierno a decretar el estado de excepción. En la refriega los guerrilleros se escudan en cascos urbanos, lo que, a su vez, provoca que sean blanco de bombardeos aéreos indiscriminados. En este episodio ocurren serias violaciones a los derechos humanos como la detención, la tortura, el asesinato, la desaparición de cientos de personas de la población civil.

Según el Informe Anual de la Comisión Interamericana de Derechos Humanos 1990-1991, los asesinatos políticos imputables a grupos militares o paramilitares ocasionan la muerte de 119 personas, de las cuales 53 habrían sido ejecutadas por escuadrones de la muerte y 42 por el ejército. El FMLN ejecuta a 21 personas, de las cuales 14 se consideran asesinatos políticos. Ante el reconocimiento de las partes de la imposibilidad de una victoria militar decisiva, se retoma el proceso de paz. La Resolución 647 del Consejo de Seguridad del 27 de julio de 1989, ratifica los buenos oficios del secretario general de las Naciones Unidas, inicia un trabajo de mediación entre las partes, interviniendo en los momentos más críticos para evitar que los actores se levanten de la mesa de negociaciones.

El Acuerdo de Ginebra del 9 de abril de 1990 marca el inicio del proceso irreversible de paz, estableciendo los temas de la agenda y el calendario en el Acuerdo de Caracas, 21 de mayo 1990; Derechos Humanos en Acuerdo de San José, 26 de julio de 1990; Reformas en la Fuerza Armada, sistema judicial y electoral, así como la creación de la Comisión de la Verdad, Acuerdo de México, 27 de abril de 1991; hasta llegar al Acuerdo Final de Chapultepec a partir del cual se inicia el cese de hostilidades, el desarme y la puesta en ejecución de las reformas institucionales acordadas.

3.2. Las víctimas del conflicto

En El Salvador como en cualquier nación víctima de una tragedia que deja un conflicto armado, establecer el número preciso de víctimas no es una tarea fácil y siempre deja una deuda histórica con la sociedad. Pero en este país, todavía quedan brechas muy grandes para poder acercarse a un universo más o menos fiel de lo ocurrido, ni siquiera a la cantidad de personas que, siendo familiares de personas ejecutadas o desaparecidas, por la negación sistémica de la justicia salvadoreña a reconocerlas como tal.

El informe oficial de víctimas ha quedado en lo que puedo registrar el informe de la Comisión de la Verdad para precisar el balance cuantitativo de las violaciones de derechos humanos. Sin embargo, el acercamiento de la Comisión a los escenarios más álgidos del conflicto fue limitado y tardío; el ubicar sus sedes de denuncias en zonas residenciales restringió el acceso de muchas de las víctimas campesinas, quienes no se acercaron a dicha entidad por desconocimiento de su ubicación, por dificultades económicas para su desplazamiento o por el temor interiorizado que dejaron sus perpetradores.

Pese a estas dificultades, la Comisión recibió testimonios de fuentes directas e indirectas. Las fuentes directas son denuncias entregadas personalmente a la Comisión de la Verdad, en forma oral y respaldada por una declaración escrita firmada o con la huella dactilar de la persona denunciante; las fuentes indirectas son en su mayoría entregadas por organismos e instituciones defensoras de los derechos humanos, pero también enviadas por personas particulares sin presentarse ante la Comisión (Martínez Cuellar, 2005).

La Comisión recibió de fuente directa 7357 denuncias que produjeron 7312 víctimas y 8653 casos enmarcados dentro de las categorías establecidas para la investigación. El 77.2 % (5682) de los casos, fue catalogado como homicidios; el 88 % se registraron como ejecuciones extrajudiciales y el 10 % como muertes en ataques indiscriminados a poblaciones. Además, registró 1435 casos de tortura (2 %) y 1057 desapariciones forzadas (14 %); 270 violaciones sexuales registradas (3.7 %), 179 lesiones graves (2.4 %) y 24 secuestros extorsivos (0.3 %). El 27.5 % de todas las víctimas fueron mujeres; el 72.5 %, hombres. La edad media de las víctimas fue establecida en treinta años; además, determinó que la mitad tenía 25 años de edad o menos. Sobre su ocupación, el 57.7 % trabajaba en el campo y el 17.7 % se dedicaba a los oficios domésticos; la población estudiantil (7%). La mayoría de los hechos ocurrieron en pueblos (53.7%); en áreas rurales se registró el 41.3% y en las urbana el 5%. (Cuellar, Martínez. 2005, pág. 133).

De las denuncias recibidas por vía indirecta, se recibieron 23000, las cuales tuvieron una depuración y se tradujeron en 18462 casos y 18455 víctimas. Sin embargo, solo se consideraron las que iban acompañadas al menos de un testimonio; así se determinaron 13569 casos y 13562 víctimas. De esto se concluyó que 7388 fueron homicidios (54.4%) y 3880 desapariciones forzadas (28.6%); 3514 casos de tortura (25.9%), 246 de lesiones graves (1.8%) y 180 violaciones sexuales (1.3%). La desagregación de víctimas por género estableció que el 24.2% fueron mujeres y el 75.1% hombres; su edad media fue de 28.6 años; destaca que casi el 12% eran víctimas infantiles de quince y menos años, mientras que el 48% del total general iba de los 15 a los 35. Sobre las ocupaciones, también según esta fuente, predominaron quienes laboraban en el campo (40%); les siguieron obreros y obreras (11%), estudiantes (11%) y personas dedicadas a los oficios domésticos (8%) (Martínez Cuellar, 2005, pág. 133).

La misma Comisión de la Verdad incluyó en su informe, las cuentas de Socorro Jurídico Cristiano "arzobispo Óscar Romero" (SJC). Solo en lo que toca a las ejecuciones extrajudiciales, en 1980 fueron 11903 las víctimas consignadas; en 1981 se registraron 16266; y en 1982 fueron 5962. En total, en tres años, las víctimas de la población civil no combatiente y ejecutada por fuerzas gubernamentales sumaron 34.13118. Los ataques oficiales contra el SJC —que incluyeron la desaparición forzada de dos integrantes de su equipo, la irrupción violenta en sus instalaciones y la requisa de sus archivos— probablemente impidieron considerar muchas otras víctimas. Pero solo lo verificado por el organismo jesuita respecto de esa práctica criminal durante dicho trienio sobrepasa, en demasía, todas las violaciones de derechos humanos reportadas por la citada Comisión. (Martínez Cuellar, 2005, pág. 134). Acerca de las personas detenidas y torturadas y obligadas a abandonar el país para vivir durante años en la precariedad de los campamentos instalados en Honduras o en otros países como México y Estados Unidos, no existe ningún tipo de registro. Tampoco existe certeza alguna en cuanto a las víctimas de las fuerzas insurgentes.

En el delito de desaparición forzada en El Salvador revela un perfil diferente al de otros países analizados, básicamente porque los detenidos arbitrariamente no fueron traslados a centros clandestinos de tortura, aislados e incomunicados, donde se niega la presencia de la víctima, sino más bien de ejecuciones inmediatas donde la muerte no se puede certificar porque el cadáver no aparece (Giraldo Moreno, 2004, pág. 99).

3.3. El postconflicto salvadoreño

3.3.1. La Comisión de la Verdad

La Comisión fue creada mediante el Acuerdo de México, 27 de abril de 1991. Fue integrada por el expresidente de Colombia Belisario Betancur, el excanciller venezolano Reynaldo Figueredo y el jurista estadounidense Thomas Burgenthal, expresidente de la Corte Interamericana de Derechos Humanos. Inició sus labores el 13 de julio de 1992 y entregó su informe en la ONU el 15 de marzo de 1993. La Comisión contó, además, con un equipo permanente de 67 personas, entre las cuales figuraban 17 consultores-investigadores, 15 expertos en diversas disciplinas, 10 codificadores y personal de administración, de seguridad y de secretariado.

Se convino que la Comisión funcionaría durante seis meses a partir de su instalación, pero en la práctica su labor se prolongó tres meses más. El mandato dado a la Comisión se refería a examinar aquellas prácticas atroces sistematizadas en el período comprendido entre 1980–1991, adicionalmente debía presentar recomendaciones para garantizar la reconciliación nacional y la no repetición de estos delitos. El Informe Final fue titulado "*De la locura a la esperanza: la guerra de 12 años en el Salvador*" y fue presentado el 15 de marzo de 1993.

El trabajo de la Comisión presenta un análisis de los patrones de violencia desarrollados, tanto por agentes estatales y sus allegados, como los del FMLN. El informe se compone de una introducción, retoma el mandato dado mediante los Acuerdos de Paz y un capítulo titulado "*Cronología de la violencia*", que divide en cinco períodos el desarrollo del conflicto; presenta casos y patrones de violencia ampliamente descritos donde se nombran a algunos presuntos culpables y la forma cómo operaron para perpetuar sus crímenes contra la sociedad salvadoreña. Finalmente se presenta un capítulo de conclusiones y uno de recomendaciones.

El informe establece que en los primeros cuatro años de la década del ochenta se concentró más del 75 % de los graves hechos de violencia denunciados ante la Comisión y que el 95 % de los mismos ocurrieron en zonas rurales. Eso, en la realidad, se concretó mediante el terror contrainsurgente que tuvo su máxima expresión en las masacres de miles y miles de personas en el campo salvadoreño, las ejecuciones, asesinatos y desapariciones forzadas. Por su parte, al FMLN, la Comisión le atribuyó las ejecuciones sumarias de alcaldes y funcionarios judiciales, así como secuestros y reclutamientos forzosos como la forma de actuar ante sus opositores en el marco del conflicto armado.

Las recomendaciones de la Comisión se orientan a reforzar muchos elementos de los Acuerdos de Paz. Piden la separación de sus cargos de los militares y civiles culpables y que sean inhabilitados por diez años para cualquier función pública; insisten en las reformas al sistema judicial, insistiendo en las sanciones a los responsables y en las de reparación a las víctimas, crear un fondo para asegurar una compensación material a las víctimas; construir un monumento en su memoria; reconocer la honorabilidad de las víctimas y los graves delitos que se perpetraron contra ellas, y establecer un día nacional en su memoria. Nada de esto se cumplió.

3.3.2. La Ley de Amnistía

Cinco días después de la publicación del reporte de la Comisión, la Asamblea Nacional Salvadoreña aprobó el Decreto 486 del 20 de marzo de 1993, conocido como "Ley de Amnistía General para la Consolidación de la Paz" y que regula la forma de conceder la amnistía a todas las personas que hayan participado en delitos políticos, comunes y conexos, antes del 1 de enero de 1992. Esta Ley de Amnistía evitó no solo el procesamiento, sino también las investigaciones penales serias para determinar la responsabilidad legal de los casos citados en el informe de la Comisión de la Verdad y para los miles de otros casos de abusos de los derechos humanos que ocurrieron en el curso de la guerra.

El argumento para decretar la amnistía era que la estabilidad política del país, posterior a la guerra, requería de una amplia fuerza para seguir adelante. Tanto los grupos de los derechos humanos nacionales como internacionales objetaron fuertemente la amnistía y continúan haciéndolo hoy en día. El hecho de que ninguno de los casos citados en el reporte de la Comisión de la Verdad haya sido investigado totalmente o haya conducido a juicios penales, muchos menos a sentencias. De esta manera, quedó cerrado todo camino hacia la justicia y consagró la impunidad total de los victimarios.

La aprobación de la Ley de Amnistía no consultó a las víctimas, que terminaron siendo despreciadas y revictimizadas; hipotecando el futuro de la institucionalidad en el país a los mismos victimarios (Martínez Cuellar, 2005, pág. 159). Se negó la labor y concepto de los organismos de la sociedad con una reconocida trayectoria por su valiosa labor en la defensa de los derechos humanos, quienes durante años habían aportado reflexiones significativas. Se desconoció el papel que debía desempeñar la Comisión de la Verdad en lo relativo a facilitar el acercamiento con las personas que presentaron directamente sus denuncias, como en la entrega de testimonios indirectos y se limita el proceso de reparación integral a las víctimas al no encontrar respuestas por parte del sistema judicial.

La Comisión Interamericana de los Derechos Humanos ha sostenido en repetidas ocasiones que la ley de amnistía viola las obligaciones internacionales de El Salvador bajo el Sistema Interamericano de Derechos Humanos y le ha recomendado a ese país, repetidamente que el gobierno debe asegurar que la ley no sea un obstáculo para la identificación, acusación y castigo de los responsables de las violaciones serias a los derechos humanos que ocurrieron durante el conflicto armado.

3.3.3. La Misión de Observación de las Naciones Unidas en El Salvador

Fue más conocida como ONUSAL, que inició sus labores de observación en mayo de 1991 y se prolongó hasta abril de 1995. Contó con un extenso grupo internacional de 140 personas y uno local de 180, además de 380 observadores militares, 631 observadores policiales y 8 oficiales médicos. Su costo total fue de 107 millones de dólares.

Su labor consistió en la supervisión de la situación de derechos humanos y luego el Consejo de Seguridad fue ampliando, mediante resoluciones progresivas, su mandato, su tamaño y su período, para ocuparse de los aspectos técnicos del cese de fuego, de la asesoría a la conformación de la nueva Policía Civil, de la supervisión de las elecciones y de la verificación de los Acuerdos de Paz.

Durante sus primeras acciones se pudo constatar que la misión cumplió con honestidad su encomienda, así lo expresan las organizaciones no gubernamentales de El Salvador, además reconocen que se preocuparon de mejorar la situación de los derechos humanos, pero afirman que poco a poco la misión fue progresivamente decayendo en el burocratismo y que sus integrantes buscaban gozar de privilegios como funcionarios de la ONU. La pasividad y decadencia de su gestión se reflejó en tolerar la Ley de Amnistía, lo que violaba flagrantemente los Acuerdos de Paz, las recomendaciones de la Comisión de la Verdad y el Derecho Internacional Humanitario. Esta cómoda posición desató una tensa relación entre la ONUSAL y las organizaciones defensoras de los derechos humanos en El Salvador.

3.3.4. Los acuerdos en el posconflicto

En los temas económicos se había previsto como mecanismo de concertación entre empresarios y trabajadores el Foro Económico Social, luego de algunas sesiones quedó prácticamente en el olvido ante la negativa de los empresarios a discutir reformas con los trabajadores. El tema de la Reforma Agraria se estancó, se rescata la entrega de tierra —de no muy buena calidad— a excombatientes del FMLN.

Las recomendaciones también apuntaban a la disolución de ciertos entes estatales y la reforma estructural de otros, entre ellos la Comisión Investigadora de Hechos Delictivos; la Fuerza Armada de El Salvador y el Órgano Judicial, así como la mejora cualitativa y la consolidación de otras nuevas, como la Procuraduría para la Defensa de los Derechos Humanos y la Policía Nacional Civil.

En cuanto a la reforma judicial, fuera de algunos cambios constitucionales y legales que pocas incidencias han tenido en la cotidianidad de la administración de justicia, dejó intactas las estructuras de la impunidad que se reforzaron enormemente con la Ley de Amnistía. Ni siquiera los pocos casos que esclareció la Comisión de la Verdad (32 casos entre 80 000 víctimas) han podido ser judicializados, pues inmediatamente las demandas son rechazadas por jueces y magistrados apoyándose en la Ley de Amnistía.

En cuanto a las reformas de las Fuerzas Armadas, vinculadas directamente a los hechos que generaron la violencia, se trataba de anular el funcionamiento de un aparato diseñado para promover, tolerar y ejecutar graves violaciones a los derechos humanos antes y durante la guerra. Dicho aparato estaba compuesto por la Fuerza Armada de El Salvador, los organismos de "seguridad pública" y los "escuadrones de la muerte". Se buscaba la subordinación del estamento militar a las autoridades civiles en lo operativo y formativo. Por el contrario, el mismo presidente Cristiani —el llamado "presidente de la paz"— decidió no tocar a las Fuerzas Armadas y darles un retiro "glorioso" a los militares de la institución castrense que dirigieron la mayor parte de la guerra.

En el delicado tema de la seguridad pública se corría el peligro de lo que podrían llegar a convertirse los antiguos cuerpos, desmantelados progresivamente después del fin de la guerra. En esta materia, la Comisión recomendó crear la nueva Policía Nacional Civil y alejarla de "los antiguos cuerpos de seguridad o cualquier otra rama de la Fuerza Armada". Pero sucedió totalmente lo contrario, la nueva institución policial fue contaminada desde su origen, al permitirse el ingreso de miembros de la represiva Policía Nacional en proceso de extinción y de combatientes del FMLN, con una cuota del 20% para cada bando. Además, la unidad especializada de investigación dentro de la estructura de la anterior Policía Nacional —conocida como Comisión Investigadora de Hechos Delictivos— pasó a ser casi en su totalidad la "nueva" División de Investigación Criminal de la Policía Nacional Civil. De igual forma, varios oficiales del antiguo y evidentemente militarizado aparato de seguridad pública se afianzaron en puestos de mando dentro del nuevo ente corporativo, cambiando sus grados de tenientes a subcomisionados (Martínez Cuellar, 2005, pág. 161).

Sobre el tema de los derechos humanos, la Comisión se remitió al marco delimitado por el Acuerdo de San José, cuyo contenido debió ser difundido ampliamente por tratarse de una herramienta vital para medir los niveles de compromiso con la transformación real y profunda de la sociedad. En este ámbito, el Estado cumplió con algunas recomendaciones como ratificar el Protocolo Facultativo del Pacto Internacional de Derechos Civiles y Políticos; el Protocolo Adicional a la Convención Americana en materia de Derechos Económicos, Sociales y Culturales; la Convención Interamericana para Prevenir y Sancionar la Tortura; y la Convención de las Naciones Unidas contra la tortura y otras penas y tratos crueles, inhumanos y degradantes. También aceptó la competencia obligatoria de la Corte Interamericana de Derechos Humanos, aunque con una reserva mediante la cual se niega justicia a las víctimas de actos violatorios cometidos durante la guerra y hasta la fecha de dicha aceptación.

3.3.5. La justicia para los desaparecidos

El Comité de Familiares de Víctimas de Violaciones de los Derechos Humanos "Marianella García Villas", desde su fundación en 1991, se ha dedicado casi exclusivamente a acompañar casos de desaparición forzada en El Salvador. En 2006 solicitó a la Fiscalía General de la República, la investigación de seis casos sin obtener resultados. La respuesta oficial insiste en los inconvenientes que genera la rotación de agentes fiscales encargados de los casos, lo que dificulta la continuidad de las investigaciones, pues cada movimiento de personal asignado significa comenzar de nuevo. Estos seis casos se presentaron ante la Corte Suprema de Justicia mediante demandas de exhibición personal en junio de 2009. La Sala de lo Constitucional solicitó a la Policía Nacional Civil, a la Procuraduría para la Defensa de los Derechos Humanos, a la Fiscalía General de la República y al Estado Mayor de la Fuerza Armada información sobre los hechos (Martínez Cuellar, 2005, pág. 142).

El único caso que llegó hasta la Corte Interamericana de Derechos Humanos fue el de las hermanas Erlinda y Ernestina Serrano Cruz, secuestradas y desaparecidas por los militares durante la guerra. De la sentencia condenatoria para el Estado salvadoreño en 2005, no se han cumplido con la investigación del caso, identificar y sancionar a los responsables y efectuar una búsqueda seria de las víctimas, eliminar todos los obstáculos y mecanismos de hecho y derecho que impidan el cumplimiento de dichas obligaciones.

El 26 de junio de 2009, la Corte Suprema de Justicia, la Sala de lo Constitucional, decidió investigar la desaparición de la niña Sofía García Cruz. Este hecho ocurrió el 4 de junio de 1981 en el volcán Chinchontepec, departamento de San Vicente, cuando la víctima tenía diez años de edad. El 8 de diciembre de 2009 dicha sala ordenó lo mismo para el caso de María de los Ángeles Ortega, una niña que desapareció el 4 de noviembre de 1983 mientras se masacraba a la población del cantón Copapayo en Suchitoto, departamento de Cuscatlán. Sin embargo, siguen sin respuesta (Martínez Cuellar, 2005, pág. 145).

3.4. La reparación de las víctimas

La Comisión de la Verdad realizó recomendaciones al Estado de El Salvador para reparar a las víctimas del conflicto, como una obligación del Estado en cuanto la acción u omisión del poder público, o por ser facilitador de los medios causantes de la violencia sufrida por la sociedad, o como colaborador en la impunidad de los responsables de los delitos cometidos (CVES, 1993, págs. 196-198). Ante esto plantea las siguientes categorías de reparación:

a) Reparación material: propone crear un Fondo Especial de Reparación como entidad autónoma y con las facultades legales y administrativas para la compensación material de las víctimas de la violencia, en el corto plazo y deberá tomar como base el registro de víctimas entregado en el Informe. El Fondo contará con recursos del Estado y donantes de la Comunidad Internacional. En su estructura organizativa, propone que sea integrado por tres miembros: uno nombrado por el Estado del El Salvador, el segundo por el secretario de las Naciones Unidas, y el tercero será nombrado por los dos miembros nombrados.

b) Reparación moral: construcción de un monumento nacional en San Salvador con el nombre de todas las víctimas del conflicto identificadas; reconocimiento de la honorabilidad de las víctimas; el establecimiento de un feriado nacional recordatorio de las víctimas del conflicto y de afirmación de la reconciliación nacional.

c) Foro de la verdad y la reconciliación: adicional a las responsabilidades atribuidas a la Comisión Nacional para la Reconciliación de la Paz —COPAZ—; la Comisión considera que es la instancia que debería coordinar el Foro como una forma de garantizar la participación activa y amplia representación de la sociedad civil con el fin de hacer seguimiento a las recomendaciones emitidas por la misma Comisión.

d) Seguimiento internacional: la Comisión reconoce el importante papel de las Naciones Unidas como garante de verificar

> la totalidad de los Acuerdos, lo que comprende la verificación del cumplimiento de las recomendaciones de la Comisión de la Verdad, que las partes se comprometieron a honrar. La Comisión solicita al experto independiente para El Salvador en la Comisión de Derechos Humanos de las Naciones Unidas, que en su informe realice la evaluación de seguimiento de la Comisión de la Verdad.

Han pasado más de veinte años y el Estado no ha dado cumplimiento a las recomendaciones de la Comisión de la Verdad en cuanto a la reparación de las víctimas del conflicto armado. Ante la clara renuencia oficial para dar respuesta a las demandas de las víctimas a quienes se les ha negado la elaboración de sus duelos acumulados, ni ha reconocido su honorabilidad como víctimas de una larga noche de horror.

No obstante, han sido las mismas víctimas quienes han abierto importantes espacios de coordinación entre organismos e instituciones sociales para hacer realidad y dar cumplimiento a las recomendaciones de la Comisión de la Verdad. Así surgieron organizaciones como la Comisión de Trabajo Pro-Memoria Histórica de El Salvador, cuyo objetivo ha sido derogar la Ley de Amnistía General para la Consolidación de la Paz y llevar casos al sistema interno de justicia. Este espacio fue el que promovió en 1998 la demanda de inconstitucionalidad de dicha norma.

Otra iniciativa de coordinación es el Comité Pro-Monumento de las Víctimas Civiles de violaciones de Derechos Humanos, surgido con la idea de cumplir la recomendación de la Comisión de la Verdad relativa a la "construcción de un monumento nacional en San Salvador con los nombres de todas las víctimas del conflicto, identificadas". No lo hicieron ni el gobierno ni la antigua insurgencia, pese a que se comprometieron a cumplir todo lo emanado de esta entidad; lo erigieron las víctimas desde su dignidad.

Para la construcción del monumento, se consideraron las víctimas registradas por la Comisión de la Verdad y los archivos de las organizaciones partícipes de la iniciativa. Además, se publicó en un periódico el listado de los nombres y un formulario de registro para que se acercaran más familiares a inscribir los nombres de sus víctimas y, de ser necesario, corregir los que ya se tenían consignados. En diciembre de 2003 se inauguró la primera fase con 25 695 víctimas de ejecuciones extrajudiciales y desapariciones forzadas; en la segunda fase de construcción, finalizada en 2005, se incorporaron 3 169 nombres más. En total, hay 28 864 nombres (Martínez Cuellar, 2005, pág. 148).

3.4.1. El reciente decreto de las reparaciones

El actual presidente de El Salvador, Mauricio Funes Cartagena (2009-2014) anunció la creación del "*Programa de reparaciones a víctimas de graves violaciones a los derechos humanos ocurridas en el contexto del conflicto armado interno*", aprobado mediante el Decreto 204 del 23 de octubre de 2013[40]. Este programa abriría las puertas a la deuda histórica del Estado con las víctimas de la guerra civil sufrida por la nación, sin embargo, las organizaciones de derechos humanos se presentan escépticas frente a sus logros primero, por anunciarse al final del mandato del presidente pese a que el presiente ha perdido perdón por los crímenes cometidos durante el conflicto; en segundo lugar, porque a la fecha no existe un reporte oficial de sus proyectos[41], ni de su ejecución por parte del Ministerio de Gobernación donde se encuentra adscrito.

El Programa pretende brindar diferentes mecanismos de reparación a las víctimas de graves violaciones de derechos humanos ocurridas en el contexto del conflicto armado como masacres o exterminio colectivo de seres humanos, ejecuciones extrajudicia-

---

40 http://www.diariooficial.gob.sv/diarios/do-2013/10-octubre/23-10-2013.pdf.

41 "El Salvador: anuncian reparaciones para víctimas de guerra civil" en: Portal Estrategia de Negocios. Jueves 26 de septiembre, 2013. http://www.estrategiaynegocios.net/blog/2013/09/26/el-salvador-anuncian-reparaciones-para-victimas-de-guerra-civil/

les, desaparición forzada de personas y tortura, incluyendo en esta, las violaciones sexuales. Un componente del Programa es el Registro de Víctimas de Graves Violaciones a los Derechos Humanos en el Contexto del Conflicto Armado Interno, el cual se organiza en las siguientes áreas:

1. Administración del padrón de víctimas.
2. Atención a usuarios.
3. Soporte informático.

Los criterios de reparación están orientados a cubrir las siguientes áreas:

3.4.1.1. Medidas de rehabilitación

- *Medidas en el ámbito del derecho a la salud:* promover el pleno acceso a los servicios de salud para las víctimas identificadas en el registro. Se incluyen los servicios de salud mental y atención psicosocial.
- *Medidas en el ámbito del derecho a la educación:* subprograma de becas para estudios superiores y de posgrado en el ámbito nacional dirigido a jóvenes integrantes de las familias incorporadas.
- *Medidas en el ámbito del derecho a la alimentación y a la participación de la vida económica:* acceso a programas que integran el Plan de Agricultura Familiar: seguridad alimentaria y encadenamientos productivos; Asociatividad Productiva con asistencia técnica y articulado al Fondo de Inversión Social.

3.4.1.2. Indemnizaciones

- *Programa Indemnizatorio:* transferencia monetaria de carácter continúo y tiene los siguientes alcances:

- Adultos mayores de 55 años, cincuenta dólares exactos mensuales por persona.
- Familias con máximo 3 niños menores de 5 años, o madre embarazada, quince dólares por familia; sí la familia tiene más de 3 niños menores de 5 años, veinte dólares mensuales por familia.
- Familias con máximo 3 niños entre 5 y 16 años, sin haber cursado sexto grado, le corresponden quince dólares mensuales; sí la familia tiene más de 3 niños en este rango, le corresponderán veinte dólares mensuales.
- Para familias en las que concurra las modalidades 2 y 3 les corresponderá veinte dólares por familia.

3.4.1.3. Medidas de dignificación

- *En el ámbito de la cultura:* promover la identificación de bienes muebles e inmuebles que revistan especial importancia para la memoria histórica; publicación del Informe de la Comisión de la Verdad para el Salvador; ampliación temática del Museo Nacional de Antropología con participación de las organizaciones de víctimas.
- *En el ámbito del reconocimiento de responsabilidad y pedidos de perdón:* el presidente de la república procurará la realización de estos procesos, teniendo en cuenta realizar estos actos en aquellas comunidades afectadas por episodios graves.
- *En la efeméride nacional:* declaratoria y establecimiento de un día nacional para la conmemoración y dignificación de las víctimas.
- *En el ámbito comunicacional perteneciente al presidente de la República:* espacio de participación consultiva, en medios audiovisuales, con las víctimas para la ampliación y plena incorporación de temáticas sobre la memoria histórica.

- *En el ámbito de la educación:* revisión de planes de estudio para ampliar y fortalecer el conocimiento de la memoria histórica salvadoreña; conmemoraciones del "día de los niños y niñas desaparecidos durante el conflicto armado" (29 de marzo) —Decreto 197/2007—; y el día de las víctimas.

3.4.1.4. Medias para garantizar la no repetición de hechos similares

- *Mediadas en el ámbito de la formación policial:* la Academia Nacional de Seguridad Pública revisará planes de estudio y textos educativos con el fin de capacitar al personal en las graves violaciones a los derechos humanos ocurridas durante el conflicto armado y sensibilizarlos para la no repetición en el ejercicio de su función policial.
- *Medidas en el ámbito de la formación militar:* el Ministerio de la Defensa Nacional adoptara las medidas para la enseñanza de los Derechos Humanos y del DIH con el fin de promover su respeto y protección.
- *Medidas en el ámbito de los derechos humanos:* ratificación y adhesión a los tratados internacionales de derechos humanos de los cuales El Salvador no es Estado Parte, considerando los principios y normas constitucionales aplicables.
- *Medidas en el ámbito de la cooperación internacional:* el Ministerio de Relaciones Exteriores, La Corte Suprema de Justicia y el Instituto de Medicina Legal promoverán la creación de un equipo salvadoreño de antropología forense, así como el establecimiento de bancos de información genética y forense con el objetivo de ayudar a la búsqueda de personas desaparecidas en el contexto del conflicto armado.

Tabla 11. El Salvador conflicto armado interno (enero de 1980 y julio de 1991)

Víctimas Desaparición Forzada	Criterios Reparación Comisión de la Verdad	Marco Legal de Reparaciones	Políticas Públicas de Reparación
La Comisión recibió de fuente directa 7.357 denuncias que produjeron 7.312 víctimas y 8.653 casos enmarcados dentro de las categorías establecidas para la investigación. Se registra 1.057 desapariciones forzadas que corresponden al 14% del total de casos registrados.	Cinco Acuerdos de Paz entre gobierno y FMLN: 1. Acuerdo de Ginebra del 9 de abril de 1990: Inicio de conversaciones. 2. Caracas, 21 de mayo 1990: agenda y calendario 3. Acuerdo de San José, 26 de julio de 1990: Derechos Humanos 4. Acuerdo de México, 27 de abril de 1991: Reformas en la Fuerza Armada, sistema judicial y electoral, así como la creación de la Comisión de la Verdad. 5. Acuerdo Final de Chapultepec: cese de hostilidades, el desarme y la puesta en ejecución de las reformas institucionales acordadas. - Comisión de la Verdad. Acuerdo de México, 27 de abril de 1991. Informe Final "De la locura a la esperanza: la guerra de 12 años en el Salvador". 15 de marzo de 1993.	Decreto 204 del 23 de octubre de 2013. "Programa de reparaciones a víctimas de graves violaciones a los derechos humanos ocurridas en el contexto del conflicto armado interno".	*Ante 20 años de Ausencia de Políticas Públicas de Reparación la misma sociedad civil quien ha impulsado desde sus organizaciones acciones para dar cumplimiento a las recomendaciones de la Comisión de la Verdad: - Comisión de Trabajo Pro Memoria Histórica de El Salvador. - Comité Pro Monumento de las Víctimas -Civiles de violaciones de Derechos Humanos. - Registro de víctimas: listado de los nombres y un formulario de registro. Pronunciamiento Oficial: Todavía no se registra puesta en marcha del Programa "Programa de reparaciones a víctimas de graves violaciones a los derechos humanos ocurridas en el contexto del conflicto armado interno". - Registro de Víctimas de Graves Violaciones a los Derechos Humanos en el Contexto del Conflicto Armado Interno. 1. Mediadas de Rehabilitación Salud: pleno acceso, servicios de salud mental y atención psicosocial. Educación: Subprograma de becas para estudios superiores y de posgrado. Alimentación y vida económica: Plan de Agricultura Familiar, Asociatividad Productiva.

Víctimas Desaparición Forzada	Criterios Reparación Comisión de la Verdad	Marco Legal de Reparaciones	Políticas Públicas de Reparación
	a) Reparación Material: Fondo Especial de Reparación. b) Reparación moral: Construcción de un monumento nacional; honorabilidad de las víctimas; feriado nacional. c) Foro de la verdad y la reconciliación: participación activa y amplia de la sociedad civil para seguimiento a las recomendaciones de Comisión. d) Seguimiento Internacional: solicita al experto independiente para El Salvador en la Comisión de Derechos Humanos de las Naciones Unidas, evaluación de seguimiento de la Comisión de la Verdad. *Además realizó otras recomendaciones estructurales para la nación.		2. Indemnizaciones Adultos mayores de 55 años, cincuenta dólares exactos mensuales por persona. Familias con máximo 3 niños menores de 5 años, o madre embarazada, quince dólares por familia; sí la familia tiene más de 3 niños menores de 5 años, veinte dólares mensuales por familia. Familias con máximo 3 niños entre 5 y 16 años, sin haber cursado sexto grado, le corresponden quince dólares mensuales; sí la familia tiene más de 3 niños en este rango, le corresponderán veinte dólares mensuales. Para familias en las que concurra las modalidades 2 y 3 les corresponderá veinte dólares por familia. 3. Medidas de dignificación Cultura: publicación del Informe de la Comisión de la Verdad; ampliación temática del Museo Nacional de Antropología, Centros de memoria histórica. Reconocimiento de responsabilidad y pedidos de perdón. Efeméride nacional. Espacio de participación consultiva, en medios audiovisuales, con las víctimas. Revisión de planes de estudio para ampliar y fortalecer el conocimiento de la memoria histórica. 4. Medias para garantizar la no repetición de hechos similares Mediadas en el ámbito de la formación policial. Medidas en el ámbito de la formación militar. Ratificación y adhesión a los tratados internacionales de derechos humanos. Equipo de antropología forense y bancos de información genética y forense para búsqueda de personas desaparecidas.

Fuente: elaboración propia con base a las recomendaciones de reparación para víctimas de desaparición forzada de la CV-El Salvador.

4. GUATEMALA: GRANDES RETOS PARA ASUMIR LA REPARACIÓN

El conflicto armado interno que sufrió Guatemala por 36 años tiene sus principales raíces en un Estado autoritario, protector de élites políticas y económicas, excluyente y racista que se reflejan en la poca consolidación de un proyecto de nación democrática, con débiles instituciones que atendieran las necesidades de la población maya. Un sistema judicial inoperante, y unos partidos políticos incapaces de representar los intereses de la sociedad. Para la Comisión de Esclarecimiento Histórico —CEH—, estas dinámicas que escribieron un capítulo de horror en la historia del país aún no han sido asumidas por la sociedad "Aunque muchos saben que el enfrentamiento armado causó muerte y destrucción, la gravedad de los reiterados atropellos que sufrió el pueblo todavía no ha sido asumida por la conciencia nacional" (CEH, 1999)

Las raíces del enfrentamiento armado en Guatemala fueron una suma de fenómenos internos como la fuerte tradición dictatorial centralista que fue construyendo un fundamentalismo anticomunista que provocó restricciones legales a la participación política y social que motivaron un movimiento social amplio y diverso, iniciado en octubre de 1944 y que terminó con el derrocamiento de Jacobo Arbenz en 1954. Las organizaciones que surgieron se desprendieron del proscrito partido comunista y del Partido Guatemalteco del Trabajo —PGT— quienes impusieron la lucha armada como vía única para tomar el poder, en un contexto de Guerra Fría y para el caso latinoamericano por las influencias de la Revolución Cubana.

La doctrina empleada por el Estado guatemalteco para enfrentar el conflicto fue la seguridad nacional contra el comunismo financiado por los Estados Unidos quien proporcionó, además, asistencia en inteligencia militar y entrenamiento contrainsurgente. Este fundamentalismo anticomunista fue avivado por la Iglesia Católica que desempeñó un papel de defensa de la religión, las tradiciones y los valores conservadores de la sociedad.

4.1. El conflicto armado interno

Tomando la cronología del conflicto analizada por la CEH, se pueden identificar cuatro etapas que cubren el periodo del conflicto entre 1962 y 1996:

1) Orígenes del enfrentamiento armado (1962 a 1970)

A partir de 1962 la dinámica contrarrevolucionaria profundizó el autoritarismo y la exclusión histórica, recurrió a la militarización del Estado y a la violación de los derechos humanos bajo la adopción de la Doctrina de Seguridad Nacional. La radicalización de grupos de izquierda, en la que convergieron ex funcionarios de los gobiernos de Arévalo y Arbenz, miembros y líderes de los partidos políticos afectados por la contrarrevolución y militares involucrados en el levantamiento del 13 de noviembre de 1960, quienes aprovecharon la reactivación y el malestar del movimiento social, fundamentados en la exclusión económica y social.

El Gobierno de Julio César Méndez Montenegro (1966-1970) estableció un pacto secreto entre el alto mando del ejército y el nuevo gobierno civil que se plasmó en la Constitución de 1965 y sobre la cual los militares recurrieron crecientemente a la práctica del terror como parte de la estrategia contrainsurgente y aceleraron el proceso de profesionalización de su sección de inteligencia y sus operaciones de combate en las que comenzaron a involucrar a civiles.

Así, el enfrentamiento armado estuvo determinado por la política contrainsurgente de la Seguridad Nacional y por parte de la guerrilla por el planteamiento de Guerra Popular Revolucionaria. En diciembre de 1962 el PGT propició una reunión entre los dirigentes del MR-13, del Movimiento 20 de octubre y del Movimiento 12 de abril, en la cual decidieron unirse para derrocar al Gobierno a través de la lucha armada conformando las Fuerzas Armadas Rebeldes —FAR—. Por otro lado, la estrategia contrainsurgente, involucró a la población civil, que cumplió algunas tareas militares y de inteligencia como la delación, la persecución y la captura de opositores, acompañadas de métodos de represión y terror (tortura, desapariciones y ejecuciones extrajudiciales).

2) Reorganización de los actores del enfrentamiento (1971-1978)

En este período el sector económico se moderniza con nuevas iniciativas de desarrollo; en lo político se consolida la alianza entre el ejército, partidos políticos y sectores empresariales, bajo una nueva fórmula de gobiernos electos, siempre encabezados por militares. El Estado permite ciertos márgenes de organización y reivindicación. El Ejército afianzó su reordenamiento de unidades militares, brindándoles mayores elementos técnicos; a su turno, nuevas organizaciones guerrilleras harán su aparición, mejor entrenadas, equipadas y más organizadas en su estructura político-militar.

La institucionalización del régimen militar establecido en 1966 tuvo continuidad durante la década de los setenta. Esta alianza entre políticos, empresarios y militares, se tomó el poder del Ejecutivo y asumió el control del Estado mediante un sistema electoral fraudulento, en un juego de competencia limitada a la participación de partidos ideológicamente anticomunistas. La Constitución de 1966 fue la base legal del modelo, el ejército contó con una modernización operativa, especialmente de su núcleo de inteligencia. A esto se suma la permanente cooperación económica y militar que brindaron los Estados Unidos.

En este período el terrorismo de Estado fue permanente y selectivo, sin que los órganos judiciales permitieran el fortalecimiento del sistema judicial a nivel nacional, por lo que era casi imposible hacer justicia en las zonas del conflicto, colaborando en la militarización de la sociedad. En pocas ocasiones se iniciaron procesos judiciales y rara vez se condenó a quienes cometían violaciones a los derechos humanos, independientemente del actor que las cometiese. Igualmente, las demandas laborales de este período no fueron resueltas a favor de los trabajadores; varios miembros de sindicatos, así como sus asesores jurídicos fueron objeto de intimidaciones y represalias que los obligó a salir del país, incluso un considerable número de ellos fueron ejecutados arbitrariamente.

A pesar del conflicto social, el modelo económico elegido por los gobiernos militares tuvo un auge en estos años, pero su beneficiario fue el sector empresarial, el cual presionó al Estado para que la política fiscal, las leyes laborales y crediticias se subordinaran a los intereses del sector productivo y de la empresa privada. Así se crearon incentivos financieros y fiscales que incluían barreras arancelarias hasta la eliminación de impuestos. Este crecimiento económico se reflejó en el crecimiento de la urbanización, la industrialización, la modernización y la diversificación de la agricultura de exportación. Aunque fueron limitadas, la acción sindical y sus demandas salariales, trabajadores como campesinado conformaron cooperativas, ligas campesinas, comités, sindicatos, y asociaciones mayas, en algunos casos con el apoyo de la Iglesia católica o de la democracia cristiana.

Durante estos años surgieron dos nuevas organizaciones insurgentes, el Ejército Guerrillero de los Pobres —EGP— y la Organización del Pueblo en Armas —ORPA—, quienes redefinieron el enfoque estratégico de su accionar, lo que implicó la selección de territorios distintos y un esfuerzo consciente por ampliar su base social, buscando la participación del pueblo maya en la lucha revolucionaria.

3) Agudización de la violencia y militarización del estado (1979-1985)

Este período experimentó el mayor grado de violencia sufrido durante el conflicto. En el Gobierno de Lucas García (1978-1982), la estrategia contrainsurgente se concentró en eliminar al movimiento social tanto urbano como rural, el cual había crecido sensiblemente durante los años previos. La corrupción, el desvío de recursos destinados al mantenimiento del ejército y el deterioro de la imagen internacional fueron algunos de los factores que acrecentaron el descontento y las críticas de algunos sectores de la oficialidad, lo que terminó por desgastar su gobierno. Algunos sectores oficialistas terminaron por señalar la poca eficiencia que el alto mando del Ejército exhibía para derrotar a la guerrilla, cuyas acciones de sabotaje, tomas de pueblos, cierre de carreteras, así como ejecuciones arbitrarias, se hicieron más frecuentes en territorios cada vez más amplios.

Posteriormente, Efraín Ríos Montt (1982-83) le dio continuidad a la estrategia de tierra arrasada, destruyendo cientos de aldeas, principalmente en el Altiplano y provocando un desplazamiento masivo de la población civil que habitaba las áreas de conflicto. Paralelamente el Ejército implantó estructuras militarizadas, como las Patrullas de Autodefensa Civil —PAC—, con el fin de consolidar su control sobre la población, buscando contrarrestar la influencia de la insurgencia y reducir las causas que generaban malestar entre la población, organizando los denominados polos de desarrollo. Para CEH la capacidad militar operativa del Ejército fue superior a la de los grupos guerrilleros, unificados a partir de 1982 en la Unidad Revolucionaria Nacional Guatemalteca —URNG—, una estrategia ofensiva insurgente que fracasó, sufriendo en conjunto una derrota política y militar.

El Gobierno del General Humberto Mejía Víctores (1983-85) continuó con esta estrategia, fortaleciendo la militarización con la expansión e institucionalización de las Patrullas de Autodefensa Civil y dándole un fuerte empuje a los polos de desarrollo y aldeas modelo. El 19 de enero de 1984 el Gobierno anunció por Decretos-Ley 3-84 y 4-84 la Ley Electoral y la convocatoria a elecciones para Asamblea Nacional Constituyente a realizarse el 1 de julio de ese mismo año. El 31 de mayo de 1985 se aprobó la Constitución y se convocó a elecciones presidenciales. No obstante, por condición del gobierno militar, la Constitución entró en vigor el 14 de enero de 1986 cuando asumió el gobernante electo, durante esos seis meses el Gobierno continuó legislando a través de decretos-leyes. El impacto más profundo de los cambios que representa la Constitución vigente lo expresa la filosofía de protección y respeto a los derechos humanos y la creación de la Corte de Constitucionalidad, como tribunal autónomo, estos fueron logros profundos e importantes para la sociedad.

4) La transición política (1986-1996)

El 14 de enero de 1986 asumió el Gobierno el demócrata cristiano Vinicio Cerezo Arévalo (1986-1991) representando un gobierno demócrata cristiano y múltiples expectativas que la sociedad depositaba en su triunfo, principalmente el rechazo de la población hacia el pasado inmediato porque su voto simbolizaba la desconfianza hacia los militares. El proceso de transición estuvo cargado de tensiones entre fuerzas políticas legales, algunos sectores sociales y los militares. La transición se dio de manera accidentada y no exenta de riesgos de reversión autoritaria; manifestación de la presión militar en la cúpula de poder fueron varios intentos de golpe de Estado, como los de 1987, 1988 y 1989.

Las ofensivas militares contra la guerrilla y la cada vez más reducida base social de esta, continuaron durante este período. Sin embargo, la presión internacional para buscar soluciones políticas a los conflictos de la región y a la incidencia de partidos políticos y sectores sociales, presionaron para la apertura del diálogo con los distintos actores armados para que pudiese sostenerse la mirada política del conflicto mediante diálogos de paz.

El Gobierno de Serrano Elías (1991-1993) retomó los esfuerzos de negociación de paz emprendidos durante el período anterior. Sin embargo, se encontró con dificultades para encontrar una solución política al enfrentamiento y su gobierno tuvo confrontaciones internas con las fuerzas políticas de oposición y con muchos sectores sociales. Esta crisis institucional desembocó con el intento de golpe de Estado técnico, el cual fue rechazado por la Corte de Constitucionalidad y por todos los sectores sociales. Esto afectó el proceso político y puso en evidencia los problemas de autoridad, corrupción, impunidad, negligencia administrativa, que los gobiernos militares habían tratado de ocultar.

El Gobierno de Ramiro de León Carpio (1993-96) estuvo marcado por una crisis de autoridad del Estado y por las negociaciones de paz que finalizaron en el gobierno de Álvaro Arzú (1996). Durante este período las negociaciones se caracterizaron por luchas internas en el seno de sus actores: para el gobierno, legitimar políticamente a la izquierda revolucionaria; para el ejército, aceptar la disminución de cuotas de poder y para la guerrilla, aceptar el carácter estratégico de la negociación para terminar el enfrentamiento armado.

El sector empresarial apoyó el proceso de transición, preocupado permanentemente de que sus intereses no fueran afectados por reformas tributarias o medidas proteccionistas drásticas y de que los gobiernos civiles aceptaran y emprendieran sus postulados económicos. Su participación en las negociaciones de paz fue desconfiada, principalmente en los aspectos socioeconómicos, donde se oponían a que se realizaran cambios constitucionales en torno a los temas de la propiedad y a la aprobación del Convenio 169 de la OIT sobre pueblos indígenas y tribales en países independientes. Sin embargo, para un pequeño sector la firma de la paz podría garantizar las condiciones que aumentaran la inversión interna y externa.

La transición posibilitó la reorganización del movimiento social que emergió de manera acelerada, a pesar de que continuaron las censuras y las acciones de persecución hacia muchos de sus miembros y líderes. Los sectores que más rápidamente prosperaron fueron el sindical y los organismos de derechos humanos, que demandaban mayor tolerancia del Estado y justicia social. El inicio de la transición causó mucha expectativa entre la población, sin embargo, esta expectativa fue decreciendo en la medida en que los gobiernos fueron incapaces de detener la crisis económica y los déficits sociales básicos, así como el clima de inseguridad ciudadana.

4.2. Los acuerdos de paz

Los Acuerdos de Paz en Guatemala se desarrollaron en dos fases: la primera consiste en el acercamiento de los actores, en la que el interlocutor es la sociedad civil a través de diversos estamentos; la segunda fase es más oficial y pone en diálogo a los dos protagonistas: gobierno y Unidad Revolucionaria Nacional Guatemalteca —URNG—, con la mediación de la Iglesia en un principio y luego de las Naciones Unidas.

- *Primera fase:* inicia en 1985 cuando la URNG invita al gobierno de Cerezo a iniciar un proceso de diálogo para buscar una solución negociada al conflicto. La debilidad extrema del gobierno ante las fuerzas armadas no ofrece condiciones para el diálogo. En agosto de 1987 todos los presidentes centroamericanos firman el Acta de Esquipulas II, también llamada "Procedimiento para establecer la paz firme y duradera en Centroamérica". Allí se contemplaba la creación inmediata, en cada país, de una Comisión Nacional de Reconciliación —CNR—, conformada por delegados de cada gobierno, la Iglesia, los partidos políticos y alguna personalidad independiente. En 1990 se realiza en Oslo, Noruega, la primera reunión entre la CNR, en representación del Gobierno de Guatemala y la URNG. Su resultado consistió en programar diálogos con diversos sectores de la sociedad guatemalteca, con el fin de crear condiciones para una discusión a fondo de la problemática del país. Entre el 24 y 26 de abril de 1991, en México, D.F., se realiza la primera reunión entre la Comisión de Paz del Gobierno de Guatemala, integrada por civiles y militares, la Comandancia General de la URNG y observadores de la ONU. El Acuerdo firmado el 26 de abril, estableció que primero había que ponerse de acuerdo en soluciones a los problemas que habían originado la guerra, y luego se hablaría de desmovilización (Giraldo Moreno, 2004, págs. 153-155).

- *Segunda Fase:* esta fase dura dos años, entre el 10 de enero de 1994 y el 29 de diciembre de 1996, y avanza en la consolidación de 12 acuerdos firmados (Giraldo Moreno, 2004, págs. 155-161):

1. Acuerdo marco para la reanudación del proceso de negociación entre el Gobierno de Guatemala y la Unidad Revolucionaria Nacional Guatemalteca, México, D.F., 10 de enero de 1994.

2. Acuerdo global sobre derechos humanos, México, D.F., 29 de marzo de 1994.

3. Acuerdo para el reasentamiento de las poblaciones desarraigadas por el enfrentamiento armado, Oslo, 17 de junio de 1994.

4. Acuerdo sobre el establecimiento de la Comisión para el Esclarecimiento Histórico de las violaciones a los derechos hu-

manos, y los hechos de violencia que han causado sufrimientos a la población guatemalteca, Oslo, 23 de junio de 1994.

5. Acuerdo sobre identidad y derechos de los pueblos indígenas, México, D.F., 31 de marzo de 1995.
6. Acuerdo sobre aspectos socioeconómicos y situación agraria, México, D.F., 6 de mayo de 1996.
7. Acuerdo sobre fortalecimiento del poder civil y función del ejército en una sociedad democrática, México, D.F., 19 de septiembre de 1996.
8. Acuerdo sobre el definitivo cese al fuego, Oslo, 4 de diciembre de 1996.
9. Acuerdo sobre reformas constitucionales y régimen electoral, Estocolmo, 7 de diciembre de 1996.
10. Acuerdo sobre bases para la incorporación de la Unidad Revolucionaria Nacional Guatemalteca a la legalidad, Madrid, 12 de diciembre de 1996.
11. Acuerdo sobre cronograma para la implementación, cumplimiento y verificación de los acuerdos de paz, Guatemala, 29 de diciembre de 1996.
12. Acuerdo de paz firme y duradera, Guatemala, 29 de diciembre de 1996.

4.3. Las víctimas de la desaparición forzada

La CEH registró un total de 61,648 violaciones de derechos humanos, de las cuales 6,159 corresponden a casos de desapariciones forzadas cometidas durante el período que abarcó el enfrentamiento armado. La práctica de desapariciones forzadas alcanzó un significativo aumento entre 1979 y 1983, período que coincide con la mayor agudización del conflicto y con la práctica de desapariciones forzadas masivas en el área rural. (CEH, 1999, pág. 406. Tomo II).

En el capítulo especial que realiza la CEH para la desaparición forzada (1999, págs. 407-459. Tomo II), deja claro que fue el resultado de la puesta en práctica de la estrategia contrainsurgente implementada en Guatemala por el Estado a través del Ejército, las PAC, comisionados militares, Guardia de Hacienda, Policía Nacional, Judicial y escuadrones de la muerte. Las víctimas de este tipo de violación de los derechos humanos se encuentran a lo largo de todo el período que cubre el enfrentamiento armado. Del total de desapariciones forzadas registradas por la CEH; el 80% fueron perpetradas por el Ejército, 12% fueron cometidas por las Patrullas de Autodefensa Civil, el 8% fueron cometidas por otras fuerzas de seguridad, principalmente la Policía Nacional. Lo que la CEH no logró esclarecer es si existió una sola cadena de mando o un sistema centralizado donde se originan las instrucciones de llevar a cabo la desaparición forzada de las personas.

Este delito fue un método de ejecución arbitraria que se ejecutó en una etapa temprana de desarrollo de los grupos insurgentes y partidos políticos de oposición, previa a la agudización del enfrentamiento, en la medida que busca impedir su consolidación y fortalecimiento y ofrece mejores posibilidades de mantener oculta la autoría de la violación. En efecto, se observa cómo durante los años 1971, 1975 y 1976 la desaparición forzada, fue el método de violación a los derechos humanos, aplicado con preferencia.

En esa medida, durante la primera etapa del enfrentamiento armado, la desaparición forzada fue aplicada específicamente contra miembros de dirigencias de organizaciones políticas y sociales con el propósito de impedir su fortalecimiento. Sin embargo, una vez iniciado el diálogo entre los actores del conflicto, se observa una notable disminución en el número y frecuencia de violaciones de los derechos humanos, pero específicamente para la desaparición forzada no se observaron cambios o alteraciones sustantivas en su forma de ejecución a lo largo del tiempo, salvo la relación con la mayor frecuencia y cantidad de violaciones de esta naturaleza cometidas entre 1979 y 1983, que guardan estrecha relación con la agudización del enfrentamiento.

El objetivo final de las desapariciones forzadas de personas consistía en la destrucción de las organizaciones sindicales, estudiantiles, políticas conceptuadas como opositoras al régimen establecido. En consecuencia, la estrategia contrainsurgente golpeó a través de la desaparición forzada a jefaturas y cúpulas completas de sindicatos, asociaciones estudiantiles, organizaciones políticas y populares. Sin embargo, las desapariciones forzosas también fueron aplicadas por las fuerzas paramilitares en contra de sus miembros, la mayoría de las veces, como forma de castigo por negarse a patrullar o para consumar venganzas y ajustes de cuentas con total impunidad. Tal práctica también tuvo como propósito destruir evidencias, en la medida que afectó a servidores del Estado que poseían abundante información sobre las prácticas de la política contrainsurgente.

En la práctica de esta violación, la CEH encontró diferencias en las formas de operar de los responsables en el escenario rural de las aplicadas en las áreas urbanas. En las áreas urbanas se presentó un marcado interés en los agentes del Estado por mantener oculta la identidad de los autores, mediante la utilización de distractores —disfraces, rostros cubiertos, carros sin placas— y operando a altas horas de la noche.

En las áreas rurales, además de los rasgos de selectividad en la aplicación de la desaparición forzada contra víctimas individuales —líderes y dirigentes comunitarios—, se constató una mayor intensidad en los niveles de violencia empleados, mayor frecuencia de desapariciones forzadas que en la ciudad y una labor de Inteligencia implementada básicamente a través de la utilización de listados de nombres y de delatores que actuaban enmascarados o encapuchados. Por esta razón, la mayoría de las víctimas de desapariciones forzadas son indígenas. Esto fue posible por la mayor indefensión en la que se encontraba la población rural, lo que facilitó que las violaciones de los derechos humanos fueran cometidas con mayor frecuencia, intensidad e impunidad.

Las regiones del país que resultaron más golpeadas con la práctica de esta violación fueron los departamentos de Quiché con 36%, Alta Verapaz, Chimaltenango, San Marcos, Huehuetenango, Guatemala, Petén y Sololá. Con la orientación del enfrentamiento hacia el Occidente del país, el mayor número de víctimas de desapariciones forzadas se produce entre 1979 y 1984 y pertenecen a las etnias k´iche´, kaqchikel, mam, q´eqchi´ e ixil. En efecto el 74.6% del total de víctimas identificadas eran mayas, el 25% eran ladinos y el 0.2% correspondía a otros grupos (CEH, 1999, págs. 407-459. Tomo II).

4.4. Comisiones de la verdad

Resulta interesante para el caso de Guatemala, que además de contar con 12 acuerdos de paz, se hayan creado dos comisiones de la verdad una estatal y otra ciudadana que tuvieron como fin esclarecer los crímenes cometidos durante el conflicto:

4.4.1. Proyecto Interdiocesano de Recuperación de la Memoria Histórica —REMHI—

Cuando se estableció la Comisión Nacional de Reconciliación (1988), la Conferencia Episcopal de Guatemala fue invitada a participar y nombró a monseñor Rodolfo Quezada Toruño y a monseñor Juan Gerardi como representantes, este creó el Proyecto Interdiocesano de Recuperación de la Memoria Histórica, REMHI, que entregó su informe en 1998. Esta fue una Comisión de la Verdad que surge del sentir de la sociedad civil, creada por la Iglesia que a través de su informe denunció los crímenes cometidos por el Estado. Su investigación e informe final fue usado como apoyo por la Comisión para el Esclarecimiento Histórico.

El proyecto REMHI elaboró un informe final titulado "*Guatemala, Nunca Más*", está editado en cuatro volúmenes con 1 400 páginas. El primero aborda los impactos individuales, familiares y comunitarios de la violencia, las formas de supervivencia y las demandas. El segundo los mecanismos y métodos del horror. El tercero una síntesis histórica de los últimos 50 años hasta la firma de la paz. El cuarto las estadísticas de las víctimas. Este trabajo calculó en 150.000 las personas que murieron, 50 000 desaparecieron, un millón se refugiaron, 200 000 niños quedaron huérfanos y 40 000 mujeres viudas. El 26 de abril de 1998, dos días después de la presentación del Informe en la Catedral de Guatemala, fue asesinado Monseñor Juan Gerardi, el inspirador y orientador del proyecto (Giraldo Moreno, 2004, págs. 166-167).

El REMHI también hizo recomendaciones sobre el papel de las Iglesias, los organismos internacionales y la URNG. Se pronunció respecto de las garantías de no-repetición y el respeto; la justicia y la sanción de los responsables; y la prevención de la violencia social y comunitaria. Asimismo, propuso cambios legislativos, judiciales y sociales, entre los que se destaca la desmilitarización, el ejercicio de las libertades en términos de la expresión de la identidad y la cultura de los pueblos mayas, además del ejercicio de los derechos individuales y colectivos, así como enfrentar el problema de la tierra (Mack Chang, 2005, pág. 194).

4.4.2. Comisión para el Esclarecimiento Histórico

A diferencia de otras Comisiones de la Verdad que nacen por iniciativa del Estado o de organizaciones civiles después de finalizar el conflicto, la Comisión para el Esclarecimiento Histórico se creó dos años antes de finalizados oficialmente los enfrentamientos, creada antes del post conflicto, no por interés nacional sino del gobierno y los grupos alzados en armas mediante el Acuerdo de Oslo el 23 de junio de 1994.

Sus objetivos eran esclarecer los hechos de violencia, analizar las violaciones de los derechos humanos vinculados con el enfrentamiento armado y realizar recomendaciones enfocadas en la memoria de las víctimas. Se estableció el carácter no judicial de la CEH, su investigación no tenía un fin punitivo, pero el material recolectado sí podía ser usado para entablar procesos judiciales.

Luego de siete meses de promulgado el Acuerdo Gubernativo marco de la Ley de Reconciliación Nacional decretada el 27 de diciembre de 1996, la Comisión inició sus labores el 31 de julio de

1997. En febrero el secretario general de la ONU nombró al profesor de Derecho Internacional, Christian Tomuschat, como coordinador de la recién creada CEH, siguiendo los parámetros del Acuerdo de Oslo, con el fin de aislar el proceso de los intereses políticos.

El informe final de la CEH titulado "*Guatemala: Memorias del Silencio*", se entregó en 1999 durante el gobierno de Álvaro Arzú Irigoyen. En el texto, se reunieron los 7338 testimonios que recolectó el organismo durante sus dos años de trabajo y reveló la magnitud de los hechos de violencia que vivió el país: las víctimas de una o más violaciones de derechos humanos registrados asciende a más de 42 275 víctimas, las cuales fueron objeto de 61 648 violaciones a sus derechos humanos, correspondiendo a un promedio de 1.5 actos violatorios por víctima.

La CEH concluye que la responsabilidad de violaciones cometidas, entre 1963 hasta 1996, fueron perpetradas entre el Ejército, en un 85 por ciento, seguido por las Patrullas de Autodefensa Civil, 18 por ciento, y los comisionados militares, 11 por ciento, organizaciones que fueron implementadas y apoyadas por las Fuerzas Militares; los grupos guerrilleros cometieron el 3 por ciento de los crímenes, siendo la población Maya la más afectada en el conflicto. Al acto público del Informe Final "Guatemala: Memorias del Silencio" realizado en el Teatro Nacional Miguel Ángel Asturias, el 25 de febrero de 1999, no asistió el presidente, Álvaro Arzú, al igual que otras autoridades del Estado, lo cual fue tomado como un rechazo oficial a su contenido y, por ende, a sus recomendaciones.

4.5. Reparación a las víctimas

4.5.1. Tipificación del delito de desaparición forzada

Durante el conflicto armado interno no existía en el Código Penal guatemalteco el delito de desaparición forzada. En 1996 el Congreso de la República aprobó el Decreto 33-96, que introdujo una serie de reformas a este código, allí se tipificó el delito de desaparición forzada de personas que hasta la fecha eran calificados como plagio o secuestro; a partir de entonces, estos casos fueron trasladados a una fiscalía específica del Ministerio Público dedicada a investigar las violaciones de derechos humanos ocurridas durante el conflicto armado interno.

No obstante, persistían posiciones políticas que cuestionaban la irretroactividad de este tipo penal y la calificación como delito continuado, promovidas por grupos afines a las estructuras de poder militar, en las cuales recae la mayor parte de la responsabilidad sobre las violaciones de derechos humanos ocurridas durante el conflicto armado interno. Sin embargo, con el auto dictado el 7 de julio de 2009 por la Corte de Constitucionalidad se acogió lo manifestado por los querellantes adhesivos en el caso Choatalum en el sentido que cuando la víctima continúa desaparecida se debe aplicar la ley vigente al momento de la terminación del delito. Así, se reconoció el carácter continuado y permanente del delito. En igual sentido se pronunció la sentencia condenatoria dictada en ese caso por el Tribunal de Sentencia Penal, Narcoactividad y Delitos contra el Ambiente del departamento de Chimaltenango, el 7 de septiembre de 2009 (Mónica, 2010, pág. 178).

4.5.2. Propuestas de la CEH para la reparación a las víctimas

La CEH consideró que la verdad, la justicia, la reparación y el perdón son los pilares de la consolidación de la paz y la reconciliación nacional. Por tanto, recomendó al Estado guatemalteco elaborar y promover una política de reparación a las víctimas y sus familiares, cuyos objetivos prioritarios han de ser la dignificación de las víctimas, la garantía de no repetición de las violaciones de derechos humanos y hechos de violencia vinculados con el enfrentamiento armado y el respeto de las normas nacionales e internacionales de derechos humanos (CEH, 1999, págs. 59-85. Conclusiones y Recomendaciones). En el siguiente cuadro se puede observar la estructura general de la política de reparación propuesta por la Comisión:

La CEH planteó incluir dentro del Programa Nacional de Reparación, un capítulo especial para la reparación a las víctimas de la desaparición forzada, dada la magnitud del fenómeno para el caso de Guatemala. Estas recomendaciones, parten por reconocer el sufrimiento de los familiares ante la incertidumbre del destino de su ser querido, de la misma manera, reconoce una serie de problemas de carácter legal y administrativo que es necesario corregir para no prolongar el sufrimiento y las complicaciones que la desaparición ocasiona (CEH, 1999, págs. 65-68. Conclusiones y Recomendaciones).

Tabla 12. Guatemala medidas especiales de reparación a las víctimas de la desaparición forzada

Componente	Acciones	Petición
Búsqueda de los desaparecidos	Gobierno, Organismo Judicial y sociedad civil: inicio de investigaciones sobre todas las desapariciones forzadas.	Se solicita al Comité Internacional de la Cruz Roja su asesoría y apoyo técnico a los diversos organismos del Estado.
	Ejército y URNG: aporten información sobre desapariciones sufridas en conflicto.	
Búsqueda de niños desaparecidos, adoptados ilegalmente o separados ilegalmente de sus familias.	Comisión Nacional de Búsqueda de Niños Desaparecidos.	Integrada por el Procurador de Derechos Humanos y representantes de ONG nacionales de derechos humanos y de la niñez, con la asesoría y el apoyo técnico y financiero, según sus disponibilidades, de Unicef, el CICR y las ONG internacionales especializadas en el tema de la niñez.
	Medidas legislativas en cuya virtud los juzgados y tribunales del Organismo Judicial acceso a sus archivos, facilitando información relativa a la identidad, el origen étnico, la edad, los lugares de procedencia, la localización actual y el nombre actual de los niños dados en adopción o atendidos durante el enfrentamiento armado.	
	Campaña de información masiva en español y en todos los idiomas indígenas, en todas las regiones del país y en los lugares de refugio en otros países, sobre las actividades y medidas que se pongan en marcha para la búsqueda de niños.	
	Medidas legislativas extraordinarias que permitan que, en el caso de adopciones llevadas a cabo sin conocimiento o contra la voluntad de los padres naturales, las personas adoptadas, o sus familiares, puedan pedir la revisión de tal adopción.	
Reconocimiento del estatus jurídico de la ausencia por desaparición forzada.	Institución jurídica de la declaración de ausencia por desaparición forzada, con fines de filiación, sucesión, reparación y demás efectos civiles relacionados con ella.	Dado el costo financiero que supone esta actividad especializada, se solicita particularmente a la comunidad internacional su apoyo económico y asesoría técnica.
	Ley de Exhumaciones: como una medida de reparación individual y colectiva.	
	Política activa de exhumaciones y la localización de los cementerios clandestinos.	
	Banco de datos correspondiente–procurador de Derechos Humanos	

Fuente: elaboración propia con base a las recomendaciones de reparación para víctimas de desaparición forzada de la CEH-Guatemala.

4.5.3. La Misión de Verificación de las Naciones Unidas en Guatemala —MINUGUA—

Ante el rechazo oficial a las recomendaciones de la CEH, el gobierno guatemalteco se escudó en declarar que la mayoría de estas recomendaciones ya habían sido incluidas en los Acuerdos de Paz; sin embargo, los acuerdos no tuvieron como fin la reparación de las víctimas. El gobierno entonces declaró que el organismo que podría verificar las recomendaciones de los Acuerdos sería la Misión de Verificación de las Naciones Unidas en Guatemala[42] conocida por su acrónimo como MINUGUA y una entidad política nacional, anulando la recomendación de la CEH sobre el organismo que a su consideración debía reparar a las víctimas.

En su informe final de la Asesoría de Derechos Humanos MINUGUA (2004), sostiene que la implementación de los Programas Piloto de Resarcimiento y Asistencia coordinados por la Secretaría de la Paz a partir de 1999, constituyeron la primera experiencia en materia de reparación a las víctimas en Guatemala. No obstante, al tratarse de programas de carácter piloto o experimental, no cubrieron todo el espectro de víctimas ni tuvieron una cobertura en todo el territorio. Estos programas privilegiaron un resarcimiento colectivo y de enfoque territorial a través de creación o de mejoramiento a bienes públicos, aunque se implementaron reparaciones individuales como la construcción de viviendas a viudas. Igualmente, destaca medidas de dignificación de reparación económica y psicosocial, que el Estado debió asumir por presión de la Corte Interamericana de Derechos Humanos.

En cuanto al mismo Programa Nacional de Resarcimiento —PNR—, deja constancia que la ausencia de voluntad política del

---

[42] El Acuerdo firmado en México el 29 de marzo de 1994, las Partes solicitaron a la ONU una Misión de Verificación sobre Derechos Humanos. La Asamblea General aprobó, en septiembre de 1994, establecer en Guatemala esa Misión, la cual se instaló en noviembre del mismo año con más de 250 monitores de derechos humanos y expertos en derecho y en indigenismo.

gobierno para ponerlo en marcha se expresó en la demora de la asignación de un presupuesto y en la designación de su titular, postergándose su puesta en marcha hasta 2003. De igual forma, expresa que muchas de las decisiones adoptadas por los representantes del gobierno ante la mesa de elaboración del PNR fueron posteriormente desconocidas por el propio gobierno.

Finalmente, la Misión reitera la necesidad de continuar los esfuerzos para el perfeccionamiento del PNR a través de un soporte jurídico mediante la emisión de una Ley, brindar el soporte económico y el apoyo político que requiere este organismo para brindar respuestas urgentes a las miles de víctimas que esperan que el Estado haga efectivo su deber de reparar las violaciones a los derechos humanos cometidas en el pasado.

4.5.4. El Plan Nacional de Resarcimiento

Casi cuatro años después de que la CEH presentara su informe con sus recomendaciones, el Estado empezó a implementarlas. El presidente Alfonso Antonio Portillo, inició el proceso de estructurar las reparaciones en Guatemala, mediante el Acuerdo Gubernativo Número 258-2003 que creó el Programa Nacional de Resarcimiento.

Este programa ha sufrido dos reformas: la primera mediante Acuerdo Gubernativo 188-2004 y, la segunda, mediante Acuerdo 619-2005, y no logró volverse Ley de la República debido a la falta de voluntad del Congreso en ratificarla, punto que demuestra la falta de interés de las instituciones del Estado por realizar las reparaciones a las víctimas y familiares de la violación de derechos humanos (Gómez Varón, 2011, pág. 31).

En esta primera fase, no se definió quién es víctima y quién beneficiario, tampoco se especificó qué tipo de reparaciones se iban hacer, solo se estableció como vigencia once años finalizando en 2013, se la dotó con 300 millones de quetzales y se conformó la Comisión Nacional de Resarcimiento como encargado de ejecutar el Programa Nacional de Resarcimiento, la cual sería coordinada por la Secretaria para la Paz —SEPAZ—, que no era una entidad nueva sino un organismo que existía como parte de los Acuerdos de Paz de 1994, añadiéndole la función de las reparaciones.

En su segunda etapa en el año 2005, se estableció su estructura y siguiendo el modelo propuesto por la CEH. Por medio del Acuerdo Gubernativo número 43-2005, del 3 de febrero de 2005, el presidente Óscar Berger aprobó el marco normativo reglamentario para el funcionamiento del PNR, donde se establecen las reparaciones individuales y colectivas. El artículo 3, define las violaciones a los derechos humanos y delitos de lesa humanidad a resarcir: desaparición forzada, ejecución extrajudicial, tortura física y psicológica, desplazamiento forzado, reclutamiento forzado de menores, violencia sexual y violación sexual, violaciones en contra de la niñez, masacres y otras violaciones no contenidas en el reglamento que sean resueltas por el Consejo Nacional de Resarcimiento. El Genocidio queda por fuera de las violaciones a reparar siendo afectada la etnia maya como víctima del conflicto (Gómez Varón, 2011, pág. 33).

El Plan Nacional de Resarcimiento ha sufrido una serie de eventualidades, principalmente por falta de fondos, incluso fue suspendido en el año 2008 bajo la administración gobierno de Óscar Berger (2004-2008); durante el presidente Álvaro Colom (2008-2012) se reactivó el proceso reparatorio mediante el Acuerdo Gubernativo 539-2013 con pocas iniciativas y pocos fondos. Actualmente, bajo la administración del General retirado Otto Fernando Pérez Molina funciona bajo cinco medidas generales de resarcimiento: a) Dignificación de las víctimas; b) Resarcimiento cultural; c) Reparación psicosocial y rehabilitación; d) Restitución material de vivienda, tierras, inversión productiva; y e) Resarcimiento monetario[43].

---

43 Para profundizar en estos componentes visite http://www.pnr.gob.gt/medidas-de-resarcimiento.

4.5.5. Registro Nacional de Víctimas

El capítulo III del Acuerdo Gubernativo 43-2005 establece la Unidad Técnica de Calificación de Víctimas y Áreas Técnicas y Administrativas —UTCV—, que estaría bajo supervisión de la Comisión Nacional de Resarcimiento, tenía como funciones elaborar el reglamento para la Calificación de Víctimas y Beneficiarios del PNR, elaborar un Registro Nacional de Víctimas, documento fundamental para establecer el marco de las personas a reparar. Sin embargo, en ese mismo año desaparece del todo la UCTV sin iniciar el proceso de reparación, lo que representó el error técnico y la falta de interés del Estado por cumplir sus obligaciones con las víctimas.

Según el procurador de los Derechos Humanos, estos cambios han causado una demora en el procesamiento de los expedientes, que, junto con una aplicación poco uniforme de los criterios de calificación, el requerimiento a las víctimas de diferente documentación de soporte en función de los criterios aplicados; pérdida de los documentos aportados por las víctimas reflejan la inoperancia administrativa y la poca ejecución de la política pública (Gómez Varón, 2011, pág. 13).

Actualmente sigue sin definirse un organismo independiente rector, ni un registro de víctimas, que a pesar de contar hoy con una gestión más diligente y con financiación para seguir adelante con las metas de reparación, continúan las falencias estructurales del programa. Como lo muestra el mismo informe del Programa Nacional de Resarcimiento 2012-2013, los desafíos vigentes siguen siendo la integración de los datos para establecer el Registro Nacional de Víctimas, construir el sistema de información geo referencial, garantizar la sostenibilidad del presupuesto asignado, establecer la política de pensiones y becas en materia de reparaciones, coordinación más efectiva con instituciones y autoridades forenses para el impulso de exhumaciones e inhumaciones, entre otras (PNR, 2013, págs. 32-37).

Tabla 13. Guatemala conflicto armado interno y dictaduras (1962-1996)

Víctimas Desaparición Forzada	Criterios Reparación Comisión de la Verdad	Marco Legal de Reparaciones	Políticas Públicas de Reparación
La Comisión de Esclarecimiento Histórico. - CEH, registró un total de 61,648 violaciones de derechos humanos, de las cuales 6.159 corresponden a casos de desapariciones forzadas. El 80% fueron perpetradas por el Ejército, 12% fueron cometidas por las Patrullas de Autodefensa Civil, el 8% fueron cometidas por otras fuerzas de seguridad, principalmente la Policía Nacional. Proyecto REMHI estima en 50.000 las personas desaparecidas.	Doce Acuerdos de Paz firmados entre el gobierno y la Unidad Revolucionaria Nacional Guatemalteca - URNG. Proyecto Interdiocesano de Recuperación de la Memoria Histórica, REMHI. Informe Final "Nunca Más", 1998 Comisión de Esclarecimiento Histórico – CEH. Producto del Acuerdo de Oslo el 23 de junio de 1994. Informe Final "Guatemala: Memorias del Silencio", 1999. -Recomendaciones de Reparación: 1. Medidas para preservar la memoria de las víctimas. 2. Medidas de reparación: Programa Nacional de Reparación. 3. Medidas orientadas a fomentar una cultura de respeto mutuo y de observancia de los derechos humanos. 4. Medidas para fortalecer el proceso democrático. 5. Otras recomendaciones para favorecer la paz y la concordia nacional. 6. Entidad responsable de vigilar e impulsar el cumplimiento de las recomendaciones. -Capítulo especial para reparaciones a desaparecidos: -Búsqueda de los desaparecidos. -Búsqueda de niños desaparecidos, adoptados ilegalmente o separados ilegalmente de sus familias. -Reconocimiento del estatus jurídico de la ausencia por desaparición forzada. *La Comisión fue totalmente desconocida por los gobiernos de Guatemala.	Decreto 33-96, reformas al Código Penal, donde se tipifico el delito de desaparición forzada de personas. Acuerdo Gubernativo Número 258-2003 que crea el Programa Nacional de Resarcimiento. Reformas: Acuerdo Gubernativo 188- 2004 y Acuerdo 619-2005. Acuerdo Gubernativo 43-2005, del 3 de febrero de 2005. Marco normativo reglamentario para el funcionamiento del PNR. Acuerdo Gubernativo 539- 2013. Reactivación del PNR y nuevas funciones a la Comisión Nacional de Resarcimiento. *No logró volverse Ley de la República debido a la falta de voluntad del Congreso en ratificarla. -Acuerdo Gubernativo 43-2005 establece la Unidad Técnica de Calificación de Víctimas y Áreas Técnicas y Administrativas – UTCV	Comisión Nacional de Resarcimiento: Definir la Política del PNR. Plan Nacional de Resarcimiento – PNR. a) Dignificación de las víctimas. b) Resarcimiento cultural. c) Reparación psicosocial y rehabilitación. d) Restitución material de vivienda, tierras, inversión productiva. e) Resarcimiento monetario. * Ha sufrido una serie de eventualidades, principalmente por falta de fondos, incluso fue suspendido en el año 2008. Unidad Técnica de Calificación de Víctimas y Áreas Técnicas y Administrativas – UTCV. -Calificación de Víctimas y Beneficiarios del PNR. -Registro Nacional de Víctimas. *Desaparece sin haber cumplido su labor.

Fuente: Elaboración propia con base a las recomendaciones de reparación para víctimas de desaparición forzada de la CEH–Guatemala.

5. PERÚ: ¿CUÁNTAS VÍCTIMAS REPARAR?

El caso peruano reviste particular importancia por las particularidades que tuvo el conflicto armado interno durante el período comprendido entre 1980 y el 2000. Este conflicto ha sido el de mayor duración, con implicaciones en casi todo el territorio nacional y el de más elevados costos humanos y económicos de toda la historia republicana de ese país, aún comparado con la guerra de la independencia y la guerra con Chile conocido como la Guerra del Pacífico o la Guerra del Salitre.

5.1. La Guerra Civil

La historia oficial de este conflicto, la recoge la Comisión de la Verdad y Reconciliación (CVR, 2003), evidenciando una periodización de veinte años y seis meses (mayo de 1980-noviembre de 2000). Para su mayor comprensión y análisis fue dividida en cinco etapas definidas que no necesariamente corresponden a los períodos presidenciales[44].

5.1.1. El inicio de la violencia armada (mayo 1980-diciembre 1982)

El conflicto armado interno que padeció el Perú se inicia con la decisión del Partido Comunista del Perú Sendero Luminoso —PCP-SL— de declarar la guerra al Estado peruano. Mediante la acción simbólica de la quema pública de las ánforas electorales en el distrito de Chuschi (Cangallo-Ayacucho) el 17 de mayo de

---

44 El proceso analizado por la CVR comprende los gobiernos del general Francisco Morales Bermúdez en su fase final (17 de mayo al 28 de julio de 1980); Fernando Belaunde Terry (28 de julio de 1980 al 28 de julio de 1985); Alan García Pérez (28 de julio de 1980 al 28 de julio de 1990) y Alberto Fujimori (28 de julio de 1990 al 5 de abril de 1992; del 5 de abril de 1992 a 9 de enero de 1993; 9 de enero de 1993 a 28 de julio de 1995, 28 de julio de 1995 a 28 de julio de 2000; 28 de julio de 2000 a 21 de noviembre de 2000).

1980, con ocasión de las elecciones generales. Con este acto el PCP-SL se auto margina del proceso democrático que iniciaba ese día con la terminación de una dictadura militar de corte social que implementó reformas durante diecisiete años.

El objetivo de PCP-SL era la toma del poder del Estado peruano y someter a la sociedad peruana a un régimen autoritario y totalitario bajo su conducción. En un principio, Sendero Luminoso realizó atentados aislados contra la propiedad pública y privada y acciones de propaganda armada. Durante varios años este conflicto no fue prioritario dentro de la agenda estatal ni de seguridad, tampoco para la sociedad peruana, fuera de las zonas de influencia del grupo insurgente, por lo que fue tratado como un problema de delincuencia común. La gravedad de sus actos fue aumentando progresivamente, llegando al asesinato sistemático y a los ataques contra las fuerzas policiales, buscando provocar una mayor dureza en las respuestas estatales en su contra, hasta lograr que se definiese una situación de conflicto armado interno.

Para 1982 las fuerzas policiales eran quienes controlaban la expansión del PCP-SL en las zonas rurales de Ayacucho, las constantes demandas al gobierno de turno para que actuase con mayor rigor ante el avance de las acciones de los senderistas provocaron que el 27 de diciembre de ese año, el presidente Belaunde diera un ultimátum de 72 horas al PCP-SL para que depusiera las armas, al no registrarse la rendición, el 1 de enero de 1983 se procede a entregar a las Fuerzas Armadas el control de la zona de emergencia de Ayacucho y con ello la lucha antisubversiva.

5.1.2. La militarización del conflicto (enero 1983-junio 1986)

La presencia militar en varias regiones del país por más de quince años y la lucha directa contra Sendero Luminoso por parte de las Fuerzas Armadas al frente de la confrontación, se dio origen a un periodo de lucha directa en el que con determinación el PCP-SL crea su autodenominado Ejército Guerrillero Popular y realiza acciones guerrilleras como ataques a puestos policiales y emboscadas a patrullas militares, sin abandonar los asesinatos selectivos y los atentados terroristas.

El primer acto de reacción del PCP-SL a las Fuerzas Armadas peruanas fue el asesinato de ocho periodistas en Uchuraccay, el cual produjo un referente histórico para la sociedad por ser difundido ampliamente en los medios nacionales, donde se emitieron imágenes de la violencia que se estaba produciendo en la sierra de Ayacucho y departamentos limítrofes.

El conflicto toma orientaciones netamente militares y en los meses siguientes se reducen los espacios de actuación política y predomina la lógica de las acciones armadas no convencionales, aumentando el número de víctimas y de violaciones a los derechos humanos en los departamentos afectados, siendo este el período con la mayor cantidad de víctimas del conflicto.

En esta fase de militarización el país conoce de algunos casos emblemáticos de violaciones masivas a los derechos humanos atribuidos a las fuerzas del orden como los de Socos (sinchis de la ex GC, noviembre 1983), Pucayacu (infantes de Marina, agosto de 1984) y Accomarca (infantería del Ejército, agosto de 1985). Por el lado de Sendero Luminoso, los casos principales de este tipo que se le atribuyen son los de Lucanamarca y Huancasancos en abril de 1983.

Ya para 1984 el Movimiento Revolucionario Túpac Amaru —MRTA—, inicia sus acciones armadas, presentándose como parte de la izquierda peruana y explicitando sus diferencias con el PCP-SL. Esta organización, inició su conformación en 1982 a partir de la unión de dos pequeñas agrupaciones de izquierda, el Movimiento de Izquierda Revolucionaria: El Militante —MIR-EM— y el Partido Socialista Revolucionario-Marxista Leninista —PSR-ML—. Sin embargo, para las Fuerzas Armadas no existía ninguna diferencia entre Sendero Luminoso y su estrategia, con la de MRTA, terminaron siendo organizaciones parte, de una gran conspiración comunista atacando el país.

Al ser elegido presidente Alan García Pérez, el discurso oficial sobre el conflicto interno tuvo un cambio, motivado por las primeras críticas al gobierno peruano por las continuas violaciones a los derechos humanos cometidas por las Fuerzas Armadas. El tratamiento al conflicto fue, entonces, derrotar a la subversión sustrayéndole el posible apoyo campesino mediante el desarrollo de políticas dirigidas a este sector y a zonas de extendida pobreza; también creo una Comisión de Paz que consiguió una tregua unilateral con el MRTA.

Sin embargo, el gobierno interpretó con exagerado optimismo que el crecimiento económico de sus dos primeros años había terminado con Sendero Luminoso, al registrarse un descenso de sus acciones militares entre 1985 y 1986. La masacre de los penales (18 y 19 de junio de 1986) marcó considerablemente a todos los actores del conflicto y a la sociedad peruana, lo que puso fin a los intentos del gobierno aprista por desarrollar una política propia de seguridad interior.

5.1.3. El Despliegue Nacional de la Violencia (junio 1986–marzo 1989)

A partir de 1986 fue evidente que el conflicto armado interno había salido de los departamentos alejados y había alcanzado una extensión nacional. Se había desplegado fuera de Ayacucho, ingresando a otras zonas del país en las que permanecería por varios años más. Luego del proceso de militarización creado por el incremento de las acciones del PCP-SL, el ingreso de las fuerzas armadas al combate contra la subversión y el inicio de acciones del MRTA, se creó un contexto de actores armados desarrollando sus propias estrategias en el terreno.

La lógica de la confrontación interna cambiaria y se incrementaron gradualmente sus acciones acentuando su presencia en distintos frentes fuera de Ayacucho como Puno, Junín y el valle del Huallaga. La confrontación entro en una fase de “desarrollar la guerra de guerrillas y conquistar bases de apoyo” en las áreas rurales para expandir su "guerra popular". En las zonas urbanas, principalmente Lima, el PCP-SL optaría por una política de asesinatos selectivos de autoridades para sembrar terror y debilitar al Estado.

A partir de 1985 se inicia un proceso de reorganización de las fuerzas policiales con un fuerte debate sobre el retiro de numerosos oficiales. Varios de los cambios propiciados por el Ministerio del Interior contribuyeron a una mejor coordinación de acciones para la lucha contrasubversiva. Por otro lado, la creación del Ministerio de Defensa en 1987 tuvo serios tropiezos en su ejecución pues no logró ubicarse por encima del Comando Conjunto de las Fuerzas Armadas, y tampoco implicó un recorte en las atribuciones en materia de defensa nacional con las que contaban los institutos armados.

El MRTA cortó la tregua concedida a García y abrió un frente guerrillero en el departamento de San Martín en 1987, con gran despliegue publicitario, a escasos tres meses del intento de estatización de la banca que había abierto un espacio de oposición muy fuerte contra el gobierno. Por su parte, Sendero Luminoso realizó en tres partes, entre febrero de 1988 y junio de 1989, su primer congreso partidario. Entre sesiones apareció en El Diario una entrevista a su líder Abimael Guzmán quien ofreció la versión directa más completa conocida hasta el momento acerca de su organización y sus fines. Con ello, además, disipó las dudas sobre su supuesto fallecimiento, anunciado periódicamente por las autoridades y la prensa, a lo largo de los años.

El país comienza a experimentar un descontrol de la economía y la aceleración del ciclo de hiperinflación, un ciclo de huelgas de diversa índole comienza a manifestarse. El gobierno perdió la iniciativa política en manos de la oposición de derecha luego de la estatización y abandonó sus intentos por controlar la política contrasubversiva, dejando el terreno libre a las Fuerzas Armadas en las zonas de emergencia. Sin embargo, mantuvo un trabajo especializado de inteligencia e investigación policial, principalmente en Lima y otras ciudades, que tuvo logros como la captura de Osmán Morote, el segundo al mando de Sendero Luminoso, el 11 de junio de 1988, se le atribuyeron cargos de terrorismo, y fue condenado a 20 años de prisión.

Sendero Luminoso arremetió con un ataque a la base policial de Uchiza en marzo de 1989, considerada una de las mayores operaciones militares realizadas por ese grupo subversivo, aun cuando fuese en alianza con narcotraficantes. El apoyo a los policías sitiados fue nulo, lo que debilitó todavía más la imagen del gobierno de García y lo obligó a crear un comando político-militar en la zona, con el objeto de aislar al PCP-SL de los campesinos.

5.1.4. La Crisis Extrema: Ofensiva Subversiva y Contraofensiva Estatal (marzo 1989–setiembre de 1992)

El año 1989 se considera como el punto más álgido del conflicto e inicio de un período de crisis extrema que se prolongaría hasta 1992. En primer lugar, el PCP-SL, durante su I Congreso, definió como nuevo objetivo de su plan de guerra popular llamado el "equilibrio estratégico". Para conseguirlo, planteó como eje central de acción, acentuar su ofensiva en las zonas urbanas, principalmente en Lima. Así, el PCP-SL incrementó notablemente sus niveles de violencia, forzando su relación con la población en la sierra rural y en la selva, y movilizando sus bases urbanas hacia la realización de ataques y atentados más violentos, frecuentes y visibles. Este accionar terminó por registrar un segundo nivel de aumento de las víctimas en la guerra interna.

Paralelamente, las Fuerzas Armadas implementan su nueva "estrategia integral", que contemplaba la comisión de violaciones de los derechos humanos menos numerosas, pero más premeditadas. Esta nueva estrategia orienta a la Directiva N.° 017 del Comando Conjunto de las Fuerzas Armadas para la Defensa Interior (DVA N.° 017 CCFFAA–PE–DI), firmada en diciembre de 1989 por el General Artemio Palomino Toledo, en la que se toman dos grandes decisiones estratégicas: primero, la organización de las Fuerzas Armadas para la Defensa Interior en Zonas y Subzonas de Seguridad Nacional se cambia por una organización en frentes contrasubversivos, los cuales no se derivan de las regiones militares sino de una zonificación especial obtenida mediante el análisis del despliegue y el accionar del PCP-SL. Segundo, en los Frentes donde hay narcotráfico se establece como misión separar a la subversión del narcotráfico y combatir a los narcotraficantes que apoyen a la subversión o reciban protección de ella. La estrategia se ejecuta mediante la eliminación selectiva, especialmente durante 1990, no solo contra los comités populares sino también contra los organismos alojados en universidades y asentamientos humanos urbanos.

Por otro lado, el MRTA queda atrapado en una espiral de violencia de la cual no logrará salir fácilmente. En abril de 1989, un mes después del ataque senderista contra el puesto de Uchiza, el MRTA decidió realizar una operación militar de grandes proporciones en la sierra central: la toma de la ciudad de Tarma. En esta oportunidad, el MRTA trasladó a la zona a varios de sus mejores efectivos militares en una fallida operación que concluyó en la matanza de Molinos. El repase de guerrilleros rendidos que hizo el Ejército demostró al MRTA que para las fuerzas del orden no había subversivos buenos y malos. Todos recibían el mismo trato. La respuesta de la organización llegaría meses después a través del condenable asesinato del general (r) Enrique López Albújar en Lima, en represalia por Molinos.

En marzo de 1990, mientras las elecciones generales estaban en su máximo punto de confrontación, se formó el Grupo Especial de Inteligencia —GEIN— dependencia de la Dirección contra el Terrorismo —DIRCOTE—. Mientras que los Grupos Operativos de la DIRCOTE continuaban abocados a la tarea legal de investigación de atentados y acciones terroristas en Lima, el GEIN se dedicó a trabajar exclusivamente en el desarrollo de operaciones encubiertas de inteligencia para la captura de los principales líderes subversivos. Antes del cambio de gobierno, el primero de junio el GEIN dio su primer y gran golpe al allanar una casa donde hasta pocos días antes se alojaba Guzmán y donde encontraron información valiosa.

El presidente electo fue Alberto Fujimori, quien mantuvo la estrategia integral de las Fuerzas Armadas e impulsó iniciativas legales para complementarla y asumió también el Plan Político-Militar de un sector de las Fuerzas Armadas. El PCP-SL, muy golpeado en las áreas rurales, creció sorprendentemente en Lima en medio de la crisis existente. El MRTA intentó un diálogo con el gobierno, luego de la fuga de sus dirigentes de Castro Castro en junio de 1990, mediante el secuestro de un diputado fujimorista, pero fue rechazado. En 1991, más de la mitad de la población peruana vivía bajo el estado de emergencia. Ese mismo año se da una ofensiva del MRTA en diversas zonas del país, dando una imagen de recomposición luego de la fuga del túnel. En noviembre, el Ejecutivo promulgó el paquete de Decretos Legislativos y el debate de los mismos en el Congreso, iniciándose la cuenta regresiva para la justificación del próximo golpe de Estado.

El 5 de abril de 1992, efectivamente se produce el llamado auto golpe del presidente Fujimori y con esto se produjo el quiebre del orden constitucional. Se promulgó una serie de disposiciones que endurecieron la legislación antiterrorista (DL 25475, 25499, 25659, 25744) sin contemplar el respeto de garantías mínimas del debido proceso y otros Decretos Ley, ampliando el poder de las Fuerzas Militares en las zonas de emergencia y en la actividad contrasubversiva, otorgándoles la discrecionalidad mediante una evidente disminución de los controles democráticos de sus acciones contrasubversivas.

Simultáneamente continuaron las graves violaciones a los derechos humanos perpetradas por diversos agentes estatales, entre ellos el escuadrón de la muerte denominado grupo Colina (Barrios Altos, La Cantuta) en operaciones desde inicios de los noventa. En efecto, gracias a las amplias atribuciones permitidas por ley, el Servicio de Inteligencia Nacional -SIN empezó a planear y ejecutar operaciones especiales de inteligencia por cuenta propia, utilizando para ello personal de unidades operativas de las Fuerzas Militares como si fuera personal a su disposición.

El asesinato en 1992 de la líder opositora del terror de Sendero Luminoso y defensora de los derechos humanos, María Elena Moyano, representó una situación límite por el grado de crueldad del PCP-SL y la fragilidad de las organizaciones populares que se le enfrentaban a inicios de los 90. Mediante atentados terroristas con coches bomba en Lima Sendero Luminoso aceleró su ofensiva sobre la capital, mientras calculaba la posibilidad de una intervención norteamericana que desatase una guerra de liberación nacional en el país.

En este contexto de crisis extrema, los policías de los grupos especiales de la DINCOTE realizaron una serie de capturas de altos dirigentes subversivos que constituyeron un aporte fundamental para conseguir la derrota estratégica del terrorismo. Entre ellas, destacan la captura del fundador del MRTA Víctor Polay Campos por la Brigada Especial de Detectives —BREDET—, en 1989 en Huancayo y la de Abimael Guzmán Reinoso por el GEIN, el 12 de septiembre de 1992.

5.1.5. Declive de la acción subversiva, autoritarismo y corrupción (septiembre 1992-noviembre 2000)

El escenario posterior a la captura de Abimael Guzmán y otros importantes dirigentes marcó la derrota de Sendero Luminoso. La falta de una conducción nacional que cubriera el vacío provocado por la captura de Guzmán se hizo evidente en la disminución de acciones terroristas. En octubre de 1993, desde su prisión en la base naval del Callao y luego de conversaciones entre dirigentes senderistas facilitadas por el gobierno de Fujimori, Abimael Guzmán propuso un Acuerdo de Paz al Estado que no se concretó, pero terminaría favoreciendo a los intereses propagandísticos del régimen de Fujimori en vísperas del referéndum para aprobar la Constitución de 1993. De ahí en adelante, se produjo una división de Sendero Luminoso, ya que una parte de la dirección senderista rechazó la propuesta de Acuerdo de Paz de Guzmán.

Por su parte, el MRTA continuó las acciones militares en zonas como San Martín y la ceja de selva central. Bajo la dirección de Néstor Cerpa, luego de la caída de Polay, tomaron ciudades importantes como Moyobamba e intentaron desarrollar núcleos de guerrilla urbana. Tampoco pudieron recuperarse de las graves disputas internas, la inexperiencia de sus cuadros y los efectos de la ley de arrepentimiento.

El 17 de diciembre de 1996 14 integrantes del MRTA, liderados por el exsindicalista Néstor Cerpa Cartolini, tomaron como rehenes a unas 800 personas pertenecientes a la jerarquía política, social y económica peruana en la residencia del Embajador de Japón en Perú. Esta espectacular toma tuvo la atención mediática durante los meses de retención con transmisiones en vivo. Los secuestradores denunciaron la grave situación de violaciones a los derechos humanos en las cárceles peruanas y exigían la liberación de varios presos del MRTA. El Estado Vaticano envió como negociador a Juan Luis Cipriani, a la sazón arzobispo de Ayacucho, y se consiguió la liberación de la mayoría de los rehenes, quedando solamente 72 de ellos en cautiverio. La crisis finalizó en abril de 1997, cuando en una acción sorpresiva, mediante una operación militar denominada Chavín de Huántar, fueron liberados 71 de los 72 rehenes que todavía se mantenían cautivos, mediante el acceso a la residencia del embajador japonés por túneles subterráneos especialmente construidos. En la operación se informó que habían muerto dos comandos, un rehén y los 14 terroristas. Fujimori usó el éxito de la operación para consolidar su apoyo entre la población en un momento en que comenzaban a aparecer crecientes denuncias de corrupción y debilitamiento.

La política de pacificación consistió en mantener en prisión a la mayor cantidad posible de subversivos bajo condiciones extremas en penales de máxima seguridad y en aislar a los núcleos armados. La propuesta de acuerdo de paz hecha por Guzmán y la dirigencia senderista brindó réditos políticos a Fujimori y rebajó la tensión en los penales, pero no liquidó a la organización. Vladimiro Montesinos[45] tuvo a su cargo la conducción personal de las conversaciones y tratos con Guzmán e Iparraguirre y demás dirigentes senderistas, en calidad de "interlocutor académico", las cuales estuvieron enmarcadas por intereses políticos coyunturales del gobierno, administrados por el asesor y que se disiparon hacia 1995.

Las incansables denuncias contra las violaciones de los derechos humanos tuvieron un nuevo impulso a partir del hallazgo de

---

45 Asesor del presidente Alberto Fujimori, exmilitar, expulsado del Ejército, agente de la CIA y abogado de narcotraficantes.

las fosas de La Cantuta en julio de 1993. El gobierno de Fujimori no asumió responsabilidades, optando por la descalificación de la legitimidad de los denunciantes y su permanente hostigamiento.

El gobierno continuó con una serie de cambios intencionales de la legislación que supondrán la eliminación práctica de la independencia de poderes, con la finalidad de garantizar la impunidad para los agentes estatales implicados en violaciones de los derechos humanos. Así, la existencia de una mayoría de representantes oficialistas en el Congreso Constituyente Democrático permitió la utilización de diversos voceros para salir al frente a las denuncias y, sobre todo, para aprobar en 1995 las Leyes de Amnistía[46] para las violaciones de derechos humanos cometidas por las fuerzas del orden que garantizara una completa impunidad.

Así, las operaciones antisubversivas dejaron de ser un medio para capturar líderes subversivos y terminar finalmente con las acciones del PCP-SL y del MRTA, para convertirse en un medio de propaganda para el gobierno, en el mejor de los casos, y en una cortina de humo, en el peor, tapando los excesos y los delitos que se denunciaban cada vez con más frecuencia. Esto fue posible en gran medida por el progresivo y casi total control de medios de comunicación masivos, comprados con el dinero del Estado.

---

46 La Ley N.° 26479 del 15 de junio de 1995, concede en su artículo primero una amnistía general al personal militar, policial o civil (independientemente de su situación militar, policial o funcional) que se encontraba denunciado, investigado, encausado, procesado o condenado por delitos comunes o militares en la jurisdicción común o militar, respectivamente, relativos a todos los hechos derivados u originados con ocasión o como consecuencia de la lucha contra el terrorismo, y que pudieran haber sido cometidos individualmente o en grupo desde mayo de 1980 hasta la fecha de promulgación de la referida ley. Complementariamente, la Ley N.° 26492, promulgada el 28 de junio de 1995, precisó que la amnistía otorgada por la Ley N.° 26479 no interfería en el ejercicio de la función jurisdiccional ni vulneraba el deber del Estado de respetar y garantizar la plena vigencia de los derechos humanos, reconocido tanto la Constitución como por los tratados de derechos humanos (artículo 1°).

Posteriormente, vendría la detención y juicio del presidente Alberto Fujimori por violaciones a los derechos humanos. Meses después de iniciar su tercer período en el 2000 se desataría la crisis por los llamados "vladivideos" donde se evidenciaba los actos de corrupción efectuados durante su gobierno por su asesor Vladimiro Montesinos, sobornando a dirigentes de otros partidos políticos.

Fujimori retiró a Montesinos de su cargo formal como asesor, entregándole personalmente 15 millones de dólares en efectivo como indemnización. Poco después, Montesinos se fugaría del país. El presidente se dirigió a la nación el 16 de septiembre, anunciando la desactivación del SIN y la convocatoria a nuevas elecciones generales, tanto para la elección de un presidente como de un nuevo Congreso de la República.

En medio de la crisis política de su gobierno, el presidente Fujimori decide viajar el 13 de noviembre a la Cumbre del APEC en Brunéi Darussalam, Asia. Al finalizar esta conferencia, se tenía previsto su paso por Kuala Lumpur para luego llegar a Tokio y desde allí emprender un viaje a Panamá para la X Cumbre Iberoamericana; sin embargo, Fujimori se quedó en la capital del Japón. Ante el temor de que fuera denunciado penalmente por los actos de corrupción de su gobierno y alegando falta explícita de garantías para su integridad física; Fujimori, desde Tokio, remitió por fax al presidente del Congreso de la República, su renuncia formal a la Presidencia.

El Congreso decide rechazar la renuncia y declarar vacante la Presidencia de la República aduciendo "incapacidad moral permanente"[47] y lo inhabilitó para ejercer cualquier cargo público por un periodo de 10 años[48].

---

47 Resolución Legislativa del Congreso de la República del Perú N.° 009-2000-Cr. "Resolución Legislativa Declarando la Permanente Incapacidad Moral del presidente de la República y la Vacancia de la Presidencia de la República". 21 de noviembre de 2000.

48 Resolución Legislativa del Congreso de la República del Perú N.° 018-2000-Cr. "Resolución Legislativa que Inhabilita en el Ejercicio de la Función

El 6 de noviembre de 2005 Fujimori llegó a Santiago de Chile procedente de Tokio, a bordo de un vuelo privado, habiendo ingresado a este país con pasaporte peruano. Acción que le costó su detención por orden de un ministro de la Corte Suprema chilena, que emitió un auto de detención previa contra él, luego de un requerimiento de la Embajada del Perú en Chile (causa Rol N.º 5646-2005). Posteriormente fue extraditado a Perú para que fuese procesado por los delitos que se le imputaban entre los años 1990 y 2000.

El 10 de diciembre de 2007, se inició en Lima el juicio contra Alberto Fujimori por los sucesos denominados masacres de "Barrios Altos" y "La Cantuta"[49]. El 7 de abril de 2009, fue condenado a veinticinco años de pena privativa de la libertad como "autor mediato de la comisión de los delitos de homicidio calificado, asesinato bajo la circunstancia agravante de alevosía en agravio de los estudiantes de La Cantuta y el caso Barrios Altos". La Sala Penal Especial determinó que la condena vencerá el 10 de febrero de 2032[50]. El 2 de enero de 2010, fue confirmada la sentencia a 25 años de prisión por violaciones de los derechos humanos[51].

Pública Hasta por Diez Años Al Señor Alberto Fujimori Fujimori". 23 de febrero de 2001.

49 El episodio de "la Cantura" como se conoce popularmente a la Universidad Nacional de Educación Enrique Guzmán y Valle por la zona donde se encuentra ubicada. En este hecho un profesor universitario y nueve estudiantes fueron secuestrados y desaparecidos por el destacamento Grupo Colina, pertenecientes al Ejército Peruano.

50 Sentencia de la Sala Penal Especial en el Expediente N.° AV 19-2001 (acumulado), del siete de abril de 2009. Casos Barrios Altos, La Cantuta y sótanos SIE.

51 "Ratifican sentencia de 25 años de prisión para Fujimori". El Nuevo Diario. 3 de enero de 2010. http://www.elnuevodiario.com.ni/internacionales/65296.

5.2. El Papel del Sistema Interamericano de Derechos Humanos

El sistema está marcado por un alto nivel de intervención, reflejado en el alto número de sentencias en contra dictadas por la Corte Interamericana de Derechos Humanos y por su trascendencia e impacto sobre el sistema de justicia de varias sentencias emitidas en casos de graves violaciones de derechos humanos como en los casos Castillo Páez (1997), Durand y Ugarte (2000), Barrios Altos (2001) y La Cantuta (2006).

La sentencia de mayor impacto en el sistema de justicia peruana ha sido la emitida en el caso Barrios Altos (14 de marzo de 2001). En este caso, no solo generó la reapertura de un proceso penal archivado como consecuencia de la aplicación de las leyes de amnistía promulgadas a mediados de 1995 por el gobierno de Alberto Fujimori, sino que además estableció que las leyes de amnistía carecían de efectos jurídicos. En función de una sentencia interpretativa del 3 de septiembre de 2001, la decisión de la Corte Interamericana no solo se aplicó al caso de la matanza de Barrios Altos sino a todas las investigaciones preliminares y procesos judiciales que habían sido cerrados como consecuencia de la aplicación de las mencionadas leyes (Rivera Paz, 2010, pág. 196).

Las sentencias emitidas en los casos Castillo Páez y Durand y Ugarte relacionados con la matanza de internos en el establecimiento penal "El Frontón" en junio de 1986, tuvieron como consecuencia directa el inicio de investigaciones sobre los hechos por parte del Ministerio Público y la formulación de denuncias penales ante el Poder Judicial, así como el inicio de causas penales en cada uno de esos casos. La sentencia establece el marco de prohibiciones para la competencia de la justicia militar sobre casos de graves violaciones de derechos humanos (Rivera Paz, 2010, pág. 196).

De esta manera, el sistema interamericano se convirtió en uno de los principales elementos de impulso del proceso de judicialización de graves violaciones de derechos humanos en Perú, en un contexto de transición democrática. Es relevante el papel de la CIDH por cuanto se ha logrado introducir en el contenido de las resoluciones judiciales y en el pensamiento de los jueces la dimensión jurídica del derecho internacional de los derechos humanos como elemento de reflexión e interpretación jurídica de los crímenes contra los derechos humanos, que hasta hace poco tiempo no existían en la jurisprudencia peruana.

5.3. La Transición

Con la renuncia y posterior destitución de Alberto Fujimori, fue nombrado Valentín Demetrio Paniagua Corazao como presidente transitorio de la República del Perú desde el 22 de noviembre del 2000 hasta el 28 de julio del 2001. En su corto gobierno se toma la decisión de nombrar una Comisión de la Verdad, la cual fue producto del acuerdo entre un sector muy articulado, pero no numeroso de la sociedad civil, donde coincidieron defensores de los derechos humanos y demócratas radicales, con el ala política de ese gobierno que era afín a esas mismas causas. (Ames, Cobián: 2005, 205).

5.3.1. Comisión de la Verdad y Reconciliación

El presidente Paniagua creó la Comisión de la Verdad el 4 de junio del 2001[52], posteriormente, el presidente Alejandro Toledo ratifica y complementa la Comisión el 4 de septiembre del mismo año, denominándola finalmente Comisión de la Verdad y Reconciliación[53].

La Comisión de la Verdad y Reconciliación se crea como la instancia encargada de esclarecer el proceso, los hechos y responsabilidades de la violencia terrorista y de la violación a los dere-

---

52 Decreto Supremo N.° 065-2001-PCM. Mediante el cual se crea el proyecto de la Comisión de la Verdad presentado por el Grupo de Trabajo Interinstitucional creado mediante Resolución Suprema N.° 314-2000-JUS.

53 Decreto Supremo N.°101-2001-PCM. En el que se complementa el nombre de la Comisión, se determina el nombramiento de sus integrantes y se amplía el periodo de trabajo.

chos humanos producidos desde mayo de 1980 hasta noviembre de 2000, imputables tanto a las organizaciones terroristas como a los agentes del Estado. La Comisión tuvo los siguientes objetivos:

- Analizar las condiciones políticas, sociales y culturales, así como los comportamientos que, desde la sociedad y las instituciones del Estado, contribuyeron a la trágica situación de violencia por la que atravesó el Perú;
- Contribuir al esclarecimiento por los órganos jurisdiccionales respectivos, cuando corresponda, de los crímenes y violaciones de los derechos humanos por obra de las organizaciones terroristas o de algunos agentes del Estado, procurando determinar el paradero y situación de las víctimas, e identificando, en la medida de lo posible, las presuntas responsabilidades;
- Elaborar propuestas de reparación y dignificación de las víctimas y de sus familiares;
- Recomendar reformas institucionales, legales, educativas y otras, como garantías de prevención, a fin de que sean procesadas y atendidas por medio de iniciativas legislativas, políticas o administrativas; y,
- Establecer mecanismos de seguimiento de sus recomendaciones.

Después de dos años de trabajo, el 29 de agosto de 2003, el equipo de trabajo[54] de la CVR entregó al presidente de la Repúbli-

---

54 Presidente: Dr. Salomón Lerner Febres. Doctor en Filosofía y rector de la Pontificia Universidad Católica del Perú; Beatriz Alva Hart, Abogada, ex Congresista de la República; Rolando Ames Cobián, Sociólogo, investigador y analista político; Monseñor José Antúnez de Mayolo, Sacerdote salesiano, ex administrador Apostólico de la Arquidiócesis de Ayacucho; Teniente General–FAP (r) Luis Arias Grazziani, Experto en temas de seguridad nacional; Enrique Bernales Ballesteros, Doctor en Derecho, constitucionalista, Director Ejecutivo de la Comisión Andina de Juristas; Carlos Iván Degregori Caso, Antropólogo, profesor de la Universidad Nacional Mayor

ca el Informe Final, documento presentado en nueve tomos y más de 4.000 páginas, el cual tomo como base para su trabajo17.000 testimonios recogidos en todo el territorio nacional por los equipos de la Comisión.

En el tomo I del Informe se hace una exposición general del proceso, donde incluye la periodización de la guerra y el esquema de análisis jurídico de los hechos; en el tomo II analiza a los actores armados del conflicto, grupos subversivos y fuerzas armadas; el Tomo III, se analizan y describen los gobiernos y partidos políticos, los poderes del Estado y organismos de la sociedad civil; el tomo IV, describe los escenarios regionales diferenciados de la violencia; el tomo V, recoge 23 historias representativas; el tomo VI, analiza nueve patrones en la perpetración de crímenes y violaciones de los derechos humanos; el tomo VII da cuenta de 73 casos investigados de los cuales 43 tuvieron el nivel de pruebas suficiente para ser presentados aparte a la Fiscalía de la Nación. El tomo VIII, brinda un análisis de los factores que hicieron posible la violencia y de sus secuelas, que responde la explicación de condiciones o causas y consecuencias; y el tomo IX, expone las Recomendaciones de la CVR: hacia la Reconciliación. El Informe propone algunas reformas institucionales del Estado, el Plan Integral de Reparaciones, el Plan Nacional de Investigaciones Antropológico Forenses y los mecanismos de seguimiento. Finalmente se presenta un documento con 171 conclusiones generales.

---

de San Marcos, miembro del Instituto de Estudios Peruanos; Padre Gastón Garatea Yori, Sacerdote de los Sagrados Corazones y Presidente de la Mesa de Concertación de Lucha contra la Pobreza; Pastor Humberto Lay Sun, Arquitecto, líder de las Asambleas de Dios, denominación evangélica del Concilio Nacional Evangélico CONEP; Sofía Macher Batanero, Socióloga, ex Secretaria Ejecutiva de la Coordinadora Nacional de Derechos Humanos; Alberto Morote Sánchez, Ex Rector de la Universidad San Cristóbal de Huamanga; Carlos Tapia García, Investigador y analista político. Como observador se designado a: Monseñor Luis Bambarén Gastelumendi, Obispo de Chimbote y presidente de la Conferencia Episcopal Peruana.

La CVR concluye que el número total de muertos y desaparecidos causados por el conflicto armado interno peruano se puede estimar en 69 280 personas, dentro de un intervalo de confianza al 95% cuyos límites superior e inferior son 61 007 y 77 552, respectivamente. Las proporciones relativas de las víctimas según los principales actores del conflicto serían: 46 % provocadas por el PCP-Sendero Luminoso; 30 % provocadas por Agentes del Estado; y 24 % provocadas por otros agentes o circunstancias (rondas campesinas, comités de autodefensa, MRTA, grupos paramilitares, agentes no identificados o víctimas ocurridas en enfrentamientos o situaciones de combate armado). (CVR: 2003, anexo2. Estimación total de víctimas). Las víctimas del delito de desaparición forzada perpetuadas, durante el período 1980-2000, se registran en una larga lista preliminar que incluye a 2 144 personas[55]. (CVR: 2003, anexo 5. Relación de casos desaparecidos).

5.3.2. Las críticas de diversos sectores a la CVR

El excepcional trabajo de la CVR, fruto de un proceso autónomo fue la máxima expresión de esa voluntad política que daba paso a la justicia transicional. De esta manera, los primeros años de la década pasada contaron con las mejores condiciones políticas e institucionales para dicho proceso. (Rivera Paz, 2010, pág. 197). Sin embargo, fue duramente atacada por diversos sectores, entre los cuales se encontraron los medios de comunicación, incluso de una Comisión investigadora del Congreso y un conjunto plural de actores, la mayoría con mucho poder, por ejemplo, jefes militares en retiro que temían su detención personal por crímenes contra los derechos humanos, y jefes u oficiales en actividad que igualmente promovieron el apoyo corporativo de su institución. También estaban también allí los líderes del APRA y Acción Popular, gobier-

---

55 Iniciativa Sobre Personas Desaparecidas conformada por: Comisión de la Verdad y Reconciliación, Defensoría del Pueblo, Coordinadora Nacional de Derechos Humanos y el Comité Internacional de la Cruz Roja.

nos responsables de las estrategias antisubversivas cuestionadas por las investigaciones. Se sumaron los líderes del fujimorismo quienes atacaron con más fuerza el trabajo de la CVR, pues su prestigio político estaba construido sobre la victoria contra Sendero, la heroicidad, según ellos intocable, de los jefes militares. Sectores ideológicos conservadores vieron además en la Comisión, el regreso de una izquierda al escenario político y lo mismo ocurrió con importantes empresarios politizados (Ames Cobian, 2005, pág. 213).

Las buenas condiciones para el proceso de justicia y de verdad ahora prácticamente no existen, el post conflicto se caracteriza por un discurso político que pretende, desde diversos sectores del Poder Ejecutivo, interpretar el conflicto armado como un suceso en el que solo los subversivos perpetraron crímenes, y los procesos judiciales en trámite contra militares responden al encono de las ONG de derechos humanos contra las fuerzas armadas. En este escenario, la influencia o injerencia de ese discurso político sobre los magistrados del sistema de justicia encargados de la investigación y juzgamiento de los crímenes contra los derechos humanos ha comenzado a tener relevancia sobre las decisiones que estos emiten en los procesos.

5.3.3. El avance de la justicia y la verdad

En el marco de intervención de la justicia y el sistema de justicia han ayudado a conocer la verdad de los acontecimientos sometidos a investigación preliminar o proceso penal. Son múltiples los casos en que, a pesar de existir una investigación preliminar de la CVR, las investigaciones del Ministerio Público han aportado significativamente al conocimiento de los hechos. Así, tenemos los casos de la matanza de internos en el penal "El Frontón" en 1986; los crímenes cometidos por el destacamento militar "Colina" en 1991 y 1992 y la intervención del entonces presidente de la república Alberto Fujimori; los crímenes perpetrados en el cuartel militar "Los Cabitos" en 1983 y 1984; la matanza de Lucanamarca en 1984; la desaparición forzada de estudiantes de la Universidad Nacional del Centro de 1989 a 1993; la desaparición forzada de pobladores en la base contrasubversiva N.º 313 de Tingo María en 1990; las ejecuciones extrajudiciales posteriores a la operación militar "Chavín de Huantar" en 1997; entre otros casos (Rivera Paz, 2010, pág. 216).

5.4. La reparación de las víctimas

En el camino a la reparación de las víctimas del conflicto interno peruano (1980-2000), fue plasmado en el Plan Integral de Reparaciones, propuesto por la CVR. A continuación, veremos cómo se ha intentado ejecutar dichos planteamientos particularmente para el delito de desaparición forzada y cómo lo ha recibido la sociedad en tránsito a la reconciliación.

5.4.1. Programa Integral de Reparaciones —PIR—

Este programa propuesto por la CVR se fijó como objetivo general "*Reparar y compensar la violación de los derechos humanos, así como las pérdidas o daños sociales, morales y materiales sufridos por las víctimas como resultado del conflicto armado interno*" (CVR, 2003). Para hacerlo planteó los siguientes componentes:

- *Programa de reparaciones simbólicas*: el cual se compone de gestos públicos, actos de reconocimiento, recordatorios o lugares de la memoria y actos que conduzcan hacia la reconciliación de las víctimas y de los ciudadanos de los territorios afectados por el conflicto armado interno.
- *Programa de reparaciones en salud:* recuperación integral desde la intervención comunitaria y Recuperación integral desde la intervención clínica.
- *Programa de reparaciones en educación:* componente de acceso y restitución del derecho a la educación mediante exoneración de pagos, becas integrales con cuotas por región y por tipo de carrera profesional y programas de educación para adultos. En el caso en que los beneficiarios individuales del Programa de reparaciones en educación no deseen hacer

uso personal de las medidas del componente de acceso y restitución se podrán ceder los créditos educativos a los familiares de los beneficiarios.

- *Programa de restitución de derechos ciudadanos*: regularización de la situación jurídica de los desaparecidos a los familiares de las víctimas de este delito. Regularización de la situación de los indocumentados para las personas que resultaron indocumentadas a raíz del conflicto interno; Asesoramiento jurídico-legal y exoneración de pagos para todos quienes beneficiarían del PIR.
- *Programa de reparaciones económicas:* en forma de pensión e indemnización a los familiares de las víctimas de muerte y desaparición; los/as discapacitados/as físicos y mentales permanentes, parcial o total, cuya discapacidad es producto de violaciones sexuales, torturas, heridas o lesiones tipificadas por la CVR y ocurridas durante el periodo del conflicto armado interno; Las personas inocentes que han sufrido prisión; Las víctimas de violaciones sexuales; Lo/as hijo/as producto de violaciones sexuales. También se estimó este beneficio en forma de servicio (puntajes en programas de vivienda y empleo).
- *Programa de reparaciones colectivas:* consolidación institucional; Recuperación y reconstrucción de la infraestructura productiva; Recuperación y ampliación de servicios básicos y Empleo y generación de ingresos a las comunidades campesinas, comunidades nativas y otros centros poblados afectados por el conflicto armado interno.

5.4.2. El perdón del presidente de la república a las víctimas como acto de reparación simbólica

El 21 de noviembre de 2003 el presidente Alejandro Toledo, pidió

> perdón, en nombre del Estado, a quienes han sufrido. Por los muertos, por los desaparecidos, a los miles de desplazados, a los

> discapacitados, a los torturados, a los indocumentados, en general a todas las víctimas de la violencia y el terror", adicionalmente reconoció la responsabilidad del Estado, al señalar que "la exclusión social, la falta de presencia del Estado y el abandono, fueron el caldo de cultivo de la ideología demencial y terrorista que se ensañó con los peruanos más pobres y del cual resultó el baño de sangre que duró 20 años (Toledo, 2003).

Adicionalmente, anuncio que establecería el día 10 de diciembre como el Día de la Reconciliación Nacional, "*invocando a las autoridades de todo el país y a la sociedad civil, llevar a cabo actos de reparación simbólicas, en reconocimiento a las víctimas civiles, militares y policiales*" (Toledo, 2003). Con este anuncio el presidente no respeto la recomendación de la CVR, quien propuso el Día de Homenaje a las Víctimas, la fecha de aniversario de la entrega del Informe Final (CVR, 2003, págs. 170, Tomo IX). También fue discutible el hecho de tomar como referencia el día de la Declaración Universal de los Derechos Humanos para conmemorar un suceso de tal magnitud de violaciones a los derechos consagrados. En la práctica se ha demostrado la poca acogida que ha tenido esta disposición, pocas o ninguna institución pública o privada celebra el Día Nacional de la Reconciliación, esto también porque la "r*econciliación*", lleva implícito un proceso de largo aliento por el que la ciudadanía debe transitar, unido especialmente a procesos pedagógicos para que se cumplan los objetivos propuestos (Guillerot y Magarrel, 2006, pág. 59).

En su discurso también anunció lo que serían las líneas generales de una política de Estado para la Reconciliación, así como la ejecución de un Plan de Paz y Desarrollo de 2,845 millones de soles, en las zonas más afectadas por la violencia a ser ejecutado entre 2003- 2006 en su primera etapa. Finalmente, se resalta la creación de una Comisión Multisectorial de Alto Nivel, en la que tendrán cabida representantes de los gobiernos regionales y locales para continuar la política de Paz, Reparación y Reconciliación (Toledo, 2003).

5.4.2.1. Comisión Multisectorial de Alto Nivel —CMAN—

Este mecanismo de seguimiento anunciado por el presidente fue creado el 7 de febrero de 2004, mediante el Decreto Supremo 011-2004-JUS, fue denominado Comisión Multisectorial de Alto Nivel Encargada del Seguimiento de las Acciones y Políticas de Estado en Ámbitos de la Paz, la Reparación Colectiva y la Reconciliación Nacional —CMAN—. Fue asumida como la Comisión de seguimiento a las recomendaciones de la CVR, y de esta manera, asumió el PIR como su marco de referencia como quedó estipulado por el Decreto Supremo 031-2005-PCM del 7 de abril de 2005, el cual le agregó funciones para efectuar el seguimiento y monitorear, por medio de su Secretaría Ejecutiva, la formulación, ajuste e implementación del Plan Integral de Reparaciones por parte de los sectores del Estado competentes. Finalmente, la Ley 28592, del 29 de julio de 2005 (artículo 8), designa a la CMAN como ente coordinador, encargado de elaborar los programas de reparaciones referidos en la ley y de coordinar y supervisar el PIR.

No obstante, el respaldo jurídico, la CMAN se enfrenta con serias limitaciones, al no contar con un presupuesto propio y por la centralidad del proceso en el Consejo de ministros que se caracterizó por la poca voluntad política para su funcionamiento. Esto llevó a una modificación repentina, en octubre de 2005, donde quedó limitadamente adscrita al Ministerio de Justicia[56]. Así su trabajo perdió su facultad de coordinación multisectorial e intersectorial, lo que tuvo también incidencia sobre la asignación de recursos.

La CMAN elaboró el Plan Integral de Reparaciones: programación Multianual 2005-2006, en el cual se priorizó a las comunidades rurales mayormente afectadas, retomó el concepto de "*reparación integral*" para casos individuales como colectivos. Contempló programas de restitución de derechos ciudadanos, de reparación

---

[56] Decreto Supremo 082-2005-PCM, 27 de octubre de 2005, artículo 1.

en educación, de reparación en salud, de reparación colectiva y de reparación simbólica (Guillerot y Magarrel, 2006, pág. 67).

5.4.3. Las leyes sobre reparación

A pesar del legítimo escepticismo de la propia Comisión de la Verdad y Reconciliación y de la mayoría de las organizaciones de derechos humanos sobre la correlación de fuerzas en el Congreso de la República, la sanción de tres leyes relacionadas con el proceso de reparaciones es notable. En particular, la creación del PIR, el reconocimiento a los desplazados, el estatus particular de las víctimas de desaparición forzada y especialmente de reparar al conjunto de las víctimas del conflicto armado interno aporta una estabilidad y seguridad jurídica sobre las cuáles la sociedad puede hacer valer sus derechos. En la legislación peruana se destacan tres leyes aprobadas para la reparación integral a víctimas del conflicto interno:

1. *Ley sobre los desplazamientos internos (Ley 28316, 5 de agosto de 2005).*

Reconoce el estatus específico de "desplazado", define el "desplazamiento interno" y define los derechos y garantías pertinentes para la protección de las personas contra el desplazamiento forzado.

2. *Ley del Plan Integral de Reparaciones* (Ley 28592, 29 de julio de 2005)

Tiene por objeto "establecer el Marco Normativo del Plan Integral de Reparaciones–PIR para las víctimas de la violencia ocurrida durante el período de mayo de 1980 a noviembre 2000, conforme a las conclusiones y recomendaciones del Informe de la Comisión de la Verdad y Reconciliación". La norma es una ley marco, que define seis programas que serán coordinados por la CMAN: 1). Programa de restitución de derechos ciudadanos; 2). Programa de reparaciones en educación; 3). Programa de reparaciones en salud; 4). Programa de reparaciones colectivas; 5). Programa de reparaciones simbólicas; y 6). Programa de promoción y facilitación al acceso de vivienda. Define, además la noción de víctima, los casos excluidos y los beneficiarios tanto individuales como colectivos.

Esta ley reconoce a los familiares de las personas muertas y desaparecidas la calidad de víctima, conforme con la jurisprudencia internacional. De esta manera, define dentro de los beneficiarios individuales a los familiares de las víctimas desaparecidas o fallecidas: comprende al cónyuge o conviviente, a los hijos y a los padres de la víctima desaparecida o muerta. Sin embargo, la ley plantea exclusiones a la calidad de víctima, al no considerar en esta categoría a los miembros de las organizaciones subversivas, aunque hayan sufrido violaciones de sus derechos humanos.

Todas las categorías y sus respectivos criterios de verificación y calificación deberán estar incorporadas al Registro Único de Victimas —RUV—, creado por esta misma ley (art. 9) y a cargo de un Consejo de Reparaciones por constituirse. Dicho registro se constituye en el camino hacia la cabal implementación de las medidas individuales de reparación. Finalmente, la norma ofrece una herramienta importante de seguimiento y vigilancia del cumplimiento, al establecer que el Poder Ejecutivo remitirá anualmente a la Comisión de Justicia y Derechos Humanos del Congreso de la República un informe de las acciones realizadas.

3. *La Ley sobre ausencia por desaparición forzada* (Ley 28413, 11 de diciembre de 2004)

Responde directamente a una recomendación de la CVR, contenida en el programa de restitución de derechos ciudadanos de su Plan Integral de Reparaciones. La Ley tiene como finalidad facilitar a las personas "con legítimo interés", así como a los familiares de personas que hubieran desaparecido involuntariamente del lugar de su domicilio sin que se tenga noticias de su paradero durante el período del conflicto, los instrumentos necesarios para acceder al reconocimiento de sus derechos.

La connotación de "ausencia" por desaparición forzada, marca una diferencia con la tipificación del artículo 320 del Código Penal y de la definición contenida en la Convención Interamericana sobre Desaparición Forzada, el concepto de ausencia por desaparición al que alude la ley incorpora dos elementos centrales: la involuntariedad de la desaparición y que esta haya ocurrido como consecuencia de la violencia política. No distingue al agente responsable, el cual puede ser miembro de las Fuerzas Armadas, de la Policía Nacional, de los Comités de Autodefensa o de una organización subversiva. Además, la ley establece la posibilidad de que la persona haya desaparecido durante un enfrentamiento armado (Guillerot y Magarrel, 2006, pág. 86).

La figura de la ausencia por desaparición forzada tiene los mismos efectos jurídicos de la declaración judicial de muerte presunta, sin embargo, la declaración judicial de muerte presunta en casos de desapariciones genera también una intención de reparación simbólica por cuanto muchos familiares siguen con la esperanza de encontrar a sus seres queridos con vida, por lo que solicitar una declaración de muerte presunta genera en ellos cierta resistencia psicológica. Iniciar tal proceso equivaldría para los familiares a abandonar a sus seres queridos, cuya suerte se desconoce y es responsabilidad del Estado esclarecerla.

5.4.4. La Defensoría del Pueblo

La ley sobre ausencia por desaparición forzada dispone la creación del Registro Especial de Ausencia por Desaparición Forzada —READF— a cargo de la Defensoría del Pueblo y toma como base el registro elaborado por la CVR. Este documento permitirá a los familiares y las personas con legítimo interés solicitar la declaración judicial de ausencia por desaparición forzada mediante un proceso especial gratuito y no contencioso. Actualmente, el READF está conformado por 1913 víctimas (República del Perú, 2014) y en su último Informe Defensorial – 2013, concluye que "hasta el 30 de junio de 2013, la Defensoría del Pueblo ha recibido a nivel nacional, 2,964 solicitudes de declaración de ausencia por desaparición forzada, habiéndose entregado 1,890 constancias y denegado 672 solicitudes por no encontrarse los casos dentro de los alcances de la Ley N° 28413. De otro lado, en 232 casos no fue posible iniciar el procedimiento de verificación, por no contarse con información mínima necesaria, mientras que en 169 casos las personas interesadas desistieron de su solicitud. Desde el año 2005, se han realizado más de 20 ceremonias públicas de entrega constancias de ausencia por desaparición forzada, como una forma de reconocimiento y reparación simbólica a las víctimas y sus familiares". (Defensoría del Pueblo, 2013, pág. 150).

5.4.4.1. La necesidad de una política pública para la reparación a los desaparecidos

En este mismo informe la Defensoría presenta el siguiente marco histórico sobre las cifras de las personas víctimas de este delito: en el año 1997, la Asociación Nacional de Familiares de Secuestrados, Detenidos, y Desaparecidos del Perú —Anfasep—, solicitó la intervención de la Defensoría del Pueblo para investigar los casos por secuestro-detención y desaparición forzada producto del conflicto interno. Posteriormente, se inició una investigación de carácter no jurisdiccional con base a las denuncias recibidas en el ámbito nacional por el Ministerio Público, entre los años 1983 y 1996. El resultado se plasmó en el Informe Defensorial N.° 55, 2000, que dio cuenta de 5525 expedientes relativos a denuncias por desaparición forzada, se formularon un conjunto de recomendaciones para atender dicha problemática.

En el 2003 la Comisión de la Verdad y Reconciliación entregó junto con su Informe Final la "Lista Preliminar de Personas Desaparecidas", que contienen 8558 casos por desaparición forzada. Asimismo, incluyó un "Registro Nacional de Sitios de Entierro", que registra 4644 lugares a nivel nacional, de los cuales 2234 se encuentran en Ayacucho. A ese registro se le añadió la información recabada años después por la Comisión de Derechos Humanos (Comisedh), que identificó 1818 sitios más en dicha región. En consecuencia, la cifra de sitios de entierro se elevó a 6462. En años siguientes, la Coordinadora Nacional de Derechos Humanos identificó nuevos casos por desaparición forzada, a partir de la información recopilada durante la campaña “Los peruanos que faltan”, realizada en el período 2005-2007. Por tanto, de 8558 la cifra de personas desaparecidas se incrementó a 12027.

En el año 2007 el Equipo Peruano de Antropología Forense elaboró para el Comité Internacional de la Cruz Roja una consolidación de la información disponible, dando la cifra de 13,271. Hasta marzo del 2013, el Consejo de Reparaciones inscribió en el Registro Único de Víctimas —RUV— a 7399 víctimas de desaparición forzada mientras que el Equipo Forense Especializado (EFE) del Instituto de Medicina Legal del Ministerio Público, señaló en un documento remitido al Ministerio de Justicia y Derechos Humanos, que existen 15731 personas desaparecidas en una lista “en estado de verificación”. Finalmente, la Defensoría del Pueblo, en el marco de la Ley N.° 28413 y en atención a las solicitudes recibidas acreditó a 1890 víctimas (Defensoría del Pueblo, 2013, págs. 148-149).

Este informe concluye diciendo que a la fecha no es posible contar con una cifra exacta del número de personas desaparecidas, ni cuántos sitios de entierro hay en el país. Esta situación obedece a la carencia de una política pública dirigida a resolver la problemática de las personas detenidas-desaparecidas, por tanto se hace indispensable la creación de una entidad o instancia multisectorial e intergubernamental, con representación de la sociedad civil, que este a cargo, entre otros, de: 1) centralizar, sistematizar y depurar la información disponible sobre las personas desaparecidas, 2) impulsar y colaborar con la búsqueda forense de las personas desaparecidas, 3) brindar acompañamiento psicosocial y atención en salud mental a los familiares y 4) apoyar materialmente a los familiares para la cobertura de los gastos que este proceso supone para ellos (Defensoría del Pueblo, 2013, pág. 185).

Tabla 14. Perú conflicto armado interno (mayo de 1980-noviembre de 2000)

Víctimas desaparición forzada	Criterios reparación Comisión de la Verdad	Marco legal de reparaciones	Políticas públicas de reparación
La Comisión de la Verdad y Reconciliación presenta oficialmente una Lista Preliminar de Personas Desaparecidas, que contienen 8 558 casos. "Registro Nacional de Sitios de Entierro", que registra 4 644 lugares a nivel nacional. El Registro Especial de Ausencia por Desaparición Forzada —READF— a cargo de la Defensoría del Pueblo está conformado por 1913 víctimas. Hasta marzo del 2013, el Consejo de Reparaciones inscribió en el Registro Único de Víctimas —RUV—, a 7,399 víctimas de desaparición forzada.	Comisión de la Verdad y Reconciliación. Decreto Supremo N° 065-2001-PCM y Decreto Supremo N°101-2001-PCM. Programa Integral de Reparaciones – PIR: -*Programa de reparaciones simbólicas*: gestos públicos, actos de reconocimiento, recordatorios o lugares de la memoria. -*Programa de reparaciones en salud*: recuperación integral desde la intervención clínica. -*Programa de reparaciones en educación*: exoneración de pagos, becas integrales y programas de educación para adultos. -*Programa de restitución de derechos ciudadanos*: regularización de la situación jurídica de los desaparecidos a los familiares. Regularización de la situación de los indocumentados. Asesoramiento jurídico-legal y exoneración de pagos para todos quienes beneficiarían del PIR.	Decreto Supremo 011-2004-JUS del 7 de febrero de 2004. Crea la Comisión Multisectorial de Alto Nivel – CMAN. Decreto Supremo 031-2005-PCM, del 7 de abril de 2005. Formulación, ajuste e implementación del Plan Integral de Reparaciones. Ley 28592, del 29 de julio de 2005, Crea el Plan Integral de Reparaciones y designa a la CMAN como ente coordinador, encargada de elaborar los programas de reparaciones referidos en la ley y de coordinar y supervisar el PIR. Ley 28413, 11 de diciembre de 2004. Ley sobre ausencia por desaparición forzada.	**Comisión Multisectorial de Alto Nivel – CMAN** para seguimiento a las recomendaciones de la CVR. -Plan Integral de Reparaciones – Ley 28413, define seis programas marco: 1). Programa de restitución de derechos ciudadanos; 2). Programa de reparaciones en educación; 3). Programa de reparaciones en salud; 4). Programa de reparaciones colectivas; 5). Programa de reparaciones simbólicas; 6). Programa de promoción y facilitación al acceso de vivienda. -Plan Integral de Reparaciones: Programación Multianual 2005-2006. - Registro Especial de Ausencia por Desaparición Forzada – READF a cargo de la Defensoría del Pueblo.

Víctimas desaparición forzada	Criterios reparación Comisión de la Verdad	Marco legal de reparaciones	Políticas públicas de reparación
El último informe de la Defensoría del Pueblo concluye que no ha sido posible contar con una cifra exacta del número de personas desaparecidas ni cuántos sitios de entierro hay en el país.	*-Programa de reparaciones económicas:* pensión y indemnización a los familiares de las víctimas de muerte y desaparición; los discapacitados físicos y mentales permanentes, parcial o total, cuya discapacidad es producto de violaciones sexuales, torturas, heridas o lesiones tipificadas por la CVR. Las personas inocentes que han sufrido prisión; Las víctimas de violaciones sexuales; Los hijos producto de violaciones sexuales. También se estimó este beneficio en forma de servicio (puntajes en programas de vivienda y empleo). *-Programa de reparaciones colectivas:* consolidación institucional; Recuperación y reconstrucción de la infraestructura productiva; Recuperación y ampliación de servicios básicos y Empleo y generación de ingresos a las comunidades campesinas, comunidades nativas y otros centros poblados afectados por el conflicto armado interno.		**Reparación simbólica** Institución del Día de la Reconciliación Nacional (10 de diciembre). Ha resultado inapropiado por no respetar la propuesta de la CVR, y no ser consultado con las víctimas. *La Defensoría del Pueblo asegura que es urgente una Política Pública para Víctimas de Desaparición Forzada que incluya los siguientes componentes: Centralizar, sistematizar y depurar la información disponible sobre las personas desaparecidas, Impulsar y colaborar con la búsqueda forense de las personas desaparecidas, Brindar acompañamiento psicosocial y atención en salud mental a los familiares. Apoyar materialmente a los familiares para la cobertura de los gastos que este proceso supone para ellos.

Fuente: elaboración propia con base a las recomendaciones de reparación para víctimas de desaparición forzada de la CVR-Perú.

Capítulo IV.

Criterios y medidas de reparación integral para las víctimas del delito de desaparición forzada en Colombia

INTRODUCCIÓN

Este último capítulo abordará el escenario actual de las víctimas del conflicto armado en Colombia, en especial las víctimas de desaparición forzada y lo que eventualmente pueden esperar en un contexto de justicia transicional, que avanza, hacia la reparación integral.

En este nuevo contexto las víctimas de desaparición forzada podrán aspirar a que les sean reconocidos sus derechos y reparados los daños causados por sus victimarios, por lo menos, ese es el período coyuntural que atraviesa el país en este momento histórico, no solo por las negociones que adelanta el Estado colombiano con las Fuerzas Armadas Revolucionarias de Colombia —FARC-EP—, sino por todo el andamiaje político y jurídico que se ha ido levantando en los últimos cinco años en búsqueda de la paz; la voluntad política de las partes y el acompañamiento internacional que ha tenido este proceso reflejan un optimismo moderado de una Colombia en paz.

En efecto, con la llegada a la Presidencia de la República de Juan Manuel Santos, se incorporaron en la agenda temáticas que su antecesor había vetado; entre otras, el reconocimiento de la existencia en Colombia de un conflicto armado y social, la aprobación de la Ley 1448 de 2011 o Ley de Víctimas y Restitución de Tierras, y finalmente el inicio de una mesa de negociaciones con la guerrilla de las FARC-EP, para lo cual se ha expedido el Marco Jurídico para la Paz , aprobado en su totalidad por la Corte Constitucional en el mes de agosto de 2014.

Este contexto es relevante para nuestro tema de estudio, ya que en el mismo se inscribe la obligación de que sean reparadas las víctimas del delito de desaparición forzada en Colombia en un contexto de justicia transicional y por lo mismo, se observarán: en primera instancia, los programas y medidas de reparación que se han utilizado en Colombia, para reparar a las víctimas del conflicto armado, por lo mismo observaremos que la reparación a víctimas se ha hecho a través de varias vías jurídicas o administrativas, por ejemplo, excepcionalmente a través de la acción de tutela, acudiendo a la jurisprudencia de la Corte Constitucional, por la jurisdicción civil, penal y administrativa o más generalmente en sede judicial, por instancias internacionales y, más recientemente, en casos de justicia transicional o de posconflicto, por programas de reparación masiva o reparación administrativa. Como referencia de este último modelo recordamos las experiencias analizadas en el capítulo tercero.

En segunda instancia se analizará el proceso de paz adelantado entre el Gobierno Nacional y las FARC-EP, a partir del documento ratificado por las partes el 26 de agosto del año 2012, "Acuerdo General para la terminación del conflicto y la construcción de una paz estable y duradera". En el mismo se plantea la decisión mutua de poner fin al conflicto como condición esencial para la construcción de la paz estable y duradera, reconociendo que la construcción de la paz es un asunto de la sociedad en su conjunto, que requiere de la participación de todos; reconoce además la necesidad por promover el respeto por los derechos humanos, la importancia de ampliar la democracia y convoca a toda la sociedad colombiana, y a la comunidad internacional, a acompañar el proceso.

Con base en los anteriores reconocimientos, las dos delegaciones acordaron seis puntos generales dentro de los cuales destacamos el punto (v), mediante el cual se fijan los puntos de la Agenda que se ha venido discutiendo en La Habana-Cuba, desde el 19 de noviembre del año 2012, y que actualmente se encuentra en el punto quinto de la agenda. Este aborda el tema de las víctimas del conflicto armado, para lo cual las partes se habían planteado desde el inicio del proceso, tratar el tema de resarcir a las víctimas y esclarecer la verdad de los hechos.

Sin embargo, llegados al punto de las víctimas del conflicto, las partes han alcanzado a una serie de acuerdos que no se tenían previstos al inicio de la negociación, como, por ejemplo; integrar una Comisión de la Verdad Histórica, citar a varios grupos de víctimas a hablar en la Mesa de Negociación en La Habana, y recoger las propuestas resumidas en un documento de 13 puntos, fruto de los foros organizados por la Organización de Naciones Unidas —ONU— y el Centro de Pensamiento de la Universidad Nacional de Colombia.

Lo anterior, ha hecho que las víctimas tengan un rol protagónico en el proceso y en el contexto nacional, se han hecho visibles y han expuesto sus casos ante las delegaciones, la comunidad internacional y los medios de comunicación, lo que llevó a las partes a expedir un comunicado el día 7 de junio del año 2014 con "una declaración de principios" la cual ha sido calificada de "histórica". En ese documento propusieron reconocer "a todas las víctimas del conflicto" y su "responsabilidad". De hecho, se publicó el trascendental documento de dos páginas y media que traza cómo se disponen las partes a abordar, el que es quizás, el punto crucial para el éxito de la negociación en un contexto de justicia transicional[1].

Hemos desarrollado este tema, hasta el pronunciamiento más recientemente de la mesa de negociación, un avance significativo que ha tenido la mesa respecto del tema de la desaparición forzada, por medio del Comunicado Conjunto #062 del 18 de octubre de 2015, mediante el cual dieron a conocer a la opinión pública su intención de aliviar el sufrimiento de las familias de las per-

---

1 Lo señalamos así, ya que el hecho de reconocer a las víctimas es un avance transcendental, pues se evidencia que en el marco del conflicto armado hay "víctimas de graves violaciones a los Derechos Humanos y al Derecho Internacional Humanitario", que tienen "derecho a la verdad, la justicia, la reparación y las garantías de no repetición". Es importante la aceptación de las partes en este punto, pues son los elementos clásicos de la Justicia Transicional, que referimos y desarrollamos desde el capítulo primero.

sonas dadas por desaparecidas y de esta manera contribuir a la satisfacción de sus derechos, llegando a dos tipos de acuerdos: en primer lugar poner en marcha unas primeras medidas inmediatas humanitarias de búsqueda, ubicación, identificación y entrega digna de restos de personas dadas por desaparecidas en el contexto y en razón del conflicto armado interno, y en segundo lugar, la creación de una Unidad especial para la búsqueda de personas dadas por desaparecidas en el contexto del conflicto armado interno. Por último, anotamos la conformación de la Comisión Histórica del Conflicto y sus Víctimas, la cual sin duda jugará un papel preponderante en el documento insumo que presentará a la mesa de negociación, para una futura Comisión de la Verdad.

En este desarrollo hacemos también un balance del marco jurídico que se ha expedido por parte del gobierno nacional, a fin de tener una plataforma jurídica para las negociaciones y la búsqueda de la paz, por lo que abordamos el contenido de la Ley 1448 de 2011, rescatando los aspectos más relevantes, como la definición de víctima, la definición de justicia transicional y sus medidas de carácter transicional, el principio de enfoque diferencial, los derechos de las víctimas a la verdad, la justicia y la reparación integral y las instituciones creadas para tal fin.

Así mismo, en lo relacionado con las medidas de reparación integral, propiamente dichas, resaltaremos de manera concreta en su articulado las referencias y medidas puntuales que consagró la ley para las víctimas de desaparición forzada, se busca exponer el panorama actual de las víctimas a reparar con ocasión del conflicto armado en Colombia, acudiendo a las estadísticas que presenta el Registro Único de Víctimas con fecha de corte al mes de mayo de 2016.

Finalmente, procederemos a formular los criterios y medidas de reparación integral para las víctimas del delito de desaparición forzada en Colombia, acudiendo al marco normativo internacional, como quedó desarrollado en el primer capítulo y que aquí retomamos, así como, el marco normativo nacional a partir de su consagración en la Ley 1448 de 2011 y sus Decretos reglamentarios, de tal manera que formulamos y desarrollamos unos criterios de reparación para las medidas de restitución, indemnización, rehabilitación, satisfacción y buscar garantías de no repetición; con el ánimo de aportar a la discusión y al debate que actualmente vive el país de cómo reparar a las víctimas del conflicto armado interno.

1. PROGRAMAS Y MEDIDAS DE REPARACIÓN PARA VÍCTIMAS DEL CONFLICTO ARMADO EN COLOMBIA

La reparación a víctimas del conflicto armado en Colombia se ha hecho a través de varias vías jurídicas o administrativas como, por ejemplo, acudiendo a la jurisprudencia de la Corte Constitucional, excepcionalmente a través de la acción de tutela, por la jurisdicción civil, penal y administrativa o más generalmente en sede judicial, por instancias internacionales y más recientemente en casos de justicia transicional o de posconflicto, por programas de reparación masiva o reparación en sede administrativa, como referencia de este último modelo encontramos las experiencias ya analizadas en el capítulo anterior.

Tratándose de víctimas de graves violaciones a los Derechos Humanos y al Derecho Internacional Humanitario, el contenido del derecho a la reparación ha ido evolucionando tanto en el derecho internacional como en el interno. Como antecedente podemos observar que las víctimas eran titulares únicamente del derecho a la reparación, entendido como la pretensión de una indemnización, que le sería reconocida en la etapa del incidente de reparación, al final del proceso penal o mediante el ejercicio de la acción civil[2].

En Colombia, luego de los importantes desarrollos que ha tenido este tema en la Corte Interamericana de Derechos Humanos

---

2 Corte Constitucional, Sentencia C-228 de 2002.

—Corte IDH—[3], la jurisprudencia nacional[4], ha reconocido al unísono que las víctimas son titulares de los derechos a la verdad, la justicia, la reparación integral y las garantías de no repetición. Reconocimiento que ha generado grandes transformaciones en cuanto al rol de la víctima en los procesos de reparación.

A continuación, desarrollamos algunos de estos modelos y medidas de reparación, a los que han acudido las víctimas en busca de la realización de sus derechos, así como las ventajas y desventajas que se presentan en cada uno de estos escenarios, a partir de los instrumentos internacionales y los documentos de *soft law* o derecho blando proferidos para la reparación de víctimas y su adopción en las legislaciones locales, como se busca en el actual proceso que se adelanta en Colombia.

1.1. La reparación en la Corte Constitucional

A partir del desarrollo de la jurisprudencia de la Corte Constitucional en relación con los derechos de las víctimas y en especial con el derecho a la reparación integral encontramos:

La reconceptualización de los derechos de las víctimas, a partir de la Constitución, se funda en varios principios y preceptos constitucionales[5]:

---

[3] Corte IDH. Caso Godínez Cruz vs. Honduras. Sentencia de 20 de enero de 1989. Caso Barrios Altos vs. Perú. Sentencia de 14 de marzo de 2001. Caso Myrma Mack vs. Guatemala. Sentencia de 25 de noviembre de 2003. Caso hermanos Gómez vs. Perú. Sentencia de 8 de julio de 2004. Caso de la Masacre de Mapiripán vs. Colombia. Sentencia de 15 de septiembre de 2005, entre otras.

[4] Corte Constitucional. Sentencias C-228 de 2002, C-370 de 2006, C-1199 y C-135 de 2008, entre otras referidas en este trabajo.

[5] Véase Corte Constitucional. Sentencia C-454 de 2006, supra nota 203, fundamento 30.

(i) El mandato de que los derechos y deberes se interpretarán de conformidad con los tratados internacionales sobre derechos humanos ratificados por Colombia (artículo 93 C.P.); (ii) En el hecho de que el Constituyente hubiese otorgado rango constitucional, a los derechos de las víctimas (artículo 250 núm. 6 y 7 C.P.); (iii) En el deber de las autoridades en general, y las judiciales en particular, de propender por el goce efectivo de los derechos de todos los residentes en Colombia y la protección de los bienes jurídicos (artículo 2° C.P.); (iv) En el principio de dignidad humana que promueve los derechos a saber qué ocurrió, y a que se haga justicia (artículo 1° C.P.); (v) En el principio del Estado social de derecho que promueve la participación, de donde deviene que la intervención de las víctimas en el proceso penal no puede reducirse exclusivamente a pretensiones de carácter pecuniario; (vi) y, de manera preponderante, del derecho de acceso a la administración de justicia, del cual se derivan garantías como la de contar con procedimientos idóneos y efectivos para la determinación legal de los derechos y las obligaciones, la resolución de las controversias planteadas ante los jueces dentro de un término prudencial y sin dilaciones injustificadas, la adopción de decisiones con el pleno respeto del debido proceso, así como la existencia de un conjunto amplio y suficiente de mecanismos para el arreglo de controversias.

En efecto, como lo ha dicho en múltiples oportunidades la Corte Constitucional[6], el derecho constitucional a la reparación integral de las víctimas no solo tiene fundamento expreso en los artículos 1°, 2° y 250 de la Constitución, sino también en varias normas del derecho internacional que hacen parte del bloque

---

6 En relación con la amplitud del concepto de reparación integral del daño causado por el delito, pueden consultarse, entre otras, las Sentencias C-805 de 2002, supra nota 224 y C-916 de 2002, supra nota 211. En cuanto al fundamento constitucional del derecho a la reparación de las víctimas, véanse las sentencias C-805 de 2002, supra nota 224; C-570 de 2003, supra nota 224; y, C-899 de 2003, M. P. Marco Gerardo Monroy Cabra.

de constitucionalidad y, por consiguiente, resultan vinculantes en nuestro ordenamiento jurídico.

En los últimos años, la jurisprudencia de la Corte Constitucional, se ha circunscrito en reconocer el derecho de las víctimas a ser reparadas, la cual exige la obligación de adoptar "todas las medidas necesarias tendientes a hacer desaparecer los efectos de las violaciones cometidas y a devolver a la víctima al estado en que se encontraba antes de la violación", en aplicación de la regla consuetudinaria según la cual "toda violación de un derecho humano da lugar a un derecho de la víctima o sus derechohabientes a obtener reparación, el cual implica el deber del Estado de reparar y el derecho de dirigirse contra el autor"[7].

El derecho a obtener reparación es de carácter integral. Esto significa que la reparación debe abarcar todos los daños y perjuicios sufridos por la víctima a nivel individual y comunitario. En el plano individual, la Corte ha sostenido que las medidas de reparación se extienden a "(i) la *restitutio in integrum*, o reposición de la situación a su estado original; (ii) la indemnización o reparación por equivalencia en dinero, y (iii) la satisfacción o reparación moral"[8]. Igualmente, deben incluirse dentro del derecho a la reparación individual las medidas de rehabilitación, que han sido definidas por la Corte como las "acciones tendientes a la recuperación de las víctimas que sufren traumas físicos y sicológicos como consecuencia del delito"[9], y las medidas de garantía de no repetición[10].

---

7 Véase Corte Constitucional. Sentencia T-458 de 2010. M. P. Luis Ernesto Vargas Silva, fundamento 1.2.

8 Véase Corte Constitucional. Sentencia C-775 de 2003, M. P. Jaime Araujo Rentería, fundamento 4.

9 Véase Corte Constitucional. Sentencia C-1199 de 2008, supra nota 234, fundamento 10.1

10 Véase Corte Constitucional. Sentencia T-458 de 2010, supra nota 251, fundamento 1.2

En el plano comunitario, también las víctimas colectivas de violaciones de sus derechos humanos o de delitos por parte de grupos armados organizados al margen de la ley, tienen derecho a una reparación colectiva que exige por parte del Estado, la implementación de medidas económicas y simbólicas de satisfacción colectiva, garantías de no repetición, y acciones orientadas a la reconstrucción psicosocial de las poblaciones afectadas por la violencia[11].

La Corte Constitucional ha determinado en diversas sentencias[12] el contenido del derecho a la reparación de las víctimas de graves violaciones a los derechos humanos, por ejemplo, en la Sentencia C-370 de 2006, tal corporación estableció que el derecho a la reparación debe incluir:

> i) todas las acciones necesarias y conducentes a hacer desaparecer, en la medida en que ello sea posible, los efectos del delito; ii) al igual que el concepto de víctima, tiene una dimensión tanto individual como colectiva; iii) no se agota en su perspectiva puramente económica, sino que tiene diversas manifestaciones tanto materiales como simbólicas; iv) es una responsabilidad que atañe principalmente a los perpetradores de los delitos que dan lugar a ella, pero también al Estado, particularmente en lo relacionado con algunos de sus componentes[13].

Las medidas de reparación no pueden confundirse con los servicios sociales que presta el gobierno de manera ordinaria en materia de políticas públicas de vivienda, educación y salud, y la asistencia humanitaria que ofrece el Estado en caso de desastres. Además, señala la Corte Constitucional,

> aun cuando es claro que puede establecerse una relación de complementariedad entre los servicios sociales del Estado, las acciones de atención humanitaria y las medidas de reparación, al punto que un mismo ciudadano pueda ser sujeto de la ejecución simultánea

---

11 *Ibidem.*

12 Corte Constitucional. Sentencias T-188 de 2007, C-060 y C-1199 de 2008, entre otras.

13 Corte Constitucional. Sentencia C-370 de 2006.

> de las acciones, o que una misma entidad esté encargada de la ejecución de varias de ellas, no es posible asimilarlas unas a otras o pretender sustituirlas. Cuando ello ocurre, ha dicho la Corte que se ve menguado el alcance del derecho a la reparación y, por tanto, se amenaza con su vulneración[14].

1.2. La procedencia excepcional de la acción de tutela

Por otra parte, observamos la procedencia excepcional de la acción de tutela para para obtener reparaciones por graves violaciones a derechos humanos con carácter definitivo y sin que sea necesario demostrar un eventual perjuicio irremediable, en ese sentido, la Honorable Corte Constitucional mediante las Sentencias T-188 de 2007 y T-085 de 2009, confirmó la procedencia de la acción de tutela para obtener reparaciones por graves violaciones a derechos humanos con carácter definitivo sin ningún tipo de requisito adicional; en las dos providencias, la corporación estableció que:

> los medios procesales existentes ante la jurisdicción de lo contencioso administrativo y la jurisdicción ordinaria no resultan ser idóneos, pues quienes solicitan el amparo son sujetos de especial protección constitucional, con fundamento en sus condiciones de debilidad manifiesta (art.13 C. Pol.), y víctimas de violaciones a derechos fundamentales, por lo que requieren un instrumento judicial ágil y eficaz que les brinde la posibilidad de acceder a una pronta y justa reparación, características que al ser propias de la acción de tutela, configuran su procedencia.

Como lo afirma la honorable Corte, la acción de tutela es procedente de manera excepcional para aquellos sujetos de especial protección que se encuentran en condiciones de debilidad manifiesta y buscan un instrumento ágil y eficaz que les permita acceder a una pronta y justa reparación. Tal es el caso de las víctimas del conflicto armado interno quienes gozan de especial

---

14 Véanse Corte Constitucional. Sentencias C-1199 de 2008, supra nota 234, fundamento 10.3; y, T-458 de 2010, supra nota 251, fundamento 1.4.

protección por su condición de vulnerabilidad. En este sentido, se reiteran los argumentos que la Corte Constitucional ya había establecido en sentencias anteriores:

> Lo anterior sin perjuicio de su derecho a acudir ante el juez de amparo, puesto que el sistema de protección internacional de los derechos humanos fundamentales prevé que la población civil, necesitada de ayuda humanitaria, a causa de emergencias naturales o conflictos armados, tiene derecho a contar con recursos apropiados a sus circunstancias de apremio y desprotección15, para acceder a los obligatorios programas estatales de asistencia y reparación, como prolongación natural i) del derecho a la vida16, ii) de la prohibición de tratos crueles, inhumanos o degradantes17 y iii) del derecho al disfrute del más alto nivel posible de salud física y mental y de un nivel de vida adecuado18–artículos 1°, 2°, 5° 9°, 11, 12 y 93 C.P.-."Dispone el artículo 25 de la Convención Americana sobre Derechos Humanos que toda persona tiene derecho a demandar de los jueces o tribunales, haciendo uso de mecanismos sencillos y eficaces, amparo contra actos que violen sus derechos fundamentales y del Conjunto de Principios formulados por la Comisión de Derechos Humanos para la protección y promoción de los mismos19 se desprende que toda víctima, tanto por la vía penal como por la civil, administrativa o disciplinaria, deberá contar con la posibilidad de acceder a una pronta y justa reparación, como también a participar activamente en la elaboración, aplicación y evaluación de los programas estatales que la pretenden[20].

---

15 Artículo 2° del Pacto Internacional de Derechos Civiles y Políticos.

16 Artículos 3° y 6° de la Declaración Universal de Derechos Humanos y Pacto Internacional sobre Derechos Civiles y Políticos.

17 Artículo 5° de la Declaración Universal de Derechos Humanos.

18 Artículos 11 y 12 del Pacto Internacional sobre Derechos Económicos Sociales y Culturales.

19 Anexo al Informe E/CN.4/2005/102, presentado por la experta independiente Diane Orentlicher, encargada de actualizar el Conjunto de Principios para la Protección y Promoción de los Derechos Humanos, mediante la Lucha contra la Impunidad, de 1997.

20 Corte Constitucional. Sentencia T-188-07.

En efecto, en ese momento se estableció que las personas víctimas del desplazamiento forzado pueden acudir directamente a la acción de tutela y se resaltó que siempre que los medios ordinarios procesales administrativos o judiciales resulten insuficientes, inidóneos e ineficaces, las víctimas de graves violaciones a los derechos humanos podrán ventilar sus pretensiones mediante la misma vía.

1.3. La reparación en sede judicial

Por otra parte, encontramos la reparación en sede judicial, la cual ha tenido significativos avances durante los últimos años sobre el contenido y alcance del derecho a la reparación, a partir del estudio de los instrumentos y jurisprudencia internacionales, así como de documentos de *soft law*, sin embargo, es posible plantear un conjunto de estándares que dan cuerpo a una "dogmática jurídica" del derecho a la reparación, con los siguientes elementos.

En primera instancia, recordamos que "es un principio de Derecho Internacional que toda obligación internacional que haya producido un daño comporta el deber de repararlo adecuadamente"[21]. Lo que implica repararlo en forma adecuada en el entendido que las medidas de reparación deben estar acordes con los tipos de daños cometidos, debiendo atender efectivamente la situación de vulnerabilidad de la víctima, su condición específica de edad, sexo, género, raza o etnia y su contexto; así mismo debe ser una reparación proporcional a la violación sufrida, a su gravedad y a los daños padecidos, tanto materiales como morales debiendo ser otorgada en la extensión y en la medida suficientes para resarcirlos.

---

21 Véase Corte IDH. Caso Velásquez Rodríguez. Sentencia de 29 de julio de 1988, párr. 25; Corte IDH. Caso Masacre de la Rochela, supra nota 32, párr. 226; y, Corte IDH. Caso Manuel Cepeda Vargas, supra nota 4, párr. 211.

Otro elemento fundamental, reconocido en instrumentos y la jurisprudencia internacional es el derecho a una reparación justa, la cual supone que la distribución de los beneficios debe hacerse con base en un criterio de igualdad, esto es, sin discriminaciones irrazonables e injustificadas, entre distintos grupos o categorías de víctimas[22]. También se encuentran los criterios de rapidez, el cual implica que los plazos en los que se ejecutan las reparaciones deben ser razonables y la efectividad, con la cual se busca que las medidas ordenadas sean realmente implementadas y propendan por reconocer el daño causado y por devolver a la víctima su estatus de ciudadano y de sujeto de derechos.

En este contexto surge entonces el concepto de reparación integral, con el objeto de garantizar una reparación adecuada, proporcional y efectiva, que garantice a las víctimas el pleno restablecimiento —cuando ello sea posible— de la condición previa a la violación[23]. Aquí es donde se habla de integralidad, pues además de la restitución se habla de la compensación por los daños sufridos a través de medidas de rehabilitación, satisfacción y garantías de no repetición. Ampliamente desarrollado en el primer capítulo.

Así las cosas, podemos observar que en sede judicial la mayoría de estos criterios han sido tenidos en cuenta a la hora de determinar las reparaciones[24]. (i) Un criterio sobresaliente es el de la

---

22 Véase ONU. Oficina del Alto Comisionado de las Naciones Unidas para los Derechos Humanos. Instrumentos del Estado de Derecho para Sociedades que han salido del conflicto. Programas de Reparaciones. ONU: Nueva York, 2008.

23 Así lo ha entendido, entre otras, la Corte IDH, la cual ha definido las reparaciones como todas aquellas medidas que tienden a hacer desaparecer los efectos de las violaciones cometidas, dependiendo su naturaleza y el monto del daño ocasionado en los planos tanto material como inmaterial. Véanse, entre otros: CIDH. Caso de la Cruz Flores, supra nota 31, párr. 141; CIDH. Caso Goiburú y otros, supra nota 31, párr. 143; CIDH. Caso Almonacid Arrellano y otros, supra nota 30, párr. 137.

24 Bolívar Jaime, A. P. (2012), *Programas administrativos de reparación: el caso colombiano en perspectiva comparada*, pág. 22.

"adecuada reparación", de acuerdo con la cual las medidas adoptadas por el juez deben responder a los daños ocasionados, las reparaciones deben ser definidas frente a personas individualmente consideradas, donde criterios como el tipo de victimización, el género, la edad, entre otros, son determinantes, en razón a que las afectaciones sufridas fueron distintas y lo que busca con este derecho es responder adecuadamente a dichas afectaciones. (ii) Las reparaciones en sede judicial se basan en una metodología de caso por caso lo que implica que deben ser proporcionales a la violación sufrida, a su gravedad y a los daños padecidos. Por esta razón estas reparaciones judiciales, demandan estándares probatorios más altos, a efectos de definir los montos y los beneficios a otorgar. (iii) Por la jerarquía del juez y la estructura de la administración de justicia, estas medidas tienden a ser efectivas, aunque en muchos casos su cumplimiento depende de que realmente se les dé cumplimiento a las sentencias.

Ahora, en un escenario diferente, en el que se presentan contextos de violaciones masivas y sistemáticas de los derechos humanos, la reparación en sede judicial presenta una serie de limitaciones, lo que implica que este mecanismo resulte insuficiente para el alcance de una reparación integral y adecuada para las víctimas, algunas de ellas han sido expuestas por Pablo de Greiff[25].

En primer lugar, este tipo de reparaciones ponen el énfasis en el otorgamiento de justicia a personas individualmente consideradas, dejando de lado una respuesta masiva para un universo amplio y complejo de víctimas, el cual puede ser alcanzado por medio de métodos y medidas diseñadas en el marco de un programa masivo de reparaciones[26].

---

25 Véase De Greiff, P. (2006), "Justice and Reparations", en *The Handbook of Reparations.* Oxford University Press, págs. 451-477.

26 Ibidem, pág 454.

En este mismo sentido, de acuerdo con varios expertos[27], los criterios de "compensación en proporción al daño sufrido" y "plena restitución", propios de la reparación en sede judicial, no resultan viables en casos de violaciones masivas por cuanto no existe la posibilidad de determinar con exactitud la proporción del daño sufrido o la cuantificación del daño en sí mismo[28] y porque las posibilidades de realización en países posconflicto son muy bajas.

Este tipo de reparaciones se ven sometidas a procesos más lentos, costosos y de complejo trámite. Así, por ejemplo, los procedimientos que se adelantan pueden producir procesos de revictimización al demandar estándares probatorios más altos, o contrainterrogatorios que requieren que la víctima reviva los sucesos atroces, lo que se convierte en una desmotivación para que las víctimas acudan a esta vía para obtener reparación.

Finalmente, las reparaciones otorgadas en la mayoría de las decisiones judiciales del Sistema Interamericano de Derechos Humanos han tenido una pretensión de integralidad. En primer lugar, la reparación judicial siempre ha demandado la restitución integral o plena de los derechos, la cual consiste en el restablecimiento de la situación anterior, con las implicaciones problemáticas que ello conlleva, tal y como lo planteamos en el primer capítulo de este trabajo. Además de la restitución plena, se han decretado órdenes respecto de los demás componentes de la reparación, a saber, indemnización, rehabilitación, satisfacción y garantías de no repetición.

---

27 Véase De Greiff, P. (2009), "Justice and Reparations", *op. cit.*, págs. 455-459; Saris, A. y Lofis, K. "Reparations Programmes: A Gendered Perspective", en *Reparations for victims of Genocide, War Crimes and Crimes against Humanity. Systems in Place and Systems in the Making.* Leiden: Martinus Nijhoff Publishers, págs. 85-87; Satz, D. (2007), "Countering the Wrongs of the Past: The Role of Compensation, en *Reparations: Interdisciplinary Inquiries.* Oxford University Press, págs. 189-190; Uprimny, R. (2010) *Reparaciones transformadoras de violaciones masivas a los derechos humanos: Entre justicia correctiva y justicia distributiva,* págs. 4-6.

28 Ver, De Greiff. *Justice and Reparations, op. cit.*, pág. 454.

En este ámbito se ha propendido por ordenar medidas materiales y simbólicas, e individuales y colectivas, cuando se considera procedente. De ello hay muestra en las múltiples sentencias de la Corte Interamericana de Derechos Humanos.

1.4. Programas y medidas de reparación administrativa en Colombia

En períodos de transición o posconflicto, se han diseñado otros mecanismos para hacer frente a violaciones masivas de los derechos humanos, como las reparaciones en sede administrativa[29]. Este tipo de reparaciones, cumplen parcialmente con los criterios establecidos en los estándares internacionales. No obstante, es importante reiterar que el propósito esencial de la reparación es restituir los derechos de las víctimas, reconocer su condición de ciudadanos con plenos derechos —lo que implica necesariamente una transformación de su situación de vulneración—, recuperar el tejido social y la confianza en las instituciones del Estado.

Adicionalmente, y con el propósito de satisfacer en mayor medida las expectativas de las víctimas y en consecuencia generar lazos de confianza en el Estado, es importante que los programas de reparación posean coherencia tanto interna como externa[30].

---

29 De acuerdo con Naciones Unidas "la noción de "justicia de transición" … abarca toda la variedad de procesos y mecanismos asociados con los intentos de una sociedad por resolver los problemas derivados de un pasado de abusos a gran escala, a fin de que los responsables rindan cuentas de sus actos, servir a la justicia y lograr la reconciliación. Tales mecanismos pueden ser judiciales o extrajudiciales y tener distintos niveles de participación internacional (o carecer por completo de ella) así como abarcar el enjuiciamiento de personas, el resarcimiento, la búsqueda de la verdad, la reforma institucional, la investigación de antecedentes, la remoción del cargo o combinaciones de todos ellos, el establecimiento de tribunales y mecanismos para la búsqueda de la verdad y la reconciliación y programas de indemnización de las víctimas". Véase Consejo de Seguridad de las Naciones Unidas, Op. cit., párr. 8 y 12.

30 La coherencia interna se refiere a la relación entre los diferentes tipos de beneficios adjudicados por un programa de reparaciones, a fin de que se apo-

En Colombia recientemente hemos tenido dos escenarios de planes masivos de reparación a víctimas del conflicto armado, el primero se desarrolló con ocasión de la desmovilización de los grupos paramilitares, en el gobierno de Álvaro Uribe Vélez, al expedir la Ley 975 de 2005 y su Decreto Reglamentario 1290 de 2008, conocido como el Programa de Reparación Individual por vía administrativa y el segundo en el gobierno de Juan Manuel Santos, con la expedición de la Ley 1448 de 2011 y su Decreto Reglamentario 4800 de 2011, el cual derogó el programa de su antecesor; a continuación desarrollaremos los instrumentos y mecanismos implementados a través de esta normatividad, haciendo énfasis en el último proceso, que es el que actualmente se está aplicando en el país y que busca reparar a las víctimas del conflicto armado dentro de proceso de justicia transicional que hemos venido desarrollando en el presente capitulo.

1.4.1. Decreto 1290 de 2008

En el mes de abril de 2008, el Gobierno expidió el Decreto 1290 "por el cual se creó el Programa de Reparación Individual por vía Administrativa para las Víctimas de los Grupos Armados Organizados al Margen de la ley", con el objeto de

> conceder un conjunto de medidas de reparaciones individuales a favor de las personas que con anterioridad a la expedición del Decreto hubieren sufrido violación en sus derechos fundamentales por acción de los grupos armados organizados al margen de la

---

yen unos a otros internamente, y la coherencia externa expresa la exigencia de que los esfuerzos de reparación se presenten en una relación estrecha con otros mecanismos transicionales, entre otros, la justicia penal, la narración de la verdad y la reforma institucional. Véase De Greiff, P. "Los esfuerzos de reparación en una perspectiva internacional: el aporte de la compensación al logro de la justicia imperfecta", *Revista Estudios Socio-Jurídicos*, vol. 17. Bogotá: Universidad del Rosario, Facultad de Jurisprudencia, 2006, pp. 187 y 188.

ley a los que se refiere el inciso 2 del artículo 1, de la Ley 975 de 2005[31].

El Programa de Reparación Individual adoptado en Colombia, mediante este decreto, establecía que el Comité de Reparaciones Administrativas debía reconocer y ordenar la ejecución, en cada caso particular, de las siguientes medidas de reparación: indemnización solidaria, restitución, rehabilitación, medidas de satisfacción y garantías de no repetición. En este sentido, en su formulación el Programa contempló un conjunto amplio de beneficios de carácter individual, disposición que en comparación con los programas examinados en el cuarto capítulo le da un alto nivel de complejidad, aun cuando este no incorporó medidas materiales de reparación de alcance colectivo.

A pesar de ello, para su implementación el Comité únicamente entregó compensaciones en dinero, justificando esta actuación en la ausencia del documento Conpes para la ejecución y seguimiento de las medidas de reparación sin tener en cuenta los conceptos de la Procuraduría General de la Nación[32]. Esta fue una falencia que alejó al Programa de su propósito inicial de garantizar una política de reparación integral a las víctimas.

De conformidad con lo establecido en el Decreto 1290 los destinatarios o beneficiarios del programa eran las personas que individual o colectivamente, con anterioridad al 22 de abril del año 2008, hubieren sufrido daño directo como consecuencia de la violación de sus derechos fundamentales a la vida, integridad

---

31 De conformidad con lo establecido en el inciso 2° del artículo 1° de la Ley 975 de 2005: "Se entiende por grupo armado organizado al margen de la ley, el grupo de guerrilla o de autodefensas, o una parte significativa e integral de los mismos como bloques, frentes u otras modalidades de esas mismas organizaciones, de las que trate la Ley 782 de 2002."

32 Véase PGN. Informe de seguimiento al Programa de Reparación Individual por Vía Administrativa. Bogotá: GTZ, Procuraduría General de la Nación, 2010, pág. 17.

física, salud física y mental, libertad individual y libertad sexual, por acción de los grupos armados organizados al margen de la ley a los que se refirió la Ley 975 de 2005.

En este sentido, las violaciones cubiertas por el Programa de Reparación Individual fueron el homicidio, la desaparición forzada, el secuestro, las lesiones personales y psicológicas, la tortura, los delitos contra la libertad y la integridad sexual, el reclutamiento ilegal de menores y el desplazamiento forzado. En este último caso, el programa estableció que la indemnización solidaria debía entregarse por núcleo familiar y reconocerse y pagarse a través de Fonvivienda, con la posibilidad de acceder a vivienda nueva o usada, en cualquier parte del territorio nacional.

En los casos en que a la víctima se le hubiere dado muerte o estuviere desaparecida, el programa dispuso que tendrían esa condición el cónyuge o compañero o compañera permanente o el familiar en primer grado de consanguinidad o primero civil de la víctima directa o aquellos que dependían económicamente de la misma, presunción que no excluía como víctima a otros familiares, que hubieran sufrido un daño como consecuencia de cualquier otra conducta violatoria de la ley penal, cometida por miembros de grupos armados al margen de la ley[33].

Por otro lado, se le criticó al programa, el no considerar beneficiarios a quienes habían sido víctimas de delitos contra la propiedad, el patrimonio y las violaciones colectivas o atribuibles a agentes del Estado. Las exclusiones señaladas disminuyeron notablemente su alcance, en la medida en que redujo la posibilidad de que numerosas víctimas obtuvieran reparación. Así, por ejemplo, de acuerdo con el Registro Único de Población Desplazada —RUPD—, a diciembre del año 2010, 3.517.136 personas habían sido expulsadas de sus tierras, de las cuales 934.973 estaban asociadas a declara-

---

[33] Véase Corte Constitucional. Sentencia C-370 de 2006, supra nota 203, fundamento 6.2.4.2.16.

ciones con abandono de Tierras[34]. Por otra parte, la Comisión de Seguimiento a la Política Pública sobre Desplazamiento Forzado, señaló que al año 2008, el total de hectáreas despojadas o forzadas a dejar en abandono eran del orden de 6.65 millones[35]. De allí que la exclusión de estas víctimas resulte irrazonable debido a la magnitud del fenómeno del despojo en nuestro país.

Si bien el Decreto 1290 de 2008, constituyó una iniciativa importante en materia del reconocimiento del derecho de las víctimas a la reparación, dado el alto nivel de victimizaciones cubiertas, la amplitud temporal para el reconocimiento de solicitantes como beneficiarios y el traslado de la carga de la prueba al Estado, este programa presentó serias falencias, tanto en su contenido como en su implementación, las cuales afectaron ostensiblemente la realización de este derecho. Por ejemplo; la exclusión de las víctimas colectivas, las víctimas del Estado o de sus agentes, las víctimas de delitos contra el patrimonio económico, así como de las víctimas posteriores al 22 de abril de 2008; el desconocimiento respecto de los criterios para la definición de los montos de la indemnización solidaria.

Otras falencias fueron, la decisión del Comité de descontar de la reparación las prestaciones económicas recibidas por las víctimas a título de asistencia humanitaria; y la confusión entre las medidas de política social y la reparación, como sucedió en el caso del establecimiento del subsidio de vivienda, como medida de reparación para las víctimas de desplazamiento. Deficiencias que fueron advertidas por la Corte Constitucional mediante sentencia C-370 de 2006.

Por último, en relación con la exclusión de las víctimas de agentes del Estado es fundamental reiterar que dicha disposición resulta

---

34 Véase, Acción Social, PPTP. Cálculo de Área de Tierras/Lotes Abandonados Registrados en SIPOD-RUPD y RUPTA, PPTP, 2010.

35 III Encuesta Nacional de Verificación de los Derechos de la Población Desplazada, 2010. http://www.codhes.org/images/stories/pdf/iii%20env%20anexo.pdf.

abiertamente contraria a los estándares internacionales, de acuerdo con los cuales los Estados tienen el deber de proporcionar reparaciones mediante programas de origen legislativo o administrativo, a fin de asegurar a las víctimas la reparación con independencia de la identificación y sanción del autor de la violación. Por estas y otras razones, del fracaso de la política de desmovilización de la ley 975 de 2005, el nuevo gobierno decidió reorganizar el modelo de reparación integral en sede administrativa y plantear una nueva base jurídica para hacerlo, derogando esta normatividad.

1.4.2. Ley 1448 de 2011

Como ya lo habíamos anotado, la ley de víctimas y restitución de tierras se promulgó con el objeto de reparar a las víctimas del conflicto armado en Colombia, dentro de un marco de justicia transicional, que posibiliten hacer efectivo el goce de sus derechos a la verdad, la justicia y la reparación con garantía de no repetición, de modo que se reconozca su condición de víctimas y se dignifique a través de la materialización de sus derechos constitucionales. Ya en líneas anteriores habíamos destacado sus generalidades resaltando los artículos que consideramos más importantes para nuestro tema de estudio. En este espacio veremos lo aspectos más relevantes en cuanto a su modelo de reparación propiamente dicho, aunque advertimos desde ya que este desarrollo se ha dado a través del Decreto reglamentario 4800 de 2011, el cual tiene por objeto establecer los mecanismos para la adecuada implementación de las medidas de asistencia, atención y reparación integral a las víctimas de que trata el artículo 3 de la Ley 1448 de 2011, para la materialización de sus derechos constitucionales.

También, se han promulgado otros Decretos reglamentarios, que desarrollan los derechos de grupos victimizados de manera focalizada como: El Decreto Ley 4633 de 2011, por medio del cual se dictan medidas de asistencia, atención, reparación integral y de restitución de derechos territoriales a las víctimas pertenecientes a los pueblos y comunidades indígenas. El Decreto 4634 de 2011, por el cual se dictan medidas de asistencia, atención, reparación integral y restitución de tierras a las víctimas pertenecientes al pueblo Rom o Gitano. El Decreto Ley 4633 de 2011, por el cual se dictan medidas de asistencia, atención, reparación integral y de restitución de tierras a las víctimas pertenecientes a comunidades negras, afrocolombianas, raizales y palenqueras.

El análisis que realizamos a este modelo de reparación administrativa está orientado a identificar las medidas establecidas o reguladas, que se enfoquen directamente con el delito de desaparición forzada en Colombia, en relación con el derecho comparado el análisis se hizo de manera extensa en el capítulo cuarto, con cinco países que vivieron contextos de justicia transicional y buscaron reparar a sus víctimas. Ejercicio que también se focalizó para las víctimas de desapariciones forzadas.

El primer elemento que rescatamos es que la ley consagra como principio el derecho a la reparación integral, el cual dispone que las víctimas deben ser reparadas de manera adecuada, diferenciada, transformadora y efectiva como consecuencia del daño que han sufrido. Este principio se relaciona estrechamente con los principios de coherencia interna y complementariedad, de acuerdo con los cuales las medidas de reparación deben ser complementarias a fin de alcanzar la integralidad y allanar el camino hacia la paz y la reconciliación nacional. En este sentido, es obligación de las autoridades ordenar todas las medidas que estén a su alcance para garantizar que la reparación logre una transformación de la situación de vulnerabilidad y precariedad de las víctimas, procurando en todo caso que las medidas implementadas sean complementarias.

La ley también adopta el principio de progresividad, con el cual se busca iniciar procesos que conlleven al goce efectivo de los derechos humanos, obligación que se suma al reconocimiento de unos contenidos mínimos o esenciales de satisfacción de esos derechos.

Los beneficios contemplados en la ley son de dos tipos. Uno es pecuniario o indemnizatorio, entregado por el Estado, según la misma tabla establecida en el Decreto 1290 de 2008, que reguló la reparación individual por vía administrativa. Allí se contemplan cuantías que oscilan entre 30 y 40 salarios mínimos aproximadamente.

También se establecen otros mecanismos de reparación no pecuniaria, o simbólica, entre los cuales sobresalen: la celebración del Día Nacional de las Víctimas —el 10 de diciembre de cada año—, la creación de un programa de derechos humanos y memoria histórica, asistencia en salud, educación, ayuda humanitaria para los desplazados y un subsidio funerario para quienes mueren o son desparecidos como consecuencia del conflicto armado.

De acuerdo con el artículo 69, las víctimas tendrán derecho a obtener las medidas de reparación que propendan por la restitución, indemnización, rehabilitación, satisfacción y garantías de no repetición en sus dimensiones individual, colectiva, material, moral y simbólica, las cuales deben ser implementadas a favor de la víctima dependiendo de la vulneración en sus derechos y las características del hecho victimizante. En este sentido adopta las siguientes medidas:

i) Medidas de Restitución: Se entiende por restitución en su artículo 71, la realización de medidas para el restablecimiento de la situación anterior a las violaciones contempladas en el artículo 3 de la Ley. En cuanto a la restitución, la ley focaliza su programa hacia las víctimas de desplazamiento forzado o aquellas que hayan sufrido un menoscabo económico, jurídico o de propiedad sobre la tierra por medio del despojo o el abandono forzado.

ii) Medidas de Indemnización, por vía administrativa: De acuerdo con los artículos 132 a 134, el Gobierno se encuentra en el proceso de reglamentar lo relativo al trámite, procedimiento, mecanismos, montos y demás lineamientos para otorgarles indemnización individual por la vía administrativa a las víctimas.

En el caso de la población en situación de desplazamiento, la indemnización será entregada, por núcleo familiar, en dinero y a través de uno de los siguientes mecanismos: subsidio integral de tierras; permuta de predios; adquisición y adjudicación de tierras;

adjudicación y titulación de baldíos para población desplazada; subsidio de Vivienda de Interés Social Rural, en la modalidad de mejoramiento de vivienda, construcción de vivienda y saneamiento básico, o subsidio de Vivienda de Interés Social Urbano en las modalidades de adquisición, mejoramiento o construcción de vivienda nueva.

En este punto se señala que la ley contempla la realización de un contrato de transacción mediante el cual la víctima acepta y manifiesta que el pago realizado incluye todas las sumas que el Estado debe reconocerle por concepto de su victimización. Este contrato fue establecido en la ley con el fin de precaver futuros procesos judiciales o terminar un litigio pendiente, casos en los cuales el monto de la indemnización debe ser superior al que fije el gobierno por el mismo concepto.

Por otro lado, de acuerdo con el parágrafo 4, también constituyen indemnización administrativa: el monto de los 40 salarios mínimos legales vigentes del año de ocurrencia del hecho, que hayan sido otorgados en virtud del artículo 15 de la Ley 418 de 1997, por Acción Social con motivo de hechos victimizantes que causan muerte o desaparición forzada, o el monto de hasta 40 salarios mínimos legales vigentes otorgados por la incapacidad permanente al afectado por la violencia, constituyen indemnización por vía administrativa.

En todo caso, la firma del contrato de transacción no releva al victimario de su obligación de reparar a la víctima según sea establecido en el marco de un proceso judicial de cualquier naturaleza. Además, fírmese o no este contrato, las víctimas tienen derecho al reconocimiento de las demás medidas de reparación de los derechos no patrimoniales.

iii) Medidas de Rehabilitación: De acuerdo con los artículos 135 a 138. La rehabilitación como medida de reparación consiste en el conjunto de estrategias, planes, programas y acciones de carácter jurídico, médico, psicológico y social, dirigidos al restablecimiento de las condiciones físicas y psicosociales de las víctimas en los términos establecidos en la ley.

El acompañamiento psicosocial deberá ser transversal al proceso de reparación y prolongarse en el tiempo de acuerdo con las necesidades de las víctimas, sus familiares y la comunidad, teniendo en cuenta la perspectiva de género y las especificidades culturales, religiosas y étnicas. Igualmente debe integrar a los familiares y de ser posible promover acciones de discriminación positiva a favor de mujeres, niños, niñas, adultos mayores y discapacitados debido a su alta vulnerabilidad y los riesgos a los que se ven expuestos.

iv) Medidas de Satisfacción: De acuerdo con los artículos 139 a 148. Son todas aquellas acciones tendientes por restablecer la dignidad de la víctima y difundir la verdad sobre lo sucedido, que proporcionan bienestar y contribuyen a mitigar el dolor de la víctima. Estas medidas de satisfacción deberán ser interpretadas a mero título enunciativo, lo cual implica que a las mismas se pueden adicionar otras:

- **a.** Reconocimiento público del carácter de víctima, de su dignidad, nombre y honor, ante la comunidad y el ofensor;
- **b.** Efectuar las publicaciones a que haya lugar relacionadas con el literal anterior.
- **c.** Realización de actos conmemorativos;
- **d.** Realización de reconocimientos públicos;
- **e.** Realización de homenajes públicos;
- **f.** Construcción de monumentos públicos en perspectiva de reparación y reconciliación;
- **g.** Apoyo para la reconstrucción del movimiento y tejido social de las comunidades campesinas, especialmente de las mujeres;
- **h.** Difusión pública y completa del relato de las víctimas sobre el hecho que la victimizó, siempre que no provoque más daños innecesarios ni genere peligros de seguridad;

- **i.** Contribuir en la búsqueda de los desaparecidos y colaborar para la identificación de cadáveres y su inhumación posterior, según las tradiciones familiares y comunitarias, a través de las entidades competentes para tal fin;
- **j.** Difusión de las disculpas y aceptaciones de responsabilidad hechas por los victimarios;
- **k.** Investigación, juzgamiento y sanción de los responsables de las violaciones de derechos humanos;
- **l.** Reconocimiento público de la responsabilidad de los autores de las violaciones de derechos humanos.

Así mismo, el parágrafo de este artículo señala que, para la adopción de cualquiera de las medidas señaladas anteriormente, así como aquellas que constituyen otras medidas de satisfacción no contempladas en la presente ley, deberá contarse con la participación de las víctimas de acuerdo con los mecanismos de participación previstos en la Constitución y la ley, así como el principio de enfoque diferencial establecido en el artículo 13 de la ley.

Otras medidas relacionadas con este componente son la exención del servicio militar, salvo en casos de guerra exterior; medidas de reparación simbólica; el establecimiento del día nacional de la memoria y solidaridad con las víctimas; acciones en materia de memoria histórica; la creación del Centro de Memoria Histórica[36] y del Programa de Derechos Humanos y Memoria Histórica, el cual tendrá la obligación del acopio, preservación y custodia de los materiales que recoja o de manera voluntaria sean entregados por personas naturales o jurídicas, que se refieran o documenten todos los temas relacionados con las violaciones contempladas en el artículo 3° de la presente ley, así como con la respuesta estatal ante tales violaciones.

---

36 Reglamentada por el Decreto 4803 de 2011. República de Colombia.

v) Garantías de no repetición: De acuerdo con los artículos 149 a 150. La ley adopta entre otras, las siguientes garantías de no repetición:

a. La desmovilización y el desmantelamiento de los grupos armados al margen de la Ley;

b. La verificación de los hechos y la difusión pública y completa de la verdad, en la medida en que no provoque más daños innecesarios a la víctima, los testigos u otras personas, ni cree un peligro para su seguridad;

c. La aplicación de sanciones a los responsables de las violaciones de que trata el artículo 3 de la ley;

d. La prevención de violaciones contempladas en el artículo 3° de la presente Ley, para lo cual, ofrecerá especiales medidas de prevención a los grupos expuestos a mayor riesgo como mujeres, niños, niñas y adolescentes, adultos mayores, líderes sociales, miembros de organizaciones sindicales, defensores de derechos humanos y víctimas de desplazamiento forzado, que propendan superar estereotipos que favorecen la discriminación, en especial contra la mujer y la violencia contra ella en el marco del conflicto armado;

e. La creación de una pedagogía social que promueva los valores constitucionales que fundan la reconciliación, en relación con los hechos acaecidos en la verdad histórica;

f. Fortalecimiento técnico de los criterios de asignación de las labores de desminado humanitario, el cual estará en cabeza del Programa para la Atención Integral contra Minas Antipersonal;

g. Diseño e implementación de una estrategia general de comunicaciones en Derechos Humanos y Derecho Internacional Humanitario, la cual debe incluir un enfoque diferencial;

h. Diseño de una estrategia única de capacitación y pedagogía en materia de respeto de los Derechos Humanos y del Derecho Internacional Humanitario, que incluya un enfoque diferencial, dirigido a los funcionarios públicos encargados de hacer cumplir la ley, así como a los miembros de la Fuerza Pública. La estrategia incluirá una política de tolerancia cero a la violencia sexual en las entidades del Estado;

i. Fortalecimiento de la participación efectiva de las poblaciones vulneradas y vulnerables, en sus escenarios comunitarios, sociales y políticos, para contribuir al ejercicio y goce efectivo de sus derechos culturales;

j. Difusión de la información sobre los derechos de las víctimas radicadas en el exterior;

k. El fortalecimiento del Sistema de Alertas Tempranas;

l. La reintegración de niños, niñas y adolescentes que hayan participado en los grupos armados al margen de la ley;

m. Diseño e implementación de estrategias, proyectos y políticas de reconciliación de acuerdo con lo dispuesto en la Ley 975, tanto a nivel social como en el plano individual;

n. El ejercicio de un control efectivo por las autoridades civiles sobre la Fuerza Púbica (sic);

o. La declaratoria de insubsistencia o terminación del contrato de los funcionarios públicos condenados en violaciones contempladas en el artículo 3° de la presente Ley;

p. La promoción de mecanismos destinados a prevenir y resolver los conflictos sociales;

q. Diseño e implementación de estrategias de pedagogía en empoderamiento legal para las víctimas;

r. La derogatoria de normas o cualquier acto administrativo que haya permitido o permita la ocurrencia de las violaciones contempladas en el artículo 3 de la Ley, de conformidad con los procedimientos contencioso-administrativos respectivos;

s. Formulación de campañas nacionales de prevención y reprobación de la violencia contra la mujer, niños, niñas y adolescentes, por los hechos ocurridos en el marco de las violaciones contempladas en el artículo 3 de la ley.

vi) Otras Medidas de Reparación Colectiva: De acuerdo con los artículos 151 a 152. Están dirigidas a grupos y organizaciones sociales y políticos, así como, a comunidades determinadas a partir de un reconocimiento jurídico, político o social que se haga del colectivo, o debido a la cultura, la zona o el territorio en el que habitan, o un propósito común. Entre otras medidas se adoptan las siguientes:

a. El daño ocasionado por la violación de los derechos colectivos;

b. La violación grave y manifiesta de los derechos individuales de los miembros de los colectivos;

c. El impacto colectivo de la violación de derechos individuales.

Finalmente, rescatamos la creación de la Red Nacional de Información para la atención y reparación a las víctimas. El propósito de esta Red es garantizar al Sistema Nacional de Atención y Reparación a las Víctimas una rápida y eficaz información nacional y regional, que permita la identificación de las víctimas y de los daños causados, como base para la adopción de medidas de atención inmediata y la elaboración de planes de atención y reparación integral.

Con esta herramienta se pretende organizar, sistematizar y unificar toda la información relacionada con las víctimas, a fin de garantizar su acceso efectivo a las medidas de atención y reparación contempladas en la ley, lo cual exige un trabajo coordinado entre las entidades de carácter nacional y los entes territoriales, donde cada una cumpla efectivamente las obligaciones que les asigna el Sistema, de conformidad con el grado de responsabilidad que les corresponde.

Dentro de esta Red, la ley creó el Registro Único de Víctimas. La Unidad Administrativa Especial para la Atención y Reparación Integral a las Víctimas, es la responsable de su funcionamiento. Este registro se soportará en el Registro Único de Población Desplazada el cual fue manejado por la Agencia Presidencial para la Acción Social y la Cooperación Internacional para la atención a la población en situación de desplazamiento.

El Registro es una herramienta fundamental para la lograr una implementación efectiva del programa de reparaciones, en tanto puede garantizar información oportuna y completa acerca de las víctimas, su caracterización, la identificación de sus necesidades específicas y la información completa sobre el hecho victimizante. Además, con este Registro se busca unificar los sistemas de información existentes, en el cual se debería incluir el Registro Nacional de Desaparecidos[37] y contribuir a la superación del subregistro actual en el tema de desaparición forzada.

La Ley 1448 de 2011, hace un gran esfuerzo por incorporar medidas respecto de todos los componentes de la reparación, intentando darle mayor integralidad al programa. Se observa que, desde los principios, hasta la definición de los programas específicos, esta normatividad pretende acoger el concepto de reparación integral, mediante la adopción de todas las medidas necesarias tendientes a hacer desaparecer los efectos de las violaciones cometidas.

En este sentido, y teniendo de presente las experiencias estudiadas en el capítulo anterior, el caso colombiano representa el primer intento por diseñar un programa integral de reparaciones a partir de un solo marco normativo, unificando todo un aparato administrativo para su aplicación, el cual no se concentra exclusivamente en el otorgamiento de indemnizaciones y algunas medidas de reparación simbólica, sino que busca implementar un conjunto de

---

37 El Registro Nacional de Desaparecidos es un sistema de información referencial de datos suministrados por las entidades intervinientes de acuerdo con sus funciones, que constituye una herramienta de información veraz, oportuna y útil para identificar cadáveres sometidos a necropsia médico legal en el territorio nacional, orientar la búsqueda de personas reportadas como víctimas de desaparición forzada y facilitar el seguimiento de los casos y el ejercicio del Mecanismo de Búsqueda Urgente. Ver Decreto 4218 de 2005, República de Colombia.

medidas en todos y cada uno de los componentes de la reparación; por lo menos esta coherencia se observa desde lo que quedó planteado en la ley, recordemos que su aplicación también está sujeta a las falencias estatales, burocráticas y de financiación, mucho más cuando varios de los programas se adelantan en el contexto local.

En relación con las experiencias comparadas, se observa que es común la utilización de criterios que priorizan a ciertos grupos victimizados cuando se diseñan programas administrativos de reparación. Las generalidades de los programas estudiados priorizaron con base en el tipo de violación, seleccionando aquellos delitos con mayor impacto en el período de la dictadura o la guerra civil. Así, el programa de reparaciones en Argentina cobijó en un principio a las víctimas de despidos políticos y desaparición forzada durante la dictadura, en Chile se concentraron en reparar a las víctimas de desapariciones y asesinatos cometidos en el marco de la violencia política. Posteriormente, algunos de estos programas se ampliaron para cobijar a las víctimas de otras conductas. En Argentina, por ejemplo, se incluyeron por medio de distintas leyes a las víctimas de detención arbitraria, lesiones graves y rapto a menores; en Chile sucedió lo mismo con las víctimas de despidos políticos, confiscación ilegal de bienes, prisión política y tortura.

En el caso colombiano, los criterios seleccionados no coinciden con los adoptados en la generalidad de las experiencias comparadas. En este sentido, en relación con el criterio dominante de estos programas, el caso colombiano es mucho más ambicioso por cuanto incluyó a las víctimas de infracciones al Derecho Internacional Humanitario y de violaciones graves a los derechos humanos cometidas en el marco del conflicto armado. Esta disposición posibilita que el programa beneficie a un universo amplio de víctimas y evita exclusiones injustificadas en razón al tipo de violación, como sucedió en Argentina con las víctimas de tortura y otros tratos crueles, inhumanos o degradantes; en Perú con las víctimas de violencia sexual.

A pesar de ello, se observa que, respecto a la focalización y priorización, el Estado colombiano, no tuvo en cuenta el delito de desaparición forzada a pesar de ser el cuarto hecho victimizante en el país, según el Registro Único de Víctimas, el cual reporta 164861 víctimas directas e indirectas a reparar[38].

1.4.3. Decreto 4800 de 2011

Finalmente, la expedición del Decreto reglamentario 4800 de 2011, el cual tiene por objeto establecer los mecanismos para la adecuada implementación de las medidas de asistencia, atención y reparación integral a las víctimas de que trata el artículo 3 de la Ley 1448, para la materialización de sus derechos constitucionales. Como primera medida derogó el Decreto 1290 del año 2008, exceptuando el Régimen de transición para solicitudes de indemnización por vía administrativa. Y señaló que las solicitudes de indemnización por vía administrativa formuladas en virtud del Decreto 1290, que no hayan sido resueltas por el Comité de Reparaciones Administrativas, se tendrán como solicitudes de inscripción en el Registro Único de Víctimas y deberá seguirse el procedimiento establecido para la inclusión del o de los solicitantes en este Registro.

Respecto a esta normatividad anotaremos las medidas que tienen relación directa con el delito de desaparición forzada con el objeto de finalizar este tema de medidas e instrumentos de reparación en Colombia y pasar a formular los criterios de reparación a las víctimas del delito de desaparición forzada en Colombia. En primera instancia encontramos que el artículo 97 establece que los familiares de las víctimas, que hayan muerto o estuvieren desaparecidos recibirán asistencia funeraria. Esta asistencia debe prestarse inmediatamente o en el menor tiempo posible desde que los familiares tengan conocimiento de la muerte o identificación de los cuerpos o restos de la víctima de desaparición forzada.

Así mismo, el parágrafo señala que, en lo no previsto en el presente decreto para la asistencia funeraria, para las víctimas de des-

---

[38] Datos publicados en el Registro Único de Víctimas. Fecha de corte 1 de octubre de 2016.

aparición forzada, se estará a lo dispuesto en las normas que reglamenten la Ley 1408 de 2010 o ley de homenaje a las víctimas del de este delito. Por otra parte, en el artículo 100 se estipula la asistencia para procesos de entrega de cuerpos o restos. En el que señala que adicionalmente a los gastos funerarios, se sufragaran los costos de desplazamiento, hospedaje y alimentación de los familiares de las víctimas de desaparición forzada durante el proceso de entrega de cuerpos o restos, para quienes no cuenten con recursos.

Respecto a la indemnización por vía administrativa, el artículo 149 del Decreto establece que por el delito de desaparición forzada sus familiares recibirán hasta cuarenta (40) salarios mínimos mensuales legales. En todo caso se han establecido unos criterios para la estimación del monto de la indemnización por vía administrativa que debe realizar la Unidad Administrativa Especial para la Atención y Reparación Integral a las Víctimas el cual se sujetará a la naturaleza y el impacto del hecho victimizante, el daño causado y el estado de vulnerabilidad actual de la víctima, desde un enfoque diferencial. Y el artículo 150 ha determinado que de concurrir varias personas a reclamar se distribuirá la indemnización administrativa. En caso de concurrencia en calidad de cónyuge, compañero o compañera permanente o pareja del mismo sexo, se repartirá por partes iguales.

El único artículo que hace referencia directa a un programa de reparación focalizado para víctimas del delito de desaparición forzada, tanto en la ley 1448 de 2011 como en el Decreto que estamos analizando, es el artículo 177, el cual estipula la Concurrencia del Gobierno Nacional en materia de medidas de satisfacción para víctimas de desaparición forzada y o muerte; y le asigna al Director de la Unidad Administrativa Especial para la Atención y Reparación Integral a las Víctimas, el deber de garantizar programas que contengan medidas complementarias de satisfacción y reparación simbólica para víctimas de desaparición forzada o muerte.

Este artículo abre la posibilidad para que los familiares de las víctimas, las organizaciones sociales y los interesados en el tema de la desaparición forzada a través de los mecanismos de participación establecidos en la Constitución Política y la ley, como el protocolo de participación, presenten las propuestas que consideren como medidas de satisfacción para reparar los daños ocasionados con el delito de desaparición forzada en Colombia.

Como es evidente se trata de medidas meramente asistenciales, sin que de fondo se haya establecido ningún programa de reparación integral, focalizado, comprometido realmente con el repudio de este delito de lesa humanidad, con sus víctimas y con sus familiares; es más, no envía un mensaje a la sociedad de rechazo y de una verdadera intención de sanar las heridas a miles de víctimas en el país que perdieron a sus familiares víctimas de desaparición forzada, con ocasión del conflicto armado, que como lo desarrollamos en capítulos anteriores, en muchos de estos casos se ha evidenciado la participación y sancionado al Estado colombiano, por acción o por omisión, por estas desapariciones forzadas, incluso en la jurisdicción penal interna varios de sus agentes comienzan a ser investigados y sancionados por este mismo delito.

2. HACIA UN CONTEXTO DE REPARACIÓN INTEGRAL PARA LAS VÍCTIMAS DEL CONFLICTO ARMADO EN COLOMBIA

2.1. Conflicto armado y Proceso de Paz en Colombia, un contexto de justicia transicional

Luego de la promulgación de la Ley de Víctimas y Restitución de Tierras en el año 2011, el recién posesionado presidente Santos manifestó su intención de retomar las discusiones con la guerrilla de las FARC-EP, lo cual generó una serie de comunicaciones de carácter reservado entre esa guerrilla y el gobierno nacional.

A partir de allí se iniciaron una serie de reuniones presenciales en Cuba, asistiendo como delegados del gobierno el consejero presidencial para la reintegración Alejandro Éder y Jaime Avendaño, uno de los funcionarios más veteranos de la presidencia. Por su parte la delegación de las FARC-EP fue conformada por Rodrigo Granda, guerrillero liberado durante el gobierno de Uribe Vélez y Andrés París, uno de los ideólogos de esa guerrilla, quien también estuvo en las negociaciones del Caguán. Finalmente, tras varias reuniones y discusión sobre temas puntuales, las partes optaron por la elaboración de una agenda y en su defecto, la organización del próximo lugar en donde continuarían dialogando[39].

Una vez se fijaron estas reglas, el presidente Santos incluyó en su delegación a Frank Pearl, quien ejercía como ministro de ambiente y había sido alto consejero para la Reintegración, a su asesor de seguridad nacional Sergio Jaramillo, al exvicepresidente Humberto de la Calle Lombana y, por último, a Enrique Santos, exdirector del periódico El Tiempo. La inclusión de este último interlocutor género de alguna manera credibilidad en el proceso por parte de la guerrilla, pues no solo es hermano del presidente, sino que además conoce a ese grupo de tiempo atrás. "Enrique Santos es un veterano de las negociaciones de paz de La Uribe en los años ochenta y del Caguán a fines de los noventa. Precisamente durante esos fallidos intentos, el autor de *Contraescape* se reunió con varios miembros de la dirigencia histórica de la guerrilla"[40].

Las FARC-EP, delegaron a Mauricio Jaramillo, comandante del Bloque "José María Córdoba", a Marcos Calarcá conocido por su experiencia en temas de negociaciones bilaterales, a Rodrigo Granda conocido como el canciller de las FARC-EP, y, por último, a Andrés París; todos miembros del Secretariado del Estado Mayor Central[41].

Una vez designadas las delegaciones que representarían a las partes, se acordó designar a los países de Cuba y Noruega como garantes del proceso, el primero por haber sido sede de los pri-

---

39 1 septiembre 2012. "Secretos de la negociación". *Revista Semana.*

40 *Ibidem.*

41 5 septiembre 2012. "los que firmaron el Acuerdo que dio inicio al proceso de paz". *El Tiempo.*

meros encuentros y el segundo por su experticia en resolución de conflictos,

> La experiencia de Noruega ha mostrado que los países pequeños pueden jugar un rol constructivo en la resolución de conflictos armados complejos, incluso sin la participación directa de Naciones Unidas o de los grandes poderes, Veslemoy Lothe Salvesen, asesora del Ministerio de Relaciones Exteriores de Noruega[42].

Así como por el amplio conocimiento que tienen políticos y diplomáticos de ese país sobre el conflicto colombiano. Posteriormente se decidió nombrar dos países facilitadores, Venezuela escogido por la guerrilla y Chile por el gobierno colombiano. Para febrero del año 2012, los países participantes y los facilitadores, sostuvieron encuentros estratégicos para continuar con la formalización del inicio del proceso, con la intención de preservar la confidencialidad del mismo las delegaciones no se reunieron entre sí y para el mes de agosto se desarrollaron diez sesiones preparatorias, al final se realizaron sesenta y cinco encuentros. Durante esos meses, el equipo negociador del gobierno mantuvo constantes viajes hacia Cuba y viceversa, con la excepción de Frank Pearl quien permaneció todo el tiempo en Cuba.

El 4 de septiembre de 2012, el presidente Juan Manuel Santos confirmó la noticia mediante una alocución televisada,

> anuncio el inicio de un proceso de paz con las FARC tras confirmar que han concluido las "conversaciones exploratorias" que establecen una hoja de ruta para llegar a un acuerdo final que termine de una vez por todas esta violencia entre hijos de una misma nación". Así mismo, destacó que "no se repetirán los errores del pasado" que se procedería con prudencia, y que la Fuerza Pública no detendría su accionar; finalmente el presidente promulgó el acto administrativo por medio del cual se autoriza la instalación

---

[42] 17 octubre 2012. "Por qué Noruega enarbola la bandera de la paz en Colombia". *BBC Mundo.*

> de una mesa de diálogos y se nombra el equipo negociador43. Lo propio hizo alias "Timoléon Jiménez", al anunciarle al país con un vídeo en diferido el inicio del proceso y destacando que las FARC-EP llegaban a la mesa "sin rencores ni arrogancia".

Posteriormente, se conocería el documento que recoge los resultados de esos encuentros el cual fue titulado, "Acuerdo General para la terminación del conflicto y la construcción de una paz estable y duradera", de fecha 26 de agosto de 2012, firmado por las delegaciones del Gobierno Nacional, las FARC-EP, los países participantes y los facilitadores.

En el mismo documento se plantea la decisión mutua de poner fin al conflicto como condición esencial para la construcción de la paz estable y duradera, reconociendo que la construcción de la paz es un asunto de la sociedad en su conjunto que requiere de la participación de todos, sin distinción, incluidas otras organizaciones guerrilleras a las que se invita, reconoce además la necesidad por promover el respeto por los derechos humanos, el desarrollo económico con justicia social y en armonía con el ambiente, el desarrollo social con equidad y bienestar, la importancia de ampliar la democracia y finalmente convoca a toda la sociedad colombiana, así como a los organismos de integración regional y a la comunidad internacional, a acompañar el proceso.

Con base en los anteriores reconocimientos, las dos delegaciones acordaron seis puntos generales dentro de los cuales se destaca: (i) El inicio de conversaciones directas e ininterrumpidas sobre los puntos de la Agenda; (ii) Establecer una Mesa de Conversaciones que se instalará públicamente en Oslo, Noruega, dentro de los primeros 15 días del mes de octubre de 2012 y cuya sede principal será La Habana, Cuba; (iii) Concluir el trabajo sobre los

---

[43] Presidencia de la República de Colombia, Resolución No. 339 de 19 de septiembre de 2012, "Por la cual se autoriza la instalación y desarrollo de una mesa de diálogo, se designan delegados del Gobierno Nacional y se dictan otras disposiciones", págs. 3-7.

puntos de la Agenda de manera expedita y en el menor tiempo posible, para cumplir con las expectativas de la sociedad sobre un pronto acuerdo; (iv) Evaluar periódicamente los avances; (v) Se fijaron los puntos de la Agenda, y finalmente; y (vi) Se establecieron las reglas de funcionamiento de la mesa. Este último punto estableció en su numeral 10, que las conversaciones se darán bajo el principio que nada está acordado hasta que todo este acordado.

2.1.1. Los Puntos de la agenda de negociación entre el Gobierno nacional y las FARC-EP

Formalmente los diálogos de paz tuvieron su instalación el día jueves 18 de octubre del año 2012 en Oslo-Noruega, día en el que se instaló la mesa de negociaciones formalmente con el objeto de dar a conocer al mundo el inicio de un proceso de paz entre el gobierno de Colombia y la guerrilla de las FARC-EP, en la instalación se encontraron las comitivas de cada parte, así como, los países participantes y facilitadores. Se pronunciaron los discursos de los voceros de las partes Humberto de la Calle e Iván Márquez, quienes ratificaron los compromisos pactados con anterioridad y se resaltaron las diferencias profundas que existen entre el gobierno y la guerrilla; tal y como se evidencia en las duras declaraciones de Iván Márquez, quien se refirió al proceso de paz resaltando la posición con la que llegan las FARC-EP al proceso:

> Una paz que implique una profunda desmilitarización del Estado y reformas socioeconómicas radicales, pidió, exigiendo incluir en la discusión el modelo económico, la inversión extranjera, la doctrina militar, los acuerdos de libre comercio, la minería, la propiedad de la tierra. A diferencia de los mecanismos regulados que contempla la agenda, para él, el pueblo debe estar en la mesa. Calificó la titulación de tierras de este gobierno como "una trampa (...) para lavar el rostro ensangrentado del despojo", que atribuyó al "terrorismo de Estado", al que culpó de todos los males del país. Declaró la justicia transicional un agravio y dijo que es el Estado el que debe someterse a un marco jurídico para responder por sus atrocidades. Dijo que venía a poner en el banquillo la criminalidad del capital financiero. Defendió el alzamiento armado

> como derecho universal y el carácter de fuerza beligerante de las Farc, llamó "rendición y traición" la desmovilización y declaró invencible la guerra de guerrillas. Fustigó a los "filibusteros" de la inversión en la Orinoquia: "Sarmiento Angulo y Julio Mario Santo Domingo hijo, los terratenientes Eder del Valle del Cauca, el señor Efromovich". Incluyó de forma algo desconcertante al ex vicepresidente Francisco Santos, al que llamó —gestor del paramilitar Bloque Capital—[44].

Por su parte el vocero del gobierno, Humberto de la Calle, en una intervención breve, rodeada de pragmatismo y confidencialidad manifestó que las partes están de acuerdo en que el fin del conflicto no es solo la firma del acuerdo, insistió en la necesidad de tener seriedad en desarrollo del proceso y dijo que el país espera que no haya "dilaciones ni trucos". Reconoció la inequidad y la desigualdad de Colombia y dijo que el gobierno estaba dispuesto a la transformación social e incluso, a la revisión de "prácticas e instituciones insuficientes" y a la creación de nuevas. Se mostró enfocado en la negociación que empieza en La Habana y en el objetivo acordado: "de lo que se trata es de convenir una agenda para la terminación del conflicto que permita a las FARC-EP exponer sus ideas sin el acompañamiento de las armas, y con plenas garantías"[45].

En estos términos se dio inicio formal al proceso de paz, de cara al país y a la comunidad internacional. En el mismo se acordó comenzar a evacuar los puntos de la agenda que como ya lo anotábamos están incluidos en el "Acuerdo General para la terminación del conflicto y la construcción de una paz estable y duradera", firmado con antelación a la formalización del proceso. (Ver Tabla 15).

---

44 20 octubre 2012. "Gobierno y FARC en Oslo: golpe de realidad". *Revista Semana.*

45 *Ibidem.*

Tabla 15. Agenda de diálogos, entre el Gobierno nacional y las FARC-EP, la Habana, Cuba-2012

ACUERDO GENERAL PARA LA TERMINACIÓN DEL CONFLICTO Y LA CONSTRUCCIÓN DE UNA PAZ ESTABLE Y DURADERA	
Puntos de la agenda	**Temario para desarrollar**
1. Política de desarrollo agrario integral: El desarrollo agrario integral es determinante para impulsar la integración de las regiones y el desarrollo social y económico equitativo del país.	1. Acceso y uso de la tierra. Tierras improductivas. Formalización de la propiedad. Frontera agrícola y protección de zonas de reserva. 2. Programas de desarrollo con enfoque territorial. 3. Infraestructura y adecuación de tierras. 4. Desarrollo social: Salud, educación, vivienda, erradicación de la pobreza. 5. Estímulo a la producción agropecuaria y a la economía solidaria y cooperativa. Asistencia técnica. Subsidios. Crédito. Generación de ingresos. Mercadeo. Formalización laboral. 6. Sistema de seguridad alimentaria.
2. Participación política	1. Derechos y garantías para el ejercicio de la Oposición política en general, y en particular para los nuevos movimientos que surjan luego de la firma del Acuerdo Final. Acceso a medios de comunicación. 2. Mecanismos democráticos de participación ciudadana, incluida la participación directa, en los diferentes niveles y diversos temas. 3. Medidas efectivas para promover mayor participación en la política nacional, regional y local de todos los sectores, incluyendo la población más vulnerable, en igualdad de condiciones y con garantías de seguridad.

Puntos de la agenda	Temario para desarrollar
3. Fin del conflicto: Proceso integral y simultáneo que implica	1. Cese al fuego y de hostilidades bilaterales y definitivas. 2. Dejación de las armas. Reincorporación de las FARC-EP a la vida civil en lo económico, lo social y lo político-, de acuerdo con sus intereses. 3. El Gobierno Nacional coordinará la revisión de la situación de las personas privadas de la libertad, procesadas o condenadas, por pertenecer o colaborar con las FARC-EP. 4. En forma paralela el Gobierno Nacional intensificará el combate para acabar con las organizaciones criminales y sus redes de apoyo, incluyendo la lucha contra la corrupción y la impunidad, en particular contra cualquier organización responsable de homicidios y masacres o que atente contra defensores de derechos humanos, movimientos sociales o movimientos políticos. 5. El Gobierno Nacional revisará y hará las reformas y los ajustes institucionales necesarios para hacer frente a los retos de la construcción de la paz. 6. Garantías de seguridad. 7. En el marco de lo establecido en el Punto 5 (Víctimas) de este acuerdo se esclarecerá, entre otros, el fenómeno del paramilitarismo. La firma del Acuerdo Final inicia este proceso, el cual debe desarrollarse en un tiempo prudencial acordado por las partes.
4. Solución al problema de las drogas ilícitas	1. Programas de sustitución de cultivos de uso ilícito. Planes integrales de desarrollo con participación de las comunidades en el diseño, ejecución y evaluación de los programas de sustitución y recuperación ambiental de las áreas afectadas por dichos cultivos. 2. Programas de prevención del consumo y salud pública. 3. Solución del fenómeno de producción y comercialización de narcóticos.

Puntos de la agenda	Temario para desarrollar
5. Víctimas: Resarcir a las víctimas está en el centro del acuerdo Gobierno Nacional FARC-EP. En ese sentido se tratarán.	1. Derechos humanos de las víctimas. 2. Verdad.
6. Implementación, verificación y refrendación: La firma del Acuerdo Final inicia la implementación de todos los puntos acordados.	1. Mecanismos de implementación y verificación. a) Sistema de implementación, dándole prelación a las regiones. b) Comisiones de seguimiento y verificación. c) Mecanismos de resolución de diferencias. Estos mecanismos tendrán capacidad y poder de ejecución y estarán conformados por representantes de las partes y de la sociedad según el caso. 2. Acompañamiento internacional. 3. Cronograma. 4. Presupuesto. 5. Herramientas de difusión y comunicación. 6. Mecanismo de refrendación de los acuerdos.

Fuente: Elaboración propia. A partir del documento "Acuerdo General para la terminación del conflicto y la construcción de una paz estable y duradera". 26 agosto 2012.

El 19 de noviembre del año 2012 en La Habana, se inició la discusión de la agenda, la cual está integrada por seis puntos, los cuales han sido abordados por las delegaciones y son la base del proceso como tal, las diferentes dificultades y los problemas históricos del país según las partes se han recogido en estos puntos que pretenden zanjar las diferencias históricas por las cuales la sociedad colombiana ha vivido por más de cincuenta años el rigor del conflicto armado interno. Estos puntos son:

1. Política de desarrollo agrario integral: El desarrollo agrario integral es determinante para impulsar la integración de las regiones y el desarrollo social y económico equitativo del país.

En este punto se pretende abordar de manera integral el problema agrario en Colombia, el acceso a la tierra, su uso y disposición, entre otros temas a resaltar se encuentran la frontera agrícola, las zonas de reserva, créditos y la seguridad alimentaria del país. Sin embargo, hay que anotar que prácticamente este punto es uno de los ejes vertebrales más importantes del proceso, en el entendido que es precisamente el problema agrario la bandera del surgimiento insurgente de las FARC-EP.

2. Participación política: En este punto de la agenda se busca acordar los derechos y garantías para que los nuevos movimientos que surjan de la firma del acuerdo final puedan aspirar a cargos públicos y ejercer la oposición política. Incluso se discutirá el acceso a medios de comunicación. Otros temas relevantes son la participación ciudadana y las medidas para una mayor participación en la política nacional y regional que incluya a la población más vulnerable en igualdad de condiciones y con garantías de seguridad.

Este punto tiene el antecedente del genocidio de la Unión Patriótica, partido que nació precisamente tras los acuerdos de La Uribe en 1984, y en su primera incursión electoral, en 1986, alcanzó seis senadores, nueve representantes (entre ellos Iván Márquez), 18 diputados y más de 300 concejales. Pero a partir de 1986 una 'mano negra' comenzó a asesinar a sus miembros (incluidos dos candidatos presidenciales: Jaime Pardo Leal y Bernardo Jaramillo).

3. Fin del conflicto: Este punto de la terminación del conflicto se planteó en la agenda como un proceso integral y simultaneo, el cual buscará tratar entre otros temas la dejación de las armas, el proceso de reincorporación al vida civil de las FARC-EP, la revisión de la situación jurídica de los presos de la guerrilla que se encuentran en las cárceles o con procesos pendientes, la lucha frontal por parte del gobierno para acabar con las bandas criminales, la lucha contra la corrupción y la impunidad en espacial homicidios y masacres que atenten contra defensores de derechos humanos, movimientos sociales y políticos entre otros.

Este punto también especificó la necesidad de tener garantías de seguridad y la necesidad de tratar en el marco de lo establecido en el punto 5 (Víctimas) del acuerdo, que se esclarecerá, entre otros, el fenómeno del paramilitarismo. Es de reseñar que históricamente las FARC-EP, en ninguno de los procesos de negociación anteriores, habían aceptado hablar en la mesa de la dejación de las armas y su reincorporación a la vida civil.

El Marco Jurídico para la Paz es un avance importante en términos de ajustar la Constitución Política de 1991, para esta negociación con la guerrilla, y en particular en lo referente a las deudas que tienen con la justicia. Queda claro que los guerrilleros podrán ser beneficiados con principio de oportunidad o con la suspensión de la pena. Sin embargo, no podrá haber amnistías o indultos, ya que el Tratado de Roma no lo permite. Así mismo, los beneficios no se pueden dar a quienes hayan cometido delitos de lesa humanidad de manera sistemática, y también se definirá quiénes podrán participar en política; pues en este caso se podrá hablar de delito político.

4. Solución al problema de las drogas ilícitas: La transformación del conflicto armado en Colombia, traerá consigo nuevos temas de negociación, no considerados en el pasado pero que hoy son vitales para superar el conflicto en nuestro país. El tema de las drogas ilícitas será otro de los escaños que tendrá que superar la negociación, en especial por el desdibujamiento político de la lucha guerrillera, pues la FARC-EP, nunca han reconocido su participación directa en este negocio, sino en el cobro de gramaje a los productores. En todo caso es un punto relevante para asumir responsabilidades y esperar soluciones a los campesinos inmersos en la guerra y la producción en sus territorios por lo que se ha planteado la necesidad de hablar sobre la sustitución de cultivos de uso ilícito, planes integrales que involucren a las comunidades y programas de sustitución y protección ambiental.

Finalmente, en este punto se plantearán, la prevención del consumo y la solución del fenómeno de producción y de comercialización de narcóticos, de acuerdo con varias notas de prensa, sorpresivamente este es el punto en el que tienen más coincidencias el gobierno y la guerrilla[46].

5. Víctimas: Luego de dos años de conversaciones las partes han abordado los cuatro primeros puntos de la agenda. Actualmente las delegaciones están avanzando en el quinto punto de la misma, es decir, sobre las víctimas del conflicto, para lo cual el Gobierno Nacional y las FARC-EP, acordaron como tema principal resarcir a las víctimas del conflicto armado y esclarecer la verdad de los hechos.

Actualmente las delegaciones están avanzando en el quinto punto de esta, es decir, sobre las víctimas del conflicto, para lo cual el Gobierno Nacional y las FARC-EP, acordaron como tema principal resarcir a las víctimas del conflicto armado y esclarecer la verdad de los hechos. En ese sentido se tenía proyectado abordar el tema desde los derechos humanos y desde el derecho a la verdad. Sin embargo, al llegar al punto de las víctimas del conflicto las partes han llegado a una serie de acuerdos que no se tenían previstos, como, por ejemplo, integrar una comisión de la verdad histórica, citar a varios grupos de víctimas a hablar en la mesa de negociación en La Habana, y recoger las propuestas resumidas en un documento de 13 puntos, fruto de los foros realizados por la

46 1 septiembre 2012. "Los puntos de la agenda". *Revista Semana.*

Organización de Naciones Unidas —ONU— y el Centro de Pensamiento de la Universidad Nacional de Colombia.

En efecto para junio del año 2014, las FARC-EP y el Gobierno Nacional, iniciaron la discusión sobre víctimas y acordaron entre otras cosas "una declaración de principios" la cual ha sido calificada de "histórica". En ese documento propusieron reconocer "a todas las víctimas del conflicto" y su "responsabilidad". "No vamos a intercambiar impunidades", prometieron las partes en un comunicado conjunto, al comprometerse a "esclarecer lo sucedido a lo largo del conflicto, incluidas sus múltiples causas, orígenes y sus efectos", resarcir a las víctimas "por los daños que sufrieron", así como, definir una "garantía de no repetición"[47].

Estas declaraciones son realmente importantes para nuestro tema de estudio, toda vez que se abre el camino para reconocer y reparar a todas las víctimas del conflicto armado, sin discriminación alguna, posiblemente en un contexto de justicia transicional lo que permitirá que las víctimas del delito de desaparición forzada, sean tenidas en cuenta sin que se les niegue, ni su calidad de víctimas, ni su derecho a la reparación integral; o por lo menos que esos derechos no se queden plasmados simplemente en la ley[48].

---

47 15 julio 2014. "Las víctimas pasan al primer plano de los diálogos en La Habana". *Revista Semana.*

48 Llegamos a esta afirmación ya que como antecedente podemos citar el proceso adelantado en la administración anterior a Santos. En el gobierno de Álvaro Uribe Vélez bajo la Ley 975 de 2005 o ley de justicia y paz, realmente los resultados alcanzados para este grupo de víctimas no fueron nada satisfactorios, es más podríamos estar hablando realmente de un fracaso de esta política de desmovilización de los grupos paramilitares y de sus compromisos para con la justicia, la verdad y la reparación, pues como ya bastante se ha documentado este tema y sus fracasos, luego de más de ocho años en los cuales no hubo, ni justicia, ni verdad, ni reparación para las víctimas. A la fecha solo se han dictado 14 sentencias de esta jurisdicción especial, a la cual llegaron más de 35.353 paramilitares desmovilizados de los cuales solo 4.227 han sido postulados a justicia y paz, de los cuales 3.116 participaron

Se debe rescatar que el proceso de justicia y paz de alguna manera favoreció el tema de la desaparición forzada en Colombia, pues visibilizó este drama, ha dado una idea del universo de víctimas tras de su perpetración y los avances parciales en la realización sus derechos[49]. Decimos parciales en el entendido que tal y como se esperaba con la ley de Justicia y Paz, las víctimas y sus familiares, esperaban que hubiera un reconocimiento directo por parte de sus victimarios, un reconocimiento por parte del Estado acerca de la existencia de esta terrible práctica criminal en el país. Igualmente, el reconocimiento del Estado por su responsabilidad, por acción o por omisión, e incluso que se sancionara penalmente a los responsables y se reparara de manera integral a las víctimas.

Por el contrario, lo que existió fue una referencia constante a otros responsables y la divulgación o ubicación de algunas de las fosas comunes donde se encontraron los restos de algunas de sus víctimas[50], retrasos en los procesos judiciales, la falta de esclare-

---

de las ceremonias de desmovilización colectiva, 1.059 se encontraban privados de libertad y 52 lo hicieron de manera voluntaria.

49 La Comisión Interamericana de Derechos Humanos —CIDH—, reconoció en su informe para Colombia del año 2013, que la implementación de la Ley de Justicia y Paz ha permitido develar parcialmente una verdad que hubiera sido imposible de obtener por otros medios, así como ciertas vinculaciones con elementos de la esfera política, lo que constituye un importante punto de partida. Véase, entre otros, Peritaje de Javier Ciurlizza en el Caso 12.573, Marino López y otros (Operación Génesis) vs. Colombia. Disponible en: http://vimeo.com/60121157; Corte Penal Internacional, Oficina del Fiscal, Situación en Colombia. Reporte intermedio, noviembre de 2012.

50 En materia de exhumaciones para el año 2012, en el marco de la Unidad de Justicia y Paz, se exhumaron 3929 fosas; se encontraron 4809 cadáveres; se identificaron 748 cuerpos con identificación indiciaria; 1994 cuerpos fueron plenamente identificados; se entregaron 1813 cuerpos a los familiares; y 181 cuerpos identificados se encontrarían pendientes de entrega a sus familiares. Asimismo, en relación con la atención a familiares de personas desaparecidas, se habrían realizado 248 jornadas de atención para 42973 víctimas, y se habría tomado un total de 17230 muestras biológicas. http://www.fiscalia.gov.co:8080/justiciapaz/Index.htm, para el 31 de julio del año

cimiento judicial de la abrumadora mayoría de estos hechos, y por tanto, la situación de impunidad[51], la demora excesiva de los procedimientos; la extradición de los máximos líderes paramilitares como obstáculos para la obtención de verdad, justicia y reparación; limitaciones a la participación de las víctimas, dificultades en materia de reparación[52] y la promulgación de leyes que

2014, la misma fuente reporta: Fosas encontradas 4377, cuerpos encontrados 5616, cuerpos con posible identidad 673, cuerpos entregados 2590.

51 La Comisión Interamericana de Derechos Humanos–CIDH, observó en su informe para Colombia del año 2013, como un motivo de especial preocupación que solo se han proferido por parte de la Sala de Justicia y Paz del Tribunal Superior del Distrito Judicial de Bogotá 11 sentencias de primera instancia, de las cuales 6 se encuentran en firme tras proferirse cinco decisiones de segunda instancia que confirman las penas impuestas, y 1 sentencia no apelada por los intervinientes en primera instancia. En ese contexto, han sido condenados 14 postulados en primera instancia, 9 de los cuales cuentan con sentencia firme. Ministerio de Relaciones Exteriores de Colombia, Documento "Ley de Justicia y Paz", recibido por la CIDH el 3 de mayo de 2013. La Comisión nota que la Unidad de Justicia y Paz cuenta con 1.100 empleados en las 59 Fiscalías de todo el país y que, desde el año 2006, se habrían confesado 39546 hechos, y se habrían relacionado 51906 víctimas a esos hechos. En particular, se habrían confesado 1046 masacres, 25757 homicidios, 1618 reclutamientos ilícitos, 3551 desapariciones forzadas, 11132 desplazamientos forzados, 1168 extorsiones, 1916 secuestros, 96 violaciones sexuales, 773 actos de tortura y 65 casos de tráfico, fabricación o porte de estupefacientes. http://www.fiscalia.gov.co:8080/justiciapaz/Index.htm.

52 Un balance general de los avances de la Ley de Justicia y Paz en este tema muestra que desde el año 2006, se habrían realizado la transmisión en directo de las versiones libres a 846 Municipios, en 296 días de transmisiones en directo. En cuanto a la participación de las víctimas, 76688 habrían participado en versiones libres, y 28790 víctimas habrían formulado 34168 preguntas a los postulados. De acuerdo con información de público conocimiento, la Unidad de Justicia y Paz habría atendido a 152150 víctimas en 799 jornadas de atención llevadas a cabo desde el año 2006, 313 postulados habrían restablecido la dignidad de la víctima mediante declaración pública, 1173 postulados habrían pedido perdón a las víctimas, 1.083 postulados habrían manifestado públicamente su arrepentimiento, y 1143 postulados habrían prometido no repetir las conductas punibles. Información disponible en: http://www.fiscalia.gov.co:8080/justiciapaz/Index.htm. Por

ofrecen a los desmovilizados una serie de beneficios adicionales a los ya contemplados en la Ley de Justicia y Paz (Leyes 1312 de 2009 y 1424 de 2010); entre otros.

Aquí es importante señalar un obstáculo, que observamos se presenta de manera permanente o recurrente respecto de las víctimas del delito de desaparición forzada en los procesos de justicia transicional, toda vez, que al ser esta una práctica calificada por la comunidad internacional como un delito de lesa humanidad, se convierte a su vez, casi que en un delito inconfesable, pues el solo hecho de ser reconocido de manera directa por sus victimarios los expone a la perdida de los beneficios de la misma justicia transicional la cual no acepta que se otorguen penas alternativas, ni que exista la posibilidad de participar en política cuando se ha incurrido en estos graves hechos.

En desarrollo del punto de las víctimas en la mesa de negociaciones, se convocó entonces a un grupo de víctimas que de alguna manera recogiera la representación del gran universo que existe en el país, sin embargo, previamente se venían realizando una serie de foros que pusieron en evidencia una compleja polarización y división al interior del movimiento de las víctimas del conflicto armado.

Otro aspecto a resaltar es la visibilización de las víctimas en este proceso previo a su aparición en la mesa de diálogos, entre los millones de las mismas se observa que algunas están realmente solas[53], no pertenecen a ninguna organización, otras ya tienen

otra parte, a finales del año 2011, la Unidad de Justicia y Paz había logrado registrar a 372.874 personas como presuntas víctimas. Fiscalía General de la Nación, Informe de Gestión 2011, febrero de 2012, pág. 42. http://www.fiscalia.gov.co/colombia/wp-content/uploads/2012/01/Informe-de-Gestion-2011.pdf. De acuerdo con la información reseñada, la Comisión observa que los resultados de la Ley 975 son aún precarios.

53 Hay organizaciones y figuras individuales de víctimas del secuestro: desde los políticos que pasaron años en manos de las Farc para ser canjeados por guerrilleros presos, como el ex diputado del Valle Sigifredo López, el actual gobernador del Meta Alan Jara o los ex congresistas Óscar Tulio Lizcano y

un recorrido y están constituidas en organizaciones o grupos de todas las filiaciones, víctimas de uno o varios victimarios, con diferentes posiciones, ideologías y políticas, lo que puso en evidencia la seria polarización que vive el país en este tema.

Las FARC-EP y el Gobierno nacional acordaron entre otras cosas "una declaración de principios" la cual ha sido calificada de "histórica". En ese documento propusieron reconocer "a todas las víctimas del conflicto" y su "responsabilidad". En efecto el día 7 de junio del año 2014 se publicó un trascendental documento de dos páginas y media que traza cómo se disponen las partes a abordar el que es quizás el punto crucial para el éxito de la negociación en un contexto de justicia transicional.

El documento en sí mismo representa un avance transcendental pues reconoce de entrada que en el marco del conflicto armado hay "víctimas de graves violaciones a los derechos humanos y al derecho internacional humanitario", que tienen "derecho a la verdad, la justicia, la reparación y las garantías de no repetición". Es importante la aceptación de las partes en este punto pues son los elementos clásicos de la Justicia Transicional, por tanto, que exista un acuerdo en ese tema es un paso importante en este punto.

El acuerdo establece 10 principios bajo los cuales se hará la discusión del tema de víctimas en la mesa, se sustentan según las partes, en que la satisfacción de los derechos de las víctimas son parte fundamental de las garantías para la conquista de la paz, y que la terminación del conflicto contribuirá decididamente a la satisfacción de esos derechos. Todos ellos responden a los parámetros de la Justicia Transicional; a la necesidad de que las víctimas participen en las discusiones, y al criterio, clave, de que "los

---

Consuelo González de Perdomo, hasta Asfamipaz y Marleny Orjuela, John Frank Pinchao y el general Luis Mendieta, símbolos de los militares y policías cautivos por 10 o 12 años en la selva, o José Jaime Uscátegui, hijo del general Jaime Humberto Uscátegui, condenado por la masacre de Mapiripán. En Revista Semana. 9 agosto 2014. "El complejo mundo de las víctimas".

derechos de las víctimas no son negociables" sino que, como lo establece el derecho internacional, lo que se deberá acordar es cómo satisfacerlos. Esta declaración de principios pone la discusión sobre las víctimas en un terreno completamente distinto al que se planteó inicialmente en la agenda, tanto para las FARC-EP, como para el gobierno y para la sociedad colombiana. Todos los acuerdos, incluidos los relacionados con las víctimas, deben hacerse con un enfoque de derechos y el Estado tiene el deber de garantizarlos. (Ver tabla 16).

Tabla 16. Principios para la discusión del punto 5 de la agenda: "Víctimas"

DECLARACIÓN DE PRINCIPIOS PARA LA DISCUSIÓN DEL PUNTO 5 DE LA AGENDA: "VÍCTIMAS"	
Principios	**Contenido a Desarrollar**
1. El reconocimiento de las víctimas:	Es necesario reconocer a todas las víctimas del conflicto, no solo en su condición de víctimas, sino también y principalmente, en su condición de ciudadanos con derechos.
2. El reconocimiento de responsabilidad:	Cualquier discusión de este punto debe partir del reconocimiento de irresponsabilidad frente a las víctimas del conflicto. No vamos a intercambiar impunidades.
3. Satisfacción de los derechos de las víctimas:	Los derechos de las víctimas del conflicto no son negociables; se trata de ponernos de acuerdo acerca de cómo deberán ser satisfechos de la mejor manera en el marco del fin del conflicto.
4. La participación de las víctimas:	La discusión sobre la satisfacción de los derechos de las víctimas de graves violaciones de derechos humanos e infracciones al Derecho Internacional Humanitario con ocasión del conflicto, requiere necesariamente de la participación de las víctimas, por diferentes medios y en diferentes momentos.
5. El esclarecimiento de la verdad:	Esclarecer lo sucedido a lo largo del conflicto, incluyendo sus múltiples causas, orígenes y sus efectos, es parte fundamental de la satisfacción de los derechos de las víctimas, y de la sociedad en general. La reconstrucción de la confianza depende del esclarecimiento pleno y del reconocimiento de la verdad.
6. La reparación de las víctimas:	Las víctimas tienen derecho a ser resarcidas por los daños que sufrieron a causa del conflicto. Restablecer los derechos de las víctimas y transformar sus condiciones de vida en el marco del fin del conflicto es parte fundamental de la construcción de la paz estable y duradera.
Las garantías de protección y seguridad:	Proteger la vida y la integridad personal de las víctimas es el primer paso para la satisfacción de sus demás derechos.

Principios	Contenido a Desarrollar
La garantía de no repetición:	El fin del conflicto y la implementación de las reformas que surjan del Acuerdo Final, constituyen la principal garantía de no repetición y la forma de asegurar que no surjan nuevas generaciones de víctimas. Las medidas que se adopten tanto en el punto 5 como en los demás puntos de la Agenda deben apuntar a garantizar la no repetición de manera que ningún colombiano vuelva a ser puesto en condición de víctima o en riesgo de serlo.
Principio de reconciliación:	Uno de los objetivos de la satisfacción de los derechos de las víctimas es la reconciliación de toda la ciudadanía colombiana para transitar caminos de civilidad y convivencia.
10. Enfoque de derechos:	Todos los acuerdos a los que lleguemos sobre los puntos de la Agenda y en particular sobre el punto 5 "Víctimas" deben contribuir a la protección y la garantía del goce efectivo de los derechos de todos y todas. Los derechos humanos son inherentes a todos los seres humanos por igual, lo que significa que les pertenecen por el hecho de serlo, y en consecuencia su reconocimiento no es una concesión, son universales, indivisibles e interdependientes y deben ser considerados en forma global y de manera justa y equitativa. En consecuencia, el Estado tiene el deber de promover y proteger todos los derechos y las libertades fundamentales, y todos los ciudadanos el deber de no violar los derechos humanos de sus conciudadanos. Atendiendo los principios de universalidad, igualdad y progresividad y para efectos de resarcimiento, se tendrán en cuentan las vulneraciones que debido al conflicto hubieran tenido los derechos económicos, sociales y culturales.

Fuente: Elaboración propia. A partir del documento "Declaración de principios para la discusión del punto 5 de la agenda: "víctimas". 7 junio 2014. Mesa de Conversaciones.

Las partes acordaron crear una subcomisión técnica, integrada por miembros de las dos delegaciones, con el fin de iniciar las discusiones sobre el punto 3 "Fin del Conflicto" de la Agenda del Acuerdo General y se acordó recibir a una primera delegación de víctimas que asistirá a la Mesa con el fin de presentar sus propuestas y expectativas sobre la construcción de paz en los territorios y sobre la satisfacción de los derechos de las víctimas (a la verdad, la justicia y la reparación) incluyendo las garantías de no repetición, la cual estaría compuesta de tal forma que se asegure la representación plural y equilibrada de las distintas víctimas, así como de los distintos hechos victimizantes, sin pretender que una delegación pueda representar a los millones de víctimas que ha dejado el conflicto armado.

Sin lugar a duda este espacio ha revitalizado el proceso y los ojos de la comunidad internacional lo han seguido con gran interés, ya que para varios expertos internacionales existen importantes e innovadores avances para responder a las violaciones masivas a los derechos humanos del pasado. Nunca antes tantas víctimas pudieron aportar a un proceso de paz: además de las delegaciones que están asistiendo a La Habana, los colombianos pueden enviar sugerencias a los negociadores a través de la web, plantearlas en foros regionales y nacionales oficiales, presentarlas a través de foros no oficiales y expresarlas en otros esfuerzos complementarios como las encuestas. No existe precedente del testimonio directo de las víctimas, antes de la construcción de los mecanismos que les empoderarán para responder a su victimización.

Para la Alta Comisionada de la ONU para los Derechos Humanos, Navi Pillay, en sus consideraciones sobre el viaje de las víctimas a La Habana, manifestó que "al empoderar a las víctimas para que sean la motivación y la base para el cambio social, este proceso cambia la dinámica de poder: de ser una víctima a un sobreviviente y a un titular de derechos. Al mismo tiempo obliga a quienes han vulnerado sus derechos a trabajar por restaurarlos. Escuchar de primera mano el dolor es un muy buen comienzo, porque pone en evidencia el significado de asumir responsabilidades, poner fin a las violaciones y restaurar los derechos de las víctimas"[54]. Así mismo, señaló la importancia escuchar a las víctimas porque ellas probablemente hablarán de dos mecanismos que en anteriores procesos de paz no fueron muy exitosos en la manera de abordarlos.

> El primero tiene que ver con los mecanismos para transformar las vidas de los colombianos afectados directamente por el conflicto a través de un sentimiento más amplio de inclusión. La transformación, individual y social, es el objetivo más importante, en cuanto las violaciones del pasado pueden ser utilizadas como catalizadores para un cambio positivo. La paz puede elevar el respeto por los

[54] 15 agosto 2014. "Colombia puede convertirse en un ejemplo global al escuchar a las víctimas". *Revista Semana.*

> derechos humanos de todas y todos los colombianos, abordando los temas de pobreza y exclusión política, creando de esta manera una sociedad más justa. Estos son retos trascendentales que Colombia enfrenta en el actual proceso de paz.
> El segundo mecanismo hace relación a las medidas orientadas a la no repetición de las violaciones de derechos humanos. Con mucha frecuencia, los procesos de paz no ponen fin a las violaciones por parte de los perpetradores, sino que simplemente facilitan un cambio de los actores. Es absolutamente crucial poner fin a la impunidad, y por lo tanto terminar con el ciclo de violencia, para fortalecer el estado de derecho y el bienestar de todas y todos los colombianos y para garantizar el —Nunca Más—[55].

También consideró la Alta Comisionada, que Colombia puede convertirse en un modelo para los países que están debatiéndose con temas de paz, verdad, justicia y reconciliación.

En la mesa de negociaciones las FARC-EP y el Gobierno Nacional, por medio del Comunicado Conjunto #062 del 18 de octubre de 2015, pusieron en conocimiento de la opinión pública su intención de aliviar el sufrimiento de las familias de las personas dadas por desaparecidas y de esta manera contribuir a la satisfacción de sus derechos, llegado a dos tipos de acuerdos: en primer lugar, poner en marcha unas primeras medidas inmediatas humanitarias de búsqueda, ubicación, identificación y entrega digna de restos de personas dadas por desaparecidas en el contexto y en razón del conflicto armado interno, y en segundo lugar, la creación de una Unidad especial para la búsqueda de personas dadas por desaparecidas en el contexto del conflicto armado interno.

Respecto del primer acuerdo, que se puso en marcha antes de la firma del acuerdo final, se le encargo a la Comisión de Búsqueda de Personas Desaparecidas, creada por medio de la Ley 589 de 2000, que, junto con las organizaciones de víctimas de desaparición forzada del país, se construya un plan de recomendaciones que permita la búsqueda, ubicación, identificación y entrega dig-

---

55 *Ibidem.*

na de restos de personas dadas por desaparecidas. En esta tarea ya se han realizado tres encuentros nacionales de víctimas de desaparición forzada en Bogotá, Bucaramanga y Cali, donde se han ido consultando a los familiares de las víctimas, sus apreciaciones y recomendaciones al respecto a fin de entregar el documento final el 18 de febrero del año 2016.

Adicionalmente, en el marco de la Mesa de Conversaciones se definirá un plan de trabajo para que el CICR y el Instituto Nacional de Medicina Legal y Ciencias Forenses, diseñen y pongan en marcha los planes especiales humanitarios que empezaran con la información que las partes aporten sobre personas desaparecidas.

Por otra parte, y dentro de este mismo acuerdo las FARC-EP se comprometieron a entregar la información para la ubicación e identificación de los restos de las víctimas de cuya ubicación tengan conocimiento, y contribuirá a la entrega digna de los mismos. En relación con el segundo acuerdo, se estipulo que una vez firmado el acuerdo final se creara Unidad Especial para la Búsqueda de Personas dadas por Desaparecidas en el Contexto y en Razón del Conflicto Armado, unidad que ya tiene definidas sus funciones, como se observa en el mismo comunicado.

Este es un avance fundamental en el tema de la paz, pero sobre todo respeto de la reconciliación, como lo hemos mencionado en este trabajo el punto de partida tanto del Gobierno Nacional como de la insurgencia, era no reconocer que en el país se acudiera a la desaparición forzada de personas y hoy en la mesa de negociaciones ya existe un acuerdo entre las partes que benefician en última instancia a los familiares de los desparecidos y abren la posibilidad de que exista un compromiso de las partes por develar el paradero de sus familiares y se crea una institución que tiene como responsabilidad la búsqueda, ubicación, identificación y entrega digna de sus restos.

Este seguimiento al desarrollo del proceso de paz lo consideramos de vital referencia para el presente estudio, toda vez que en el mismo no solo se están discutiendo los puntos de la agenda, sino la manera como se van a reparar las víctimas del conflicto y el contexto de justicia transicional en que se realizará la misma, ejes transversales de este trabajo como lo planteamos desde el primer capítulo.

2.2. Ley de Víctimas y Restitución de Tierras

En términos generales la ley contempla dos grandes capítulos, por una parte, busca reparar a las víctimas del conflicto y por el otro dar un paso en el tema de tierras, uno de los principales desmanes que ha dejado la violencia sociopolítica en el país, no solo por los millones de desplazados, también por la usurpación, el despojo, la tenencia y concentración, así como su falta de formalización. Santos Calderón recordó que las víctimas serán acogidas para su reparación a partir del primero de enero de 1985 y las restituciones de tierra desde el primero de enero de 1991. A esto se suma —agregó— la garantía de no repetición.

Para efectos de nuestro trabajo, rescataremos de la Ley 1448 de 2011, los aspectos más relevantes, como la definición de víctima, la definición de justicia transicional y sus medidas de carácter transicional, el principio de enfoque diferencial, los derechos de las víctimas a la verdad, la justicia y la reparación integral y las instituciones creadas para tal fin. En lo relacionado con las medidas de reparación integral, propiamente dichas, será un tema que analizaremos más adelante, con el objeto profundizar el análisis correspondiente, toda vez que es uno de los ejes centrales de este trabajo.

En primera instancia, el concepto de víctimas está consagrado en el artículo 3 de la ley y la define así:

> Se consideran víctimas, para los efectos de esta ley, aquellas personas que individual o colectivamente hayan sufrido un daño por hechos ocurridos a partir del 1 de enero de 1985, como consecuencia *de infracciones al Derecho Internacional Humanitario o de violaciones graves y manifiestas a las normas internacionales de* Derechos Humanos, ocurridas con ocasión del conflicto armado interno.

> También son víctimas el cónyuge, compañero o compañera permanente, parejas del mismo sexo y familiar en primer grado de consanguinidad, primero civil de la víctima directa, cuando a esta se le hubiere dado muerte o estuviere desaparecida. A falta de estas, lo serán los que se encuentren en el segundo grado de consanguinidad ascendente...[56]

Adicionalmente el artículo tiene cinco parágrafos que en síntesis determinan quienes también pueden ser víctimas y los requisitos para poder acceder a las medidas de atención, asistencia y reparación integral a las víctimas del conflicto armado interno. El artículo 8 define el concepto de justicia transicional así:

> Entiéndase por justicia transicional los diferentes procesos y mecanismos judiciales o extrajudiciales asociados con los intentos de la sociedad por garantizar que los responsables de las violaciones contempladas en el artículo 3 de la presente Ley, rindan cuentas de sus actos, se satisfagan los derechos a la justicia, la verdad y la reparación integral a las víctimas, se lleven a cabo las reformas institucionales necesarias para la no repetición de los hechos y la desarticulación de las estructuras armadas ilegales, con el fin último de lograr la reconciliación nacional y la paz duradera y sostenible[57].

El artículo 9 por su parte ha descrito el carácter de las medidas transicionales, haciendo énfasis, por ejemplo, en el reconocimiento que hace el Estado de todo ciudadano considerado víctima de acuerdo con la ley y la garantía de sus derechos a la verdad, la justicia, la reparación y a que las violaciones no se vuelvan a repetir. Las medidas que adopte el Estado en atención, asistencia y reparación buscarán que las víctimas sobrelleven su sufrimiento y, en la medida de lo posible, lograr el restablecimiento de los derechos; lo que no implican reconocimiento ni podrán presumirse o interpretarse como reconocimiento de la responsabilidad del Estado, derivada del daño antijurídico imputable a este en los tér-

---

56 Ley 1448 de 2011. Artículo 3. Diario Oficial 48.096 de 10 de junio de 2011.

57 Ley 1448 de 2011. Artículo 8. Diario Oficial 48.096 de 10 de junio de 2011.

minos del artículo 90 de la Constitución Política. Ni ningún tipo de responsabilidad para el Estado o sus agentes, tampoco servirá como prueba, ni se revivirán los términos de caducidad de la acción de reparación directa.

De especial interés para nuestro trabajo es el artículo 13 de la ley pues en el mismo se define el principio de enfoque diferencial al reconocer que existen poblaciones con características particulares a causa de su edad, género, orientación sexual y situación de discapacidad. Por lo mismo, exige tener presente este enfoque a la hora de adoptar las medidas de ayuda humanitaria, atención, asistencia y reparación integral.

Según el mismo artículo, el Estado ofrecerá especiales garantías y medidas de protección a los grupos expuestos a mayor riesgo de las violaciones contempladas en el artículo 3, tales como mujeres, jóvenes, niños y niñas, adultos mayores, personas en situación de discapacidad, campesinos, líderes sociales, miembros de organizaciones sindicales, defensores de derechos humanos y víctimas de desplazamiento forzado. Y lo más importante para nuestro tema de análisis, se centra en que la ley es clara al establecer: en la ejecución y adopción por parte del Gobierno Nacional de políticas de asistencia y reparación, por lo que deberán adoptarse criterios diferenciales que respondan a las particularidades y grado de vulnerabilidad de cada uno de estos grupos poblacionales.

Precisamente esos criterios diferenciales a la hora de reparar las víctimas evitarán también, el desconocimiento de los derechos de las mismas, pues al ser reparadas de manera masiva y generalizada, sin tener en cuenta que los daños causados por los victimarios, tienen particularidades o diferencias, que, de no tenerse presentes, no permitirían una verdadera reparación integral.

Los derechos a la verdad, a la justicia y a la reparación, también están plasmados en la ley específicamente en los artículos 23, 24 y 25, los cuales establecen el derecho que tienen las víctimas, sus familiares y la sociedad a conocer la verdad acerca de los motivos y las circunstancias en que se cometieron las violaciones de que trata el artículo 3 de la ley, y en caso de fallecimiento o desaparición (cualquiera sea su forma), acerca de la suerte que corrió la víctima, y al esclarecimiento de su paradero. La Fiscalía General de la Nación y los organismos de policía judicial deben garantizar el derecho a la búsqueda de las víctimas mientras no sean halladas vivas o muertas, el cual es un derecho imprescriptible e inalienable.

Así mismo, es un deber del Estado adelantar las investigaciones respectivas que conduzcan al esclarecimiento de las violaciones contempladas en el artículo 3 de la ley, la identificación de los responsables, y su respectiva sanción, garantizando su derecho a la justicia. En este tema, la búsqueda del derecho a la justicia es representativo para las víctimas del delito de desaparición forzada, en tanto, que de ser efectivo su desarrollo estas víctimas podrán acceder a su derecho a la verdad de lo que pasó con sus familiares desaparecidos. En cuanto a la reparación integral, las víctimas tienen derecho a ser reparadas de manera adecuada, diferenciada, transformadora y efectiva por el daño que han sufrido como consecuencia de las violaciones de que trata el artículo 3 de la ley, lo que resaltamos nuevamente pues la reparación debe tener elementos diferenciados.

La reparación comprende las medidas de restitución, indemnización, rehabilitación, satisfacción y garantías de no repetición, en sus dimensiones individual, colectiva, material, moral y simbólica. Lo que se aplicará a favor de la víctima dependiendo de la vulneración en sus derechos y las características del hecho victimizante.

La ley crea una serie de instituciones que buscarán garantizar la aplicación efectiva de los derechos y las medidas de reparación consagradas para satisfacer las necesidades de las víctimas, entre ellas: el Centro de Memoria Histórica, que centralizará y recolectará todas las funciones de preservación de la memoria y liderará la construcción de un museo (artículo 146, reglamentado por el Decreto 4803 de 2011), la Red Nacional de Información para la Atención y Reparación a las Víctimas, el Registro Único de Víctimas el cual se proyecta como un instrumento necesario, no solo para saber cuántas son las víctimas por cada hecho victimizante y por los demás datos estadísticos que pueda aportar, para dimensionar el universo de víctimas, sino por ser un requisito para acceder a los derechos consagrados en la ley (artículos 154 a 158), el Sistema Nacional de Atención y Reparación Integral a las Víctimas, sus órganos de dirección, coordinación y ejecución de la política pública en asistencia, atención y reparación, del Comité Ejecutivo para la Atención y Reparación a las Víctimas y sus funciones, de la Unidad Administrativa Especial para la Atención y Reparación a las Víctimas, sus órganos de dirección, su administración y funciones, de la transición de la institucionalidad, de la coordinación y articulación nación–territorio; de los Comités Territoriales de Justicia Transicional y de las funciones de las entidades territoriales (artículos 159 a 174).

Finalmente encontramos El Plan Nacional de Atención y Reparación Integral a las Víctimas (artículos 175 y 176), El Fondo de Reparación para las Víctimas de la Violencia (artículos 177) y el Régimen Disciplinario de los servidores públicos frente a las víctimas, es decir sus deberes, sus faltas disciplinarias y sus responsabilidades en el proceso (artículos 178 a 180).

La ley creó todo el andamiaje institucional para atender a las víctimas que se registren en este proceso y de esta manera, no solo descentralizó funciones, sino que además se diseñó todo un aparato administrativo, a fin de atender el gran universo de víctimas que se presentarán para ser reparadas, orientadas o escuchadas y dar a conocer sus casos y los delitos de los que fueron víctimas. Incidencia que además estará marcada por la capacidad que tengan estas nuevas instituciones para generar aprendizaje institucional sobre las experiencias del manejo de las reparaciones administrativas por parte de las entidades que las antecedieron, es decir, el aparato administrativo que venía funcionando, con ocasión de la Ley 975 de 2005 y sus decretos reglamentarios.

Se debe mencionar que todo este proceso no fue ajeno al movimiento de víctimas en el país, el cual desempeñó un papel importante en promover los debates públicos que condujeron a la ley, la cual prevé espacios participativos en la ejecución y seguimiento de la nueva política de reparación.

La ley 1448 de 2011, contempla disposiciones, inspiradas en normas de otros países, dirigidas a evitar que se repitan las violaciones a los derechos humanos, adopta las normas internacionales sobre estos temas y asume un compromiso de cumplimiento con los derechos de las víctimas introduciendo medidas e instrumentos de reparación integral, que han sido desarrollados por la comunidad internacional en defensa de los derechos humanos y que han sido aplicados en varios países con procesos de transicionales de reconciliación.

2.2.1. Las víctimas de desaparición forzada en la Ley 1448 de 2011

De manera concreta para las víctimas de desaparición forzada, la ley consagra en su articulado una serie de referencias puntuales para este grupo victimizado, el cual obedece a marcos normativos anteriores que han adoptado medidas para su prevención y la sanción a sus victimarios, dejando de lado su interés por establecer medidas nuevas y focalizadas de reparación para la población víctima de este delito.

Aunque se mencionan las acciones de búsqueda de las personas desaparecidas y hay avances en el reconocimiento y reglamentación de las mismas, estas solo se mencionan de manera desprevenida y poco desarrollada en algunos de sus apartados, lo cual, claramente evidencia el desinterés histórico de reconocer esta práctica en el país y comprometerse con la reparación integral de las víctimas de desaparición forzada.

Por ejemplo, en cuanto al derecho a la verdad la ley estipula en su artículo 23 que las víctimas, sus familiares y la sociedad en general, tienen el derecho imprescriptible e inalienable a conocer la verdad acerca de los motivos y las circunstancias en que se cometieron las violaciones y en caso de fallecimiento o desaparición, la suerte que corrió la víctima, y al esclarecimiento de su paradero. La Fiscalía General de la Nación y los organismos de policía judicial, deberán garantizar también el derecho a la búsqueda de las víctimas, mientras estas no sean halladas vivas o muertas[58].

El artículo 35, numeral 7 también señala, que desde el inicio de la actuación, la víctima y su representante deberán ser informados de todos los aspectos jurídicos, asistenciales, terapéuticos u otros relevantes relacionados con su caso, así como, la obligación de suministrar la siguiente información, numeral 7: Las instituciones competentes y los derechos de los familiares de las víctimas en la búsqueda, exhumación e identificación en casos de desaparición forzada y de las medidas de prevención para la recuperación de las víctimas[59].

Así mismo, el parágrafo 1 del artículo 35 establece que, frente al delito de desaparición forzada, las autoridades que intervienen en las diligencias iniciales deberán brindar garantías de información reforzadas, mediante personal especializado en atención psicosocial, sobre las instituciones a las que deben dirigirse para obtener asistencia médica y psicológica especializada, así como, frente a sus derechos y la ruta jurídica que debe seguir.

Siguiendo este desarrollo, observamos que, en el capítulo que trata sobre la reparación por vía administrativa en su artículo 132, parágrafo 4, estipula que el monto de los 40 salarios mínimos legales vigentes del año de ocurrencia del hecho, que hayan sido otorgados en virtud del artículo 15 de la Ley 418 de 1997, por la Agencia Presidencial para la Acción Social y la Cooperación Internacional, con motivo de hechos victimizantes que causan muerte o desaparición forzada, constituyen indemnización por vía administrativa[60]. Así mismo, el artículo 139, en su literal i, busca contribuir en las labores de búsqueda de los desaparecidos y colaborar para la identificación de cadáveres y su inhumación posterior, según las tradiciones familiares y comunitarias, a través de las entidades competentes para tal fin.

---

58 Ley 1448 de 2011. Artículo 23. Diario Oficial 48.096 de 10 de junio de 2011.

59 Ley 1448 de 2011. Artículo 35. 48.096 de 10 de junio de 2011.

60 Ley 1448 de 2011. Artículo 132. Diario Oficial 48.096 de 10 de junio de 2011.

Tal vez, el mayor avance que implica la ley con relación a las labores de búsqueda, identificación y entrega a sus familiares de las personas desaparecidas se encuentra en el numeral 9 del artículo 178, al señalar que; son deberes de los funcionarios públicos frente a las víctimas: 9. Adelantar todas las acciones tendientes a la búsqueda de las personas desaparecidas, de las identidades de los secuestrados y de los cadáveres de las personas asesinadas, incluidas las personas no identificadas inhumadas como N. N. así como prestar la ayuda para establecer el paradero de las víctimas, recuperarlos, identificarlos y volver a inhumarlos según el deseo explícito o presunto de la víctima o las tradiciones o prácticas culturales de su familia y comunidad. La aplicación del Plan Nacional de Búsqueda de Personas Desaparecidas es obligatoria[61].

De esta manera se ratifica la obligatoriedad de aplicar el Plan Nacional de Búsqueda de Personas Desaparecidas por parte de las autoridades encargadas de realizar su atención. Asimismo, debe considerarse importante que se refuerce la omisión de los deberes de búsqueda e identificación de personas desaparecidas como una falta disciplinaria para los funcionarios encargados, en el parágrafo 2 de este mismo artículo.

La ley dispone en sus disposiciones finales, artículo 195, que para contribuir a la efectividad del derecho a la verdad adoptará las medidas conducentes para que las personas que hayan sido extraditadas revelen los motivos y las circunstancias en que se cometieron las violaciones y en caso de fallecimiento o desaparición, la suerte que corrió la víctima.

Aunque el desarrollo puntual para el delito de desaparición forzada solo es este, en la Ley 1448 de 2011, el Decreto 4800 de 2011, reglamentario de la misma, recoge en su articulado las siguientes medidas respecto al delito de desaparición forzada: en su artículo 97, sobre el auxilio funerario se estableció que esa asisten-

---

61 Ley 1448 de 2011. Artículo 178. Diario Oficial 48.096 de 10 de junio de 2011.

cia funeraria se les entregará a los familiares de las víctimas que hayan muerto o estuvieren desaparecidos.

Esta asistencia debe prestarse inmediatamente o en el menor tiempo posible desde que los familiares tengan conocimiento de la muerte o identificación de los cuerpos o restos de la víctima de desaparición forzada. Sin embargo, aún hoy los familiares de las víctimas manifiestan que esos recursos nunca están disponibles y estiman que esta ayuda debería incluir también una partida con el fin de que pudiesen participar en las diligencias de exhumación, en las que se indague el paradero de sus seres queridos. Lo anterior a pesar de estar regulado en el artículo 100, del mismo Decreto reglamentario, señala que para la asistencia para procesos de entrega de cuerpos o restos: los costos a que se refiere el parágrafo del artículo 50 de la Ley 1448 de 2011 incluirán, además de los gastos funerarios, los de desplazamiento, hospedaje y alimentación de los familiares de las víctimas de desaparición forzada, para sufragar estos gastos de acuerdo con los criterios que para el efecto fije la Unidad Administrativa Especial para la Atención y Reparación Integral a las Víctimas.

Se observa que la Ley 1448 de 2011, retoma el camino de otras legislaciones anteriores, al no darle la misma prioridad al delito de la desaparición forzada de personas como a otros delitos igualmente atroces como el desplazamiento forzado y el secuestro que cuentan con una amplia regulación legislativa, la cual solamente se ha hecho equiparable para los familiares de los desaparecidos por medio de la acción de tutela.

Sin embargo, ya se recogen en estas reglamentaciones varios de los derechos y procedimientos que con anterioridad se han venido regulando en el país respecto de la práctica de la desaparición forzada, tal es el caso de la propia tipificación como delito mediante la Ley 589 en el año 2000, el Plan Nacional de Búsqueda de Personas Desaparecidas, el Mecanismo de Búsqueda Urgente, la Ley 1408 de 2010, "por la cual se rinde homenaje a las víctimas del delito de desaparición forzada y se dictan medidas para su localización e identificación", o los auxilios funerarios, entre otros, que no son instrumentos nuevos para esta población victimizada.

2.2.2. Panorama actual de las víctimas de desaparición forzada en Colombia

Colombia, como pocos ejemplos en el mundo, es uno de los países con el mayor número de víctimas que ha dejado el conflicto armado interno y los delitos para considerar a un ciudadano víctima del conflicto, son realmente graves; desplazamiento forzado, homicidio, desaparición forzada, secuestro, tortura, violaciones sexuales, entre otros. Hoy Colombia busca reparar a más de 7.860.385 víctimas inscritas formalmente, al mes de enero del año 2016, en el Registro Único de Víctimas. En relación con las víctimas de desaparición forzada el Registro Único de Víctimas reporta que para el mes de enero del año 2016 se han denunciado 160 960 desapariciones forzadas de las cuales se estima que 45 704 son víctimas directas de este delito y 115 256 son víctimas indirectas, cifras que desbordan las estadísticas de las entidades no gubernamentales que han denunciado este delito durante décadas, así como, las del propio Estado colombiano y sus instituciones quienes siempre consideraron la desaparición forzada como un problema menor. (Ver tabla 17).

Tabla 17 Estadísticas del Registro Único de Víctimas 1985-2017

VICTIMAS POR TIPO DE HECHO VICTIMIZANTE	
Hecho victimizante	**Casos denunciados**
Desplazamiento	6.766.422
Homicidio	969.750
Amenaza	301.736
Desaparición forzada	164.861
Perdida de Bienes Muebles o Inmuebles	104.343
Acto terrorista/Atentados/Combates/ Hostigamientos	89.541
Secuestro	31.118

Hecho victimizante	Casos denunciados
Minas antipersonal/Munición sin explotar/Artefacto explosivo	10.897
Tortura	9.842
Vinculación de niños niñas y adolescentes	7.933
Abandono o despojo forzado de tierras	9.653
Delitos contra la libertad y la integridad sexual	14.216
Sin información	39
Total	8.230.860

Fuente: Elaboración propia. A partir de los datos publicados en el Registro Único de Víctimas. Fecha de corte 1 de octubre de 2016. Consultada el 25 de febrero de 2017.

Otros datos destacables de este proceso son los departamentos que más han sufrido el rigor del conflicto, entre los que se destacan con el mayor número de víctimas reportadas, Antioquia con 1.596.453, Bolívar con 608 934, Magdalena con 489 425 y Nariño con 423 361, así mismo, se observa que el período en el que más se presentaron los hechos victimizantes reportados, es el comprendido entre el año 2000 y el año 2008, siendo el 2002, el año con mayor número de denuncias —834 122—[62].

Sin lugar a duda el reto que tiene el Estado colombiano de indemnizar y reparar a este universo de víctimas demandará no solo del andamiaje político y jurídico para tal fin, sino de la voluntad política de las partes para declarar la terminación de la confrontación armada, pues como el país lo sabe, las reparaciones actuales se adelantan incluso en medio del conflicto armado, hecho atípico y que para el año 2013, ocasionó más de 200 000 víctimas nuevas.

Sin embargo, ya han trascurrido más de cuatro años desde la promulgación de la ley y existen avances, pero también reparos a su implementación, por ejemplo, un paso importante fue el reconocimiento del conflicto armado y que el mismo, ha dejado a

62 Registro Único de Víctimas. Fecha de corte 1 de octubre de 2016. Consultada el 25 de octubre de 2016.

millones de víctimas. Hasta enero del año 2016 se han reparado según el gobierno a 473 257 víctimas por vía administrativa y de las mismas más de 200 000 han tenido una reparación integral, que va desde lo económico hasta cobertura en salud y educación y alrededor de 107.000 han recibido atención psicosocial. Así mismo, al menos 303 sujetos colectivos han sido reparados[63].

Reparar un crimen tan atroz como la desaparición forzada, implica que se debe tener en cuenta a sus familiares, que la dignidad y el dolor están de por medio, la relación con su ser querido en un contexto social determinado es lo que define la biografía de la víctima, su buen nombre, su reputación y su cuerpo. Esto por ende lo deberían definir sus propias familias y no el Estado, mucho más cuando se parte de reparar lo irreparable, es decir siempre será una reparación simbólica, máxime cuando se trata de desapariciones forzadas en las que sus familiares no han recibido los restos óseos de su familiar.

De acuerdo con Graciela Guilis, perita argentina en casos de desaparición forzada, sostiene

> La reparación de crímenes de lesa humanidad debe pensarse, dentro del campo de lo irreparable, de lo no indemnizable; de algo imposible de resarcir. Una vez reconocida la imposibilidad de un retorno a la situación anterior a las violaciones, se puede empezar a reflexionar en una reparación, no real sino simbólica, acerca de las alternativas, que la justicia brinda en relación con los in-

63 Según la Revista Semana. 11 junio 2014. "Ley de Víctimas: lo bueno, lo malo y lo feo". Hasta 2014, se habían destinado 19 billones de pesos para la ejecución de esta norma. Para el año 2015, se aumentó el presupuesto para reparación de 7.4 billones a 7.9 billones de pesos, lo que equivale al 1 % del PIB, pese a la reducción en ingresos, es la ratificación del compromiso del Gobierno Nacional de no disminuir los recursos dirigidos a víctimas para asegurarles el goce efectivo de sus derechos fundamentales. Aunque estas cifras son indicativas, responden al compromiso del Gobierno Nacional para ese año, tal y como lo señaló el director del Departamento de Planeación Nacional.

volucrados: culpables, víctimas y la comunidad de la que forma parte[64].

Por lo mismo, tener solo en cuenta la reparación por vía administrativa es problemático, sino se complementa esta reparación con medidas complementarias, ya que la misma, en aras de responder universal y rápidamente a las víctimas no tiene en cuenta la tasación de los daños individuales, sino que se fundamenta en la vulneración de los derechos. Por ejemplo, en los casos de Argentina y Chile, considerados como dos programas relativamente exitosos, consideraron que para sus programas de reparación se debían tomar las principales formas de victimización sufridas durante las dictaduras militares (asesinato, desaparición forzada, detención arbitraria y tortura), y los familiares y las víctimas que sufrieron dichas vulneraciones a sus derechos por estos crímenes recibieron el mismo tipo de medidas. En Argentina, por ejemplo, se limitó a una generosa indemnización económica para los familiares de los desaparecidos, montos que superaron los otorgados por otras experiencias como en Alemania, Sierra Leona o Sudáfrica. En el caso chileno por el contrario se negaron a pagar indemnizaciones y optaron por abrirle a las víctimas un espacio privilegiado a las políticas públicas para que pudieran reconstruir por esta vía su proyecto de vida, lo cual incluyo en algunos casos el pago de una pensión vitalicia.

En este sentido, las reparaciones tarifadas versus la reparación simbólica deberían complementarse, muestra de ello son las experiencias internacionales que se han adelantado en países en vía de desarrollo, con un universo de víctimas enorme y con escasos recursos económicos, y una multiplicidad de necesidades básicas insatisfechas de su población.

La idea dominante en el ámbito mundial es que las políticas de reparación deben contribuir a la reconstrucción de los proyectos de vida de los individuos y las comunidades victimizadas, y para ello

64 Guilis, Graciela. "La Reparación: Acto Jurídico y Simbólico. Instituto Interamericanos de Derechos Humanos". San José de Costa Rica. 2007.

> es indispensable construir un modelo integral de reparación cuyos componentes deben ser el resultado de un diseño riguroso en cada país de acuerdo con sus capacidades institucionales y fiscales[65].

Por lo mismo, y como lo ha recomendado la Oficina del Alto Comisionado de las Naciones Unidas para los Derechos Humanos[66], es indispensable articular las políticas de reparación con los programas existentes, tales como los servicios médicos y psicológicos, así como la educación. Por ejemplo, en los programas de reparación individual se plantea que las reparaciones materiales y simbólicas adopten diversas formas. Las reparaciones materiales pueden ser las indemnizaciones, es decir el pago en efectivo para las víctimas o sus familiares y a su vez incluir prestaciones en salud, educación, vivienda entre otras.

El componente psicosocial, por ejemplo, es uno de los temas más olvidados a la hora de reparar a las víctimas del conflicto, el daño mental ocasionado por los grupos armados ha dejado una huella imborrable en millones de personas, las cicatrices, en muchos casos indelebles, que ha dejado la violencia en la mente de más de 6 millones de colombianos, de la cual una tercera parte son niños, es un elemento importante a la hora de plantearse la reparación, no solo como una tasación económica.

> Paradójicamente, en un país que cumple más de 60 años de guerra, no hay estudios serios que den cuenta de ese daño. Los dos trabajos más recientes, aunque focalizados en apenas dos zonas del país, ofrecen una idea de la dimensión del problema. El primero, hecho por Médicos sin Fronteras hace un año entre 4.455 pacientes que fueron a su consulta psicológica en Cauca, Nariño, Caquetá y Putumayo, reveló que la violencia es, entre otros fac-

---

65 Jeangene, Vilmer, J.B. Réparer l'irréparable. Les réparations aux victimes devant la Cour pénale internationale. Paris: Paris, Presses Universitaires de France (PUF), mars 2009.

66 Oficina del Alto Comisionado de las Naciones Unidas para los Derechos Humanos. "Instrumentos del Estado de Derecho para sociedades que han salido de un conflicto". ONU. 2008.

> tores estudiados, el evento que más afecta la salud mental de la población civil, con índices de ansiedad y depresión que llegan al 34 por ciento, cifra mucho más alta que la del resto de población. El otro, hecho por Jiovany Arias de la Universidad de los Andes, con una muestra representativa de 208 víctimas de Montes de María, halló que el 90 por ciento presenta síntomas de depresión y en el 60 por ciento de los municipios de la región la totalidad de los entrevistados tiene valores conclusivos de ansiedad, depresión y propensión a desarrollar síntomas de estrés postraumático[67].

Esta es solo una idea para entender el drama de lo que los expertos en el tema prefieren llamar sufrimiento y no enfermedad, causada no por problemas internos sino por el entorno, pues como se afirma en el artículo referido, si se limitara a ponerle una etiqueta psiquiátrica a lo que han padecido millones de colombianos por el conflicto, la víctima tendría que llorar sola y con ello la realidad sociopolítica que vivió se silenciaría.

Respecto a la desaparición forzada, el informe dice que la gran mayoría, sin embargo, presenta alguna forma de dolor que, si bien no es una enfermedad, es una carga que a veces no deja vivir. Y si no se atiende adecuada y oportunamente, se podría convertir en una patología mental o somatizarse en un mal físico, como se ha observado entre las madres de los desaparecidos que terminan sus días con cáncer o derrames cerebrales, condiciones que en el fondo son la manifestación de una pena moral profunda derivada de la gran incertidumbre en la que las dejó la guerra[68].

Otros impactos psicosociales de este crimen son: Desestructuración de redes comunitarias, distorsión del tiempo, duelos congelados, desestructuración del tejido social, quebramiento de liderazgos y procesos de organización, entre otros.

---

67 "Conflicto y Salud Mental las Heridas Invisibles de la Guerra". Especiales Revista Semana. http://www.semana.com/especiales/conflicto-salud-mental/index.html.

68 *Ibidem.*

En lo colectivo se acaban los liderazgos, surge la desconfianza entre quienes antes fueron vecinos y amigos. Se afectan esferas como la familiar porque alguien que no puede atender su propio dolor difícilmente tiene capacidad para ocuparse de otros. Ante el desarraigo, muchas familias se atomizaron, o sus relaciones se deterioraron por el cambio de papeles: los hombres proveedores ya no estaban por lo que sus mujeres debieron asumir la jefatura del hogar. "Todo está relacionado. No tener trabajo no es solo un problema económico: es no darles de comer a mis hijos, y eso genera irritabilidad que puede desembocar en violencia intrafamiliar y alcoholismo", señala el psicólogo Juan David Villa, de la Universidad San Buenaventura[69].

Es necesario atender los casos como se lo merecen las víctimas, que aguantaron lo indecible y han mostrado una valentía enorme, necesitan recuperar su lugar en la sociedad como ciudadanos, merecen el reconocimiento de que lo que les pasó fue muy grave, pero, sobre todo, la garantía de que estos hechos no se repitan. El Ministerio de Salud es el responsable de esta atención, pues debe coordinar a las Empresas Prestadoras de Servicios de Salud, para que atiendan a las víctimas, entendiendo que sus afectaciones sicológicas son un flagelo de la guerra que requiere un trato diferente. Así mismo, existe una falta de articulación pues no siempre se activa la ruta de atención especializada cuando una persona afectada por el conflicto llega a los centros de salud.

Otras de las críticas es que en ocasiones las ayudas humanitarias tardan más de lo debido o simplemente se delegan a que las víctimas acudan a todo tipo de recurso judicial para su reconocimiento, como, por ejemplo, los derechos de petición y las acciones de tutela, las cuales, aun con fallo a favor deben ser interpuestos los desacatos correspondientes para que sean cumplidas.

---

69 *Ibidem.*

Las historias, individuales y colectivas, que se tejen alrededor de este proceso plantean grandes desafíos, el inicio del proceso de paz, la promulgación de la ley de víctimas y el marco jurídico para la paz, han sido podríamos decirlo un gran avance, en términos de abandonar los discursos del pasado, basados en la confrontación directa y la negativa a sentarse a buscar una salida negociada al conflicto armado interno. Solo basta que el liderazgo y el compromiso de este proceso para con las víctimas y la sociedad colombiana, no se queden rezagados ante las expectativas que se tienen de poder dar el paso hacia el posconflicto.

La reparación debe intentar responder a las diferentes dimensiones del daño sufrido por las víctimas de desaparición forzada en Colombia, lo que implica acercarse al este fenómeno y entenderlo como un delito que afrenta a la humanidad y que para el caso colombiano ha sido particularmente prologado y tolerado por las autoridades y la sociedad durante más de tres décadas.

Las medidas de reparación no pueden limitarse a una compensación monetaria, deben entenderse y responder de manera integral a las dimensiones del daño causado por los victimarios y de acuerdo a las particularidades de cada contexto, que respondan a los derechos de las víctimas y lo más importante que sean cumplidas por el Estado; si bien el mismo participa en este proceso de reparación de acuerdo con la ley de forma solidaria, no podemos olvidar que muchas de las víctimas de este delito son consideradas por la legislación internacional como víctimas directas del Estado y en el caso colombiano de hecho en su gran mayoría lo son.

Si bien este acompañamiento por parte del Estado en la reparación no implica reconocimiento, ni presunción de responsabilidad por parte del mismo en los hechos victimizantes, también debe tenerse en cuenta que para muchas víctimas de desaparición forzada este delito es irreparable, pues una vida humana no se puede recuperar, lo que evidencia las tenciones que este proceso puede demandar a futuro, si no existe una política clara y responsable de materializar las medidas correspondientes.

Pablo de Greiff plantea que ante estas tensionalidades o diferencias y desde la propia subjetividad de las víctimas ninguna política pública las va hacer sentirse reparadas, por lo que deberá propenderse por reducir la brecha entre las medidas de reparación contenidas en un programa y la sensación de satisfacción o de reconocimiento de las víctimas, pero requiere de un esfuerzo de coherencia de los mensajes estatales, incluyendo el reconocimiento de la naturaleza de las violaciones como tales, así como también del reconocimiento sobre la insuficiencia de los esfuerzos, aun cuando sean significativos, para que puedan efectivamente ser reparadas[70].

Muchas de las expectativas de las víctimas se centran en el reconocimiento del hecho, en medidas de justicia y de verdad, que propendan por recuperar el buen nombre de la víctima directa y sus familiares para lo cual es necesario tener en cuenta no solo la verdad del victimario, sino la verdad de las víctimas.

Las víctimas conciben su situación de vulnerabilidad, no solo como consecuencia del hecho violento, sino como resultado de condiciones de abandono estructural del Estado. Desde esa idea, las medidas de reparación no son capaces, por sí solas, de transformar la situación existente. Es por esto por lo que las víctimas relacionan el concepto de reparación con medidas de educación, salud, vivienda y generación de ingresos, porque consideran que la reparación tiene que ser congruente con la necesidad de la víctima. La definición que hace la ley sobre la reparación como integral es consistente con esta demanda, lo que es un primer paso importante, pero que debe traducirse en condiciones materiales efectivas de integralidad.

Por lo mismo, para este universo de víctimas de desaparición forzada es preciso que el Estado colombiano y la sociedad definan unos criterios de reparación integral que tengan en cuenta las particularidades del delito y del daño causado por sus victimarios, que transformen su situación y los vinculen como sujetos de de-

---

70 Brandon Hamber, Narrowing the Micro and the Macro: Psychological perspective on reparations in societies in transition.

rechos en un contexto transicional o no, dentro de los estándares internacionales de justicia y aplicando la normatividad interna que se traduzcan en una política pública real en la que se puedan satisfacer sus necesidades y sus expectativas como grupo victimizado diferenciado dentro de los demás hechos victimizantes.

3. CRITERIOS Y MEDIDAS DE REPARACIÓN INTEGRAL PARA LAS VÍCTIMAS DEL DELITO DE DESAPARICIÓN FORZADA

El deber de reparar a las víctimas de graves violaciones a los derechos humanos y al derecho internacional humanitario, se erige como uno de los retos principalísimos en cualquier proceso de reconciliación y búsqueda de la paz, pues mitigar los daños y sufrimientos a quienes se les atropelló en el desarrollo de la confrontación armada, no es una tarea fácil, si tenemos presente que existen diversas formas de concebir el daño y la manera de repararlo.

Como ya lo anotábamos en el primer capítulo de este trabajo, la comunidad internacional ha hecho grandes esfuerzos para lograr desarrollar, desde el punto de vista normativo, instrumentos que recojan el derecho a la reparación integral consagrando directrices internacionales que les permitan a las víctimas de graves violaciones a los derechos humanos y al derecho internacional humanitario, exigirle a los Estados y a la comunidad internacional el reconocimiento de los hechos dañinos a los que fueron expuestos y, por consiguiente, el derecho a ser reparados de manera integral.

El derecho a la reparación integral busca restablecer la dignidad de toda persona que haya sufrido un menoscabo en cualesquiera de sus derechos amparados e independientemente del responsable que se los haya vulnerado; este derecho también comprende el acceso a recursos efectivos y rápidos, el respeto por la dignidad de las víctimas y la disponibilidad de mecanismos que faciliten su participación en el diseño y ejecución de los programas de reparación. Adicionalmente comprende medidas de reparación concernientes con la restitución, indemnización, rehabilitación y satisfacción de sus derechos y las garantías para que estos hechos no se vuelvan a repetir.

Como lo hemos visto a lo largo del presente trabajo, son varios los instrumentos que recogen y desarrollan los derechos de las víctimas, así como los fundamentos jurisprudenciales para su exigibilidad y los mecanismos jurídicos a través de los cuales los Estados deben garantizar y asegurar a las víctimas el acceso a las reparaciones y al restablecimiento de sus derechos de manera segura, pronta y eficaz; buscando siempre, en la medida de lo posible, devolver a las víctimas al estado en que se encontraban antes de las violaciones.

Hasta aquí hemos realizado un recorrido histórico, político, jurídico y jurisprudencial, analizando el delito de la desaparición forzada en el contexto internacional y nacional; apelando a la reglamentación existente sobre el tema en estas mismas instancias; a las experiencias internacionales comparadas en el capítulo tercero, a la lucha incansable de los familiares de víctimas y de organizaciones defensoras de derechos humanos que han buscado su reconocimiento y la satisfacción del derecho a ser reparados, incluyendo los esfuerzos por legislar sobre el tema y adelantar una proceso de paz entre el Estado y las guerrillas colombianas, llevando al país a un momento coyuntural de análisis, reflexión y adopción de medidas e instrumentos para reparar integralmente a las víctimas del conflicto armado en Colombia, en un contexto de justicia transicional.

Observado lo anterior, realizaremos un ejercicio de formulación de criterios que evidencien el daño causado, junto con unas medidas de reparación integral, que permitan reparar de manera adecuada a las víctimas y familiares del delito de desaparición forzada en Colombia, de manera focalizada y proporcional a la gravedad de la violación del derecho fundamental a no ser desaparecido. Estos criterios y medidas propenderán por una reparación plena y efectiva, con el objeto de aportar en el reconocimiento de esta práctica en el país, su abolición del contexto nacional y las garantías de no repetición, para que nunca más sean desaparecidos de manera forzada los colombianos en un contexto de violencia o de paz, como en el que históricamente nos hemos encontrado.

3.1. Criterios de reparación integral para las víctimas del delito de desaparición forzada

Como ya lo hemos afirmado en este trabajo, los efectos de la desaparición forzada recaen sobre la víctima directa, sus familiares y la sociedad en su conjunto, los vejámenes a que se somete la persona retenida, el ocultamiento y la negativa a reconocer el hecho por parte de los victimarios, generan angustia e incertidumbre en sus familiares sobre el paradero de su ser querido los cuales son continuados e interminables hasta que se tiene certeza de su suerte, en la gran mayoría de casos sus familiares no logran establecer la verdad de lo sucedido, ni recuperar el cuerpo para realizar un ritual funerario lo que genera desasosiego.

La elaboración del duelo es frustrada. La pérdida de un ser querido bajo estas circunstancias genera culpa, la falencia de los elementos habituales del duelo, el conocimiento de las causas de la muerte, el desconocimiento del paradero del cadáver y como consecuencia la imposibilidad de desarrollar las prácticas funerarias tradicionales como la velación y la sepultura, son elementos religiosos o de culto que reprimen y frustran a sus allegados. *"Individualmente, el sufrimiento emocional, entendido como el dolor que genera las perdidas y cuya elaboración no puede completarse, produce marcados cambios, como angustia depresión, temores, recuerdos intrusivos, ideas fóbicas y sentimientos de culpa"*[71].

---

[71] Véase Corporación Avre, "Impacto de amenazas y otros hechos de violencia sociopolítica contra Asfaddes. Informe de resultados de la evaluación psiquiátrica y psicosocial", en Asociación de Familiares Detenidos Desaparecidos (Asfaddes). Veinte años de historia y de lucha. Asfaddes con todo el derecho, 2003.

Por esta razón también, las familias sufren una reestructuración para enfrentar la ausencia de la víctima, que van desde asumir las labores de la búsqueda y las denuncias hasta resolver el vacío socioeconómico que sobreviene en estos casos, ello conlleva a las alteraciones del proyecto familiar que afectan principalmente a los más jóvenes de la familia en especial a las niñas, niños y adolescentes, dejando las responsabilidades del núcleo familiar a uno de los cónyuges o a sus mismos hijos.

La desaparición forzada rompe el tejido social, propaga el miedo y alimenta la desconfianza en la sociedad, sobre todo en los círculos más cercanos al desparecido, la familia enfrenta la estigmatización y el aislamiento de la comunidad y del Estado, este es precisamente uno de los objetivos de este delito enviar un mensaje aleccionador al conjunto de la sociedad en especial a líderes sociales y comunitarios, defensores de derechos humanos o activistas políticos.

En cuanto a la familia de un desaparecido y su entorno social, las implicaciones y consecuencias de la desaparición forzada de una persona son igualmente dramáticas. Ante la negativa y el silencio por parte de sus victimarios, los familiares de la víctima entran en un estado emocional desequilibrante, la incertidumbre de saber si está vivo o está muerto, donde buscarlo y la razón por la cual se lo llevaron sus captores; esta crisis latente y prolongada de angustia y dolor causada por la ausencia de un ser querido perdura indefinidamente, así como las amenazas, individuales o colectivas, de los victimarios en el proceso de búsqueda.

Los daños ocasionados por la desaparición forzada se deben entender en relación con la vida política del país, el contexto y el desarrollo de la violencia sociopolítica, así como su impacto en los individuos y las comunidades, su práctica sistemática y generalizada no puede observarse de manera aislada pues tiene una relación directa con el conflicto armado interno que ha afectado principalmente a miembros de organizaciones comunitarias, políticas y campesinas, a maestros sindicalistas y defensores de derechos humanos, a servidores públicos, funcionarios judiciales y sectores vulnerables de la sociedad, en la población rural y urbana, su utilización por parte de los actores armados a generado el terror, preservado la impunidad y establecido mecanismos de control social.

La desaparición forzada de personas está rodeada de diferentes hechos violentos, seguimientos, intimidaciones, llamadas, amenazas, interceptaciones telefónicas, hurtos, lesiones, señalamientos, tortura y desplazamiento forzado, los cuales se pueden dar en cualquiera de los eventos que acompañan esta práctica, es decir, desde la detención o rapto ilegal de la víctima directa; así como, en las diferentes etapas posteriores a la misma, como la búsqueda, la denuncia, la exhumación e identificación que adelantan sus familiares, incluso servidores públicos, abogados y testigos, han sido víctimas por participar en la denuncia e investigación de estos casos.

La dimensión del daño también puede ser valorada identificando el rol que jugaba la víctima al interior de su familia, en su entorno laboral, social, político o comunitario como padre o madre de familia, como defensor de derechos humanos, líder comunitario, social o funcionario del Estado, así mismo, el contexto socio político en el que se desenvuelven tales como la situación de violencia en la región, la violación de los derechos humanos en la misma y los procesos que lideraban o adelantaban en dicha región.

La Corte Interamericana de Derechos Humanos —Corte IDH—, ha sido reiterativa en el reconocimiento de los daños inmateriales que se causan con las violaciones de derechos humanos, que no son de carácter patrimonial, pero si significan lesiones al proyecto de vida, a la integridad mental o a valores con profundo significado para las víctimas y sus familiares[72]. Para la Corte IDH

---

72 Al respecto ver las siguientes sentencias de la Corte Interamericana de Derechos Humanos: *Caso 19 comerciantes Vs. Colombia,* sentencia de 5 de julio de 2004, párrs. 275 a 278; *Caso Gutiérrez Soler Vs. Colombia,* sentencia de 12 de septiembre de 2005, párrs. 101 a 103; *Caso masacre de Mapiripán Vs. Colombia,* sentencia de 15 de septiembre de 2005, párrs. 96, 144 y 312; *Caso de la Masacre de Pueblo Bello Vs. Colombia,* sentencia de 31 de enero de 2006, párrs. 95, 274 y 296; *Caso de la Masacre de Ituango Vs. Colombia,* sentencia de 1 de julio de 2006, párrs. 402, 417 y 426; *Caso de la masacre de La Rochela,* sentencia de

estos daños se ven agravados por la impunidad, que profundiza el dolor, causando sensaciones de impotencia y de frustración, al ver alteradas las expectativas de vida, las potencialidades o las oportunidades de desarrollo personal.

La impunidad en estos casos se convierte en factor revictimizador pues no se investiga, ni se sanciona a los responsables y por el contrario las víctimas sufren de señalamientos, seguimientos y desapariciones por denunciar los hechos ante las autoridades competentes. Por lo mismo, los efectos de la desaparición forzada recaen sobre la sociedad en su conjunto y deben ser enfrentadas de manera integral, con el fin de conocer la verdad, comprender lo sucedido, sancionar a los responsables y brindar garantías de no repetición.

> en particular, en casos que involucran la desaparición forzada de personas, es posible entender que la violación del derecho a la integridad psíquica y moral de los familiares de la víctima es una consecuencia directa de ese fenómeno, que les causa un severo sufrimiento por el hecho mismo, que se acrecienta, entre otros factores, por la constante negativa de las autoridades estatales de proporcionar información acerca del paradero de la víctima o de iniciar una investigación eficaz para lograr el esclarecimiento de lo sucedido. Además, la privación del acceso a la verdad de los hechos acerca del destino de un desaparecido constituye una forma de trato cruel e inhumano para los familiares cercanos, lo que hace presumir un daño a la integridad psíquica y moral de familiares directos de víctimas de ciertas violaciones de derechos humanos[73].

En contextos de violencia sociopolítica se suele dar cuenta de los daños causados a las víctimas desde la perspectiva o enfoque psicosocial el cual es un derecho también en estos casos por su vinculación directa al derecho a la reparación integral, no se trata solamente de una atención clínica de las personas afectadas por hechos violentos, es un proceso mucho más amplio que propende

---

11 de mayo de 2007, párrs. 302; *Caso Valle Jaramillo Vs. Colombia*, sentencia de 27 de noviembre de 2008, párrs. 238 y 251, entre otros.

73 Corte Interamericana de Derechos Humanos, *Caso Gelman Vs. Uruguay*, sentencia fondo y reparaciones, 24 de febrero de 2011, párr. 133.

por la recuperación emocional de las víctimas y su entorno social, reconociendo sus capacidades de acción, reivindicando sus propios derechos y una reflexión colectiva que les permita entender lo sucedido[74].

> El apoyo o acompañamiento psicosocial es indispensable para la reparación integral, ya que contribuye a visibilizar el daño y restituir socialmente la dignidad de las víctimas y de sus familiares, brindándoles la posibilidad de crear o continuar con sus proyectos de vida. Un trabajo integral, con enfoque psicosocial, contribuye a la documentación y construcción colectiva de la verdad histórica, y proporciona a las familias y a la sociedad en su conjunto, elementos para interpretar las dinámicas de la violencia sociopolítica con el objetivo de prevenir los crímenes en el futuro[75].

Ahora bien, en este campo surgen dos categorías o conceptos relevantes, el impacto y el daño psicosocial, aunque se han utilizado de manera confusa para dar cuenta de las afectaciones que causa la violencia sociopolítica sobre las personas y las comunidades, en el contexto de la reparación por graves violaciones a los derechos humanos la distinción es relevante, toda vez que es a partir de la documentación de los daños que las víctimas construyen sus expectativas a la verdad, la justicia y la reparación.

---

74 El Consenso Mundial, define el trabajo psicosocial como "*el proceso de acompañamiento individual, familiar, comunitario y social, orientado a prevenir, atender y afrontar las consecuencias del impacto de* [las violaciones de derechos humanos] *Esos procesos promueven bienestar, apoyo social y soporte emocional a las víctimas y contribuyen a restablecer su integridad, fortaleciendo su dignidad y estimulando el desarrollo de sus acciones en los procesos de búsqueda de verdad, justicia y reparación integral. El trabajo psicosocial también considera la reconstrucción de redes sociales de apoyo que han sido destruidas como consecuencia de dichas violaciones*". Consenso Mundial de Principios y normas mínimas sobre trabajo psicosocial en procesos de búsqueda e investigaciones forenses para casos de desaparición forzada, ejecuciones arbitrarias o extrajudiciales.

75 Observatorio de derechos humanos y derecho humanitario, "Desapariciones forzadas en Colombia. En búsqueda de la justicia". Mesa de trabajo sobre Desaparición Forzada de la Coordinación Colombia-Europa–Estados Unidos Bogotá, mayo 2012.

Identificar y cuantificar los daños determinara el tipo de medidas a adoptar y el monto de las reparaciones de las víctimas, desde el punto de vista del enfoque psicosocial, el impacto se refiere a la reacción natural inmediata de las víctimas ante los hechos que vulneran sus derechos y generan cambios repentinos en sus proyectos de vida[76], por otra parte los daños psicosociales, son las secuelas de la violencia sociopolítica que se reflejan en las perdidas y lesiones que pueden ser de carácter transitorio o permanente, los daños psicosociales se presentan también a nivel comunitario, lesionando o poniendo en riesgo la identidad colectiva, el desarrollo cultural, social o político de una comunidad, de una organización o sector social perseguido o amenazado en un contexto de violaciones a los derechos humanos[77].

Como lo ha señalado la Corte IDH, "las reparaciones consisten en las medidas que tienden a hacer desaparecer o mitigar los efectos de las violaciones cometidas"[78] y "su naturaleza y su monto dependen de las características de la violación y del daño ocasionado en los planos material e inmaterial"[79]. Asimismo, la Corte IDH ha precisado que "la reparación integral de una violación a

---

76 En este nivel se ubican reacciones como la tristeza, el temor, la confusión, la rabia, la desconfianza, la desorientación, la fragmentación de organizaciones o redes sociales, así como mecanismos de afrontamiento ligados a factores protectores individuales y familiares como la participación en redes de apoyo, en organizaciones sociales, creencias espirituales, etc. Ver: Corporación Avre, *Enfoque psicosocial y en salud mental: aportes a la comprensión de la integralidad del derecho a la reparación*", Bogotá, mimeo, 2012.

77 Corporación Avre, *Enfoque psicosocial y en salud mental: aportes a la comprensión de la integralidad del derecho a la reparación*,.

78 Sentencia de 3 de marzo de 2005, *Caso Huilca Tecse Vs. Perú*, Serie C No. 121, párr. 89. Ver, *inter alia*: Sentencia de 22 de noviembre de 2005, *Caso Gómez Palomino Vs. Perú*, Serie C No. 136, párr. 114.

79 Sentencia de 6 de abril de 2006, *Caso Baldeón García Vs. Perú*, Serie C No. 147, párr. 177. Ver, *inter alia*: Sentencia de 209 de noviembre de 2006, *Caso La Cantuta Vs. Perú*, Serie C No. 162, párr. 202.

un derecho protegido por la Convención no puede ser reducida al pago de compensación a los familiares de la víctima".

En esa misma línea, el Grupo de Trabajo sobre las Desapariciones Forzadas o Involuntarias ha señalado que el derecho a la reparación de los familiares de las personas desaparecidas forzadamente no se limita a una indemnización pecuniaria e implica medidas de "reparación que permitan suprimir las consecuencias de la desaparición forzada"[80].

Los *Principios contra la Impunidad* precisan que "El derecho a obtener reparación deberá abarcar todos los daños y perjuicios sufridos por las víctimas"[81]. En ese sentido, al definir el concepto de víctima, los *Principios de Reparación* señalan que los daños incluyen las lesiones físicas o mentales, el sufrimiento emocional, las pérdidas económicas o el menoscabo sustancial de los derechos fundamentales de la víctima.

La noción de daño abarca todo perjuicio sufrido por los familiares por la desaparición forzada de su ser querido. Así, abarca tanto el daño material como inmaterial. Asimismo, abarca los daños físicos, mentales, morales y económicos. El daño material, como lo ha señalado la Corte IDH, está referido a *"la pérdida o detrimento de los ingresos de las víctimas —incluidos los familiares, los gastos efectuados con motivo de los hechos y las consecuencias de carácter pecuniario que tengan un nexo causal con los hechos—"*[82].

Los daños inmateriales son aquellos perjuicios que no son de carácter pecuniario, al respecto, la Corte IDH ha señalado que

80 "Comentario General sobre el artículo 19 de la Declaración", en *Informe del Grupo de Trabajo sobre las Desapariciones Forzadas o Involuntarias,* E/CN.4/1998/43 de 12 de enero de 1998, párr. 75. En el mismo sentido, ver: *Informe del Grupo de Trabajo sobre las Desapariciones Forzadas o Involuntarias,* A/HRC/22/45 de 28 de enero de 2013, párr. 53.

81 Principio 34.

82 Sentencia de 29 de noviembre de 2006, *Caso La Cantuta Vs. Perú,* Serie C No.162, párr. 213.

> Dado que no es posible asignar al daño inmaterial un equivalente pecuniario preciso, sólo puede ser objeto de compensación, para los fines de la reparación integral a la víctima, mediante el pago de una cantidad de dinero o la entrega de bienes o servicios apreciables en dinero, así como mediante la realización de actos u obras de alcance o repercusión públicos, que tengan como efecto el reconocimiento de la dignidad de las víctimas y evitar que vuelvan a ocurrir violaciones a los derechos humanos[83].

Así, el daño no se circunscribe a los perjuicios generados por la desaparición forzada, considerada en sí misma. El concepto de daño abarca igualmente los perjuicios materiales o morales y todo menoscabo sustancial de los derechos fundamentales, sufridos por los familiares por las posteriores actuaciones u omisiones estatales frente a la desaparición forzada. Así, por ejemplo, la Corte IDH ha constatado que

> las víctimas de una impunidad prolongada sufren distintas afectaciones por la búsqueda de justicia no sólo de carácter material, sino también otros sufrimientos y daños de carácter psicológico, físico y en su proyecto de vida, así como otras posibles alteraciones en sus relaciones sociales y la dinámica de sus familias y comunidades. Estos daños se intensifican por la falta de apoyo de las autoridades estatales en la búsqueda efectiva e identificación de los restos, y la imposibilidad de honrar apropiadamente a sus seres queridos[84].

Es a partir de estas implicaciones del daño que nos proponemos formular criterios que permitan estructurar las condiciones de la afectación, en las múltiples esferas vulneradas, de las víctimas directas e indirectas, por lo que se considerarán entre estos ámbitos vulnerados: el daño inmaterial, el daño moral, el daño psicológico, el daño físico, el daño al proyecto de vida, el daño

---

83 Sentencia de 22 de septiembre de 2009, *Caso Anzualdo Castro Vs. Perú*, Serie C No. 202, párr. 218.

84 Sentencia de 24 de noviembre de 2009, *Caso Masacre de Las Dos Erres Vs. Guatemala*, Serie C No. 211, párr. 217 a 266.

material, el daño emergente, el lucro cesante, y el daño social, siendo estos solo algunos ejemplos de la caracterización de los daños generados tras la desaparición de una persona y que desarrollaremos en este trabajo.

Otro aspecto relevante en esta materia que debemos precisar es que los criterios aquí formulados tienen un enfoque jurídico y psicosocial que se fundamentan desde la legislación y jurisprudencia nacional e internacional en relación con el daño, pero nuestro interés es proponerlos para un contexto de justicia transicional, ya que la obligación de reparar a las víctimas por parte del Estado o sus victimarios no termina hasta que se materialice y los escenarios a la hora de la reparación de las víctimas de graves violaciones a los derechos humanos no son excluyentes, pues en última instancia lo que se busca es la reparación integral de las mismas.

Estos criterios nos permitirán formular medidas de reparación integral que tengan en cuenta las múltiples afectaciones y los daños sufridos por las víctimas directas e indirectas de este flagelo. La reparación del daño causado a víctimas de graves violaciones a los derechos humanos adquiere una doble dimensión, por una parte, es una obligación del Estado y sus victimarios repararla y por la otra es un derecho fundamental de las víctimas, en ese sentido una vez reconocido o denunciado el hecho, lo que debemos identificar es la víctima la cual como ya lo hemos señalado es directa e indirecta, al mismo tiempo que la clase de daño sufrido por las mismas. (Ver gráfico 7).

Gráfico 7. Criterios de reparación

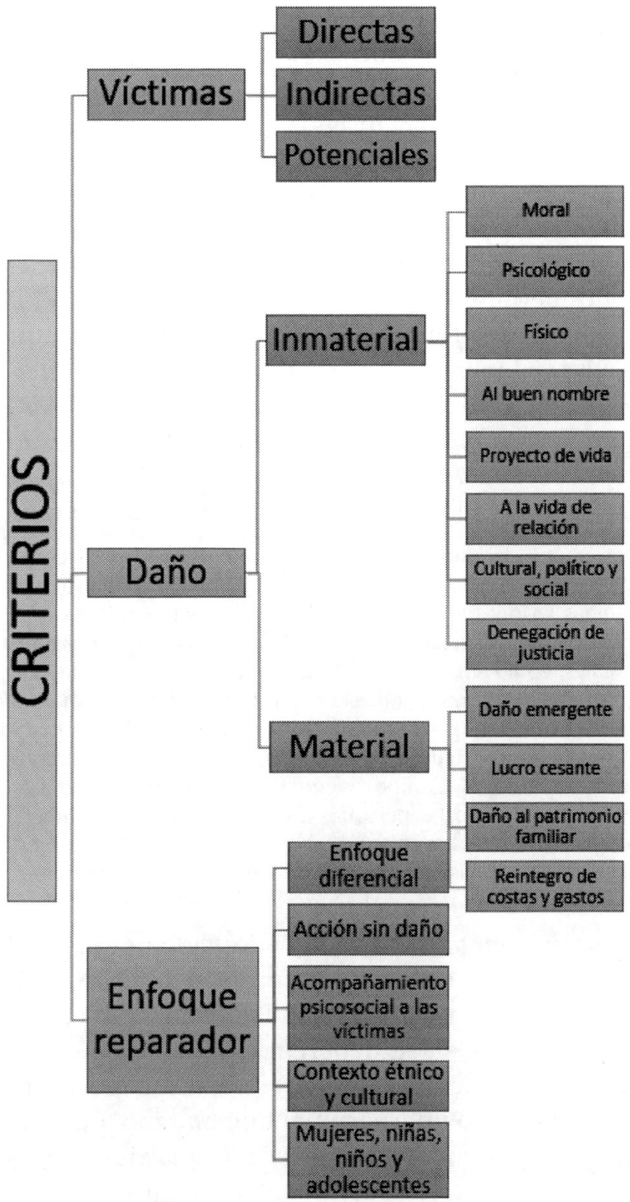

3.1.1. Las víctimas

El criterio inicial para la reparación integral consiste en identificar a las víctimas que sufrieron afectaciones y consecuencias derivadas de la violación a un derecho humano. En este sentido, la reparación deberá estar dirigida a las víctimas directas, como indirectas tal y como es el caso de los familiares, las víctimas colectivas (organizaciones sociales y políticas, pueblos indígenas o minorías étnicas, por ejemplo) y las víctimas potenciales las cuales comprenden el tejido social o los integrantes de la sociedad. Lo anterior, nos lleva necesariamente a identificar como el Derecho Internacional de los Derechos Humanos y el derecho interno a definido a las víctimas que son sujetos de reparación integral. Los "*Principios y directrices básicos sobre el derecho de las víctimas de violaciones de las normas internacionales de derechos humanos y del derecho internacional humanitario a interponer recursos y obtener reparaciones*", ha considerado la calidad de víctima en su directriz 8 así:

> A los efectos del presente documento, se entenderá por víctima a toda persona que haya sufrido daños, individual o colectivamente, incluidas lesiones físicas o mentales, sufrimiento emocional, pérdidas económicas o menoscabo sustancial de sus derechos fundamentales, como consecuencia de acciones u omisiones que constituyan una violación manifiesta de las normas internacionales de derechos humanos o una violación grave del derecho internacional humanitario. Cuando corresponda, y en conformidad con el derecho interno, el término "víctima" también comprenderá a la familia inmediata o las personas a cargo de la víctima directa y a las personas que hayan sufrido daños al intervenir para prestar asistencia a víctimas en peligro o para impedir la victimización.

Concepto que en gran parte fue adoptado por la Ley 1448 de 2011, de acuerdo con el derecho interno, el derecho y la jurisprudencia internacional, y de conformidad con las circunstancias de cada caso en particular, se deberían adoptar las medidas a que tienen derecho las víctimas de graves violaciones a los derechos humanos y al derecho internacional humanitario, de una manera apropiada y proporcional a la gravedad de la violación que propendan por una reparación plena y efectiva y justa.

3.1.2. El Daño

Desde la perspectiva de los derechos humanos y como lo definimos anteriormente, el daño en los casos de desaparición forzada es el perjuicio o el menoscabo de los derechos de las víctimas directas e indirectas y potenciales, que afectan su órbita personal, familiar o colectiva y por lo mismo deben resarcirse por medio de una reparación integral. En este sentido, podemos categorizar el daño en dos grandes categorías, el "daño inmaterial" el cual comprende los perjuicios o daños morales, psicológicos, físicos, al buen nombre de la víctima directa y sus familiares, al proyecto de vida, a la vida de relación y el daño colectivo, político y social.

Por otra parte, encontramos el "daño material" el cual abarca tradicionalmente, el daño emergente y el lucro cesante, pero también consideramos como lo ha hecho el sistema interamericano de derechos humanos el daño al patrimonio familiar y el reintegro de las costas y los gastos invertidos en la denuncia y la búsqueda del caso de su familiar desaparecido.

3.1.2.1. Daño inmaterial

El daño inmaterial puede comprender tanto los sufrimientos y las aflicciones causados a las víctimas directas y a sus allegados, el menoscabo de valores muy significativos para las personas, así como las alteraciones, de carácter no pecuniario, en las condiciones de existencia de la víctima o su familia. La Corte Interamericana ha desarrollado en su jurisprudencia el concepto de daño inmaterial y los supuestos en que corresponde indemnizarlo. Al respecto, la Corte IDH ha establecido que el daño inmaterial comprende "tanto los sufrimientos y las aflicciones causados a la víctima directa y a sus allegados, el menoscabo de valores muy significativos para las personas, así como las alteraciones, de carácter no pecuniario, en las condiciones de existencia de la víctima o su familia"[85].

En todo caso se deberán evaluar las circunstancias particulares de cada caso observando los sufrimientos que este tipo de violaciones causan a las víctimas, así como también los cambios que se generan en las condiciones de vida de sus familiares, los señalamientos, la estigmatización, los impactos de orden moral, físico y psicológico, y las restantes consecuencias de orden inmaterial o no pecuniario que estos últimos sufren como consecuencia de las violaciones declaradas.

En ese sentido, la Corte IDH ha considerado que "el daño inmaterial infligido a las víctimas resulta evidente, pues es propio de la naturaleza humana que toda persona sometida a agresiones y vejámenes, tortura, desaparición forzada etc., experimente un profundo sufrimiento, angustia, terror, impotencia e inseguridad, por lo que este daño no requiere pruebas"[86]. Por su parte, en cuanto a los familiares, la Corte IDH ha reiterado que el sufrimiento ocasionado a la víctima se extiende a los miembros más íntimos de la familia, en especial aquellos que estuvieron en contacto afectivo estrecho con la víctima.

Este tipo de afectaciones son tradicionalmente indemnizadas o compensadas en dinero, sin embargo, las medidas de reparación también pueden incluir reparaciones simbólicas, en todo caso los daños inmateriales deberían considerar los siguientes criterios de reparación.

- **Daño Moral**

El daño moral, incluye perjuicios en la honra, el sufrimiento y el dolor derivados de la violación. Es el resultado de la humi-

---

85 Corte IDH. Caso de los "Niños de la Calle". (Villagrán Morales y otros) Vs. Guatemala..., supra nota 6, párr. 84; Corte IDH. Caso Chitay Nech y otros Vs. Guatemala.... supra nota 5, párr. 275.

86 En casos de desapariciones forzadas: Cfr. Corte IDH. Caso 19 Comerciantes Vs. Colombia. Fondo, Reparaciones y Costas. Sentencia de 5 de julio de 2004. Serie C No. 109, párr. 248; Respecto de agresiones y vejámenes véase: Corte IDH. Caso Loayza Tamayo Vs. Perú. Reparaciones y Costas. Sentencia de 27 de noviembre de 1998. Serie C No. 42, párr. 138.

llación a que se somete la víctima, del desconocimiento de su dignidad humana, del sufrimiento y dolor que se le causa como consecuencia de una violación de sus derechos humanos[87]. El concepto se encuentra compuesto por el dolor, la aflicción y en general los sentimientos de desesperación, congoja, desasosiego, temor, zozobra, etc., que invaden a la víctima directa o indirecta de un daño antijurídico, individual o colectivo.

Representa uno de los tipos de daños a los cuales la Corte Interamericana se ha referido de manera más explícita y precisa en su jurisprudencia. "resulta evidente cuando la víctima es sometida a agresiones y vejámenes de magnitud considerable lo que conlleva un sufrimiento moral". La Corte ha estimado que no se requieren pruebas para llegar a esta conclusión, puesto que basta probar las agresiones y vejámenes padecidos por la víctima.

Otras definiciones sobre el daño moral la encontramos en autores nacionales así:

> El que experimenta la propia víctima o bien sus allegados, ya que afecta la esfera de lo puramente subjetivo, el "acervo espiritual de la persona"88.
> El sentimiento depresivo que domina a la persona al contemplar su propia situación, de las personas de su afecto, amargura y anonadamiento ante la pérdida de los seres queridos, por causa de sus sufrimientos físicos y morales, derivados de la invalidez propia, de desfiguraciones físicas, de merma de las consideraciones ajenas[89].

- **Daño Psicológico**

El daño psicológico se configura por la alteración o modificación patológica del aparato psíquico como consecuencia de un

---

87 Cfr. Faundez Ledesma, Héctor. El Sistema Interamericano de Protección de los Derechos Humanos, Edit. IIDH, 2000. págs. 516 y 833.

88 Saavedra Becerra, Ramiro. (2003), *La responsabilidad Extracontractual de la Administración Pública.* Ediciones Jurídicas Gustavo Ibañez, pág. 638.

89 Rozo Sordini, Paolo Emanuele. (2002), *El daño Biológico.* Bogotá: Universidad Externado de Colombia, pág. 83.

trauma que desborda toda posibilidad de elaboración verbal o simbólica[90]. Por su parte, Ghersi lo ha definido como "la perturbación transitoria o permanente del equilibrio espiritual preexistente de carácter patológico". En otros de sus trabajos el mismo autor lo define como

> la alteración o modificación patológica del aparato psíquico del individuo que aparece como consecuencia de un evento traumático, que produce una perturbación en el plano cognitivo (percepciones, memoria, atención, inteligencia, creatividad, lenguaje), volitivo y de relación social con los individuos. Un evento, por su intensidad, puede dejar una huella psíquica que desborda la capacidad de defensa del individuo frente al acontecimiento. Generalmente, dichos traumas, por ser tan intensos se reprimen, quedan en el inconsciente y se manifiestan a través de síntomas tales como fobias, psicosis, ansiedades o miedos entre otras, que pueden o no ser reversible[91].

Frente al daño psicológico, en la mayoría de los casos la Corte IDH ha otorgado montos indemnizatorios y medidas de satisfacción tales como: las disculpas públicas, la creación de monumentos, actos en memoria de la víctima, entre otras medidas como las de rehabilitación atención psicológica, médica y psicosocial o con medidas restitutorias anulando los antecedentes penales y conminado a los Estados en su deber de investigar y sancionar a los responsables de las violaciones y buscando la verdad. En todo caso se ha buscado que las medidas adoptadas satisfagan de alguna manera el daño causado a las víctimas y sus familiares

---

90 Véase Ghersi, Carlos A. *Los nuevos daños, soluciones modernas de reparación*, 2a. ed., Hamurabi, 2000, pág 68. Citado por Calderón Gamboa, Jorge. La reparación integral en la jurisprudencia de la Corte Interamericana de Derechos Humanos: estándares aplicables al nuevo paradigma mexicano. Instituto de Investigaciones Jurídicas, Suprema Corte de Justicia de la Nación, Fundación Konrad Adenauer. 2013.

91 Ghersi, Carlos, (2000), "Daño psicológico y neurológico", en *Tratado de daños reparables*, Ed. Astrea, pág. 172.

- **Daño Físico**

El daño físico se refiere al conjunto de afectaciones físicas y daños severos, e irreversibles en muchos casos, que sufren las víctimas de violaciones de derechos humanos. La Corte IDH por ejemplo ha atendido daños de carácter físico, los cuales derivan en cualquier modificación del estado normal del cuerpo humano, ya sea por entes físicos, químicos o biológicos. En la Corte se escuchó el testimonio del tormento físico a que fue sometida una víctima, mientras se encontraba bajo el control del Estado peruano, de acuerdo con lo presentado a la Corte, incluyó golpes, abuso sexual, violación, y otras manifestaciones de tortura que llevaron a la víctima a una menopausia prematura[92].

Por otra parte, en otro caso contra el Ecuador, la víctima sufrió ruptura de un disco y la mandíbula como resultado de haber sido golpeado por agentes policiales en repetidas ocasiones y desarrolló neumonía, alergias permanentes, y una úlcera como resultado de las pésimas condiciones de su detención[93].

En estos casos se ha buscado reparar este daño otorgando medidas de rehabilitación como la atención médica especializada, indemnización y medidas de satisfacción. En otros casos las obligaciones derivadas del deber de investigar y sancionar, así como el deber de actuar en el derecho interno como, por ejemplo, tipificando la desaparición forzada en el ordenamiento interno han correspondido a la reparación por daños físicos.

---

92 Ver Loayza Tamayo, 1998 Corte IDH. (ser. C) No. 42, 106(A)(i) (aceptando como comprobados daños físicos solo después de examinar una larga lista de testimonio y evidencia).

93 Ver Suárez Rosero v. Ecuador, 1997 Corte IDH. (ser. C) No. 35, 23(d) (12 de noviembre de 1997); Suárez Rosero, 1999 Corte IDH. (ser. C) No. 44, 34(a), 54(A)(b).

- **Daño al buen nombre**

La Corte Constitucional ha definido el derecho al buen nombre esencialmente como un derecho de valor porque se construye por el merecimiento de la aceptación social, esto es, gira alrededor de la conducta que observe la persona en su desempeño dentro de la sociedad. "La persona es juzgada por la sociedad que la rodea, la cual evalúa su comportamiento y sus actuaciones de acuerdo con unos patrones de admisión de conductas en el medio social y al calificar aquellos reconoce su proceder honesto y correcto. Por lo tanto, no es posible reclamar la protección al buen nombre cuando el comportamiento de la persona no les permite a los asociados considerarla como digna o acreedora de un buen concepto o estimación"[94].

Este derecho se ha visto vulnerado en distintos casos de desaparición forzada por intentar desprestigiar a las víctimas y a sus familiares es una práctica común para desviar las investigaciones, se han hecho montajes periodísticos y difamaciones contra las víctimas directas como por ejemplo en el caso de los estudiantes desaparecidos en la Universidad Nacional en el caso "Colectivo 82", narrado en este trabajo.

Este es una exigencia recurrente entre las víctimas, limpiar el nombre del desaparecido y de sus familiares cuando se les ha implicado en actividades ilícitas o sospechosas lo cual se hace para restarle importancia a los casos y justificar de alguna manera lo que les sucedió. En contexto regional es mucho más grave si tenemos en cuenta la intencionalidad de enviar un mensaje aleccionador con las desapariciones a las comunidades.

> La necesidad de reconocimiento público se basa en que los hechos han tenido una causa política y social, debe implicar recuperar el buen nombre y la dignidad de éstas, para transformar la estigmatización a la que han estado sujetas, ya que con frecuencia se ha denigrado a las víctimas, por lo tanto, en su ausencia,

---

94 Corte Constitucional Sentencia No. SU-056. 1995.

muchas víctimas ven cuestionada su propia experiencia. Así las cosas, el sentido de esta media surge de una petición expresa de las víctimas, cuando ha sido estigmatizada, es sobreviviente y es importante para ella recuperar su imagen pública[95].

- **Daño al proyecto de vida**

La Corte IDH ha diferenciado este daño del daño emergente y el lucro cesante, para la Corte este es un derecho de las víctimas que corresponde a la realización integral de la persona afectada, considerando su vocación, aptitudes, circunstancias, potencialidades y aspiraciones, que le permiten fijarse razonablemente determinadas expectativas y acceder a ellas. Entendida así, no se corresponde con el daño patrimonial directo que sufre la persona el cual es considerado por el daño emergente, ni tampoco, con el daño futuro que se puede calcular en el caso del lucro cesante. El daño al proyecto de vida,está relacionado con la realización personal y "se sustenta en las opciones que el sujeto pueda tener para conducir su vida y alcanzar el destino que se propone que son la expresión y garantía de la libertad"[96].

De acuerdo con la Corte el menoscabo al proyecto de vida implica la reducción objetiva de la libertad. Se trata entonces de una situación probable, no meramente posible, dentro del desarrollo de la persona que implica "la pérdida o el grave menoscabo de oportunidades de desarrollo personal, en forma irreparable o muy difícilmente reparable"[97].

Si bien hasta este caso la Corte no había dispuesto indemnizar económicamente a las víctimas, luego del año 2001 implemento medidas de satisfacción que permitieron reconocer becas univer-

---

95 Beristain, Carlos M. (2009), "Diálogos sobre la reparación. Que reparar en los casos de violaciones de derechos humanos". Ministerio de Justicia y Derechos Humanos.

96 Corte IDH. Caso Loayza Tamayo Vs. Perú..., supra nota 41, párr. 148.

97 Ibidem, párr. 150.

sitarias y los gastos de manutención de las mismas permitiéndoles realizar su vocación y sus capacidades de formación y ejercicio profesional, permitiéndoles recobrar el proyecto de vida de la víctima.

Aunque se trata de un derecho de las víctimas que la Corte Interamericana no reconoce frecuentemente, su implementación puede permitir tener otras opciones a la hora de reparar a las víctimas de forma no pecuniaria y que, si puede ser realmente benéfica en términos de una reparación transformadora, máxime cuando el volumen de víctimas y la falta de recursos no permiten las indemnizaciones a gran escala.

- **Daño a la Vida de Relación**

El daño a la vida de relación ha sido una figura adaptada por el Consejo de Estado de la jurisprudencia administrativa francesa, bajo la expresión —alteración de las condiciones de existencia— y del derecho italiano que tiene como principal vocación satisfacer las falencias por la pérdida o el daño causado que puede ser sufrido por la víctima directa o por otras personas cercanas a ella, por razones de parentesco o amistad. Así, en muchos casos, parecerá indudable la afectación que además del perjuicio patrimonial y moral puedan sufrir la esposa y los hijos de una persona, en su vida de relación.

El daño a la vida de relación está considerado como la imposibilidad de la persona afectada de poder realizar las mismas actividades que realizaba antes, por ejemplo, una persona que queda en silla de ruedas ya no puede practicar su deporte favorito o ejecutar cualquier otro tipo actividades que hacía por sí mismo, como montar en bicicleta, bailar etc. Hay daño a la vida de relación cuando el estilo de vida de la persona cambia afectando su relación con el entorno y las demás personas que lo rodean. Así, por ejemplo, la pérdida de un ser querido puede afectar directamente a su núcleo familiar a sus seres más cercanos, a sus seres más queridos a los que protege y sustenta. En fallo de 21 de febrero de 2002 el Consejo de Estado expone lo siguiente:

> Así sucederá, por ejemplo, cuando aquellos pierden la oportunidad de seguir gozando de la protección, el apoyo o las enseñanzas ofrecidas por su padre y compañero, o cuando su cercanía a este les facilitaba, dadas sus especiales condiciones profesionales o de otra índole, el acceso a ciertos círculos sociales y el establecimiento de determinadas relaciones provechosas, que, en su ausencia resultan imposibles[98].

Como se observa no se trata meramente de un perjuicio fisiológico, como se interpretaba inicialmente el daño a la vida de relación, sin embargo, su evolución que en el derecho interno ha tenido esta afectación y que el propio Consejo de Estado rectificó mediante sentencia de fecha 19 de julio del año 2000 así:

> Debe insistirse ahora, entonces, con mayor énfasis, en que el daño extrapatrimonial denominado en los fallos mencionados 'daño a la vida de relación', corresponde a un concepto mucho más comprensivo, por lo cual resulta ciertamente inadecuado el uso de la expresión perjuicio fisiológico, que, en realidad, no podría ser sinónima de aquélla, ni siquiera en los casos en que este daño —extrapatrimonial distinto del moral— es consecuencia de una lesión física o corporal. Por esta razón, debe la Sala desechar definitivamente su utilización. En efecto, el perjuicio aludido no consiste en la lesión en sí misma, sino en las consecuencias que, en razón de ella, se producen en la vida de relación de quien la sufre[99].

- **Daño cultural, político y social**

Los daños de carácter cultural, político y social tienen en cuenta las vulneraciones derivadas de la violación que repercuten en un grupo de personas o población determinada; principalmente en su calidad de comunidad, grupo u organización, más allá de las afectaciones de carácter individual. Estos daños han sido repa-

---

98 Consejo de Estado. Sala de lo Contencioso Administrativo, Sección Tercera, sent. 21 de febrero de 2002, exp. 5615, C. P. Alier Eduardo Hernández Enríquez.

99 Consejo de Estado, Sala de lo Contencioso Administrativo, Sección tercera. Sentencia del 19 de julio de 2000, M. P. Alier Hernández Enríquez.

rados principalmente en casos de masacres o de derechos de pueblos indígenas, organizaciones políticas o defensores de derechos humanos, líderes y lideresas sociales, principalmente cuando se afecta el tejido social.

En la mayoría de estos casos dicho daño ha sido resarcido a través de medidas restitutorias sobre el territorio o los derechos políticos inculcados, así como de manera indemnizatoria o pecuniaria. Las medidas de satisfacción también pueden ser aplicadas como por ejemplo recuperando la cultura indígena, la creación de bancos genéticos y dando garantías de no repetición.

- **Denegación de justicia**

La Corte Interamericana ha conocido muchos casos de graves violaciones a derechos humanos en los que se presenta una denegación de justicia prolongada en perjuicio de los familiares que sufrieron la grave violación, esta afecta la integridad psíquica y moral de las víctimas, sufriendo daños inmateriales, que se evidencian con frustraciones e impotencia y otros daños psicológicos y emocionales derivados de la falta de justicia e impunidad persistente en el caso[100]. Además, la Corte Interamericana ha establecido que los sufrimientos o muerte de una persona ya sea por tortura, desaparición forzada u otro delito acarrean a sus hijas, hijos, cónyuge o compañera y compañero, madre y padre un daño inmaterial, por lo cual no es necesario demostrarlo[101].

---

[100] Cfr. Corte IDH. Caso De la Masacre de las Dos Erres Vs. Guatemala…, supra nota 39, párr. 286.

[101] Este criterio ha sido sostenido en otros casos, igualmente respecto de hijas, hijos, cónyuge o compañera y compañero, madre y padre, entre otros. Cfr. Corte IDH. Caso de la Masacre de Pueblo Bello Vs. Colombia. Fondo, Reparaciones y Costas. Sentencia de 31 de enero de 2006. Serie C. No. 140, párr. 257; y Corte IDH. Caso Chitay Nech y otros Vs. Guatemala…, supra nota 5, párr. 276.

3.1.2.2. Daño material

La Corte IDH ha desarrollado en su jurisprudencia el concepto de daño material y los supuestos en que corresponde indemnizarlo. Al respecto, la Corte Interamericana ha dispuesto que este daño supone "la pérdida o detrimento de los ingresos de las víctimas, los gastos efectuados con motivo de los hechos y las consecuencias de carácter pecuniario que tengan un nexo causal con los hechos del caso"[102].

> En relación con la cuantificación de los daños materiales, en primer lugar, se observa que estos se clasifican como emergentes y como lucro cesante. En los primeros se comprenden los intereses patrimoniales actuales que han sido afectados con el hecho del cual se deriva la responsabilidad; en los segundos, el interés futuro o la utilidad futura que por la misma razón el afectado dejará de percibir. Ambos conceptos son objeto de la reparación bajo el sistema legal colombiano, tanto en el campo contractual como en el extracontractual (Arts. 1613 y 1614 C.C.)[103].

Para nuestro estudio este daño comprende: i) el daño emergente, ii) el lucro cesante iii) daño al patrimonio familiar y iv) reintegro de costas y gastos.

- **El daño emergente**

El daño emergente consiste en el empobrecimiento directo del patrimonio económico de la víctima, es la disminución específica, real y cierta del patrimonio, para atender el daño y sus efectos inmediatos que han debido cubrir las víctimas o sus representantes con ocasión de la perturbación o del ilícito. En el caso de la Corte

---

[102] Corte IDH. Caso Bámaca Velásquez Vs. Guatemala. Reparaciones y Costas. Sentencia de 22 de febrero de 2002. Serie C No. 91, párr. 43; Corte IDH. Caso De la Masacre de las Dos Erres Vs. Guatemala..., supra nota 39, párr. 275, y Corte IDH. Caso Manuel Cepeda Vargas Vs. Colombia. Excepciones Preliminares, Fondo y Reparaciones. Sentencia de 26 de mayo de 2010. Serie C No. 213, párr. 242.

[103] Consejo de Estado. Sentencia de 27 de noviembre de 1990. C. P. Gustavo de Greiff. Exp. 5835.

IDH, estos gastos deben ser probados y demostrar su relación directa con la afectación, en los mismos se reconocen por los largos periodos de impunidad o las graves violaciones de derechos humanos, lo que impide a las víctimas la realización de sus derechos en el tiempo y el acceso a la justicia en sus casos.

En referencia al daño emergente, la Corte IDH ha tomado en consideración una diversidad de variantes entre ellas, las siguientes: a) los gastos incurridos por la muerte de una persona; b) los gastos funerarios; c) los gastos relacionados con los trámites que se realicen para esclarecer las causas de los hechos; d) los gastos por las gestiones realizadas por los familiares de la víctima en diferentes dependencias para localizarle (acciones de búsqueda); e) alimentación y hospedaje; f) los gastos de traslado incurridos por los familiares para visitar a la víctima durante su privación de la libertad, y g) los gastos médicos y psicológicos cuantificables, siempre que exista nexo causal entre las lesiones y los hechos denunciados[104].

Para la mayoría de los casos, la medida por excelencia para reparar este daño ha sido la indemnización y en este sentido la Corte IDH ha establecido asimismo cómo dicho monto debe ser distribuido y el plazo para su cumplimiento.

- **El lucro cesante**

El lucro cesante tiene una relación directa con la pérdida patrimonial que se genera con la violación a los derechos humanos de las víctimas, los cuales dejan de percibir una ganancia frustrada por el daño causado perdiendo ingresos provenientes de sus actividades comerciales o laborales, de sueldos o pensiones, por ejemplo, que frustran su estabilidad económica futura.

---

104 Cfr. Corte IDH. Caso Ximenes Lopes Vs. Brasil. Sentencia de 4 de julio de 2006. Serie C No. 149, párr. 226; Corte IDH. Caso de la Masacre de la Rochela Vs. Colombia. Fondo, Reparaciones y Costas. Sentencia de 11 de mayo de 2007. Serie C No. 163, párr. 251, y Corte IDH. Caso Zambrano Vélez y otros Vs. Ecuador. Fondo, Reparaciones y Costas. Sentencia de 4 de julio de 2007. Serie C No. 166, párr. 138.

La pérdida de ingresos ha sido definida por la Corte IDH aplicando un criterio de compensación que comprende los ingresos que habría percibido la persona durante su vida probable. Se trata de un criterio que le ha permitido entonces establecer la pérdida de ingresos en casos en los que la persona ha sido ejecutada extrajudicialmente o desaparecida forzosamente[105]. La Corte Interamericana suele fijar en equidad dicha indemnización estableciendo a quién o quiénes debe ser pagada la cantidad atribuida por concepto de pérdida de ingresos y el plazo para ello contado a partir de la notificación de la Sentencia.

- **El daño al patrimonio familiar**

La Corte IDH ha incorporado un elemento adicional denominado el daño al patrimonio familiar, el cual se relaciona con los perjuicios económicos o gastos en que incurre la víctima y sus familiares con ocasión de la violación a sus derechos, lo que genera para la víctima y sus familiares gastos inesperados que deben cubrir con sus propios recursos familiares, por ejemplo el exilio, el desplazamiento forzado la reubicación familiar por seguimientos y amenazas, la búsqueda de un nuevo empleo, la reincorporación social o la perdida de sus bienes, así como el detrimento de la salud física, psíquica y emocional de la familia afectada[106].

- **Reintegro de costas y gastos**

En el caso de la Corte IDH, ha declarado que las costas y los gastos hacen parte del concepto de reparación, toda vez que la actividad desplegada por las víctimas con el fin de obtener justicia, tanto a nivel nacional como internacional, implica erogaciones que deben ser compensadas. Entre otros los gastos de represen-

---

105 Cfr. Corte IDH. Caso Velásquez Rodríguez Vs. Honduras..., supra nota 5, párrs. 46 y 47; y Corte IDH. Caso Anzualdo Castro Vs. Perú. Excepción Preliminar, Fondo, Reparaciones y Costas. Sentencia de 22 de septiembre de 2009. Serie C No. 202, párr. 213.

106 Corte IDH. Caso Baldeón García Vs. Perú. Fondo, Reparaciones y Costas. Sentencia de 6 de abril de 2006. Serie C No. 147, párr. 186.

tación de las víctimas, los gastos de búsqueda de su familiar, los gatos funerarios, de traslado, entre otros.

3.2.3. Enfoque Reparador

Todas las acciones desarrolladas en casos de desapariciones forzadas e investigaciones forenses deben proporcionar los elementos necesarios para que este tipo de procesos sean reparadores en su conjunto para las personas, familiares, comunidades y la sociedad, de manera que se impulsen mecanismos de resiliencia y afrontamiento que respeten las emociones, pensamientos, vivencias de las personas y reconstruyan los proyectos de vida individuales, familiares, comunitarios y sociales de las víctimas. En especial se debería considerar tener en cuenta los siguientes criterios tales como: un enfoque diferencial como ya lo exigió la Corte Constitucional mediante Sentencia C-370 de 2006, la acción sin daño, el acompañamiento psicosocial a las víctimas, su contexto étnico y cultural, así como, una especial atención a las mujeres, niñas, niños y adolescentes.

- **Enfoque diferencial**

Las acciones desarrolladas en casos de desapariciones forzadas e investigaciones forenses deben considerar las particularidades, expectativas y necesidades de la población con la que se trabaja, entre ellas, su contexto social, político, económico, histórico y cultural, y sus características de género, generación, etnia, lengua, espiritualidad, opción sexual, formas de organización y sistemas de justicia tradicionales, así como otras circunstancias personales sociales diferenciadoras.

- **Acción sin daño**

Todos los equipos implicados en el proceso de búsqueda de personas desaparecidas e investigaciones forenses deben ante todo garantizar que no se generará más daño a las víctimas, sino que se fomentará la realización de acciones que tengan un carácter reparador. Todas las acciones que se desarrollen deben tener como sentido y fin último el cumplimiento de las expectativas de las víctimas y sus familias, así como generar actuaciones orientadas hacia su inclusión y participación en los procesos de búsqueda, investigación forense y entrega de sus seres queridos sin causar perjuicios adicionales.

- **Acompañamiento psicosocial a las víctimas**

El acompañamiento psicosocial es un proceso permanente que debe incluir acciones de atención, soporte e intervención en el ámbito individual, familiar y colectivo. El objeto y los alcances de las acciones en cada ámbito deben diferenciarse de conformidad con la situación de las personas y las competencias de las entidades y organizaciones. El acompañamiento psicosocial debe enfocarse hacia la dignificación de las víctimas, posibilitar el rescate de la memoria y garantizar los derechos a la verdad, la justicia y la reparación. Los procesos deben buscar el fortalecimiento psicosocial de los movimientos, grupos y las organizaciones de víctimas, lo cual facilitaría el ejercicio colectivo de derechos y el acceso a la justicia.

- **Contexto étnico y cultural**

Los procesos de búsqueda e investigaciones forenses de víctimas de desapariciones forzadas deberán tener en cuenta y respetar dentro de sus procedimientos o protocolos, los aspectos y significados relativos a la etnia y la cultura de la población afectada. deben contar con información y sensibilidad suficiente y relevante sobre el contexto étnico cultural en el que desarrolla esta labor, así como conocimiento de las condiciones sociopolíticas en que ocurren las desapariciones. Los equipos deberán ser multidisciplinarios y contar con personas que hablen los idiomas locales para que todas las fases del proceso sean discutidas y consensuadas con los familiares en sus propias lenguas, teniendo el máximo respeto por la etnia y la cultura de las víctimas y sus familiares, y evitar acciones que sean percibidas por estos como invasivas.

- **Mujeres, niñas, niños y adolescentes**

Los procesos de búsqueda e investigaciones forenses de víctimas de desapariciones forzadas deberán incorporar un enfoque de género, el cual implica visibilizar el impacto diferenciado en las mujeres ya que en su gran mayoría son las sobrevivientes de este crimen, así como del impacto diferenciado como consecuencia de la búsqueda e investigaciones forenses, verdad, justicia y reparación.

Igualmente, se deberá buscar visibilizar los obstáculos adicionales y diferentes que las mujeres enfrentan para participar en dichos procesos y plantear de manera diferenciada medidas para garantizar su participación. Así mismo, debe darse un tratamiento especial y diferenciado a las niñas, niños y adolescentes que sean víctimas o que, de alguna manera, resulten involucrados en procesos de búsqueda de víctimas de desapariciones forzadas, tomando en consideración el interés superior de la infancia.

Finalmente, los criterios aquí planteados se convierten en un referente a la hora de reparar a las víctimas de desaparición forzada en Colombia, en un contexto de justicia transicional como el que vive hoy el país, aunque pueden ser aplicados de manera independiente también son complementarias entre sí, en todo caso están dirigidos a buscar un equilibrio que permita satisfacer los derechos de las víctimas directas, indirectas y potenciales de este delito en Colombia.

Por otra parte, estos criterios diferenciados buscan brindar una serie de alternativas a la hora de administrar justicia transicional, reparar y exigir los derechos de las víctimas teniendo en cuanta las comunidades afrocolombianas, los pueblos indígenas, las comunidades campesinas, los líderes sociales, los defensores de derechos humanos, la mujeres, niñas, niños y adolescentes que esperan ser reparados en este proceso, pero también en procesos judiciales, en programas administrativos de reparación o directamente por sus victimarios.

Adicionalmente estos criterios buscan aportar a la labor de los operadores judiciales especialmente de justicia transicional encargados no solo de investigar y sancionar a los violadores de derechos humanos e infractores del Derecho Internacional Humanitario, sino también de determinar y ordenar las diferentes medidas de reparación integral para las víctimas del conflicto armado en Colombia.

3.2. Medidas de reparación integral para las víctimas del delito de desaparición forzada

Una reparación adecuada, efectiva y eficaz tiene por finalidad promover la justicia, remediando las violaciones manifiestas de las normas internacionales de derechos humanos o las violaciones graves del derecho internacional humanitario. La reparación deberá ser proporcional a la gravedad de las violaciones y al daño sufrido por las víctimas conforme a su derecho interno y a las obligaciones jurídicas internacionales de sus Estados quienes responderán por las acciones u omisiones que se le puedan atribuir.

De acuerdo con el derecho interno, el derecho internacional y de conformidad con las circunstancias de cada caso en particular, se deben adoptar las medidas a que tienen derecho las víctimas de graves violaciones a los derechos humanos y al derecho internacional humanitario, que propendan por una reparación plena y efectiva, de acuerdo con lo indicado en los "*Principios y directrices básicos sobre el derecho de las víctimas de violaciones de las normas internacionales de derechos humanos y del derecho internacional humanitario a interponer recursos y obtener reparaciones*" (Organización de las Naciones Unidas, 2005), en especial las directrices 16 a 25, que establecen medidas de restitución, indemnización, rehabilitación, satisfacción y garantías de no repetición, entre otros derechos relacionados con la reparación.

En gran medida el éxito o el fracaso de estas políticas en materia de reparación integral a víctimas estará condicionado a su real aplicación, en un contexto de posconflicto, como lo hemos mencionado ya en este trabajo. En el capítulo anterior analizábamos las experiencias internacionales de cinco casos que han transitado por la vía de la justicia transicional en busca de reparar los daños de la guerra, en algunos medianamente exitosos como sucedió en Argentina y Chile, otros, con avances en los criterios seleccionados, pero con deficiencias en su aplicación o en la voluntad política de sus gobernantes para las reglamentaciones complementarias, a fin de llevarlos a cabo como en el caso del Perú. Y, por último, los conflictos armados de los países centroamericanos analizados, Guatemala y El Salvador, revisten una similitud en los alcances obtenidos en el posconflicto en relación con la reparación integral de las víctimas. Estos países suscribieron Acuerdos de Paz, contando con el apoyo de la comunidad internacional y regional, en procesos enormemente costosos tanto económica como socialmente. Sin embargo, estos países no han logrado asumir con seriedad estos Acuerdos y han despreciado los aportes realizados por las Comisiones de la Verdad para caminar por la senda la justicia transicional.

De igual forma, aquí buscamos que estas experiencias exitosas, o no, se conviertan en un insumo de primera línea, para nuestra formulación de criterios y medidas de reparación para las víctimas del delito de desaparición forzada en Colombia, recordemos que precisamente uno de los rasgos característicos de los cinco países seleccionados, es que reconocieron la práctica de la desaparición forzada en sus territorios y buscaron reparar los daños causados a las víctimas y sus familiares. Otro aspecto importante para recordar es precisamente que estas medidas se adoptaron en contextos de justicia transicional, con las implicaciones que ello implica a la hora de adoptar las medidas de reparación en consonancia con la normatividad internacional, que no son otras que las medidas de restitución, indemnización, rehabilitación, satisfacción y garantías de no repetición; apelando a programas que incluyan medidas simbólicas como materiales, en el plano individual y colectivo.

Un elemento muy importante de estas experiencias a pesar de sus fortalezas o debilidades es que queda claro para la comunidad internacional que los programas y políticas de reparación no pueden limitarse al ámbito de las indemnizaciones, aunque se apliquen es indispensable acudir a la implementación de la búsqueda de la verdad, la construcción de la memoria, la redignificación de las víctimas y en general todas las medidas de carácter simbólico que las puedan complementar. Entre otras cosas, porque no abandonar ninguna de las dimensiones de reparación contribuye enormemente a garantizar las medidas de no repetición de las violaciones.

Consideramos que, tanto en el diseño, como en la variedad de posibilidades en las medidas formuladas para reparar las violaciones, deberían contar con la participación de las víctimas, en las experiencias internacionales estudiadas se evidencia que la participación de las víctimas en el diseño de los programas masivos de reparación, es fundamental a la hora del seguimiento y la coordinación de las medidas adoptadas pues en gran medida de ello depende la coherencia entre lo exigido por las víctimas y las políticas institucionales que buscan repararlas.

Finalmente, el reconocimiento de la responsabilidad por parte de los actores y victimarios es fundamental a la hora de iniciar cualquier proceso de reparación, el repudio a estas prácticas y el reconocimiento de que se acudió a ellas, mostrando el arrepentimiento y un repudio por lo sucedió envía un mensaje a la sociedad y a las víctimas de que estos hechos no se repetirán en el futuro. En este marco algunas medidas de reparación integral para las víctimas del delito de desaparición forzada en Colombia deberían ser.

3.2.1. Medidas de restitución

Los principios básicos sobre el derecho de las víctimas de violaciones de las normas internacionales de derechos humanos y del derecho internacional humanitario a interponer recursos y obtener reparaciones, define esta medida de restitución así:

> Directriz 19. La restitución, siempre que sea posible, ha de devolver a la víctima a la situación anterior a la violación manifiesta de las normas internacionales de derechos humanos o la violación grave del derecho internacional humanitario. La restitución comprende, según corresponda, el restablecimiento de la libertad, el disfrute de los derechos humanos, la identidad, la vida familiar y la ciudadanía, el regreso a su lugar de residencia, la reintegración en su empleo y la devolución de sus bienes.

Las medidas de restitución o de plena restitución (*restitutio in integrum*), han sido concebidas para que siempre que sea posible se devuelva a la víctima al estado anterior al de la violación a las normas internacionales de derechos humanos y del derecho internacional humanitario a la que fue sometida. Muchos críticos de este instrumento han señalado como una medida casi imposible de llevar a cabo, pues la restitución trae implícito el anhelo de devolver lo perdido, lo que para ciertas conductas violatorias de derechos humanos se hace imposible, por ejemplo, para los casos que se hayan presentado conductas que atentan contra la vida o la integridad personal, homicidios, masacres, desapariciones forzadas, entre otras.

Pues no existe ninguna medida capaz de devolver a la persona a la situación anterior a la violación; por lo que para estos casos se deberá acudir a otras medidas de reparación diferentes a la restitución ya que para los Estados no termina la obligación de reparar a estas víctimas y a sus familiares, tal y como lo ha interpretado la Corte Interamericana de Derechos Humanos:

> En lo que se refiere a la violación del derecho a la vida y otros derechos (libertad e integridad personal, garantías judiciales y protección judicial), por no ser posible la restitutio in integrum y dada la naturaleza del bien afectado, la reparación se realiza, inter alia, según la práctica jurisprudencial internacional mediante una justa indemnización o compensación pecuniaria, a la cual debe sumarse las medidas positivas del Estado para conseguir que hechos lesivos como los del presente caso no se repitan (Corte Interamericana de Derechos Humanos, 2000).

3.2.1.1. La experiencia internacional

Aunque, es un hecho que la restitución en estos casos de desaparición forzada de personas es prácticamente imposible en el caso argentino se incluyeron medidas de restitución de la identidad de los niños y niñas que fueron desaparecidos junto con sus padres, este es un novedoso aporte de la nación y gracias al esfuerzo de la Abuelas de la Plaza de Mayo, llegaron a conformar el Banco Nacional de Datos Genéticos para facilitar el trabajo de identificación y restitución a su familia de sangre de los hijos de desaparecidos o asesinados, secuestrados o nacidos en cautiverio.

Por lo mismo, se creó la Comisión Nacional por el Derecho a la Identidad —CONADI—, su objetivo de origen, la búsqueda y localización de niños desaparecidos durante la última dictadura militar, el cual se amplió por ser el único ámbito del Estado Nacional especializado y dedicado a la temática de garantizar el derecho a la identidad y de acuerdo con la Ley 25.457 su misión incluye: (a) coadyuvar en el cumplimiento del compromiso asumido por el Estado nacional al ratificar la Convención sobre los Derechos del Niño[107], con rango constitucional desde 1994, en lo atinente al derecho a la identidad; (b) impulsar la búsqueda de hijos e hijas de desaparecidos y de personas nacidas durante el cautiverio de sus madres, en procura de determinar su paradero e identidad y (c) intervenir en toda situación en que se vea lesionado el derecho a la identidad de un menor[108].

Finalmente, en Argentina se sancionó la ley de Ausencia por Desaparición Forzada, Ley 24.321, sancionada el 11de mayo de 1994[109]. La cual facilitaría la reclamación de derechos y beneficios respecto de la reparación a sus familiares.

En Guatemala también se adoptó esta medida y se creó la Comisión Nacional de Búsqueda de Niños Desaparecidos, la cual tenía por mandato la búsqueda de niños desaparecidos, adoptados

---

107 Ley 23.849, sancionada: 27/09/1990; Publicada en el Boletín Oficial de la República Argentina: 22/10/1990.

108 http://www.conadi.jus.gov.ar/

109 En sus primeros artículos establece: *"Artículo 1°–Podrá declararse la ausencia por desaparición forzada de toda aquella persona que hasta el 10 de diciembre de 1983 hubiera desaparecido involuntariamente del lugar de su domicilio o residencia, sin que se tenga noticia de su paradero. Artículo 2°–A los efectos de esta ley se entiende por desaparición forzada de personas, cuando se hubiere privado a alguien de su libertad personal y el hecho fuese seguido por la desaparición de la víctima, o si ésta hubiera sido alojada en lugares clandestinos de detención o privada, bajo cualquier otra forma, del derecho a la jurisdicción. La misma deberá ser justificada mediante denuncia ya presentada ante autoridad judicial competente, la ex Comisión Nacional sobre la Desaparición de Personas (decreto 158/83), o la Subsecretaría de Derechos Humanos y Sociales del Ministerio del Interior o la ex Dirección Nacional de Derechos Humanos".*

ilegalmente o separados ilegalmente de sus familias, para lo cual se tomaron medidas como el acceso a los archivos de juzgados y tribunales del Organismo Judicial, facilitando información relativa a la identidad, el origen étnico, la edad, los lugares de procedencia, la localización actual y el nombre actual de los niños dados en adopción o atendidos durante el enfrentamiento armado. Una campaña de información masiva en español y en todos los idiomas indígenas, en todas las regiones del país y en los lugares de refugio en otros países, sobre las actividades y medidas que se pongan en marcha para la búsqueda de niños y medidas legislativas extraordinarias que permitan que, en el caso de adopciones llevadas a cabo sin conocimiento o contra la voluntad de los padres naturales, las personas adoptadas, o sus familiares, puedan pedir la revisión de la adopción.

También se reconoció el estatus jurídico de la ausencia por desaparición forzada con fines de filiación, sucesión, reparación y demás efectos civiles relacionados con la misma.

En el caso peruano, se adoptó el Programa de restitución de derechos ciudadanos, buscando regularizar la situación jurídica de los desaparecidos a los familiares de las víctimas de este delito. También se regularizó la situación de los indocumentados para las personas que resultaron indocumentadas a raíz del conflicto interno. Dentro de esta restitución de derechos se promulgo la ley sobre ausencia por desaparición forzada (Ley 28413, 11 de diciembre de 2004), la cual responde directamente a una recomendación de la Comisión de la Verdad y Reparación —CVR—, contenida dentro del Plan Integral de Reparaciones. La ley tiene como finalidad facilitar a las personas "con legítimo interés", así como a los familiares de personas que hubieran desaparecido involuntariamente del lugar de su domicilio sin que se tenga noticias de su paradero durante el período del conflicto, los instrumentos necesarios para acceder al reconocimiento de sus derechos.

La connotación de "ausencia" por desaparición forzada, marca una diferencia con la tipificación del artículo 320 del Código Penal y de la definición contenida en la Convención Interamericana sobre Desaparición Forzada, el concepto de ausencia por desaparición al que alude la ley incorpora dos elementos centrales: la involuntariedad de la desaparición y que esta haya ocurrido como consecuencia de la violencia política. No distingue al agente responsable, el cual puede ser miembro de las Fuerzas Armadas, de la Policía Nacional, de los Comités de Autodefensa o de una organización subversiva. Además, la ley establece la posibilidad de que la persona haya desaparecido durante un enfrentamiento armado[110].

3.2.1.2. Desarrollo de las medidas de restitución

Como se señala las medidas de restitución comprenden las acciones que buscan garantizar a las víctimas directas o indirectas volver al estado previo a la afectación para los familiares, sin embargo, en el caso del delito de desaparición forzada, es imposible aplicar esta medida ya que la vida no se restituye. En este sentido, el derecho a tener al padre, al hermano, al cónyuge o al hijo no se restablece, no se puede recuperar. Esto aleja por completo la posibilidad de restituir las condiciones previas o el estado anterior a la violación de los derechos de las víctimas, como el restablecimiento de la libertad, el disfrute de los derechos humanos, la identidad, la vida familiar y la ciudadanía, el regreso a su lugar de residencia, la reintegración en su empleo y la devolución de sus bienes.

Por ahora, se observa como incierto un programa que busque restituir los derechos de las víctimas en los casos de desaparición forzada en Colombia, como ya lo dijimos restituir la vida y sus libertades es imposible para los desaparecidos y sus familiares, pues como es común en estos casos el ocultamiento de la víctima lleva consigo su ejecución y la desaparición de su cuerpo.

Sin embargo, se debe señalar que en Colombia en materia legislativa si se ha avanzado en pro de la localización e identificación de

---

110 Guillerot, J., y Magarrel, L. (2006). *Reparaciones en la transición peruana. Memorias de un proceso inacabado.* APRODECH e ICTJ.

las víctimas de desaparición forzada, la Ley 1408 de 2010, creó el Banco de perfiles genéticos de desaparecidos. Es una base de datos que contiene los perfiles genéticos obtenidos a partir de las muestras biológicas recuperadas de los restos humanos de las personas desaparecidas y de los familiares cercanos biológicamente a las víctimas, los cuales han sido codificados de tal manera que permiten conservar confidencialidad y fácil trazabilidad, para su identificación.

Se debería propender por su cumplimiento, ya que aún existen familiares a quienes no se les ha tomado la muestra de ADN, por lo que no se encuentra consolidado el Banco de Perfiles Genéticos para su cruce con otras bases del Estado, y complementar esta legislación con medidas de reparación simbólica en términos de restituir el buen nombre de las víctimas y su entorno familiar.

Otro avance reciente de carácter legislativo en nuestro país se concretó a través de la Ley 1531 de 2012, la cual regula la "Acción de Declaración de Ausencia por Desaparición Forzada y otras Formas de Desaparición Involuntaria y sus efectos Civiles", la cual permite a los familiares de personas desparecidas declarar la ausencia de sus familiares y no adelantar el proceso de muerte presunta, que para estos casos conllevaba serias implicaciones en términos de exigir derechos por la desaparición forzada de los mismos.

Era necesario legislar respecto de la declaración de ausencia por desaparición forzada, que permitiera garantizar la protección de los Derechos Humanos de las víctimas, resolver la situación civil de las personas desaparecidas forzadamente y su familia, lo que redundaría en temas como la asistencia humanitaria y las demás compensaciones.

Sin embargo, en los casos de desaparición forzada, comúnmente se orienta a los familiares de las víctimas para que se adelante el proceso de muerte presunta o de declaración de ausencia, sobre todo por parte de los servidores públicos, que, desconociendo las implicaciones que tienen estos procesos, en detrimento de los derechos de las víctimas, aun hoy siguen dando las mismas orientaciones, a pesar de que ya incluso, se legisló sobre el tema.

3.2.2. Medidas de Indemnización

Los principios básicos sobre el derecho de las víctimas de violaciones de las normas internacionales de derechos humanos y del derecho internacional humanitario a interponer recursos y obtener reparaciones, define esta medida de indemnización así:

> Directriz 20. La indemnización ha de concederse, de forma apropiada y proporcional a la gravedad de la violación y a las circunstancias de cada caso, por todos los perjuicios económicamente evaluables que sean consecuencia de violaciones manifiestas de las normas internacionales de derechos humanos o de violaciones graves del derecho internacional humanitario, tales como los siguientes:
> a) El daño físico o mental;
> b) La pérdida de oportunidades, en particular las de empleo, educación y prestaciones sociales;
> c) Los daños materiales y la pérdida de ingresos, incluido el lucro cesante;
> d) Los perjuicios morales;
> e) Los gastos de asistencia jurídica o de expertos, medicamentos y servicios médicos y servicios psicológicos y sociales.

La indemnización como medida reparación busca de una manera proporcional y adecuada cubrir todos los perjuicios económicamente evaluables, ello significa tasar los daños materiales y morales sufridos. En otras palabras, busca resarcir los perjuicios derivados de los daños físicos y psicológicos, en consecuencia, conlleva un componente material constituido por el daño emergente y el lucro cesante y otro inmaterial o moral que comprende los daños que no son susceptibles de medición pecuniaria, tales como los sufrimientos y aflicciones causados a las víctimas directas y a sus familiares, el menoscabo de valores muy significativos para las personas, así como las alteraciones de condiciones de existencia de la víctima o su familia.

Así, por ejemplo, las víctimas tienen derecho a que se ordenen y tomen medidas que le permitan conseguir un lugar donde vivir, o a que se compense económicamente a los familiares de la víctima desaparecida o fallecida, o a que se pague un dinero por los daños materiales que se le ocasionaron a la víctima cuando sufrió la violación a su derecho (pérdida de la vida, la libertad, la integridad, el buen nombre, las tierras, cosechas, animales, créditos, etc.), así como, los gastos en que incurra para la reivindicación de sus derechos ante las autoridades judiciales y administrativas.

La Corte Interamericana de Derechos Humanos, ha afirmado que esta indemnización, "tiene carácter compensatorio y, por lo tanto, debe ser otorgada en la extensión y en la medida suficientes para resarcir los daños materiales y morales sufridos" (Corte Interamericana de Derechos Humanos, 1998, pág. 163). Así mismo, ha afirmado la necesidad de que exista un nexo de causalidad entre los hechos y las violaciones alegadas por los reclamantes de la indemnización. Igualmente, la indemnización del daño material incluye el daño emergente[111] y el lucro cesante[112].

111 Los criterios que ha sostenido la Corte en relación con el daño emergente son: "i) la reparación por los salarios que deja de percibir la víctima en razón de la violación de los derechos convencionales; ii) la compensación por los gastos médicos en que haya incurrido la víctima o sus familiares en razón de la violación convencional; iii) los gastos en que hayan incurrido los familiares específicamente en la búsqueda de la víctima, en sus visitas, etc.; iv) la reparación por las pérdidas patrimoniales de los familiares por motivos imputables al Estado vinculados directamente con la violación de los derechos de la víctima; v) los gastos médicos futuros que pueda involucrar un tratamiento vinculado con las violaciones convencionales". Véase Nash, C. *Las Reparaciones ante la Corte Interamericana de Derechos Humanos*. Chile, LOM Ediciones Ltda., pág. 31. Disponible en línea: http://www.cdh.uchile.cl/media/publicaciones/pdf/14.pdf.

112 El lucro cesante se calcula "de acuerdo con los ingresos que habría de recibir la víctima hasta su posible fallecimiento natural", "fallecimiento este que debe ser considerado atendida las expectativas de vida en el país del cual era natural la víctima". Ibídem, pág. 32. No obstante, en algunos casos, la Corte ha considerado que, debido a la imposibilidad material de las víctimas de acopiar las pruebas para demostrar el monto de los perjuicios, se deben fijar los montos del lucro cesante en equidad". Véase Corte IDH. *Caso Gómez Palomino*. Sentencia de 22 de noviembre de 2005, párr. 125; Corte IDH. *Caso Masacre de Pueblo Bello*. Sentencia de 31 de enero de 2006, párrs. 247 y 248.

El pago de una indemnización puede ser concebido para abarcar todo el daño que ha sufrido la víctima y que puede ser económicamente valorado para garantizar una reparación completa. En otro ejemplo, la Corte Interamericana de Derechos Humanos en el caso Velásquez Rodríguez señaló que *"es procedente acordar el pago de una "justa indemnización" en términos lo suficientemente amplios para compensar, en la medida de lo posible, la pérdida sufrida"* (Corte Interamericana de Derechos Humanos, 1989, pág. 27).

Por último, el derecho de la víctima a una indemnización por el daño sufrido hasta el momento de su muerte debe de ser transmitido a sus herederos; los montos compensatorios también deben considerar el plan de vida de la víctima en situación de normalidad, para determinar su posible devenir y calcular en qué medida se ha visto afectado seriamente por la violación a fin de que se indemnice a sus familiares.

3.2.2.1. La experiencia internacional

Argentina presenta un nivel mayor de compromiso en la indemnización a las víctimas del conflicto, soportado en un marco jurídico que ha resistido una política pública de largo aliento. Estas indemnizaciones brindaron pensión a los cónyuges e hijos de personas desaparecidas y tuvo como beneficiarios a los hijos menores de 21 años que con posterioridad se extendió hasta el momento en el cual se completaran los estudios universitarios o se cumplieran 25 años, en caso de discapacidad el beneficio no caducaba; incluyo a los padres y hermanos incapacitados para el trabajo y que no desempeñaran actividad lucrativa ni gozaren de jubilación, pensión, retiro o prestación no contributiva; igualmente a los hermanos menores de edad huérfanos de padre y madre que hubieran convivido con la víctima en forma habitual antes de la desaparición. También contempló reparaciones a las personas que nacieron durante la privación de la libertad de sus madres; a los menores que permanecieron detenidos debido a la detención o desaparición de sus padres por razones políticas; y a las personas que hubieran sido víctimas de sustitución de identidad. Más recientemente en el año 2006 se dictó una ley que indemnizó a las abuelas de los niños nacidos en cautiverio y apropiados.

El 7 de diciembre de 1994 fue sancionada la Ley 24.411 y publicada en el Boletín Oficial el 03 de enero de 1995, que estableció una reparación económica a las víctimas de desaparición forzada y a los sucesores de personas asesinadas por los militares, miembros de las fuerzas de seguridad o grupos paramilitares con anterioridad a 1983.

Las indemnizaciones en el caso chileno han tenido como preámbulo, determinar con mayor precisión y rigurosidad el registro de las víctimas, por lo que han establecido Comisiones con el fin de ampliar e investigar los casos que pueden llegar a repararse, incluso han tenido que ampliar su temporalidad para que los familiares de las víctimas puedan llegar al registro. Igualmente, el marco jurídico para la reparación se consagra en la Ley de Reparación (Ley 19.123) y cuenta con varias modificaciones para ajustar los beneficios de acuerdo con la realidad con que avanza la sociedad en su proceso de justicia transicional. Estas indemnizaciones se realizan bajo la figura de pensión por reparación y beneficia al cónyuge sobreviviente, madre de la víctima, padres de víctimas, madre o padre de hijos de filiación no matrimonial, hijos legítimos, naturales y adoptivos, menores de 25 años, hijos con discapacidad física y mental, de cualquier edad. También se establecieron pensiones gracia para situaciones especiales.

Para el año 2004, se aprobaron el Bono de Reparación para hijo: donde los titulares de este derecho son los hijos no discapacitados, sean matrimoniales o no, de víctimas reconocidas de desaparición forzada o ejecución política, que cumplan o hayan cumplido los 25 años, para completar el total de ingresos recibidos hasta un monto máximo de $10.000.000.

También, la Pensiones de gracia para situaciones especiales: para las personas que mantenían vínculos importantes afectivos y de dependencia económica en víctimas reconocidas de desaparición forzada o ejecución política, pero cuya situación no era reconocida en ninguna de las categorías existentes de derecho a medidas de reparación.

En el Salvador, se acudió a la Reparación Material, la cual Propuso crear un Fondo Especial de Reparación como entidad autónoma y con las facultades legales y administrativas para la compensación material de las víctimas de la violencia, en el corto plazo y deberá tomar como base el registro de víctimas entregado en el Informe. El Fondo contará con recursos del Estado y donantes de la Comunidad Internacional. En su estructura organizativa, propone que sea integrado por tres miembros: uno nombrado por el Estado del El Salvador, el segundo por el secretario de las Naciones Unidas, y el tercero será nombrado por los dos miembros nombrados.

Aunque en el Salvador este programa ha tenido serios tropiezos, más recientemente el presidente de El Salvador, Mauricio Funes Cartagena (2009—2014), anunció la creación del "*Programa de reparaciones a víctimas de graves violaciones a los derechos humanos ocurridas en el contexto del conflicto armado interno*", aprobado mediante el Decreto 204 del 23 de octubre de 2013. Este Programa abriría las puertas a la deuda histórica del Estado con las víctimas de la guerra civil sufrida por la nación, que en términos de reparación indemnizatoria propone:

Una transferencia monetaria de carácter continúo que tiene los siguientes alcances:

- Adultos mayores de 55 años, cincuenta dólares exactos mensuales por persona.
- Familias con máximo 3 niños menores de 5 años, o madre embarazada, quince dólares por familia; sí la familia tiene más de 3 niños menores de 5 años, veinte dólares mensuales por familia.
- Familias con máximo 3 niños entre 5 y 16 años, sin haber cursado sexto grado, le corresponden quince dólares men-

suales; sí la familia tiene más de 3 niños en este rango, le corresponderán veinte dólares mensuales.

- Para familias en las que concurra las modalidades 2 y 3 les corresponderá veinte dólares por familia.

En Guatemala se creó el Plan Nacional de Resarcimiento el cual ha sufrido una serie de eventualidades, principalmente por falta de fondos, incluso fue suspendido en el año 2008 y reactivado más recientemente, este programa determino un resarcimiento de carácter monetario que estimo la indemnización por desaparición forzada en $3.000 dólares, dependiendo de la calificación otorgada por la Unidad Técnica de Calificación de Víctimas y Áreas Técnicas y Administrativas —UTCV—.

En el Perú se adoptó el Programa de reparaciones económicas: En forma de pensión o indemnización a los familiares de las víctimas de muerte y desaparición; los/as discapacitados/as físicos y mentales permanentes, parcial o total, cuya discapacidad es producto de violaciones sexuales, torturas, heridas o lesiones tipificadas por la Comisión de la Verdad y la Reparación y ocurridas durante el periodo del conflicto armado interno. También se estimó este beneficio en forma de servicio (puntajes en programas de vivienda y empleo).

3.2.2.2. Desarrollo de las medidas de indemnización

Para el caso colombiano, las medidas de indemnización deberían ir más allá, de la indemnización individual por la vía administrativa a las víctimas, acudiendo incluso a lo establecido en la ley 1448 de 2011, mediante la adopción de criterios diferenciales de reparación en las políticas de asistencia, que respondan a las particularidades y grado de vulnerabilidad de cada uno de los grupos poblacionales victimizados.

El monto establecido para reparar a las víctimas de desaparición forzada en el Decreto 4800 de 2011, no supliría de ninguna manera la pérdida de un ser querido ya que una vida es irreparable, pero en gracia de discusión, si se deberían tener en cuenta las condiciones de particularidad y vulnerabilidad de este grupo poblacional victimizado, como se ha venido explicando en este trabajo.

En los casos de desaparición forzada, debería concertarse con las víctimas a nivel regional y nacional, un Programa Nacional de Reparación Integral para las víctimas de desaparición forzada que tengan en cuenta las condiciones socioeconómicas de las víctimas y sus familiares. El cálculo de la indemnización para estas víctimas debería tener en cuenta el daño emergente y el lucro cesante, adoptados por el derecho interno, el derecho internacional de los derechos humanos y el derecho penal internacional que, en todo caso, están regidos por la relación causa-efecto.

Así mismo, se deben valorar los daños causados individual y colectivamente, los perjuicios patrimoniales que han sufrido por la desaparición forzada, como también las compensaciones por concepto de la pérdida de ingresos de los desaparecidos ya que en estos casos, la subsistencia de estos hogares por lo general dependía del desaparecido, el reconocimiento y pago de los gastos de búsqueda, desplazamientos, gastos de representación jurídica y no jurídica en los que tuvieron que incurrir sus familiares para buscar y en algunos casos encontrar a las víctimas directas, lograr esclarecer los hechos y recuperar sus cuerpos.

Cuando se declare la indemnización, se debería compensar adecuadamente el daño concreto que se busca reparar y, en todo caso, por su naturaleza compensatoria, tener presente que los principios de integralidad y proporcionalidad restaurativa requieren que esta medida sea adoptada de manera adecuadamente balanceada, en conjunto con otras medidas de reparación. Finalmente, para esta medida se debe distinguir el pago de la indemnización de los derechos sociales y económicos que se establecen por ley a todo ciudadano; así como, tener en cuenta que los daños sufridos por la desaparición forzada no son solamente psicosociales.

Otra medida de indemnización justa, viable y adecuada debe ser el pago de una pensión para las víctimas y su acceso a las Cajas de Compensación Familiar con todos sus beneficios, disposición adoptada en países con este mismo flagelo como por ejemplo: Argentina y Chile, los cuales adoptaron esta medida como reparación indemnizatoria para cónyuges, compañeros o compañeras permanentes, hijos, hijas de los desaparecidos, que con ocasión de los hechos, han sufrido la pérdida del padre y la madre o de la persona encargada de su cuidado y desarrollo.

Cualquiera de las medidas en este tema, supone un monto insuficiente en comparación con todos los gastos en los cuales han incurrido sus familiares, tras años de búsqueda por iniciativa propia, acopio documental en el proceso judicial y no judicial, el traslado de lugar de residencia por amenazas en búsqueda de justicia y verdad, pérdida de bienes y de trabajo, entre otras dificultades a las que se ven sometidas las familias de los desaparecidos.

3.2.3. Medidas de rehabilitación

Los principios básicos sobre el derecho de las víctimas de violaciones de las normas internacionales de derechos humanos y del derecho internacional humanitario a interponer recursos y obtener reparaciones, define la medida de rehabilitación así: ***"Directriz 21.*** *La rehabilitación ha de incluir la atención médica y psicológica, así como servicios jurídicos y sociales".*

Respecto a la rehabilitación, el instrumento internacional prescribe que esta debe incluir "la atención médica y psicológica, así como servicios jurídicos y sociales". Tratándose de delitos como la desaparición forzada de personas y la tortura, la rehabilitación debe comprender, necesariamente, medidas orientadas a permitir que las víctimas y sus familiares obtengan una readaptación tan completa como les sea posible. Así lo prevén expresamente la Declaración sobre la Protección de todas las Personas contra las Desapariciones Forzadas (art. 19 y 24 numerales 4 y 5), y la Convención contra la Tortura y otros Tratos o Penas Crueles, Inhumanos o Degradantes (art. 14.1).

Como medida de reparación la rehabilitación ha sido abordada por la Corte Interamericana de Derechos Humanos señalando: "que es preciso disponer de medidas de reparación que brinden una atención adecuada a los padecimientos psicológicos e inmateriales sufridos por las víctimas en virtud de las violaciones declaradas" (Corte Interamericana de Derechos Humanos, 2001, pág. 35). Por este caso, la Corte ordenó la prestación gratuita de salud especializada y tratamiento médico y psicológico, incluyendo los medicamentos por el tiempo que fuera necesario a la víctima directa y sus familiares; en el caso del tratamiento psicológico la Corte también ordenó considerar las circunstancias y necesidades particulares de cada persona, de manera que se les brinden tratamientos colectivos, familiares e individuales, según lo que se acuerde con cada uno de ellos y después de una evaluación individual.

La rehabilitación busca restablecer la integridad física, psicológica, moral, legal, ocupacional de la víctima, así como su dignidad y buen nombre o reputación. Como medida de rehabilitación, la víctima y sus familiares tienen derecho a medidas que contribuyan a su recuperación física, moral o psicológica. Por ejemplo, pueden exigir que el Estado o el victimario financien un programa de atención médica, psicológica o social, por medio del cual se atiendan todas las afectaciones a la salud física o psicológica de la víctima y de sus familiares, especialmente cuando se ha sufrido la pérdida de un ser querido como en el caso de los homicidios, masacres o desapariciones forzadas de personas.

3.2.3.1. La experiencia internacional

En cuanto a medidas de rehabilitación por parte del Estado Argentino, han sido nulas en relación con la atención médica y psicológica, así como servicios jurídicos y sociales. La tarea de asistencia en salud mental, y el acompañamiento jurídico a las víctimas ha sido asumida por equipos de profesionales de los organismos de derechos humanos[113]. La rehabilitación en el caso chileno ha tenido más alcance que en el argentino, pues cuenta con un Programa de Reparación y Atención en Salud, becas de educación para los hijos, exención de Servicio Militar Obligatorio y beneficios complementarios como la incorporación a las Cajas de Compensación; beneficios de asignación por muerte y un Fondo Solidario de Crédito Universitario.

Programa de Reparación y Atención en Salud: Se crea para dar una atención especializada y preferente a los familiares de detenidos desaparecidos y ejecutados políticos, y todos aquellos estipulados en el artículo 7 de la Ley N.°19.980. Existen equipos del Programa de Reparación y Ayuda Integral en Salud y Derechos —PRAIS—, en todo el país vinculados a los Servicios de Salud y para acceder a este Programa es necesario acreditar la calidad de familiar de la víctima y solicitar credencial en las Oficinas del PRAIS de cada región. Los beneficiarios de este servicio de salud son los padres, cónyuge, convivientes, hijos e hijas, hermanos y hermanas de la persona calificada como víctima, nietos y nietas.

Beca de Educación para los hijos: Hijos matrimoniales (hasta 2004) y no matrimoniales (desde 2004) de víctimas reconocidas de desaparición forzada o ejecución política, hasta que cumplan 35años de edad. Permite subsidiar estudios secundarios y cursar estudios de pregrado en instituciones educacionales nacionales, sujeto a un reglamento técnico desde noviembre 2004 estableciendo usos y límites de la beca.

- Enseñanza Media: Subsidio mensual de 1,24 UTM, 10 meses lectivos del año, de marzo a diciembre.
- Enseñanza Superior: Subsidio mensual de 1,24 UTM, 10 meses lectivos del año, de marzo a diciembre y pago de

113 El CELS cuenta con equipo de salud mental que brinda asistencia a víctimas de la dictadura hasta la actualidad, y que es subvencionado por la ONU.

matrícula y arancel mensual a: Universidades, Institutos Profesionales y Centros de Formación Técnica.

Exención de Servicio Militar Obligatorio: Los hijos de las víctimas individualizadas quedarán exentos del Servicio, hijos matrimoniales (hasta 2004) y no matrimoniales (desde 2004) de víctimas reconocidas de desaparición forzada o ejecución política, en la categoría de disponibles, como lo señala el artículo N.° 30 del Decreto Ley N.° 2306 de 1978 sobre Reclutamiento y Movilización de las Fuerzas Armadas.

En 2005 se modificó el Decreto Ley N.° 2306, por medio de la Ley N.° 20.045 de 2005, sobre el nuevo sistema de reclutamiento, extendiéndose el beneficio y se señala "en relación a los ciudadanos descendientes por consanguineidad en línea recta y colateral, ambos en segundo grado inclusive, de las personas calificadas en la Ley N.° 19.123, quedarán excluidos del servicio militar", lo que incluye también a nietos y sobrino-nietos.

Beneficios Complementarios: Se entiende como beneficios complementarios aquellos que la Ley N.° 19.123 no explicita y que han sido materia de dictámenes especiales para su otorgamiento.

- *Incorporación a las Cajas de Compensación*: Los beneficiarios de la Ley N° 19.123 pueden afiliarse a las Cajas de Compensación, de acuerdo con la resolución emitida por la Superintendencia de Seguridad Social.
- *Beneficios de asignación por muerte:* Por dictamen de la Superintendencia de Seguridad Social, a los beneficiarios que perciben pensión de reparación les corresponde una Asignación por Muerte al momento de su fallecimiento. El Instituto de Normalización Previsional —INP—, paga directamente esta asignación a las empresas funerarias.
- *Fondo Solidario de Crédito Universitario*: La ley N.° 19.287, en su artículo transitorio N.° 6 establece que a los beneficiarios de la Ley N.° 19.123 se le condonarán las deudas contraídas con anterioridad a 1992.

En El Salvador, dentro del programa de reparaciones se estimaron como medidas de rehabilitación y de manera muy general las siguientes:

- *Medidas en el ámbito del derecho a la salud:* Promover el pleno acceso a los servicios de salud para las víctimas identificadas en el Registro. Se incluyen los servicios de salud mental y atención psicosocial.
- *Medidas en el ámbito del derecho a la educación:* Subprograma de becas para estudios superiores y de posgrado en el ámbito nacional dirigido a jóvenes integrantes de las familias incorporadas.
- *Medidas en el ámbito del derecho a la alimentación y a la participación de la vida económica:* Acceso a programas que integran el Plan de Agricultura Familiar: seguridad alimentaria y encadenamientos productivos; Asociatividad Productiva con asistencia técnica y articulado al Fondo de Inversión Social.

En el Perú, el Plan Integral de Reparaciones —PIR—, se establecieron como medidas de rehabilitación los programas de reparación en salud y en educación, con las siguientes medidas:

- *Medidas en el ámbito del derecho a la salud:* Se incorporó a los indultados inocentes en el Programa del Seguro Integral de Salud —SIS—, y a sus familiares directos como beneficiarios de los planes D y E.
- *Medidas en el ámbito del derecho a la educación:* Se otorgaron beneficios a los indultados inocentes y a sus hijos, con reservas de vacantes en los procesos de admisión de la Universidades Públicas. Exoneración de requisitos para el reingreso a Universidades Públicas. Exoneración de pagos hasta la obtención del título. Exoneración de ingreso, pagos y requisitos a los Institutos de Educación Superior. Otorgamiento de becas académicas.

Todas estas medidas en el Perú estuvieron sujetas a un proyecto de ley y a la revisión de cada caso en particular por el Ministerio de Educación.

3.2.3.2. Desarrollo de las medidas de rehabilitación

Como medida de reparación, consiste en el conjunto de estrategias, planes, programas y acciones de carácter jurídico, médico, psicológico y social, dirigidos al restablecimiento de las condiciones físicas y psicosociales de las víctimas, que para el caso de familiares de desaparición forzada resulta uno de los mayores desafíos.

Respecto a la desaparición forzada, como ya lo mencionábamos en este mismo capítulo, la gran mayoría de víctimas presenta alguna forma de dolor que, si bien no es una enfermedad, es una carga que a veces no deja vivir. Y si no se atiende adecuada y oportunamente, se podría convertir en una patología mental o somatizarse en un mal físico, como se ha observado entre las madres de los desaparecidos que terminan sus días con cáncer o derrames cerebrales, condiciones que en el fondo son la manifestación de una pena moral profunda derivada de la gran incertidumbre en la que las dejó la guerra.

Según la Ley 1448 de 2011, el Ministerio de Salud es el responsable de esta atención, pues debe coordinar a las Empresas Prestadoras de Servicios de Salud, para que atiendan a las víctimas, entendiendo que sus afectaciones sicológicas son un flagelo de la guerra que requiere un trato diferente. En los casos de desaparición forzada, debería concertarse con las víctimas un Programa de Atención Médica y Psicológico Diferenciado para las víctimas de desaparición forzada, que tenga en cuenta las condiciones físicas, emocionales y psicológicas de las víctimas de desaparición forzada y sus familiares.

Sus objetivos vitales han redundado en la búsqueda de su familiar, sufriendo de constantes efectos que con el tiempo han ido consolidando reacciones de frustración, rabia, desconfianza, impotencia y dolor. La rehabilitación en estos casos supone al menos el conocimiento del paradero del cadáver de la víctima, lo que permitiría a las familias la elaboración de duelo como mayor afectación emocional; sin embargo, en el caso colombiano esa recuperación puede ser difícil teniendo en cuenta los procedimientos que utilizaron los grupos paramilitares en el país con los cuerpos de los desaparecidos, que en muchos casos fueron desenterrados y llevados los restos a hornos crematorios para desaparecer cualquier evidencia o rastro de sus víctimas desaparecidas; sin mencionar aquí otros procedimientos atroces.

De igual forma, una familia indemnizada, que encuentra garantías de satisfacción y de no repetición, que hace efectivo su derecho a conocer el paradero de la víctima puede encontrar mejores posibilidades de rehabilitación que alguien a quien solamente se somete a un tratamiento psicológico que redunde en su dolor y esperanzas de hallazgo y de justicia.

En este sentido, la rehabilitación va más allá de la atención psicológica propiamente dicha, pues las víctimas en última instancia reclaman que se encuentre el paradero de la víctima se identifique plenamente sus restos y se les entreguen de una manera digna, que se limpie su nombre y el de sus familiares, los cuales han sido revictimizados por la falta de respuesta de las instituciones del Estado, el cuestionamiento de su dignidad y las amenazas frente a sus intentos de búsqueda. Por lo mismo, la atención con un enfoque psicosocial debe ser un proceso permanente que dignifique a las víctimas, que las acompañe en el ámbito individual, familiar y colectivo, para que se les brinden tratamientos apropiados, después de una evaluación profesional individual, en que la atención no tenga acciones discriminatorias por su condición de víctimas de desaparición forzada.

Así mismo, dicha atención debería ser de modo gratuito, por el tiempo que sea necesario, incluida la provisión de medicamentos, de manera que se reduzcan los padecimientos físicos y psíquicos de los familiares de las personas desaparecidas.

El caso chileno, visto en el capítulo tercero, después de más de dos décadas, se continua realizando la atención psicosocial como plan obligatorio de salud mediante el Programa de Reparación en Atención Integral en Salud —PRAIS—, a todos aquellos que hubieran sufrido daños durante la dictadura, lo que evidencia el carácter continuado de los efectos psicosociales de la desaparición forzada y por tanto, la necesidad de la atención a víctimas para lograr una reconciliación personal, mediante la superación del duelo.

Por lo anotado y de manera complementaria a un Programa de Atención Médico y Psicológico Diferenciado, de carácter permanente, gratuito, con tratamientos apropiados, sin acciones discriminatorias deberá contar también con protocolos de atención médica y psicológica que redunden en una verdadera medida de rehabilitación garantizando un trato digno a las víctimas y proporcionando personal capacitado para su atención.

Las implicaciones de declararse en ausencia o presuntamente muerto a un desaparecido desnaturalizan jurídicamente la condición de desaparecido de la víctima y se pierden derechos adquiridos por la legislación vigente. Se debe prohibir en todo trámite, el que se requiera o exija la declaración de muerte presunta, esto se fundamenta adicionalmente en el hecho de que la declaración de muerte presunta es percibida como una afrenta, un trámite lesivo, por parte de los familiares, que no responde a la realidad de las víctimas y en cambio lesiona y agrava su condición. Adicionalmente se debe divulgar esta normatividad entre los servidores públicos que atienden población victimizada en el país.

En el caso de Argentina, por ejemplo, legislar específicamente sobre este tema fue fundamental para el desarrollo de instrumentos legales y judiciales a fin de resolver el limbo jurídico de los desaparecidos y a su vez de las víctimas indirectas, normatividad que se materializó con la Ley 24.321 de 1994 "Ley de ausencia por desaparición forzada". Tal y como lo señalamos en el capítulo anterior.

Por lo mismo, debería existir un Programa de Capacitación Integral sobre legislación nacional e internacional que aborde el tema jurídico de la Desaparición Forzada dirigido a servidores públicos liderado por el Ministerio Público o por la Comisión de Búsqueda de Personas Desaparecidas del cual hace parte. El tema se centra no en legislar sobre este problemática, pues en los últimos 14 años ha habido un avance importante no solo con la tipificación de delito, sino con las medidas adoptadas para su prevención, reivindicación y reglamentación de derechos, como por ejemplo, el mecanismo de búsqueda urgente, el registro de personas desaparecidas, el registro de personas capturadas, la administración de bienes de personas desaparecidas, el pago de salarios y pensiones, el término de caducidad para las demandas administrativas, el de exoneración del pago de impuestos, el proceso de declaración de ausencia por desaparición forzada, entre otros. El problema radica en el desconocimiento de esta normatividad y sobre todo la obligación de su aplicación, por parte de los servidores públicos que tienen a su cargo esta responsabilidad.

Finalmente, los hijos de las personas desaparecidas deben tener acceso a la educación básica y universitaria, mediante becas financiadas por el Estado, que les permitan acceder a la educación superior, incluso se debería plantear esta misma medida para su cónyuge, compañero o compañera permanente a fin de que se promueva su capacidad de emprendimiento. Aquí también se plantea la necesidad de un Programa de Reparación en Educación Técnica y Superior, el cual debería ser responsabilidad del Ministerio de Educación garantizando el acceso a los programas educativos y las becas correspondientes.

Al igual que las medidas de reparación adoptadas en Chile y Argentina, en el caso colombiano se aprobó, que frente a la obligatoriedad de prestar servicio militar por parte de las víctimas señaladas en la Ley 1448 de 2011, estas quedaran exentas, lo que hace bastantes años se venía pidiendo por parte de los familiares de los desaparecidos en Colombia y que hoy hace parte de la ley como una medida de satisfacción de derechos de esa población victimizada. Ya que muchos ciudadanos fueron desaparecidos a manos de agentes del Estado o por grupos paramilitares, con aquiescencia del Estado.

3.2.4. Medidas de satisfacción

Los principios básicos sobre el derecho de las víctimas de violaciones de las normas internacionales de derechos humanos y del derecho internacional humanitario a interponer recursos y obtener reparaciones, define las medidas de satisfacción así:

> Directriz 22. La satisfacción ha de incluir, cuando sea pertinente y procedente, la totalidad o parte de las medidas siguientes:
> **a)** *Medidas eficaces para conseguir que no continúen las violaciones;*
> **b)** *La verificación de los hechos y la revelación pública y completa de la verdad, en la medida en que esa revelación no provoque más daños o amenace la seguridad y los intereses de la víctima, de sus familiares, de los testigos o de personas que han intervenido para ayudar a la víctima o impedir que se produzcan nuevas violaciones;*
> **c)** *La búsqueda de las personas desaparecidas, de las identidades de los niños secuestrados y de los cadáveres de las personas asesinadas, y la ayuda para recuperarlos, identificarlos y volver a inhumarlos según el deseo explícito o presunto de la víctima o las prácticas culturales de su familia y comunidad;*
> **d)** *Una declaración oficial o decisión judicial que restablezca la dignidad, la reputación y los derechos de la víctima y de las personas estrechamente vinculadas a ella;*
> **e)** *Una disculpa pública que incluya el reconocimiento de los hechos y la aceptación de responsabilidades;*
> **f)** *La aplicación de sanciones judiciales o administrativas a los responsables de las violaciones;*
> **g)** *Conmemoraciones y homenajes a las víctimas;*
> **h)** *La inclusión de una exposición precisa de las violaciones ocurridas en la enseñanza de las normas internacionales de derechos humanos y del derecho internacional humanitario, así como en el material didáctico a todos los niveles* (Organización de las Naciones Unidas, 2005).

Las medidas de satisfacción contienen un carácter simbólico y contribuyen de manera importante al cumplimiento del deber estatal de recordar a través de estrategias que incluyen, entre otras cosas, el homenaje periódico a las víctimas, los actos conmemorativos y el reconocimiento público por el Estado de su responsabilidad, la difusión pública de la verdad, la búsqueda de los cadáveres de las personas muertas o desaparecidas, el restablecimiento de la dignidad y reputación de las víctimas a través de una manifestación pública de los hechos y un reconocimiento expreso de las responsabilidades, la aplicación de sanciones judiciales o administrativas a los responsables de las violaciones y las conmemoraciones y homenajes a las víctimas. Las medidas de satisfacción, en este sentido, constituyen medidas no pecuniarias orientadas, fundamentalmente, a compensar el daño moral causado por la comisión de crímenes atroces (Corte Interamericana de Derechos Humanos, 1999, pág. 84).

Como medidas de satisfacción, la Corte ha ordenado, entre otras: la localización y entrega de los restos de las víctimas (Corte Interamericana de Derechos Humanos, 1995, pág. 58), investigación y sanción (Corte Interamericana de Derechos Humanos, 2005, pág. 304); ubicación de restos, identificación de los mismos y entrega a sus familiares (Corte Interamericana de Derechos Humanos, 2007, pág. 287); publicación de las partes pertinentes de la sentencia (Corte Interamericana de Derechos Humanos, 2006, pág. 410) (Corte Interamericana de Derechos Humanos, 2007, pág. 282); y actos de reconocimiento público de responsabilidad internacional y de desagravio a la memoria de las víctimas.

Las medidas de satisfacción son entendidas también como aquellas que no son de carácter monetario y están destinadas a reparar el daño moral sufrido tanto por la víctima directa, como por sus familiares y la sociedad. Como medida de satisfacción, la víctima o sus familiares tienen derecho a medidas que contribuyan, por ejemplo, al reconocimiento de su dignidad, a la reafirmación de su condición de sujetos de derechos humanos, a la preservación de la memoria histórica, a la recuperación de su pasado o el de su colectividad, y a la aceptación y ofrecimiento de disculpa pública por los hechos cometidos.

En los casos de desaparición forzada, la familia de la víctima tiene el derecho a ser informada de la suerte del paradero de la persona desaparecida y, en caso de fallecimiento, tiene el derecho a que se le entregue el cuerpo una vez sea plenamente identificado, con independencia de que se haya establecido la identidad del autor o de los autores del delito o se les haya sancionado.

Finalmente, la satisfacción, como medida reparadora, incluye una multiplicidad de aspectos, entre los que cabe destacar la verificación de los hechos y la difusión pública y completa de la verdad, la búsqueda de las personas desaparecidas y de los cadáveres de las personas muertas, las disculpas públicas que reconozcan los hechos y acepten las responsabilidades, la aplicación de sanciones judiciales o administrativas a los responsables y las conmemoraciones y homenajes a las víctimas.

3.2.4.1. La experiencia internacional

En Argentina al conmemorarse veinte años del golpe militar en el año de 1996, las organizaciones de derechos humanos promovieron la construcción de un monumento que posteriormente se llamó Parque de la Memoria-Monumento a las Víctimas del Terrorismo de Estado.

El 7 de noviembre del año 2007 se inauguró oficialmente el Parque de la Memoria–Monumento a las Víctimas del Terrorismo de Estado. Es un espacio público de una extensión de 14 hectáreas, emplazado en la Ciudad de Buenos Aires, ubicado en la franja costera del Río de la Plata adyacente a la Ciudad Universitaria. Es un lugar emblemático para las víctimas, pues muchos cuerpos de estudiantes desaparecidos fueron arrojados a las aguas del Río de la Plata. Es un lugar de recuerdo y de testimonio, porque allí están los nombres de esos seres a los que la historia quiso borrar y las generaciones actuales y futuras que lo visiten se enfrentarán allí con la memoria del horror cometido por el Estado.

> Este lugar de memoria no pretende cerrar heridas ni suplantar la verdad y la justicia. Nada devolverá la paz real a los familiares que no han podido conocer el destino final de sus seres queridos, salvajemente torturados y asesinados, ni nada reemplazará el vacío social que dejó su ausencia[114].

---

114 Para más información y visita virtual al Parque, puede visitar http://www.parquedelamemoria.org.ar/.

Otra iniciativa fue el Museo de la Memoria en la ciudad de Rosario, creado por legislatura local en 1998 y que inició sus actividades en 2001 en una sede provisoria. En diciembre de 2010 se encuentra en el edificio donde funcionó el Comando del II Cuerpo de Ejército; allí en sus espaciosas y luminosas salas, el Ejército diseñó y llevó a cabo el plan de persecución y exterminio que se desplegó sobre seis provincias de la Argentina. Este edificio, fue sitio obligado de peregrinación de familiares de detenidos-desaparecidos, quienes llegaban hasta sus puertas con la esperanza de obtener alguna respuesta acerca de la suerte corrida por sus seres queridos.

En julio de 2000, la Cámara de Diputados de la Provincia de Buenos Aires creó la "*Comisión Provincial por la Memoria*", la cual tiene a su cargo el Archivo de la Dirección de Inteligencia de la Provincia de Buenos Aires —DIPBA—, en él se alberga información pormenorizada de partes e informes de inteligencia sobre eventos, organizaciones y personas que constituían el objeto de su vigilancia. El archivo se compone de 3.800.000 folios y 300.000 fichas personales, además de documentos sonoros y audiovisuales. La Comisión creó con posterioridad un Museo de Arte y Memoria en el que se exhiben importantes colecciones de arte político.

A nivel nacional, el gobierno del presidente Néstor Kirchner creó el Archivo Nacional de la Memoria, cuya función es preservar informaciones, testimonios y documentos para contribuir al estudio e investigación contra la impunidad en la violación de los derechos humanos. El archivo está integrado por la documentación de la CONADEP, así como por las investigaciones posteriores y los expedientes sobre reparación a las víctimas.

Aquellos lugares llamados "*centros de reclusión clandestina*", los cuales fueron reportados en el Informe Nunca Más en 340 sitios utilizados para llevar a los desaparecidos, siguen aumentando y hoy se habla de unos 500 en todo el país. Aunque algunos de ellos han sido recuperados como centros históricos de memoria y la sociedad los identifica como los símbolos del terrorismo de Estado, la mayoría de ellos han pasado inadvertidos y se incorporaron a la cotidianeidad sobre la base de la negación y el silencio.

En Chile el primer acto público de reparación simbólica fue el efectuado por el presidente Patricio Aylwin quien, en 1991, presentó al país las conclusiones del Informe de la Comisión de la Verdad y la Reconciliación y pidió perdón a las víctimas en nombre del Estado chileno. En el mismo acto y por recomendación de la misma Comisión, se entregó a cada familia una copia del informe para garantizar la difusión de sus resultados para la educación y concientización de las futuras generaciones. Este acto recibió fuertes críticas por parte de las Fuerzas Militares y la Corte Suprema quienes, además, rechazaron el Informe Rettig.

A partir de 2001 el Programa de Derechos Humanos dirige una Política de Construcción de Memoriales acogiendo el mandato de la Comisión Nacional de Verdad y Reconciliación, y de la Corporación Nacional de Reparación y Reconciliación. Se resaltan tres hitos importantes en la implementación de esta política de apoyo a la instalación de memoriales: el primero, fue la construcción del Memorial del Cementerio General en Santiago, iniciativa que se generó en 1990 y se concretó en 1993. El segundo, fue la firma del acuerdo entre el Gobierno y las Agrupaciones de familiares de las víctimas, en marzo de 2003, al conmemorarse los 12 años del Informe Rettig, para construir obras de reparación simbólica en diversos lugares del país, entre ellos, Tocopilla, La Serena, Villa Grimaldi, Paine, Talca, coronel, Valdivia y Osorno. El tercero, es el Mensaje "No hay Mañana sin ayer", del expresidente Ricardo Lagos Escobar, en donde la autoridad anunció la creación de un fondo de $450 millones de pesos para la implementación de dicha política, entre 2004 y 2006. En la actualidad existen 39 memoriales, que tienen por objeto mantener vivo el recuerdo de las víctimas. Además, se encuentra trabajando en obras de reparación de algunos monumentos que fueron afectados por el terremoto del 27 de febrero de 2010 y en la construcción de nuevos memoriales[115].

---

[115] Para conocer virtualmente los memoriales (obras de reparación simbólica) existentes en Chile y bajo el cuidado del Programa de Derechos Humanos. http://www.ddhh.gov.cl/memoriales_regiones.html.

En 2010 se inauguró El Museo de la Memoria y los Derechos Humanos como espacio destinado a dar visibilidad a las violaciones a los derechos humanos cometidas por el Estado de Chile entre 1973 y 1990, a dignificar a las víctimas junto con sus familias y a estimular la reflexión y el debate sobre la importancia del respeto y la tolerancia, para que estos hechos nunca más se repitan. Alberga objetos, documentos y archivos en diferentes soportes y formatos, y una innovadora propuesta visual y sonora, a través de la cual es posible conocer apartes de la historia de horror que vivieron los chilenos: el golpe de Estado, la represión de los años posteriores, la resistencia, el exilio, la solidaridad internacional, las políticas de reparación. El patrimonio de sus archivos contempla testimonios orales y escritos, documentos jurídicos, cartas, relatos, producción literaria, material de prensa escrita, audiovisual y radial, largometrajes, material histórico y fotografías documentales[116].

En El Salvador, se planteó dentro del programa de reparación un componente de Reparación moral, en el que se buscaba la construcción de un monumento nacional en San Salvador con el nombre de todas las víctimas del conflicto identificadas; reconocimiento de la honorabilidad de las víctimas; el establecimiento de un feriado nacional recordatorio de las víctimas del conflicto y de afirmación de la reconciliación nacional. Más recientemente se han planteado otras medidas como:

- *En el ámbito de la cultura:* Promover la identificación de bienes muebles e inmuebles que revistan especial importancia para la memoria histórica; publicación del Informe de la Comisión de la Verdad para el Salvador; ampliación temática del Museo Nacional de Antropología con participación de las organizaciones de víctimas.
- *En el ámbito del reconocimiento de responsabilidad y pedidos de perdón:* El presidente de la república procurará la realización

[116] Para más información sobre el Museo de la Memoria de los Derechos Humanos. http://www.museodelamemoria.cl/.

de estos procesos, teniendo en cuenta realizar estos actos en aquellas comunidades afectadas por episodios graves.

- *En la efeméride nacional:* Declaratoria y establecimiento de un día nacional para la conmemoración y dignificación de las víctimas.
- *En el ámbito comunicacional perteneciente al presidente de la república:* espacio de participación consultiva, en medios audiovisuales, con las víctimas para la ampliación y plena incorporación de temáticas sobre la memoria histórica.
- *En el ámbito de la educación:* Revisión de planes de estudio para ampliar y fortalecer el conocimiento de la memoria histórica salvadoreña; conmemoraciones del "día de los niños y niñas desaparecidos durante el conflicto armado" (29 de marzo) —Decreto 197/2007; y el día de las víctimas.

En el Perú el 21 de noviembre de 2003 el presidente Alejandro Toledo, pidió

> perdón, en nombre del Estado, a quienes han sufrido. Por los muertos, por los desaparecidos, a los miles de desplazados, a los discapacitados, a los torturados, a los indocumentados, en general a todas las víctimas de la violencia y el terror.

Adicionalmente reconoció la responsabilidad del Estado, al señalar que

> la exclusión social, la falta de presencia del Estado y el abandono, fueron el caldo de cultivo de la ideología demencial y terrorista que se ensañó con los peruanos más pobres y del cual resultó el baño de sangre que duró 20 años.

Adicionalmente, anuncio que establecería el día 10 de diciembre como el Día de la Reconciliación Nacional, "*invocando a las autoridades de todo el país y a la sociedad civil, llevar a cabo actos de reparación simbólicas, en reconocimiento a las víctimas civiles, militares y policiales*". Institución del Día de la Reconciliación Nacional (10 de diciembre). Ha resultado inapropiado por no respetar la propuesta de la CVR, y no ser consultado con las víctimas. También fue discutible el hecho de tomar como referencia el día de la Declaración Universal de los Derechos Humanos para conmemorar un suceso de tal magnitud de violaciones a los derechos consagrados.

La Defensoría del Pueblo aseguró que es urgente una Política Pública para Víctimas de Desaparición Forzada que incluya los siguientes componentes:

0) Centralizar, sistematizar y depurar la información disponible sobre las personas desaparecidas.

1) Impulsar y colaborar con la búsqueda forense de las personas desaparecidas,

2) Brindar acompañamiento psicosocial y atención en salud mental a los familiares.

3) Apoyar materialmente a los familiares para la cobertura de los gastos que este proceso supone para ellos.

3.2.4.2. Desarrollo de las medidas de satisfacción

La satisfacción abarca acciones que no tienen una naturaleza pecuniaria y tienden a compensar el detrimento de bienes no patrimoniales, entre ellos, de manera fundamental, el derecho a la justicia y el derecho a la verdad. Las medidas de satisfacción buscan, asimismo, la recuperación de la memoria de las víctimas, el reconocimiento de su dignidad, la recuperación o reafirmación de su condición de sujetos de derechos humanos y el consuelo de sus familiares, y contemplan, de manera especial, las medidas simbólicas de reparación.

La satisfacción del derecho a la verdad incorpora el derecho a conocer "las causas y las circunstancias de tiempo, modo y lugar en las que los delitos fueron cometidos". Todo ello conduce, como ha señalado la Corte Constitucional, "a que la víctima vea públicamente reconocido su dolor y su plena ciudadanía en términos de su reconocimiento como sujeto de derechos. Así mismo, conduce a que las personas afectadas puedan saber, si así lo desean, las razones y condiciones en las cuales se cometió el delito"[117].

En los casos de desaparición forzada, las medidas de satisfacción deben buscar saber dónde está la víctima desaparecida, garantizando su regreso a su hogar y entorno social. En caso de que la víctima desaparecida haya sido víctima de violación de su derecho a la vida, la medida de satisfacción debe buscar saber dónde está su cuerpo, y que este o sus restos sean entregados —debidamente identificados— a sus familiares, para que ellos puedan darle adecuada sepultura, conforme a sus creencias y tradiciones[118].

En primera instancia, toda medida de satisfacción deberá pasar primero por el Reconocimiento Público del Estado Colombiano, de que en el país la desaparición forzada de personas es una práctica notoria, evidente y generalizada, en la cual participaron miembros de los grupos paramilitares y miembros de las fuerzas armadas del Estado principalmente. Así mismo, deberá comprometerse a adoptar las medidas necesarias para que estas violaciones no sigan ocurriendo en el país, nunca más. Las disculpas públicas deberían provenir de los victimarios directos, el reconocimiento de los hechos por parte del Estado y la aceptación de responsabilidades de los actores del conflicto.

Por otra parte, el Estado colombiano debería comprometerse a la conformación de una Comisión de la Verdad Sobre los Casos de Personas Víctimas de Desaparición Forzada en Colombia, de altísimo nivel, que esté conformada de manera multisectorial y que le cuente al país la verdad histórica sobre las desapariciones

---

117 Corte Constitucional, Sentencia C-370 de 2006, fundamento 6.2.2.1.7.7.

118 La Corte Constitucional señala, al respecto, en la Sentencia C-370 de 2006, 6.2.2.1.7.8: "cuando se trata del delito de desaparición forzada de personas, el derecho a la verdad apareja el derecho a conocer el destino final de la persona desaparecida. Según lo ha establecido la jurisprudencia internacional, mantener a los familiares de una víctima de desaparición forzada en la incertidumbre sobre el destino de su ser querido, vulnera el derecho a no ser sometido a tratos crueles inhumanos o degradantes".

forzadas, por más de tres décadas, que haga una verificación de los hechos y la revelación pública y completa de la verdad.

También en las medidas de satisfacción y desde el componente de la Búsqueda de las Personas Desaparecidas en Colombia, es necesario profundizar en los procesos de búsqueda, localización, exhumación, investigación y entrega de restos plenamente identificados a sus familiares. Este componente se convierte en un elemento esencial a la hora de reparar a las víctimas del delito de desaparición forzada en Colombia, pues en última instancia es la razón de ser de la lucha constante de sus familiares, volver a encontrarlos vivos. En este tema y aunque existe una Comisión de Búsqueda de Personas Desaparecidas creada por la ley 589 del año 2000, sus esfuerzos se han enfocado a temas más administrativos y de reglamentación legal, cuando dentro de sus principales funciones, establecidas en el Decreto 929 de 2007, está la de encontrar el paradero de los desaparecidos. Por tal razón se debería fortalecer esta obligación por parte de la Fiscalía General de la Nación, quien tiene a su cargo las investigaciones correspondientes por desaparición forzada y hace parte de la Comisión de Búsqueda.

En relación con la identificación plena y entrega de los restos en forma digna a los familiares, ya existen avances normativos en el país, por lo que se debería hacer énfasis en la necesidad de que estas normas sean reglamentadas, en especial la Ley 1408 de 2010, "Por la cual se rinde homenaje a las víctimas del delito de desaparición forzada y se dictan medidas para su localización e identificación". Esta reglamentación se debe ajustar en a los lineamientos de la Comisión de Búsqueda de Personas Desaparecidas en específico al Plan Nacional de Búsqueda de Personas Desaparecidas Decreto 4218 de 2005. Así mismo, se debería integrar a la Ley 1448 de 2011, para viabilizar su ejecución y suplir los vacíos percibidos, en cuanto a la reparación integral y focalizada a las víctimas del delito de desaparición forzada.

En este sentido, es necesario fortalecer la institucionalidad con el objeto de impulsar las investigaciones y el desarrollo de los procesos de exhumación, identificación y entrega de los restos plenamente identificados, que deben basarse en los protocolos nacionales e internacionales ya existentes, así como tomarse las medidas de protección en las zonas donde se presume la existencia de fosas clandestinas, hasta que se haya completado la fase de investigación preliminar como requisito para realizar la diligencia de exhumación.

Estos procesos, entre otros definidos en la ley deben estar acompañados de profesionales y protocolos coherentes con el proceso de identificación y entrega, por lo que se puede apelar a la experiencia del equipo de antropología forense de Argentina y de otros países que ya tienen experiencias en este tema y han tenido incidencia en los procesos adelantados en Colombia para tal fin. Esta es otra de las falencias en el contexto nacional, la falta de programas de capacitación en antropología forense.

Se deben concertar las medidas que restablezcan la dignidad, la reputación y el buen nombre de las víctimas y de las personas vinculadas a ellas; con sus familiares y las organizaciones de víctimas de desaparición forzada en el contexto local, regional y nacional, con el objeto de dignificar su buen nombre, su dignidad y su reputación ante la sociedad.

Por otra parte y en relación con las sanciones judiciales o administrativas a los responsables se debería crear una Comisión Judicial sobre Casos de Personas Víctimas del delito de Desaparición Forzada en Colombia que asuma las investigaciones de los casos denunciados como desaparición forzada, que aún hoy se encuentra en la total impunidad, casos con más de 20 años en los que no se tiene ningún avance por parte de la Fiscalía General de la Nación, muchos fueron archivados por falta de impulso procesal, exigido a las víctimas y sus representantes, reaperturas condicionadas al aporte de pruebas por parte de las víctimas, asesinatos y desapariciones forzadas de familiares y abogados, e incluso investigadores de la propia Institución que exigieron justicia en esos casos, negación del delito y desestimación de las víctimas por parte de los funcionarios del ente investigador y miembros de las fuerzas armadas, entre otros aspectos propios del litigio de estos casos de desaparición forzada en Colombia, que nunca tuvieron una investigación seria, responsable y comprometida para establecer la verdad, sancionar a los responsables y encontrar a los desaparecidos.

Finalmente, y en relación con las medidas de satisfacción de conmemoraciones y homenajes a las víctimas se formulan las siguientes, sin embargo, debe recordarse que todo ejercicio de memoria histórica debe ser construido a partir de las experiencias individuales y colectivas de las víctimas, así como, desde una perspectiva de género que recoja el sentir de lo que quieren las víctimas para ser reparadas:

Que se establezca el Día Nacional que Recuerde a las Víctimas del Delito de Desaparición Forzada en Colombia, por medio de un decreto y ley, que establezca como día conmemorativo nacional el 30 de agosto de cada año, día en el que se celebra a nivel mundial el Día Internacional de las Víctimas de Desapariciones Forzadas, tal y como lo declaró la Asamblea General de las Naciones Unidas, mediante Resolución 65/209.

Creación de una Cátedra sobre Desaparición Forzada en Colombia, que dé cuenta de la naturaleza del delito, su práctica en el país, que recuerde a sus víctimas y a sus victimarios y la manera como se repararon estos graves hechos, dirigida a estudiantes de secundaria y universidades, en pro de la reconciliación nacional y de la búsqueda de una paz perdurable y duradera.

La creación de un Centro de Memoria Histórica por los Desaparecidos integrado por familiares, representantes del Estado, la comunidad internacional y académicos, que recuerde a las víctimas de desaparición forzada en Colombia, que las dignifique, visibilice y limpie sus nombres. Así mismo, que se reconozca la asociación, el trabajo, el liderazgo y la lucha de las organizaciones de familiares, que por más de treinta años han denunciado este flagelo en el país y gracias a las cuales se han reivindicado algunos de los derechos de los desparecidos en Colombia. La inscripción en Placas de Memoria recordando a los desaparecidos, con sus nombres, la fecha de su desaparición, sus victimarios y si su caso jurídico se encuentra en la impunidad, las cuales puedan reposar en el Muro de la Impunidad o en las instituciones estatales responsables de investigar los hechos.

Que los medios de comunicación realicen una Campaña de Dignificación de las víctimas de desaparición forzada en Colombia, en la que se visibilice esta tragedia y se comprometa con la divulgación de la verdad y el relato de los familiares de las víctimas y que, a su vez, sea el medio por el cual se pida perdón o disculpas públicas a las víctimas, por parte de los victimarios reconocidos o hallados responsables.

3.2.5. Garantías de no repetición

Los principios básicos sobre el derecho de las víctimas de violaciones de las normas internacionales de derechos humanos y del derecho internacional humanitario a interponer recursos y obtener reparaciones (Organización de las Naciones Unidas, 2005), define las garantías de no repetición así:

> Directriz 23. Las garantías de no repetición han de incluir, según proceda, la totalidad o parte de las medidas siguientes, que también contribuirán a la prevención:
> **a)** *El ejercicio de un control efectivo por las autoridades civiles sobre las fuerzas armadas y de seguridad;*
> **b)** *La garantía de que todos los procedimientos civiles y militares se ajustan a las normas internacionales relativas a las garantías procesales, la equidad y la imparcialidad;*
> **c)** *El fortalecimiento de la independencia del poder judicial;*
> **d)** *La protección de los profesionales del derecho, la salud y la asistencia sanitaria, la información y otros sectores conexos, así como de los defensores de los derechos humanos;*
> **e)** *La educación, de modo prioritario y permanente, de todos los sectores de la sociedad respecto de los derechos humanos y del derecho internacional humanitario y la capacitación en esta materia de los funcionarios encargados de hacer cumplir la ley, así como de las fuerzas armadas y de seguridad;*
> **f)** *La promoción de la observancia de los códigos de conducta y de las normas éticas, en particular las normas internacionales,*

> *por los funcionarios públicos, inclusive el personal de las fuerzas de seguridad, los establecimientos penitenciarios, los medios de información, el personal de servicios médicos, psicológicos, sociales y de las fuerzas armadas, además del personal de empresas comerciales;*
> ***g)*** *La promoción de mecanismos destinados a prevenir, vigilar y resolver los conflictos sociales;*
> ***h)*** *La revisión y reforma de las leyes que contribuyan a las violaciones manifiestas de las normas internacionales de derechos humanos y a las violaciones graves del derecho humanitario o las permitan.*

En relación con las garantías de no repetición, la obligación del Estado radica en el deber de adoptar medidas adecuadas para evitar que las comunidades vuelvan a ser objeto de violaciones al derecho internacional de los derechos humanos y al derecho internacional humanitario. En términos más concretos las garantías de no repetición incluyen medidas encaminadas a disolver los grupos armados paraestatales, a derogar las disposiciones legislativas de excepción, legislativas o de otra índole, que hayan favorecido las violaciones y a permitir la reincorporación a la sociedad de los niños y niñas involucrados en el conflicto armado; medidas contempladas en el principio 35 de los *Principios para la protección y la promoción de los derechos humanos mediante la lucha contra la impunidad.*

Adicionalmente, conforme a lo dispuesto en las *Directrices básicas sobre el derecho de las víctimas a obtener reparaciones,* las garantías de no repetición incluyen, entre otras, medidas orientadas a asegurar un control efectivo de las autoridades civiles sobre las fuerzas armadas y de seguridad, a fortalecer la independencia de la rama judicial, a prevenir y resolver los conflictos sociales y a impartir capacitación en derechos humanos y derecho internacional humanitario a los funcionarios encargados de hacer cumplir la ley, así como a las fuerzas armadas y de seguridad del Estado.

Se debe reseñar aquí, que estas medidas también se encuentran compiladas en los principios 37 a 42 del Conjunto de Principios para la Protección y la Promoción de los Derechos Humanos Mediante la Lucha Contra la Impunidad, enunciados por Joinet en el año de 1997, según los cuales las garantías de no repetición de las vulneraciones graves de los derechos humanos y el derecho internacional humanitario son de tres clases: **a)** medidas encaminadas a disolver los grupos armados paraestatales; **b)** medidas de derogación de las disposiciones de excepción, legislativas o de otra índole que favorezcan las violaciones; y **c)** medidas administrativas o de otra índole que deben adoptarse frente a agentes del Estado implicados en las violaciones.

3.2.5.1. La experiencia internacional

En 2008 Chile ratificó el Protocolo Facultativo de la Convención contra la Tortura y otros Tratos Crueles, Inhumanos o Degradantes de la ONU. En 2009 tipificó en legislación doméstica crímenes de lesa humanidad y promulgó los Estatutos de Roma de la Corte Penal Internacional y el Protocolo Optativo contra la Tortura de la ONU.

En 2010 se inauguró el Museo de la Memoria y los DDHH y se fundó el Instituto Nacional de Derechos Humanos —INDH—. En 2011 se planteó la creación de una Subsecretaría de DDHH que desempeñaría un papel importante en el diseño y desarrollo de estudios, planes y programas, destinados a la reparación de víctimas de violaciones a los Derechos Humanos. Actualmente se encuentra en tercer trámite, ante el Senado de la República[119] y espera materializarse pues es una de las prioridades contempladas en el programa de la presidenta Bachelet. Así mismo, se inician las reformas políticas para la formulación de una nueva Constitución Política que sustituya la Constitución que rige desde 1980 y que sea creada en Democracia que refleje los consensos sociales que debe tener el país y que brinde amplitud a los derechos Hu-

---

[119] "Llaman a dialogar con todos los actores sociales, sin excepción". Publicado el: 12/03/2014. Sala de Prensa. Senado de la República de Chile. http://www.senado.cl/llaman-a-dialogar-con-todos-los-actores-sociales-sin-excepcion/prontus_senado/2014-03-12/122956.htm.

manos[120]. En El Salvador, para garantizar que hechos similares no se vuelvan a repetir se establecieron las siguientes medidas:

- *Mediadas en el ámbito de la formación policial:* La Academia Nacional de Seguridad Pública revisará planes de estudio y textos educativos con el fin de capacitar al personal en las graves violaciones a los derechos humanos ocurridas durante el conflicto armado y sensibilizarlos para la no repetición en el ejercicio de su función policial.
- *Medidas en el ámbito de la formación militar:* El Ministerio de la Defensa Nacional adoptara las medidas para la enseñanza de los Derechos Humanos y del DIH con el fin de promover su respeto y protección.
- *Medidas en el ámbito de los derechos humanos:* Ratificación y adhesión a los tratados internacionales de derechos humanos de los cuales El Salvador no es Estado Parte, considerando los principios y normas constitucionales aplicables.
- *Medidas en el ámbito de la cooperación internacional:* El Ministerio de Relaciones Exteriores, La Corte Suprema de Justicia y el Instituto de Medicina Legal promoverán la creación de un equipo salvadoreño de antropología forense, así como el establecimiento de bancos de información genética y forense con el objetivo de ayudar a la búsqueda de personas desaparecidas en el contexto del conflicto armado.

---

[120] Esta es una de las prioridades del gobierno de la presidente Michelle Bachelet quien se posesionó del cargo en su segundo período presidencial el pasado 11 de marzo de 2014. Bachelet hija del General de Brigada Aérea Alberto Bachelet, quien fuera torturado por la dictadura y por cuya causa falleció, y de la antropóloga Ángela Jeria, también presa política y torturada junto con la misa Michelle Bachelet. Toma posesión de su cargo recibiendo la banda presidencial de manos de Isabel Allende, primera mujer presidenta del Senado e hija del fallecido presidente Salvador Allende.

3.2.5.2. Desarrollo de las medidas de garantías de no repetición

Como podemos observar el instrumento establece una serie de garantías de no repetición y prevención, entre las que cabe destacar la limitación de la jurisdicción de los tribunales militares exclusivamente a los delitos de naturaleza militar, el fortalecimiento de la independencia de la rama judicial, el fortalecimiento de la capacitación de todos los sectores sociales en materia de derechos humanos y derecho internacional humanitario, y la revisión y reforma de las leyes que permitan o contribuyan a la violación de los derechos humanos. Las víctimas tienen derecho a que el Estado y los miembros de los grupos armados al margen de la ley, les garanticen que no se volverán a producir las actividades delictivas que le causaron un daño a ellas y a la sociedad en general, como garantías de que los hechos no se repetirán jamás.

Por lo mismo, las víctimas tienen derecho a la desmovilización y desmantelamiento efectivo de los grupos armados organizados al margen de la ley; a la protección de los defensores de derechos humanos, profesionales del derecho, familiares de víctimas, organizaciones no gubernamentales, activistas y en general a los defensores de derechos humanos, que han denunciado la práctica de la desaparición forzada en Colombia. Depuración y reestructuración de las fuerzas Armadas del Estado, en el sentido de retirar a todos aquellos efectivos, que han estado involucrados con desapariciones forzadas en todo el País.

Apertura de los archivos de inteligencia de los organismos de Seguridad del Estado que revelen las razones por las cuales fueron desaparecidas miles de personas en nuestro país. Que los cursos de formación militar incluyan módulos de derechos humanos que contengan de manera focalizada la desaparición forzada, las normas vigentes en esta materia, los derechos de las víctimas y la acción sin daño sobre esta población.

Depuración institucional de revisión de normas, manuales y procedimientos de la fuerza pública, que favorezcan la comisión de desapariciones forzadas con el acompañamiento de una comisión de alto nivel internacional de carácter permanente, que garantice esta depuración y el respeto en materia de derechos humanos.

La revisión y reforma de leyes que contribuyan a la realización de violaciones manifiestas a los derechos humanos, en especial sobre desaparición forzada, que impidan su investigación y juzgamiento, en la jurisdicción ordinaria y que faciliten o permitan su investigación en la justicia penal militar, principal instrumento de impunidad en los casos de desaparición forzada en Colombia, un ejemplo de estas normas es la revisión del fuero militar.

Lo anteriormente expuesto, deja claro que existe un alcance amplio del derecho a la reparación no solo en instrumentos internacionales, sino también en el amplio desarrollo jurisprudencial, lo que constituye un abanico de posibilidades para que los Estados puedan asumir la responsabilidad de reparar las víctimas de violaciones graves de los derechos humanos y del derecho internacional humanitario; cualquiera sea la modalidad que empleen siempre deberán sujetarse al respeto por ellas y repararlas en condiciones de igualdad y, por tanto, sin discriminación alguna y de una forma adecuada, justa y pronta; de acuerdo con el marco que hemos expuesto la reparación deberá ser proporcional a la gravedad de las violaciones y al daño sufrido. En este sentido, los instrumentos internacionales han venido a dar coherencia y sistematicidad a todo este conjunto de formas de reparación.

Finalmente, otro de los elementos que debe estar presente en todo proceso de reparaciones es la participación de las propias víctimas. Son ellas las que han experimentado el sufrimiento y las que mejor conocen sus necesidades y sus prioridades en materia de reparación. El participar en el diseño del programa de reparaciones otorga a las víctimas la sensación de que se les reconoce, de que se les tiene en cuenta, lo que contribuye a generar un sentimiento de apropiación del proceso. Ello es algo esencial cuando lo que está en juego es la autoestima de las víctimas, víctimas que han sufrido mucho y cuya recuperación psicológica descansa en buena parte en ese sentimiento de reconocimiento público y de participación.

Conclusiones

Primera. La práctica de la desaparición forzada de personas ha sido reconocida por la comunidad internacional como un crimen de lesa humanidad, que ha sido perpetrado por servidores del Estado por acción o por omisión, pero también por particulares que acuden a una conducta tan aberrante con el objeto de generar terror y zozobra, en contextos de violencia política. Esta conducta reduce a la víctima al anonimato y deja a sus familiares en un estado de incertidumbre permanente, las autoridades no aceptan ninguna responsabilidad por acción u omisión del hecho, ni suministran información de la víctima y los recursos de Habeas Corpus o de amparo son inoperantes y en todo momento los perpetradores procuran mantener el anonimato.

La legislación internacional ha reconocido que con la práctica de la desaparición forzada se violan, entre otros, los derechos a la libertad y la seguridad de las personas, que se constituye como el principal derecho humano violado y denegado directamente por el hecho mismo de la desaparición, el derecho a no ser arbitrariamente detenido ni preso, a un juicio imparcial en materia penal, el reconocimiento de la personalidad jurídica ante la ley, acudir a un recurso efectivo ante los Tribunales nacionales que lo amparen contra la violación de sus derechos fundamentales, a no ser sometido a torturas ni a penas o tratos crueles, inhumanos o degradantes, y el derecho a no ser privado de la vida.

Segunda. El derecho a la reparación integral es un deber legal consagrado en la legislación internacional y busca compensar a las víctimas de graves violaciones a los derechos humanos y al Derecho Internacional Humanitario. Además, este deber se erige como uno de los retos principalísimos en cualquier proceso de reconciliación y búsqueda de la paz, pues mitigar los daños y sufrimientos a quienes se les vulneraron sus derechos en desarrollo de la confrontación armada no es una tarea fácil, si tenemos presente que existen diversas formas de concebir el daño y la manera de repararlo.

La comunidad internacional ha hecho grandes esfuerzos para lograr desarrollar, desde el punto de vista normativo, instrumentos que recojan el derecho a la reparación integral consagrando directrices internacionales que buscan restablecer la dignidad de toda persona que haya sufrido un menoscabo en cualesquiera de sus derechos amparados e independientemente del responsable que se los haya vulnerado. Este derecho también comprende el acceso a recursos efectivos y rápidos, el respeto por la dignidad de las víctimas y la disponibilidad de mecanismos que faciliten su participación en el diseño y ejecución de los programas de reparación. Adicionalmente, comprende medidas de reparación concernientes con la restitución, indemnización, rehabilitación y satisfacción de sus derechos y las garantías para que estos hechos no se vuelvan a repetir.

El Sistema Interamericano de Protección y Promoción de los Derechos Humanos es el que presenta mayores desarrollos en esta materia, no solo desde el punto de vista normativo, sino desde el punto de vista jurisprudencial ya que, a través de las sentencias proferidas por la Corte Interamericana de Derechos Humanos, ha marcado un camino que fija lineamientos de medidas de reparación integral a víctimas de derechos humanos que acuden a su jurisdicción.

Tercera. La justicia transicional se ha convertido en un escenario ineludible para transitar de periodos álgidos de violencia a periodos de reconciliación y reconocimiento de graves violaciones a los derechos humanos y al Derecho Internacional Humanitario, aunque con diversos resultados y varios sacrificios en aras de lograr transitar hacia la democracia o contextos menos violentos que vulneran en última instancia a los ciudadanos ajenos al conflicto.

Para el estudio y análisis del contexto histórico, el concepto y desarrollo de la justicia transicional, adoptamos una visión dirigida precisamente a sus orígenes y los debates en torno a su conceptualización y su aplicación en diferentes experiencias internacionales, dejando de lado la idea recurrente de definirla a través de las medidas de reparación, lo que nos permitió tener una visión mucho más conceptual de lo que ha sido este modelo de justicia y de las implicaciones de su uso en contextos en transición.

Aunado a lo anterior, podemos concluir que el desarrollo del Derecho Internacional Humanitario ha fijado unos estándares cada vez más exigentes y la constante operatividad de la Corte Penal Internacional, que se encuentra al tanto de los resultados en los procesos de justicia alrededor del mundo, ha permitido que existan mayores controles y seguimientos por parte de la comunidad internacional a los procesos de justicia transicional que se adelantan contemporáneamente.

Cuarta. En Colombia la práctica de la desaparición forzada de personas perpetrada por agentes del Estado, y por grupos armados organizados al margen de la ley se oficializó en el año 1977 y desde ese momento ha sido una práctica sistemática y generalizada, negada desde el Estado y sus instituciones; obrando negligentemente en su deber de prevención, investigación y juzgamiento de los responsables.

Desde finales de la década de los setenta y hasta la mitad de los años ochenta, las desapariciones forzadas en Colombia se caracterizaron por ser ejecutadas por miembros de la Policía y el Ejército nacional en connivencia con narcotraficantes y grupos de justicia privada, tal y como se evidenció en el presente trabajo con los casos paradigmáticos de la desaparición forzada de Omaira Montoya y el caso Colectivo 82.

Al finalizar la década de los ochenta la práctica de la desaparición forzada se desplaza principalmente al sector rural, es el momento en el que guerrillas, narcotraficantes, militares, paramilitares y grupos de autodefensa comienzan a realinearse para disputarse el territorio nacional. El copamiento de territorios lógicamente se haría por la fuerza, la intimidación, el terror y el miedo; tal y como lo desarrollamos en la contextualización sociopolítica en las que se produjeron las detenciones desapariciones colectivas del caso de los 19 comerciantes en el Magdalena Medio Santandereano y en el caso de los 43 campesinos de Pueblo Bello en Córdoba.

Estas detenciones-desapariciones de finales de los años ochenta, se caracterizan por ser ejecutadas por grupos de autodefensa con la aquiescencia y el apoyo del Ejército nacional, sobre grupos de personas tildadas de apoyar a las guerrillas, trasladándolas ocultamente, sometiéndolas a vejámenes y torturas para posteriormente descuartizar sus cuerpos y ocultarlos en fosas comunes o arrojándolos a los ríos, lo que permitió la impunidad de este delito en las zonas rurales.

Quinta. La expansión y consolidación del paramilitarismo entre 1988 y el año 2000, dejó como resultado un aumento en los índices de las violaciones a los derechos humanos por todo el territorio nacional. Estas ocupaciones estuvieron acompañadas de graves atropellos contra la población civil, agudizando mucho más la situación humanitaria que vivía el país llegando a elevar la victimización de tal manera que se registraron cifras nunca antes vistas, con mayor impacto en el desplazamiento forzado de personas, las masacres, los asesinatos políticos y las desapariciones forzadas, que alcanzaron su pico más alto en el gobierno de Andrés Pastrana. La producción de violencia generada a partir de la consolidación y expansión del fenómeno paramilitar a finales de los años noventa agudizó la crisis del conflicto colombiano y las desapariciones forzadas no dejaron de copar —al paso paramilitar— el territorio nacional.

Las desapariciones forzadas durante esta década se convirtieron en una estrategia contrainsurgente practicada indiscriminadamente por los grupos paramilitares, con la acción y la omisión de las fuerzas militares, contra los pobladores rurales y urbanos señalados de ser simpatizantes o colaboradores de la guerrilla, así mismo, se implementó como método de terror e instrumento de instigación para el desplazamiento forzado de miles de campesinos a fin de colonizar tierras, ganados y propiedades en una contrarreforma agraria violenta y paramilitar.

Las cifras y el seguimiento sistemático a esta práctica han presentado divergencias entre las organizaciones no gubernamentales y las entidades del Estado como consecuencia de las diferencias tanto de carácter conceptual, como metodológico, así como de temporalidad en su misma recaudación, lo cual impide una unificación de criterios a la hora de observar el fenómeno objetivamente.

Algunos de estos obstáculos se presentan precisamente por varios factores entre los cuales podemos resaltar: en primera instancia, el desconocimiento por parte del Estado y sus funcionarios, además de su negativa, para reconocer la ejecución de desapariciones en los primeros años de denuncia por parte de los familiares que buscaban a sus seres queridos. Segundo, una tardía consagración Constitucional del derecho a no ser desparecido en Colombia. Tercero, la confusión permanente de esta práctica con el delito de secuestro por parte de la administración de justicia a causa de su no tipificación y, por último, las estrategias de impunidad con ocasión del desvió de las investigaciones por parte de sus responsables cobijados por el fuero militar en gran parte de los casos.

Otro de los obstáculos que podemos evidenciar radica en que la mayoría de los casos de desaparición forzada no son denunciados por sus víctimas debido a causas como su desconocimiento, el temor, o con ocasión de la falta de credibilidad en las instituciones del Estado e incluso de las mismas organizaciones no gubernamentales, lo que significa que el registro adelantado por estas instancias puede reflejar una realidad meramente somera, del objeto de nuestro estudio.

Sexta. Las organizaciones de familiares de las víctimas han jugado un papel preponderante en la recaudación y seguimiento a la desaparición forzada en Colombia, pues ante la negativa por parte del Estado de reconocer en los primeros años la existencia de esta práctica y aún más de prolongar en el tiempo su tipificación, estas organizaciones adelantaron el seguimiento de los casos denunciados, consolidando una base de datos y gestionando, tanto a nivel nacional como internacional, la búsqueda de sus seres queridos o la búsqueda de justicia para no dejar sus casos en la impunidad.

Desde el Ministerio de Defensa el ejecutivo promovió varios incentivos, de distinta naturaleza para las tropas militares, en particular el otorgamiento de bonificaciones, primas económicas y otra clase de beneficios, como días de descanso por cada "combatiente dado de baja". Lo que incentivó a las tropas a volver a practicar desde su seno la desaparición forzada de personas, esta vez estimulada novedosamente por las bonificaciones, aunado a los asensos y condecoraciones del pasado. Miles de civiles fueron desaparecidos forzadamente por miembros de las Fuerzas Militares, para así obtener beneficios y bonificaciones. Al estallar este escándalo se le dio el nombre mediático de "Falsos Positivos", lo que ha generado confusión y distorsión de la realidad sobre este delito.

El subregistro de casos de desaparición forzada en Colombia no solo obedece a la invisibilización por parte del Estado, también es una estrategia de desviación del fenómeno, presentado ahora como un falso positivo o una ejecución extrajudicial, lo que incide en la invisibilización de esta práctica como una estrategia de Estado para seguir negando que en Colombia se continúa con esta práctica a pesar de la condena y reproche en los niveles nacional e internacional.

Séptima. El ejercicio comparado sobre modelos de justicia transaccional y las medidas de reparación adoptadas para reparar a las víctimas de desaparición forzada, presentan distintos grados de avance o estancamiento en su responsabilidad de asumir los compromisos acordados con las víctimas y con la misma sociedad. En este trabajo podemos resaltar distintos criterios y medidas de reparación que los países han venido construyendo en su proceso de justicia transicional y que se constituyen en lecciones aprendidas para las naciones hermanas que atraviesan conflictos similares y que pueden aprender de su experiencia a la hora de solucionar sus conflictos y particularmente al momento de emprender acciones de reparación a víctimas.

Los casos de Argentina y Chile presentan muchas similitudes y avances en el proceso de reparación. Las dos naciones experimentaron un proceso paralelo de dictaduras militares, sin embargo, Argentina logró dar fin a la dictadura siete años antes que su vecino. Esta circunstancia, asociado a un fuerte y novedoso movimiento social que reivindicó de manera férrea los derechos de las víctimas, la mayoría de ellas desaparecidas ha mostrado resultados a las demandas realizadas al Estado y ha abierto un camino inspirador para otras naciones en esta materia.

Los criterios de reparación implementados por el Estado argentino incluyeron en primer término la restitución de los trabajadores que, por causas políticas o gremiales, quedaron cesantes de su trabajo; además la retroactividad salarial y pensional que por causas del conflicto fueron suspendidas. En segundo lugar, la restitución de la identidad de los niños y niñas que fueron desaparecidos junto con sus padres, este es un novedoso aporte que, gracias al esfuerzo de las Abuelas de la Plaza de Mayo, llegaron a conformar el Banco Nacional de Datos Genéticos para facilitar el trabajo de identificación y restitución a su familia de sangre de los hijos de desaparecidos o asesinados, secuestrados o nacidos en cautiverio. En tercer lugar, se presentaron pocos avances en lo relacionado a la rehabilitación en atención médica y psicológica, así como servicios jurídicos y sociales que debería prestar por parte del Estado, esta función fue asumida por los organismos de derechos humanos.

Argentina presenta un nivel mayor de compromiso en la indemnización a las víctimas del conflicto, soportado en un marco jurídico que ha resistido una política pública de largo aliento. Estas indemnizaciones brindaron pensión a los cónyuges e hijos de personas desaparecidas y tuvo como beneficiarios a los hijos menores de 21 años que con posterioridad se extendió hasta el momento en el cual se completaran los estudios universitarios o se cumplieran 25 años, en caso de discapacidad el beneficio no caducaba; incluyó a los padres y hermanos incapacitados para el trabajo y que no desempeñaran actividad lucrativa ni gozaren de jubilación, pensión, retiro o prestación no contributiva; igualmente a los hermanos menores de edad huérfanos de padre y madre que hubieran convivido con la víctima en forma habitual antes de la desaparición. También contempló reparaciones a las personas que nacieron durante la privación de la libertad de sus madres; a los menores que permanecieron detenidos debido a la detención o desaparición de sus padres por razones políticas; y a las personas que hubieran sido víctimas de sustitución de identidad; así como indemnización a las abuelas de estos niños.

Las indemnizaciones en el caso chileno han tenido como preámbulo, determinar con mayor precisión y rigurosidad el registro de las víctimas, por lo que han establecido Comisiones con el fin de ampliar e investigar los casos que pueden llegar a repararse, incluso han tenido que ampliar su temporalidad para que los familiares de las víctimas puedan llegar al registro. Igualmente, el marco jurídico para la reparación se consagra en la Ley de Reparación (Ley 19.123) y cuenta con varias modificaciones para ajustar los beneficios de acuerdo con la realidad con que avanza la sociedad en su proceso de justicia transicional. Estas indemnizaciones se realizan bajo la figura de pensión por reparación y beneficia al cónyuge sobreviviente, madre de la víctima, padres de víctimas, madre o padre de hijos de filiación no matrimonial, hijos legítimos, naturales y adoptivos, menores de 25 años, hijos con discapacidad física y mental, de cualquier edad. También se establecieron pensiones gracia para situaciones especiales.

La rehabilitación en el caso chileno ha tenido más alcance que en el argentino, pues cuenta con un Programa de Reparación y Atención en Salud, becas de educación para los hijos, exención de Servicio Militar Obligatorio y beneficios complementarios como la incorporación a las Cajas de Compensación; beneficios de asignación por muerte y un Fondo Solidario de Crédito Universitario.

Las reparaciones simbólicas para los dos países han consistido en la construcción de Museos de la Memoria, y en la construcción de memoriales que son los "centros de reclusión clandestina"; sin embargo, estas obras han sido promovidas inicialmente por los familiares de las víctimas y su política no cuenta con gran apoyo gubernamental, salvo en casos particulares donde se ha avanzado en formalizar los monumentos o en crear los archivos de la memoria.

Octava. Para el caso de Perú, la Comisión de la Verdad y Reconciliación —CVR— (CVR, 2003) recomendó un Programa Integral de Reparaciones —PIR—, el cual fue asumido mediante la Ley 28413. Se conformó una Comisión Multisectorial de Alto Nivel —CMAN— para el diseño de la política pública de reparaciones y el seguimiento a las recomendaciones de la CVR, reduciendo el PIR a seis programas generales: 1). Programa de restitución de derechos ciudadanos; 2). Programa de reparaciones en educación; 3). Programa de reparaciones en salud; 4). Programa de reparaciones colectivas; 5). Programa de reparaciones simbólicas; y 6). Programa de promoción y facilitación al acceso de vivienda.

El capítulo de la reparación a las víctimas en Perú tiene su base fundamental en el Plan Integral de Reparaciones que propuso la CVR, y legalmente aprobada por la Ley 28592, del 29 de julio de 2005, la cual aprobó varios de sus componentes. No obstante, la implementación de estas medidas tiene profundas limitaciones, cambios en sus políticas y discursos encontrados basados en la exclusión social y política que continúa viviendo el país.

Los conflictos armados de los países centroamericanos analizados, Guatemala y El Salvador, revisten una similitud en los alcances obtenidos en el posconflicto en relación con la reparación integral de las víctimas. Estos países suscribieron Acuerdos de Paz, contando con el apoyo de la comunidad internacional y regional, en procesos enormemente costosos tanto económica como socialmente. Sin embargo, estos países no han logrado asumir con seriedad estos Acuerdos y han despreciado los aportes realizados por las Comisiones de la Verdad para caminar por la senda la justicia transicional.

Los casos de justicia transicional comparada evidencian que la reparación a las víctimas sobre todo en términos de indemnizaciones por parte de los Estados, es importante pero no suficiente, lo cual implica la necesidad de acudir a las diversas formas de reparación determinadas por la comunidad internacional tales como las medidas de satisfacción, la restitución, la rehabilitación y las garantías de no repetición, con el objeto también de que haya esclarecimiento y sanción para los responsables.

Novena. Aunque con moderación y reservas, Colombia vive hoy un momento coyuntural en su historia, pues luego de más de 60 años de conflicto armado interno se apresta a poner en marcha los acuerdos firmados entre el gobierno de Juan Manuel Santos y la guerrilla de las FARC-EP, lo que pone a las víctimas del conflicto en un lugar protagónico como lo anunciábamos desde el primer capítulo.

Este escenario es fundamental para poder avanzar hacia una paz perdurable y duradera, pero al mismo tiempo demandará grandes retos en términos de cumplir con lo pactado por las partes en el acuerdo final y definitivo, por lo mismo la terminación del conflicto en un contexto de justicia transicional abre la posibilidad de reparar de manera integral a las víctimas del conflicto armado interno.

Dentro de los programas y medidas de reparación existentes en Colombia para víctimas del conflicto armado, encontramos que se han adoptado dos vías, una jurídica y otra administrativa. Dentro de la primera encontramos que excepcionalmente a través de la acción de tutela se ha reparado a víctimas del conflicto, por otra parte, acudiendo a la jurisprudencia de la Corte Constitucional que ha señalado que el derecho constitucional a la reparación integral de las víctimas no solo tiene fundamento expreso en los artículos 1°, 2° y 250 de la Constitución, sino también se fundamenta en el bloque de constitucionalidad. Finalmente, en sede judicial y por instancias internacionales, se ha procedido a reparar a las víctimas a pesar de que hasta ahora no existe una interpretación unificada sobre el contenido y alcance de este derecho, a partir del estudio de los instrumentos y jurisprudencia internacionales, así como de documentos de *soft law*, se ha planteado una dogmática jurídica que ha servido de fundamento a la hora de reparar en sede judicial.

Por la segunda vía encontramos, que más recientemente en casos de justicia transicional o de posconflicto, se ha reparado a las víctimas del conflicto por programas de reparación masiva o reparación en sede administrativa, como es el caso de la Ley 975 de 2005, con su Decreto reglamentario 1290 de 2008 y actualmente con la Ley 1448 de 2011 y su Decreto reglamentario 4800 del mismo año.

Decima. Aunque la Ley de víctimas y restitución de tierras presenta un avance significativo al reconocer que existe un conflicto armado en Colombia y determina una serie de parámetros para reparar a las víctimas del conflicto de manera integral, no reconoce, ni determina unos criterios de reparación integral, diferenciado y focalizado sobre las víctimas de desaparición forzada en Colombia.

En cuanto a esta última normatividad la ley consagra como principio el derecho a la reparación integral, el cual dispone que las víctimas deben ser reparadas de manera adecuada, diferenciada, transformadora y efectiva como consecuencia del daño que han sufrido, lo que abre la posibilidad de que se exija por parte de los familiares de los desparecidos dicha reparación transformadora y diferenciada.

Como es evidente se trata de medidas meramente asistenciales, sin que de fondo se haya establecido ningún programa de reparación integral, focalizado, comprometido realmente con el repudio de este delito de lesa humanidad, con sus víctimas y con sus familiares; es más, no envía un mensaje a la sociedad de rechazo y de una verdadera intención de sanar las heridas a miles de víctimas en el país que perdieron a sus familiares víctimas de desaparición forzada, con ocasión del conflicto armado.

Aquí cobra relevancia y vigencia este trabajo al hacer un ejercicio de formulación de criterios que determinan el daño y de medidas de reparación integral a las víctimas del delito de desaparición forzada en Colombia, a partir de un recorrido histórico del fenómeno, que pone en evidencia su práctica indiscriminada, sus avances y las falencias normativas que lo rodean, así como la falta de interés por parte del Estado colombiano en su reconocimiento, lo que implica la exigencia de un verdadero compromiso para adoptar medidas reparadoras que dignifiquen la memoria de las personas desaparecidas, se repare de manera integral a sus familiares y se le garantice a la sociedad colombiana la no repetición de estos graves hechos.

Referencias

Abad, I. O. (2005). *Sobre los límites de la conciencia humanitaria. Dilemas de la paz y la justicia en América Latina.* Bogotá: Temis y Universidad de los Andes.

Agamben, G. (2004). "El Estado de Excepción como paradigma de gobierno". En *Estado de Excepción. Homo Sacer* (págs. 9-50). Valencia: Pre-Textos.

Akech, M. (2010). *Institutional reform in the new constitution of Kenya.* ICJT. https://www.ictj.org/sites/default/files/ICTJ-Kenya-Institutional-Reform-2010-English.pdf.

Alternativa. (marzo de 1997). Convivir, embuchado de largo alcance. *Revista Alternativa* (8).

Alto Comisionado de las Naciones Unidas para los Derechos Humanos. Oficina en Colombia. (2010). Manual de Calificación de Conductas Violatorias de Derechos Humanos (Primera ed.). (O. d. Unidas, Ed.) Bogotá D.C., Colombia.

Americas Watch. (1993). *La violencia continúa, asesinatos políticos y reforma institucional en Colombia.* (IEPRI, y U. N. Colombia, Edits.) Bogotá, Colombia: Tercer Mundo Editores.

Amnistía Internacional. (1983). *Desapariciones.* Barcelona: Editorial Fundamentos.

Amnistía Internacional. (1990). Informe Anual: escuadrones de la muerte a la defensiva. Bogotá: Amnistía Internacional.

Amnistía Internacional. (1997). *Informe Anual.* Bogotá: Amnistía Internacional.

Aponte Cardona, A. (2006). *Guerra y Derecho Penal del Enemigo. Reflexión crítica sobre el Derecho Penal del Enemigo.* Bogotá: Editorial Ibañez.

Arquidiocese de Sao Paulo. (1985). *Brasil: nunca mais.* Sao Paulo.

ASFADDES. (2003). *Veinte años de historia y lucha.* Bogotá: Asociación de familiares de detenidos desparecidos.

Atienza, M. (2008). "Derecho y argumentación". En *Ideas para una filosofía del derecho: una propuesta para el mundo latino* (pág. 153 a 230). Arequipa: Universidad Inca Garcilaso de la Vega.

Bolivar Jaime, A. P. (2012). *Programas administrativos de reparación: el caso colombiano en perspectiva comparada.* Bogotá: Universidad Nacional de Colombia.

Boraine, A. (2000). *A Country Unmasked.* África del Sur: Oxford University Press.

Botero Bedoya, R. (junio de 1995). "La desaparición forzada". *Su Defensor.*

Botero Bedoya, R. (1996). *En busca de los desaparecidos: análisis político criminal de la conducta y su normatividad.* Bogotá, Colombia: Defensoría del Pueblo.

Botero, C., y Restrepo, E. (2005). *Estándares internacionales y procesos de transición en Colombia. En Entre el perdón y el paredón, preguntas y dilemas de la justicia transicional* (Primera ed., págs. 19-78). Bogotá: Universidad de los Andes.

CAJAR. (1988). *El camino de la niebla.* Bogotá: Liga Cololombiana por los Derechos y la Liberación de los Pueblos.

CAJAR. (1990). *El camino de la niebla. La desaparición forzada en Colombia y su impunidad.* (Vol. III). (L. C. d, Ed.) Bogotá: Universidad de Texas.

Casas, A., y Herrera, G. (2007). "Los procesos de reparación como mecanismo político: una mirada comparada". En *Memorias III Coloquio de profesores, Facultad de Ciencia Política y Relaciones Internacionales* (págs. 361–390). Bogotá: Pontificia Universidad Javeriana.

CCJ. (1996). *Colombia: derechos humanos y derecho humanitario.* Bogotá: Comisión Colombiana de Juristas.

Chambliss, W. J. (1995). "State Organized Crime The American Society of Criminology". En *Contemporany Masters in Criminology* (págs. 183-208). Springer US: 1988 Presidential Address.

Comisión chilena de Derechos Humanos. (1991). *Síntesis del informe de la Comisión de la Verdad y Reconciliación.* Santiago de Chile: Comisión chilena de Derechos Humanos.

Comisión de Estudios sobre la Violencia. (1987). *Colombia: violencia y democracia.* Bogotá: Instituto de Estudios Políticos y Relaciones Internacionales. Universidad Nacional de Colombia.

Comisión de la Verdad para El Salvador. (1985). *De la locura a la esperanza: la guerra de 12 en El Salvador.* San Salvador: Organización de las Naciones Unidas.

Comisión Interamericana de Derechos Humanos. (1948). Declaración Americana de los Derechos y Deberes del Hombre. http://www.oas.org/es/cidh/mandato/Basicos/declaracion.asp.

Comisión Nacional de Reparación y Reconciliación. (2007). *Recomendación de Criterios de Reparación y de Proporcionalidad Restaurativa.* Bogotá.

Comité Internacional de la Cruz Roja. (12 de agosto de 1949). Los Convenios de Ginebra de del 12 de agosto de 1949. Obtenido de Comité Internacional de la Cruz Roja. http://www.icrc.org/spa/resources/documents/publication/p0173.htm.

Comité Internacional de la Cruz Roja. (2003). *Las personas desaparecidas y sus familiares.* Cruz Roja Internacional. ICRC.

Comité Pro-Justicia y Paz de Guatemala. (1984). *Situación de los derechos humanos en Guatemala.* Guatemala.

CONADEP. (1984). *Informe de la Comisión Nacional sobre la Desaparición de Personas.* Argentina: Editorial Universitaria de Buenos Aires.

Corte Interamericana de Derechos Humanos. (20 de enero de 1989). Caso Godínez Cruz vs. Honduras. Obtenido de CIDH. http://www.corteidh.or.cr/docs/casos/articulos/seriec_05_esp.pdf.

Corte Interamericana de Derechos Humanos. (21 de julio de 1989). Caso Velásquez Rodríguez vs. Honduras. Obtenido de CIDH. http://www.corteidh.or.cr/docs/casos/articulos/seriec_07_esp.pdf.

Corte Interamericana de Derechos Humanos. (4 de diciembre de 1991). Caso Aloeboetoe y otros vs. Surinam. Obtenido de CIDH. http://www.corteidh.or.cr/docs/casos/articulos/seriec_11_esp.pdf.

Corte Interamericana de Derechos Humanos. (8 de diciembre de 1995). Caso Caballero Delgado y Santana vs. Colombia. Obtenido de CIDH. http://www.corteidh.or.cr/docs/casos/articulos/seriec_22_esp.pdf.

Corte Interamericana de Derechos Humanos. (3 de noviembre de 1997). Caso Castillo Paéz vs. Perú. Obtenido de CIDH. http://www.corteidh.or.cr/docs/casos/articulos/seriec_34_esp.pdf.

Corte Interamericana de Derechos Humanos. (17 de septiembre de 1997). Caso Loayza Tamayo vs. Perú. Obtenido de CIDH. http://www.corteidh.or.cr/docs/casos/articulos/seriec_33_esp.pdf.

Corte Interamericana de Derechos Humanos. (27 de agosto de 1998). Caso Garrido y Baigorria vs. Argentina. Obtenido de CIDH. http://www.corteidh.or.cr/docs/casos/articulos/seriec_39_esp.pdf.

Corte Interamericana de Derechos Humanos. (19 de noviembre de 1999). Caso de los "Niños de la Calle" Villagrán Morales y otros vs. Guatemala. Obtenido de CIDH. http://www.corteidh.or.cr/docs/casos/articulos/seriec_63_esp.pdf.

Corte Interamericana de Derechos Humanos. (25 de noviembre de 2000). Caso Bámaca Velásquez vs. Guatemala. Obtenido de CIDH. http://www.corteidh.or.cr/docs/casos/articulos/Seriec_70_esp.pdf.

Corte Interamericana de Derechos Humanos. (18 de agosto de 2000). Caso Cantoral Benavides vs. Perú. Recuperado el 15 de febrero de 2013, de CIDH. http://www.corteidh.or.cr/docs/casos/articulos/Seriec_69_esp.pdf.

Corte Interamericana de Derechos Humanos. (26 de enero de 2000). Caso Trujillo Oroza vs. Bolivia. Obtenido de CIDH. http://www.corteidh.or.cr/docs/casos/articulos/Seriec_69_esp.pdf.

Corte Interamericana de Derechos Humanos. (14 de marzo de 2001). Caso Barrios Altos vs. Perú. Obtenido de CIDH. http://www.corteidh.or.cr/docs/casos/articulos/seriec_75_esp.pdf.

Corte Interamericana de Derechos Humanos. (28 de noviembre de 2005). Caso Blanco Romero y otros vs. Venezuela. Obtenido de CIDH. http://www.corteidh.or.cr/docs/casos/articulos/seriec_138_esp.pdf.

Corte Interamericana de Derechos Humanos. (22 de noviembre de 2005). Caso Gómez Palomino vs. Perú. Obtenido de CIDH. http://www.corteidh.or.cr/docs/casos/articulos/seriec_136_esp.pdf.

Corte Interamericana de Derechos Humanos. (15 de septiembre de 2005). Caso Masacre de Mapiripán vs. Colombia. Obtenido de CIDH. http://www.corteidh.or.cr/docs/casos/articulos/seriec_134_esp.pdf.

Corte Interamericana de Derechos Humanos. (26 de septiembre de 2006). Caso Almonacid Arellano y otros vs. Chile. Obtenido de CIDH. http://www.corteidh.or.cr/docs/casos/articulos/seriec_154_esp.pdf.

Corte Interamericana de Derechos Humanos. (1 de julio de 2006). Caso de las Masacres de Ituango vs. Colombia. Obtenido de CIDH. http://www.corteidh.or.cr/docs/casos/articulos/seriec_148_esp.pdf.

Corte Interamericana de Derechos Humanos. (5 de junio de 2006). Caso Montero Aranguren y otros Vs. Obtenido de CIDH. http://www.corteidh.or.cr/docs/casos/articulos/seriec_150_esp.pdf.

Corte Interamericana de Derechos Humanos. (4 de julio de 2006). Caso Ximenes Lopes vs. Brasil. Obtenido de CIDH. http://www.corteidh.or.cr/docs/casos/articulos/Seriec_149_esp.pdf.

Corte Interamericana de Derechos Humanos. (11 de mayo de 2007). Caso Masacre de la Rochela vs. Colombia. Obtenido de CIDH. http://www.corteidh.or.cr/docs/casos/articulos/seriec_163_esp.pdf

Corte Interamericana de Derechos Humanos. (26 de septiembre de 2009). Caso Vargas Areco vs. Paraguay. Obtenido de CIDH. http://joomla.corteidh.or.cr:8080/joomla/index.php?option=com_content&view=article&catid=40:resumen&id=1412.

Corte Interamericana de Derechos Humanos. (27 de noviembre de 2013). Caso El Amparo vs. Venezuela. Obtenido de CIDH. http://www.corteidh.or.cr/docs/casos/articulos/seriec_275_esp.pdf.

Corte Interamericana de Derechos Humanos. (s.f.). Caso de las Masacres de Ituango vs. Colombia. Obtenido de CIDH.

Courtis, C. (2006). *Ni un paso atrás. La prohibición de regresividad en materia de derechos sociales.* Buenos Aires: Centro de Estudios Legales y Sociales.

Courtis, C. (2009). "El juego de los juristas: ensayo de caracterización de la investigación dogmática". En *Ecos cercanos. Estudios sobre derechos humanos y justicia.* Bogotá: Siglo del Hombre, Universidad de los Andes.

De Greiff, P. (2006). *Justice and Reparations. The Hand-book of Reparations.* Oxford: Oxford University Press, 2006, cap. 12.

De Greiff, P. (2006). Los esfuerzos de reparación en una perspectiva internacional: el aporte de la compensación al logro de la justicia imperfecta. *Revista Estudios Socio Jurídicos,* 17.

De Greiff, P. (2009). *¿Cuál es el precio que debemos pagar?* Bogotá: Intermedio Editores.

De Greiff, P. (diciembre de 2011). *Algunas reflexiones acerca del desarrollo de la justicia transicional.* Anuario de Derechos Humanos. http://www.anuariocdh.uchile.cl/index.php/ADH/article/viewFile/16994/18542.

Díaz Gómez, C., Sánchez, N. C., y Uprimny, Y. R. (2009). *Reparar en Colombia: los dilemas en contextos de conflicto, pobreza y exclusión.* Bogotá: ICJT.

El Espectador. (15 de octubre de 1982). Enérgica condena de Betancur al MAS. *El Espectador,* pág. 10.

El Espectador. (6 de mayo de 1983). Discurso del ministro Defensa. *El Espectador,* pág. 1A.

El Espectador. (23 de octubre de 1984). Los desaparecidos son 325: ASFADDES. *El Espectador,* pág. 10A.

El Espectador. (29 de diciembre de 1985). Balance del Procurador 1985: aumentan desapariciones y siguen torturas. *El Espectador,* pág. 9A.

El Espectador. (11 de noviembre de 1985). Subversivos intentaban derrocar al gobierno. *El Espectador,* pág. 2A.

El Espectador. (8 de octubre de 1995). Informe de Amnistía Internacional sonre Colombia. *El Espectador,* pág. 9A.

El Tiempo. (1 de noviembre de 1892). Jueces de instrucción criminal para el MAS pide el Procurador. *El Tiempo,* pág. 10.

El Tiempo. (24 de febrero de 1983). Carta de Fabio Echeverry Correa. pág. 1A.

El Tiempo. (22 de febrero de 1983). El informe sobre el MAS. Analac, Fedegan y Fadegan enjuician conclusiones. *El Tiempo,* págs. 10-11.

El Tiempo. (6 de febrero de 1983). El MAS no es una organización. *El Tiempo,* págs. 26-27.

El Tiempo. (24 de octubre de 1984). Insólito informe de Amnistía Internacional. *El Tiempo,* pág. 1.

Elster, J. (2004). *Closing the books: transitional justice in historical perspective* (Pimera ed.). (C. U. Press, Ed., y E. Zaidenwerg, Trad.) Cambridge: Katz Editores.

Escobar, L. M., Benítez, V. F., y Cárdenas, M. (2011). "La influencia de los estándares interamericanos de reparación en la jurisprudencia del Estado colombiano". *Estudios Constitucionales,* IX (2), 165-190.

Faúndez, H. (2004). *El Sistema Interamericano de Protección de los Derechos Humanos. Aspectos institucionales y procesales* (Tercera ed.)

FEDEFAM. (s.f.) Federación Latinoamericana de Asociaciones de Familiares de Detenidos-Desaparecidos. http://www.desaparecidos.org/fedefam/.

Ferrajoli, L. (1995). *Derecho y razón. Teoría del garantismo penal.* Madrid: Trotta.

Galeano H., E. (1967). *Guatemala. País ocupado.* México D.F.: Editorial Fundamentos.

Galvís, M. C. (2009). *Guía Práctica de Pruebas para las investigaciones disciplinarias por graves violaciones de los derechos humanos e infracciones del derecho internacional humanitario.* Bogotá: Procuraduría General de la Nación, IEMP Editores.

Gamboa Tapias, C. (2006). *Presentación Justicia Transicional: teoría y praxis.* Bogotá: Universidad del Rosario.

Gamboa, S. R. (2015). Ejercicios de discriminación y tecnologías de poder: el crimen de estado como categoría para el derecho en el nuevo humanismo militar. *Revista Misión Jurídica,* 93.

García Rocha, A. (1 de diciembre de 1989). La Desaparición Forzada en Colombia. *Revista Javeriana* (No. 560).

Gómez Cerón, E. (2002). La desaparición forzada de personas en el Derecho Internacional General. (U. Libre, Ed.) *Revista Trimestral Instituto de Posgrados* (No. 7).

Green, P., y Ward, T. (2000). Legitimacy, Civil Society, and State Crime. *Social Justice,* 76-93.

Guillerot, J., y Magarrell, L. (2006). *Reparaciones en la transición peruana. Memorias de un proceso inacabado.* http://lugardelamemoria.org/cms_ldlm/pictures/ic_l1294158117_10memorias-de-proceso-inacabado.pdf.

Hayner, P. (2008). *Unspeakable truths. Confronting State terror and atrocity.* New York: Routledge.

Huhle, R. (septiembre-diciembre de 2005). De Núremberg a la Haya, los crímenes de derechos humanos ante la justicia. Problemas, avances y perspectivas a los 60 años del tribunal militar internacional de Núremberg. *Análisis Político,* 20-38.

International Center for Transitional Justice. (2010). *What is Transitional Justice?* http://ictj.org/about/transitional-justice.

International Criminal Court. (01 de junio de 2002). Rome Statute of the International Criminal Court. http://www.icc-cpi.int/NR/rdonlyres/ADD16852-AEE9-4757-ABE7-9CDC7CF02886/283503/RomeStatutEng1.pdf.

Jiménez Gómez, C. (1984). *Informe de la comisión investigadora.* Bogotá: Procuraduría General de la Nación.

Kauzlarich, D., y Matthews, R. A. (2007). States crimes and state harms: a tale of two definitional frameworks. *Crime, law and Social Change,* 43-55.

Lazara, S. A. (1987). Desaparición forzada de personas, doctrina de la seguridad nacional y la influencia de factores económico-sociales. En *La Desaparición: crimen contra la humanidad* (pág. 370). Argentina: Grupo Iniciativa por una Convención Internacional sobre la Desaparición Forzada de Personas.

López, C. M. (2011). La acción de grupo reparación por violación a los derechos humanos (Primera ed.). Bogotá: Universidad del Rosario.

Macher, S. (2008). Ponencia de Sofia Macher, presidenta del Consejo Nacional de Reparaciones del Perú con ocasión del Coloquio Internacional: Las reparaciones a las víctimas en Colombia y Perú. Retos y perspectivas. http://idehpucp.pucp.edu.pe/images/publicaciones/las_reparaciones_a_las_victimas_violencia_colombia_peru.pdf.

Madrid-Malo Garizabal, M. (1991). *Tres crímenes contra la humanidad: tortura, desaparición forzada y ejecución extrajudicial en el mundo de hoy.* (E.d. Cano, Ed.) Bogotá D.C., Bogotá: Escuela Superior de Administración Pública.

Martínez, G. (2004). *Mancuso, su vida.* Bogotá: Grupo Editorial Norma.

Medina Gallego, C. (1994). *La violencia parainstitucional, paramilitar y parapolicial en Colombia.* Bogotá: Rodríguez Quito Editores.

Melo, J. O. (1991). Los paramilitares y su impacto sobre la política. En *Al filo del caos. Crisis política en la Colombia de los años 80.* Bogotá: Tercer Mundo Editores.

Múnera Ruíz, L. A. (1986). *Derechos Humanos: el cáncer del gobierno de Belisario Betancur* (Vols. Documentos Zona-CINEP No. 1). Bogotá: CINEP.

Nash Rojas, C. (2009). *Las reparaciones ante la Corte Interamericana de Derechos Humanos (1988-2007)* Santiago de Chile: Universidad de Chile.

Nash, C. (s.f.). *Las Reparaciones ante la Corte Interamericana de Derechos Humanos.* Chile: LOM Ediciones Ltda. http://www.cdh.uchile.cl/media/publicaciones/pdf/14.pdf.

Observatorio de los derechos humanos en Colombia. (2010). *Las cifras de los desaparecidos en Colombia*. http://www.derechoshumanos.gov.co/Observatorio/Publicaciones/Documents/2010/Boletines/04_boletin_09/Cifra9.html.

Orentlicher, D. (2004). Estudio independiente con inclusión de recomendaciones, sobre las mejores prácticas, para ayudar a los Estados a reforzar su capacidad nacional con miras a combatir todos los aspectos de la impunidad. Comisión de Derechos Humanos. Or. Organización de las Naciones Unidas.

Organización de las Naciones Unidas. (10 de diciembre de 1948). Declaración Universal de los Derechos Humanos. http://www.un.org/es/documents/udhr/index.shtml.

Organización de las Naciones Unidas. (20 de noviembre de 1959). http://www.un.org/es/comun/docs/?symbol=A/RES/1386(XIV).

Organización de las Naciones Unidas. (16 de diciembre de 1966 a). Pacto Internacional de Derechos Civiles y Políticos. Recuperado el 10 de octubre de 2012, de Oficina del Alto Comisionado de las Naciones Unidas para los Derechos Humanos. http://www2.ohchr.org/spanish/law/ccpr.htm.

Organización de las Naciones Unidas. (16 de diciembre de 1966 b). Pacto Internacional de Derechos Económicos, Sociales y Culturales. Obtenido de Oficina del Alto Comisionado de las Naciones Unidas para los Derechos Humanos. http://www2.ohchr.org/spanish/law/cescr.htm.

Organización de las Naciones Unidas. (4 de enero de 1969). Convención Internacional sobre la eliminación de todas las formas de Discriminación Racial. Obtenido de Oficina del Alto Comisionado de las Naciones Unidas para los Derechos Humanos. http://www2.ohchr.org/spanish/law/cerd.htm.

Organización de las Naciones Unidas. (10 de diciembre de 1984). Convención contra la Tortura y Otros Tratos o Penas Crueles, Inhumanos o Degradantes. Obtenido de Oficina del Alto Comisionado de las Naciones Unidas para los Derechos Humanos. http://www2.ohchr.org/spanish/law/cat.htm.

Organización de las Naciones Unidas. (29 de noviembre de 1985). Declaración sobre los principios fundamentales de justicia para las víctimas de delitos y del abuso de poder. Obtenido de Oficina del Alto Comisionado de las Naciones Unidas para los Derechos Humanos. http://www2.ohchr.org/spanish/law/delitos.htm.

Organización de las Naciones Unidas. (16 de enero de 1991). Question of the Human Rights off all person subjected. Obtenido de Human

Rights Documents. http://daccess-dds-ny.un.org/doc/UNDOC/GEN/G97/101/71/PDF/G9710171.pdf?OpenElement

Organización de las Naciones Unidas. (18 de diciembre de 1992). Declaración sobre la protección de todas las personas contra las desapariciones forzadas. http://daccess-dds-ny.un.org/doc/UNDOC/GEN/N93/091/21/IMG/N9309121.pdf?OpenElement.

Organización de las Naciones Unidas. (1992). Informes Grupo de Trabajo de la ONU. Consejo Económico y Social. E/CN/4/1992/18.

Organización de las Naciones Unidas. (12 de julio de 1993). Declaración y programa de acción de Viena. Viena, Austria: Asamblea General.

Organización de las Naciones Unidas. (2 de julio de 1993). Estudio relativo al derecho de restitución, indemnización y rehabilitación a las víctimas de violaciones flagrantes de los derechos humanos y las libertades fundamentales. http://www1.umn.edu/humanrts/demo/subcom.html.

Organización de las Naciones Unidas. (17 de julio de 1998). Estatuto de Roma de la Corte Penal Internacional. http://www.icrc.org/spa/resources/documents/misc/treaty-1998-icc-5tdm58.htm.

Organización de las Naciones Unidas. (18 de enero de 2000). El derecho de restitución, indemnización y rehabilitación de las víctimas de violaciones graves de los derechos humanos y las libertades fundamentales. Obtenido de ONU. Consejo Económico y Social. http://www.unhchr.ch/Huridocda/Huridoca.nsf/0/a95951591da189ab802568a200647ece/$FILE/G0010239.pdf.

Organización de las Naciones Unidas. (2 de agosto de 2005). Principios actualizados para la protección y la promoción de los derechos humanos mediante la lucha contra la impunidad. Obtenido de Oficina del Alto Comisionado para los Derechos Humanos. http://ap.ohchr.org/documents/dpage_s.aspx?si=E/cn.4/2005/102/Add.1.

Organización de las Naciones Unidas. (16 de diciembre de 2005). Principios y directrices básicos sobre el derecho de las víctimas de violaciones manifiestas de las normas internacionales de derechos humanos y de violaciones graves del derecho internacional humanitario a interponer recursos y obtener reparaciones. http://www2.ohchr.org/spanish/law/reparaciones.htm.

Organización de las Naciones Unidas. (20 de abril de 2005). Resolución 2005/66. El Derecho a la Verdad. http://www.acnur.org/t3/fileadmin/scripts/doc.php?file=biblioteca/pdf/4342

Organización de las Naciones Unidas. (20 de abril de 2005). Resolución 2005/70. Derechos Humanos y Justicia de Transición. http://www.acnur.org/t3/fileadmin/scripts/doc.php?file=biblioteca/pdf/4344.

Organización de las Naciones Unidas. (21 de abril de 2005). Resolución 2005/81. Impunidad. http://www.acnur.org/t3/fileadmin/scripts/doc.php?file=biblioteca/pdf/4347.

Organización de las Naciones Unidas. (16 de diciembre de 2005). Resolución 60/147. Principios y directrices básicos sobre el derecho de las víctimas de violaciones manifiestas de derechos humanos y de violaciones graves del derecho internacional humanitario a interponer recursos y obtener reparaciones. http://www.acnur.org/t3/fileadmin/scripts/doc.php?file=biblioteca/pdf/4098.

Organización de las Naciones Unidas. (2005). Resolutions and Decisions of the Security Council 1 August 2004–31 July 2005. (S. Council, & O. records, Edits.) New York: ONU.

Organización de las Naciones Unidas. (12 de enero de 2007). Convención Internacional para la protección de todas las personas contra las desapariciones forzadas. http://daccess-dds-ny.un.org/doc/UNDOC/GEN/N06/505/08/PDF/N0650508.pdf?OpenElement.

Organización de los Estados Americanos. (22 de noviembre de 1969). Convención Americana sobre Derechos Humanos. http://www.oas.org/dil/esp/tratados_B-32_Convencion_Americana_sobre_Derechos_Humanos.htm.

Organización de los Estados Americanos. (18 de noviembre de 1983). Resolución 666 (XIII). http://www.oas.org/.

Organización de los Estados Americanos. (9 de junio de 1994). Convención Interamericana sobre Desaparición Forzada de Personas. (A. General, Ed.) http://www.oas.org/juridico/spanish/Tratados/a-60.html.

Orozco Abad, I., y Gómez, J. G. (1997). *Los peligros del nuevo constitucionalismo en materia criminal. Ministerio de Justicia y del Derecho.* Bogotá: IEPRI.

Pacaut, D. (1987). *Orden y violencia* (Vol. II). Bogotá: Siglo Veintiuno Editores.

Ramírez V., S., y Restrepo M., L. A. (1988). *Actores en conflicto por la paz: el proceso de paz durante el gobierno de Belisario Betancur (1982-1986).* Bogotá: Siglo Veintiuno Editores.

Rawls, J. (1973). *A Theory of Justice.* Oxford: Oxford University Press.

Rincón, T. (2010). *Verdad, justicia y reparación. La justicia de la justicia transicional* (Primera ed.). Bogotá: Universidad del Rosario.

Rothe, D. L. (2009). That was then, this is now, what about tomorrow? Future directions in state crime studies. *Critical Criminology*, 3-13.

Saffón, M. P. (2008). Estudio Preliminar. Enfrentando los horrores del pasado. Estudios conceptuales y comparados sobre justicia transicional. *Revista Nuevo Pensamiento Jurídico.*

Saffón, M. P., y Uprimny Y, R. (2009). *Reparaciones transformadoras, justicia distributiva y profundización democrática.* Bogotá: DeJusticia.

Saffón, M. P., y Uprimny Y, R. (2009). *Reparar en Colombia: los dilemas en contextos de conflicto, pobreza y exclusión.* Bogotá: Centro Internacional para la Justicia Transicional (ICTJ) y Centro de Estudios de Derecho, Justicia y Sociedad (DeJuSticia).

Semana. (27 de septiembre de 1982). Paramilitares: ejército en las sombras. *Revista Semana* (17), 36-40.

Semana. (1983). El escuadrón de la muerte. *Revista Semana* (60), 22-24.

Semana. (1986). El balance de Semana. *Revista Semana* (222), 22.

Semana. (1986). La gran ofensiva. *Revista Semana* (204), 23.

Teitel, R. G. (2000). *Transitional Justice.* New York: Oxford University Press.

Teitel, R. G. (2003). Transitional Justice Genealogy. *Harvard Human Rigths Journal,* 16.

Uprimny Y, R. (2001). "El bloque de constitucionalidad en Colombia: un análisis jurisprudencial y un ensayo de sistematización doctrinal". En *Compilación de jurisprudencia y doctrina nacional e internacional.* Bogotá: Oficina Alto Comisionado de la ONU para los derechos humanos.

Uprimny Y, R., y García V, M. (2005). *El control judicial de los estados de excepción en Colombia.* Bogotá: DeJusticia.

Uprimny Yepes, R. (2005). *Los derechos de las víctimas en los procesos de Justicia Transicional. Verdad, justicia y reparación.* (F. Social, Ed.) Bogotá: Géminis.

Uprimny Yepes, R. (2009). *Reparaciones en Colombia: análisis y propuestas. Bogotá: Facultad de Derecho, Ciencias Políticas y Sociales.* Universidad Nacional de Colombia.

Uprimny Yepes, R., y Saffon, M. P. (2005). *Estándares internacionales y procesos de paz en Colombia. Entre el perdón y el paredón. Preguntas y dilemas de la justicia transicional.* (E. Uniandes, Ed.) Bogotá, Colombia: Corcas Editores.

Valencia Villa, H. (2007). ¿Qué es la justicia transicional? Conferencia magistral impartida en la Cátedra Latinoamericana "Julio Córtazar" de la Universidad de Guadalajara. México: Universidad de Guadalajara.

Valencia, A. (2004). *Manual de calificación de conductas violatorias.* Derechos Humanos y Derecho Internacional Humanitario, 1, 51.

Walzer, M. (2004). *Reflexiones sobre la guerra.* Barcelona: Ediciones Paidos.

Williams, R. (2008). "El derecho contemporáneo a la restitución de propiedades dentro del contexto de la justicia transicional". En *Reparaciones a las víctimas de violencia política.* Bogotá: ICTJ.

Zafarronni, R. (2011). *La palabra de los muertos: Conferencias de criminología cautelar.* Buenos Aires: Ediar.

Zaffaronni, R. (junio de 2008). El crimen de estado como objeto de la criminología. www.juridicas.unam.mx.

Zalaquett, J. (1992). Balancing Ethical Imperatives and Political Constraints: The Dilemma of New Democracies Confronting Past Human Rights Violations. *Hastings Law Journal,* 1433.